Menara
Südtiroler
Urwege

Umschlagbild: Der alte Plattenweg von Goldrain/Tiss nach Annenberg

Sämtliche Aufnahmen dieses Buches (1979 aufgenommen): Hanspaul Menara

1980

Alle Rechte vorbehalten
© by Verlagsanstalt Athesia, Bozen
Umschlaggestaltung: Roland Prünster, Bozen
Übersichtskarten: Heinz Matthias, Neumarkt
Fotolithos: Oswald Longo, Frangart
Idee und Gestaltung: Hanspaul Menara
Gesamtherstellung: ATHESIADRUCK, Bozen
ISBN 88-7014-132-2

HANSPAUL MENARA

Südtiroler Urwege

Ein Bildwanderbuch

VERLAGSANSTALT ATHESIA · BOZEN

Einige der prähistorischen Felsbilder von Capodiponte (Valcamonica)

ZU DIESEM BUCH

An einem Weihnachtsabend vor vielen Jahren fand ich unter dem Christbaum ein dickes Buch über die großen archäologischen Entdeckungen und Ausgrabungen dieser Welt. So verbrachte ich die schulfreien Tage damit, Seite um Seite dieses Buches zu verschlingen, und als ich es ausgelesen hatte, stand mein Entschluß fest: Ich würde Archäologe werden und eines Tages hinausziehen, um gleich Schliemann eine große Entdeckung zu machen.

Doch es kam dann alles ganz anders, ich wurde weder ein Archäologe noch ein Entdecker; dennoch ließ mich das Thema nie mehr so ganz los. Und allmählich erfuhr ich, daß man nicht unbedingt nach Ägypten, Mesopotamien oder Mexiko reisen muß, um menschliche Zeugnisse vergangener Jahrtausende zu finden, sondern daß es schon genügt, sich in der eigenen Heimat näher umzusehen.

So begann ich mit zunehmender Begeisterung auf alten Pflasterwegen, abgelegenen Bergsteigen, geheimnisvollen Waldpfaden oder sonnigen Almwegen den Spuren der frühesten Besiedler unseres Landes zu folgen und draußen in der freien Landschaft nach den rätselhaften Felszeichnungen, Schalensteinen oder Mauerresten zu suchen, von deren Vorhandensein ich durch das Studium der Fachliteratur wußte. Zwischendurch aber verbrachte ich auch so manchen Regentag in irgendeinem Museum, um mir jene urgeschichtlichen Gegenstände anzusehen, die man zufällig oder bei planmäßigen Grabungen gefunden hatte.

Dabei fiel mir auf, wie wenig bekannt dies alles bei der Allgemeinheit eigentlich ist, mit welcher Unwissenheit wertvollste prähistorische Zeugnisse oft zerstört werden, mit welch seltsamen Vorstellungen die einen nach sagenhaften Goldschätzen graben, während die anderen wieder völlig achtlos an den bedeutenden Dokumenten aus grauer Vorzeit vorübergehen.

Deshalb entschloß ich mich eines Tages zu diesem Buch. Gemacht von einem Laien für Laien, kann und soll es kein Fachbuch sein. Weder irgendeinen Anspruch auf Vollständigkeit soll es erheben, noch wird es gänzlich frei sein von Fehlern. Wenn es dem Buche aber trotzdem gelingen sollte, den Leser einerseits zum Gehen, zum Wandern anzuregen und andererseits in ihm jenes Interesse für die Wege und Zeugnisse vergangener Jahrtausende zu wecken, das sie verdienen, dann wäre der angestrebte Zweck bereits mehr als erfüllt.

An dieser Stelle ist es mir nun auch angenehme Pflicht, den Herren Dr. Reimo Lunz, Dr. Josef Rampold und Anton Obexer für wertvolle Hinweise meinen wärmsten Dank auszusprechen. Außerdem darf ich für die bereitwillig erteilte Erlaubnis, die verschiedenen Museumsstücke fotografieren zu dürfen, sowie für die mir dabei erwiesene Hilfe den Herren Dr. Lunz, Museum Bozen, Wolfgang Duschek, Museum Meran, und Robert Moroder, Museum St. Ulrich in Gröden, herzlichst danken.

Auer, im Frühjahr 1980

Hanspaul Menara

SÜDTIROLER URWEGE – EIN ÜBERBLICK

Die Anfänge menschlicher Besiedlung

Die Welt wurde vor beinahe 6000 Jahren in sechs Tagen von Gott geschaffen. Die Erde, ein Theil des unermeßlichen Ganzen, war ein roher, ungeordneter Mineral- und Wasserklumpen, welcher in diesen sechs Tagen Gestalt und Anordnung seiner Theile erhielt.

Das erste Menschenpaar lebte in dem milden Südasien; denn warm und fruchtbar mußte die Wohnung der ersten Menschen seyn, welche weder Kleidung noch Feuer kannten, und keine gegen die Witterung schützende Wohnung hatten. Es widerleget sich die Vermuthung, daß früher als vor 6000 Jahren, die Erde von Menschen bewohnet worden sey; indem man, wenn gleich durch große Umwälzungen verwitterte Thierknochen, doch keine Anzeigen von frühern Menschen findet, und doch gewiß auch nicht alle Denkmäler derselben vertilgt seyn könnten.

Diese Auszüge aus einem Geschichtsbuch aus dem Jahre 1825 veranschaulichen den Wissensstand vor gut 150 Jahren. Inzwischen wurden nun doch *Anzeigen von frühern Menschen* gefunden; was damals, mangels anderer Erkenntnisse größtenteils der Bibel entnommen, als gesichertes Wissensgut galt, ist heute längst überholt oder besser gesagt, man weiß über die Ursprünge der Erde und des Menschen heute um einiges mehr: Das Alter der Erde als fester Körper wird von den Geologen mit über drei Milliarden Jahren angegeben, die Archäologen fanden in Ostafrika Spuren des bereits Werkzeuge benutzenden Frühmenschen, die über 2 Millionen Jahre zurückreichen.

In Europa reichen die ältesten menschlichen Spuren, roh bearbeitete Faustkeile aus Stein, rund 800.000 bis eine Million Jahre zurück (der berühmte Neandertaler lebte aber erst vor rund 60.000 Jahren). Das Hochgebirge der Alpen dagegen hat der Mensch erst viel später, aber immerhin auch schon während der letzten Zwischeneiszeit, also vor rund 80.000 Jahren, betreten, wie die in hochgelegenen Bärenhöhlen getätigten Funde belegen.

In Südtirol, dem Raum, der uns hier besonders interessiert, gibt es keinerlei Beweise menschlicher Anwesenheit während der Altsteinzeit, wenn auch ein Hirschhornstück aus Kaltern und faustkeilähnliche Steine aus Dorf Tirol zu derartigen Vermutungen Anlaß gegeben haben. Bis vor einigen Jahren mußte man das Land sogar noch während der Mittelsteinzeit (ca. 8000 bis 5000 v. Chr.) als völlig menschenleer betrachten, denn die ältesten Funde stammten erst aus der späten Jungsteinzeit (ca. 2000 v. Chr.). Dann aber, Anfang der 70er Jahre, konnten im Trentino, und zwar im Gebiet von Mezzocorona, bei Trient und am Rollepaß, Funde getätigt werden, die in das siebte Jahrtausend v. Chr. zurückreichen. Und wenig später gelangen auch in Südtirol selbst derartige mittelsteinzeitliche Entdeckungen. So wissen wir, daß unsere Gebirge bereits vor 9000 Jahren von Jägergruppen begangen wurden (vgl. hiezu die Abschnitte Troi Paiàn und Schwarzhorn).

Wann entstanden unsere ältesten Wege?

In so frühe Zeit reichen demnach auch viele unserer »Urwege« in ihren Ursprüngen zurück. Zuerst waren es sicher nur vereinzelte, schmale, streckenweise kaum erkennbare Steige, doch je mehr sie begangen wurden, je stärker sich das Land allmählich besiedelte, um so zahlreicher und ausgeprägter wurden sie. Besonders als der Mensch in der frühen Jungsteinzeit von der Jagdwirtschaft zum seßhaften Bauerntum überzugehen begann, und erst recht mit dem Einsetzen der Bronzezeit, hat sich das Wegenetz zwangsläufig stark verdichtet. Viele vorher nur vom Menschen begangene Steige mußten auch für die Haustiere begehbar gemacht werden, der Tauschhandel führte zur Bildung von Wegen, die nicht nur einzelne Siedlungen miteinander verbanden, sondern als richtige Fernwege quer durch ganze Gebirgsteile liefen, und auch die zunehmende Bedeutung des vorgeschichtlichen, meist in abgelegenen Berggebieten betriebenen Bergbaues erforderte neue zusätzliche Weganlagen. *Wir müssen daher schon für eine sehr ferne Vorzeit, mindestens für das zweite vorchristliche Jahrtausend, eine ausgebildete Wegbautechnik in den Alpenländern voraussetzen.* Dies schrieb Karl Felix Wolff bereits im Jahre 1935, als viele der heute bekannten Urzeitstätten noch nicht entdeckt waren, und man die erste Besiedlung unserer Gebiete erst während der Bronzezeit vermutete.

Wie nun das vorgeschichtliche Wegenetz wirklich aussah, als der Alpenraum unter die Herrschaft Roms kam, können wir nur erahnen. Da uns das heutige Aussehen eines Weges nichts über sein Alter verrät, Wege an sich also undatierbar sind, müssen wir es so machen, wie die römische Straßenforschung, die nur dort den Verlauf einer römischen Hauptstraße für erwiesen betrachtet, wo Funde von Meilensteinen vorliegen. Nicht ganz so streng wissenschaftlich, aber doch nach ähnlichem Kriterium sind die in diesem Buch als Wandervorschläge vorgestellten »Urwege« ausgewählt: Sie führen fast ausschließlich an Urzeitstätten vorbei oder zu solchen hin.

Die Erforschung vergangener Jahrtausende

Als Ur- oder Vorzeit wird heute allgemein jener die Ur- oder Vorgeschichte betreffende Zeitabschnitt verstanden, der sich von den frühesten menschlichen Spuren bis zur Zeitenwende erstreckt, also jene vielen Jahrtausende vor Christi Geburt oder, in unserem Gebiet, auch vor dem Einzug der Römer (15 v. Chr.). Schriftliche Zeugnisse aus jener Zeit sind bei uns nur außerordentlich selten und stammen nur aus den letzten Jahrhunderten der Vorzeit. Auch die Ortsnamen besitzen für die Erforschung der Vorgeschichte nur begrenzte Aussagekraft, und ebenso gilt dies für alte Sagen und Überlieferungen, wenngleich deren wahrer Kern oft durch Beweisfunde seine Bestätigung findet. Deshalb sind die Kulturreste des Vorzeitmenschen nach wie vor die wichtigsten Quellen für seine Erforschung, und die Archäologie ist die wich-

tigste wissenschaftliche Disziplin dafür. Seit sie aus der Phase des reinen Sammelns, Analysierens und Aufbewahrens der einzelnen Fundstücke heraus ist, haben sich besonders ihre Grabungsmethoden perfektioniert, aber auch ihre Zielsetzung hat sich wesentlich erweitert und mehr als früher auf den vorzeitlichen Menschen und seine Lebensform und Umwelt gerichtet.
Hochentwickelte Meßmethoden — darunter die bekannte Radiokarbonmessung — und eine gewaltige Fülle an Vergleichsmöglichkeiten erlauben eine erstaunlich genaue Altersbestimmung vieler Funde und Denkmäler. Hinzu kommt, daß der Archäologe heute in zunehmendem Maße auch Fachleute anderer Wissensgebiete zu Rate zieht, so daß wir bei der Auswertung des Materials einer wichtigen Grabung nicht selten auch Anthropologen, Paläontologen, Mediziner, Chemiker, Geologen, Zoologen, Botaniker usw. antreffen. Aber auch die Kluft zwischen dem Fach-Archäologen und dem ernsthaften Hobby-Archäologen hat sich in letzter Zeit deutlich verringert, da ja prähistorische Forschungsarbeit ohne die Zufallsfunde des einen und ohne das umfassende Wissen und die technischen Möglichkeiten des anderen kaum möglich ist.

Vorgeschichtliche Funde und Denkmäler

Zunächst haben wir da die zahlreichen »beweglichen« Zufallsfunde, die von Bergsteigern, Hirten, Holzarbeitern oder auch Fachleuten im freien Gelände getätigt werden oder die bei Wegbauten, Aushubarbeiten verschiedenster Art zum Vorschein kommen. Beispiele hiefür sind in Südtirol das berühmte Hauensteiner Schwert, die Bronzebeile vom Sattelberg am Brenner, am Jaufen, am Penser Joch, die bekannten Menhire von Algund, Tramin, Ritten und Brixen, die schöne Feuerstein-Lanzenspitze von Algund, der Bronzedolch vom Troi Paiàn, die verbreitete »Laugener« Keramik mit ihren besonderen typologischen Merkmalen und in neuester Zeit eine ganze Reihe von steinzeitlichen Feuersteingeräten im Dolomitengebiet. Solche Funde, sofern sie nicht als reine Streufunde zu gelten haben, führen nicht selten zu größeren, planmäßigen Grabungen, die früher auch von Laien durchgeführt wurden und oft leider kaum mehr waren als höchst unsachgemäße Schatzgräbereien.
Die »beweglichen« Fundgegenstände finden wir größtenteils in Museen verwahrt, während die nicht entfernbaren oder nicht transportablen an Ort und Stelle verbleiben. Solche »unbewegliche« Denkmäler vergangener Zeiten sind in Südtirol Mauerzüge sogenannter Wallburgen, Felswände mit eingravierten Zeichnungen, in die Felsen gehauene Stufen und Sitze und vor allem eine unübersehbare Zahl von Schalensteinen. Sie sind allerdings meist nicht oder nur schwer datier- und deutbar, so daß sich bis heute vornehmlich nur Hobby-Vorgeschichtsforscher mit ihnen beschäftigten. Besonders die Schalensteine, die wir auf zahlreichen Wegen noch näher kennenlernen werden, wo auch auf die verschiedenen Deutungen eingegangen wird, bilden immer noch ein ungelöstes Rätsel, mit dem sich in letzter Zeit auch Fach-Archäologen in zunehmendem Maße auseinanderzusetzen beginnen. Derzeit ist man sich dar-

über mehr oder weniger einig, daß das Bohren oder Reiben von Schalen mit noch nicht geklärten vorchristlichen Kulthandlungen in Zusammenhang gebracht werden darf. Immerhin ist es bisher gelungen — allerdings außerhalb Südtirols — einen Schalenstein mit Sicherheit mindestens in die Endbronzezeit (um 1000 v. Chr.), einen anderen in die Altsteinzeit (100.000 v. Chr.) zu datieren. Damit ist zumindest angedeutet, daß wir den größten Teil der Schalensteine als vorgeschichtliche Denkmäler ansehen müssen. Doch gibt es auch verschiedene Anhaltspunkte dafür, daß der Brauch des Schalenbohrens auch noch in den ersten Jahrhunderten unserer Zeitrechnung weitergelebt hat. Die Frage, ob wir in den Schalensteinen etwa Denkmäler eines Totenkultes oder eines Sonnenkultes zu sehen hätten, ist ebenso noch unbeantwortet wie jene, ob die Schalen mittels Metallwerkzeugen, Steingeräten oder — was dem Verfasser keineswegs unwahrscheinlich dünkt — mit Holzpflöcken »eingebrannt« wurden, wie dies auch auf Seite 84 beschrieben wird.

Ebensolche Rätsel geben uns auch die wenigen in Südtirol vorhandenen Felszeichnungen auf, von denen vor allem jene von Tschötsch zu nennen sind. Auch hier sind wir nur auf Vermutungen angewiesen.

Weit einfacher zu beantworten ist die Frage nach der Zweckbestimmung der zahlreichen, vor allem auf wehrhaften Kuppen zu findenden Mauerresten: Sie dienten größtenteils in Unruhezeiten den in der Nähe wohnenden Siedlern. Das Alter dieser Wallburgen, deren Erfassung und Erforschung vor allem in den vergangenen Jahrzehnten im Vordergrund stand, während derzeit andere bedeutende Ausgrabungen die Archäologen beschäftigen, ist allerdings noch nicht recht geklärt. Hatte man früher mehr oder weniger jede Trockenmauer in die Vorzeit datiert, so ist man heute in dieser Frage vorsichtiger. Doch ist in den meisten Fällen eine sichere Altersbestimmung auch gar nicht möglich.

Sagen, Goldschätze und Raubgräber

Um sehr viele vorgeschichtliche Plätze ranken sich Sagen, Legenden und Überlieferungen, besonders da, wo rätselhafte Mauerreste noch sichtbar sind, wo sich Schalensteine befinden oder in Bergbaugebieten. Häufig anzutreffen sind Hexengeschichten, und oft werden Schalen oder andere Vertiefungen in den Felsen als Werk des Teufels bezeichnet; von untergegangenen Schlössern oder Städten ist die Rede, von Heidenaltären, von den hilfreichen Saligen, von wilden Leuten und dergleichen mehr. Sagenkundler und Urgeschichtsforscher haben schon früh vermutet, daß diese Sagen irgendeinen historischen Kern haben müßten und verworrene Erinnerungen an vorchristliche und vorgeschichtliche Ereignisse enthalten könnten. Tatsächlich führten dann auch nicht selten diese Sagen und Überlieferungen zur Entdeckung eines in prähistorischer Zeit besiedelt gewesenen Platzes. Dies verwunderte an Stellen, wo noch altes Mauerwerk vorhanden ist, nicht so sehr, wie zum Beispiel am Mutkopf oberhalb von Dorf Tirol. Denn es leuchtet ein, daß solch rätselhafte Mauern mitten in einem entlegenen Wald die Phantasie der

Bevölkerung anregen mußten. Wo es aber keinerlei sichtbare menschliche Zeugnisse gab und eine einstige Besiedlung des sagenumwobenen Platzes kaum anzunehmen war, maß man den Sagen allgemein keinen besonderen Aussagewert bei. So nannte man die Santnerspitze am Schlern früher allgemein den »Teufelsspitz«, und die Schlernhochfläche war allgemein als Hexentanzplatz bekannt. Jedoch dachte niemand daran, in solcher Höhe eine Urzeitstätte zu suchen, denn es gab nicht den leisesten Hinweis dafür, außer daß eine kleine Erhebung im Gelände den verdächtigen Namen Burgstall trug. Und dennoch wurde im Jahre 1945 dort jene endbronzezeitliche Opferstätte aufgedeckt, die in der Fachwelt ganz Europas Aufsehen erregte. Kein Mensch hätte aufgrund nur einer alten Hexengeschichte dort zu graben begonnen, wenn nicht vorher in der Nähe ein Zufallsfund getätigt worden wäre; so aber zeigt dieses Beispiel ganz besonders eindrucksvoll, welche Bedeutung Sagen und Überlieferungen beizumessen ist.

Ganz anders zu bewerten sind dagegen jene vor allem an Ruinen haftenden Sagen, wonach im Boden große Goldschätze vergraben seien. Diese Geschichten scheinen wirklich nur einer allzu regen Phantasie entsprungen zu sein. Denn es ist in unserem Raum kein einziger Fall zu verzeichnen, in dem bei den vielen Ausgrabungen und Schatzgrabereien wirklich Gegenstände von größerem materiellen Wert zutage getreten wären, von Goldschätzen ganz zu schweigen. Möglicherweise haben diese Sagen ihren Ursprung in Funden von Bronzestücken, die für Gold gehalten wurden, so wie dies bei jenem Bronzedolch der Fall war, der im Tanzbachgraben im Sarntal gefunden wurde.

Obwohl nun, wie gesagt, trotz intensiver, fast hundertjähriger Grabungstätigkeit noch nie ein gehorteter Schatz gefunden wurde, gibt es anscheinend auch heute immer noch Leute (ein namhafter Forscher nannte sie mit Recht »Dummiane«), die heimlich den Boden irgendwo aufreißen und tatsächlich glauben, dort Gold zu finden. Daß sie dabei der Wissenschaft nichtwiedergutzumachende Schäden anrichten, und daß jegliche Grabung von Gesetz aus streng verboten und strafbar ist, wird noch auf S. 110 näher erörtert, ebenso, daß auch Hobby-Archäologen jegliche Grabungen ausschließlich den Fachleuten überlassen sollen, da nur diese imstande sind, eine fachgerechte, nach modernen Gesichtspunkten angelegte, planmäßige Grabung durchzuführen. Statt dessen aber kann auch der Laie der Vorgeschichtsforschung einen großen Dienst erweisen, wenn er bei seinen Wanderungen nach kleinen Feuersteingeräten, nach unbekannten Schalensteinen, Schlackensteinen, Scherben und dergleichen Ausschau hält und seine Funde oder Beobachtungen mit möglichst genauen Angaben über Lage und Fundumstände beim Landesdenkmalamt, bei einem Museum oder einer anderen geeigneten Person oder Stelle meldet. Wie wertvoll derartige Mithilfe sein kann, haben vor allem die gerade in den letzten Jahren durch intensive Suche gefundenen Feuersteingeräte im Gebiet von Lavazè und Gröden gezeigt. Nur aufgrund dieser von Nicht-Fachleuten getätigten Funde konnte der aufsehenerregende Beweis mittelsteinzeitlicher Besiedlung auch in Südtirols Bergen erbracht werden.

SÜDTIROLER URWEGE IN WORT UND BILD

Auf den folgenden Seiten werden rund 40 Wanderanregungen in urgeschichtlich und landschaftlich besonders lohnende Gebiete gegeben. Die meisten befinden sich in der zauberhaften Mittelgebirgslandschaft, bei manchen wird aber auch auf richtige Berggipfel gestiegen. Dennoch sind alle diese Wege leicht und von jedem durchschnittlich gehgewohntem Wanderer ohne weiteres zu bewältigen. Besonders zu empfehlen ist als zusätzliche Bereicherung zu den Wanderungen der Besuch der in den einzelnen Talschaften befindlichen Museen, in denen eine große Anzahl archäologischer Funde aufbewahrt wird.

Die durch meist großformatige Farbbilder ergänzten Textbeiträge sollen einen ersten Überblick über die jeweilige Wanderung geben. Die Gehzeiten, der genaue Wegverlauf, Ausgangs- und Endpunkte sowie eine eingehende Beschreibung der im Bereich des jeweiligen Weges befindlichen vorgeschichtlichen Denkmäler oder zum Vorschein gekommenen Funde sind in dem an den Bildteil anschließenden »Lexikon der Südtiroler Urwege« enthalten. Dort ist auch die den entsprechenden Abschnitt betreffende Literatur angeführt, während das die archäologischen Fragen allgemeiner Natur betreffende Schrifttum im Literaturverzeichnis am Ende des Buches zu finden ist.

Es wurde versucht, im Text auf die Verwendung von Fachausdrücken so weit wie irgend möglich zu verzichten. Für jene Fälle, wo dies nicht möglich war oder wo andere Begriffe nicht näher erläutert wurden, befindet sich ebenfalls im Anhang ein »kleines Urzeit-Wörterbuch«.

DER URWEG VON LANGTAUFERS
Rätsel um einen alten Saumweg über das Weißseejoch

Die archäologische Übersichtskarte von Südtirol zeigt das Gebiet von Langtaufers im obersten Vinschgau als weißen Fleck; nur an seinem Ausgang, am Kirchbühel St. Anna, sind vorgeschichtliche Funde zum Vorschein gekommen und am Reschen hat man einen sogenannten Streufund getätigt.

Andererseits aber kennen wir die Sage von der versunkenen Stadt *Dananä*, die einst im Talhintergrund geblüht habe, und die Volksüberlieferung weiß von einem uralten Saumweg durch das Tal und über das fast 3000 m hohe Weißseejoch sowie von Leuchttürmen, die einst an diesem Weg gestanden sein sollen. Und auch verschiedene Namen, so unter anderen *Samermühle* und *Samerboden*, deuten auf einen solchen Saumweg.

Der aus Langtaufers stammende Innsbrucker Professor Heinrich Hohenegger ist der Sache nachgegangen; und tatsächlich fand er noch Spuren eines der drei Leuchttürme: eine ummauerte Grube auf einer hoch über dem Tal vorspringenden Kuppe. Daß dies nun aber auch wirklich der Rest eines Turms war, bestätigte der Blick auf eine alte Landkarte; sie verzeichnet hier nämlich einen zinnengekrönten Turm. Einen anderen Hinweis gibt auch die berühmte Wallfahrt Kaltenbrunn im äußeren Kauner Tal, wohl ursprünglich ein vorchristliches Stein- und Quellenheiligtum, zu dem bis zum Ersten Weltkrieg die Langtauferer in zehnstündigem Fußmarsch pilgerten.

Für uns ist das nun alles Grund genug, auch diesem weißen Fleck auf der archäologischen Karte einen Besuch abzustatten. Wir wandern von Melag hinauf zu der Stelle, an der der dritte der Leuchttürme gestanden sein könnte, weiter auf dem alten Saumweg zum Samerboden, und dann in einer Runde über die schönen Almen von Langtaufers wieder zurück. Dabei werden wir nicht nur Augen haben für die erhabene Gletscherwelt der Weißkugel, sondern auch für das Gebiet in unserer unmittelbaren Nähe. Wer weiß, ob wir nicht den von Prof. Hohenegger ausgeforschten Anhaltspunkten einen neuen hinzufügen können. Daß wir die Stadt *Dananä* finden werden, ist wohl kaum wahrscheinlich, aber ein Zufallsfund, der den weißen Fleck auf der archäologischen Karte verschwinden ließe, wäre durchaus nicht ganz ausgeschlossen.

Der uralte Weg von Melag in Langtaufers zum Weißseejoch. Im Hintergrund die Berge südlich über Melag (Lexikon S. 119)

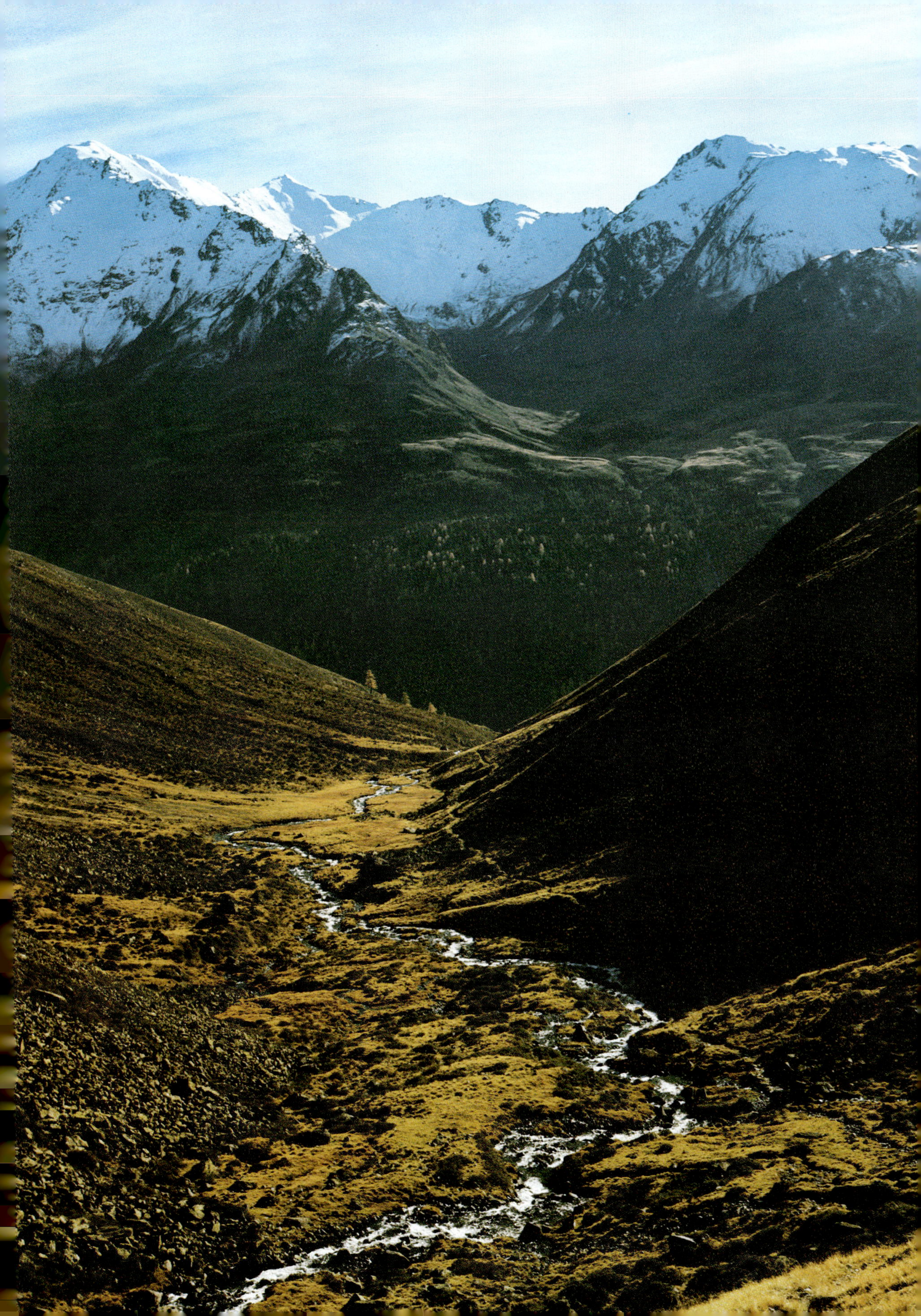

DER TARTSCHER BÜHEL

Wahrzeichen des Vinschgaus und jahrtausendealte Gebetsstätte

Die Sage vom Tartscher Bühel ist bekannter als alle anderen. Wer kennt sie nicht, die Geschichte von der reichen Stadt, die wegen der Hartherzigkeit ihrer Bewohner vom Fluch eines armen Bettlers und vom Strafgericht Gottes getroffen wurde! Als ob es sie nie gegeben hätte, wurde sie vom Erdboden getilgt, ausgelöscht für alle Zeiten.

Obwohl schon viele auf dem Tartscher Bühel herumgegraben und -gestochert haben, so wurde wohl dieser oder jener vorgeschichtliche Einzelfund zutage gefördert, die versunkene Stadt aber wurde nicht gefunden. Und doch: Unter den Einzelfunden war ein beschriftetes Stück Hirschgeweih, das ein gottesfürchtiger Mann namens *Riviselchu* vor rund 2500 Jahren seinem Jagdgott *Lavisius* als Weihegeschenk gewidmet hat. Ob dieser Riviselchu, der uns als ältester namentlich bekannter Vinschgauer überliefert ist, jener arme Bettler war, den man so gnadenlos aus der reichen Stadt gejagt hatte? Sicher ist, daß er einer jener Menschen war, die hier zu übernatürlichen Kräften gebetet haben, noch lange bevor die erste christliche Kirche erbaut wurde.

So verdichtet sich auf dem Tartscher Bühel alles zu einer tiefen, klaren, einfachen Aussage. Die kahle, unbewohnte Landschaft und die Geschichte von der versunkenen Stadt werden zum Symbol für die Vergänglichkeit alles Irdischen, jenes Hirschhornstück, jene rührend einfache kleine Weihegabe eines kleinen Menschen an seinen großen Gott wird aber ebenso wie die in ihren Formen so einfache, schöne Kirche zum Symbol für die Unvergänglichkeit religiöser Vorstellungen und tiefer Gläubigkeit an überirdische Mächte.

Links: Das 12 cm lange Hirschgeweihstück mit der linksläufigen rätischen Inschrift: »lavisiel riviselchu tinach«; 1953 bei Aushubarbeiten am Tartscher Bühel aufgefunden (Lexikon S. 120)

Rechts: Die uralte Kirche St. Veit am Tartscher Bühel; nach der Sage stand hier einst ein heidnischer Tempel (Lexikon S. 120)

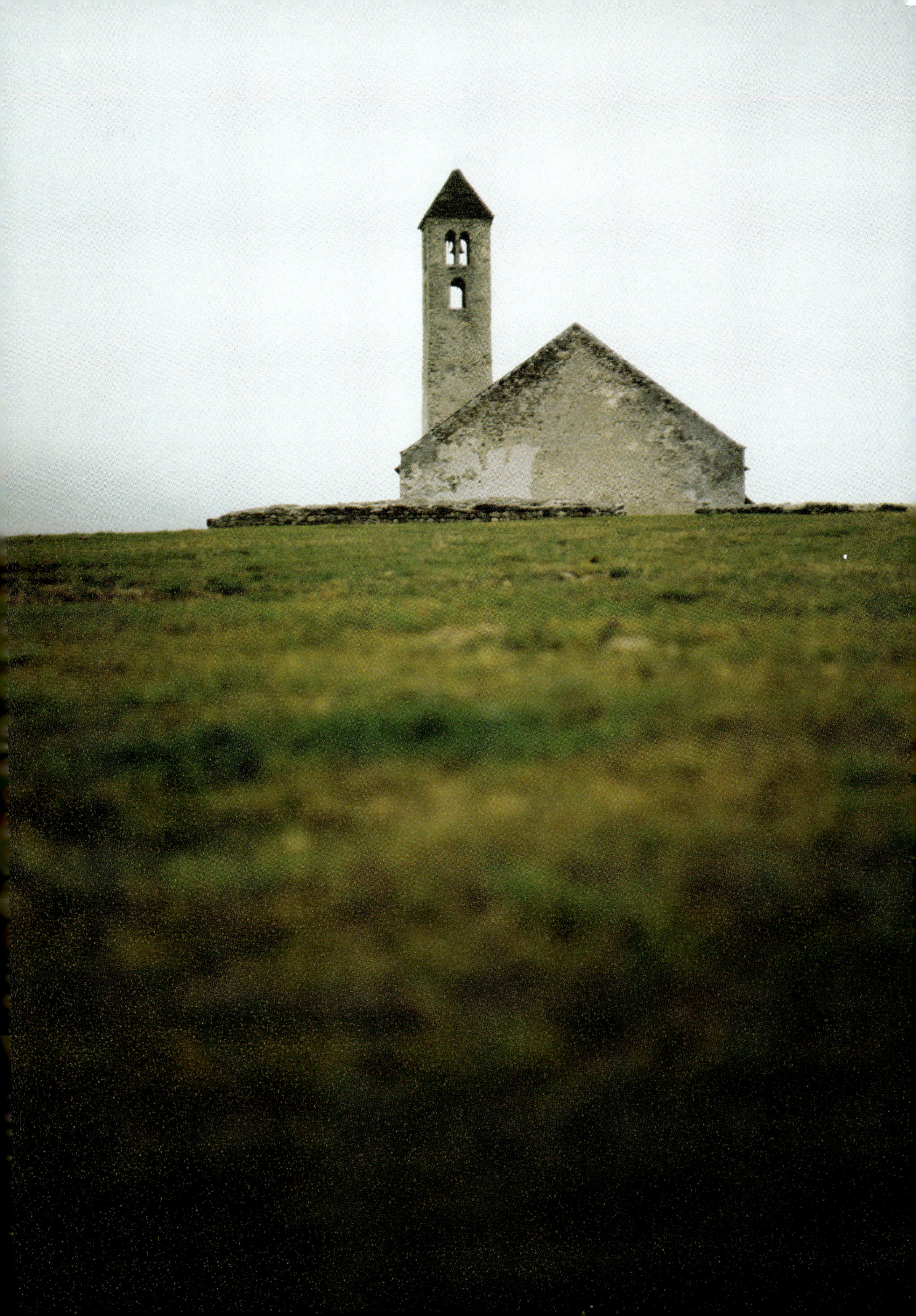

KORTSCHER WAALWEG UND URZEITSTÄTTE ROSSLADUM

Geschichte und Schicksal des Vinschgauer Sonnenberges

Von Kortsch an der Klimagrenze zwischen unterem und oberem Vinschgau, wo noch die letzten Edelkastanien und Reben wachsen, durch die Kortscher Leiten hinauf zu der vorgeschichtlichen Siedelstätte Roßladum und von dort wieder zurück — das ist der Verlauf unseres Urweges.

Zuerst folgen wir einem *Waal*, einem jener zahlreichen Bewässerungskanäle, die zu den ältesten und bedeutendsten Kulturdenkmälern des Landes gehören. Wer den Vinschgau kennt und sich diese regenarme, von den berüchtigten Winden ausgetrocknete Landschaft ohne das großartige, Hunderte von Kilometern lange Bewässerungssystem der Waale vorzustellen versucht, versteht erst, warum hier das Wasser *kostbarer als Gold* ist. Und wer einmal in einem der Seitentäler gesehen hat, woher dieses »Gold« kommt, wie es durch steilste Felsflanken geleitet wird, der versteht erst etwas vom Lebensmut und Fleiß jenes kleinen Alpenvolkes, das die Römer die *Venostes* nannten.

Und dann verlassen wir unseren zauberhaften Kortscher Waal und steigen zur Kuppe Roßladum auf, die wieder vom Schicksal und vom Leben jener frühen Siedler erzählt. Denn hier wie an mehreren benachbarten Punkten wurden tief im Boden die Reste vorgeschichtlicher Behausungen gefunden. Wir wissen zwar nur äußerst wenig darüber, wer diese Leute waren und wie sie lebten; doch wie die Bodenfunde andeuten, gingen sie bei einer ungeheuren Brandkatastrophe, bei der auch die Wälder des Vinschgauer Sonnenberges vernichtet wurden, zugrunde. Es muß dies eine der schwersten Katastrophen im Alpenraum gewesen sein, wochenlang muß hier das Feuer gewütet haben. Wann dies geschah, wissen wir nicht. Es muß aber sehr lange her sein, und es hat nach dieser Feuersbrunst sicher Jahrhunderte gedauert, ehe sich hier neue Siedler niederlassen konnten.

Mittlerweile geht aber nun auch ein bedeutender Abschnitt der Geschichte dieser Siedler zu Ende. Die hoch oben am Steilhang klebenden Berghöfe sind nur mehr mit letzter Kraft zu halten, viele Wasserwaale liegen trocken, das romanische Felsenkirchlein St. Ägidius wird höchstens noch von Touristen besucht, die Georgenkapelle, auf die wir von Roßladum hinabblicken, ist nur mehr Ruine. Dafür aber beginnt der Wald wieder ganz allmählich den Vinschgauer Sonnenberg zu erobern und die Spuren vergangener Jahrhunderte und Jahrtausende mit Gras, Gebüsch, Blumen und Bäumen unseren Blicken zu entziehn.

Der Kortscher Waal, eine der uralten Bewässerungsanlagen des Vinschgaus; Waalwege sind mit die bezauberndsten Wandermöglichkeiten Südtirols (Lexikon S. 123)

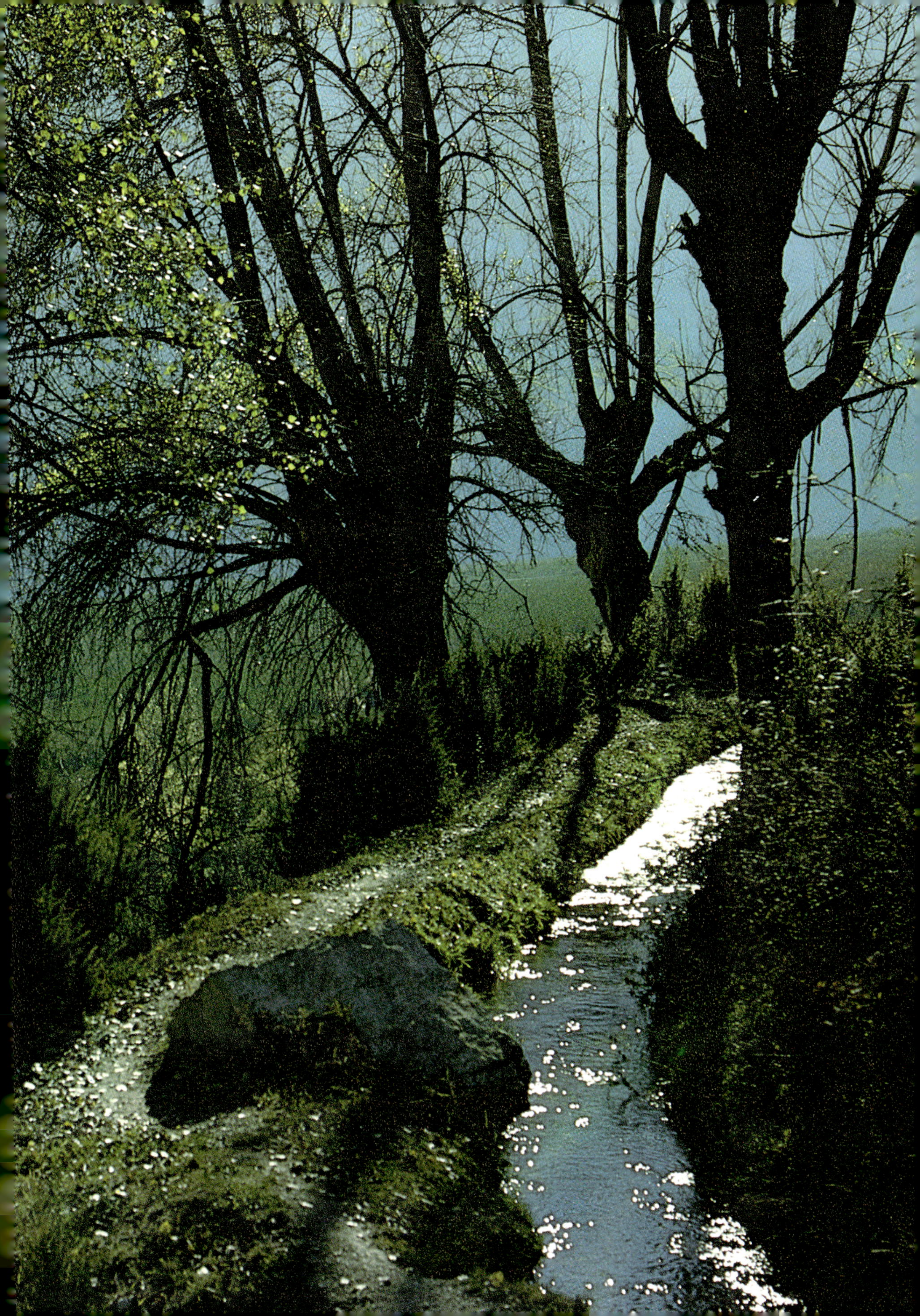

Oben: Der Weg zur Urzeitstätte Roßladum bei Kortsch mit Blick zum vergletscherten Hasenöhrl
Unten: Tiefblick von Roßladum auf das Schwemmgebiet der berühmten Gadriamure
Rechts: Eine unterirdische Trockenmauer auf der Kuppenhöhe von Roßladum (Lexikon S. 123)
Rechte Seite: Eine der prächtigen Edelkastanien bei Kortsch mit dem uralten Ägidikirchlein, vom Weg nach Roßladum aus gesehen (Lexikon S. 123)

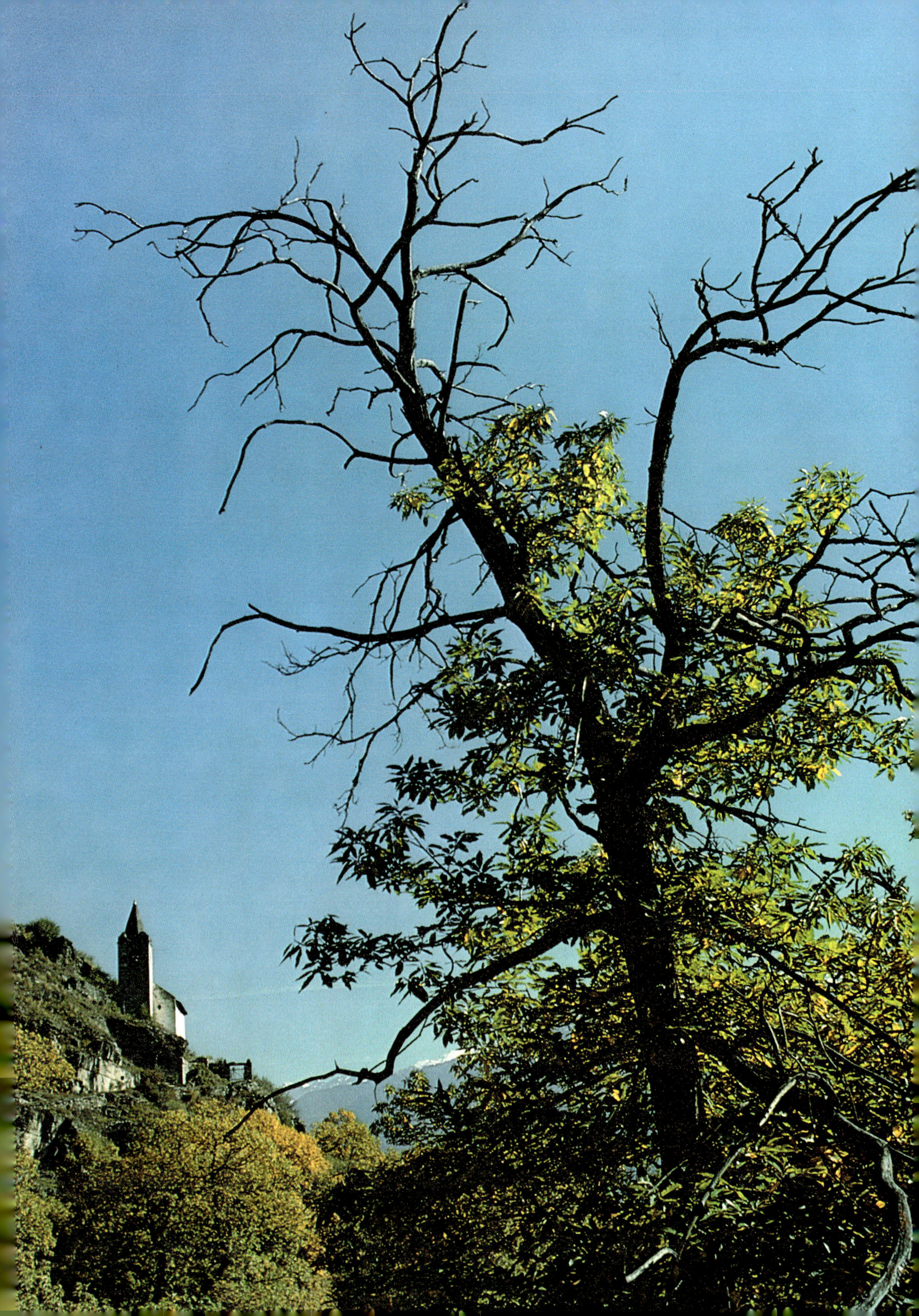

DER PLATTENWEG NACH ANNENBERG

... und die Goldrainer Schalensteine

Hoch über Goldrain erhebt sich auf einer kleinen Kuppe das weit über das Land blickende Schloß Annenberg, ein an königlichem Platz thronender Wächter des Vinschgaus. Wenn im Schloß und in der nahen Kapelle heute auch keine nennenswerten Kunstschätze mehr zu sehen sind, so ist die Lage des Schlosses allein schon Grund genug, hier heraufzuwandern. Außerdem besitzt der Ort auch in urgeschichtlicher Hinsicht seine Bedeutung; denn auch hier, wie an so vielen anderen Stellen des Vinschgauer Sonnenberges, wurden entsprechende Scherbenfunde getätigt. Und auch mächtige Aschenschichten und ausgeglühtes Gestein, Spuren also jener Brandkatastrophe, von der im vorhergehenden Kapitel gesprochen wurde, konnten auf den Annenberger Böden entdeckt werden.

Östlich vom Schloß durchzieht eine tiefe Schlucht den steilen Berghang, der größtenteils die typische Steppenvegetation des Sonnenberges aufweist. In der schmalen, kühlen Schlucht, die der Tissbach durchfließt, wuchert üppiges Buschwerk in verschwenderischer Fülle, besonders im unteren Teil, wo der Bach einen hohen Wasserfall bildet. Dieser Schlucht entlang führt unser Aufstiegsweg. Es ist dies — und das nebenstehende Bild möge es verdeutlichen — ein Urweg, wie man ihn sich nicht charakteristischer vorstellen kann. Schmal und stellenweise steil führt er den Berg hinan, an manchen Stellen mit silbern glänzenden Schieferplatten gepflastert — angelegt von und für Menschen, die das Gehen noch nicht verlernt hatten.

Die Frage nach dem genauen Alter dieses einmaligen Weges ist müßig. Wurde er erst im Mittelalter als Burgweg für das Schloß Annenberg angelegt oder schon bereits viel früher, vielleicht von jenen Leuten, über die wir fast nichts wissen, außer daß sie in vorgeschichtlicher Zeit oben auf den Annenberger Böden hausten? Der Weg selbst verrät uns sein Alter nicht. Denn Wege sind meist so undatierbar wie Trockenmauern. Sie können vor hundert genauso wie vor tausend Jahren angelegt worden sein, sofern sie nicht besondere Merkmale aufweisen.

Ein solches Merkmal aber, wenn auch nicht genau datierbar, sehr rätselhaft und gerade deshalb um so beachtenswerter, finden wir zwar nicht auf dem Weg selbst, aber in seiner unmittelbaren Nähe; und alles deutet darauf hin, daß unser Weg von der Goldrainer Pfarrkirche hinauf zu den Annenberger Böden schon begangen wurde, als es die Herren von Matsch und Partschins noch lange nicht gab, geschweige denn ihr Schloß Annenberg. Was jene Menschen in grauer Vorzeit bewogen haben mag, an diesem Weg und am äußersten Rand über der Tissbachschlucht runde Grübchen in den Schieferfelsen

Der einmalige Plattenweg von Goldrain/Tiss hinauf zum Schloß Annenberg (Lexikon S. 126)

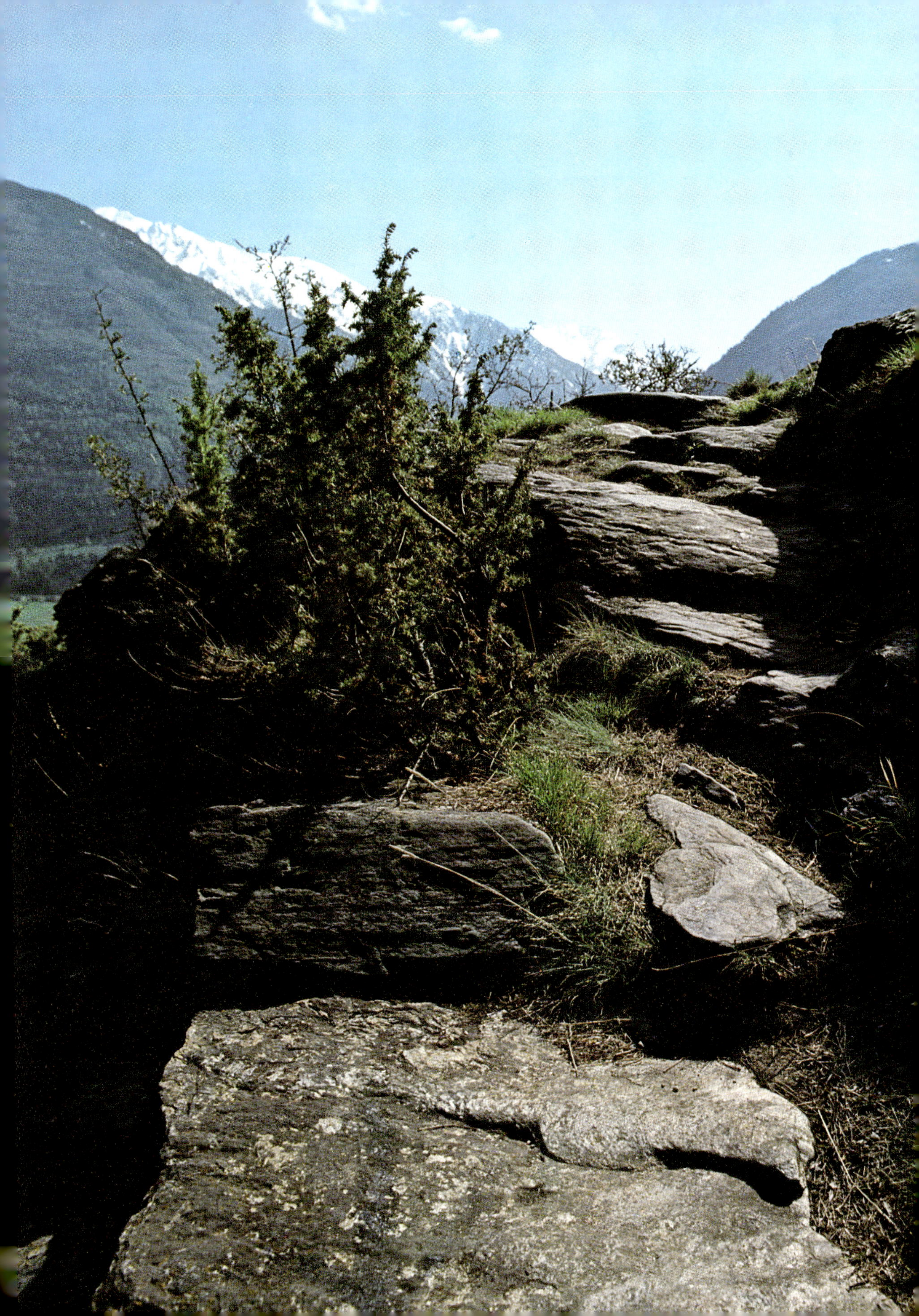

zu bohren, hat bis heute noch niemand herausgebracht. Viele, die noch nie derartige Schalen mit eigenen Augen gesehen haben, lächeln darüber und sind oft gar nicht so recht geneigt zu glauben, daß diese Schalen, von denen es allein in Südtirol mindestens rund 2500 bekannte gibt, von Menschenhand stammen. Hatten sich bis vor nicht allzu langer Zeit vor allem Hobby-Vorgeschichtsfreunde und Schalensteinamateure mit Schalensteinen beschäftigt, so befaßt sich seit einiger Zeit nun auch die Fachwelt eingehender damit, doch gibt es immer noch fast gleich viele Lösungsversuche wie offene Fragezeichen.

Immerhin ist man sich heute darüber einig, daß wohl die meisten Schalensteine aus prähistorischer Zeit stammen, wenn es auch Anzeichen dafür gibt, daß das Schalenbohren vereinzelt noch einige Jahrhunderte lang nach der Zeitenwende betrieben wurde.

Die Schalen an unserem Weg dürften mit großer Wahrscheinlichkeit vorgeschichtlich sein; sie sind zwar nicht zu den bedeutendsten in unserem Lande zu zählen, ihre Ausführungsart und vor allem ihre Lage an einem sehr exponierten Punkt sind aber charakteristisch für eine ganze Reihe von derartigen Kulturdenkmälern. Und gerade hier erheben sich viele Fragen: Warum wurden die Schalen ausgerechnet so nahe am Rand der Tissbachschlucht gerieben? Besteht ein Zusammenhang mit der Schlucht oder dem Bach? Wurden hier kultische Feuer entzündet oder vielleicht andere Opfer dargebracht? Ist ein Hinweis darin zu sehen, daß nicht nur diese Schalensteine, sondern ganz merkwürdigerweise auch die Goldrainer Pfarrkirche in unmittelbarer Nähe des Tissbaches errichtet wurde? Welche Rolle in bezug auf die Schalensteine könnte das Bild des hl. Christophorus an der Außenfront der Kirche spielen; ist dieser christliche Wasserpatron ein Nachfolger einer vorchristlichen Wassergottheit? Was hat es mit dem alten Brauch auf sich, am Christophorusbild zur Gewinnung von wundertätigem Pulver den Mörtel abzuschaben? Lebt hierin eine Kulthandlung fort, die in vorchristlicher Zeit im Reiben der Schalen bestand? Oder stehen alle diese Fragen zu nahe am leicht Denkbaren, und müßte man weiter ausholen und den Schalen doch den von manchen Forschern vermuteten astronomischen Zweck beimessen?

Auf alle diese Fragen, denen noch verschiedene andere angefügt werden könnten, gibt es nur die eine Antwort: Wir wissen es nicht. Die eine Möglichkeit erscheint dem einen wahrscheinlicher als eine andere, während sie der andere rundweg ablehnt; aber beweisbar ist nichts — außer der Existenz der Schalen. Vielleicht sind wir heute nicht mehr in der Lage, das Geistesleben jenes Volkes nachzuvollziehen, das nicht nur in Südtirol, sondern mehr oder weniger auf der ganzen Welt diese seltsamen Schalen ins Gestein gebohrt hat, vielleicht aber ist auch das ganze Schalensteinproblem zu kompliziert und vielschichtig, um eine allgemeingültige Gesamtlösung zuzulassen.

Eines aber ist sicher: Gerade die Tatsache, daß es in einer Zeit, in der alles erklärbar, alles machbar, alles nachweisbar erscheint, immer noch Rätsel gibt, denen unser ganzes Wissen und alle wissenschaftlichen und technischen Möglichkeiten machtlos gegenüberstehen — gerade dies macht unsere Schalensteine am Urweg von Tiss hinauf zum Schloß Annenberg so reizvoll.

Einer der Schalensteine am Weg von Tiss nach Annenberg am Vinschgauer Sonnenberg; im Hintergrund das Gebiet von Latsch und Tarsch (Lexikon S. 126)

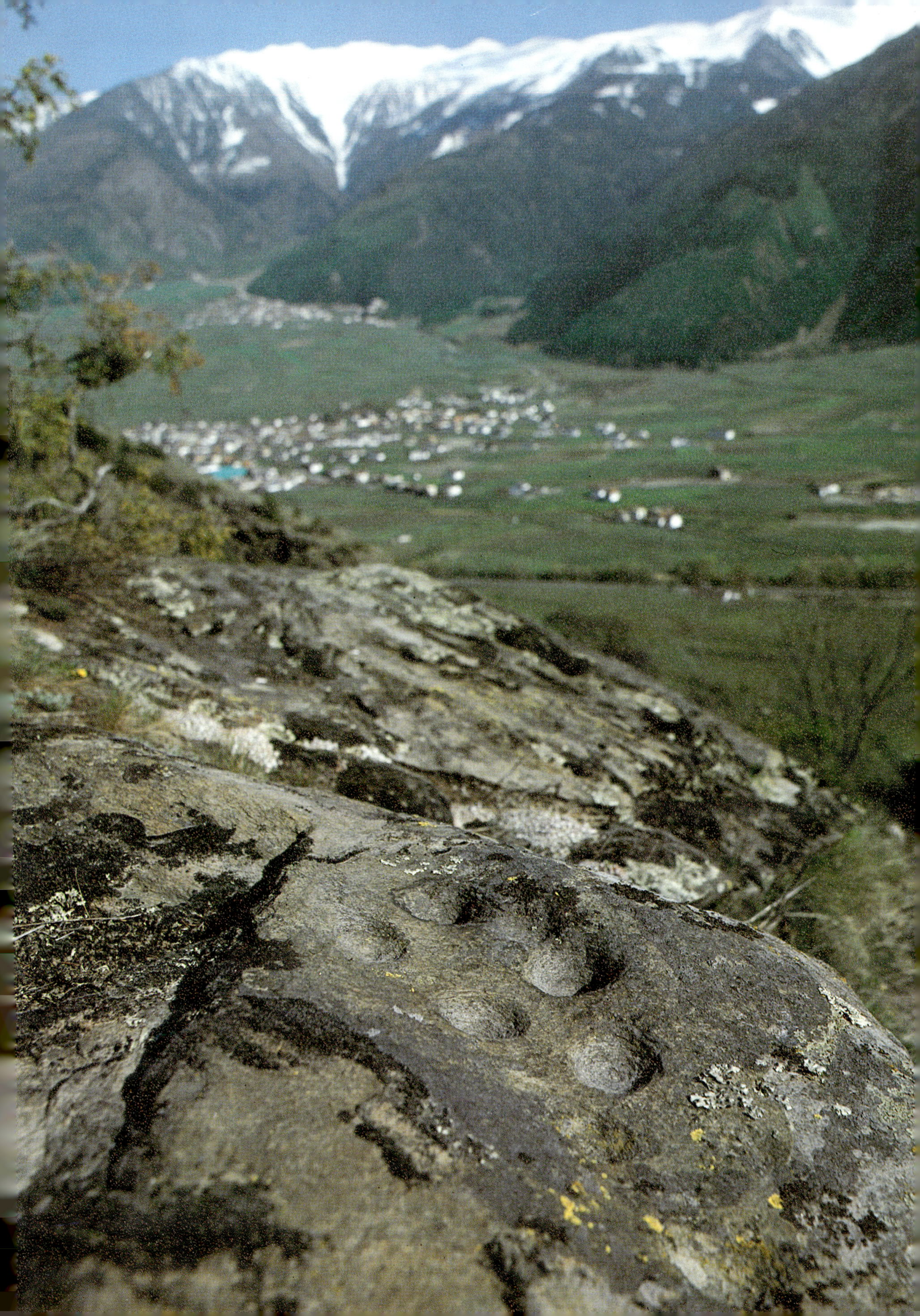

WENN WEGE UND STEINE ZU ERZÄHLEN BEGINNEN ...

Von Kastelbell über Platz nach Latsch im Vinschgau

Haben wir bereits auf den vorhergehenden Seiten am Weg von Goldrain zum Schloß Annenberg eine Schalensteingruppe kennengelernt und einige damit zusammenhängende Fragen aufgeworfen, so finden wir entlang des hier zu beschreibenden Urweges eine ganze Reihe derartiger Zeugen vorgeschichtlichen Kulturgutes.

Doch bevor wir uns mit diesen höchst interessanten und bedeutenden Vinschgauer Steindenkmälern beschäftigen, sei etwas über die ganze Gegend und vor allem über die einmaligen Wege gesagt. Wer auf der schmalen, kurvenreichen, zwischen der wilden Etschenge, die hier »Latschander« genannt wird, und dem Burgfelsen von Kastelbell eingezwängten Talstraße entlangfährt, ahnt nichts von der Schönheit der sich zum Weiler Platz hinaufziehenden Landschaft. Tag und Nacht dröhnen die Autokolonnen durch den kleinen Ort Kastelbell, Streß und Mißmut beherrschen die Szene. Eine Anregung, zumindest für etliche Stunden dieser Situation zu entfliehen, soll hier gegeben werden: von Kastelbell auf Urzeitwegen hinauf nach Platz und von dort hinab nach Latsch zu wandern. Allein diese gepflasterten Wege sind schon Kulturzeugnisse, die unter strengen Denkmalschutz gestellt zu werden verdienten. Wer weiß, was sie alles erzählen würden, wenn sie sprechen könnten, wer weiß, wie viele Menschen singend und lachend Freude und Glück oder in leisem Selbstgespräch Kummer und Leid den Pflastersteinen anvertraut haben, wie oft so manche überarbeitete Bauersfrau über die harten Platten den Berg hinan ging, den Rosenkranz betend, um das schwere Schicksal oben auf einem der einsamen Berghöfe leichter ertragen zu können. Doch die uralten Wege bleiben stumm, sie behalten das, was sie gesehen und gehört haben ebenso für sich, wie die vielen Toten, die im Laufe vieler Jahrhunderte über diese Wege zu Tal getragen wurden. Und doch: Sie sprechen zu dem, der in ihnen mehr sieht als nur leblose reine Zweckbauten.

Nicht wer unten im Tal aus dem fahrenden Auto schaut, lernt den Vinschgau und ganz besonders den Vinschgauer Sonnenberg kennen; und wer glaubt, bei Trachtenumzügen, bei sogenannten Volkstumsabenden oder beim Anhören sogenannter Südtiroler Volksmusik das wirkliche Leben der Bergbauern kennenzulernen, täuscht sich. Hinaufgehen, langsam und bedächtig, auf einem dieser uralten Wege, hören, was die Pflastersteine in ihrer ganz

Der uralte Pflasterweg von Kastelbell nach Platz (Lexikon S. 127)

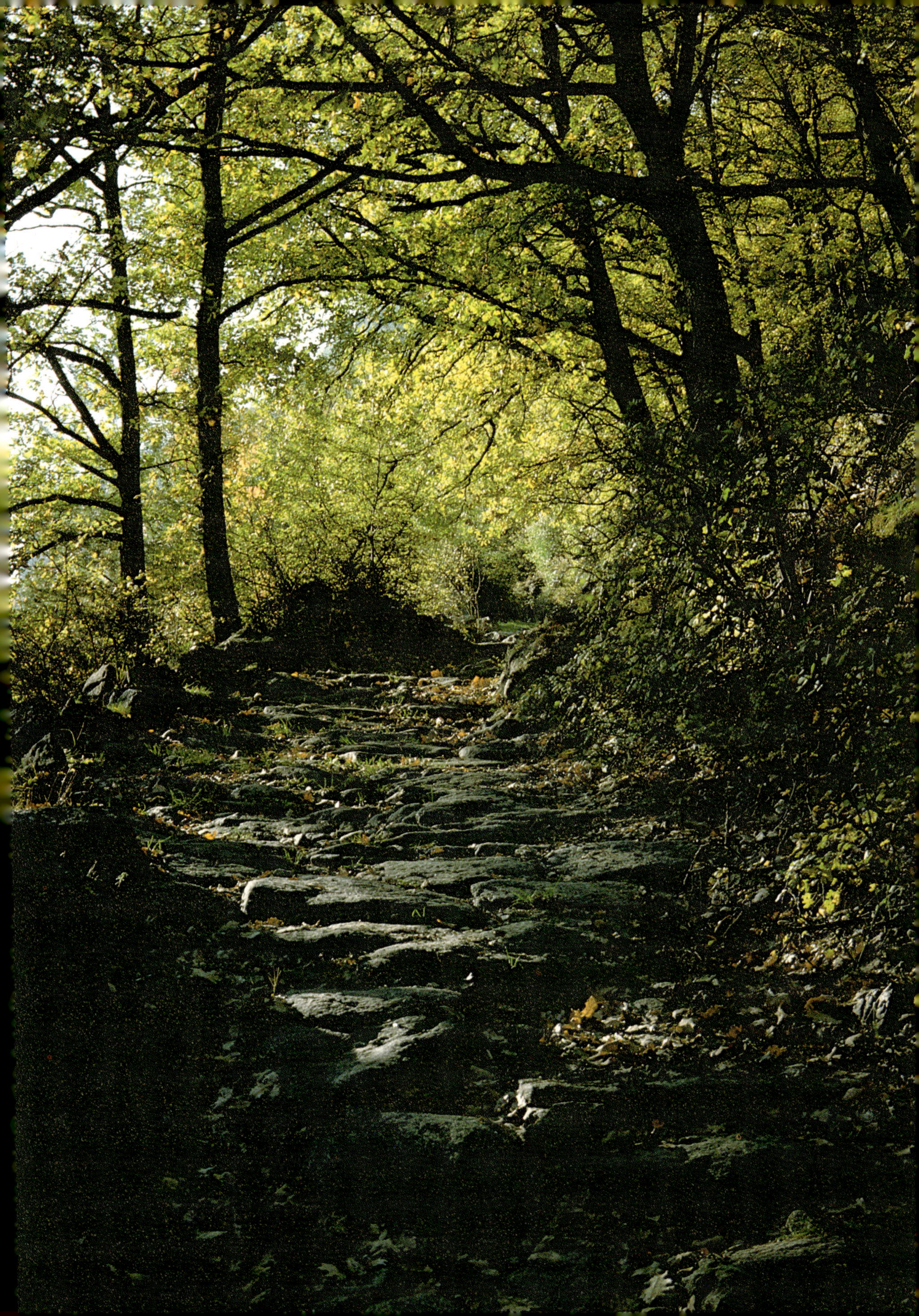

eigenen Sprache erzählen, hinaufsteigen bis zu den Höfen von Platz mit ihrer verfallenden Sebastianskirche oder noch weiter bis hinauf nach Trumsberg oder St. Martin im Kofel — das ist es, was eine echte innere Beziehung zu dieser einzigartigen Natur- und Kulturlandschaft schafft.

Diese Wege führen aber auch weit zurück, in eine Welt, die der jahrtausendealte Mantel der Zeit zugedeckt hat, deren Spuren zum allergrößten Teil längst vom Winde verweht sind. Einiges aber ist uns aus jener fernen Zeit doch erhalten geblieben: wieder Steine, steinerne Zeugen, die uns beim ersten Anblick mehr noch zu erzählen versprechen als die Steine der Pflasterwege, dann aber doch wieder in tiefes Schweigen versinken. Zunächst ist da, von stillem, geheimnisvollen Eichenwald umschattet, eine mächtige Felsplatte, getragen von seitlichen Trockenmauern und bekannt als *Klumperplatte*. Denn obenauf liegt eine zweite, kleinere Platte, die man bewegen und dabei rechts und links auf der Unterlage aufschlagen lassen kann. Auf diese Weise wird das *Klumpern*, ein Ton erzeugt, von dem die Leute sagen, daß man ihn weithin hören könne und daß damit in früheren Zeiten die Umgebung auf drohende Gefahren aufmerksam gemacht wurde. Wie so manch andere Steine tragen auch diese Platten mehrere Schalen und ein Kreuz. Darunter aber befindet sich eine kleine Höhle — ob es einst eine Grabkammer war, wird wohl nie mehr zu erfahren sein — ebensowenig wie die Bedeutung jener fünf Löcher, die am aussichtsreichen *Pfraumer Bödele* in einen schiefen Stein gebohrt worden sind.

Der eindrucksvollste Schalenstein entlang unseres Weges und einer der bedeutendsten des ganzen Vinschgaus aber ist die *untere Grübelplatte*. Nachdem wir in Platz die Spuren vorgeschichtlicher Behausungen und die Kirchenruine St. Sebastian und Fabian besichtigt haben, finden wir den Schalenstein beim Abstieg nach Latsch. Nicht weniger als über 120 Schalen sind in diese Platte schön rund und sauber eingetieft, dazu ein Kreuz mit einem möglichen Kreis rundherum, sowie verschiedene andere Rillen. Auch dieser Schalenstein wirft so wie alle anderen Fragen über Fragen auf. Von einfachen, naheliegenden Deutungsversuchen bis zu Untersuchungen nach archäoastronomischen Gesichtspunkten wurde an diesem Stein alles unternommen, um sein Geheimnis zu lüften. Mehr als Vermutungen kamen dabei aber nicht heraus. Die *Grübelplatte* sagt uns nur soviel wie die anderen Schalensteine und die uralten Pflasterwege auch: daß hier vor langer Zeit Menschen gelebt haben, Menschen mit ähnlichen Sorgen, Freuden und Schicksalen wie wir, nur eben mit anderen religiösen Anschauungen, Bräuchen und Lebensweisen. Nicht die Zeit, in der diese Menschen lebten, kennen wir, noch ihre Herkunft, weder ihre Sprache noch ihre Lebensform. Alles was irdisch war, haben sie mit sich genommen, nur die steinernen Zeugen ihrer religiösen Kulthandlungen haben sie uns zurückgelassen, gleichsam als Botschaft, daß es Wichtigeres, Unauslöschlicheres gibt als nur irdische Güter.

26 *Oben links:* Die sogenannte »Klumperplatte« am Weg von Kastelbell nach Platz
Oben rechts: Der Schalenstein am »Pfraumer Bödele«
Unten links: Die »Untere Grübelplatte« am Abstieg von Platz nach Latsch
Unten rechts: Teilansicht der »Unteren Grübelplatte«, eines der reichhaltigsten Schalensteine im Vinschgau (Lexikon S. 127)

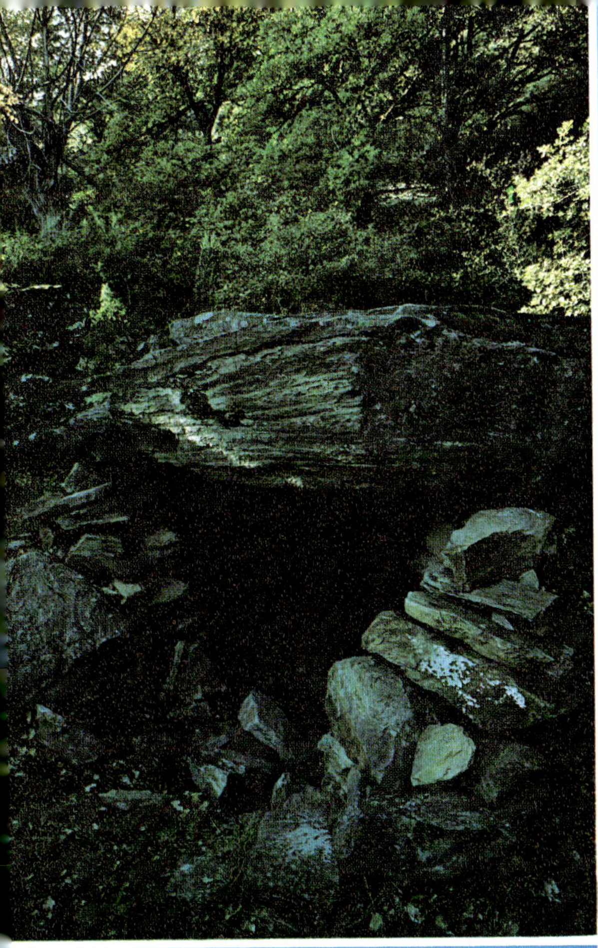
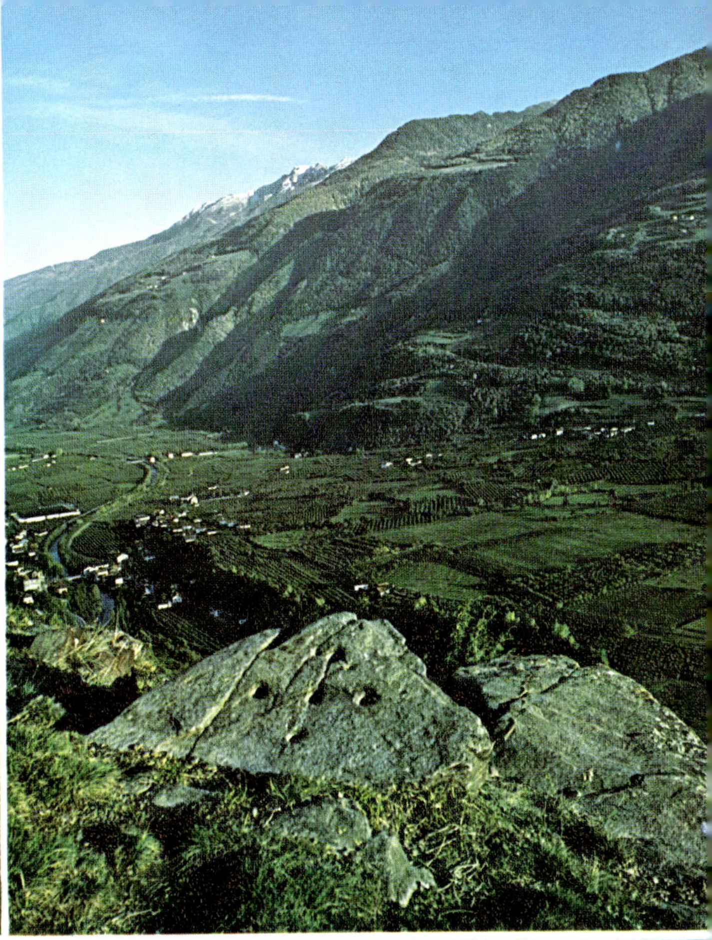
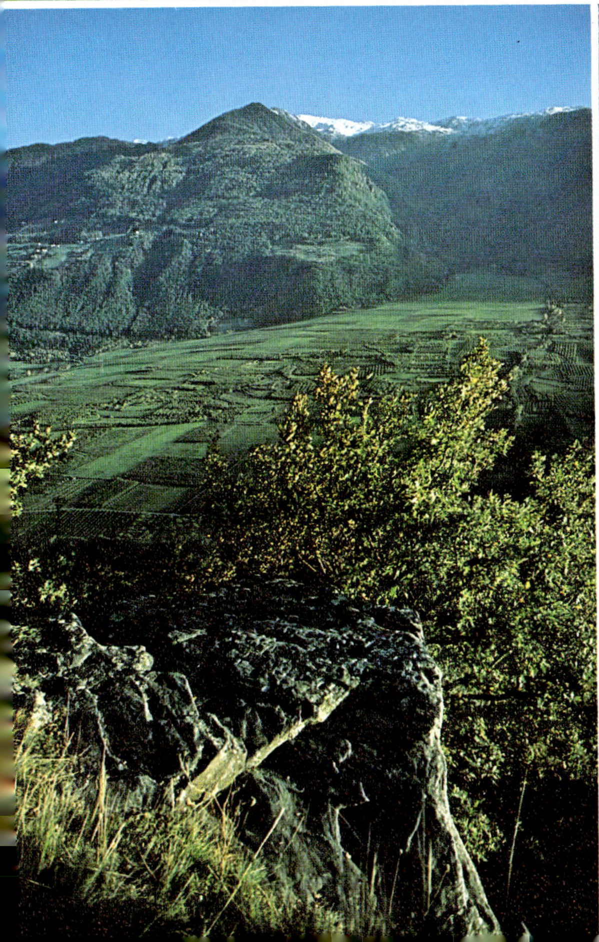
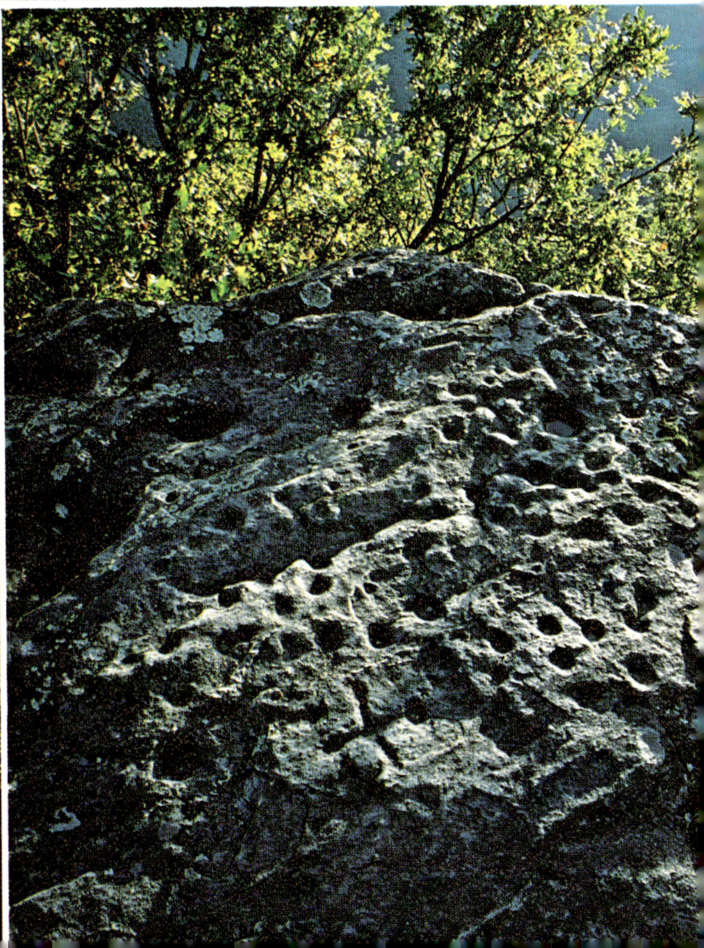

VON PARTSCHINS ZUM GOLDERSKOFEL

Eine Straße, ein Urweg und eine Wallburg

Beim Gasthof »Saltner« zweigt rechts der uralte, prähistorische Plattenweg ab, der vorbei am Golderskofel und am prächtig gelegenen Ebnerhof zum Bergweiler Tabland führt... Leider besteht derzeit das Projekt, anstelle des alten »Totenweges« eine Güterstraße zu errichten, der die steinernen Zeugen dieser Gegenwart zum Opfer fallen werden. Dies schrieb Josef Rampold im Jahre 1977 in seinem Buch »Vinschgau«; und nur wenig später hat sich die düstere Voraussage bewahrheitet: Ein beträchtliches Stück des alten Pflasterweges ist zur Asphaltstraße geworden, ein prachtvoller Schalenstein ist verschwunden, ein weiterer wurde vom Bagger kurzerhand wegplaniert und liegt heute unbeachtet inmitten einer Steinhalde.

Trotz der neuen Straße ist der Golderskofel aber ein lohnendes Wanderziel geblieben; denn nicht überall ist der alte Weg zerstört und vor allem blieben die eindrucksvollen Reste einer einstigen, möglicherweise prähistorischen Wallburg ebenso erhalten wie der mächtige Goldersknott mit einigen Schalen und einem Kreuz sowie der Schalenstein ober dem Ebnerhof am alten Fußweg nach Tabland.

So führt uns der Gang von Partschins hinauf zum Golderskofel, weiter nach Tabland und am mächtigen Partschinser Wasserfall vorbei wieder zurück nach Partschins durch eine prachtvolle Naturlandschaft und durch eine Gegend, in der die Zeugen jahrtausendelanger Besiedlung zu sehen sind: aus vorgeschichtlicher Zeit mehrere Schalensteine und vielleicht auch die Wallburg und der Plattenweg, aus römischer Zeit ein Weihestein in Partschins, aus mittelalterlicher Zeit die Berghöfe, und aus neuester Zeit eine Asphaltstraße...

Unten links: Der »Goldersknott«, ein mächtiger Schalenstein hoch über Partschins
Unten rechts: Mauerreste der Wallburg am Golderskofel
Rechte Seite: Der uralte Weg von Partschins zum Golderskofel (Lexikon S. 130)

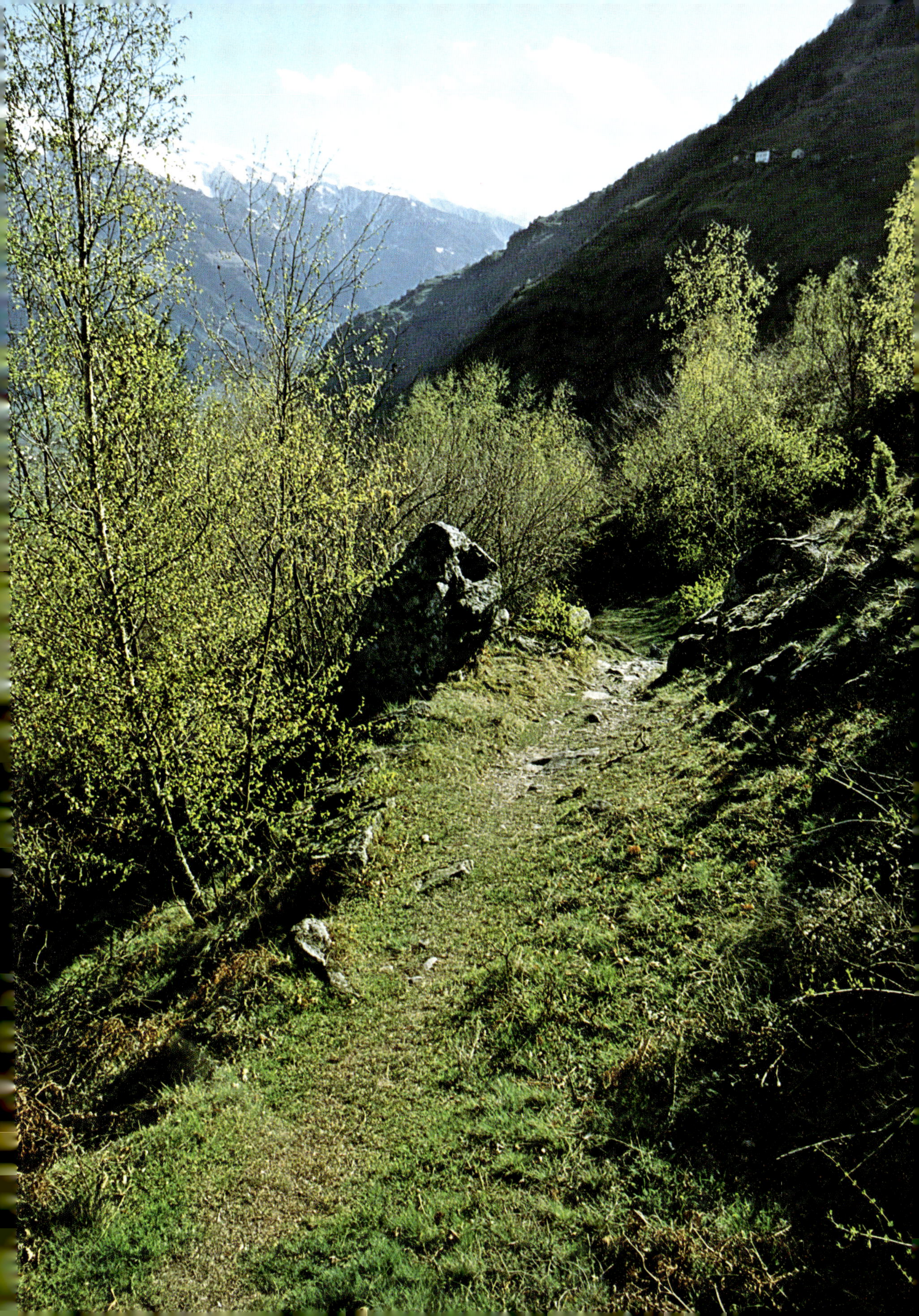

Urweg zwischen Algund und Vellau

Wo uns bei jedem Schritt der Hauch der Jahrtausende umweht

Der Weg von Algund über den Oberötzhof und Birbamegger nach Vellau, von dort weiter über den Kienegger zum Saxner und auf dem *Totengassl* zurück nach Algund ist ein langer und teilweise auch steiler Weg. Aber er ist landschaftlich einer der schönsten im Burggrafenamt, und vor allem führt er uns in eine der archäologisch bedeutendsten Gegenden Südtirols. Reichen doch die datierbaren Funde bis in die Jungsteinzeit zurück und haben wir doch mit den vier Algunder Menhiren, die im Anhang noch näher beschrieben werden, den bedeutendsten Fundkomplex solcher Figurensteine. Außer einem bronzezeitlichen Lappenbeil und wir an diesem Südhang der Texelgrup einem Streufund aus Algund kennenpe zwischen Dorf Tirol und Partschins mehrere Kuppensiedlungen aus der Bronzezeit, so den noch näher zu behandelnden Mutkopf, den bereits beschriebenen, altersmäßig noch nicht genau bestimmbaren Golderskofel und den Saxnerknott, an dem unser Weg vorbeiführt.

Die vielen vorgeschichtlichen Funde, die Schalensteine, denen wir fast auf Schritt und Tritt begegnen, und die Reste geheimnisvoller Trockenmauern an verschiedenen Stellen beweisen, daß die Wege hier alle sehr alt sind. Es sind Urwege im wahrsten Sinne des Wortes, hier kunstvoll gepflastert und untermauert, dort nur als schmale Steige wilde Gräben umgehend, Wege, deren Namen mit dem Schicksal von Mensch und Tier verknüpft sind. So erzählt der steile Pflasterweg mit den tiefen Fahrrillen am Beginn unserer Wanderung mit erschütternder Eindringlichkeit von der unerbittlichen Härte, die das Leben der Zugtiere in vergangenen Zeiten bestimmte: der Weg heißt *Ochsentod*. Vom allerletzten Gang der Menschen hingegen spricht das *Totengassl*, der Weg, auf dem die Toten von Vellau nach Algund hinab getragen wurden. Was wir aber bei dieser Wanderung begehen, das sind nur kurze Abschnitte von langen Fernwegen, die wohl schon in prähistorischer Zeit bestanden. So setzt sich der Weg hinauf nach Vellau über den hohen Sattel des Taufen und das Spronser Seengebiet bis nach Pfelders fort, und der *Ochsentod* ist nur ein kurzer Teil eines alten Talweges, der von Sterzing über den Jaufen und das Passeiertal zur Töll und durch den Vinschgau führte.

Was die vielen Schalensteine entlang dieser Urzeitwege wohl für eine Bedeutung hatten, wissen wir nicht; ebensowenig können wir mit Sicherheit deuten, welche Bewandtnis es mit den unzähligen Kreuzen im *Kreuzstein* am Steilhang des Hasentals auf sich hat, und genauso können wir über den einstigen Zweck der Algunder Menhire nur Vermutungen anstellen. Und dennoch: Während wir durch gepflegte Rebanlagen wandern, idyllischen Waalwegen entlang, unter mächtigen Kastanienbäumen durch, an einsamen Gehöften, rätselhaften *Norggenlöchern* und efeuumrankten Trockenmauern vorbei, durch ernsten Bergwald und helle Wiesenterrassen, spüren wir, daß hier schon Menschen lebten und hausten, als unsere Zeitrechnung noch lange nicht begonnen hatte.

Der »Ochsentod«, einer der zahlreichen Urwege im Gebiet von Algund und Vellau (Lexikon S. 132)

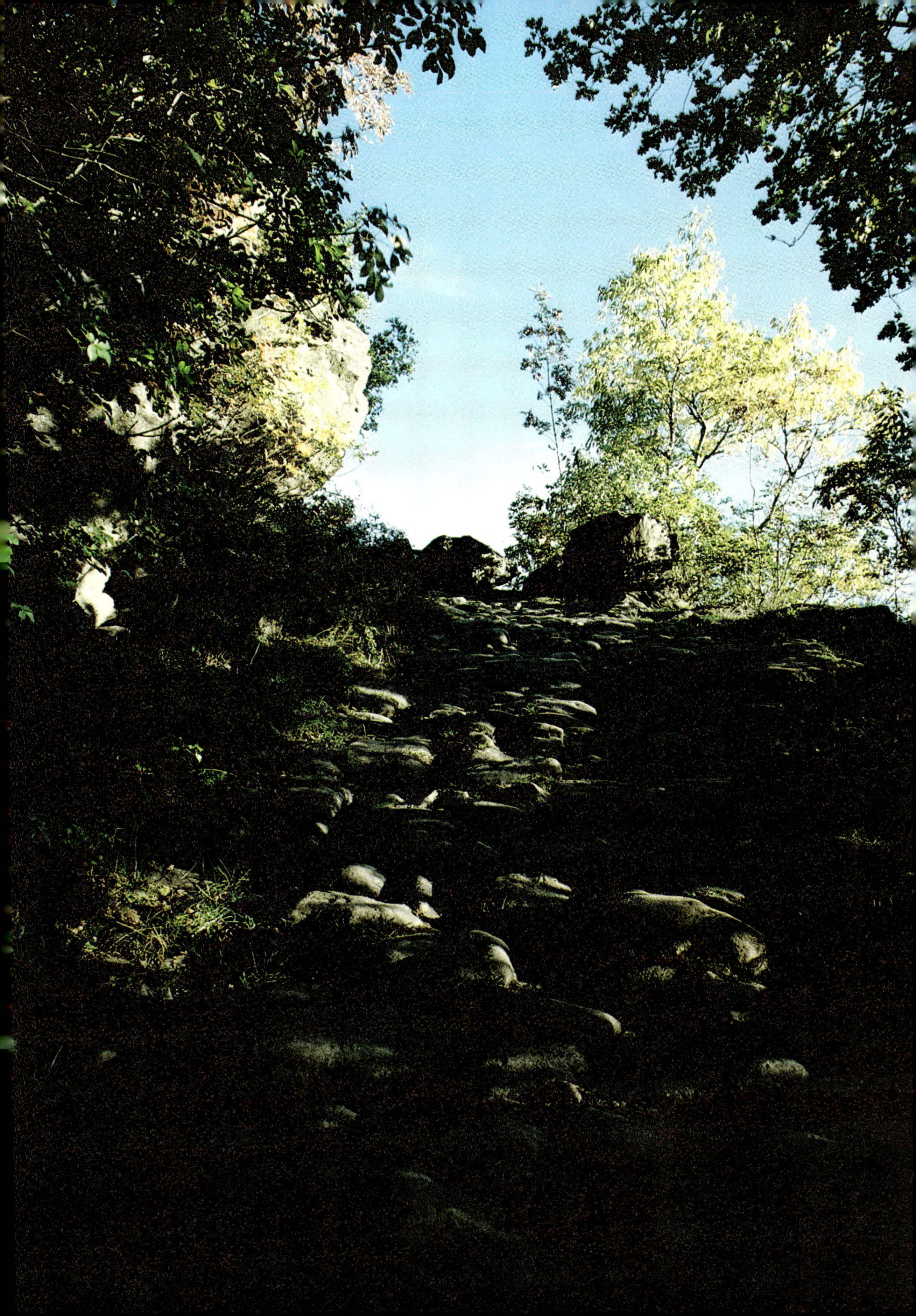

DIE SCHALENSTEINE VON SPRONS (MERAN)

Die eindrucksvollsten Steindenkmäler in Südtirols Hochgebirge

Nur wenige Schritte vom Südufer des reizenden Pfitscher Sees, des untersten der neun Spronser Seen, befinden sich unmittelbar am markierten Bergweg anderthalb Dutzend mächtiger Felsplatten, die übersät sind von Hunderten kleinerer und größerer Schalen, von Kreisen und anderen nur schwer definierbaren Rillen. Und dies in einer Höhe von über 2000 Metern. Nur die wenigsten Leute aber wissen etwas davon, und kaum jemandem fallen die zahllosen Grübchen auf. So verwundert es auch nicht, daß dieses kulturgeschichtlich so bedeutende Denkmal erst vor wenigen Jahrzehnten entdeckt wurde. Gleichzeitig mit seiner Entdeckung schien Josef Tscholl aus Schlanders auch den Zweck dieser Schalen herausgefunden zu haben. Er erfuhr nämlich, daß hier vorbei einst die Toten von Pfelders nach St. Peter bei Dorf Tirol getragen wurden, und daß man hier während der Totenrast in den Schalen Lichter angezündet habe. War dies aber der ursprüngliche Zweck der Schalen? Wohl nicht, denn wozu hätte man so viele Schalen eingetieft, warum viele nur so seicht und wozu die vielen Rillen?

Die Letzten, die um all die Geheimnisse und Rätsel gewußt haben werden, waren wohl jene *Nörggelen*, von denen die Bauern der Muthöfe in langen Winterabenden erzählten, und jene junge Frau mit bodenlangem Haar und flossenartigen Händen, die noch um die letzte Jahrhundertwende zwei Schafhirten in mondhellen Nächten bei den Spronser Seen gesehen haben wollen. Doch haben die Leute versäumt nach den Schalensteinen zu fragen, bevor die Zwerge für immer in den Felsklüften verschwanden und die Jungfrau dorthin für ewig zurückkehrte, woher sie gekommen war — in die Tiefe der Spronser Seen...

Links: Der Pfitscher See, einer der neun Spronser Seen; im Hintergrund die Oberkaser-Alm, darüber der Schwarzkopf (2804 m)
Rechte Seite: Die sogenannte »große Kultplatte«, einer der vielen Schalensteine nahe dem Pfitscher See in Sprons bei Meran. Im Hintergrund ein namenloser Gipfel (2766 m) im Kamm zwischen Tschigat und Schieferspitze (Lexikon S. 135)

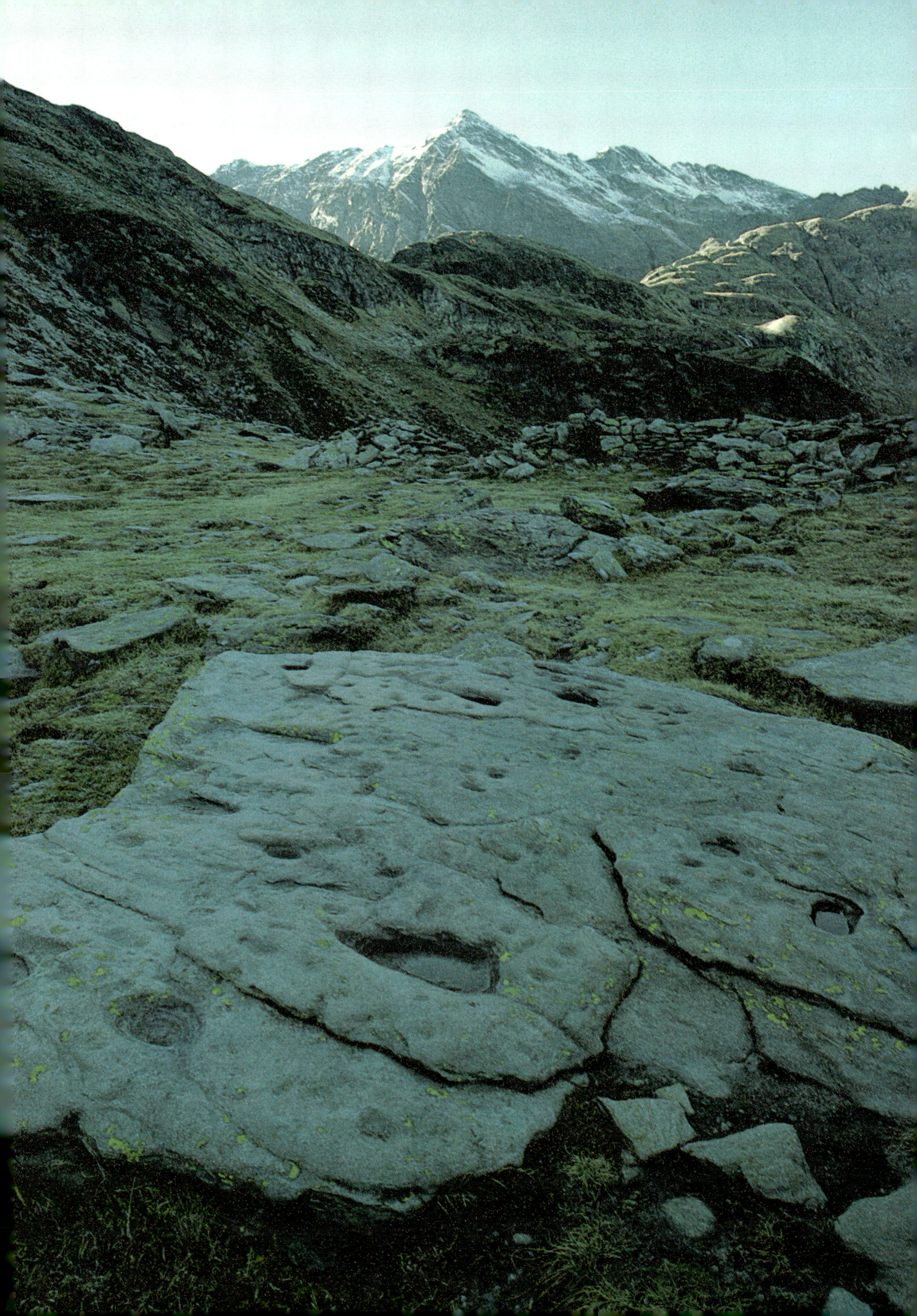

UND DIE SAGE HATTE DOCH RECHT

Das Zwergenschloß ober Dorf Tirol war eine Urzeitfestung

In alten Zeiten, als es unten in Meran und drüben in Schenna noch nicht so viele Häuser gab wie heute, als die Bauern von den Muthöfen noch lange keine Seilbahn hatten, und die Gegend noch nicht von Touristen unsicher gemacht wurde, da erhob sich auf dem Mutkopf ein stolzes Schloß, das von jenen Zwergen bewohnt war, die man hierzulande die *Nörggelen* nennt. Es waren dies hilfreiche Leutchen, die den Muter Bauern die Ziegen hüteten, sonst aber in ihrem Schloß recht zurückgezogen lebten und nur dann und wann kurz zu sehen waren, wenn sie durch das Unterholz der dunklen Bergwälder huschten. Doch als dann die neue Zeit und mit ihr viel Unruhe in das Land kam, da freute es die Nörggelen nicht mehr und sie verzogen sich. Einige Zeit verschanzten sie sich noch hinter den Mauern ihres heimlichen Schlosses, doch als es auch da zu unsicher wurde, schlüpften sie durch die Felsklüfte in das Innere des Berges und wurden seither nie wieder gesehen. Das Schloß aber verfiel, und dichter Wald begann den Mutkopf zu überziehn.

Kein Mensch wußte mehr etwas von all dem, nur die Muter Bauern erzählten sich noch die alten Geschichten. Und eines Tages erfuhr davon der Südtiroler Heimatforscher Luis Oberrauch. Er stieg hinauf auf die über 1500 m hoch gelegene Waldkuppe — und fand die Mauerreste des einstigen Nörggeleschlosses. Es war ihm ganz so ergangen wie hundert Jahre früher jenem Heinrich Schliemann, der ebenfalls nur aufgrund von alten Sagen das griechische Troja entdeckt hatte. Bereits am Sattel, der den Mutkopf mit dem Grat der pyramidenförmigen Mutspitze verbindet, fanden Oberrauch und sein Gefährte Otto Eisenstecken mächtige Steintrümmer eines einstigen Sperrwalles und auf der Kuppenhöhe selbst die Reste eines allem Anschein nach recht ansehnlichen Wehrturmes. Am Südosthang aber entdeckten die beiden Forscher die eigentliche Wohnfläche jener »Nörggelen«, die allerdings keine Zwerge aus dem Reich der Phantasie, sondern durch Scherbenfunde nachweisbare Menschen aus der Spätbronzezeit waren, Menschen, die über dreitausend Jahren da oben lebten.

So ist der Mutkopf ober Dorf Tirol ein besonders schönes Beispiel für den historischen Kern alter sagenhafter Geschichten. Hätte Oberrauch nicht in letzter Minute noch vom Nörggeleschloß erzählen gehört — wer weiß, ob dieser bedeutende bronzezeitliche Wohnplatz jemals entdeckt worden wäre.

Blick vom Mutspitze-Ostgrat auf die Urzeitkuppe Mutkopf; im Hintergrund Schenna, die Haflinger Höhen und die Dolomiten (Lexikon S. 138)

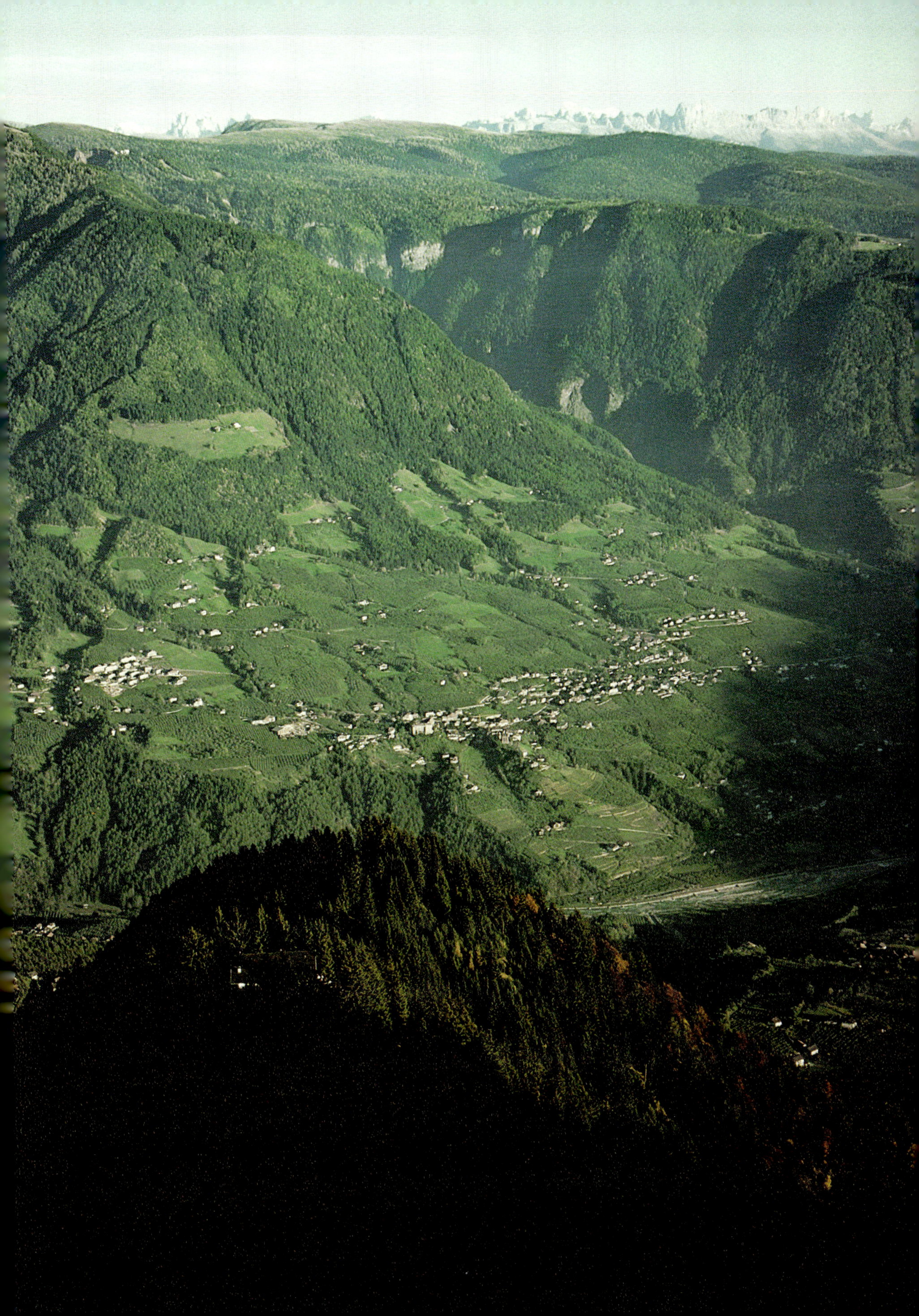

DIE URZEITSTÄTTE VON STULS

Auf dem alten Fußweg zur Sonnenterrasse von Innerpasseier

Schon allein durch ihre sonnige, siedlungsfreundliche Lage scheint die Hochterrasse von Stuls wie geschaffen für eine sehr frühe Besiedlung. Leicht zu verteidigen, ausgestattet mit allen lebenswichtigen Voraussetzungen wie Wasser, Jagdgründen und Almen, und auf einem sicher uralten Weg über Glaiten (auch eine prähistorische Station) vom Jaufen her leicht zugänglich, waren die Böden von Stuls — einmal gerodet — für den urgeschichtlichen Menschen zweifellos das wohnlichste Gebiet des gesamten inneren Passeiertales.

Und tatsächlich konnte durch zahlreiche Funde auf dem eindrucksvollen Felskopf, den die Passeirer die *Heache* nennen und der als Silberhütthöhe in die Literatur Eingang gefunden hat, eine eisenzeitliche Kuppensiedlung nachgewiesen werden. Und wie bei so vielen vorgeschichtlichen Siedlungsplätzen ranken sich auch hier verschiedene Sagen um das Gebiet, wie sich auch verschiedene Schalensteine finden lassen; so auf der Silberhütthöhe selbst, unterhalb von Innerstuls und ganz oben im Almbereich auf der Stuller Mut.

So bedeutsam nun die Entdeckung der Silberhütthöhe als Urzeitstätte für die Vorgeschichtsforschung des Passeiertales ist, so schön und eindrucksvoll ist das Gebiet von Stuls auch für den nicht ausschließlich an wissenschaftlichen Fragen interessierten Wanderer. Der Aufstieg auf dem uralten Stuller Weg von Gomion hinauf durch prachtvollen Bergwald und an tosenden Wildbächen vorbei, der grandiose Blick in das Pfelderer Tal mit seinen Dreitausendern und der schwindelerregende Tiefblick von der Silberhütthöhe hinab in die Passeirer Talschlucht und auf die untere Terrasse mit dem Falkenhof, in dessen Nähe das Wiesengelände so aussieht, als ob sich dort irgendwelche Mauerzüge unter der Grasnarbe verbergen würden, dies alles, dieser wohl schönste Platz des ganzen Passeiertales, will erwandert und erlebt sein.

Unten links: Die mindestens 9 symmetrisch angeordneten Schalen am Südrand der Silberhütthöhe
Unten rechts: Tiefblick von der Silberhütthöhe auf die Hangterrasse des Falkenhofes mit den merkwürdigen Geländeformen
Rechte Seite: Die Silberhütthöhe von Nordwesten gegen die Sarntaler Alpen (links Hochwart, rechts Adlerspitze) gesehen (Lexikon S. 140)

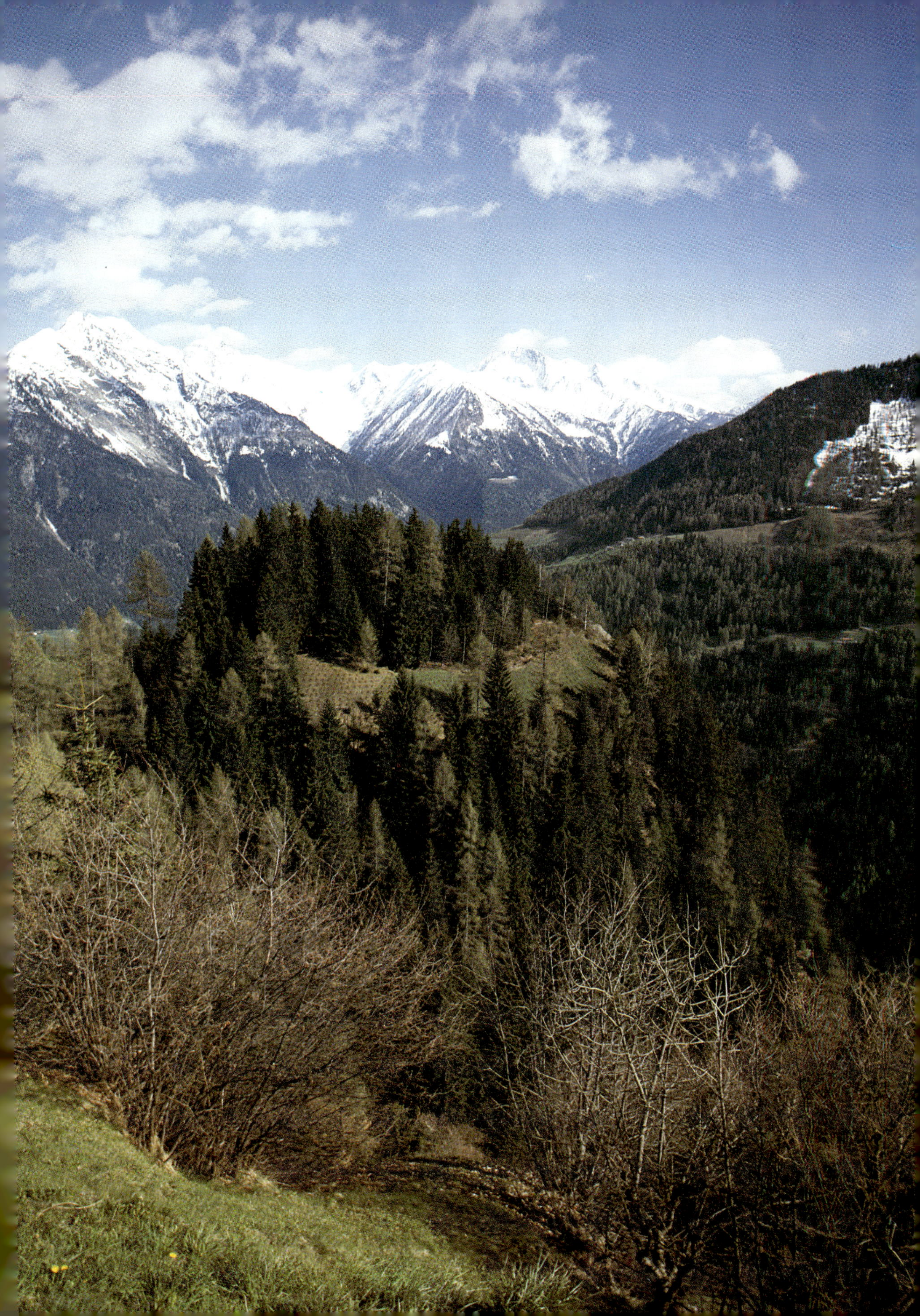

SANKT HIPPOLYT
Das Juwel des Burggrafenamtes

In weiten Serpentinen zieht der Weg durch duftenden, schattigen, steilen Mischwald empor. Es ist dies der uralte »Moosweg«, der die Talsohle der Etsch mit Naraun, einem Weiler auf der Tisener Hochfläche, verbindet und wohl schon begangen wurde, als die ersten Siedler die weiten Hochterrassen zu ihrem Wohngebiet machten. Heute aber geht kaum noch jemand diesen Weg — moderne Asphaltstraßen haben ihn abgelöst. Tisens, Völlan, Prissian, Grissian und Sirmian, all diese Orte mit ihren verwirrenden Namen sind heute mühelos und bequem mit dem Auto erreichbar.

Wir aber besinnen uns auf das älteste, billigste und gesündeste aller Fortbewegungsmittel und folgen den Spuren jener Menschen, die den schattigen Waldweg gingen, als es noch lange weder Auto noch Asphaltstraße gab. Und dann, nachdem wir den einsamen Wald verlassen, die Gampenpaßstraße überquert und schließlich auch den letzten Teil unseres Weges hinter uns haben, stehen wir oben — beim Kirchlein St. Hippolyt.

Und hier möchte man zu erzählen, ja zu schwärmen, sich nur noch in Superlativen auszudrücken beginnen. Seitenweise könnte man allein die landschaftliche Schönheit dieses berühmten Bildes rühmen; mit dem, was man an Dörfern, Kirchen, Schlössern und Bergen von der freien Kuppe aus alles sieht, könnte man ein ganzes Buch füllen. Vom Langobardenkastell Tesena, das hier einstmals als Befestigung am uralten Gampenweg gestanden sein dürfte, von zahlreichen archäologischen Funden, die uns von der Besiedlung des faszinierenden Hügels seit der ausgehenden Steinzeit berichten, vom Kirchlein selbst, das 1286 erstmals urkundlich erwähnt wurde, aber vielleicht wohl auf ein vorchristliches Heiligtum zurückgeht, von außerordentlich schönen Felsschalen, von einer seltsamen Felsenrutschbahn, deren Geheimnis ebenso wie jenes der Schalen immer noch nicht gelüftet ist, von den uralten Felstreppen und -wegen und den knorrigen Eschen, die der freien Höhe ihren ganz besonderen Reiz verleihen — von all dem und von vielem anderen könnte hier erzählt werden, so wie das auch schon von vielen mit großer Könnerschaft getan wurde.

Doch wir lassen es hier bleiben; denn des Erzählens wäre kein Ende. Und wer selbst diese gesegnete Stätte besucht, in der sich Naturlandschaft und religiöses Denkmal zur vollendeten Harmonie vereinen, wird ohnehin bald merken, daß selbst das bestgeschriebene Wort des sprachgewaltigsten Dichters immer noch nicht ganz an die Wirklichkeit heranzukommen vermag...

Die Hügelkirche St. Hippolyt bei Tisens; im Vordergrund eine der künstlich geschaffenen Felsschalen (Lexikon S. 142)

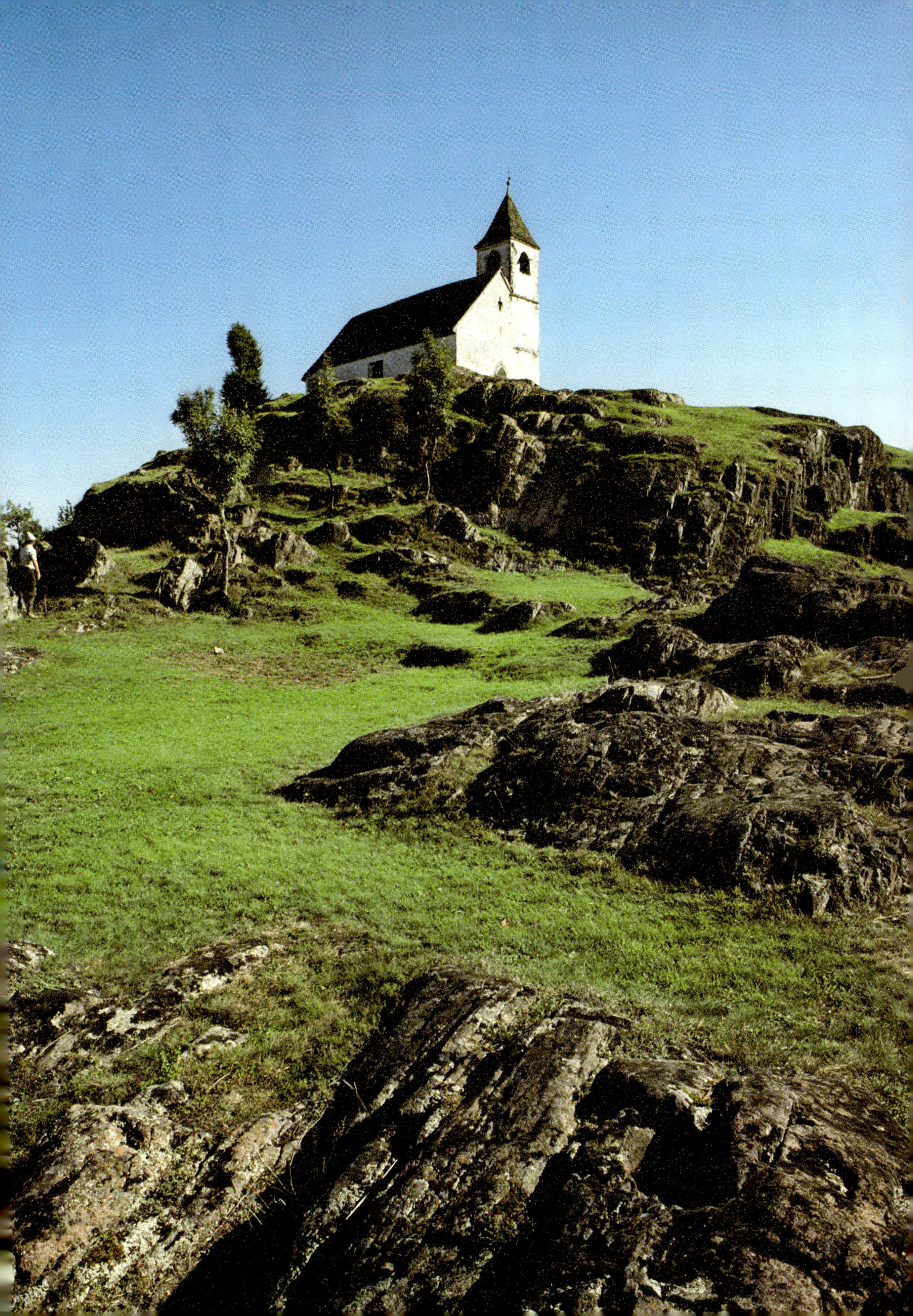

DER ÖLKNOTT BEI BOZEN — EIN ALTER KULTSTEIN?

Rätselraten um den Wahrheitsgehalt einer Legende

Am uralten Weg von Moritzing hinauf zum Schloß Greifenstein, nur wenig unterhalb der heute verlassenen und ausgeräumten Wallfahrtskirche, die den heiligen Ärzten Cosmas und Damian geweiht worden war, ragt aus dem dichten Eichenbusch ein zehn Meter hoher stumpfer Felszahn.

Nun sind solche Felsformen besonders da, wo der Bozner Porphyr die Landschaft prägt, nichts Besonderes, und man würde wohl an diesem Felsen ebenso achtlos vorbeigehen wie an jenem viel höheren, durch seine schlanke, spitze Gestalt viel eindrucksvolleren Felszahn, der oben an der Nordwestseite der Burg aus dem Boden ragt. Doch hat es, wie uns die Sage erzählt, mit dem Stein unter der Kirche St. Cosmas und Damian eine ganz besondere Bewandtnis: Niemand weiß zu sagen wann, aber einstmals entsprang auf diesem Felsen, in wunderbarer Weise direkt aus dem harten Gestein, eine Quelle. Aber nicht eine gewöhnliche Wasserquelle war es, sondern heilsames, wundertätiges Öl floß da heraus. Deshalb heißt der Felsen auch heute noch *Ölknott*. Die Leute pilgerten da hinauf und wurden durch das heilige Öl von ihren mannigfachen Schmerzen und Krankheiten geheilt. Doch eines Tages kam ein geldsüchtiger Mann auf den frevelhaften Einfall, den Zugang zum Ölknott zu sperren, und wer das Öl haben wollte, mußte tief in den Geldbeutel greifen. Doch dies mißfiel dem Gotte, der hier das Öl fließen ließ, und noch ehe der geldgierige Mann zu Reichtum und Ansehen gekommen war, versiegte die wunderbare Quelle. Und wie so oft büßte das ganze Volk die Missetat eines einzelnen. Wer heute auf den Ölknott hinaufklettert, findet somit jene einstige Quelle nicht mehr; in zwei kleinen Felswannen sammelt sich nur mehr das gewöhnliche Regenwasser. Wieviel wurde nun schon über diese beiden Wannen, über einen mächtigen, daneben liegenden Felsblock und über einen möglichen wahren Kern der Sage gerätselt; aber alles umsonst — hinter jedem Deutungsversuch steht immer noch ein großes Fragezeichen.

Und doch: Daß der Ölknott einst tatsächlich eine gewisse Bedeutung besessen haben muß, beweisen eine nahe alte Trockenmauer und der Fund eines Bronzestückes aus der Zeit um 380 v. Chr. Und noch etwas: Auf der Oberfläche des abgestandenen Wassers in den beiden kleinen Felswannen schwimmen tatsächlich auch heute noch ölartige »Augen«, zur Erinnerung an jene einstige wunderbare Ölquelle und als warnende Botschaft, daß der Mensch die Notlage seiner Mitmenschen nicht zur eigenen Bereicherung ausnützen soll...

Die angeblich künstlichen Wasserbecken mit dem mächtigen Felsblock auf dem sagenumwobenen »Ölknott«; im Hintergrund Etschtal und Mendelkamm (Lexikon S. 145)

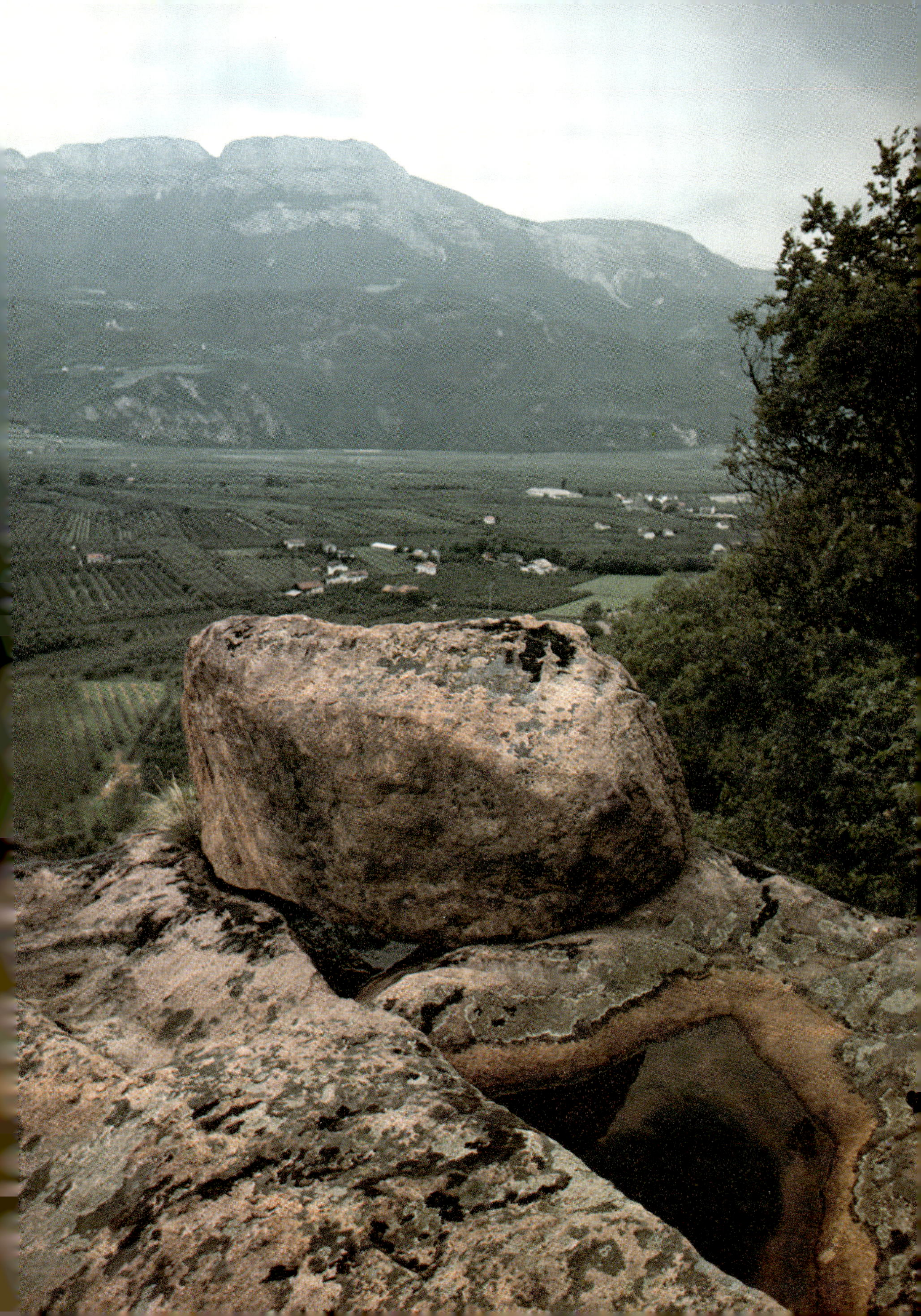

DER ADLERHORST AUF DEM GREIFENSTEIN

In Urzeit und Mittelalter die sicherste Festung des Landes

Wahrlich ein Greifenstein, jener gewaltige Burgfelsen, auf dem das *Sauschloß* steht; ein Riesenstein, der wohl den Greifen, den Raubvögeln, ein hervorragender Wohnplatz sein mochte, der für den unbeholfenen Menschen, der sich nicht schwerelos in die Lüfte zu heben vermag, aber nahezu unersteigbar aussieht.

Trotz oder gerade wegen dieser Unnahbarkeit des mächtigen Felsens aber wurden schon seit jeher die Menschen angeregt, ausgerechnet da oben ihre Zelte aufzuschlagen. Scherbenfunde deuten an, daß die Kuppenhöhe bereits in der ausgehenden Jungsteinzeit, also vor fast 4000 Jahren, bewohnt war. Aber auch aus späterer Zeit ist eine Besiedlung des Burgfelsens und der heute von dichten Flaumeichenbeständen bewachsenen Hänge darunter durch das archäologische Fundbild belegt. Sicher werden oben auf der Kuppenhöhe keine richtigen, ganzjährig bewohnten Siedlungen bestanden haben, denn dazu fehlte ja das Wasser, aber immerhin mehr oder weniger gut gebaute Fluchtburgen, in die sich die wohl unten am Berghang oder drüben auf den Glaninger Hochflächen wohnenden Siedler in Zeiten der Unruhe zurückziehen und sich gegen den Feind leicht verteidigen konnten. Ein genaues Bild jener vorgeschichtlichen Befestigungswerke auf dem Greifenstein können wir uns allerdings nicht machen, denn sie wurden durch die mittelalterliche Überbauung restlos zerstört.

Die seit dem 16. Jahrhundert unbewohnte Burganlage ist heute noch eine der eindrucksvollsten Ruinen des Landes. Bereits 1159 wird sie erstmals urkundlich erwähnt, und immer in ihrer bewegten, 400jährigen Geschichte ist sie die sicherste, uneinnehmbarste Burg des Landes. An dieser Feststellung ändert auch die Tatsache nichts, daß es Graf Meinhard II. in seinem gnadenlosen Machtkampf gegen die Anhänger des Trienter Bischofs 1275 gelingt, das Schloß in Schutt und Asche zu legen, wahrscheinlich durch den Einsatz brennender Geschosse. Wie sicher die Lage auf dem Greifenstein aber gegen traditionelle Kampfmittel war, beweist der Umstand, daß man es nie für notwendig erachtet hat, einen Bergfried zu bauen. Und als der Herzog Friedrich, genannt *mit der leeren Tasche*, Anfang des 15. Jahrhunderts mit einem gewaltigen Aufgebot die Burg monatelang belagerte, waren es ihrer ganze 19 Mann, die sie erfolgreich zu verteidigen verstanden. Und nicht viel anders war es bei zahlreichen anderen Belagerungen.

Heute, im Zeitalter der Jagdbomber, der Mittel- und Langstreckenraketen und wie jene »wunderbaren Erfindungen menschlichen Geistes gegen menschliches Leben noch alle heißen, hat das Sauschloß seine Bedeutung als Fluchtburg längst verloren. Fast unheimliche Stille wohnt zwischen den rissigen Mauern über dem gähnenden Abgrund. Nur der Turmfalke umfliegt noch den einstigen Menschenhorst, und manchmal zieht hoch oben auch der Steinadler seine Kreise — der Riesenstein ist wieder das Reich der Greife geworden.

Der kühne Burgfelsen mit der Ruine Greifenstein hoch über Siebeneich (Lexikon S. 145)

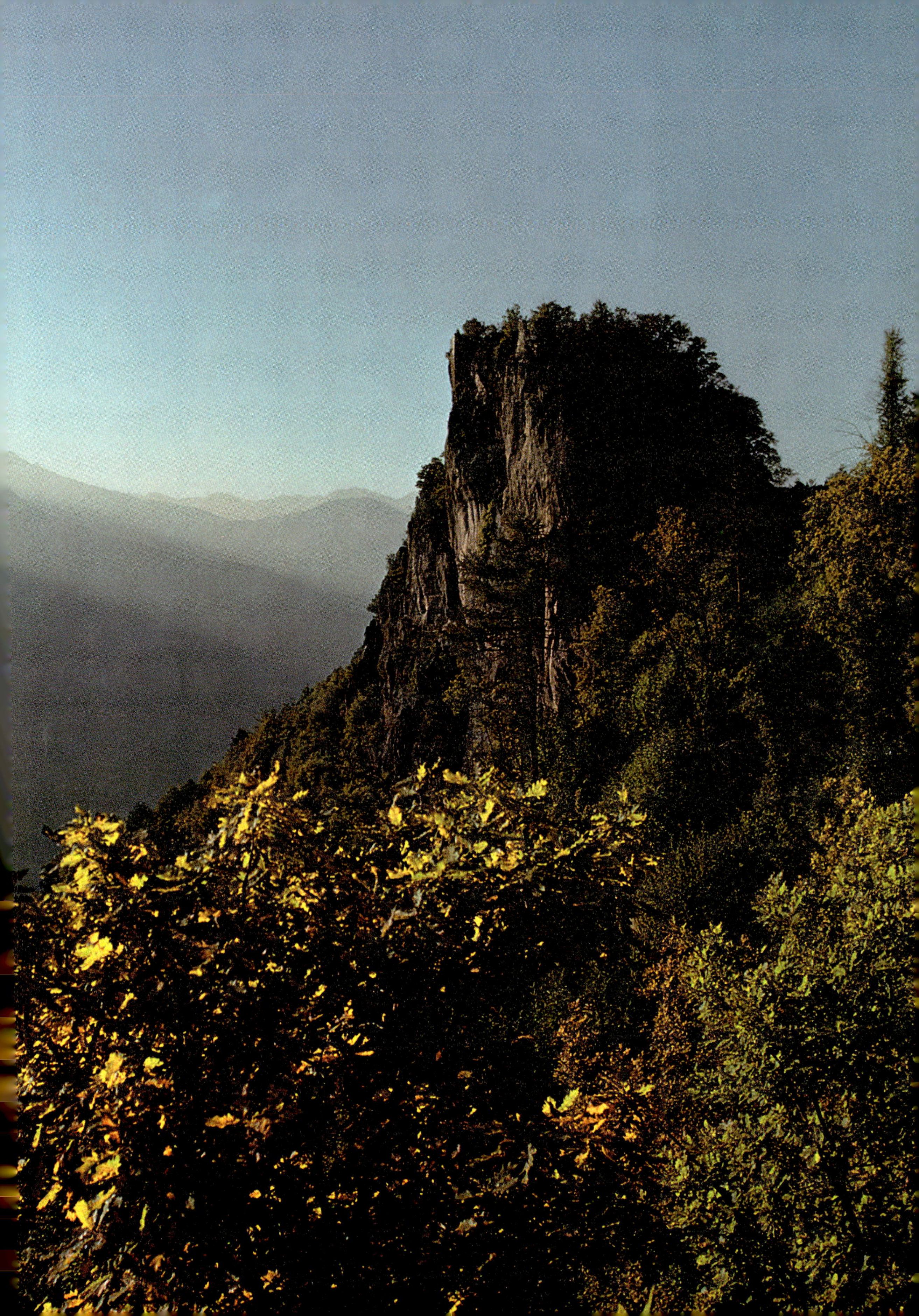

DER JOHANNISKOFEL IM SARNTAL

Vor 3500 Jahren trug er menschliche Wohnstätten

Wenn auch das äußere Sarntal, eine der wildesten Felsschluchten Südtirols, in vorgeschichtlicher Zeit jeden Zugang in das Talinnere versperrte und früher allgemein angenommen wurde, das Sarntal sei damals unbesiedelt gewesen, so wissen wir heute doch, daß dem nicht so war. Am Penser Joch, in Sarnthein und im Tanzbach wurden vorgeschichtliche Beile gefunden, erst vor wenigen Jahren konnte bei Sarnthein eine Ufersiedlung und bei Reinswald eine bronzezeitliche Schmelzstätte aufgedeckt werden. Aber auch die Sarner Schlucht wirkte auf jene frühen Siedler nicht so abschreckend, wie man annehmen möchte. Günther Niederwanger, der Entdecker der Sarntheiner Wohnstätten, fand erst 1976 unweit des Gasthauses »Halbweg« auf dem *Großen Knott* eine eisenzeitliche Fluchtburg.

Die bekannteste Urzeitstätte finden wir aber noch tiefer in der Schlucht, ganz oben auf der kleinen Gipfelfläche des mächtigen Johanniskofels. Heute steht dort nur mehr ein schlichtes Kirchlein am Rande eines hübschen Wiesenplans, den ein Kranz von Laubbäumen umrankt; doch konnte Luis Oberrauch bereits im Jahre 1938 den Nachweis einer vorgeschichtlichen Besiedlung erbringen, dem sich dann 1972 die Datierung in die frühe Bronzezeit anschloß.

Der Johanniskofel liegt am uralten Weg, der von Jenesien in die Sarner Schlucht absteigt und auf der anderen Seite nach Wangen und somit ins Rittner Gebiet wieder hinaufführt. Diesen Weg gehen auch wir. Die einst aus Lederriemen gefertigte Hängebrücke ist zwar durch eine neue ersetzt, aber der einzigartige Pflasterweg ist immer noch so, wie er bereits vor vielen Jahrhunderten war. Auf ihm folgen wir den Spuren der allerersten Sarner...

Unten links: Der mächtige Johanniskofel im Sarntal
Unten rechts: Von Laubbäumen umkränzt: das Kirchlein auf dem Johanniskofel
Rechte Seite: Der uralte Pflasterweg von der Sarner Schlucht nach Wangen; im Hintergrund der Johanniskofel mit dem Wetterkreuz (Lexikon S. 148)

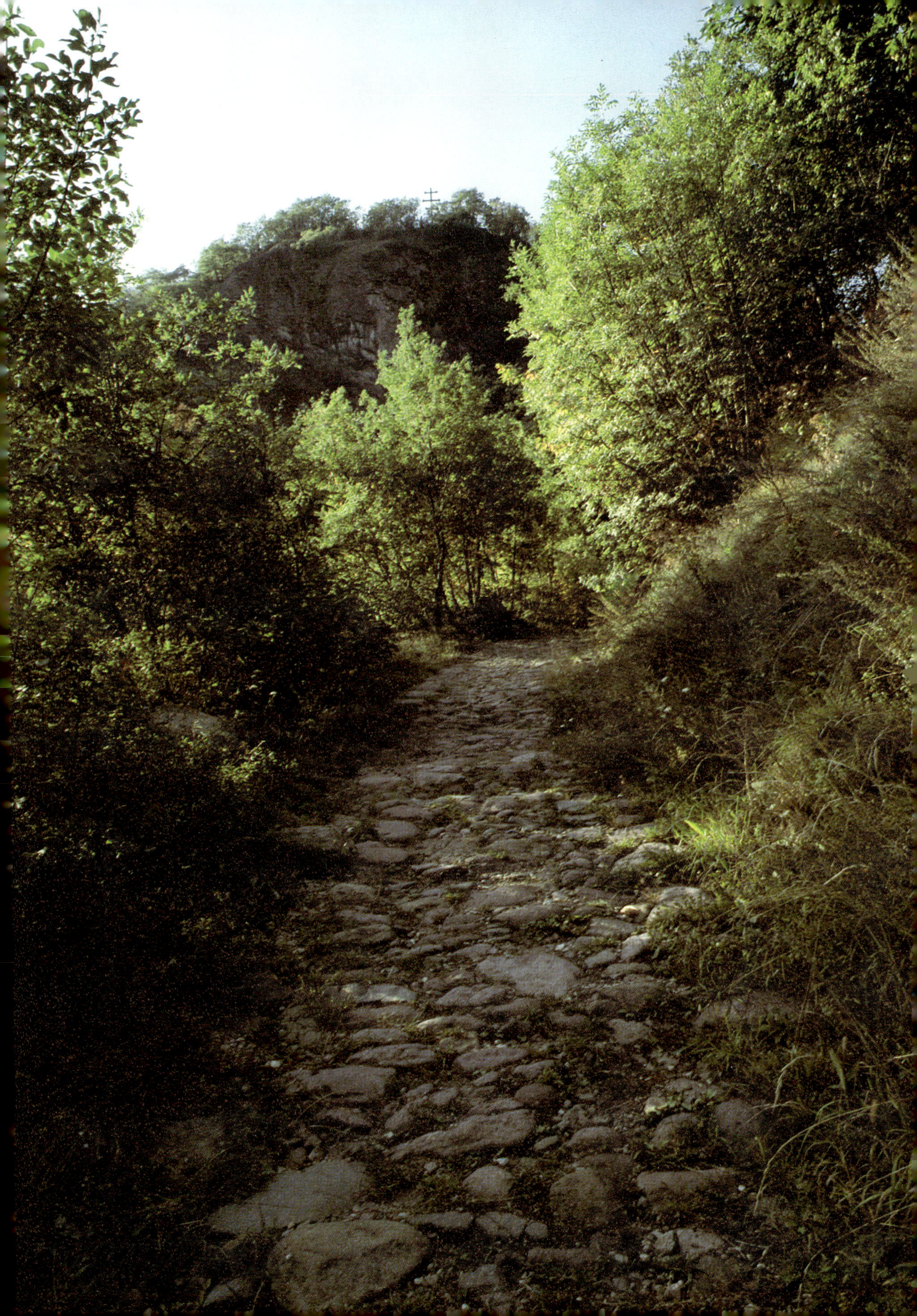

DIE BERÜHMTEN FELSBILDER VON PFLERSCH

Beweise für einen prähistorischen Bergbau?

Bis jetzt gibt es keinen sicheren und vor allem keinen datierenden Beweis für einen prähistorischen Bergbau in Pflersch. Funde, wie sie am Fennberg im Südtiroler Unterland und bei Reinswald im Sarntal getätigt und einwandfrei in die Bronzezeit datiert werden konnten, stehen hier noch aus.

Und doch weist so manches darauf hin, daß man im »Silbertal« schon in vorgeschichtlicher Zeit nach den kostbaren Erzen schürfte. Wir wissen, daß der beim Stollenbau herauszubrechende Felsen in früheren Zeiten durch das sogenannte Feuersetzen »brächig« gemacht wurde — ein Vorgang, der bereits seit der Zeitenwende allgemein bekannt und gebräuchlich war. In Pflersch fand Hermann Holzmann aber Spuren einer älteren Arbeitsmethode, nämlich des Sprengens durch Hartholzkeile, die man in das Gestein trieb und dann ständig benäßte, um so den Felsen mürbe zu machen. Dies deutet auf einen sehr alten, möglicherweise vorgeschichtlichen Bergbau hin.

Daß das Pflerschtal seit grauer Vorzeit besiedelt gewesen sein könnte, wird aber auch durch verschiedene Orts- und Geländenamen und vor allem durch Schalensteine angedeutet. Außerdem haben wir hier, und zwar am Eingang eines heute verfallenen Stollens hart am Rande der »Hölle«, der wilden Schlucht des Pflerscher Fernerbaches, jene berühmten Felszeichnungen, die zwei linksdrehende Hakenkreuze, ein vierspeichiges Rad und ein Mal-Kreuz zeigen. Das Alter dieser teilweise sehr sorgfältig eingemeißelten Zeichen ist immer noch umstritten, und die Meinungen der Forscher gehen weit auseinander; während die einen von vorgeschichtlichen Symbolen sprechen, werden sie von anderen ins Mittelalter datiert. Andererseits aber weiß man, daß sowohl das Radkreuz als auch das Hakenkreuz weit in die Vorgeschichte hineinreichende und in zahlreichen Ländern der Erde an Urzeitstätten wiederkehrende Symbole sind, die möglicherweise mit einem Sonnenkult in Zusammenhang stehen.

Sicher ist dies allein noch kein endgültiger Beweis für ein so hohes Alter der Felsbilder von Pflersch, doch müssen die von Holzmann entdeckten alten Bergbaumethoden sowie die Tatsache, daß sich die Felsbilder in der Nähe von Schalensteinen, und zwar ausgerechnet in dem Gebiet befinden, das als einziger vorgeschichtlicher Siedlungsort in Innerpflersch lagemäßig in Frage käme, doch zu denken geben. Wer auf den uralten Wegen die sonnige Hochterrasse von Stein, des hintersten Pflerscher Weilers, durchwandert, kann sich des Gefühls nur schwer erwehren, hier auf urgeschichtlichem Siedelboden zu stehen, wenn auch noch immer die eindeutigen Beweisfunde fehlen.

Oben: Die Sonnenterrasse von Innerpflersch mit den Höfen von Außerstein und dem schönen Weg nach Hinterstein
Unten links: Sonnenrad und linksdrehende Hakenkreuze — vorgeschichtliche Symbole am Eingang eines Bergwerksstollens in Pflersch
Unten rechts: Ein »Knappenloch« am Weg von Außer- nach Hinterstein (Lexikon S. 151)

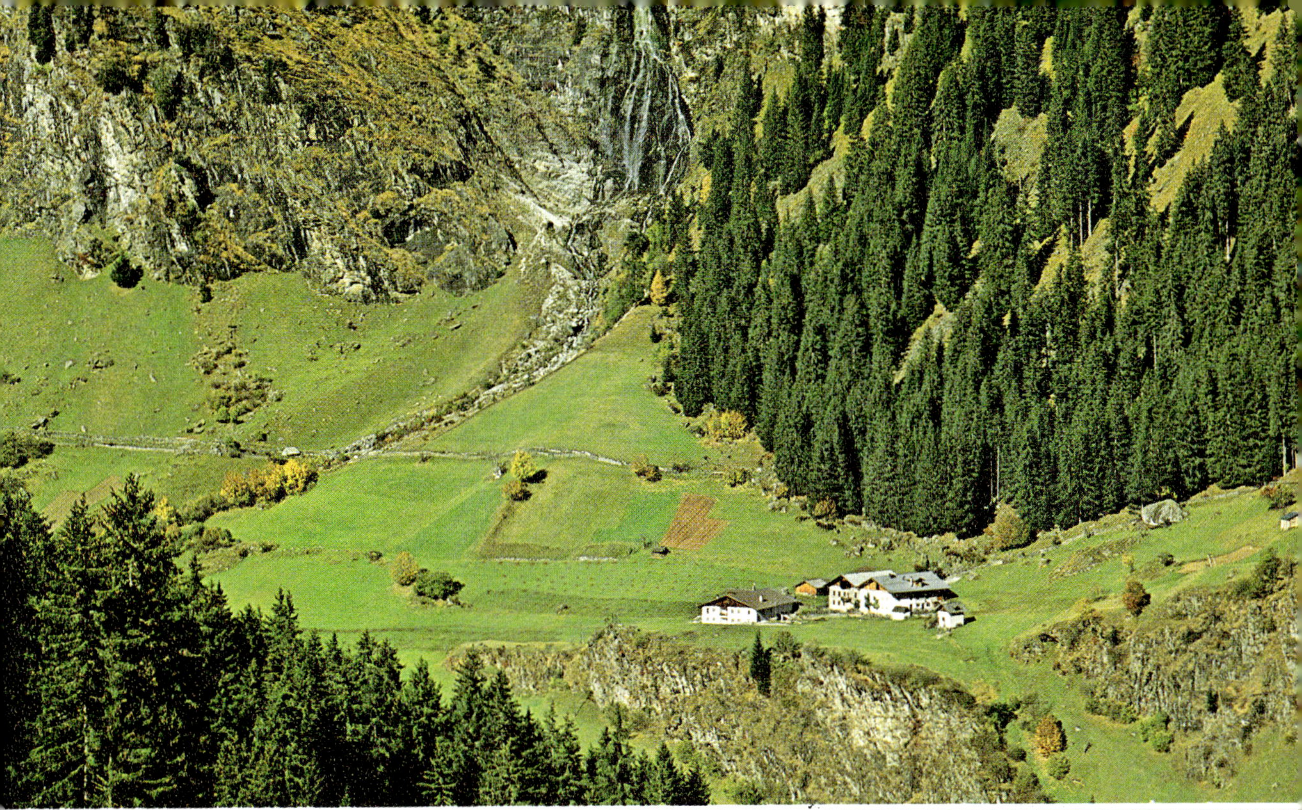

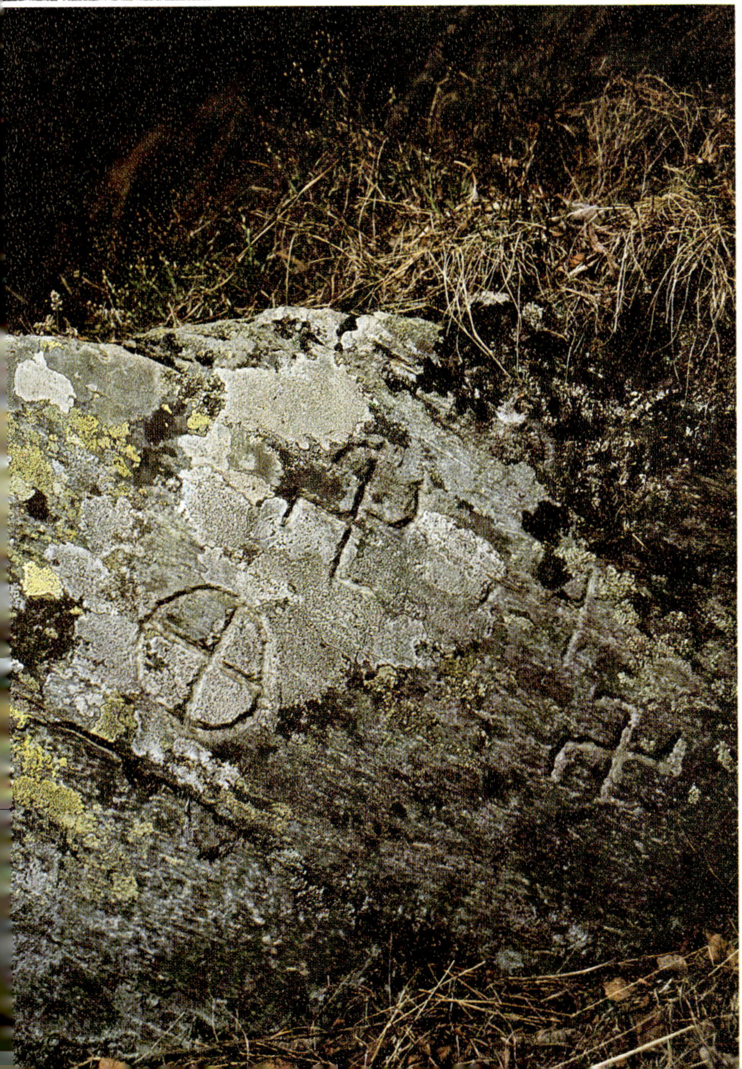

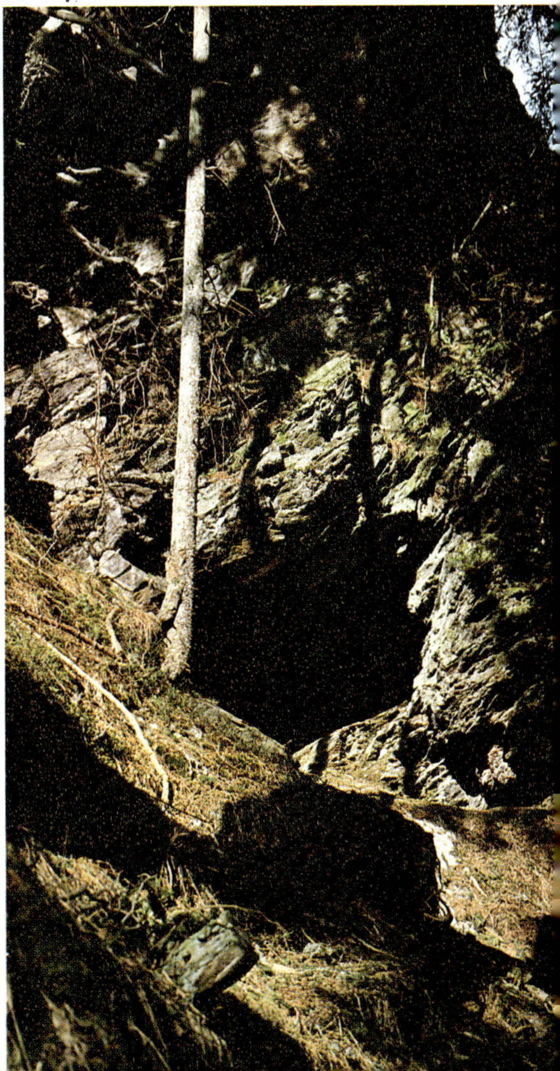

PRÄHISTORISCHE ZEUGNISSE

Auf dem uralten Waldweg von Sterzing zum Jaufen

Von den vielen auf den ganzen Südtiroler Raum und weit darüber hinaus verteilten Örtlichkeiten, die den Namen Jaufen tragen, ist der Übergang vom Sterzinger Gebiet ins Passeiertal wohl die bekannteste. Es ist dies eine weite Kammsenke mit schönen Almböden und kleinen Seen, eine Gegend so recht nach dem Geschmack jenes Bergwanderers, der nicht nach schwer erkämpftem Gipfelsieg trachtet, aber doch die Bergwelt in all ihren vielfältigen Erscheinungsformen liebt und schätzt. Der Jaufen ist Ausgangspunkt für die prächtige Wanderung zum sagenumwobenen Übelsee und für den knapp einstündigen Aufstieg zur aussichtsreichen Jaufenspitze, er kann aber auch schon eigenständiges Tourenziel sein, vor allem für den Naturfreund, der gern durch herrliche Bergwälder bis hinauf in die freie, sonnige Almregion wandert.

Auf der Sterzinger Seite, unter der schlanken Felsgestalt der Jaufenspitze, steht in rund 2000 m Höhe das Sterzinger Jaufenhaus mit einer hübschen Kapelle. Dieses Gasthaus am Rand der heute vielbefahrenen Straße ist ein Zeugnis für die große geschichtliche Bedeutung, die der Jaufen in verkehrsmäßiger Hinsicht schon in alter Zeit besaß. Ist doch durch schriftliche Urkunden belegt, daß dieses Jaufenhaus bereits im 11. Jahrhundert ein wichtiges Hospiz am Verbindungsweg zwischen dem Oberlauf der Etsch und des Eisacks darstellte.

Wenn wir nun auch nicht annehmen dürfen, daß, wie dies früher geglaubt wurde, über den Jaufen eine Römerstraße führte, so weist der Fund römischer Münzen auf dem Hügel der Jaufenburg an der Passeirer Seite doch darauf hin, daß über den Jaufen schon zu Beginn unserer Zeitrechnung ein vielbegangener Saumweg führte. Doch die Spuren führen uns noch weiter zurück, in jene längst vergangene geheimnisvolle Zeit, die wir allgemein als die vorgeschichtliche bezeichnen. Zwar gibt es auf der Kammhöhe selbst bisher noch keine sicheren prähistorischen Funde, doch weist das im Jaufental aufgefundene Bronze-Lappenbeil aus der älteren Eisenzeit ebenso auf eine sehr frühe Begehung des Jaufens hin wie die am Passeirer Hang liegende Kirchenkuppe von Glaiten, wo Scherbenfunde eine wahrscheinlich bronzezeitliche Besiedlung belegen. Auch der Schloßhügel der Jaufenburg trug möglicherweise ein vorgeschichtliches Bauwerk, zumindest berichtet Anton Roschmann im Jahre 1736: *Der Thurn ist ein altes Gebey, man will ihn von der*

Ein Stück des alten Saumweges von Sterzing zum Jaufen (Lexikon S. 154)

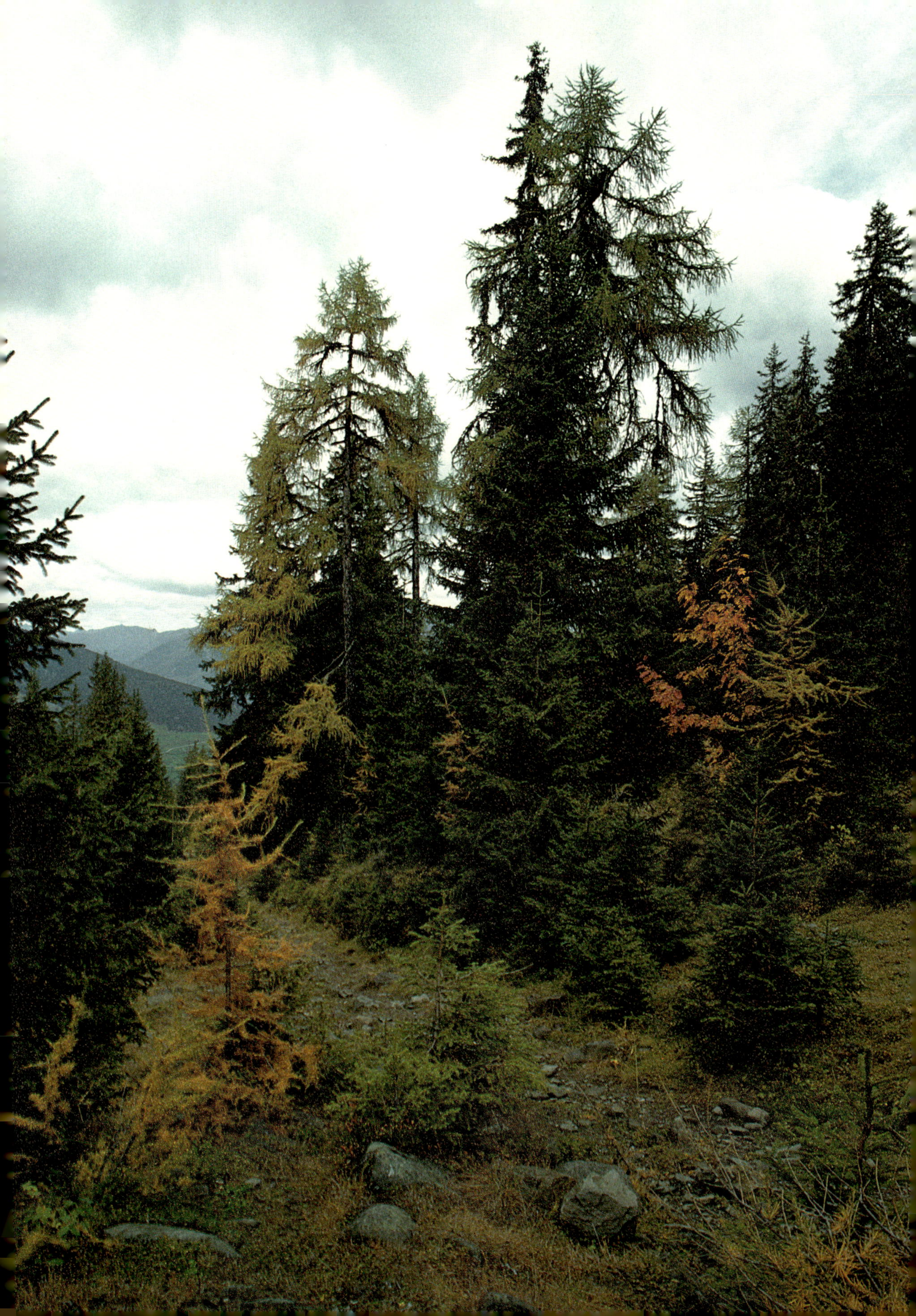

Heiden zeiten herleithen. Ich laß Es auch gelten. Daß derlei Überlieferungen nicht selten einen historischen Kern haben, wissen wir aus genügend anderen Fällen.

Wir aber beginnen unsere Wanderung auf der Sterzinger Seite, und zwar in Gasteig. Hier beginnt der heute allgemein so bezeichnete »alte Jaufenweg«, doch verlief der eigentliche mittelalterliche Saumweg weiter westlich, wo noch die Ortschaft Stange, eine alte Zolleinhebungsstelle, der Jaufensteg und der mächtige Bergfried der Burg Reifeneck an den richtigen »alten Jaufenweg« erinnern. Erst im 14. Jh. wurde dieser aufgelassen und nun trat der Gasteiger Weg an seine Stelle. Das erste Steilstück gab auch der Ortschaft ihren Namen; denn Gasteig heißt nichts anderes als »gacher Stich«, also jäher Anstieg.

Obwohl wir bei unserem Aufstieg mehrmals die Jaufenstraße überqueren müssen, führt der Weg größtenteils durch eine prachtvolle, naturbelassene Waldlandschaft. Da und dort, wo die hohen Lärchen und windzerzausten Wetterfichten den Blick freigeben, eröffnet sich eine großartige Schau über das gesamte Ridnauntal mit seiner mächtigen, vergletscherten Bergumrahmung; bald ist der Weg für ein kurzes Stück gepflastert, bald wird er zum schmalen Steig in dunklem Dickicht, in dem noch der Fuchs seinen Wechsel und das Reh seinen Unterstand hat. — Nur wenig unterhalb des Jaufenhauses betreten wir weites Almgelände und bald darauf die aussichtsreiche Höhe der Jaufensenke.

Hier, unweit wohl einer der frühesten Trasse eines alten Jaufenweges, fand Luis Oberrauch eine merkwürdige runde Plattform mit einem auffallenden Felsblock in der Mitte. Ist dies ein Steinmal, das urgeschichtliche Menschen errichtet haben? Ist es ein Grabmal oder eine Kultstätte? Oder vielleicht doch nur eine eigenwillige Formation der Natur? Ich habe, angeregt durch Oberrauchs Entdeckung, das Gelände nach weiteren möglicherweise vorgeschichtlichen Anhaltspunkten abgesucht. Ein weiterer runder Hügel fiel mir auf, eine Art Menhir aus Marmor, ein Stein mit schalenartigen Vertiefungen, seltsame Mauerzüge. Doch auch hier stellt sich wieder die Frage: Handelt es sich bei diesen Merkwürdigkeiten um menschliche Spuren aus prähistorischer Zeit, oder haben sie keine diesbezügliche Bedeutung? Noch wissen wir es nicht, ein fachliches Urteil steht noch aus, und vor allem ein erster eindeutiger, datierbarer Fund.

Merkwürdigkeiten auf dem Almgelände der Jaufensenke: Oben das von Luis Oberrauch entdeckte, möglicherweise künstliche Steinmal (im Hintergrund die Ötztaler Alpen), darunter links eine der seltsamen Trockenmauern, daneben ein kleiner »Menhir« aus Marmor, links unten ein »Schalenstein« und rechts unten eine auffallende, kreisrunde Kuppe (Lexikon S. 154)

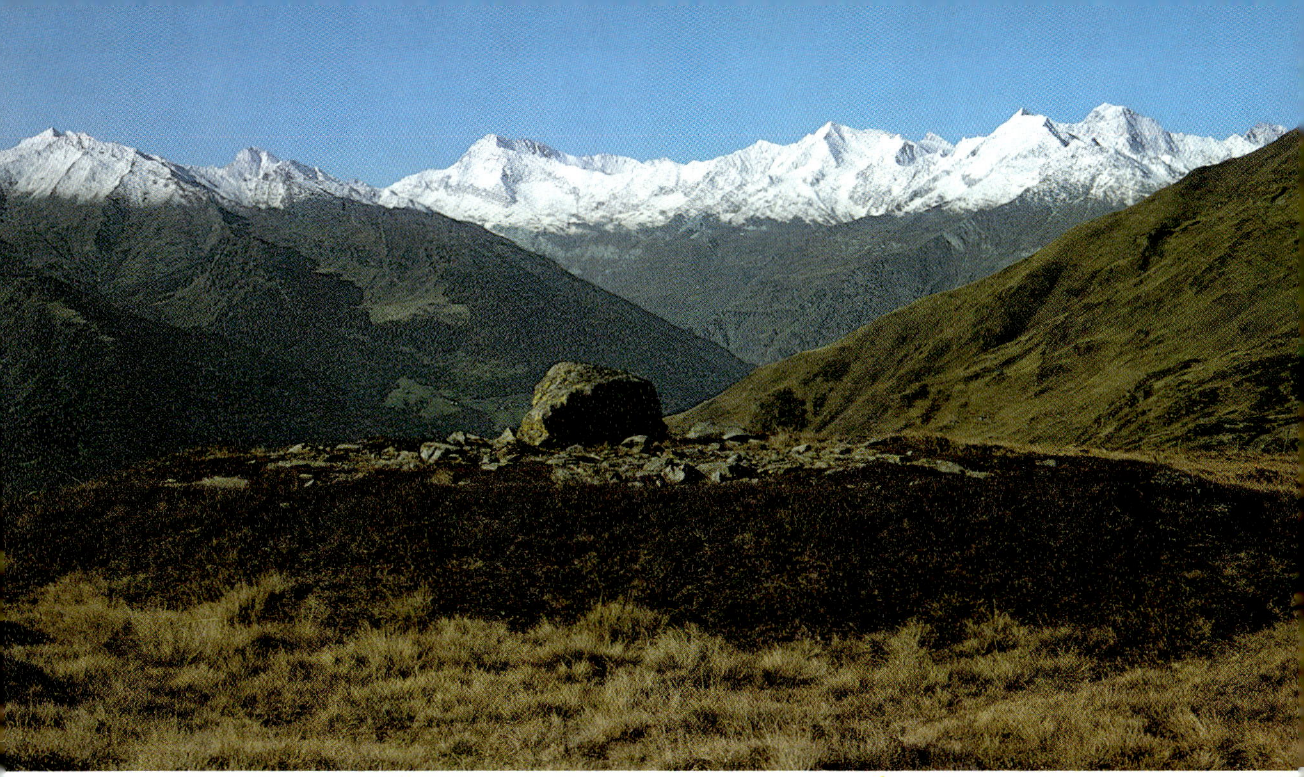
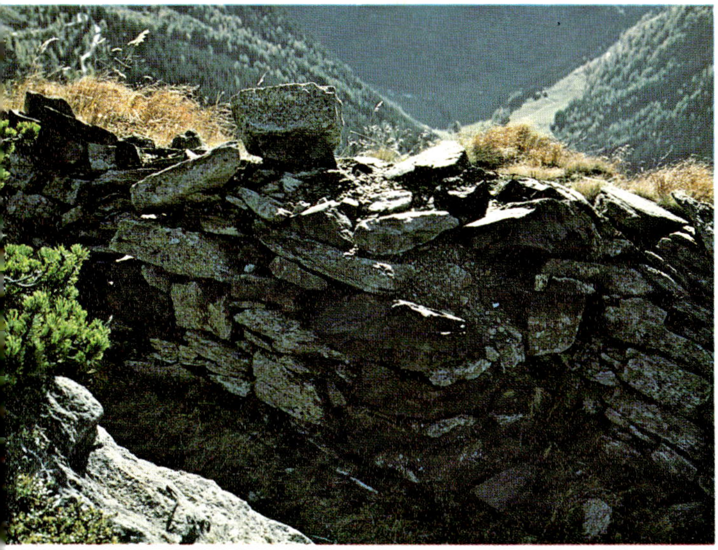
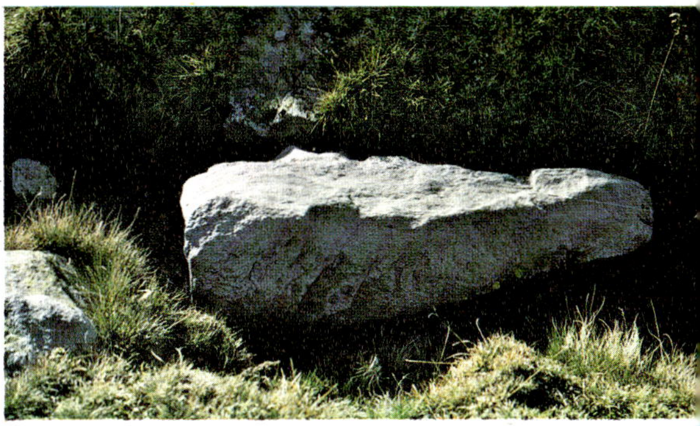
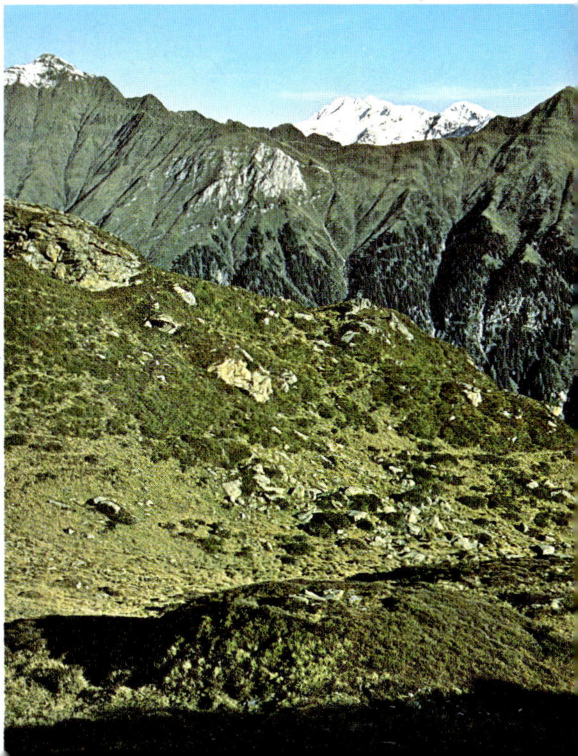
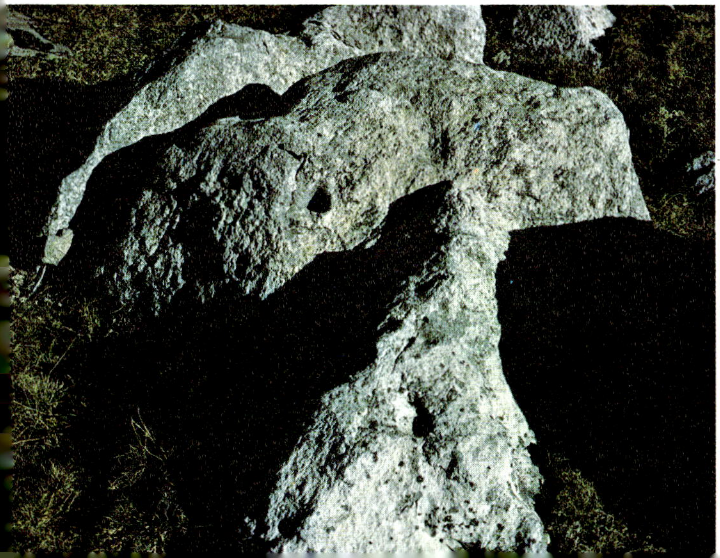

DER BURGHÜGEL VON REIFENSTEIN BEI STERZING

Er trägt noch Spuren vorgeschichtlicher Besiedlung

Während der letzten Eiszeit füllten gewaltige Gletscher das Sterzinger Talbecken aus; und als sie dann endlich zu schwinden begannen, eine tote, öde Mondlandschaft zurücklassend, stürzten am Südrand des Sterzinger Beckens große Bergmassen zu Tal und stauten die Wasser der wilden Gletscherbäche — das *Hügelwerk von Stilfes,* wie Reimund von Klebelsberg das Bergsturzgelände nennt, bildete den Damm für einen ausgedehnten Natur-Stausee.

Das dürfte rund zehntausend Jahre her sein, und es dauerte dann noch einige tausend Jahre, bis sich die Berghänge mit Gras und Wald überzogen hatten. Und dann kamen eines Tages die ersten Menschen in diese Gegend; sie überschritten die hohen Bergkämme, hinterließen da ein Bronzebeil, dort eine Lanzenspitze und wurden allmählich auch da und dort für kürzere oder längere Zeit seßhaft. Das war bereits in der Bronzezeit, also ungefähr um 1500 v. Chr. Seither ist die Besiedlungsentwicklung nicht mehr abgebrochen, war doch das Sterzinger Becken bald ein wichtiger Verkehrsknotenpunkt und darüber hinaus reich ausgestattet mit wehrhaften Kuppen, die den urgeschichtlichen Menschen sichere Wohn- und Rückzugsplätze boten.

Eine der anziehendsten dieser Kuppen mag wohl der langgezogene Reifensteiner Hügel gewesen sein, wenn auch, wohl bedingt durch die mittelalterliche Überbauung und Besiedlung, hier anscheinend weniger prähistorische Funde erhalten geblieben sind als etwa auf dem nahen Thumburger Hügel. Immerhin war das Felsriff, damals eine steil aus dem riesigen See ragende Insel, nicht nur als Fluchtpunkt, sondern auch als Platz für eine längere Besiedlung den meisten anderen Inselkuppen überlegen. Dafür spricht auch, daß man im Mittelalter dieses mächtige Felsenriff für den Standort des Schlosses allen anderen vorzog; und wenn die Vermutung geäußert wurde, daß die am Nordende des Hügels stehende St.-Zeno-Kapelle möglicherweise auf einen vorchristlichen Kultplatz zurückgehen könnte, so ist dies sicher nicht ganz von der Hand zu weisen. Kennen wir doch ähnliche Beispiele zur Genüge im ganzen Land, und sprechen doch gerade die ausgerechnet hier befindlichen Schalensteine, außer jenen von Pflersch die einzigen bisher bekannten im oberen Eisacktal, eine deutliche Sprache.

Das bereits in vorgeschichtlicher Zeit besiedelt gewesene Felsenriff mit dem Schloß Reifenstein bei Sterzing (Lexikon S. 156)

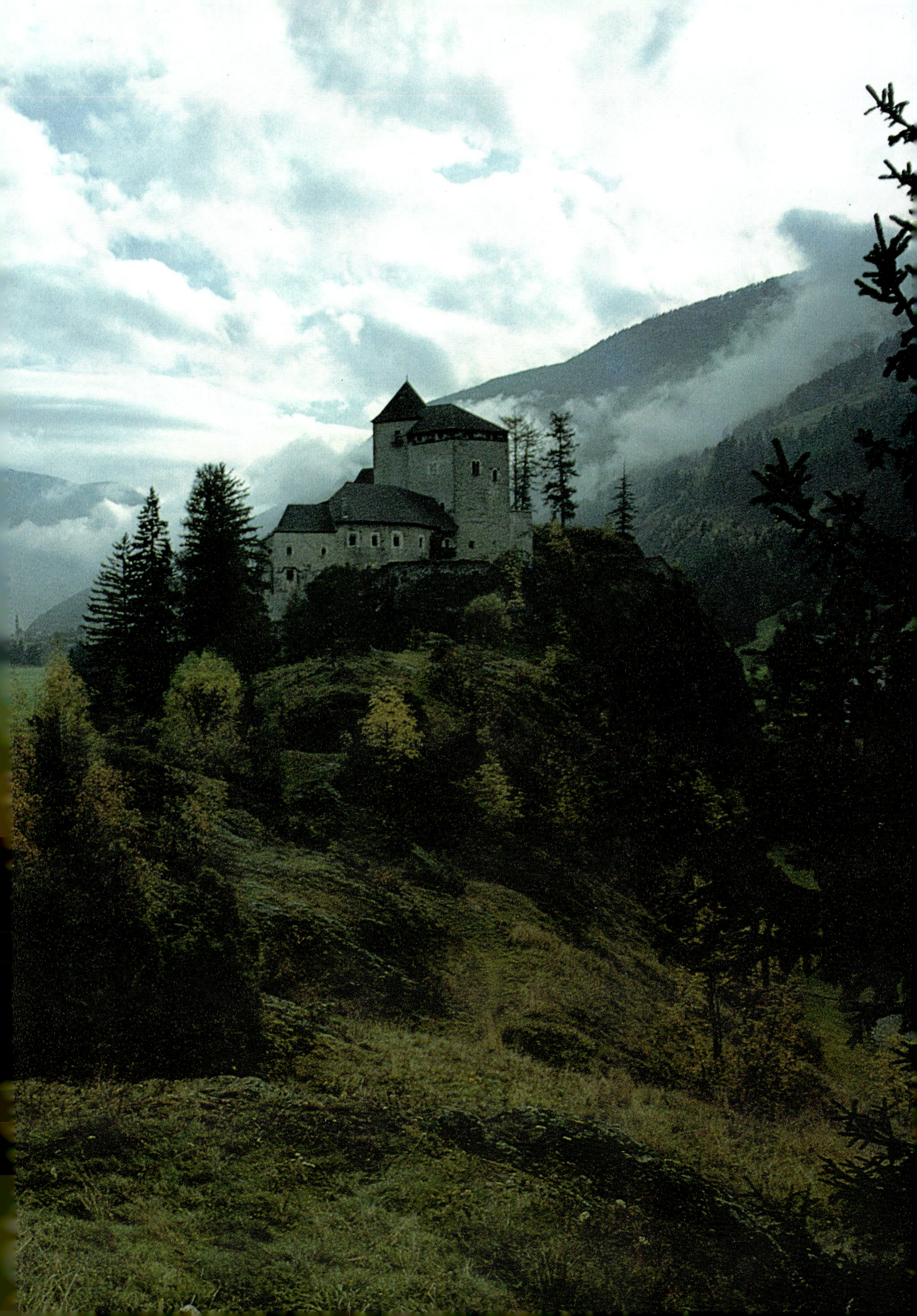

DIE FELSBILDER VON TSCHÖTSCH/BRIXEN

Hirtenspiele geringen Alters oder prähistorische Symbole?

Für den Archäologen vom Fach zählen für die Rekonstruktion der vorgeschichtlichen Siedlungsverhältnisse vor allem eindeutig datierbare Funde. Sie sind es ja schließlich auch, die uns heute sagen, wo und wann der Vorzeitmensch mit Sicherheit gewohnt hat oder zumindest vorbeigekommen ist.

Doch hat der Mensch auch andere Spuren hinterlassen, Spuren, die in bezug auf Alter und Bedeutung kaum Anhaltspunkte liefern und folglich der Forschung immer noch viel Kopfzerbrechen bereiten. Gemeint sind hier die so zahlreichen Schalensteine und die in Südtirol weit weniger zahlreichen Felsbilder, deren bedeutendste und berühmteste zweifellos jene der Tschötscher Heide sind.

Doch nicht einfach zu deutende Tiere, Waffen oder andere Gegenstände sind hier in die flachen, gletschergeschliffenen Felsen gemeißelt, sondern an sich ebenso einfach zu beschreibende, aber in ihrer Bedeutung anscheinend kaum enträtselbare geometrische Figuren: normale Vierecke, Vierecke mit einem Kreuz oder einem Gitter in ihrer Innenfläche, und vor allem Vierecke, die unserem heutigen Mühlespiel so auffallend ähnlich sind. Wer hat sie in mühevoller Arbeit da eingraviert, wann ist das geschehen und zu welchem Zweck? Eine durch eindeutige Beweise untermauerte Antwort gibt es nicht, der Fachmann äußert sich auf diese Fragen verständlicherweise nur ungern und sehr vorsichtig. Wo dies aber der Fall ist, grassieren die Vermutungen, Spekulationen und Deutungen. In der Literatur wird dann die eine oder andere Meinung so oft wiederholt, bis sie von der Allgemeinheit als erwiesen angesehen wird. Bei den Felsbildern von Tschötsch reicht die Palette der ausgesprochenen Vermutungen vom rezenten Spiel gelangweilter Hirtenknaben bis zum Symbol in kosmischen Begriffen denkender Steinzeitmenschen. Welches der beiden Extreme zutreffen könnte, oder ob die Lösung eher irgendwo dazwischen zu finden wäre, wissen wir immer noch nicht.

Was wir wissen, ist, daß eine Reihe von Indizien doch eher für ein vorgeschichtliches Alter dieser Zeichnungen sprechen. So finden wir die Mühle-Figur in den nachweislich prähistorischen Bildern von Valcamonica wieder, aber auch an menschlichen und keltischen Denkmälern in Frankreich und in Irland, auf Grabplatten in der Türkei und anderswo, und zwar nicht selten an schrägen oder senkrechten Flächen, wo sie nicht als Spielbrett gedient haben kann. Auch die Tatsache, daß sich die Bilder in Verbindung mit Schalen befinden, daß sie ausgerechnet in der Nähe des bekannten Menhirfundes von Tötschling und in der urgeschichtlich so bedeutenden Brixner Gegend liegen, läßt an ihr hohes Alter denken. Schon allein das alles macht sie zu bedeutenden kulturgeschichtlichen Denkmälern, wenn es vielleicht auch noch lange dauern wird, bis das große Geheimnis endgültig gelöst sein wird.

Eine der zahlreichen »Mühlen« auf der Tschötscher Heide (Lexikon S. 159)

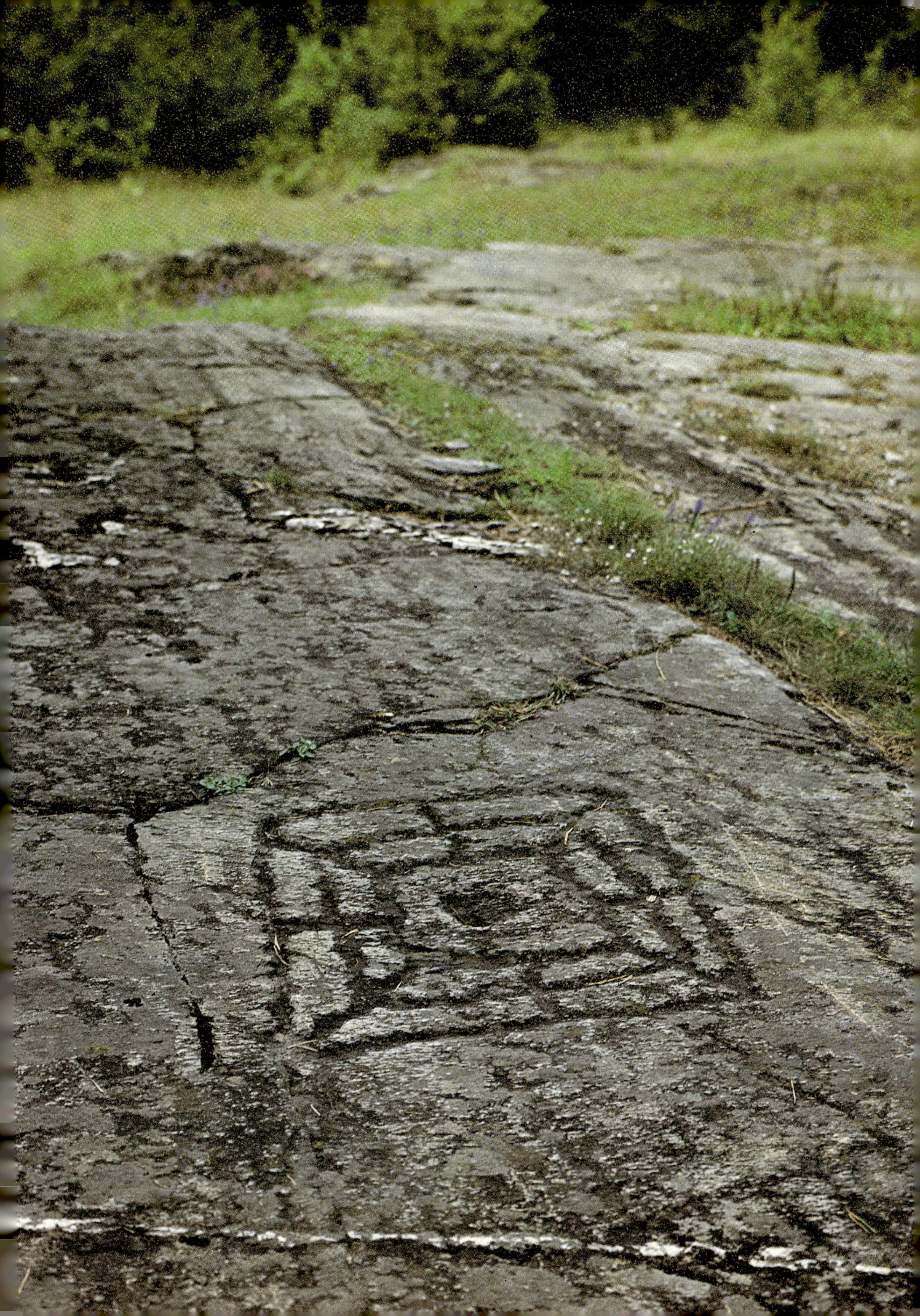

EINE BERGTOUR ZURÜCK IN DIE VORZEIT

Die Urzeitstätte auf dem 2439 m hohen Königsanger bei Brixen

Daß der prähistorische Mensch das Gebirge keineswegs unter allen Umständen mied und ebensowenig in den Bergketten nur trennende, unüberwindliche Barrieren sah, belegen schon seit langer Zeit zahlreiche Einzelfunde: so jene vom Wilden See in den Pfunderer Bergen, vom Sattelberg hoch über dem Brenner, vom Penser Joch in den Sarntaler Bergen, vom Stritzonjoch hoch über dem Passeiertal — um nur einige wenige Südtiroler Fundstellen herauszugreifen. In welch früheste Zeiten diese Begehung hoher Jochübergänge zurückreicht, werden wir noch näher an den Beispielen vom Grödner Joch und von Jochgrimm sehen.
Doch da es sich bei den frühen Funden von bronze- oder eisenzeitlichen Beilen, Lanzenspitzen oder Dolchen nur um sogenannte Streufunde handelte, wurde dem Hochgebirge als archäologischem Arbeitsfeld lange keine größere Beachtung geschenkt. Eine Wende in dieser Hinsicht trat erst nach den sensationellen Aufdeckungen auf der Schlernhochfläche ein.
In jahrzehntelanger Wallburgenforschung hatte man die hinweisende Bedeutung von gewissen Geländenamen erkannt, und begann nun nach der Schlern-Entdeckung von 1945 auch das Hochgebirge besser danach abzusuchen. Auf den *Castel Pagan* (»Heidenschloß«), auf das im Italienischen *Punta Rocca* (»Schloßberg«) genannte Schwarzhorn, auf den *Burgstall* in der Fanes und auf den *Königsanger*-Gipfel wurde das Augenmerk der Urgeschichtsforschung gerichtet.
Entdeckte Georg Innerebner die Urzeitstation am Schwarzhorn und den merkwürdigen Steinwall in der Fanes, so verdanken wir unser heutiges Wissen um die vorgeschichtliche Bedeutung der Königsangerspitze westlich über Brixen dem bedeutenden Urgeschichtsforscher Luis Oberrauch, der bereits den ersten Fund am Schlern getätigt hatte und dann auch die Urzeitstätten am Mutkopf, der höchsten im Meraner Raum, und am Castel Pagan in den Bergen zwischen Ulten und Rabbi entdeckte.
Die im Sommer 1951 durchgeführten Sondierungen brachten Tonscherben zutage, die möglicherweise aus der Bronzezeit stammen; und wie die festgestellten Brandschichten andeuten, handelt es sich bei der Fundstelle, die noch heute durch Steinwälle und auffallende Bodenwellen kenntlich ist, um einen uralten Opferplatz. Vieles allerdings ist auch noch ungeklärt. Wir wissen nicht, ob mit dieser Urzeitstätte die alte Wallfahrt zum Latzfonser Kreuz drüben unter der Kassiansspitze in irgendeinem ursprünglichen Zusammenhang steht, wir wissen nicht, wie die Sagen und Legenden, die sich um unseren Berg und den wenig tiefer liegenden Radlsee ranken, zu deuten sind, und ebensowenig, woher der Name Königsanger kommt. Deshalb tun wir bei unserer prachtvollen Gipfeltour gut daran, die Augen offenzuhalten — vielleicht entdecken wir etwas, das zur Lösung der noch offenen Fragen beitragen kann.

Oben links: Die Kassiansspitze vom Aufstieg zur Königsangerspitze aus gesehen; links Hospiz und Kirche zum Latzfonser Kreuz erkennbar
Oben rechts: Sonnenuntergang von der Königsangerspitze aus
Unten: Die Königsangerspitze von Westen gesehen; am Gipfel wurden prähistorische Funde getätigt (Lexikon S. 161)

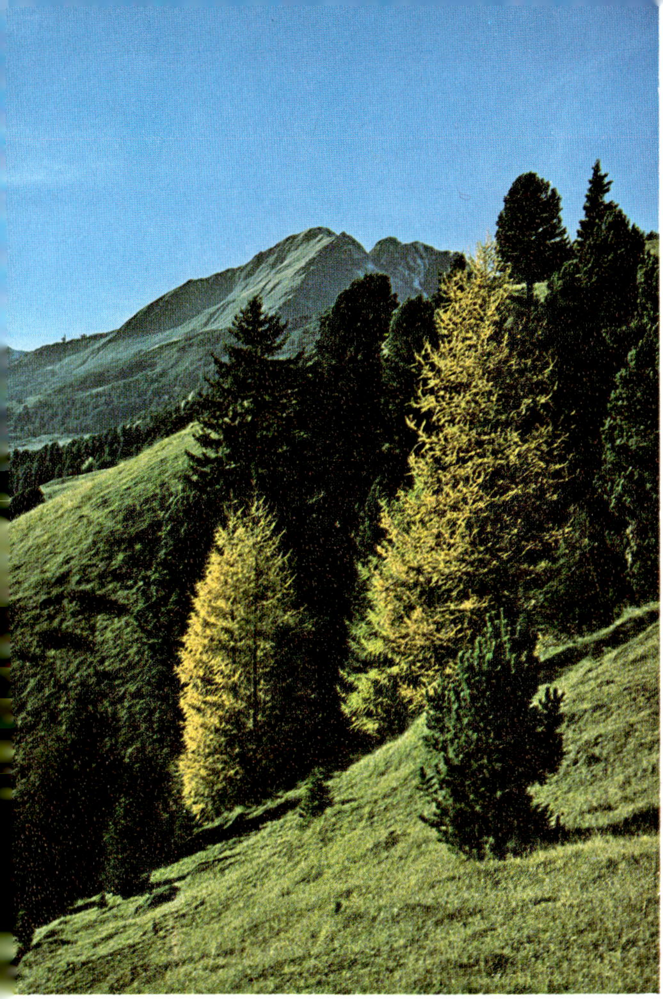
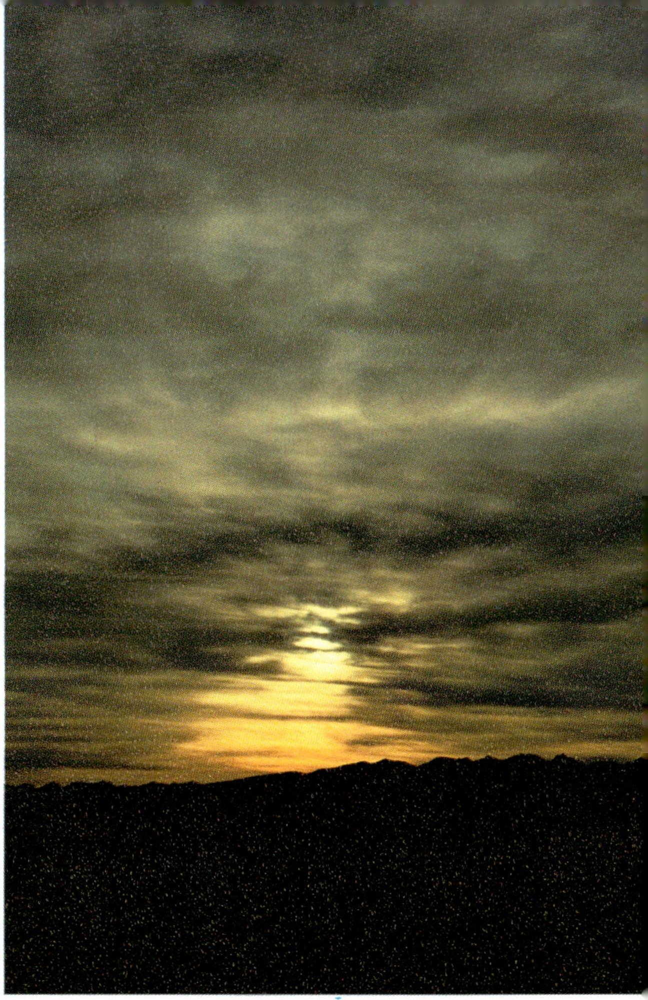
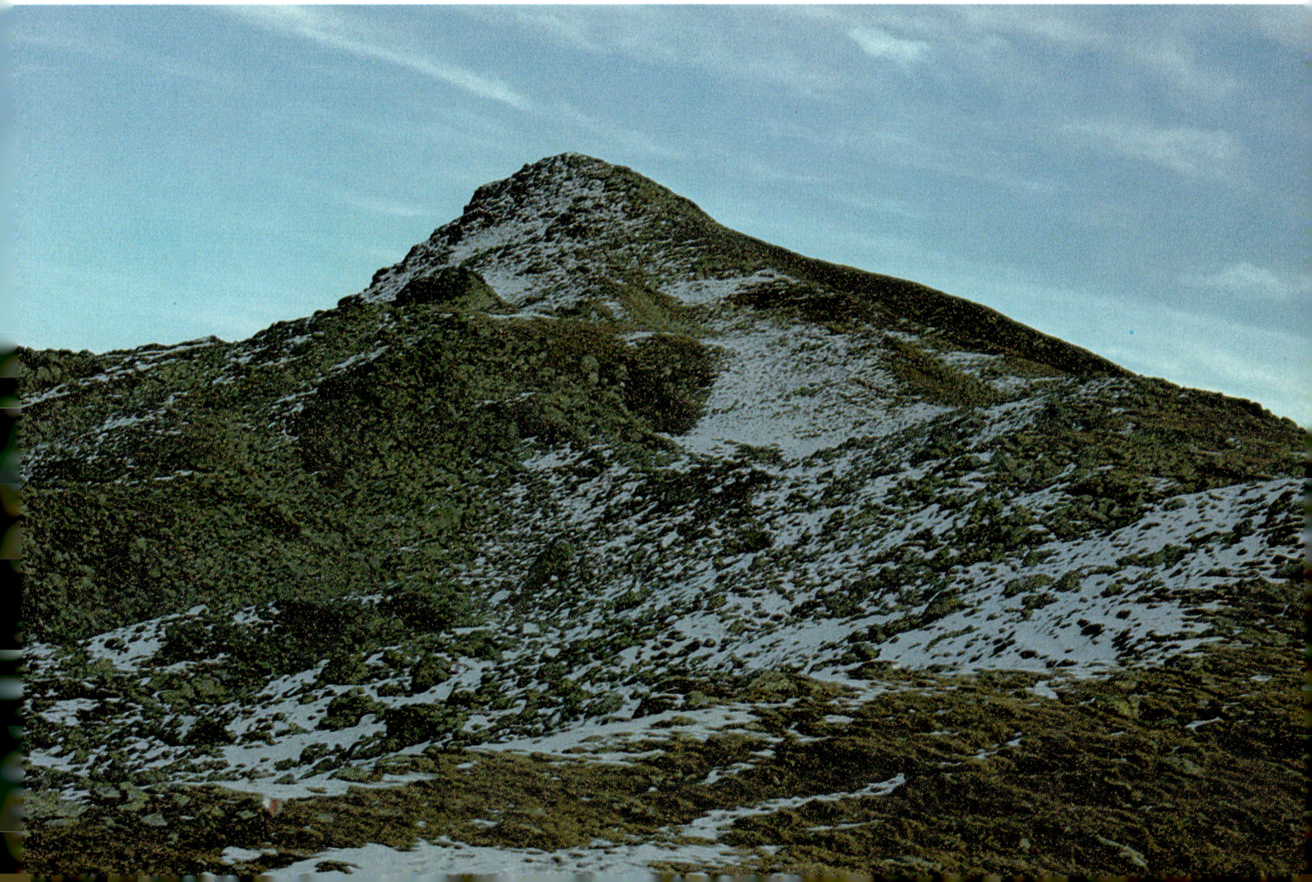

DIE URALTEN KULTSTEINE VON ELVAS

Das Geheimnis der Schalensteine mit den Rutschbahnen

Wäre dies ein streng wissenschaftliches Fachbuch der Archäologie, dann müßten hier Seiten mit der Aufzählung der seit vielen Jahrzehnten und auch jetzt immer noch an den Tag tretenden Funde gefüllt werden. Gehört doch der gesamte Brixner Raum zu den urgeschichtlich bedeutendsten Gebieten Südtirols, wurden doch im Stadtteil Stufels erst kürzlich Funde aus der Mittelsteinzeit, also aus der Zeit um 7000 v. Chr. getätigt.

Doch uns geht es hier mehr um alte Wanderwege und um Ziele, die auch dem Laien etwas zu sagen haben. Deshalb steigen wir hinauf in das landschaftlich so reizende Gebiet von Elvas und suchen nach jenen mächtigen Schalensteinen, von denen einer mit weit über 300 eingravierten Grübchen und rätselhaften Rillen zu den reichhaltigsten Bildsteinen der ganzen Alpen zählt. Von Schalen und anderen Felsbildern geht in diesem Buch aber bereits an anderen Stellen wiederholt die Rede, und außerdem werden die Steine von Elvas auch im Anhang näher beschrieben, so daß wir uns hier mit einer anderen Art wahrscheinlich prähistorischer Zeugnisse beschäftigen wollen.

Es sind dies die Felsenrutschbahnen, über die man immer noch ebensowenig sicheres weiß, wie über die Schalen und die auf der gegenüberliegenden Talseite befindlichen Mühle-Figuren von Tschötsch. Eine dieser Rutschbahnen ist auf dem nebenstehenden Bild sehr deutlich zu sehen; sie befindet sich auf der sogenannten Kreuzplatte, in der neben vielen anderen auch zwei eindrucksvolle Gruppen von je neun symmetrisch angeordneten Schalen auffallen.

Aber nicht nur diese Kreuzplatte, sondern auch noch andere Felsen in der Elvaser Gegend tragen solche Rutschbahnen. Und es gibt sie auch anderwärts. In Castelfeder bei Auer zum Beispiel eine sehr schöne, eine weitere im Gebiet von Völser Aicha, weitere am Weg nach Schloß Taufers im Ahrntal, am Tartscher Bühel, in Gufidaun, bei der Burg Hocheppan, auf Säben, bei Seis und eine ganze Reihe davon im Bereich der berühmten Felszeichnungen im Valcamonica. Aber auch aus anderen Gegenden Europas, so aus der Bretagne in Frankreich, aus Athen oder aus dem schweizerischen Wallis sind derartige Rutschbahnen bekannt. Und an fast allen diesen Rutschbahnen haften in etwa gleichlautende Überlieferungen, daß nämlich hier einst Frauen hinabrutschten, um fruchtbar zu werden. Und in der Tat nennt man den Felsen von Castelfeder heute noch »Befruchtungsstein«, und in der Schweiz tragen solche Rutschfelsen den Namen »Kindlisteine«.

Wie Hans Fink in Erfahrung bringen konnte, rutschen über die Elvaser Bahnen heute nur mehr die Buben auf ihrem ledernen Hosenboden zum Zeitvertreib hinunter, doch lassen die Schalen und anderen Inzisionen erahnen, daß die Bedeutung dieser mächtigen Schieferfelsen und der spiegelglatten Rutschbahnen in vergangenen Zeiten wohl sehr viel tiefer lag.

Die sogenannte »Kreuzplatte«, einer der großen Schalenfelsen bei Elvas; besonders schön ausgeprägt die Rutschbahn, die möglicherweise mit vorgeschichtlichen Kulthandlungen in Zusammenhang steht (Lexikon S. 163)

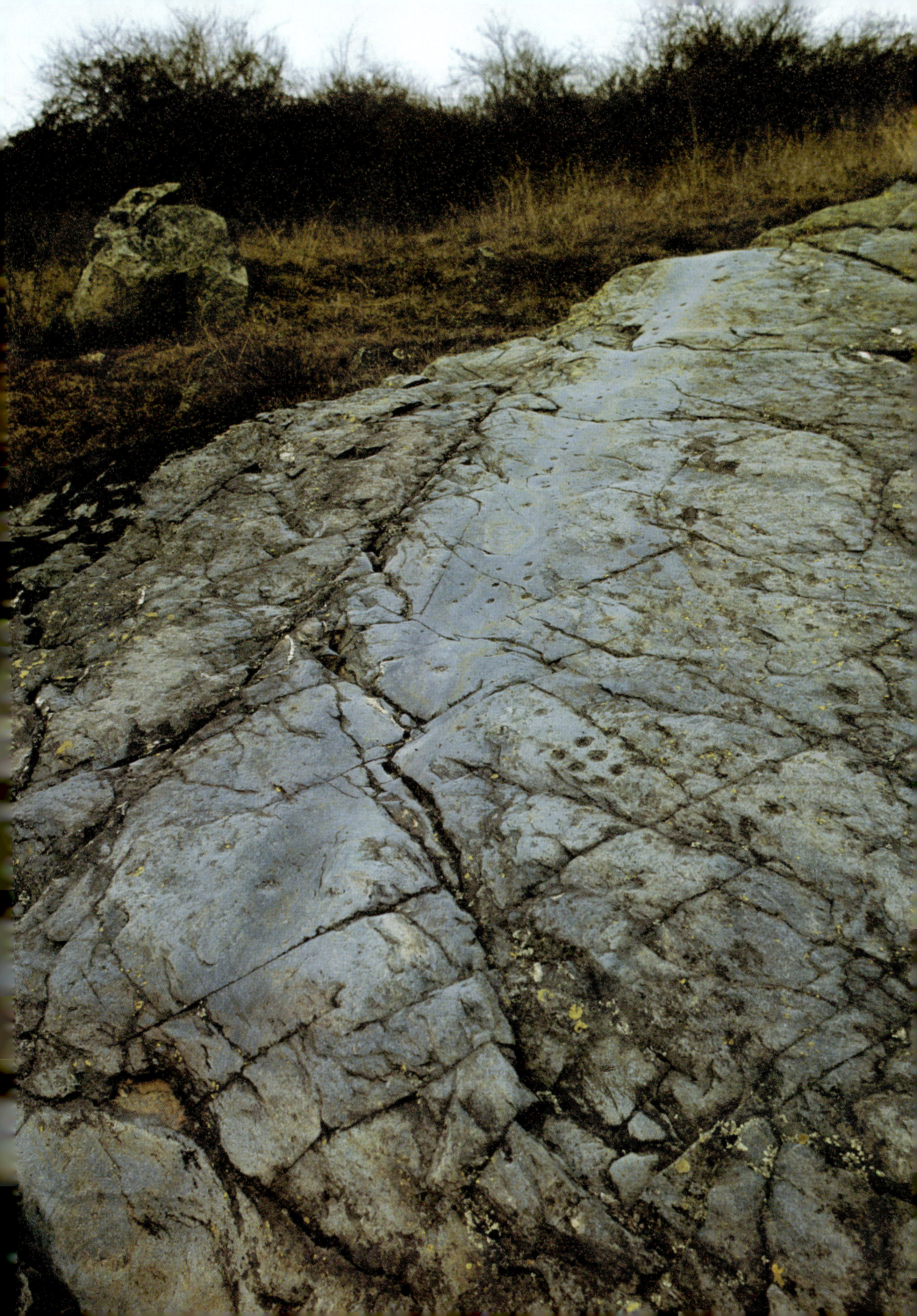

Säben — das Wahrzeichen von Klausen

Nur der kennt es, der auch seine stillen Wege kennt

Kloster Säben — allein schon von diesem Namen geht eine Faszination aus, die kaum zu ergründen, kaum zu beschreiben ist. Nicht nur der große Albrecht Dürer, sondern auch zahlreiche anderer Künstler haben immer wieder versucht, dieser seltsamen Faszination in Wort und Bild Gestalt zu verleihen. Auch wer um die bewegte Geschichte, um die ersten Anfänge, um die phantasievollen Legenden von Säben nichts weiß, ist allein schon von der Lage, vom Bild, das diese burgähnliche Klosteranlage hoch über Klausen bietet, gefesselt und gefangen.

Daß die Ursprünge der Besiedlung des mächtigen Säbener Felsens bis in die Steinzeit zurückreichen, daß Säben der erste Bischofssitz in unserem Lande war, daß die mittelalterliche Burg von Säben in erbitterte Kämpfe zwischen geistlicher und weltlicher Macht verwickelt war, daß die Legende die Gründung des ersten Bischofssitzes dem heiligen Kassian zuschreibt, daß Säben heute zu einer der bedeutendsten archäologischen Ausgrabungsstation des Alpenraumes geworden ist, daß im Gestein des Säbener Felsens Spuren von Gold entdeckt wurden, seit wann das stille Benediktinerinnenkloster besteht und manches andere mehr — das alles wird im Anhang noch ausführlicher behandelt, so daß hier nicht näher darauf eingegangen werden braucht. Auch auf ein Bild, das die große, von einem Mauerbering umfaßte Anlage mit dem Klostergebäude und den drei Kirchen zeigt, kann hier verzichtet werden. Denn es gibt kaum eine Südtirol-Publikation, die dies nicht vor Augen führt; und auch wer von daher Säben nicht kennt, kennt es vom Vorbeifahren her. Denn ob man das hoch über senkrechten Felsen hingebreitete Kloster vom Zug aus, von der Autobahn her oder von der Brenner-Staatsstraße aus einmal erblickt hat — es bleibt unvergessen.

Wovon aber selten die Rede geht, was nur die wenigsten kennen, das sind die Wege, die vom Tal aus den Säbener Felsen erklimmen oder ihn bescheiden und unauffällig umrunden. Hier als vielbegangener Wallfahrerweg schön und dauerhaft gepflastert, dort erst in neuerer Zeit als schönste Wanderpromenade angelegt, die Klausen zu bieten hat, und da als echter Urzeitweg, der die Verbindung zwischen Tal, Säben und dem uralten Siedelgebiet der Feldthurnser Hochflächen herstellt, bieten sie sich demjenigen, der Säben nicht nur im Vorbeifahren oder aus der Lektüre kennenlernen will, als die schönsten Wandermöglichkeiten des Eisacktales an. Erst wer diese Wege geht, kann sich ein wirkliches Bild vom Zusammenspiel zwischen der unwandelbaren Gesetzmäßigkeit der Natur und dem in keine Norm preßbaren menschlichen Dasein machen und erfahren, daß Säben weit mehr ist, als je in Worten oder Bildern ausgesagt werden kann.

Der alte Weg von Klausen nach Pardell mit der Heilig-Kreuz-Kirche auf dem Burgfelsen von Säben (Lexikon S. 166)

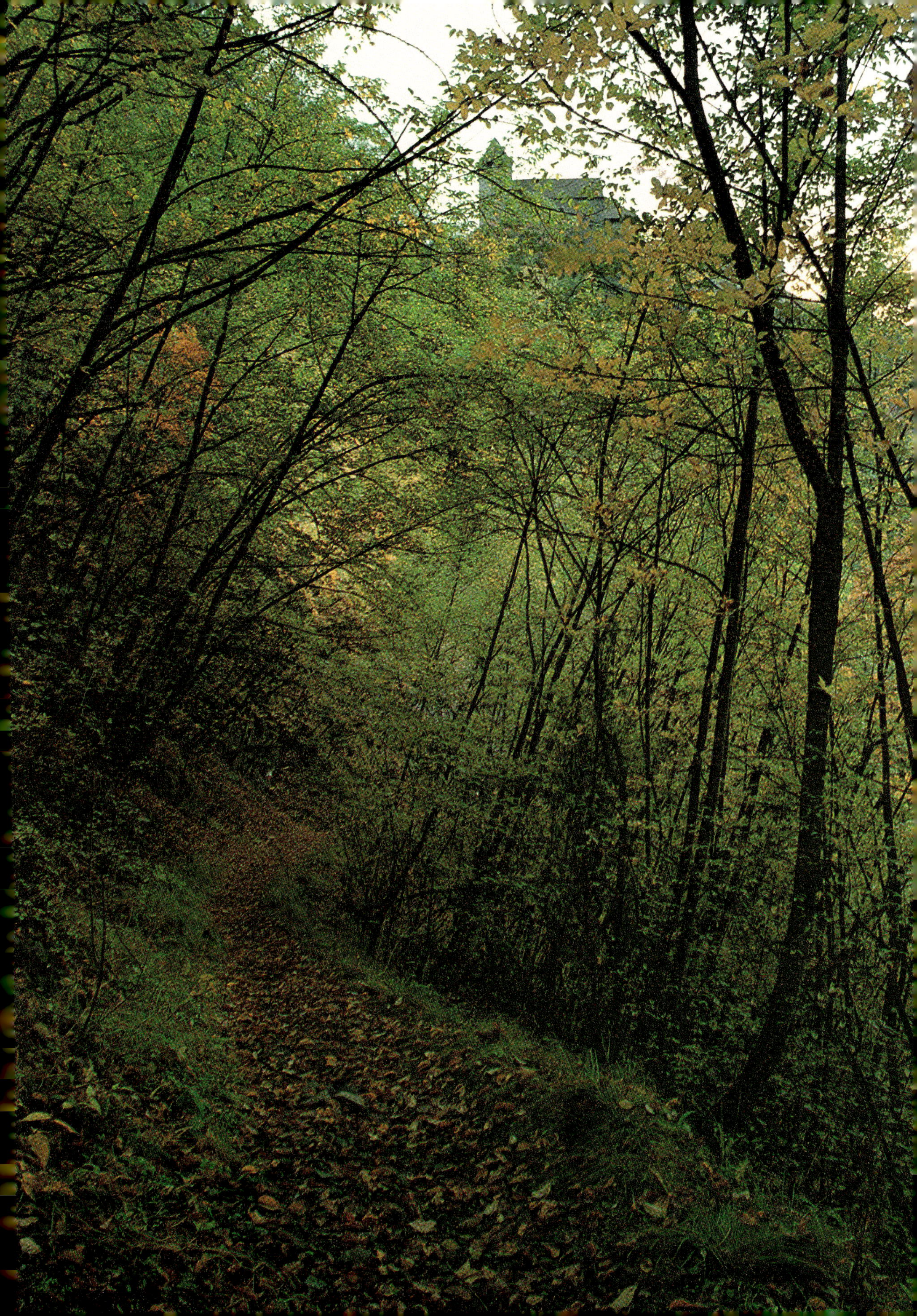

EIN 3000 JAHRE ALTES BERGWERK
Über die Villanderer Hochalmen zum Bergbaugebiet am Seeberg

Schon längst hat Südtirol als blühendes Bergbaugebiet seine Bedeutung verloren. Die heutige Erzförderung steht in keinem Verhältnis mehr zur überaus regen Bergbautätigkeit, wie wir sie aus dem Mittelalter kennen.

Eines der bedeutendsten jener Zeit war das Pfunderer-Bergwerk im Gebiet von Villanders; zahlreiche Urkunden berichten bereits seit dem 12. Jh., oft gleichzeitig mit dem Silberbergbau am Sterzinger Schneeberg, von den Abbaugebieten im Thinnetal, auf Samberg und am Seeberg, welch letzteres das Ziel unserer Wanderung sein soll.

Wie schon der Name besagt, bestimmen einige Seen das Bild dieser Landschaft. Hoch oben in über 2000 m Höhe liegen sie, unter den steilen Felsflanken jenes breiten Berges, den man den Villanderer nennt. Man muß nicht die alten Urkunden über diesen Bergbau lesen, und auch die Sagen, die in allen Bergbaugebieten und so auch hier angesiedelt sind, muß man nicht unbedingt kennen; es genügt schon, wenn man von Villanders über die weiten Almen hinaufwandert zu den Seen, um sich ein Bild von jenem mittelalterlichen Silberbergbau zu machen. Stolleneingänge, Abraumhalden, Reste des einstigen Erzweges, in dessen Pflastersteine tiefe Fahrrillen eingegraben sind, und eine kleine, weithin leuchtende Kapelle ganz oben auf dem Gratsattel — dies alles erzählt schon so allerlei.

Die Ursprünge dieses Bergbaues aber gehen noch viel weiter zurück, als uns die Urkunden berichten und wir an Ort und Stelle erahnen können. Zwar wissen wir nicht, wo die wohl längst verfallenen Stollen zu suchen wären, doch wurde erst vor wenigen Jahren am Knappenbach, der von den Seen auf der Sarner Seite abfließt, die eindeutigen Überreste eines bronzezeitlichen und demnach rund 3000 Jahre alten Schmelzplatzes entdeckt. Dies verleiht dem Villanderer Bergbau seine ganz besondere Bedeutung, wenn er auch nicht der einzige in Südtirol ist, der in prähistorische Zeit zurückreicht.

Links: Einer der Stolleneingänge des mittelalterlichen Bergwerks am Seeberg auf der Villanderer Alm
Rechte Seite: Die Seenplatte auf der Villanderer Alm, in deren Bereich der Nachweis eines bronzezeitlichen Erzabbaues erbracht wurde (Lexikon S. 169)

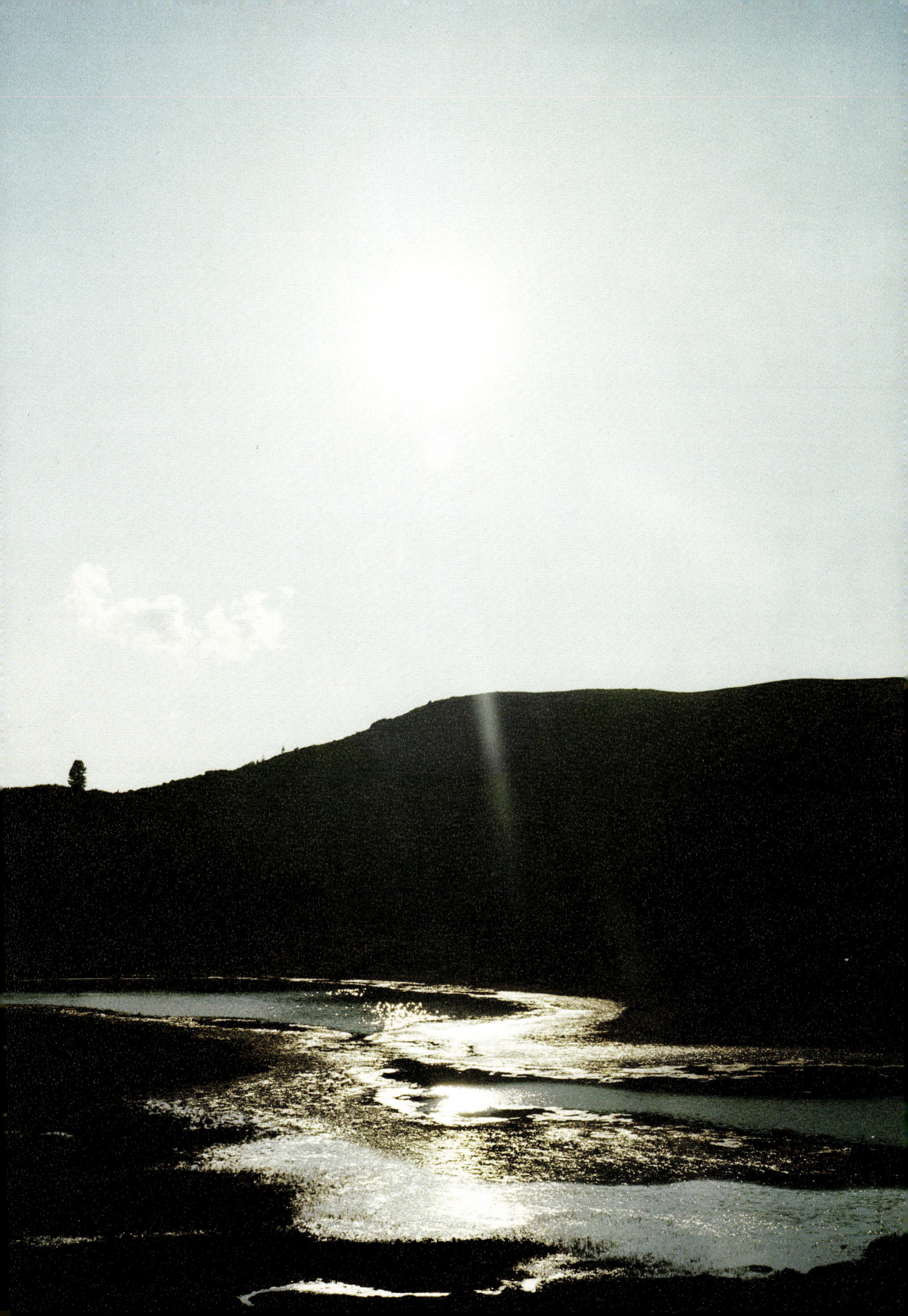

Sankt Verena am Ritten

Heiligtum und Wächter an den ältesten Wegen des Landes

Müßte man eine Rangliste mit den schönsten Orten der Südtiroler Mittelgebirgslandschaft erstellen, so wäre St. Verena zweifellos unter die allerersten einzureihen, jenes so malerisch hoch über dem Eisacktal in das Land hinausgrüßende Kirchlein.

Für den, der durch das untere Eisacktal südwärts fährt, ist St. Verena wie eine göttliche Verheißung; und in der Tat: Jeder, der die Strecke früher mit der Bahn befuhr, wußte, daß er beim Anblick des Kirchleins drei geheime Wünsche aussprechen durfte, die ihm dann die heilige Verena erfüllte. Doch zum ganz großen Erlebnis wird St. Verena erst, wenn man auf einem der uralten Wege dorthin wandert, gleichsam als Nachfahre jener frühen Menschen, die dies bereits vor einigen Jahrtausenden taten und uns ihre Spuren hinterließen — so jene Felsstufen, Schalensteine und einen seltsamen Steinsessel auf dem Hügel selbst oder jenen berühmten Figurenmenhir, der beim nahen Penzlhof aufgefunden wurde.

An der Stelle des schmucken Kirchleins soll einst ein Schloß gestanden sein als Wächter an der uralten Pflasterstraße, auf der bereits die Räter, die Römer und später im Mittelalter die deutschen Kaiser die wilde Eisackschlucht umgingen. Das Schloß auf dem Verenahügel aber ist längst verschwunden, und an seine Stelle ist ein Gotteshaus getreten. An die Stelle der Räterstraße aber tritt in unseren Augen eine Autostraße — gefordert, geplant und gebaut von Leuten, denen kulturelle Denkmäler ebensowenig wert sind wie eine ungestörte Naturlandschaft.

Im Gegensatz dazu aber gibt es auch einen Lichtblick: Das bisher verwahrloste Kirchlein St. Verena wird unter begeisterter Mithilfe der Bevölkerung mustergültig renoviert — ein Zeichen, daß jene geistigen Werte, die den Urzeitmenschen zur Schaffung des Menhirs und den Menschen des Mittelalters zur Erbauung der Kirche bewogen haben, für viele auch heute noch Bestand und Daseinsberechtigung haben.

Links: Der in der Nähe von St. Verena entdeckte Menhir. Er befindet sich heute im Bozner Stadtmuseum

Rechts: Umrahmt von uralten Kastanien — die Kuppe mit dem Kirchlein St. Verena, von Rotwand aus gesehen (Lexikon S. 171)

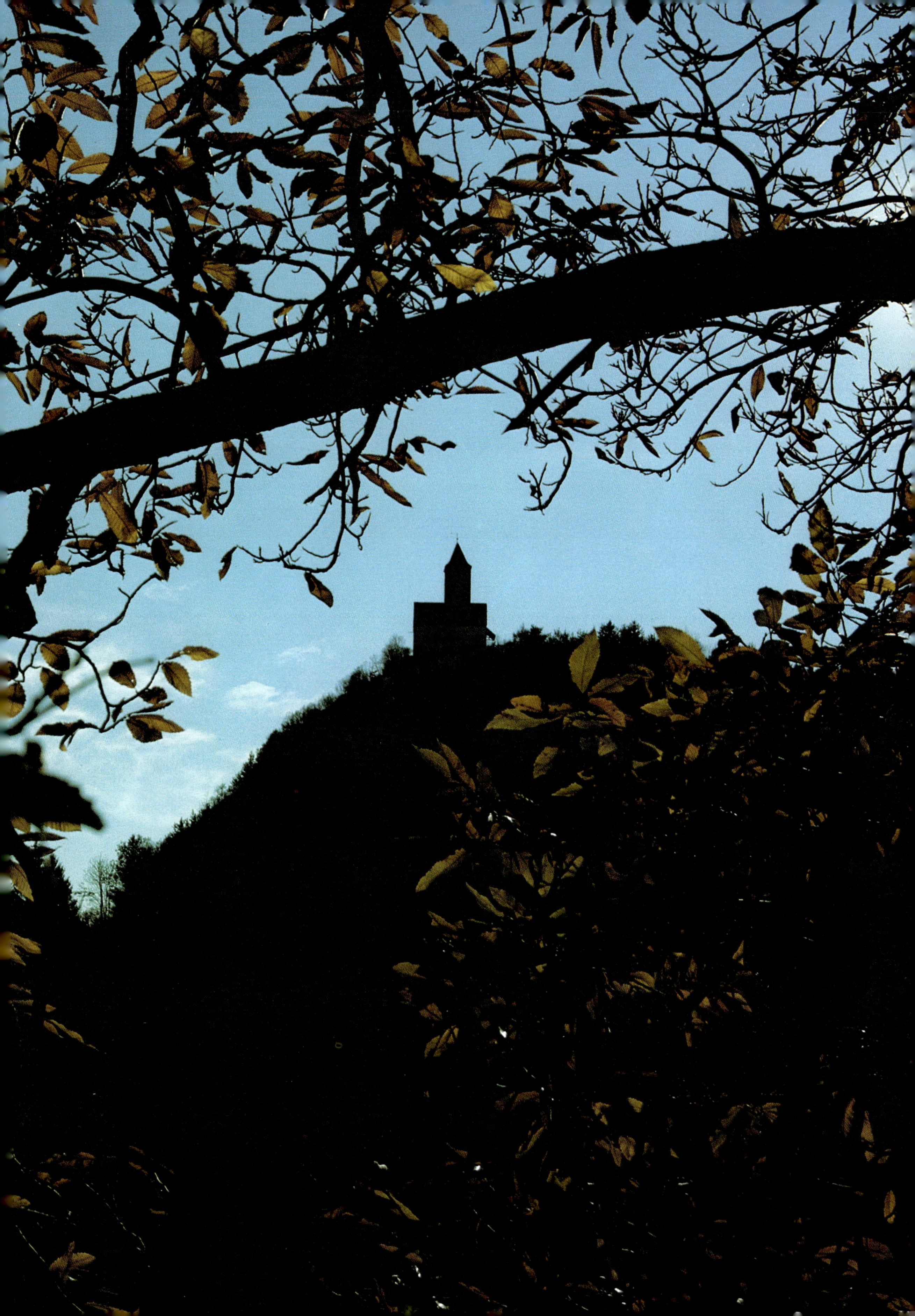

DER TROI PAIÀN IN GRÖDEN

Wanderung durch eine 9000 jährige Besiedlungsgeschichte

Troi Paiàn heißt soviel wie Weg der Heiden. Das allein sagt schon, daß es ein sehr alter, in vorchristliche Zeiten zurückreichender Weg ist. Doch damit ist nicht genug. Wie kürzlich getätigte Funde am *Plan de Frea* belegen, gingen bereits vor 9000 Jahren mittelsteinzeitliche Jäger diesen Weg; später waren es dann bronzezeitliche Menschen auf der Suche nach neuen Wohnplätzen; Leute, die mit Bernstein und Eisenwaren Tauschhandel betrieben, mögen diesen Weg gegangen sein, Bauern mit ihrem Vieh, Wallfahrer und Bergknappen, Reiche und Arme. Von Colfuschg wurden in früheren Zeiten die Toten nach Lajen zur Beerdigung gebracht, und im Mittelalter zogen in umgekehrter Richtung Edelleute und Ritter talein und ließen sich die Burgen Staeteneck und Wolkenstein erbauen. Einem steinernen »Muttergottessitz« und einem »Hexentisch« begegnen wir entlang unseres Weges, erfahren von den Leuten vom alten Gerichtsgebäude der untergegangenen Stadt Pontives in St. Peter, steigen auf der Katzenleiter zum dunklen Raschötzer Forst hinauf, kommen am *Col Cernacei*, einem uralten Marktplatz vorbei, passieren am *Balèst* den Standort der sagenumwobenen einstigen Burg Staeteneck und die Fundstelle eines Dolches, der hier vor fast 3000 Jahren verloren wurde, umrunden den wallburggekrönten Hügel *Ciaslàt*, überqueren den *Plan de Frea*, wo die erwähnten Steinzeitmenschen ihre Feuersteingeräte zurückließen, und erreichen schließlich das Grödner Joch, bereits mitten im bleichen Felsenreich der Dolomiten.

Wer diesen einsamen, großartigen Urweg hinter sich hat, hat deutsches und ladinisches Sprachgebiet durchquert, Eisacktaler Mittelgebirgslandschaft und dolomitische Hochgebirgswelt, schmucke Dörfer, uralte Bauernhöfe und einsame Bergkirchlein, von Sagen und Legenden umsponnene Plätze, und bedeutende archäologische Fundstellen kennengelernt — hat die neuntausendjährige Besiedlungsgeschichte dieses Raumes durchwandert.

Unten links: Der auf Balèst am Troi Paiàn aufgefundene Bronzedolch aus der Zeit um 1200 Chr. (Museum St. Ulrich)
Unten rechts: Einige der mittelsteinzeitlichen Feuersteingeräte vom Plan de Frea (Museum St. Ulrich)
Rechte Seite: Blick auf den Plan de Frea im kleinen Almtal, das von Plan zum Grödner Joch zieht; durch dieses verläuft der uralte Troi Paiàn (Lexikon S. 173)

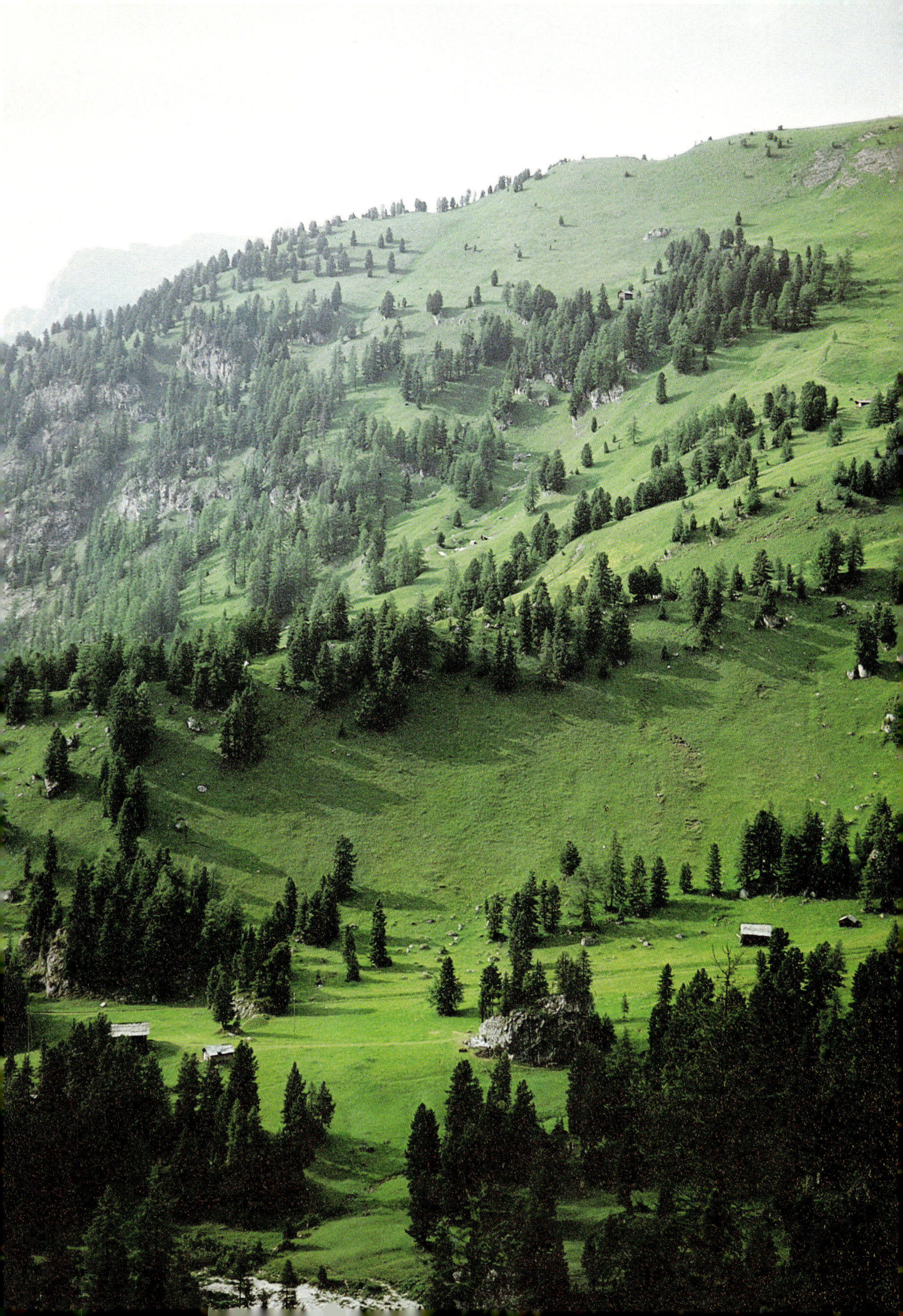

IM BANNE DER TROSTBURG

Der Urzeitweg von Waidbruck nach Tagusens

Bereits beim ersten Durchblättern des vorliegenden Buches wird der Leser festgestellt haben, daß unter dem Begriff Urweg keinesfalls immer dasselbe zu verstehen ist. Hier kann es ein schmaler Wiesensteig sein, der über Almen führt, dort ein geheimnisvoller, verwachsener, kaum auffindbarer Pfad durch urwaldähnliches Dickicht, einmal ein breiter, von alten Zäunen oder Mauerzügen gesäumter Fußweg von Hof zu Hof, ein andermal wieder ein steiniger, abschüssiger Schrofensteig im Gebirge, und manchmal müssen wir sogar ein Stück einem fahrbaren Forstweg oder einer asphaltierten Autostraße folgen. Einmal ist ein stolzer Berggipfel das angepeilte Ziel, ein andermal sind es nur ein paar von Moos und Gebüsch überwucherte Trockenmauerreste, hier vielleicht ein noch bewohntes Schloß oder eine halbverfallene Burgruine, dort ein schmuckes Kirchlein und wieder woanders ein merkwürdiger Felsen mit rätselhaften Grübchen und Zeichnungen. So unterschiedlich all diese Wege nun auch sein mögen, eines haben sie immer gemeinsam: Sie führen eben immer zu Stellen oder an solchen vorbei, an denen der früh- oder vorgeschichtliche Mensch irgendwelche Spuren und Zeugnisse hinterlassen hat. Durch die Anwendung dieses Kriteriums als Maßstab für das Alter eines Weges sollte der kulturgeschichtliche Wert unserer vielen Fußwege — ganz gleich welcher Art sie auch immer sein mögen — aufgezeigt und die althergebrachte Vorstellung verdrängt werden, nur Platten- oder Pflasterwege seien echte Urwege.

Dennoch ist gewiß, daß ein solcher Pflasterweg das Bild vergangener Zeiten besser vor Augen führt als ein einfacher Wiesensteig, und daß wir ihn rein gefühlsmäßig stets für sehr alt halten. Solche Pflasterwege sind auch zweifellos mit die beeindruckendsten und erhaltenswertesten Kulturdenkmäler unseres Landes, und es ist mehr als traurig, mit welcher Rücksichtslosigkeit, mit wieviel Unverstand solche Denkmäler heute oft zerstört werden in kurzsichtiger, grenzenloser Straßenbauwut.

Einer der schönsten dieser alten Wege, die Lebensadern gleich die Südtiroler Mittelgebirgslandschaft durchziehen, ist zweifelsohne jener von Waidbruck hinauf zur Trostburg und weiter bis hinauf nach Tagusens am Rand der Ka-

Der prachtvolle Weg zur Trostburg und weiter nach Tagusens, einer der schönsten Pflasterwege unseres Landes (Lexikon S. 179)

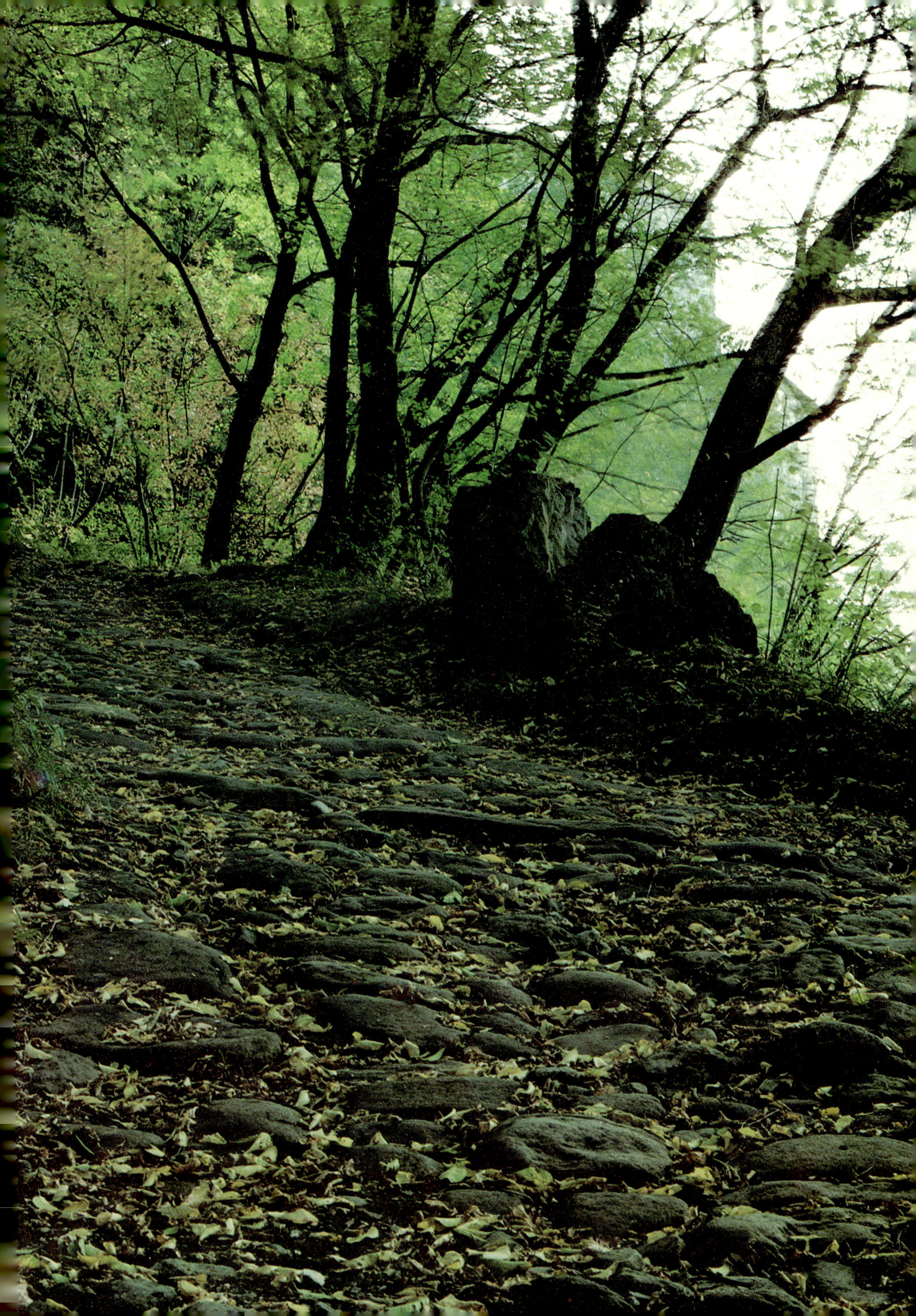

stelruther Hochfläche; und er ist auch einer der bekanntesten. Daß er nicht auch schon teilweise zerstört ist wie viele andere, ist aber nicht etwa der Einsicht der allgegenwärtigen Straßenbauer zu verdanken, sondern der Tatsache, daß man für die Straßen zur Trostburg und nach Tagusens weniger steiles Gelände gefunden hat und daß man die Autobahn mit einem Tunnel durch den Hangvorsprung führte, auf dem die Trostburg steht. So dürfen wir auch hoffen, daß uns zumindest dieser Eisacktaler Urweg erhalten bleiben wird, wenn schon die Rittner Kaiserstraße und der Villanderer Erzweg (um nur zwei von vielen anderen zu nennen) dem Hexenhammer des heutigen Straßenwahns zum Opfer fallen mußten.

Dieser einzigartige Weg wird oft nur als Schloßweg der Trostburg angesehen; doch ist er weit mehr als das. Denn es hat allen Anschein, daß wir in ihm ein würdiges Gegenstück zur erwähnten Rittner Kaiserstraße und zum berühmten *Troi Paiàn*, dem uralten »Heidenweg« quer durch die Dolomiten, sehen dürfen. Es scheint sogar, daß es dieser Urweg war, der der Trostburg ihren Namen gab, da in dem *Trost* möglicherweise das alte ladinische *Toi* oder *Tros* für Weg steckt, das sich ja auch in anderen Namen wiederfindet und sich als *Traie* für Viehweg auch in heute deutschsprachigen Gebieten erhalten hat. Bezeichnenderweise trägt außerdem jener Teil unseres Weges, der sich von Tagusens gegen Kastelruth hin fortsetzt, die nur sehr alten Wegen eigene Bezeichnung »Katzenleiter«, genauso wie drüben auf der anderen Seite des Grödner Tales jener Teil des *Troi Paiàn*, der an der deutsch-ladinischen Sprachgrenze die wilden Torwände überwindet. Wer weiß, ob dieser alte Weg nicht auch einst ein vielbegangener Fernweg quer durch die Dolomiten war und sich von Tagusens über Kastelruth, die Seiser Alm und das Fassajoch weiter nach Südosten fortsetzte. Steinzeitfunde am Fassajoch und römische Münzenfunde auf der Seiser Alm lassen ebenso diesen Schluß zu, wie die starke urgeschichtliche Fundverdichtung auf der Hochfläche von Scis-Kastelruth, die Urzeitstationen auf dem Schlern, die Wallburg Niemandsfreund bei Tagusens und die rätselhaften Hexenbänke auf dem Puflatsch.

Und auch im Bereich der Trostburg befand sich anscheinend eine möglicherweise früh- oder sogar vorgeschichtliche Befestigungsanlage, von der man allerdings heute so gut wie nichts mehr weiß. Dafür weiß die Volksüberlieferung, daß der eindrucksvolle »Römerturm«, einer der sieben Rundtürme in Südtirol, in seinen Ursprüngen auf einen alten *Heidenthurn* zurückgehen soll. Die Hauptsehenswürdigkeit an unserem Weg aber ist die Trostburg selbst, in ihrer Innenausstattung noch beeindruckender als in ihrem Äußeren. Und wenn sie auch erst aus dem Mittelalter stammt, so umweht doch auch sie jener geheimnisvolle Hauch der Jahrtausende, der uns auf dem ganzen Weg begleitet und uns in eine ferne, längst vergangene Zeit zurückführt.

Blick auf die Trostburg und die westlichen Eisacktaler Hänge von Barbian (Lexikon S. 179)

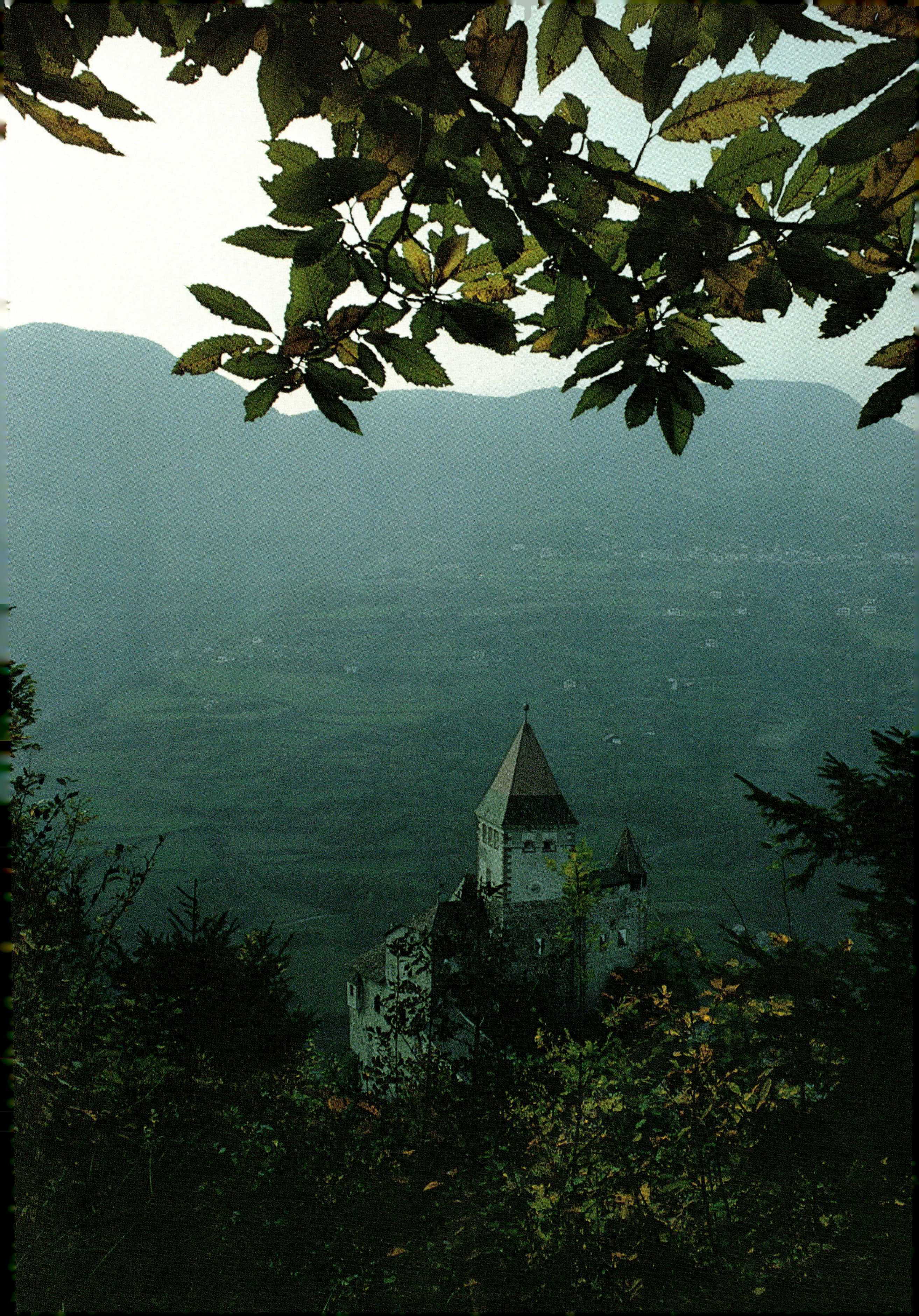

DIE HEXENBÄNKE AM PUFLATSCH

Von Kastelruth zum berühmten Steinthron in 2100 Meter Höhe

Bei Eppan gibt es einen Teufelssessel, auf St. Verena einen namenlosen Felsensitz, bei Kastelruth zwei Hexenstühle, bei Lajen und Aldein je einen Muttergottessitz, einen Steinthron auf dem *Castion Alt* bei Salurn, einen Götzensessel auf dem Sonnenstein bei Traunkirchen, einen steinernen Herzogsthron in Kärnten, einen Königsstuhl im Wallis und wer weiß wohl wo noch überall sonst.

Doch keiner dieser Steinsitze kann sich mit den Hexenbänken am äußersten Rand der Gipfelfläche auf dem Puflatsch messen, wenngleich sie fast alle von Sagen und Legenden umwoben und alle mehr oder weniger eindrucksvoll und sehr rätselhaft sind. Ihre freie, ausgesetzte Lage in über 2000 m Höhe, die deutlichen Spuren der Bearbeitung durch Menschenhand, die so außergewöhnlich genau für zwei Personen passenden Maße von Arm- und Rückenlehnen, Sitz- und Fußflächen machen den Steinthron vom Puflatsch aber einzigartig wohl in den ganzen Alpen.

In den neueren Karten sind diese Hexenbänke verzeichnet und in der Literatur werden sie immer wieder beschrieben und abgebildet. Trotzdem hegte ich selbst all diesen Berichten gegenüber stets größte Skepsis — bis ich die Steinbänke an einem Spätsommertag zum ersten Mal mit eigenen Augen sah. Seither bin ich fest überzeugt, daß sie künstlich geschaffen worden sind. Nur wer sie selbst gesehen hat, diese Hexenbänke, wer selbst einmal hier saß und auf das tausend Meter tiefer gelegene Kastelruther Gebiet hinabgeschaut hat, wer von da aus wie ein Weltenkönig die Sonne hinter den fernen Bergketten versinken sah oder — wie es das nebenstehende Bild andeutet — von hier aus das Zusammenbrauen eines Gewitters miterlebte, der wird gern bestätigen, daß es kaum etwas Eindrucksvolleres gibt als diesen steinernen Thron hoch über den Tälern.

Vorderansicht (links) und Draufsicht (rechte Seite) der berühmten »Hexenbänke« am 2176 m hohen Gipfel des Puflatsch (Lexikon Seite 181)

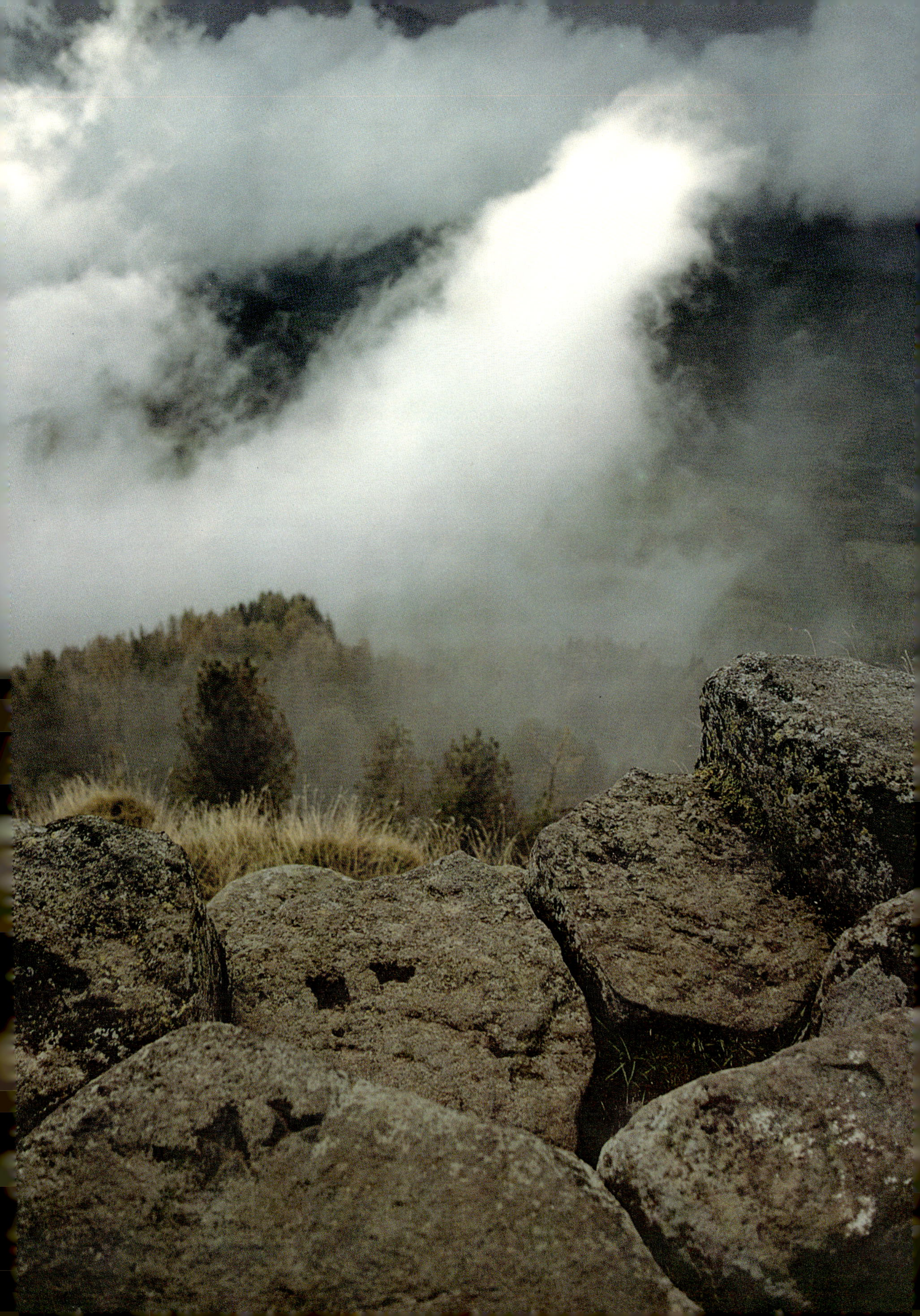

HAUENSTEIN UND SCHLERN

Vom mittelalterlichen Schloß zur höchsten Urzeitstätte Südtirols

Der tüchtige Felsgeher sieht den Schlern vor allem als Kletterberg, der begeisterte Bergwanderer dagegen als leicht ersteigbare Aussichtswarte, der Geologe sieht in ihm ein besonders schönes Beispiel dafür, wie die wasserundurchlässigen Raibler Schichten die darunterliegenden Felsen vor der Erosion und Zerklüftung schützen, und der Botaniker rühmt den außerordentlichen Reichtum der dolomitischen Alpenflora. Doch auch dem Volkskundler, dem Historiker, dem Sagenforscher und selbst dem Archäologen bietet der Schlern schon seit Jahrzehnten ein ergiebiges Betätigungsfeld.

Hier noch weiter auf alpinistische und naturkundliche Gesichtspunkte einzugehen, hieße hundertfach Gesagtes, hundertfach Abgebildetes wiederholen, es hieße Eulen nach Athen tragen. Wer sich aufmacht, um den Schlern zu besteigen, weiß meist schon vorher um die landschaftliche Schönheit und Eigenart dieses mächtigen Tafelberges am Rande des Blumenwunders Seiser Alm. Weniger bekannt aber sind ihm vielleicht die kulturhistorischen Seiten, die Beziehungen zwischen dem Menschen und dem Berg in vergangenen Zeiten. Dieser Gesichtspunkt soll hier im Vordergrund stehen.

Wenn wir so von Seis her kommend gedankenverloren durch den schattigen, ernsten Wald wandern, sperrt ganz plötzlich ein mächtiger Felsklotz unseren Weg. Wir erschrecken, blicken an der senkrechten Wand des Felsens empor und sehen, daß da oben bleiches Mauerwerk in den Himmel ragt, Ruinenreste so nahtlos mit dem Felsen verbunden, ja, wie aus ihm herausgewachsen. Man hält den Atem an und fürchtet, das da hinaufgezauberte Waldschloß müßte jeden Augenblick herabstürzen — so dünn und zerbrechlich erscheint das bizarre Gemäuer mit den großen hohlen Fensteröffnungen unter der mächtigen Felspyramide der Santnerspitze. Eine Tafel sagt uns, daß in diesem Schlosse einst der große Oswald von Wolkenstein die letzten Jahre seines bewegten Lebens verbracht hat, wir steigen hinauf in die offenen Räume, durch die leise der Wind fährt, und blicken über die Baumwipfel hinweg bis zu den Bergketten am fernen Horizont. Wie oft mag wohl der Wolkensteiner da hinausgeschaut haben, oder hinauf zur Santnerspitze, die damals noch Teufelsspitz hieß, welche Gedanken mögen ihm durch den Sinn gegangen sein? Vieles davon hat er niedergeschrieben, vieles wissen wir über sein Schicksal, und doch ist es eigentlich nur wenig.

Von der Burgruine blicken wir hinauf zum Fuß der Schlernwände, die über dem großen Hauensteiner Forst aufragen, und erahnen da oben irgendwo eine Stelle, an der das berühmte *Hauensteiner Schwert* gefunden wurde, das uns aus einer Zeit berichtet, in der es hier noch keine Burg gab und keinen Oswald von Wolkenstein.

Man schreibt das Jahr 1919. Hoch oben in dem Wald lassen sich ein paar Holzarbeiter zur Mittagsrast nieder, da bemerkt einer ein Stück Metall, das

Die Ruine Hauenstein bei Seis; hier lebte Oswald von Wolkenstein (Lexikon S. 183)

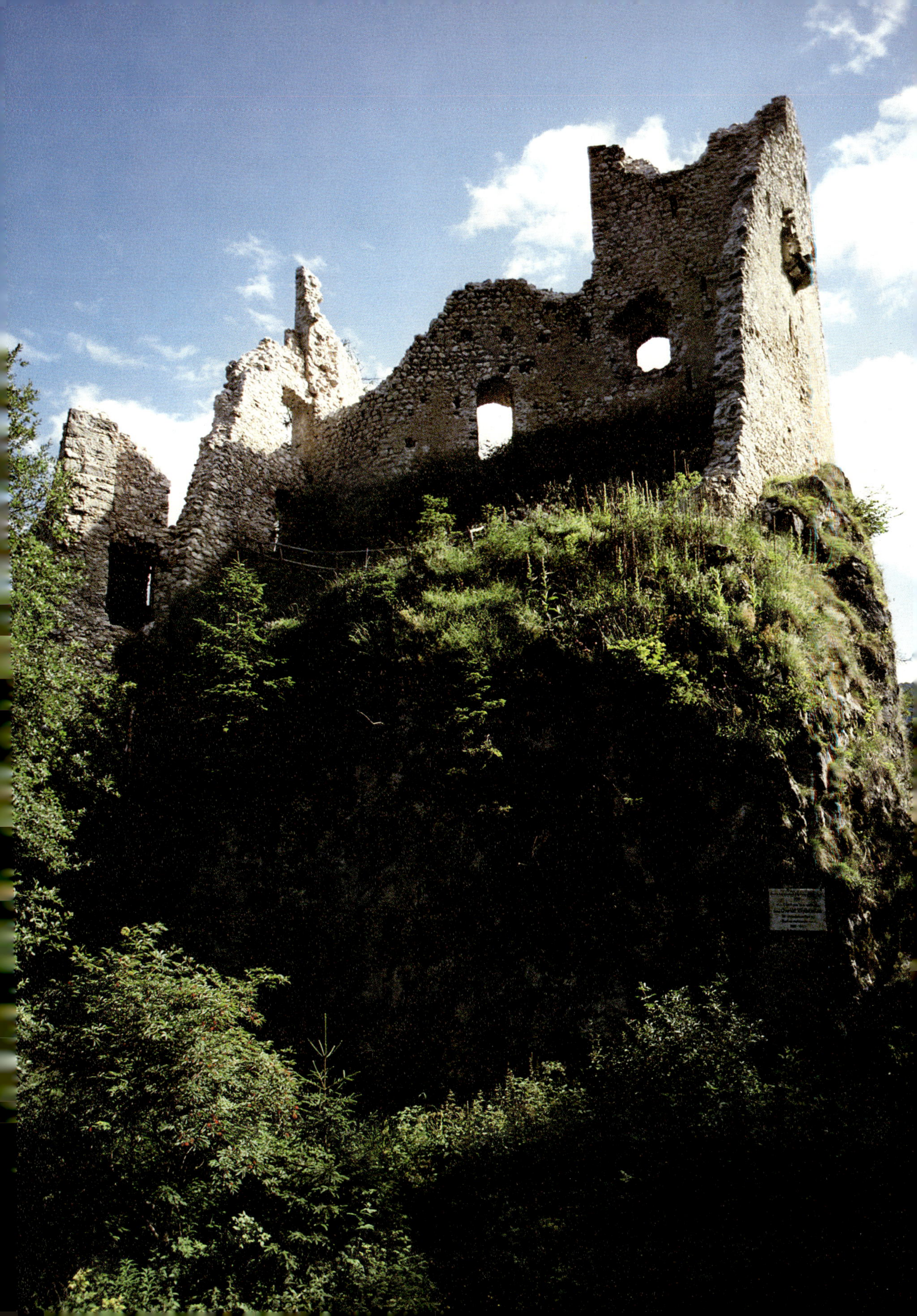

da aus dem Moos schaut. Er zieht daran und hält dann eines der schönsten Bronzeschwerter in der Hand, das im Alpenraum je gefunden wurde. Es ist 60 cm lang, so gut erhalten und so schön gearbeitet, als wäre es erst kürzlich aus einer modernen Waffenfabrik gekommen. Selbstverständlich begann gleich ein großes Rätselraten darüber, wie das Schwert so hoch hinauf gekommen sein könnte, wer es wohl verloren haben könnte ohne es zu merken. Daß aber die schöne Waffe nicht nur von unten hinauf, sondern ebensogut von oben herunter gekommen sein könnte — auf diesen Gedanken kam man erst zweieinhalb Jahrzehnte später, wieder, wie beim Schwertfund, am Ausgang eines großen Krieges, 1945 also.

In jenem Jahr gelang nämlich oben auf der Hochfläche des Schlerns eine archäologische Aufdeckung, die zu den bedeutendsten und aufsehenerregendsten im ganzen Alpenraum gehörte. Die Fachwelt ganz Europas blickte damals nach Südtirol und verfolgte die Ausgrabungen auf dem Schlern. War man doch gewohnt gewesen, das Hochgebirge als seit je her unbesiedelt und für die vorgeschichtlichen Menschen als gefürchtet und gemieden zu sehen. Nun aber zeigte es sich, daß jene Menschen sich keineswegs scheuten, in einer Höhe von 2500 m zu siedeln — und dies bereits während der Endbronzezeit, also um 1000 v. Chr. Es war dies ein großer Markstein in der alpinen Urgeschichtsforschung, der in der Folge zu weiteren ähnlichen, wenn auch nicht ganz so hohen und weniger bedeutenden Funden und später, erst vor wenigen Jahren, zu den einzigartigen Entdeckungen mittelsteinzeitlicher Rastplätze am Grödner Joch und auf Jochgrimm führten.

Luis Oberrauch und Viktor Malfér, den Entdeckern der beiden vorgeschichtlichen Fundplätze auf der Flur Plörg und am Burgstall auf der Schlern-Hochfläche, ist es damit zu verdanken, wenn heute das archäologische Augenmerk so intensiv und so erfolgreich auf jene Zonen der alpinen Landschaft gerichtet wird, die oft weit oberhalb der Waldgrenze liegen.

Wer mit diesem Wissen den Schlern besteigt, sieht die Berge plötzlich mit ganz anderen Augen, er versteht die Hintergründe so mancher bisher als reines Phantasieprodukt gehaltenen Bergsagen, man spürt förmlich den Hauch der Jahrtausende, bei jedem Schritt hat man plötzlich das Gefühl, den Spuren jener immer noch kaum bekannten Menschen zu folgen, die vor 3000 Jahren hier gelebt haben. Und auch die etwas tiefer gelegene Kassiankapelle erscheint nun in einem ganz neuen Licht — sie ist nicht mehr ausschließlich Zeugnis christlicher Religion, sondern wird als mögliche Nachfolgerin eines vorchristlichen Kultplatzes zum Symbol des menschlichen Glaubens an überirdische Kräfte überhaupt.

Unten: Das bekannte, 60 cm lange »Hauensteiner Schwert«, eine prachtvoll gearbeitete Bronzewaffe aus der Zeit um 1400 v. Chr. (Lexikon S. 183)
Rechte Seite: Die weite Hochfläche des Schlerns mit der Flur »Plörg« und der Roterdspitze (links), wo die ersten urgeschichtlichen Schlernfunde getätigt wurden (Lexikon S. 183)

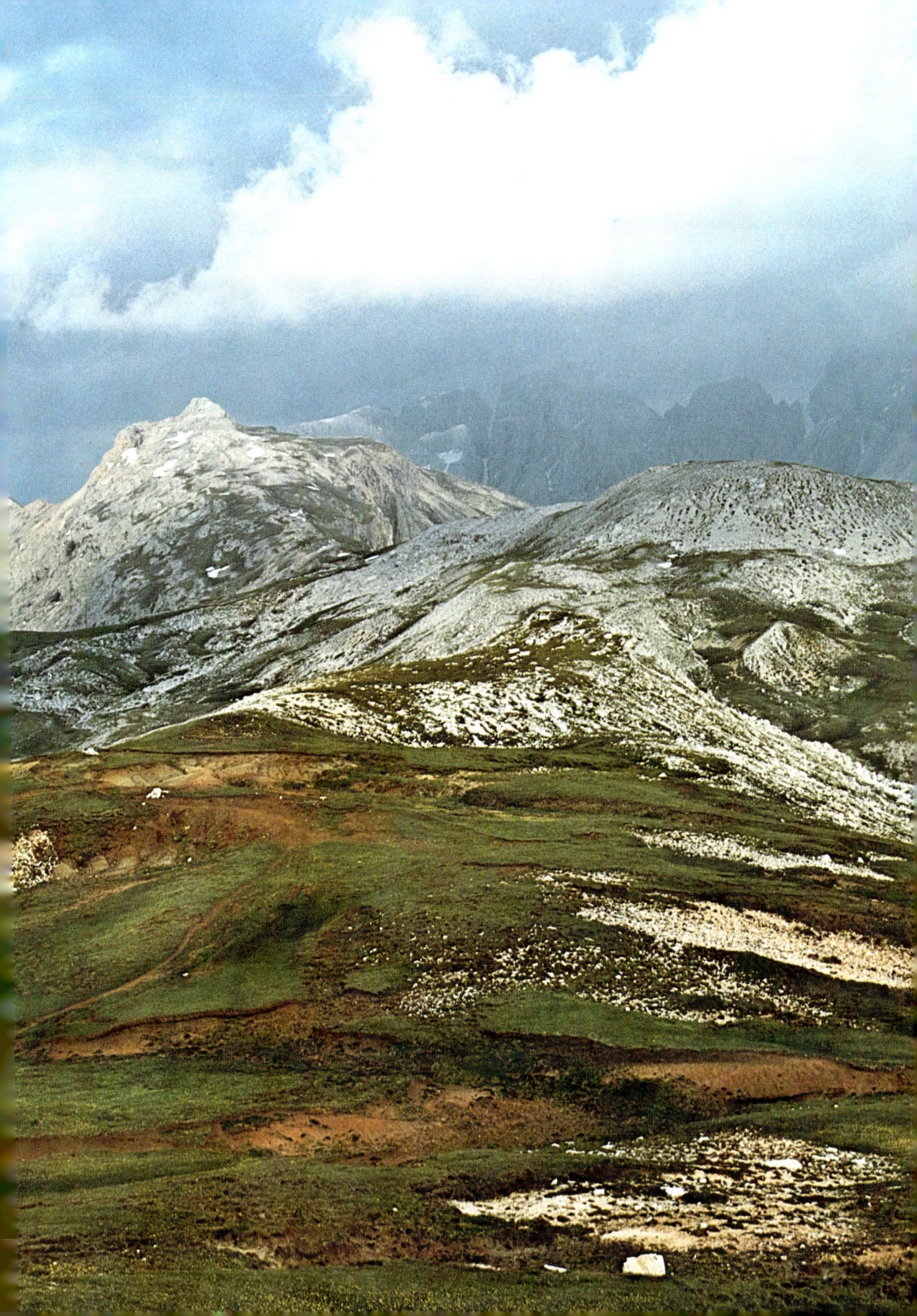

DIE VERSUNKENE STADT KERLA

...und der Heidenfriedhof von Niederrasen

Man nennt sie die *Windschnur*, jene Weitung am Ausgang des Antholzer Tales, die von der Pustertaler Straße durchquert wird, und wer je an einem Wintertag die hohen Schneewehen und den wie durch einen unsichtbaren Windkanal talaus fegenden Sturmwind erlebt hat, versteht, woher der Name kommt. Im Frühjahr aber, im Sommer oder im Herbst, da ist die große Ebene, die sich zwischen der Straße und dem schmucken Dorf Niederrasen ausdehnt, eine Wiesenlandschaft von ganz besonderem Liebreiz. Vor der Zackenkulisse der Olanger Dolomiten im Süden und dem Kranz der überfirnten Dreitausender der Rieserferner im Norden, im Osten und Westen aber von dunkelgrünem Nadelwald gesäumt, ist diese Wiesenfläche wie eine letzte Naturoase in unseren sonst so stark verbauten Tälern.

In Niederrasen beginnen wir unsere Rundwanderung am Rande dieser Oase, und dabei gehen uns so manche Gedanken durch den Kopf. Wir wissen durch Meilensteinfunde, daß die einstige Römerstraße im Gebiet der Windschnur ungefähr der heutigen Pustertaler Straße folgte und wir kennen das an der windigsten Stelle neben der Straße stehende Kirchlein St. Anton von Padua, das in seiner heutigen Form aus dem Jahre 1698 stammt, aber in seinen Ursprüngen viel älter ist und seit jeher ein vielbesuchter Wallfahrtsort war, wie die sehenswerten Votivgaben unter dem Vordach in lebendigster Weise bezeugen.

Doch — so will uns die Frage nicht aus dem Kopf — warum ist das Gebiet der Windschnur so siedelleer, warum haben sich die ersten Niederrasner nicht hier am bedeutenden Wallfahrtsort und an der noch bedeutenderen Straße ihre Häuser erbaut? War der so starke und kalte Wind die Ursache dafür, oder war der schöne Talboden einst ein unbetretbarer Sumpf?

Oben beim Gasthaus *Mudler* auf der aussichtsreichen Terrasse bei einem »Viertele« sitzend, fällt es uns plötzlich wie Schuppen von den Augen. Denn es fällt uns jene Sage ein, wonach sich einst im Talboden der Windschnur eine ansehnliche Stadt ausgebreitet habe, die Stadt *Kerla*, die eines Tages aber spurlos verschwunden ist. Und wir erinnern uns, daß erst vor wenigen Jahren eben dort tatsächlich ein großes vorgeschichtliches Gräberfeld ausgegraben wurde, wohl der Friedhof von *Kerla*...

Und dann steigen wir über die Goste ab und kehren nach Niederrasen zurück; und nun wissen wir, warum Niederrasen heute nicht an der Hauptstraße liegt und warum in dem schönen Talboden der Windschnur nie ein Haus erbaut wurde: Der große Heidenfriedhof und die untergegangene Stadt sind der Grund dafür.

Die malerischen Wiesenböden von Niederrasen, wo nach der Sage eine versunkene Stadt liegt und tatsächlich ein eisenzeitlicher Friedhof entdeckt wurde (Lexikon S. 186)

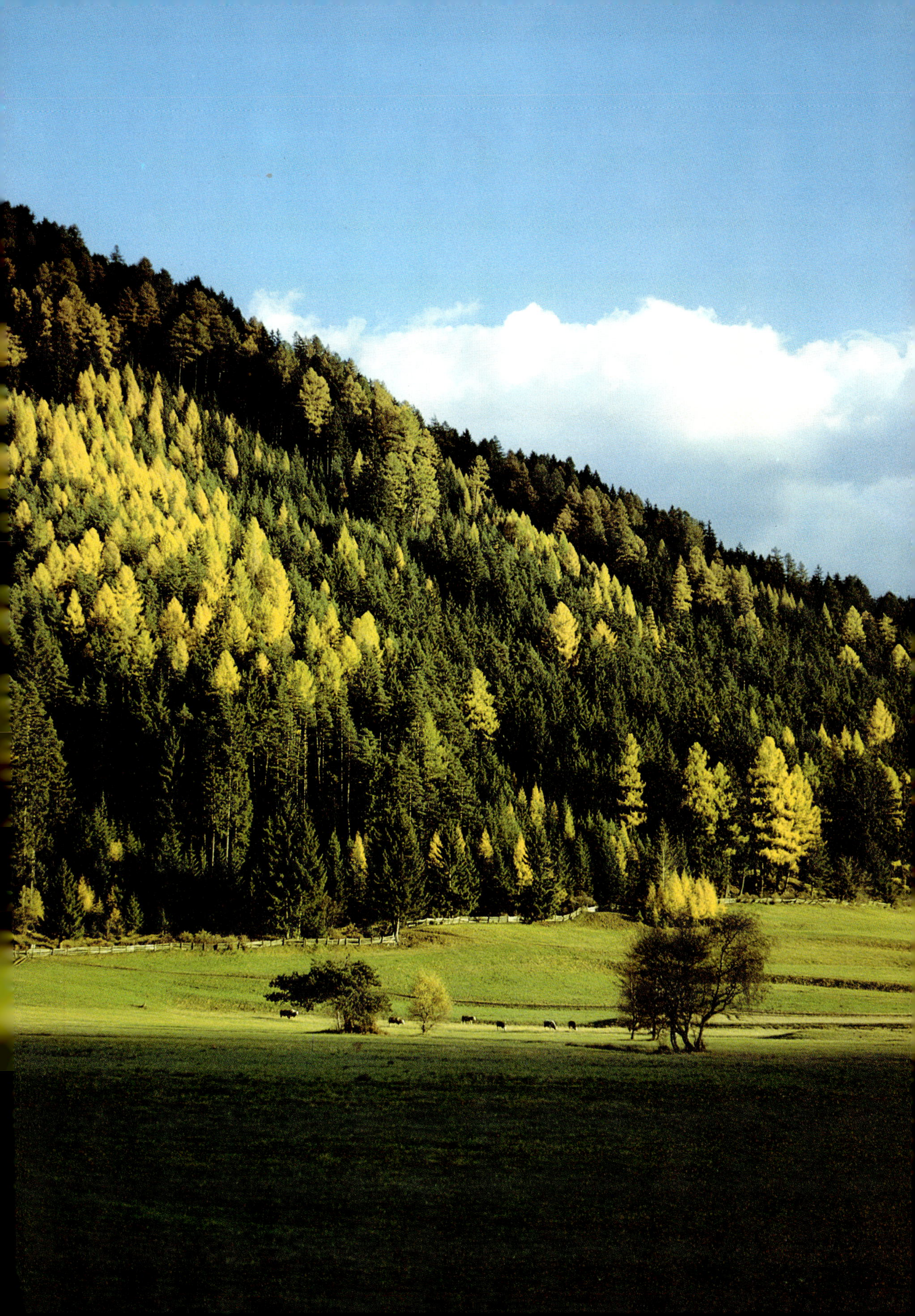

HEILIGE STEINE IN HEILIGEN WÄLDERN
Wanderung zu den Schalensteinen von Luns und Dietenheim

Vergleichen wir das Bild, das uns die eigentlichen archäologischen Funde in Südtirol liefern, mit dem, das uns die Funde von Schalensteinen aufzeigt, so erkennen wir, daß sich die ersteren mehr oder weniger gleichmäßig über das ganze Land verteilen, während hinsichtlich der Schalensteine fast die ganze östliche Landeshälfte nahezu fundleer ist. Wie kommt es, so fragen wir uns, daß das große Pustertal mit seinen bedeutenden Seitentälern nur so wenige dieser rätselhaften Steine besitzt, wo es doch sonst so reich an bedeutenden Urzeitstätten ist?

Wir müssen die Frage offen lassen, dürfen aber zumindest für das an den Dolomiten teilhabende Gebiet vermuten, daß dort, sofern es Steine mit Schalen gegeben haben sollte, diese wohl in dem leicht verwitternden Dolomitgestein im Laufe der vielen Jahrhunderte verschwunden sind.

Daß das Pustertal aber in Wirklichkeit vielleicht gar nicht so arm an Schalensteinen ist, wie es den Anschein hat, dafür liefern eine Reihe von Neuentdeckungen, die erst in den letzten Jahren erfolgten, einen gewissen Anhaltspunkt. Gemeint sind da die Schalensteine vom Pfalzener Gebiet und vor allem jene von Dietenheim und Luns bei Bruneck. Diesen letzteren gilt unser Besuch.

Ganz abgesehen davon, daß sie im Pustertal großen Seltenheitswert besitzen, sind sie auch deshalb sehr besuchenswert, weil sie zu den reichhaltigsten und bedeutendsten Schalensteinen von ganz Südtirol zu zählen sind. Und auch die Gegend, die wir durchwandern und in der die mächtigen Schieferblöcke liegen, ist überaus reizvoll. Sie ist so recht ein Stück »grünes Tal«, mit weiten blühenden Wiesen, alten Zäunen, Buschzeilen und bald lichtdurchfluteten, silbergrünen Lärchenhainen und bald ernstem, feierlichem Fichtenbestand.

Das vielschichtige Problem der Schalensteine ist immer noch nicht endgültig gelöst und es gibt noch unzählige offene Fragen. Immerhin sind sich die meisten Forscher heute darüber einig, daß wir es in den allermeisten Fällen mit prähistorischen Kulturdenkmälern zu tun haben. Ist auch die Bedeutung der Schalen noch umstritten, so gelang doch zumindest schon da und dort bereits eine Altersbestimmung. So ist ein Schalenstein am Mutkopf bei Meran mit größter Wahrscheinlichkeit in die Zeit um 1000 v. Chr. zu datieren, bei einem anderen in der Valsugana konnte ein ähnliches Alter sogar nachgewiesen werden.

So mögen die mächtigen Schalenfelsen von Luns und Dietenheim wohl heilige Steine gewesen sein, Pilgerstätten für den vorgeschichtlichen Menschen, Altäre im feierlichen Dom des Waldes, dessen Säulen die blaue Kuppel des Himmels tragen.

Die mächtigen Schalensteine von Luns bei Bruneck: oben jener am Weg von Dietenheim herauf, links unten der etwas höher liegende mit dem Außer-Kröllhof, rechts unten ein Ausschnitt aus der schalenübersäten Oberfläche des zweitgenannten Steins (Lexikon S. 188)

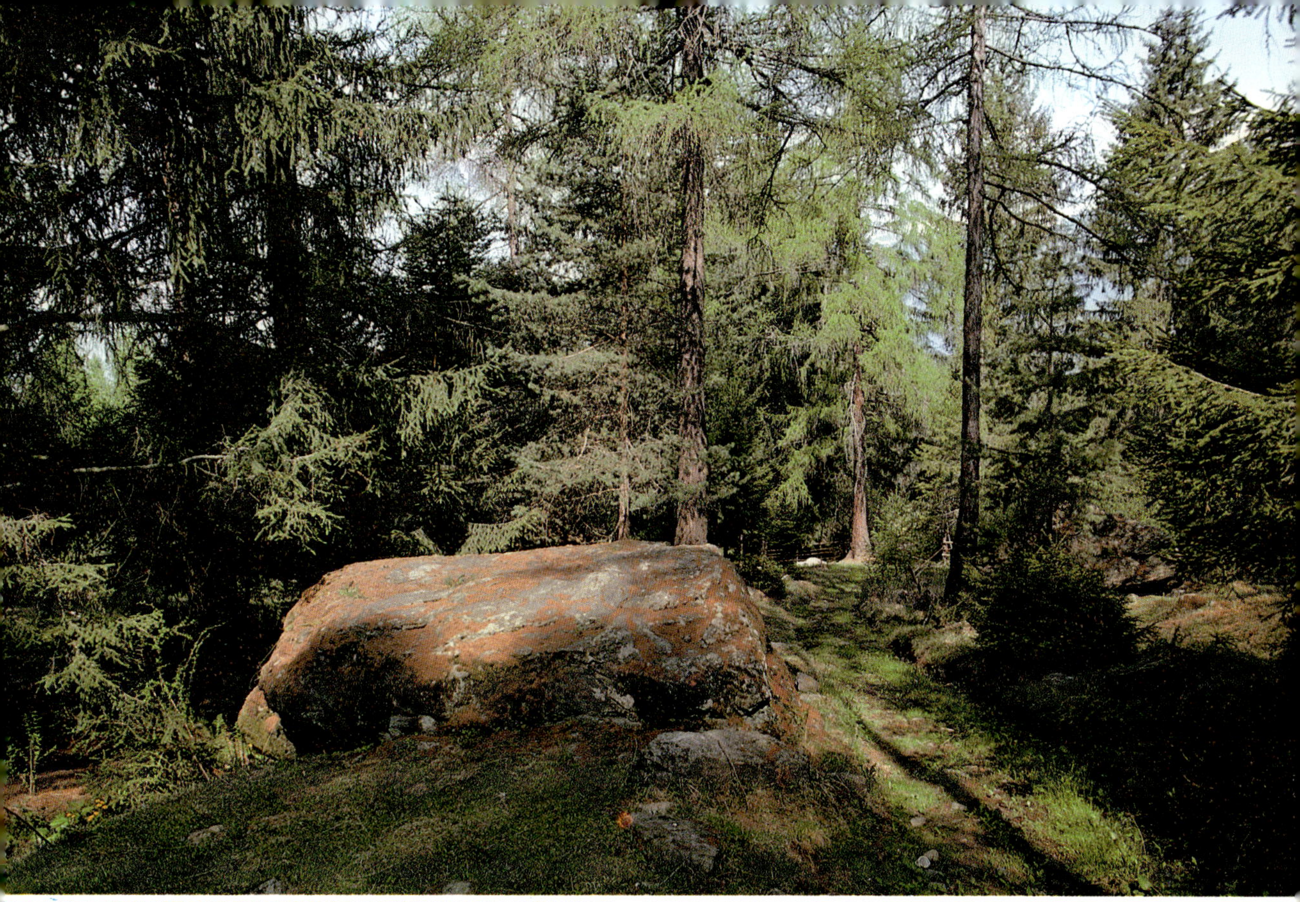
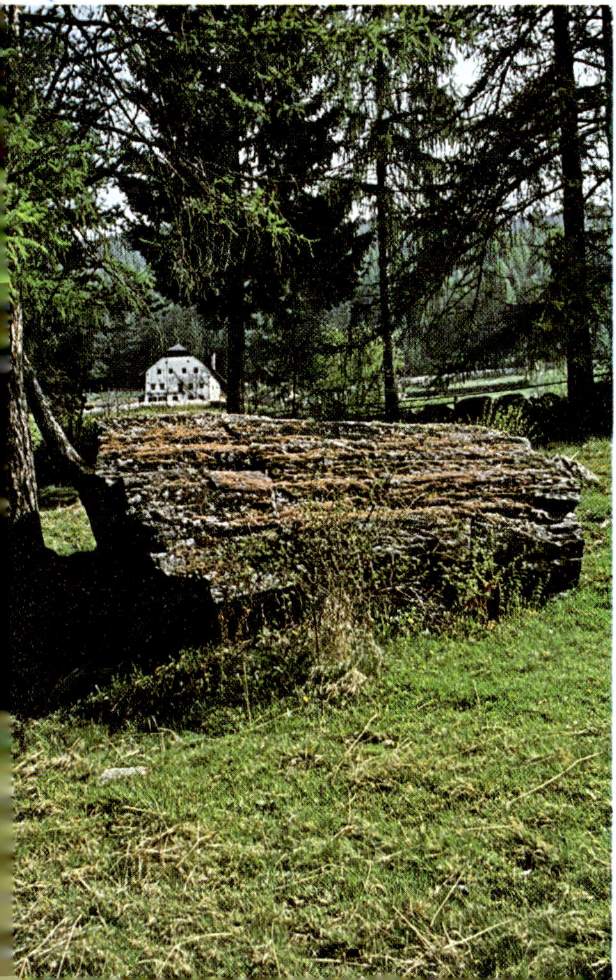
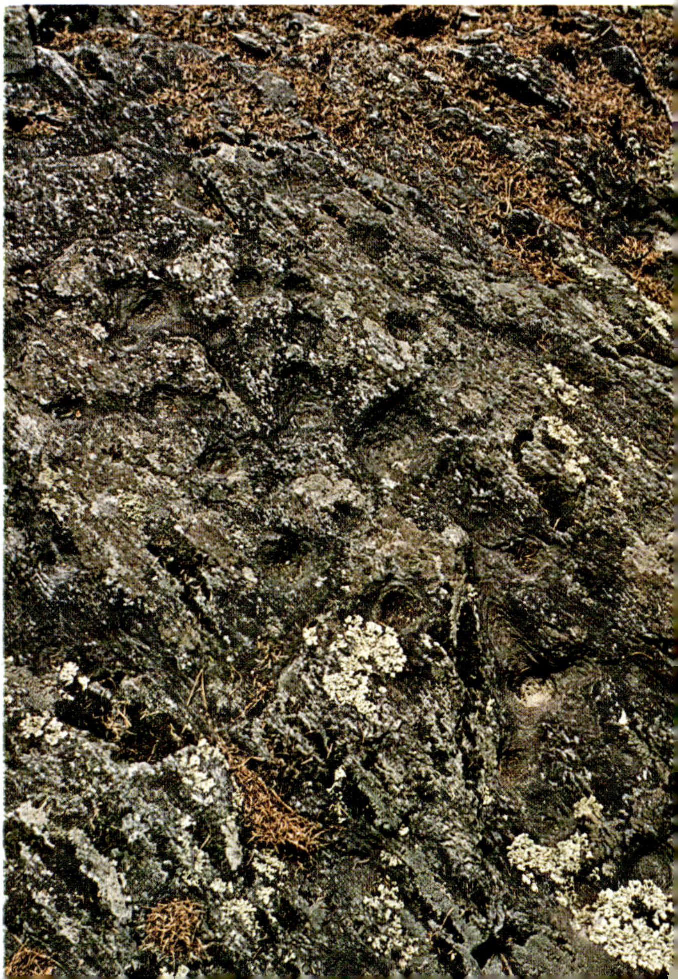

DER STEINWALL VON FANES

Menschenwerk oder Gletschermoräne?

An einem Julitag des Jahres 1953 entdeckte Georg Innerebner, einer der bedeutendsten Südtiroler Vorgeschichtsforscher der vergangenen Jahrzehnte, mitten in einem gewaltigen Trümmerfeld jenen Gesteinswall, in dem er den Überrest eines menschlichen Bauwerkes aus grauer Vorzeit sah, eines kreisrunden Ringwalles mit einem Umfang von 200 Metern. Und auch der mächtige Steinhaufen an der Innenseite des rund 50 m langen, bogenförmigen Walles erschien dem Prähistoriker verdächtig. Er sah in ihm einen zusammengestürzten Turm, ein sogenanntes Kernwerk in der Mitte des vermuteten Ringwalles.

Seither finden wir diese »Wallburg« in der Literatur immer wieder erwähnt, sei es als Kronzeuge für den historischen Wahrheitsgehalt der Sage von Fanes, sei es als besonders eindrucksvolles Beispiel einer Urzeitstätte im Hochgebirge der Dolomiten — befindet sich der Steinwall doch in einer außerordentlich einsamen, abgeschiedenen Gegend, die heute bar jeglicher Vegetation ist und nur aus weiten Felsböden und wilden Bergsturzhalden besteht. Wer — so fragt man sich — mag hier in über 2500 m Höhe, in einem wasserlosen Gebiet einst gehaust haben? Wer mögen die Leute gewesen sein, die hier Tausende von Tonnen Gesteinsmaterial aufgeschüttet haben, nur um eine kreisrunde Umfriedung für ihr Vieh zu schaffen? Oder war es vielleicht nicht eine Fliehanlage, sondern, wie Karl Felix Wolff meinte, das Heiligtum der Fanes?

Alle diese Fragen sind noch ungeklärt. Und wenn Georg Innerebners Gefährten hier nicht vorgeschichtliche Scherben gefunden hätten, müßte man sich überhaupt fragen, ob der Steinwall nicht schlicht und einfach eine Gletschermoräne wäre. Denn einer solchen sieht er tatsächlich ähnlicher als einem menschlichen Bauwerk.

Nunmehr, nach fast 30 Jahren seit Innerebners Entdeckung, scheint sich die Forschung wieder intensiver mit dem Problemkreis zu beschäftigen, und wir dürfen auf die Ergebnisse gespannt sein. Wie diese aber auch immer ausfallen mögen, eines ist und bleibt gewiß: Der *Plan de Serennes*, jene Felswildnis am Fuße von Burgstall und Zehner, in der sich der merkwürdige Steinwall befindet, ist eines der besuchenswertesten und eindrucksvollsten Wanderziele im Sagenreich von Fanes. Und wir können nur Paul Grohmann beipflichten, wenn er schrieb: *Wenige Teile in den Kalkalpen wird es geben, wo die Natur so überaus großartig und wild sich zeigt wie hier.*

Oben: Die Steinhalden des »Plan de Serennes« mit dem rund 40 m langen, möglicherweise vorgeschichtlichen Steinwall von Fanes
Unten: Der bizarr geformte Burgstall, hinter dem der oben abgebildete Steinwall liegt; darüber der 3023 m hohe Zehner (Lexikon S. 190)

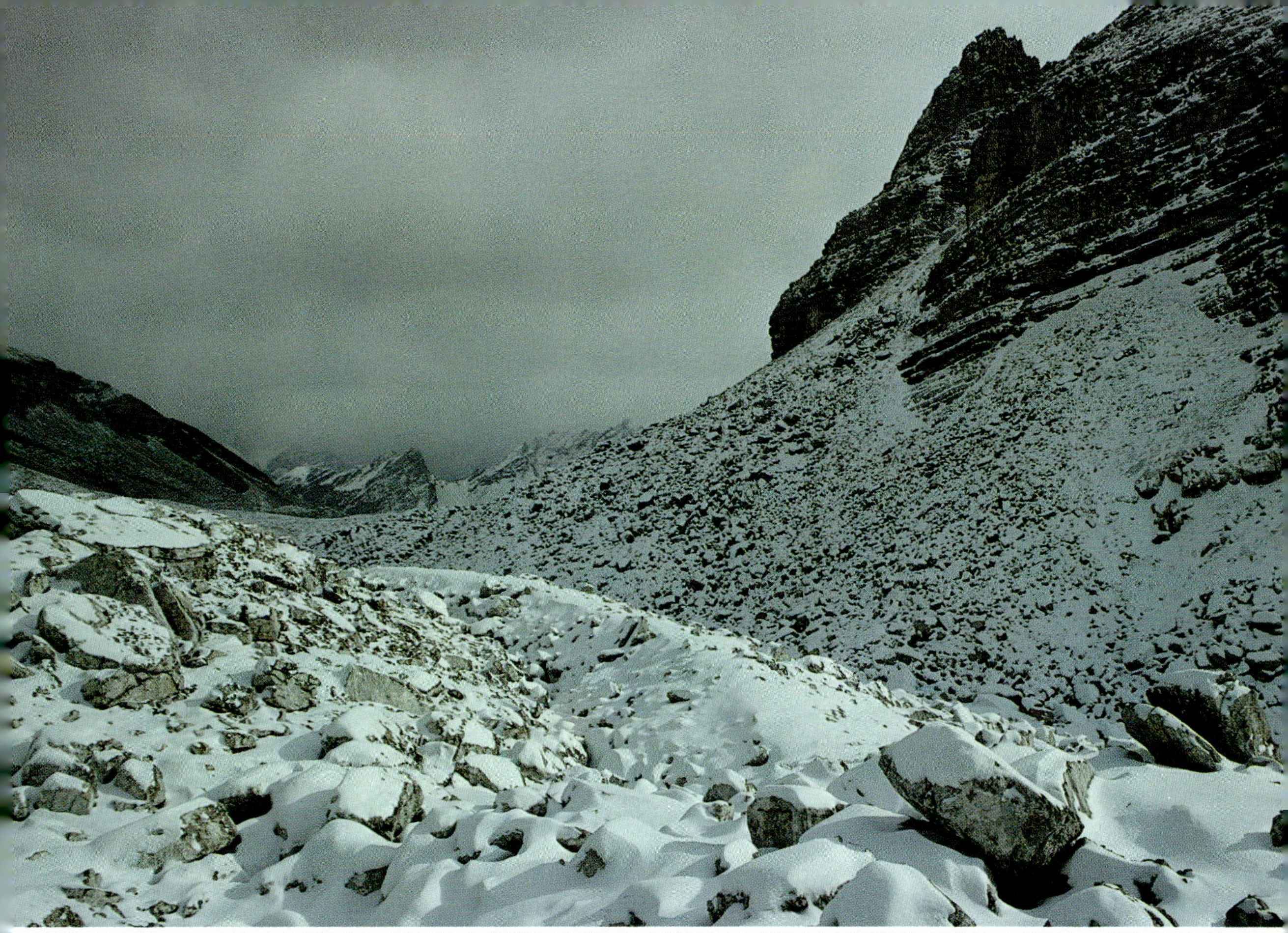

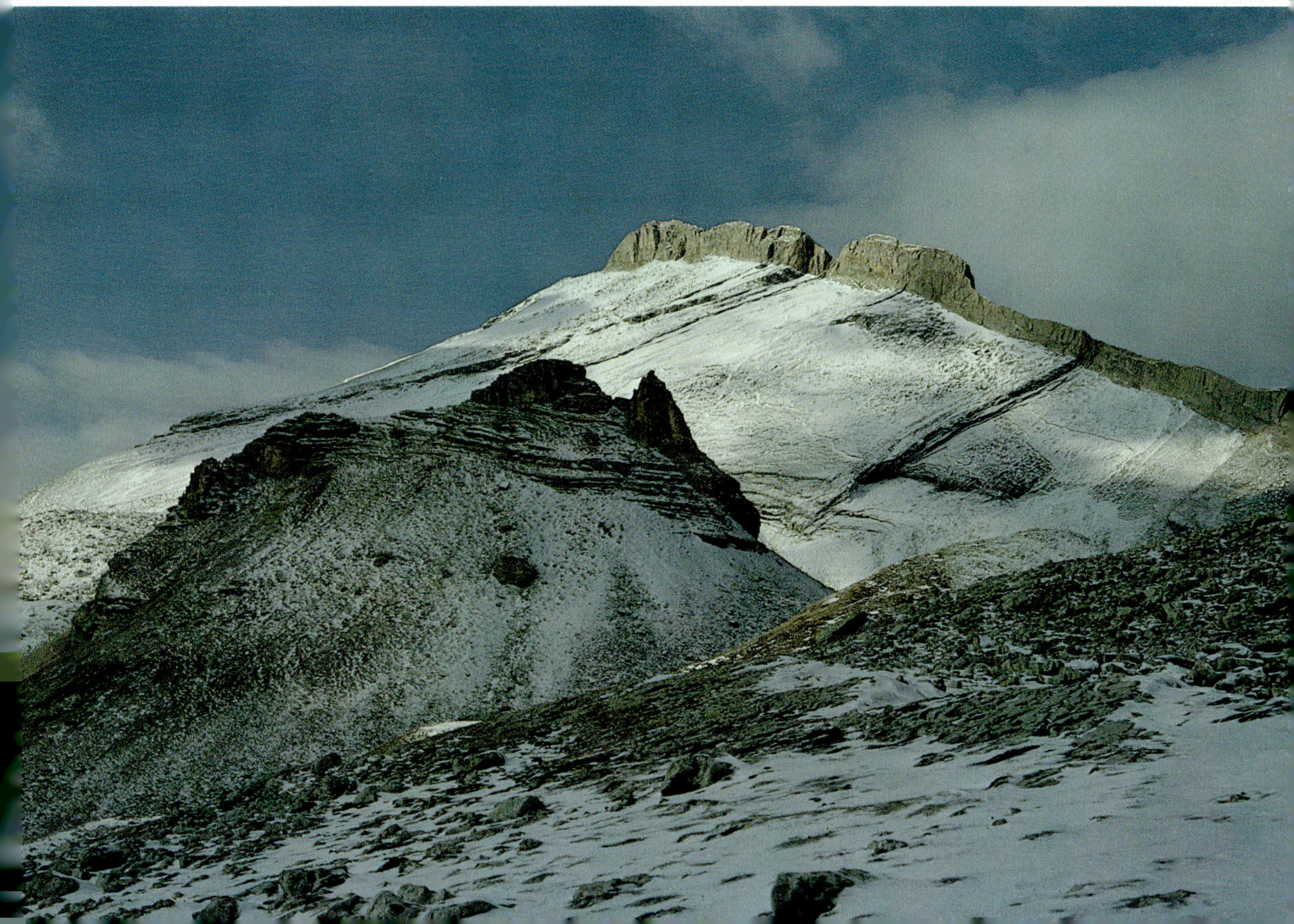

DER HEXENSTEIN VON TERENTEN

Einst ein heiliger Stein zum Entzünden von Kultfeuern?

Paul Tschurtschenthaler, der bekannte Heimatforscher und feinsinnige Dichter aus Bruneck, beschrieb den *Hexenstein* von Terenten erstmals im Jahre 1934, ein Jahr nachdem Josef Tscholl erstmals das Schalensteinproblem in Südtirol aufgeworfen hatte.

Inzwischen ist der Hexenstein zur Berühmtheit geworden, obgleich man einer Lösung der Schalensteinfrage nur wenig näher gekommen ist, und die Deutungsversuche Tschurtschenthalers demnach immer noch ihre Gültigkeit haben. Dies gilt um so mehr, als er noch zahlreiche Überlieferungen festhalten konnte, die bei den meisten anderen Schalensteinen bereits längst vergessen und verweht sind. So erfuhr er von einem Bauern, der als Bub hier das Vieh hütete, daß der Stein allgemein als unheimlich galt, daß hier in alten Zeiten nicht nur Hexenversammlungen, sondern auch Trinkgelage stattgefunden hätten, und zwar, wie es scheint, nachts und zur Zeit der Sommersonnenwende. So sah Tschurtschenthaler in dem Hexenstein eine wohl vorchristliche Kultstätte — eine Deutung, die bis heute die naheliegendste geblieben ist. Die ursprüngliche Bedeutung der vielen, teilweise nur sehr seichten Schälchen aber, die Art der hier stattgefundenen Kulthandlungen, der Zusammenhang zwischen dem Stein und einer nahen Quelle — das sind einige der Fragen, die immer noch keine sichere Antwort gefunden haben, ebenso wie die allerdings nur selten gestellte Frage nach dem Werkzeug, mit dem die Schalen gebohrt wurden.

Benutzte man dazu wirklich Quarzsteine, wie vielfach angenommen wird? Wenn ja, warum werden solche aber nicht gefunden? Paul Tschurtschenthaler fand statt dessen nun im Boden neben dem Hexenstein verkohlte Holzstücke, die er als Reste von Fackeln oder von abgebrannten Scheiterhaufen deutete. Diese Vermutung ist sicher die naheliegendste, doch drängt sich auch eine andere auf. Wissen wir doch von Bräuchen aus der Schweiz, aus England und Skandinavien, bei denen das Sonnwendfeuer durch Drehen eines Holzpflocks an einem ganz bestimmten Stein entzündet wurde, erleichtert durch die zusätzliche Verwendung von brennbaren Harzen und wohl auch durch die im Schiefergestein selbst enthaltenen Brennstoffe, wie beispielsweise Ölschiefer und Bitumen. *Durch die stete Wiederholung vertiefte der drehende Bolzen sein Zapfenloch, und neue Ansätze wurden gewählt. So gab es Steine mit einer Vielzahl von Bohrlöchern*, schreibt Jakob Streit in seinem Irland-Buch, und er fügt hinzu: *Am Konzil zu Toulouse im Jahre 681 wandten sich die Kirchenväter gegen den heidnischen Brauch der »Steinanzünder«*.

Falls dies auch für den Hexenstein von Terenten zuträfe, könnten wir in der Entdeckung Tschurtschenthalers, die von späteren Autoren stets unerwähnt blieb, vielleicht einen nicht unbedeutenden Beitrag zur vielschichtigen Schalensteinfrage sehen.

Der aus mehreren Teilen bestehende »Hexenstein« von Terenten im Winnebachtal (Lexikon S. 193)

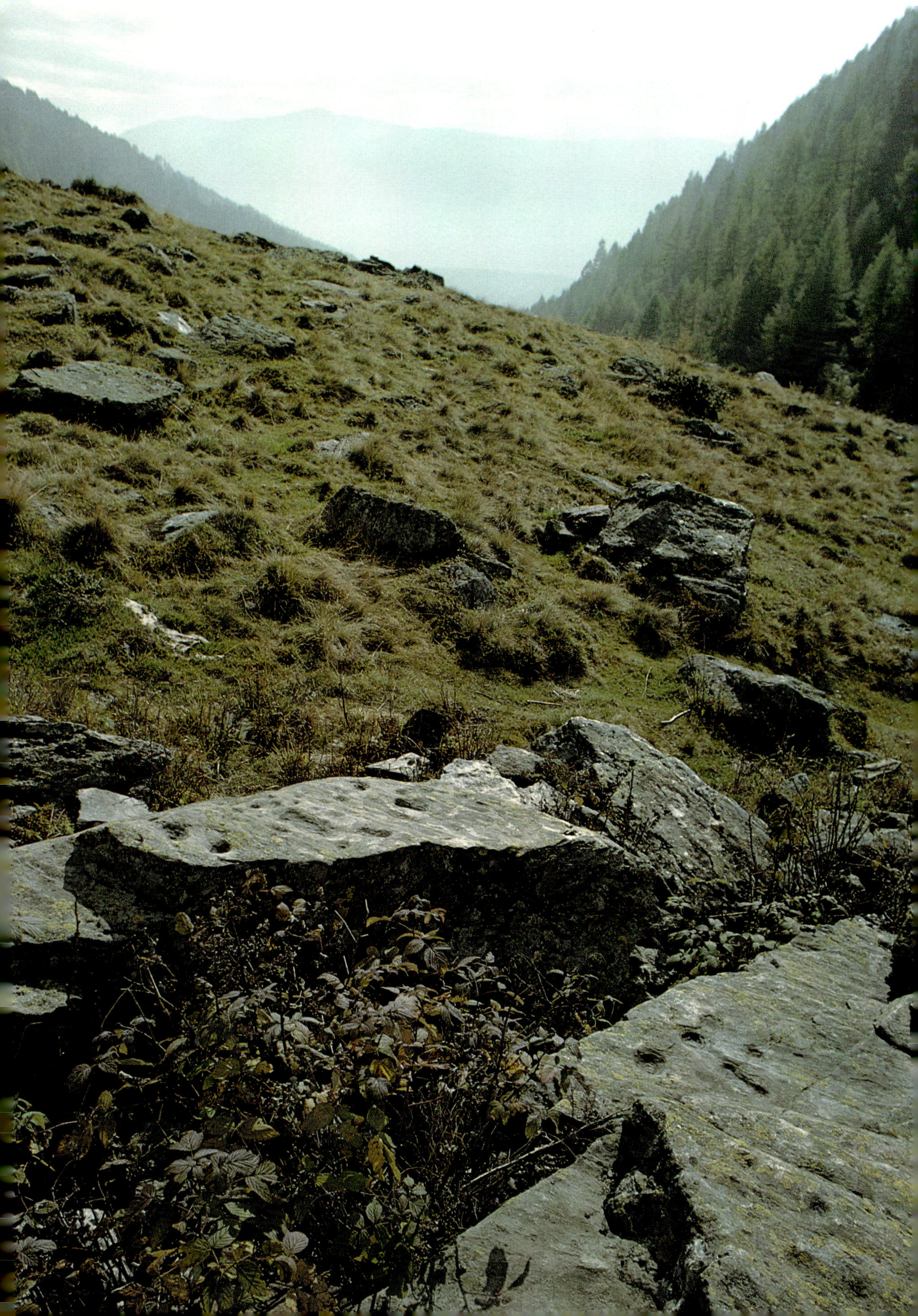

DAS VERSUNKENE SCHLOSS VON NIEDERVINTL

Sagen von Pracht und Untergang sind seine letzten Zeugnisse

Wer von Niedervintl am westlichen Ausgang des Pfunderer Tales durch den mit Gebüsch und Laubbäumen vermischten Föhrenwald hinaufsteigt und den höchsten Punkt jener Kuppe erreicht, die man den *Burgstall* nennt, findet beim ersten Hinsehen kaum Außergewöhnliches vor. Denn die Zeit, jene *leise Gottheit mit den vielen Gesichtern,* wie sie Paul Mayr einmal so schön genannt hat, sie hält von menschlichen Bauwerken anscheinend nicht viel. Sie holt sich den Wind und die Kälte, die Sonne und den Regen, die Schwerkraft und die Vegetation zu Hilfe, und dann wird so allmählich wie unaufhaltsam alles eingeebnet und zugedeckt. Die Gesetze von Zeit und Natur sind ewig, menschliches Werk und Dasein nur von kurzer Dauer.

So finden wir heute auch auf dem Burgstall von Vintl nur mehr von Moos, Gras und Wald überwucherte Gesteinswälle als letzte Zeugen jenes mächtigen »Schlosses«, von dem die alten Sagen berichten. Auch die Steinplatte, die einst jene Schatzgrube zudeckte, in der sieben Eselslasten Gold vergraben waren, ist nicht mehr zu finden, und seit die Leute begonnen haben, nach dem Golde zu graben und dabei häßliche Löcher im Boden aufrissen, brennen auch die blauen Flammen nicht mehr, die einst den Schatz anzeigten. Nur mehr das große steinerne Kegelspiel, mit dem sich die Burgstaller Riesen die Langeweile vertrieben, ist noch in einer Mauer unten in Vintl zu sehen, und die Glocke der einstigen Schloßkirche hängt noch im Turm der Vintler Kirche. Auf dem Boden aber, der sich auf Halbweg unter dem Waldhügel ausbreitet, liegen die mächtigen Granitblöcke, mit denen die Ehrenburger Riesen das stolze Schloß auf dem Burgstall in Trümmer warfen. Dieser steinübersäte Boden aber gehörte einmal zu den wunderbar blühenden Gärten des Schlosses, auf deren goldgepflasterten Wegen einst die schönen Schloßfrauen lustwandelten. Doch weil eine dieser schönen Frauen ihre blinde Schwester schmählich um ihr Erbteil betrog, brach das Gericht Gottes über alle Pracht herein und ließ allen Reichtum für immer versinken.

Wertloses, unansehnliches Gesträuch begann sich auszubreiten, die Zeit legte den Mantel der Vergänglichkeit über den Burghügel, und nur noch heller Vogelgesang und das herbstliche Gold einiger weißstämmiger Birken erinnern heute an die längst vergangene Pracht.

Beispiel einer »Wallburg«: einer der mächtigen, bereits überwachsenen Steinwälle auf dem Burgstall bei Niedervintl (Lexikon S. 196)

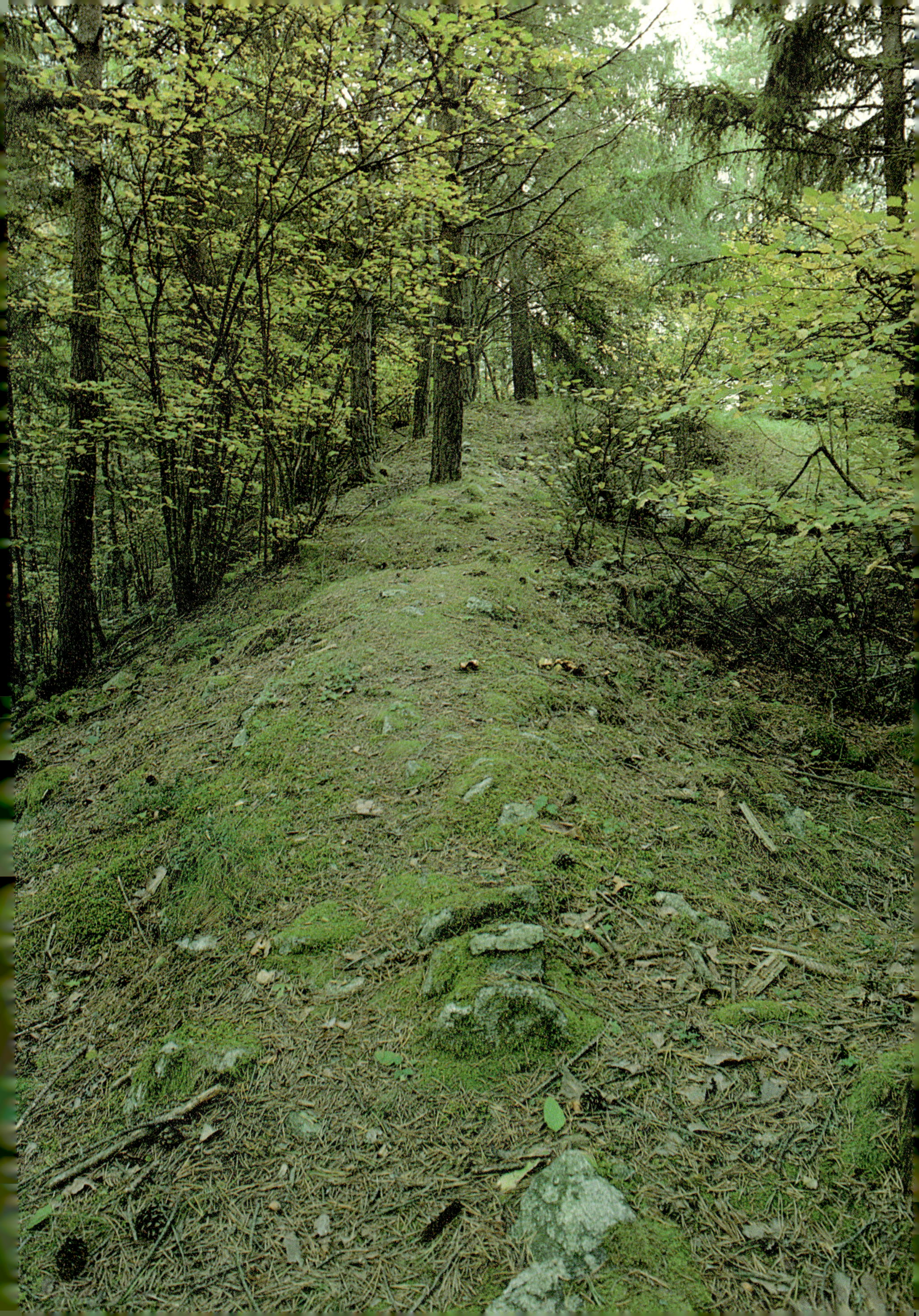

EINE WALLBURG BEI DEUTSCHNOFEN

Trens-Birg — ein Wanderziel für den feinsinnigen Kenner

Trens-Birg ist etwas ganz Eigenes. Ganz fern von den gewohnten Wegen der Bozner Bergwanderer führt es hier ein luftiges, beschauliches und sonniges Dasein und träumt den Dornröschenschlaf verklungener Herrlichkeiten. Nach Osten und Süden ganz steil und unvermittelt gegen das Brantental und eines seiner kurzen, steilen Seitentäler abfallend, gegen Westen mit direktem Tiefblick aus 1200 Meter Seehöhe auf das wie aus einer Spielzeugschachtel aufgebaute Leifers und nur von Norden über einen leichten Sattel bequem zugänglich, thront diese vergangene Burg in vornehmer und gelassener Ruhe auf einer kleinen, wundersamen Bergkuppe, deren Reiz sich niemand entziehen kann, der von der Höhe des Breitenberges auf dieses vorgelagerte kleine Bergköpfl hinunterblickt. Dies schrieb Georg Innerebner im Jahre 1934, und daran hat sich bis heute nichts geändert. Ebensowenig übrigens auch an den Wegen, die von Deutschnofen quer über den Breitenberg oder seinem Südrand entlang zur Urzeitstätte Trens-Birg führen.

Diese Wege, die früher auch die wichtige Verbindung zum Etschtal darstellten, sind heute nur mehr wenig begangen, seitdem Deutschnofen und die Höfe in seiner näheren und weiteren Umgebung sowohl vom Eggental herauf wie auch von Petersberg herüber auf guten Straßen mit dem Auto erreicht werden können. So sind die ausgedehnten Wälder des Breitenberges heute ein menschenleeres, stilles Naturparadies. Höchstens einem Jäger oder einem Waldarbeiter wird man hier dann und wann begegnen, und wer nicht ortskundig ist, tut gut daran, genau auf den Weg zu achten, um sich in der Wildnis nicht zu verirren. Hier hilft nämlich auch keine Karte weiter, denn selbst die besten verzeichnen die Wege nur ungenau und mangelhaft, und auch die Kuppe Trens-Birg ist darin nicht zu finden.

Nun, das ist gut so, und eine genauere Eintragung in den Karten wäre auch gar nicht notwendig. Denn Trens-Birg ist keine Sehenswürdigkeit nach dem Allerweltsgeschmack, die »vergangene Burg« besteht heute fast nur mehr aus ein paar Steinwällen und einigen wenigen Trockenmauerresten, sie ist also nichts Aufregendes. Am ehesten eine Sehenswürdigkeit wäre jener merkwürdige Steintisch am Rand der Kuppe zu nennen, doch wissen wir nicht, wann, von wem und zu welchem Zweck er aufgestellt worden sein könnte; er trägt nämlich weder Schalen noch sonst irgendeine Zeichnung. So wird jemand, der berühmtere Gegenden Südtirols kennengelernt hat, an dieser Gegend kaum etwas Besonderes finden. Für den Liebhaber einer stillen, naturbelassenen Landschaft aber, von geheimnisvollen Wäldern und rätselhaften menschlichen Spuren aus einer längst vergangenen Zeit, für denjenigen, der auch einem uralten Waldweg, einem eichenumrauschten und weltabgeschiedenen Plätzchen hoch über dem Trubel der Täler etwas abzugewinnen weiß — für den ist Trens-Birg ein echtes Juwel und der Gang dorthin ein unvergeßliches Erlebnis. Er wird von der weiten Aussicht ebenso fasziniert sein wie von der wallburggekrönten Kuppe und den vielen Wundern der Natur.

Oben: Der seltsame Steintisch am Westrand der Urzeitstätte Trens-Birg
Unten links: Einer der Steinwälle auf der Kuppe Trens-Birg
Unten rechts: Der uralte Waldweg von Deutschnofen zur Wallburg Trens-Birg (Lexikon S. 198)

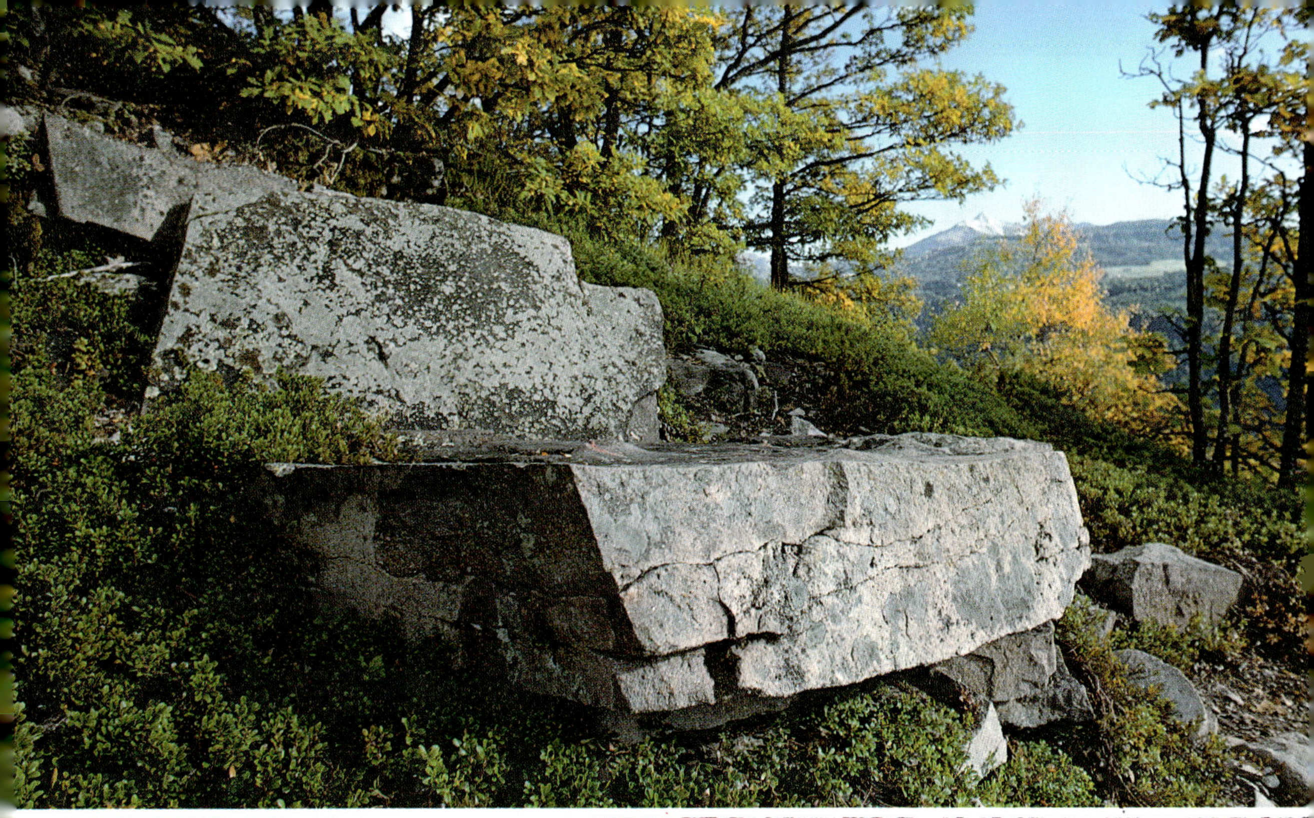
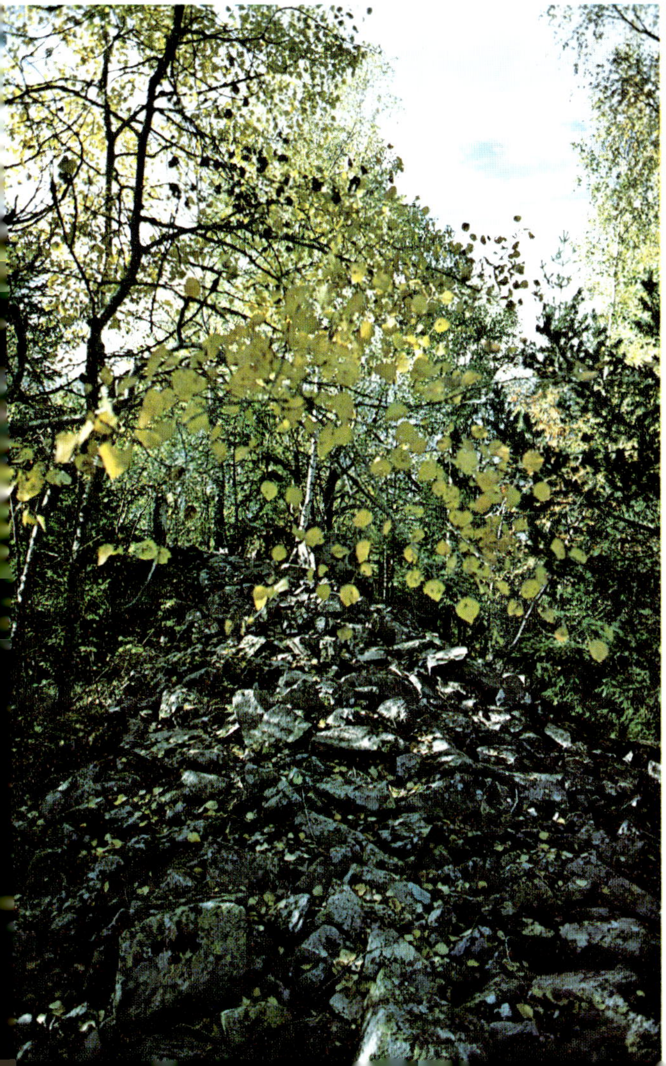
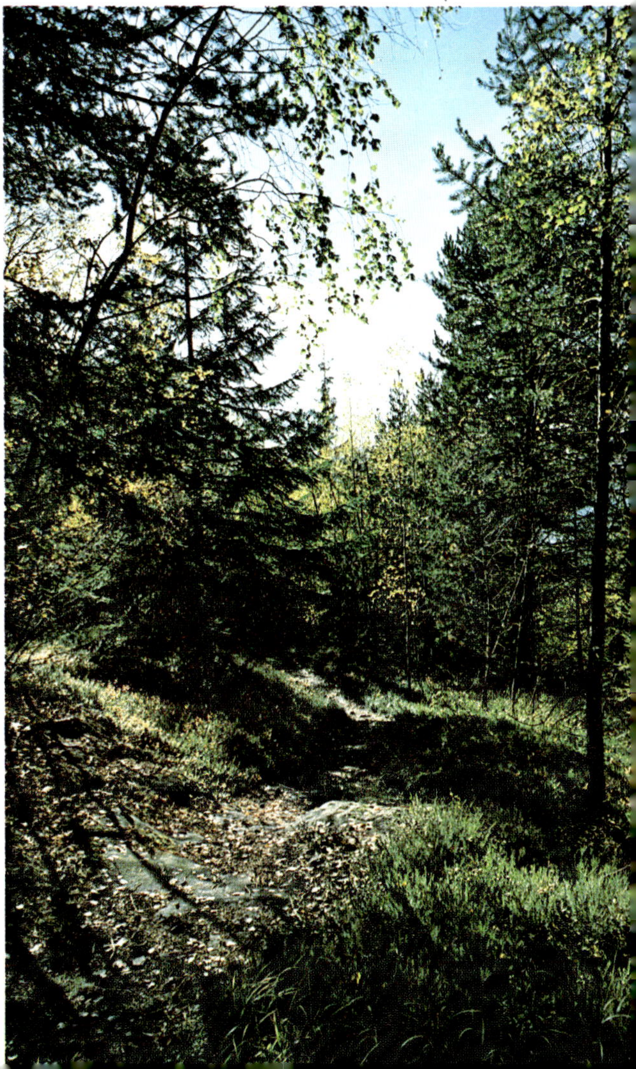

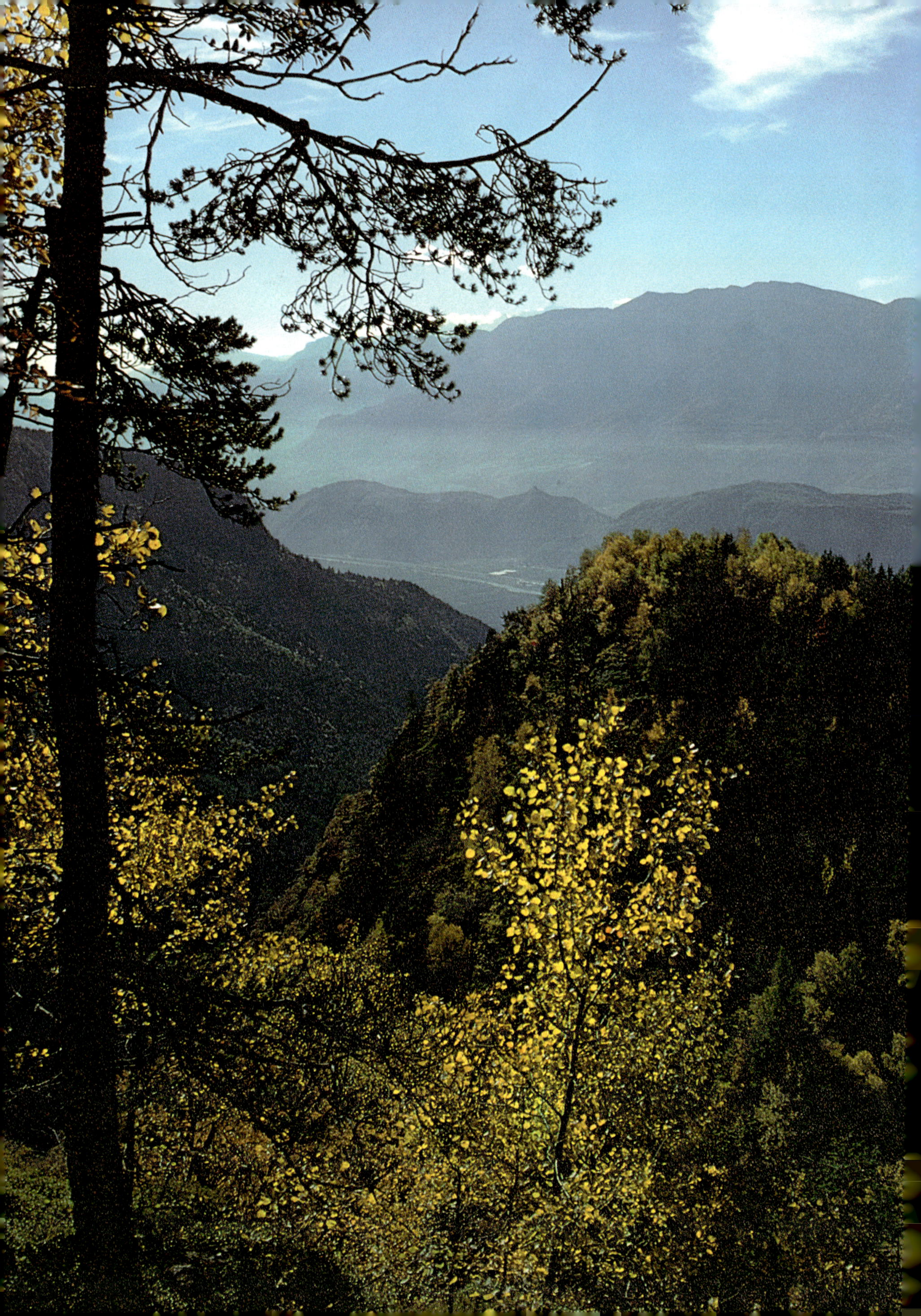

Die zauberhafte Rückfallkuppe Trens-Birg, vom Breitenberg aus gesehen. Im Hintergrund die Etschfurche mit dem Mitterberg und dem Mendelkamm (Lexikon S. 198)

MONTIGGLER SEEN UND WILDERMANNBÜHEL

Auf den Spuren urzeitlicher Jäger und Fischer

An einem strahlenden, wolkenlosen Herbsttag besuche ich die Montiggler Seen. Kein Mensch ist zu sehen, nach einem viel zu lauten Sommer ist die große Stille und Einsamkeit zurückgekehrt. Die zahllosen Badegäste sind verschwunden, kein Mensch rudert draußen auf dem See herum, und abgesehen von den verlassenen Baulichkeiten scheint wieder alles so, wie es wahrscheinlich vor Jahrtausenden war.

Ich sitze am Ufer des halbmondförmigen Kleinen Montiggler Sees und blicke gedankenverloren über das sich nur leicht bewegende Wasser. Ruhig und klar liegt die Luft über der blaugrünen Seefläche, mit einschläfernder Gleichmäßigkeit klatschen die flachen Wellen an das Ufer, zaghaft und leise, als ob sie den Frieden dieses stillen Herbsttages nicht stören wollten. Und auch das Schilf scheint heute verhaltener zu rascheln als sonst.

Ich sitze da und denke an jene einfachen Boote, die man vor einigen Jahren am Grund des Großen Montiggler Sees gefunden hat, Einbäume, die benutzt wurden, als die Montiggler Seen auch mitten im Sommer noch fast menschenleer waren. Gleichmäßig klatschen die Wellen, leise raschelt das Schilf ... Wie vor Jahrtausenden schiebt sich der geheimnisvolle Urwald rings um den See bis an die Wasserfläche heran; und da sehe ich plötzlich, dort wo vorher nichts war, einen mächtigen Vogel auf einem Baum sitzen, der seine abgedorrten Äste dunkel über den Buschwald reckt. Es scheint mir ein Seeadler zu sein, oder nein, eher ein Fischreiher, ja richtig, ein Silberreiher ist es, ich sehe sein Gefieder in der Sonne glänzen; scharf äugt er auf die Wasserfläche herab und ich frage mich, warum er sich nicht einen der fetten Karpfen holt ... Doch dann weiß ich plötzlich warum, denn ich sehe durch die Halme des immer noch verhalten raschelnden Schilfs den Einbaum mit dem Beiboot; langsam gleitet das seltsame Wasserfahrzeug über die flirrende Seefläche, ich sehe, wie einer der Männer, deren Aussehen ich nicht genau erkennen kann, langsam den langen Bogen hebt und einen der langen dünnen Pfeile einlegt, auf den großen Vogel gerichtet. Doch in dem Augenblick hat der glänzende Silberreiher bereits seinen dürren Baum verlassen und ist in den Kronen des Urwaldes verschwunden. Die Männer im Beiboot aber gestikulieren wild herum und reden wirr durcheinander; immer deutlicher vernehme ich ihre Stimmen, und wie ich mich wundere, daß sie in mei-

An einem Herbsttag still und verträumt wie vor Jahrtausenden: der Kleine Montiggler See
(Lexikon S. 200)

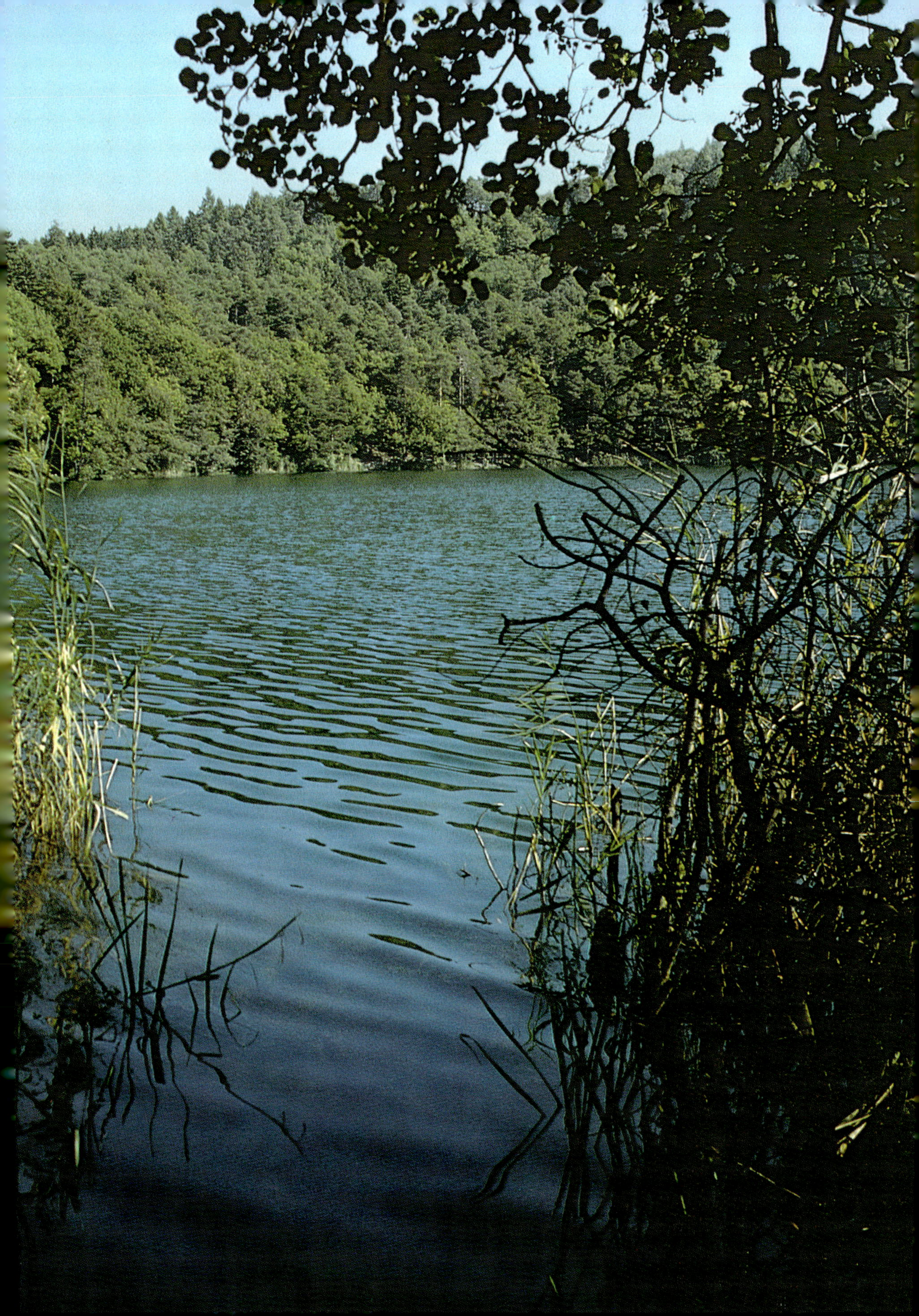

ner Sprache reden, reißen mich ein paar vorbeigehende Wanderer aus meinen Träumereien. Silberreiher und Einbaum sind verschwunden, nur die Wellen klatschen noch immer ans Ufer.

Ich raffe mich auf, wandere noch tiefer in Gedanken versunken als vorher durch den herrlichen Montiggler Wald, und stehe eine Stunde später oben auf dem Gipfel des Wildemannbühels. Aber, so wird mancher fragen, nennt man denn den Höchstpunkt eines kaum 650 m hohen Hügels einen Gipfel? Und ich kann nur antworten: ja, den schon. Denn der Wildemannbühel bietet eine Aussicht, wie sie so mancher richtige Bergesgipfel nicht bietet. Über das gesamte Burggrafenamt schweift mein Blick, in lieber Erinnerung an herrliche Bergtage grüße ich die bereits leicht überzuckerten Dreitausender der Texelgruppe, an die sich rechter Hand die weiten Höhen der Sarntaler Alpen und linker Hand die senkrechten Felswände des Mendelzuges mit dem kühngeformten Gantkofel anschließen. Gegen Süden aber liegt das gesamte Überetsch vor mir, und im Osten erhebt sich die mächtige Porphyrflanke des Regglberges, der Sonnenterrasse der Dolomiten. Und zu meinen Füßen dehnt sich das schier grenzenlose Hügelreich der Montiggler Wälder aus, deren Pracht mir erst jetzt so richtig bewußt wird. Müssen das einst Jagdgründe gewesen sein, in Zeiten, als der Mensch seinen Amoklauf gegen die Natur noch nicht angetreten hatte und sich aus den fischreichen Montiggler Seen und aus dem Urwald nur soviel holte, wie er zum Leben brauchte.

Doch bevor ich wieder zu träumen beginne und womöglich Luchse, Hirsche und lanzenbewehrte Urzeitjäger sehe, muß ich mir jene menschlichen Zeugen aus vergangenen Zeiten ansehen, die tatsächlich hier vor mir liegen. Denn wie so viele Hügel im Lande trägt auch unser Wildemannbühel die Reste von möglicherweise prähistorischen Baulichkeiten. Doch recht klug werde ich aus dem ganzen nicht, wenn auch der riesige Steinhaufen, der Tuiflslammer bei Kaltern nicht unähnlich, sehr beeindruckend ist und von der großen Bedeutung spricht, die der Hügel einst gehabt haben muß. Immerhin konnte die Forschung eine Besiedlung während der Bronze- und Eisenzeit nachweisen, was mir Anlaß genug ist und reichlich Gelegenheit bietet, beim Abstieg meine unterbrochenen Vorgeschichtsträumereien wiederaufzunehmen ...

Die bereits in prähistorischer Zeit besiedelt gewesene Kuppenhöhe des »Wildemannbühels« inmitten der ausgedehnten Montiggler Wälder; erkennbar in dem gewaltigen Trümmerhaufen zwei schön ausgemauerte Gruben (Lexikon S. 200)

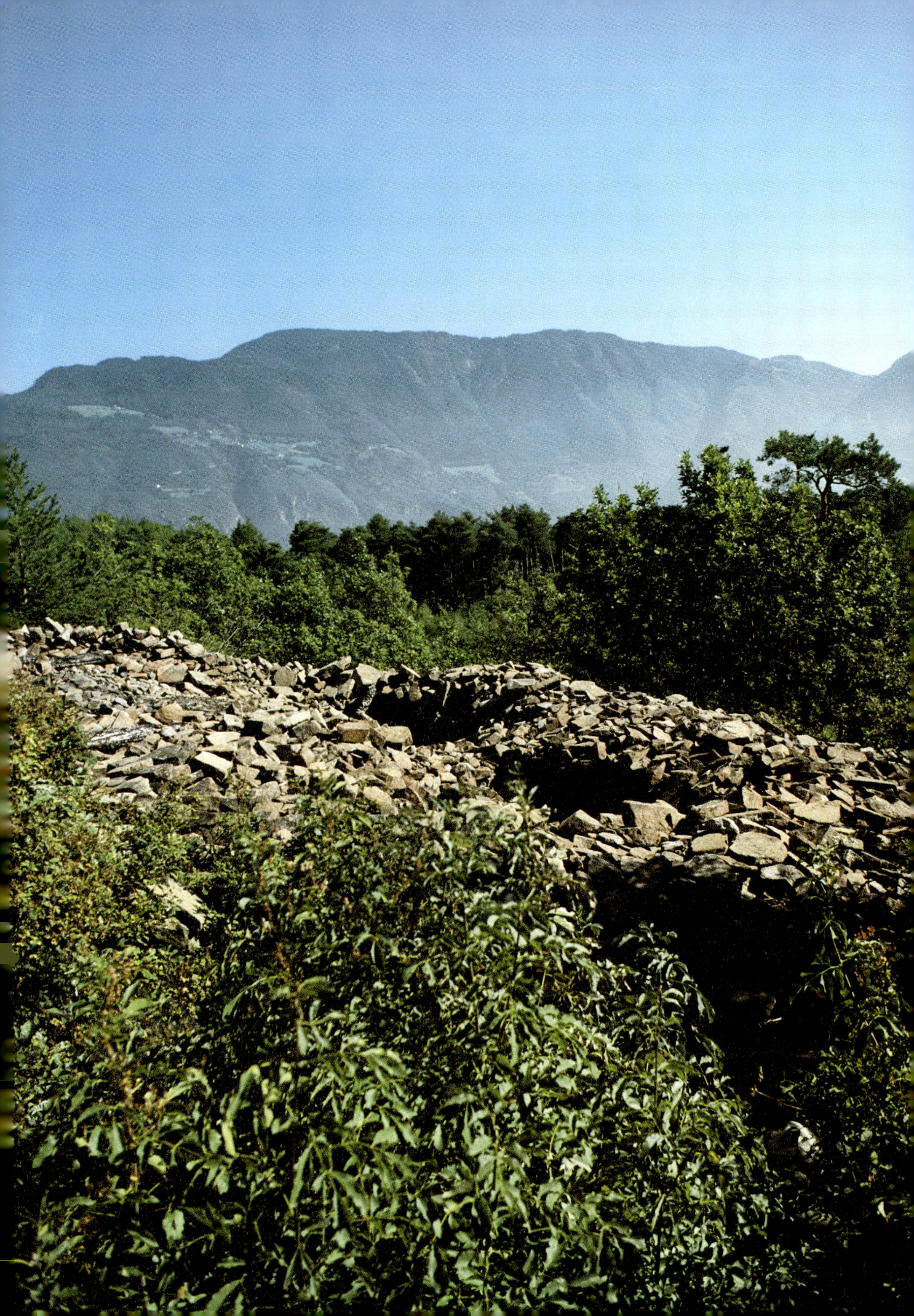

TUIFLSLAMMER — DIE STEINHALDE DES TEUFELS

Eine geheimnisvolle Steinpyramide bei Kaltern

Eine teilweise gestufte Pyramide, gebildet aus mindestens, wie Georg Innerebner errechnete, zehntausend Kubikmetern Steingeröll, ein mächtiger Kegel aus zahllosen Porphyrsteinen, die irgendeinmal wohl zu Trockenmauern eines menschlichen Bauwerks gefügt waren — das ist die *Tuiflslammer*, die Steinhalde des Teufels. *Römergrab* wurde sie früher auch genannt und auch als *Grabmal Attilas* bezeichnet, doch gibt es keinerlei Anhaltspunkte dafür, daß einer dieser beiden Namen zutreffen könnte — das Gegenteil ist eher der Fall.

Einst mag dieser mächtige Steinhaufen aus den umliegenden Gebüschhängen frei aufgeragt haben und weithin sichtbar gewesen sein, heute dagegen hat auch ihn größtenteils üppige Vegetation erobert, so daß er im gesamten Landschaftsbild kaum mehr auffällt. Wer aber auf einem der uralten Wege entweder von Kaltern herauf oder von Oberplanitzing her plötzlich mitten im Geröllhang der Kuppe steht, wird tief beeindruckt sein von der Menge der hier angehäuften Steine. Da und dort findet man aber auch noch guterhaltene, teilweise aus mächtigen Blöcken geschichtete Trockenmauern und auf der Kuppenhöhe die Mauerreste eines bereits vor Jahrzehnten freigelegten vermutbaren Viereckturmes.

Verschiedene archäologische Grabungen haben zahlreiches Fundmaterial zutage gefördert, so daß wir heute wissen, daß der Hügel nicht nur bereits während der Jungsteinzeit, also vor etwa 4000 Jahren, sondern auch danach noch rund zwei Jahrtausende lang besiedelt war. Damit ist die Tuiflslammer zwar als Urzeitstätte erwiesen, doch geben die Funde keinen Aufschluß über den Ursprung des mächtigen Steinhaufens. Mehr als ein halbes Jahrhundert rätseln die Forscher bereits darüber; die einen sahen darin die Reste eines römischen Gedenk- oder Siegeszeichens, andere die eines rätischen Kultbaues, an eine vorgeschichtliche Fluchtburg wurde ebenso gedacht wie an eine frühmittelalterliche Anlage. Doch all das sind nur auf diskutierbaren Überlegungen fußende Vermutungen.

Und wie es scheint, werden wir wohl kaum mehr über Vermutungen hinauskommen; denn wenn erst einmal Wald und Gras die Steinhalden zur Gänze zugedeckt haben werden, wird sich wohl auch niemand mehr um das Problem kümmern. Vorderhand aber ist es nicht soweit, noch machen gerade die ungelösten Rätsel die Tuiflslammer zu einer eindrucksvollen, besuchenswerten Sehenswürdigkeit.

Steinhalden, heimliche Waldpfade und Mauerreste der »Tuiflslammer« bei Kaltern (Lexikon S. 201)

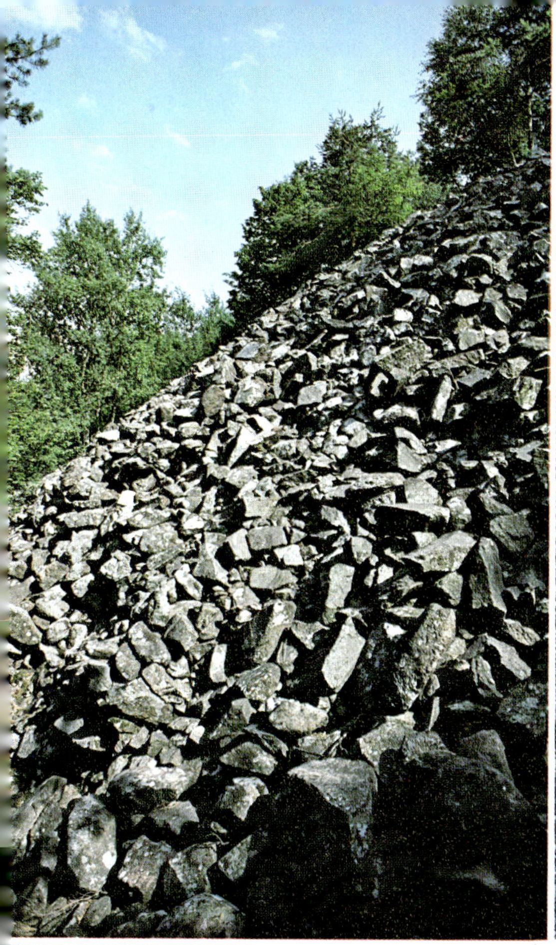
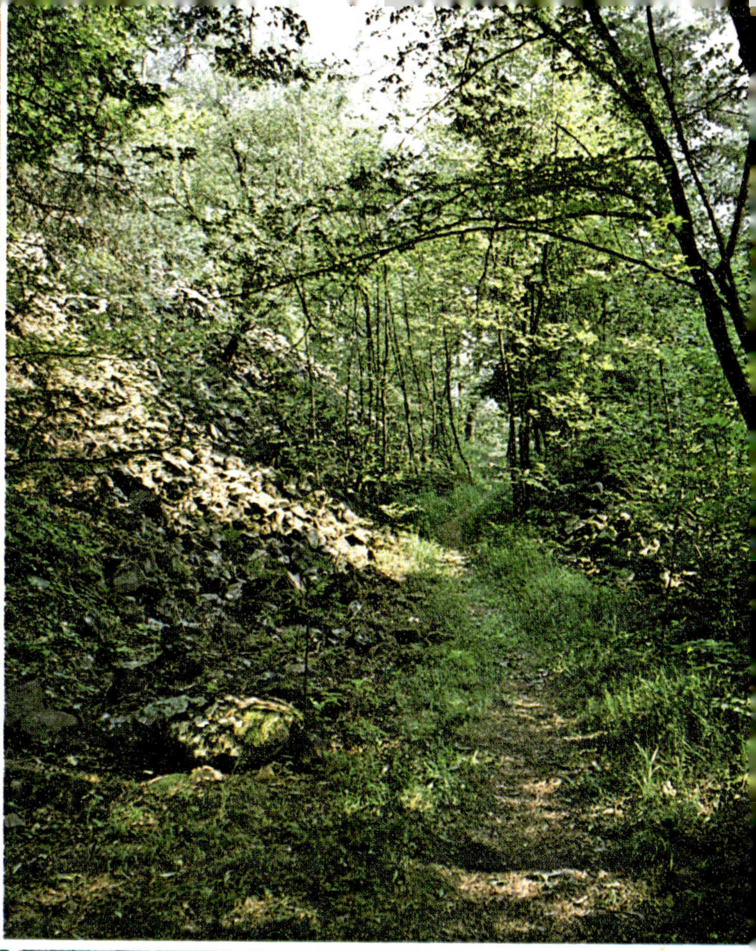
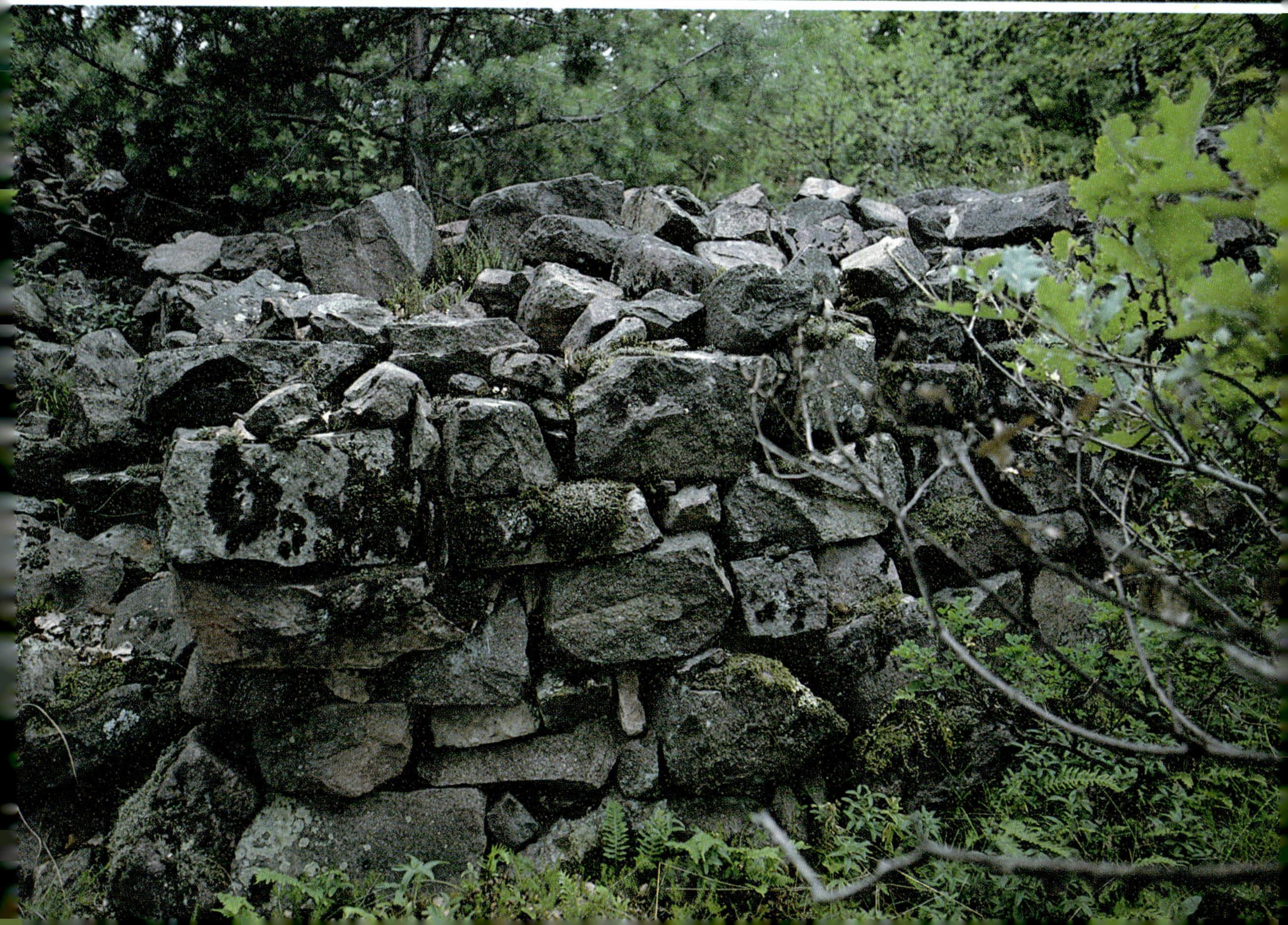

ALTENBURG UND SEINE GROSSEN DENKMÄLER

Die Geschichte der Menschenopfer — ein übles Greuelmärchen

Hoch oben über Kaltern liegt auf einer schönen Sonnenterrasse, von Obst- und Weingärten umgeben, der hübsche kleine Ort Altenburg mit seiner weithin sichtbaren, am vordersten Rand der Hochfläche stehenden Kirche zum hl. Vigilius. Ein uralter, teilweise schön gepflasterter Weg führt durch das romantische Nussental da herauf und setzt sich von der Vigiliuskirche in Richtung jenes breiten Hügels fort, auf dem man zwischen dem dichten Buschwald helles Gemäuer schimmern sieht.

Es ist dies der Hügel von St. Peter, unser Ziel. Wir steigen auf dem alten Weg, der größtenteils in Treppen aus dem Felsen herausgehauen ist, in eine Schlucht hinab, wo noch die mächtigen Pfeilerreste einer mittelalterlichen Bogenbrücke zwischen den Buchen in die Höhe ragen, und dann haben wir auch schon die Hochfläche des breiten Hügels erreicht. Das von der Vigilius-

Links: Die Ruine der Basilika St. Peter bei Altenburg, eine der ältesten Kirchen des Landes (Lexikon S. 203)
Rechte Seite: Der obere Teil der eindrucksvollen Rastenbachklamm, der nach dem Besuch von St. Peter durchwandert wird (Lexikon S. 203)

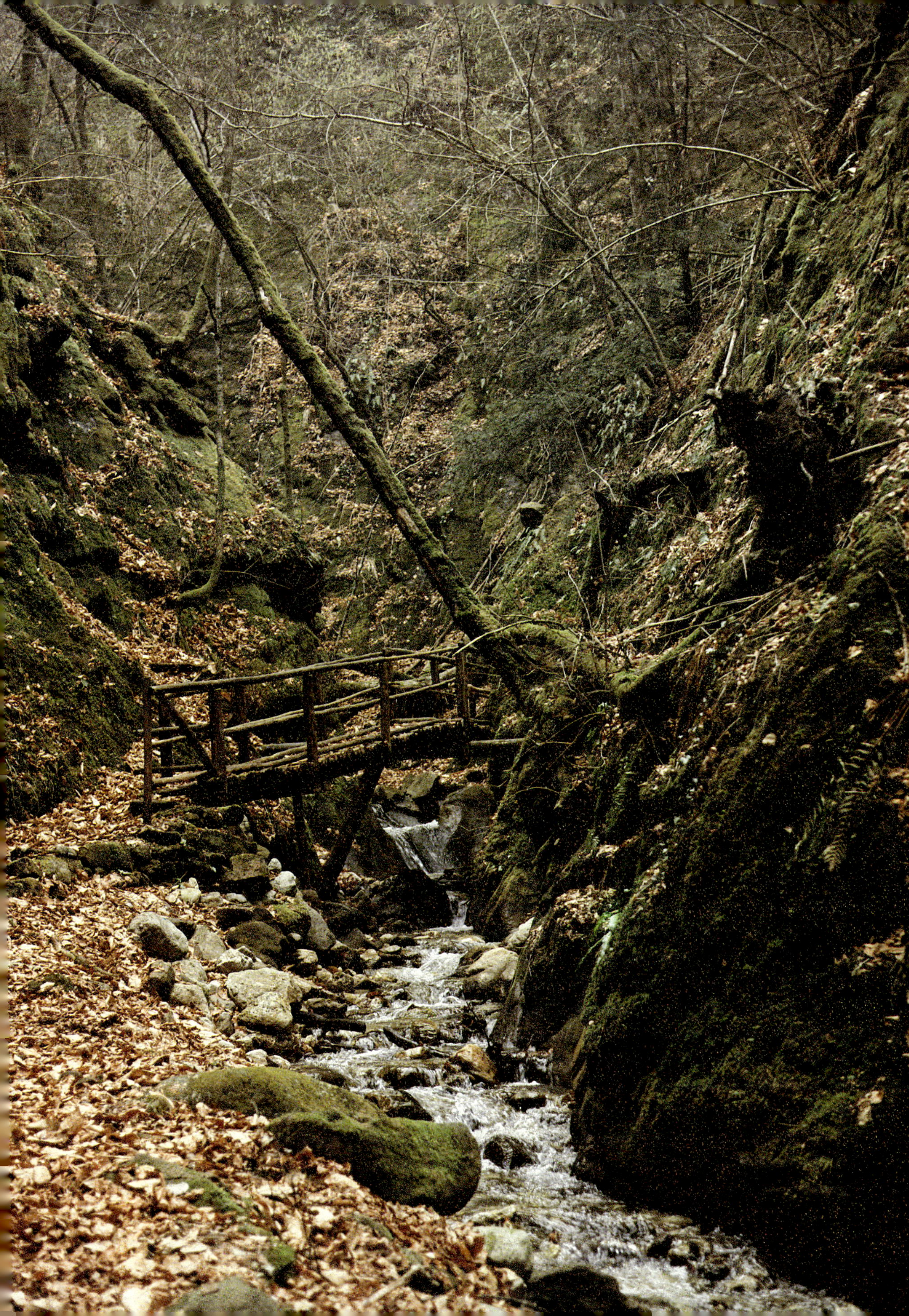

kirche her gesehene helle Gemäuer entpuppt sich hier als Kirchenruine; daneben tappen wir, wenn wir nicht aufpassen, in ein sargförmiges Felsbecken, und wenn wir bis an den Rand der Hochfläche weitergehen, finden wir einen prachtvollen Schalenstein.

Dies sind die berühmten und vieldiskutierten Hauptsehenswürdigkeiten von Altenburg und eine der meistbesuchten Fremdenverkehrsattraktionen in der Kalterer Umgebung.

Der Schalenstein mit den zehn zum Teil großen und tiefen Schalen wurde früher auch das *Kegelspiel* genannt. Zunächst war von sieben, dann und bis vor kurzem von neun Schalen die Rede, in Wirklichkeit sind es deren zehn — sofern sich nicht weitere unter der Humusdecke verbergen. Ihre Bedeutung ist ebenso ungeklärt wie die aller übrigen Schalen, wenngleich sie ungewöhnliche Größen aufweisen. Erwähnt sei, daß Joso Schmoranzer bereits 1934 — allerdings *mit großer Reserve* — die Schalen als vermutbaren Hinweis auf eine mögliche prähistorische Besiedlung des Hügels und auf ebenso alten Bergbau ansah.

Weniger schwierige Fragen wirft dagegen die heute ihrem gänzlichen Verfall preisgegebene Basilika St. Peter auf, obgleich ihr Erbauungsjahr kaum jemals genau bekannt werden wird. Immerhin ist man sich heute einig darüber, daß sie — ihrer Architektur nach zu schließen — zu den ersten frühchristlichen Kirchen Südtirols gezählt werden darf und demnach wohl schon im 5. Jahrhundert erbaut worden sein dürfte.

Das berühmteste Denkmal aber ist die in den Boden eingelassene Felswanne. Hartnäckig hat sich bis heute jene vor Jahren von einem Forscher aufgestellte Behauptung erhalten, wonach in der Wanne in vorgeschichtlicher Zeit Menschen geopfert worden seien. Dafür aber gibt es keinerlei Anhaltspunkte, und wir brauchen es dem Schild, das neben dem Felsbecken steht und dasselbe besagt, nicht zu glauben. Denn wie zahlreiche gleichartige Felswannen in den Westalpen belegen, handelt es sich um nichts anderes als um eine Grabstätte, vermutlich aus den ersten Jahrhunderten unserer Zeitrechnung. Die Schale mit den Zulaufrillen am Boden dieser »Tumba« aber stammt — auch hiefür gibt es andere Beispiele — daher, daß das inzwischen geplünderte Grabmal in frühchristlicher Zeit dann vermutlich als Taufbecken gedient hat. Die außerordentliche Seltenheit macht die Felswanne von Altenburg zu einem der bedeutendsten und erhaltenswertesten Denkmäler der Alpen, wenn es auch »nur« eine Grabstätte und später ein Taufbecken, und kein heidnischer Altar für greuliche Menschenopfer war, in dem junge Mädchen mit blitzenden Messern hingeschlachtet wurden.

Die bekannte Felswanne von Altenburg, wahrscheinlich eine Grabstätte, die in frühchristlicher Zeit möglicherweise auch als Taufbecken gedient hat (Lexikon S. 203)

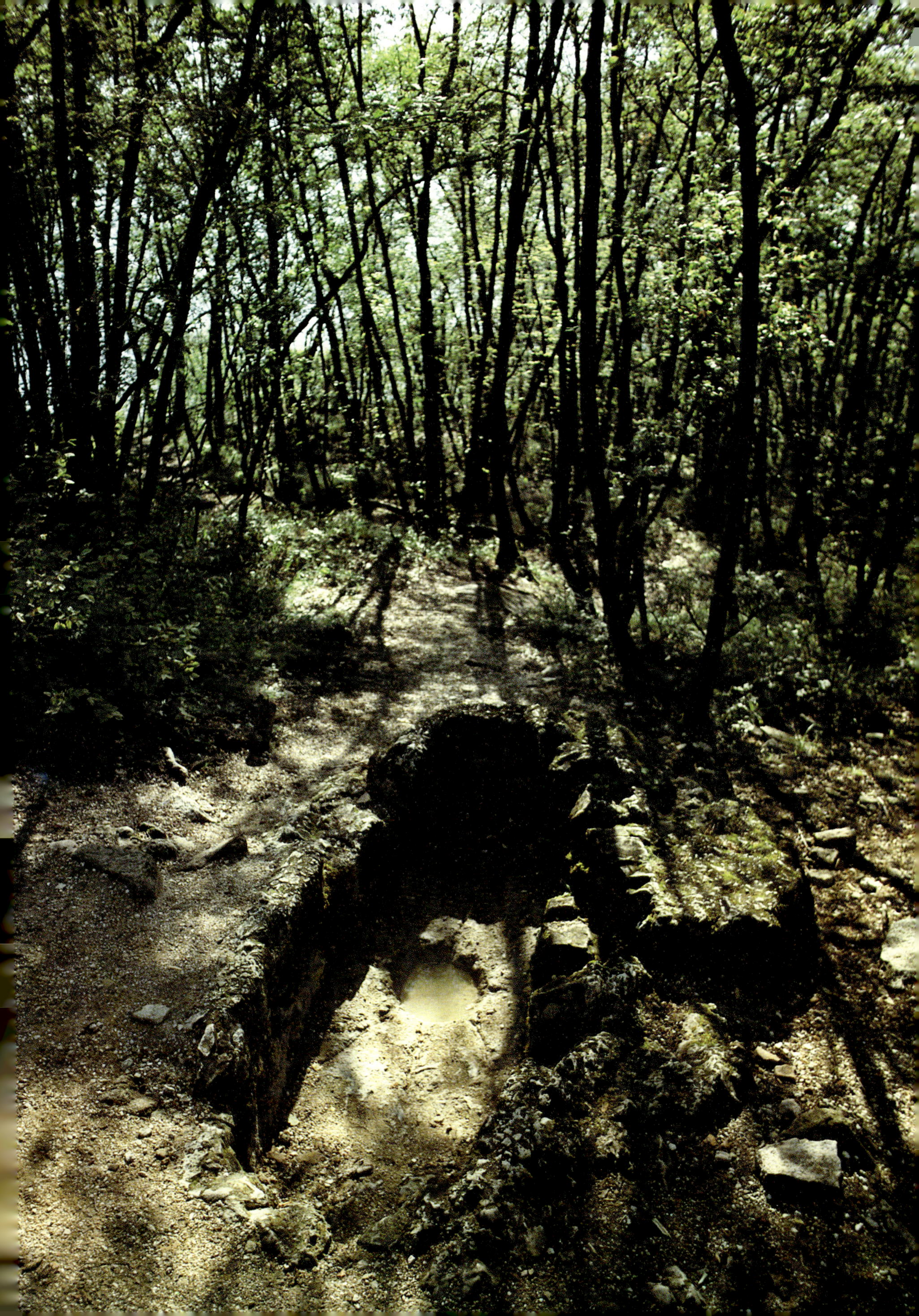

DIE URWALDSIEDLUNG ZWISCHEN KALTERN UND AUER

Urzeitfunde, Mauerreste und Steintreppen am Hang der Roßzähne

Wer kennt jene fesselnden Expeditionsberichte und -filme nicht, in denen sich verwegene Forscher auf der Suche nach Zeugen vergangener Kulturen wochenlang durch alle Tücken und Widerwärtigkeiten etwa südamerikanischer Urwälder schlagen und dann plötzlich, im Dämmerlicht des Dschungels und von den durch die Baumkronen sich bahnenden wenigen Sonnenstrahlen verzerrt, Mauerwerk erblicken, menschliche Bauwerke, Zeugen einer bislang unbekannten, längst untergegangenen Kultur.

An solche atemberaubende Szenen erinnert man sich, wenn man die dschungelähnlichen Laubwälder jenes mächtigen Hügels durchstreift, der sich zwischen dem Kalterer See im Westen und der Etschtalsohle im Gebiet von Auer erhebt. Es ist dies eine völlig fremdartige Gegend, die mit dem üblichen Südtirol-Bild so gar nichts gemein hat. Hier vergißt man, daß man sich noch mitten im Alpenraum befindet, unendlich weit weg sind hier all die übererschlossenen Touristikzentren; die Dolomiten, die mächtigen Gletscherberge, die freien Hochweiden, die steilen Nadelwälder — dies alles gehört einer anderen Welt an. Denn hier beherrscht einzig und allein die in verschwenderischer Fülle wuchernde Vegetation des echten, an fremde Kontinente erinnernden Urwaldes das Bild. Bald schlängelt sich der schmale Pfad durch mannshohes Gras, bald durch wildes Dickicht, dann wieder durch einen lichten Birkenhain. Da liegen Baumleichen kreuz und quer und verbreiten einen süßlichen Modergeruch, dort ragen die mächtigen, von Efeu umschlungenen Stämme hoch empor und ihre Kronen bilden ein dichtes grünes Dach.

Inmitten dieser menschenleeren ursprünglichen Naturlandschaft, eine der letzten echten, die wir in Südtirol noch haben und die als einzigartiges Biotop unter strengsten Naturschutz gestellt werden sollte, begegnen wir den Resten einer ausgedehnten Großsiedlung aus längst vergangenen Jahrhunderten. Hier entdecken wir große, kreisrunde Wohngruben, die wohl einst viel tiefer und von einem Dach bedeckt waren, dort erkennen wir im Gestrüpp die Trockenmauerreste mehrerer aneinandergereihter Vierecksbauten; mächtige Steinwälle durchziehen den Urwald, aus gewaltigen Blöcken geschichtete Schutzmauern und merkwürdige Spuren von Pfaden, die wohl einst vielbe-

Einer der beiden, möglicherweise vorgeschichtlichen Hüttenreste nahe dem Höchstpunkt der Roßzähne bei Auer (Lexikon S. 205)

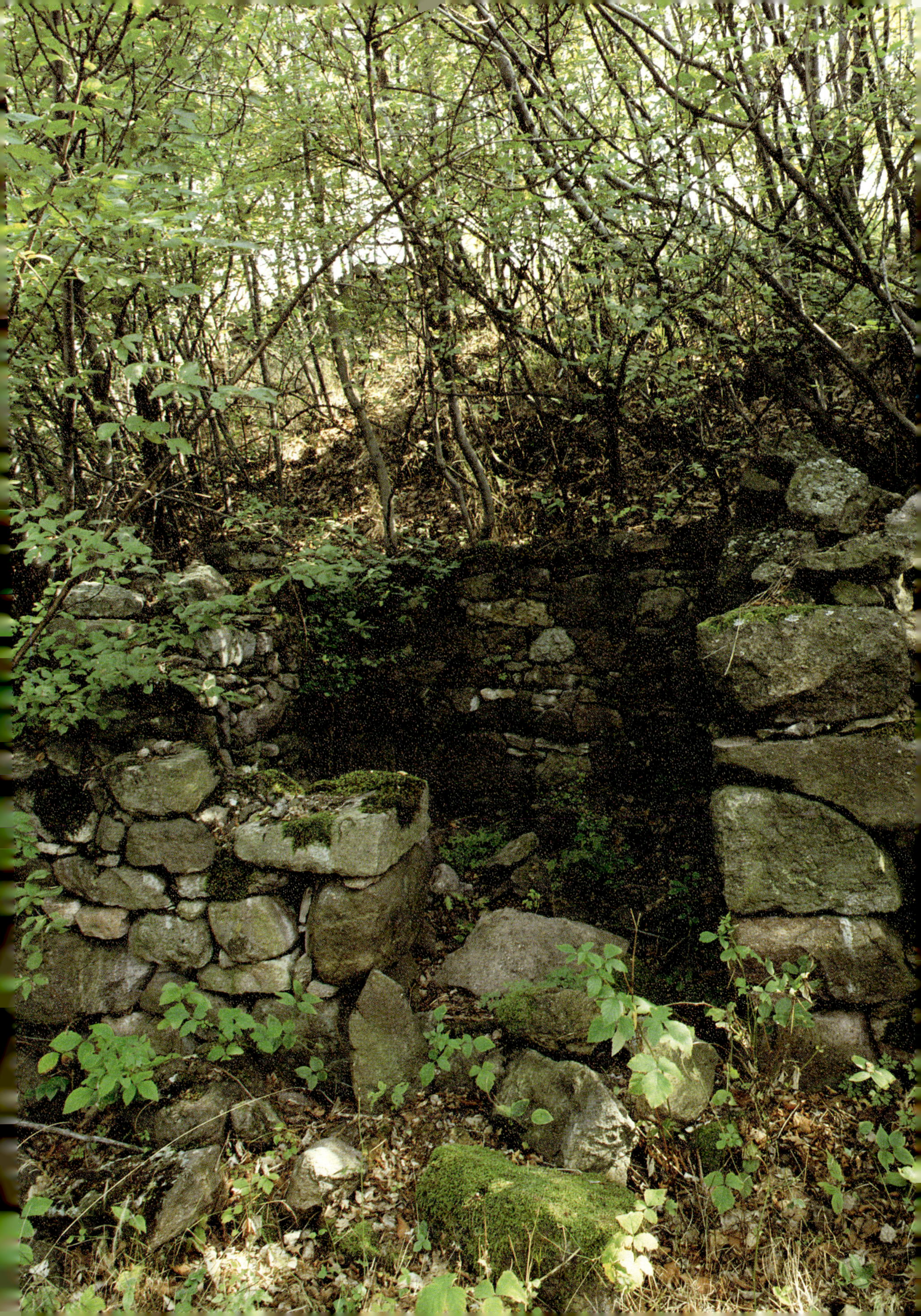

gangene Wege waren. Wohin man auch kommt in diesem riesigen Waldgebiet, überall stößt man auf die von Moos, Efeu und Gebüsch überwucherten Reste von Trockenmauern.

Die eindrucksvollsten und besterhaltenen Zeugen jener frühen Besiedlung aber finden wir dort, wo der rund fünf Quadratkilometer großen Waldfläche die sogenannten *Roßzähne* entragen und den Kulminationspunkt des ausgedehnten Hügels bilden. Es sind dies mächtige, von den Eiszeitgletschern gerundete Felsgestalten in den verschiedensten und bizarrsten Formen — nur wenig bekannte, nichtsdestoweniger aber einzigartige Naturdenkmäler. An der Ostseite brechen sie in senkrechten Wänden ab, an der Westseite aber sind sie leicht zu ersteigen, besonders an einer Stelle, wo von zwei kleinen, in den Hang hinein gebauten Hütten mit hübscher, gartenähnlicher Terrasse eine sorgfältig angelegte Treppe emporführt.

Diese Stelle und vor allem die Treppe regt zu den mannigfaltigsten Fragen und Betrachtungen an. Wer mag wohl in den beiden hübschen Steinhütten einst so hoch oben gewohnt haben? Deutet die so sorgfältig angelegte kleine Terrasse auf hervorragende Stellung dieser Bewohner innerhalb ihres Stammes hin? Welche Bewandtnis könnte es mit der erwähnten Treppe haben, die von den Hütten zum aussichtsreichen, höchsten Punkt der Felskuppe führt? Warum wurde sie überhaupt angelegt, wo doch auch nur ein gewöhnlicher Steig genügt hätte? Unwillkürlich kommt man auf den Gedanken, daß die ganze Anlage mit einem heute unbekannten, aber einst wichtigen Kultgeschehen in Zusammenhang gestanden sein könnte, daß heidnische Priester vielleicht in den beiden Hütten gewohnt haben könnten, bevor sie dann am frühen Morgen feierlich die Treppe hinanstiegen, um von jenem aussichtsreichen Punkt aus, an dem sich auch eine ziemlich große, allem Anschein nach künstliche Schale befindet, die aufgehende Sonne zu begrüßen und ihr zu opfern.

Vielleicht war es so, vielleicht aber auch ganz anders. Genau werden wir es wohl nie mehr erfahren. Selbst das Alter dieser vielen Mauerreste läßt sich nicht einmal annähernd bestimmen. So sind der Phantasie keine Grenzen gesetzt, jeder darf sich im Geiste ausmalen, was er will. Was man aber sicher weiß, ist, daß in den weiten Wäldern rund um die Roßzähne bereits in prähistorischer Zeit Menschen gehaust haben. Denn dies geht eindeutig aus zahlreichen archäologischen Funden hervor. Und es liegt nahe, daß auch die vielen Mauerreste aus jener Zeit stammen, wenngleich wir wissen, daß längst nicht jede mörtellose Mauer auch schon gleich eine vorgeschichtliche sein muß. — Wenn es somit auch noch offene Fragen zur Genüge gibt, so ändert dies nichts an der Faszination, die diese Gegend ausstrahlt, dieser Urwald mit den menschlichen Zeugnissen, in dem auch der Laie für einige Stunden zum Forscher, zum Entdecker wird.

Oben: Blick von Süden über die Wälder und Felsgestalten der Roßzähne zwischen Auer und Kaltern; im Hintergrund links die Leuchtenburg, rechts der Bozner Kessel erkennbar
Unten links: Die merkwürdige Steintreppe, die von zwei kleinen Steinhütten (eine davon im Bild S. 103) zum Höchstpunkt der Roßzähne führt
Unten rechts: Eine der Felsformationen, die Roßzähne genannt werden (Lexikon S. 205)

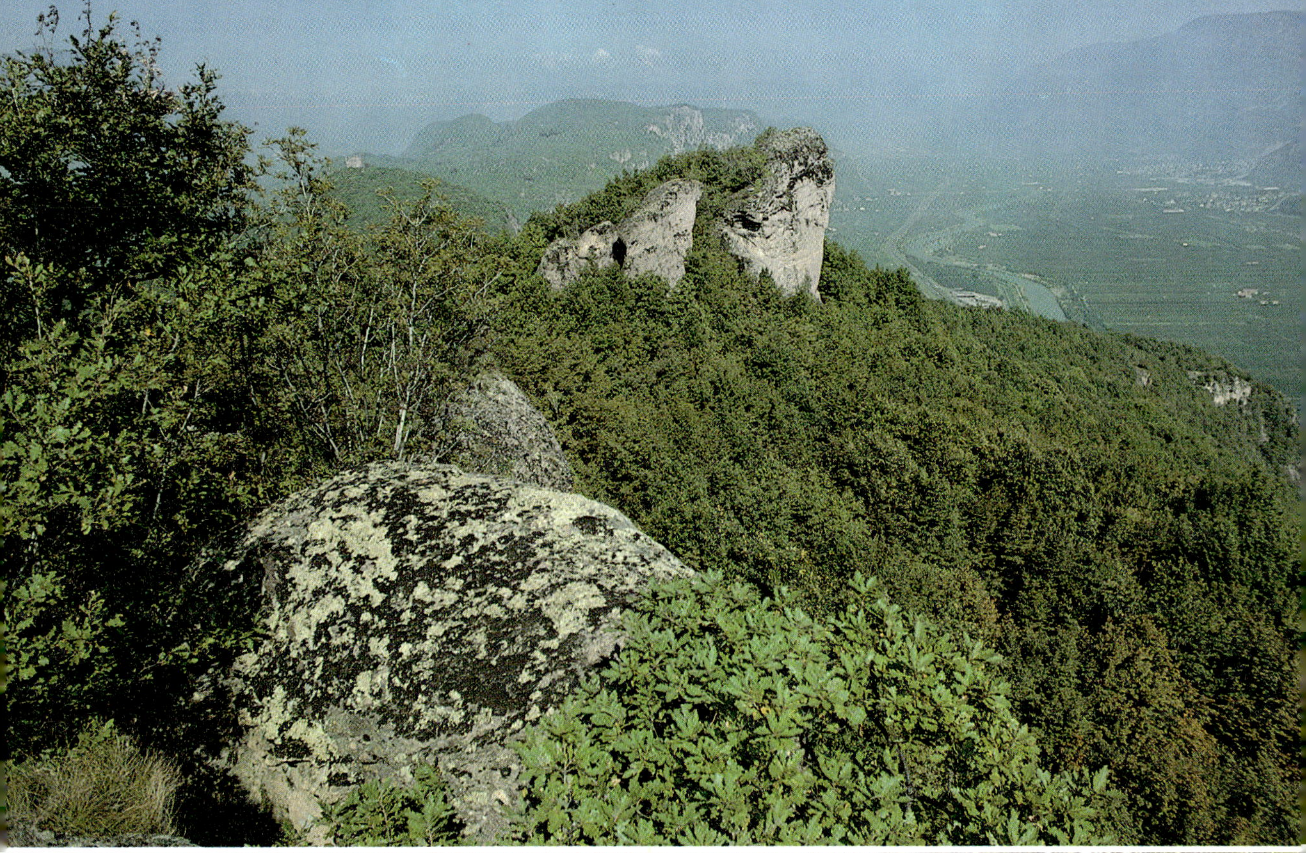
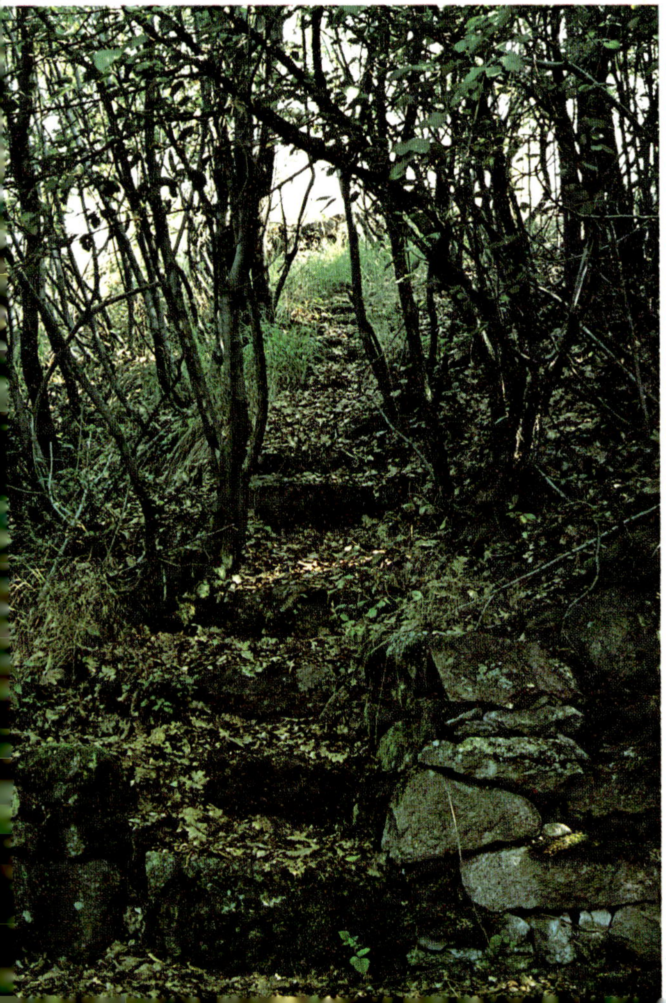
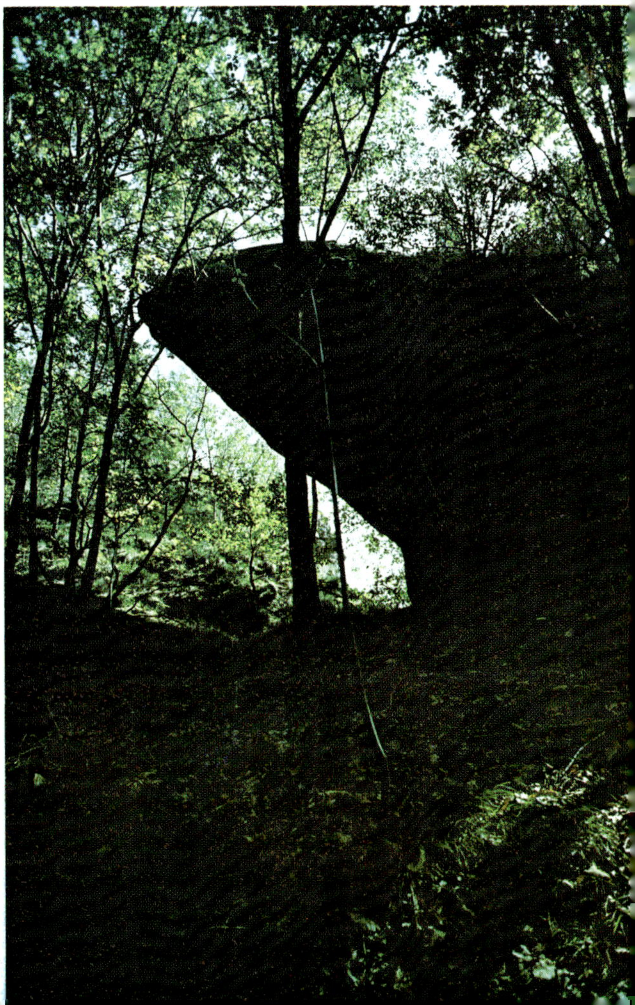

DER GROSSE STEIN ZWISCHEN KURTATSCH UND GRAUN

Einer der bedeutendsten Schalensteine Südtirols

Wer das vorliegende Buch vom Anfang des Bildteiles bis hierher durchgelesen hat, dem wird aufgefallen sein, daß wir in der Vinschgauer und Meraner Gegend häufig Schalensteinen begegnet sind, im Eisack- und Pustertal seltener, und auch im Überetsch und Südtiroler Unterland nur vereinzelt. Dies entspricht ungefähr dem tatsächlichen derzeit bekannten Verbreitungsstand dieser geheimnisumwitterten Steindenkmäler aus vergangenen Zeiten.

Worauf diese ungleiche Verteilung zurückzuführen sein könnte, wissen wir nicht, doch dürfte sie bis zu einem bestimmten Grad auch mit der geologischen Situation zusammenhängen. Jedenfalls fällt auf, daß die Zahl solcher Schalen in jenen Gebieten, in denen der widerstandsfähige Porphyr vorherrscht, gegenüber den aus Schiefer und Gneis aufgebauten Gegenden stark abnimmt.

Ob nun auch die jeweilige Gesteinsart bei der Behandlung des schwierigen Schalensteinproblems eine Rolle spielen könnte, muß dahingestellt bleiben. Doch scheint es mehr als nur ein Zufall, daß ausgerechnet einer der ganz wenigen Schieferblöcke, die während der Eiszeit im Südtiroler Unterland abgeladen wurden, einer der reichhaltigsten Schalen- und Zeichensteine Südtirols ist. Wer weiß, ob gerade dieser Stein wegen seines geringeren Härtegrades oder eher wegen seines metallischen Glanzes, der ihn auch von dem an seinem Standort vorherrschenden Dolomitgestein unterscheidet, bevorzugt wurde. Wir finden den Felsblock am alten, romantischen Pflasterweg von Kurtatsch hinauf zur sonnigen Hangterrasse von Graun, an deren äußerstem Rand die alte Kirche St. Georg inmitten eines überaus hübschen Lärchenhains steht. Es wurde festgestellt, daß der Stein, der neben den zahlreichen Schalen als wichtigste Zeichnungen ein linksdrehendes Hakenkreuz, jenes uralte Symbol, das wir auch in Pflersch kennengelernt haben, sowie zwei als Schiffe gedeutete Rillen besitzt, heute nicht mehr an seiner ursprünglichen Stelle liegt; ein Bauer nun sagte aus, daß der Block einst in einem Feld lag und von dort mit einem Ochsengespann hierher verbracht wurde. Ob wir in dieser Aussage eine uralte, verwaschene Erinnerung vermuten dürfen, daß der Stein in vorchristlicher Zeit als heidnische Kultstätte an der Stelle der Georgenkirche stand?

Doch ist dies nur eine der zahlreichen ungelösten Fragen, die der als *Großer Stein* (»ad Petram-grossam«) bereits im 13. Jahrhundert urkundlich erwähnte Schalenfels aufwirft, so daß sich die Forschung wohl noch lange damit beschäftigen können wird. Über eines aber sind sich die Gelehrten schon jetzt einig: daß die meisten Schalen und Zeichen wohl aus prähistorischer Zeit stammen, und der Stein somit zu den bedeutenden Kulturdenkmälern unseres Landes zählt. Mögen die Leute von Graun und Kurtatsch gemeinsam darüber wachen, daß dieses Zeugnis vergangener Jahrtausende weiterhin erhalten bleibt!

Der »Große Stein« am alten Weg von Kurtatsch nach Graun, einer der bedeutendsten Schalensteine Südtirols; die Draufsicht läßt deutlich das linksdrehende Hakenkreuz, die beiden schiffartigen Rillen, die Schalen und anderen Eingravierungen erkennen lassen (Lexikon S. 207)

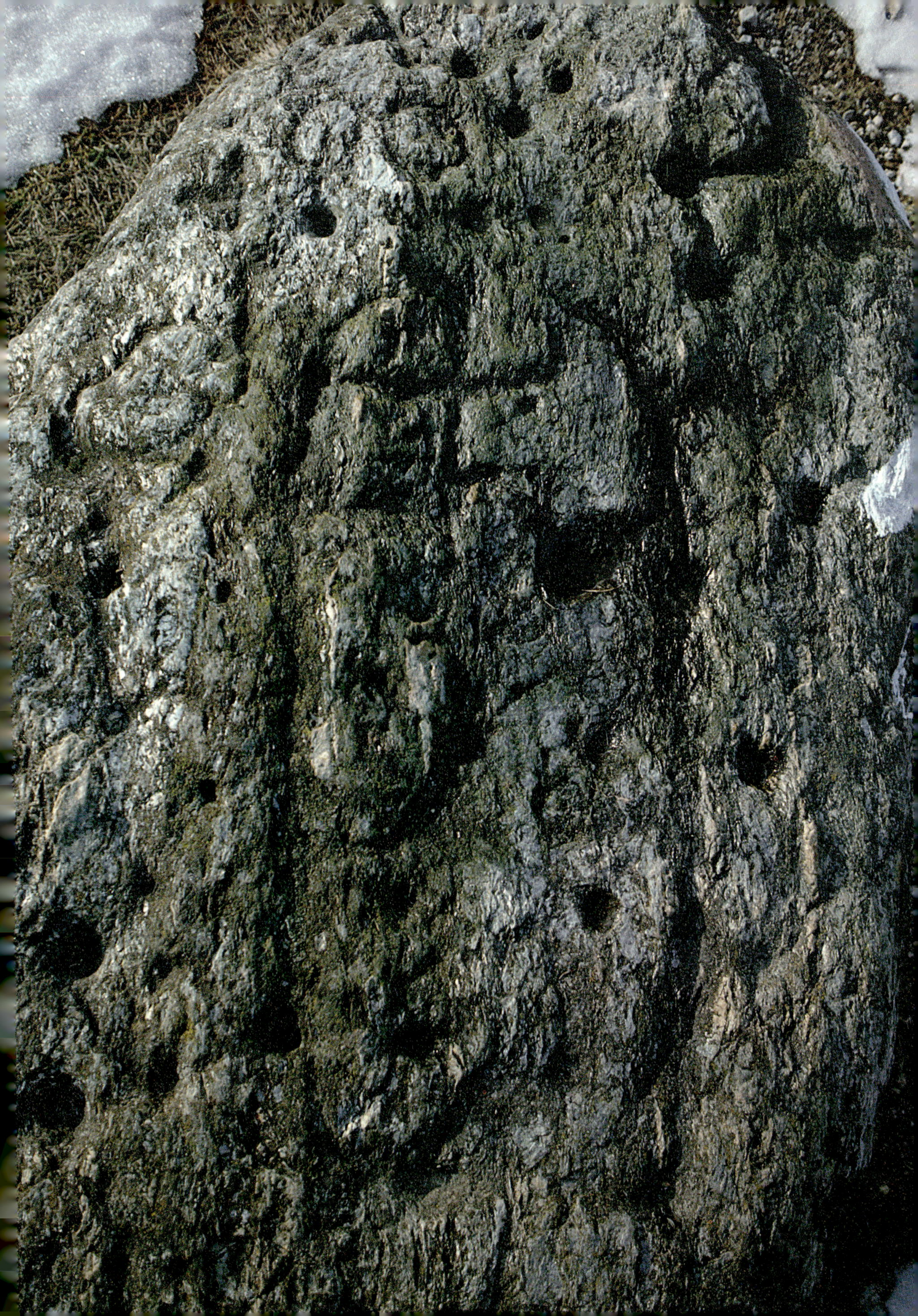

CASTELFEDER IM SÜDTIROLER UNTERLAND

Und ein Wort über archäologische Ausgrabungen

Castelfeder ist die Krone aller Südtiroler Schloß- und Kirchenhügel, aller vor- und frühgeschichtlichen Siedelstätten, so fremd- und einzigartig, so unähnlich allen anderen Gegenden der Alpen, dafür aber so ähnlich einer griechischen Landschaft, daß namhafte Münchner Maler für Castelfeder den Namen *Arkadien Tirols* prägten.

Dem eilig durch das Etschtal Reisenden allerdings bleibt die Schönheit und Eigenart von Castelfeder, an dem auch die alte Bezeichnung *Rabenkofel* haftet, verborgen; und auch derjenige, der von der Fleimstalstraße hinabblickt, gewinnt wohl einen kurzen Gesamteindruck, aber nicht mehr. Man muß sich schon die Zeit, das heißt mindestens einen ganzen Tag, nehmen und zu Fuß, kreuz und quer, über das »kleine Griechenland« wandern, auf uralten Felsenpfaden an schilfumrahmten kleinen Seen vorbei, über gletschergeschliffene Porphyrflächen, über mannigfach blühende Hänge, mitten durch sattgrüne Grasteppiche, durch dichtes Unterholz, durch lichtdurchflutete Eichenhaine, an Mauerresten aus der Römerzeit, aus der Völkerwanderungszeit und aus dem Mittelalter vorbei, hin zur rätselhaften Felsenrutschbahn mit dem eingemeißelten Kreuzeszeichen, hin auch zu verschiedenen Schalensteinen und zur merkwürdigen, aus dem eisenharten Felsen gehauenen, oft wassergefüllten Wanne, von der man nicht weiß, ob sie nur zum Sammeln des Regenwassers oder als Grabstätte gedient hat, weiter zur letzten noch erhaltenen Wand der einst hochverehrten Barbarakirche und zu den *Kuchelen* genannten drei Rundbögen.

Nur wer auf diese Art und Weise Castelfeder kennenlernt, es hügelauf, hügelab sich erwandert, gewinnt ein Bild von den tausend Gesichtern dieser einmaligen Landschaft, von ihrer großen Harmonie, zu der sich Natur und menschliche Zeugnisse vereinen. Wer zudem noch etwas von den alten Sagen weiß, die von Goldschätzen, gespenstischen Lichtern, bösen Zauberern und derlei mehr berichten, auch über die Besiedlungsgeschichte des großen Hügels und von den archäologischen Funden, die hier getätigt wurden, für den rundet sich das Bild von Castelfeder zu einem großen Ganzen, das er nie mehr vergessen wird. Sehr eingehend hat sich mit dem »Arkadien Tirols« Viktor Malfér beschäftigt, jener verdiente Heimatforscher, dem wir unter anderem die Entdeckung der Urzeitstätte am Burgstall auf der Schlernhochflä-

Die Kuppenhöhe von Castelfeder mit dem Ruinenrest der Barbarakapelle und dem rätselhaften, von Regenwasser gefüllten Felsbecken (Lexikon S. 210)

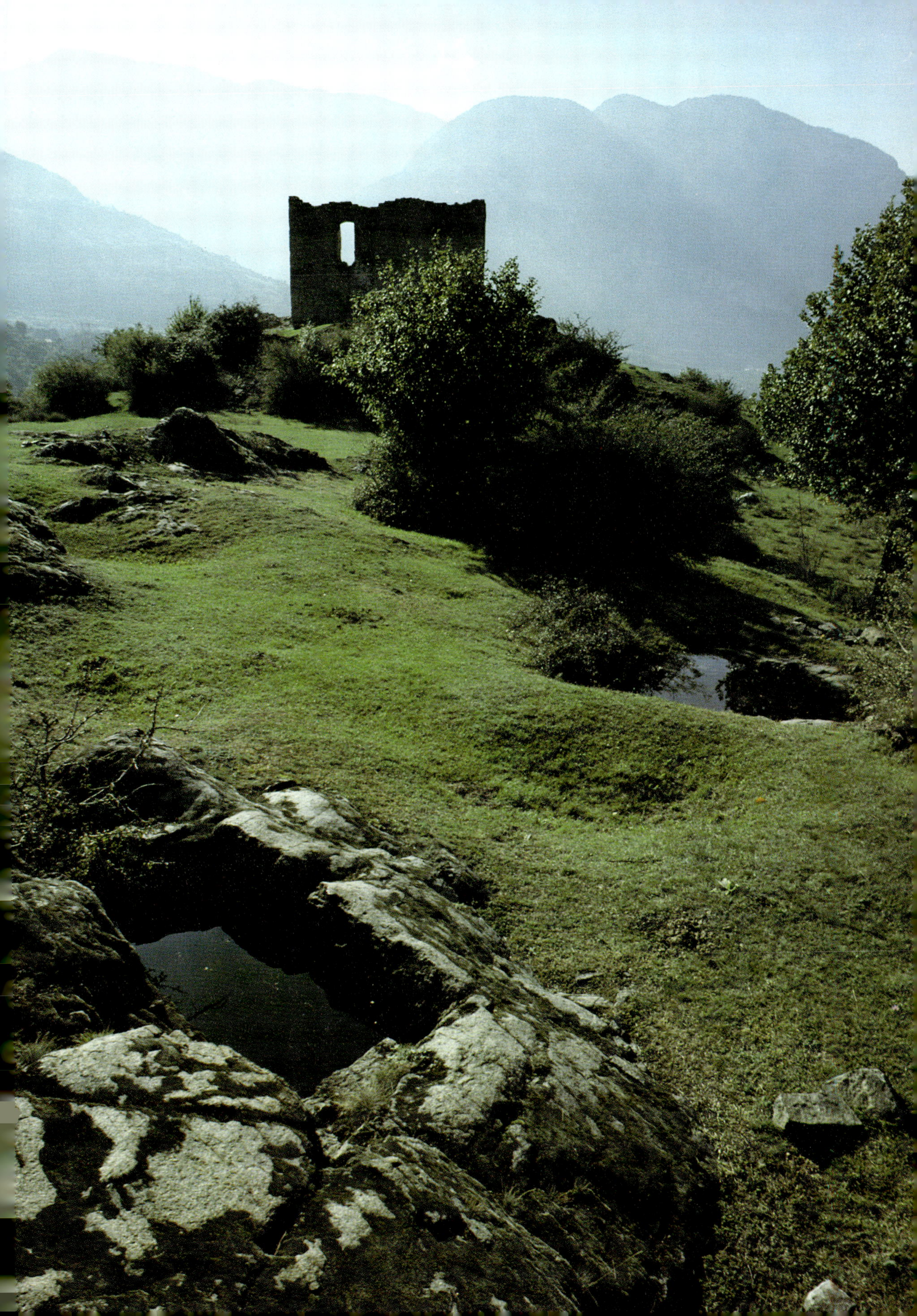

che zu verdanken haben. Malfér, dessen Vater und Großvater bereits Funde auf Castelfeder zutage gefördert hatten, schreibt am Schluß seines überaus informativen, 1970 erschienenen Büchleins über Castelfeder: *Auch heute noch kommen immer wieder einmal Schatzgräber und hinterlassen tief ausgehobene, häßliche Gruben, die sie aber immer erfolglos aufgeworfen haben und leider meist nicht wieder zuschütten.* Was hier der Autor über Castelfeder sagt, das trifft leider auch bei vielen anderen Plätzen zu, an denen Schatzsagen haften oder auch nur alte Baureste noch sichtbar sind.

Da gerade Castelfeder ein typischer Schatzgräberplatz ist, mag es auch an dieser Stelle angebracht sein, näher auf diese Angelegenheit einzugehen. Reimo Lunz, derzeit wohl der bedeutendste Archäologe unseres Landes, hat seinem Buch über die Vor- und Frühgeschichte Südtirols ein Merkblatt eingefügt, in dem unter anderem folgendes ans Herz gelegt wird: *Überlasset die Ausgrabung unserer Hügelsiedlungen, Gräberfelder und Höhlen ausgebildeten F a c h l e u t e n! Der Schaden, den Ihr durch unsachgemäße »Sonntagsgrabungen« anrichtet, ist durch nichts aufzuwiegen! Verantwortungsvolle Mitarbeit ist der Forschung weit dienlicher! Jede F u n d h i n t e r z i e h u n g, jede Z e r s t ö r u n g historischer Stätten und Denkmäler, jede R a u b g r a b u n g ist nach dem italienischen Staatsgesetz s t r a f b a r!*

Damit wäre an sich alles gesagt. Nur werden sich die sogenannten Schatzgräber weder vom Hinweis auf den Schaden, den sie anrichten, noch von gesetzlichen Strafen abhalten lassen, wenn sie sich von ihrer Grabung eine Kiste voll Goldmünzen erwarten. Solche Erwartungen und Vorstellungen gehen aber nicht nur von den Sagen aus, die oft als wahre Geschichten weitererzählt und somit auch geglaubt werden; auch derjenige Laie, der keine entsprechende Schatzsage kennt, aber zufällig von »wertvollen« archäologischen Funden hört oder liest, stellt sich wenn auch nicht gerade eine Goldkiste, so doch materiell ähnlich wertvolle Gegenstände vor. Hiezu sei deshalb gesagt, daß es in unseren Gegenden k e i n e Goldschätze, aber auch k e i n e anderen Gegenstände, die man zu Geld machen könnte, auszugraben gibt! Und selbst wenn man vielleicht eine winzige Silber- oder gar Goldmünze fände (was außerordentlich selten vorkommt), hätte man nichts davon, da man sie verstecken müßte, denn wenn der Fund bekannt wird, muß man ihn ja dem Staate abliefern und wird zusätzlich noch für die Grabtätigkeit bestraft.

Was die Wissenschaft unter einem »wertvollen« Fund versteht, ist nicht Silber oder Gold, sondern kann schon das sein, was wir Laien überhaupt nicht beachten: eine ganz dünne, etwas merkwürdig gefärbte Erdschicht in der Bodenerde vielleicht, ein Stück verfaultes Holz, ein winziges, nur millimetergroßes Stück Feuerstein, ein winziger, schmutziger Tonscherben, ein verbogenes Stück Blech oder Draht, ein paar kleine, vielleicht schon zersplitterte Knochenstücke und dergleichen mehr; äußerst »wertvoll« ist für den Wissenschaftler aber auch noch etwas anderes. Er muß genau wissen, w o, in welcher Tiefe und in welcher Lage, sich die genannten Dinge im Boden befunden haben und wie ganz genau die Schichtenabfolge, also der aufgegrabene Boden aussieht.

Die Felsenrutschbahn von Castelfeder mit dem eingemeißelten Kreuz, dahinter die sogenannten »Kuchelen«, eine alte Mauer mit drei Rundbögen (Lexikon S. 210)

Deshalb ist eine archäologische Grabung eine höchst komplizierte, heikle und schwierige Sache. Jeder auch noch so unwichtig erscheinende Fund muß beachtet, genauestens eingemessen, registriert, fotografiert und nötigenfalls vor der Fortführung der Grabung mit anderen Fachleuten besprochen werden, jede kleinste Veränderung im Bodenprofil muß genau vermessen und registriert werden, nicht selten müssen Gelehrte aus anderen wissenschaftlichen Disziplinen zu Rate gezogen werden, die einzelnen Funde müssen sofort numeriert und beschriftet und in eigenen Behältern abgelegt werden und so weiter und so fort.

Daraus erhellt, daß eine archäologische Grabung einerseits kaum je materielle Wertsachen zutage fördert und andererseits größte Fachkenntnis auf verschiedenen Gebieten, große Ausdauer, behutsamstes Vorgehen und die umfangreiche nötige Ausrüstung voraussetzt. Der kleinste Fehler, die kleinste Unachtsamkeit, der geringste Mangel kann bereits den Erfolg der gesamten Grabung in Frage stellen. Es ist klar, daß ein Laie solche Anforderungen auch nicht annähernd zu erfüllen imstande ist.

Darum sei hier nochmals der dringende Appell von Dr. Lunz ausgesprochen: Jegliche Grabung bleibe einzig und allein den Fachleuten überlassen. Nur so können empfindliche Strafen und nichtwiedergutzumachende Schäden vermieden werden. Dies gilt für Castelfeder wie für alle anderen Gebiete.

JOCHGRIMM UND SCHWARZHORN

Durch das Fundgebiet 8000jähriger Besiedlung

Als im Jahre 1950 Georg Innerebner auf dem 2400 m hohen Gipfel des Eggentaler Schwarzhorns die Reste einer Urzeitstätte, möglicherweise eines Brandopferplatzes oder einer Fliehanlage entdeckte, erregte dies in Fachkreisen keineswegs mehr jenes Aufsehen, das die sechs Jahre früher entdeckten Urzeitstätten auf dem Schlernplateau erregt hatten. Dennoch war dieser Fund wieder eine kleine Sensation, bestätigte er doch, daß der Schlern kein Einzelfall war, sondern nur die erste von weiteren ähnlichen Entdeckungen.

Seither sind dreißig Jahre vergangen; in dieser Zeit hat nun die Urgeschichtsforschung begonnen, neue Wege zu gehen. Vor allem in den letzten Jahren trat — soweit es das Hochgebirge betrifft — eine zunehmende Suche nach Spuren vorgeschichtlicher Begehung an Jochübergängen ein, gewissermaßen anknüpfend an die schon früh getätigten Zufallsfunde von Beilen, Lanzenspitzen und dergleichen.

Inzwischen wurde diese Suche bereits von ersten großen Erfolgen gekrönt. An zahlreichen Dolomitenpässen wurden Einzelfunde getätigt, am *Troi Paiàn* unterm Grödner Joch wurde eine sogenannte Steinindustrie aus der Zeit um 7000 v. Chr. aufgedeckt. Und besonders ergiebig erwies sich auch das Gebiet, das hier behandelt wird. Auf Jochgrimm nördlich des Schwarzhorns wurde nämlich eine ähnlich fundreiche Stelle entdeckt wie in Gröden. Und die zahlreichen Feuersteingeräte sind nur wenig jünger, sie stammen aus der Zeit um 6000 v. Chr., also ebenfalls aus der Mittelsteinzeit.

So folgen wir bei unserer Bergtour zum Jochgrimm und auf das Schwarzhorn den Spuren von Menschen, die bereits seit achttausend Jahren hier gegangen sind. Achttausend Jahre — an der Erdgeschichte gemessen kaum ein Augenblick, an einem Menschenalter gemessen aber doch eine sehr lange Zeit voller Geheimnisse.

Links: Einige mittelsteinzeitliche Feuersteingeräte (Bozner Stadtmuseum) vom Reiterjoch, wie deren viele auch bei einer planmäßigen Grabung auf Jochgrimm gefunden wurden (Lexikon S. 214)
Rechte Seite: Das Gipfelkreuz auf dem Schwarzhorn, wo in den 50er Jahren eine vorgeschichtliche Niederlassung entdeckt wurde (Lexikon S. 214)

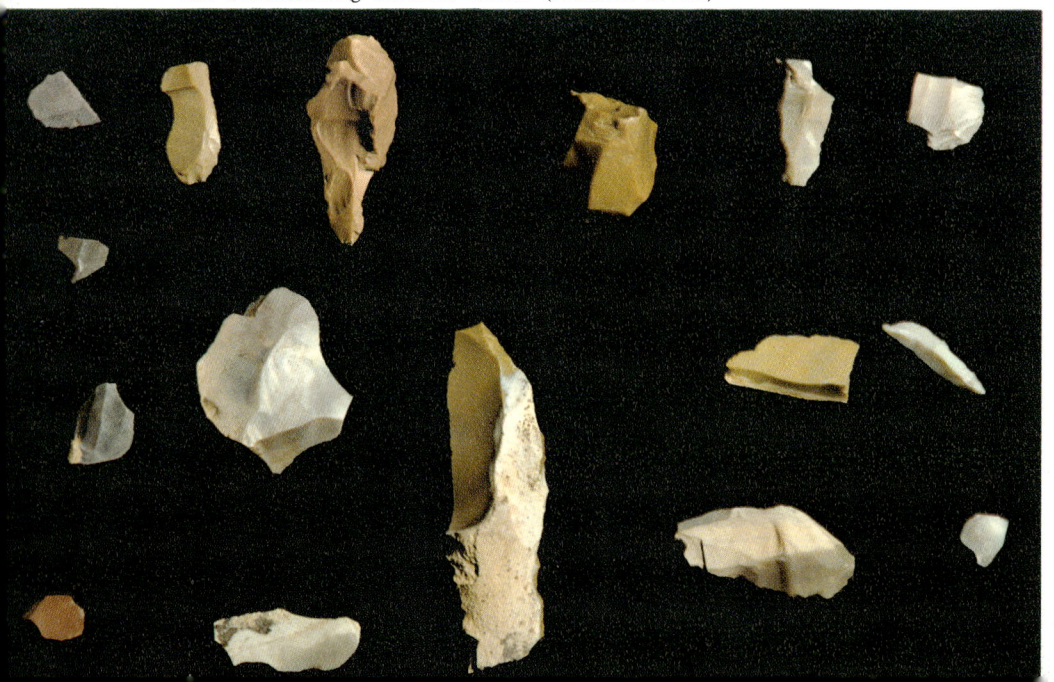

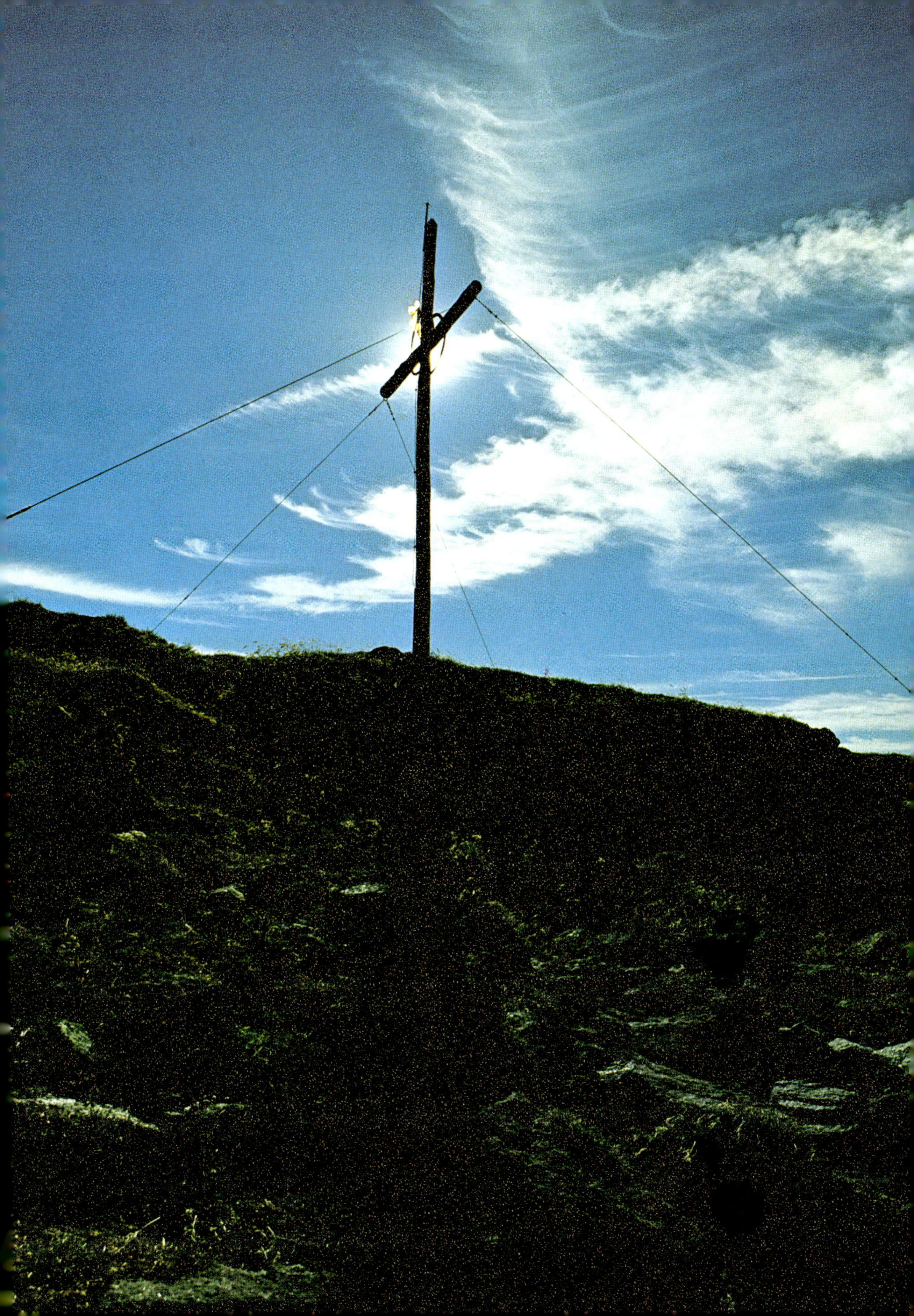

EIN STEINERNES GESCHICHTSBUCH DER URZEIT

Exkurs zu den berühmten Felsbildern des Valcamonica

Ausnahmsweise soll hier eine vorgeschichtliche Sehenswürdigkeit vorgestellt werden, die nicht als ausgesprochenes Wanderziel anzusprechen ist und sich zudem noch ein gutes Stück außerhalb Südtirols befindet. Eine etwa dreistündige Autofahrt müssen wir in Kauf nehmen, um hinzukommen, und möglichst mindestens zwei Tage für den Exkurs einplanen. Es bedarf keiner besonderen Vorkehrungen, auch keiner Bergausrüstung; wer filmt oder fotografiert — und das sollte man —, tut aber gut daran, sich mit genügend Filmmaterial einzudecken, um bei der Fülle der Motive nicht plötzlich ohne »Werkzeug« zu sein.

Wohin also geht die Reise? Die Antwort ist klar und einfach und für viele vielleicht auch schon ein Begriff: zu den Felsbildern von Capodiponte im Valcamonica. Entweder über die Mendel oder Mezzocorona erreichen wir den Nonsberg, durchfahren das ganze *Val di Sole*, das wirklich ein herrliches »Sonnental« ist, überqueren den fast 1900 m hohen Tonalepaß, der die Ortlergruppe mit der Adamellogruppe verbindet, und haben damit bereits das (oder die) zauberhafte Valcamonica betreten. Hohe Bergkämme säumen das ab etwa Edolo fast genau südwärts ziehende, beim Iseosee in die Brescianer Ebene ausmündende Tal. Hier hat man den großen Touristikwirbel längst hinter sich gelassen, die Dörfer mit ihren schmalen Gassen und den einfachen, freundlichen Menschen entbehren noch jener marktschreierischen Attribute, an die man sich in den berühmten Fremdenverkehrsgebieten schon lange gewöhnt hat.

Dasselbe gilt auch für Capodiponte, obwohl es — zumindest in Fachkreisen — weltberühmt ist. Diese Berühmtheit verdankt der Ort — wie übrigens das ganze Tal — aber nicht etwa einer besonders großartigen Landschaft oder einem herausragenden Ereignis, wie es in anderen Gebieten etwa eine Naturkatastrophe oder eine überragende Sportveranstaltung sind, sondern ganz einfach den an sich unansehnlichen Felspartien, die wie in jedem anderen Berggebiet im Talboden und an den Hängen hervortreten. Denn auf diesen Felsen befinden sich die *pitòti* oder *graffiti*, wie sie von den Leuten genannt werden, größtenteils mit Metallwerkzeugen eingemeißelte Bilder.

Nun sind Felszeichnungen im Alpenraum auch an verschiedenen anderen Punkten zu finden; allein in Südtirol haben wir schon eine ganze Reihe davon kennengelernt. Doch finden wir sie meist nur vereinzelt, und ihre Deu-

Ein Felsen neben der Hauptstraße unweit von Capodiponte; deutlich erkennbar eine Rutschbahn und die in Picktechnik geschaffenen Felsbilder. Im Hintergrund der Höhenort Naquane und der Pizzo Badile (Lexikon S. 216)

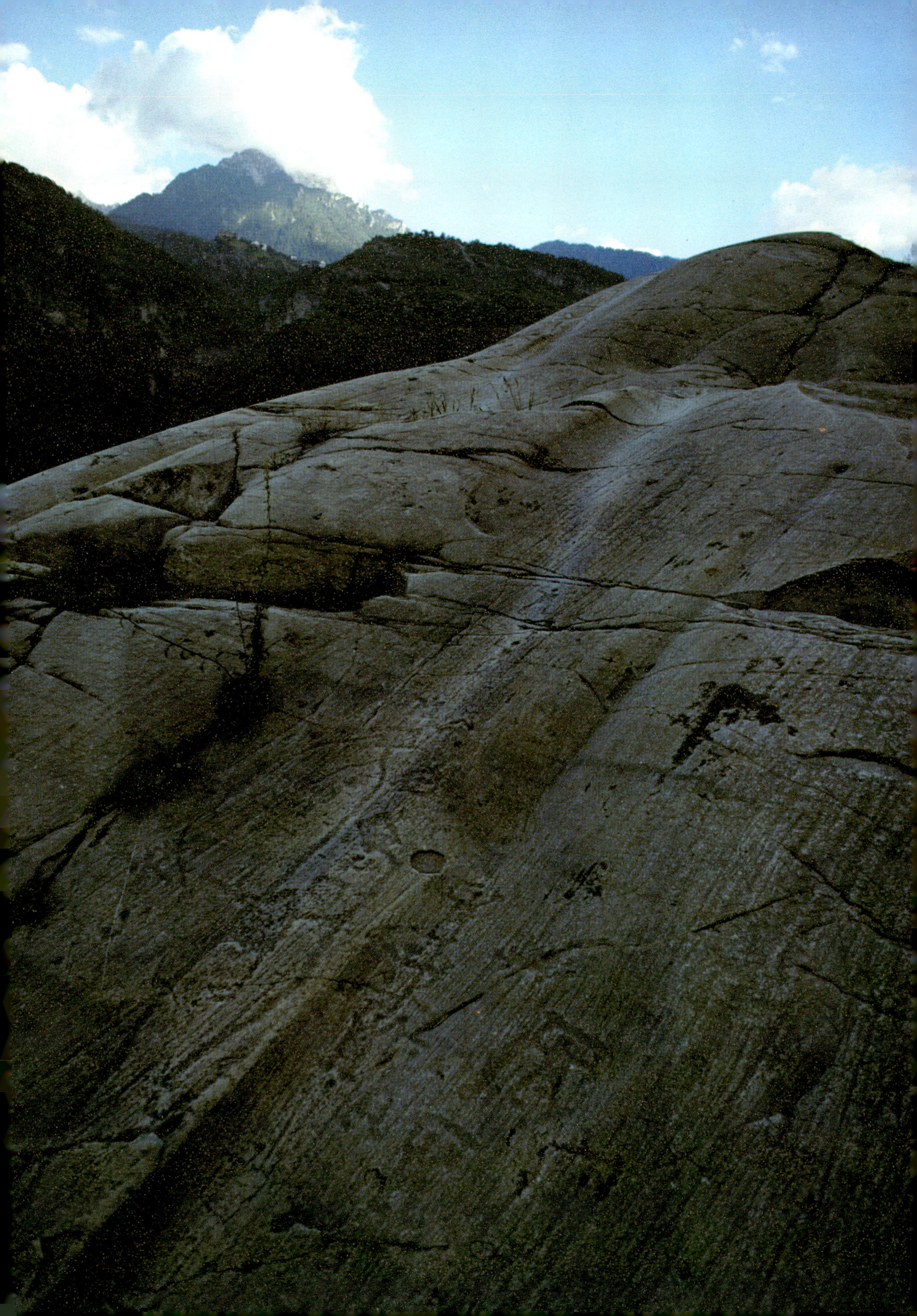

tung ist meist außerordentlich schwierig. Im Valcamonica dagegen sind es deren mehr, als an jedem anderen Ort in Europa. Weit über hunderttausend Einzelbilder hat man bisher entdeckt, man begegnet ihnen auf Schritt und Tritt, und noch immer werden weitere gefunden, so daß sich ihre wirkliche Zahl auch nur annähernd abschätzen läßt. So beeindruckend und einmalig die überaus große Zahl dieser vorgeschichtlichen Felsbilder ist, so groß ist auch ihre Bedeutung für die Wissenschaft.

In Capodiponte, in dessen Umgebung die Bilder ihre größte Verdichtung aufweisen, wurde das »Forschungszentrum der Steinzeichenkunst im Valcamonica« eingerichtet, das von Prof. Emmanuel Anati geleitet wird. Hier treffen Wissenschaftler aus der ganzen Welt ein, um diese *größte Anhäufung prähistorischer Kunst in Europa* (Anati) kennenzulernen und zu studieren. Denn während man bei der Deutung anderer Felszeichnungen auf meist große Schwierigkeiten stößt oder oft nur auf reine Spekulationen angewiesen ist, besitzen jene des Valcamonica, von denen sich mehr als Dreiviertel rund um Capodiponte befinden, eine außerordentlich hohe Aussagekraft. *Besser als irgendein Geschichtsbuch* — schreibt Anati in einer seiner zahlreichen Publikationen — *illustrieren uns diese Steinzeichnungen das Leben, die Gebräuche, die Tradition, die wirtschaftliche und soziale Tätigkeit, den religiösen Glauben der prähistorischen Bevölkerung, die dieses Tal bewohnte, ihre Eigentümlichkeit und Kultur dort entfaltete, bis sich der römische Adler auf sie stürzte und sie verschlang, ihre Selbständigkeit vernichtete und ihnen seine eigene Philosophie und eigene Lebensart aufprägte. Aber heute erzählen uns Tausende prähistorischer Zeichnungen zweitausend Jahre vorrömischer Geschichte der Camuni in klarer, persönlicher und intimer Weise, reicher an kleinen Einzelheiten als die uns bekannte Geschichte des Tales von der Eroberung durch die Römer an bis zum Ausgang des Mittelalters. Durch die Steinzeichnungen ist uns die Geschichte der Camuni besser bekannt, als die von irgendwelchem prähistorischen Volk Europas; durch die damaligen Camuni wurden uns unzählige Einzelheiten über Leben und Gebräuche der alpinen Bevölkerung, über die Herkunft und die ursprüngliche Geschichte der Ureinwohner dieser Gegend überliefert . . .*

So geben uns diese Felsbilder nicht nur allein Aufschluß über das Volk, das vom 4. oder 5. Jahrtausend v. Chr. an das Valcamonica bewohnte, sondern auch über andere Alpenstämme jener Zeit, über deren Kontakte untereinander, über deren Lebensweisen; und sie sind für die Wissenschaft eine wertvolle Hilfe bei der Lösung vieler urgeschichtlicher Fragen auch außerhalb des Valcamonica und — so nocheinmal Anati — *sie erteilen uns auch eine Botschaft: die alpinen Völker . . . haben eine wesentliche Rolle in der Bildung der europäischen Kultur gespielt.* Gerade dies aber verleiht den Bildern ihre überragende Bedeutung und macht unseren Besuch, bei dem wir auch so manche Südtiroler Felszeichnung wiederfinden werden, so lehrreich und interessant.

Pflasterweg und Bilderfelsen im Park von Nadro (links oben) sowie verschiedene Felszeichnungen bei Capodiponte, darunter ein Sonnenrad und eine rechtsläufige »rätocamunische« Inschrift aus den letzten vorgeschichtlichen Jahrhunderten (Lexikon S. 216)

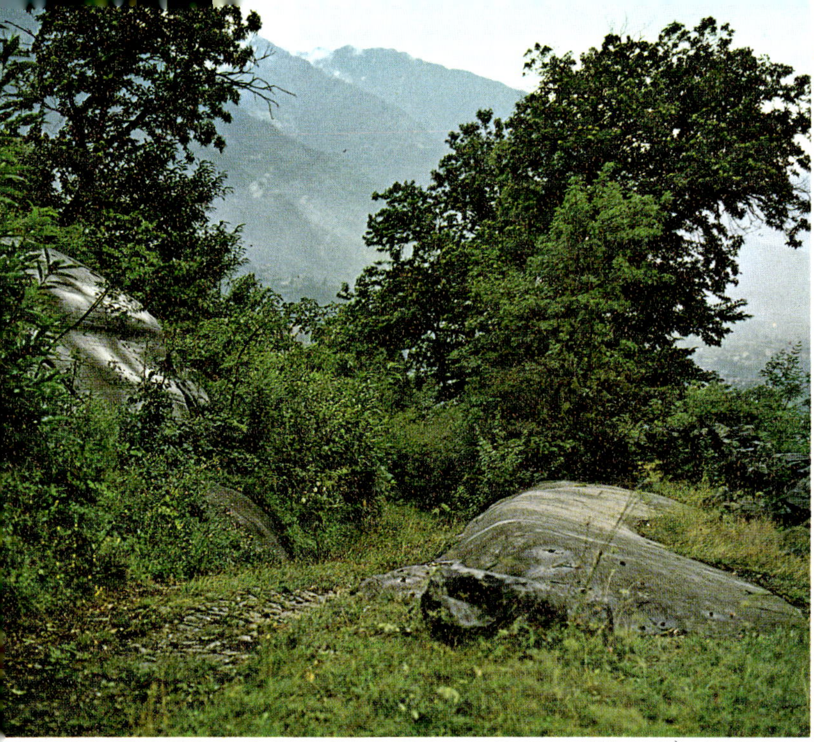
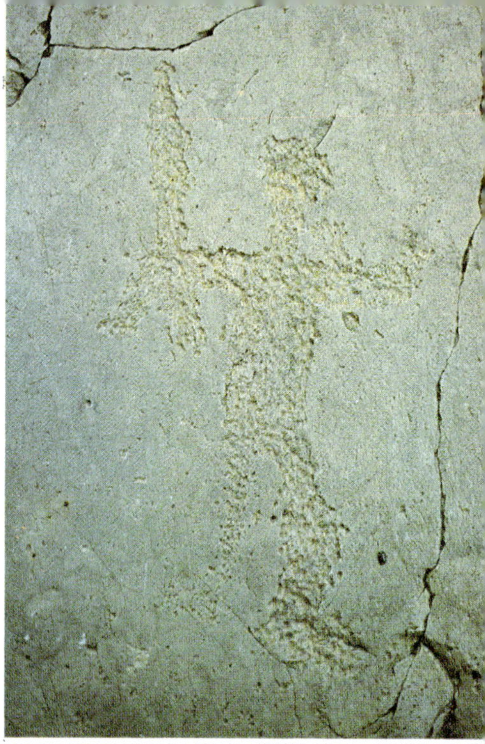
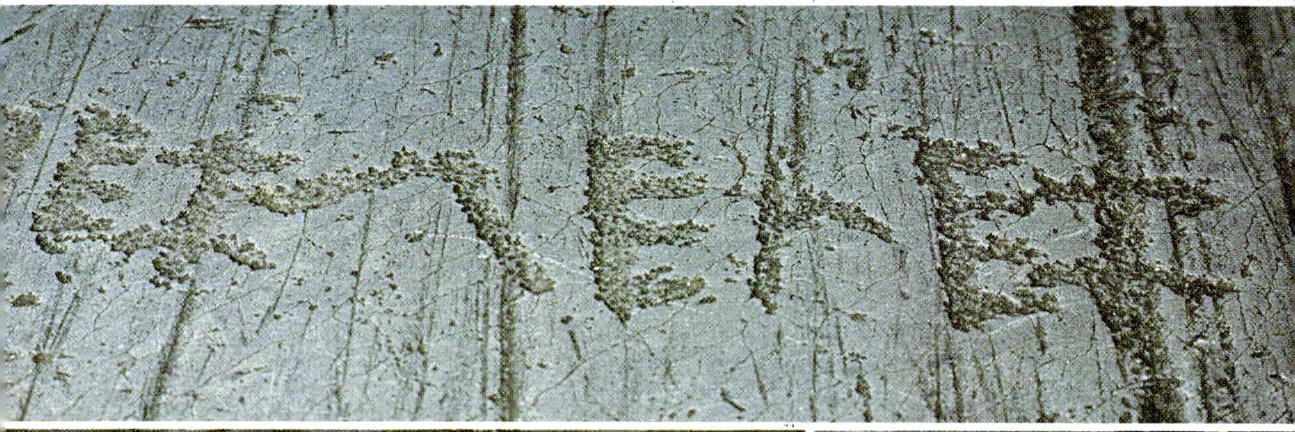
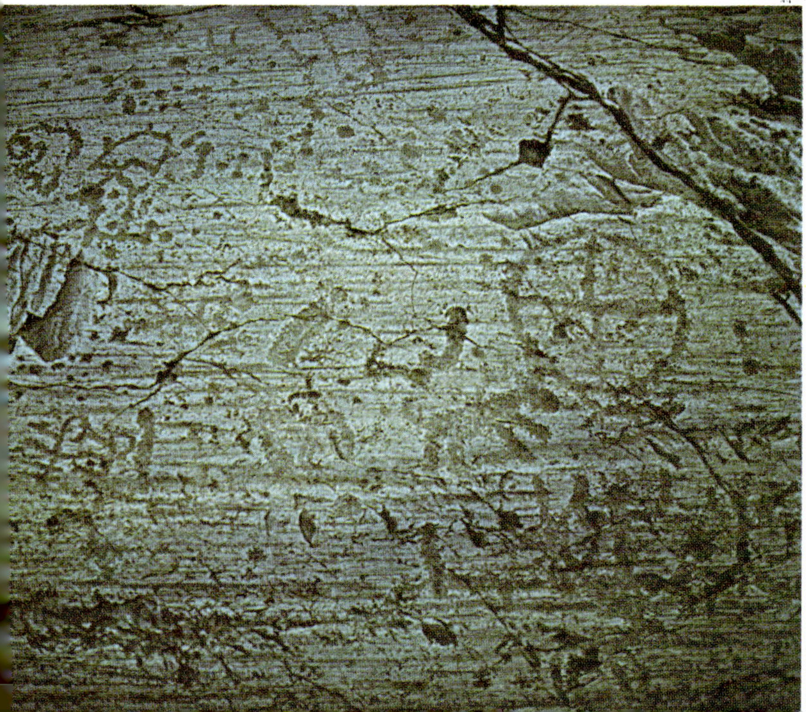
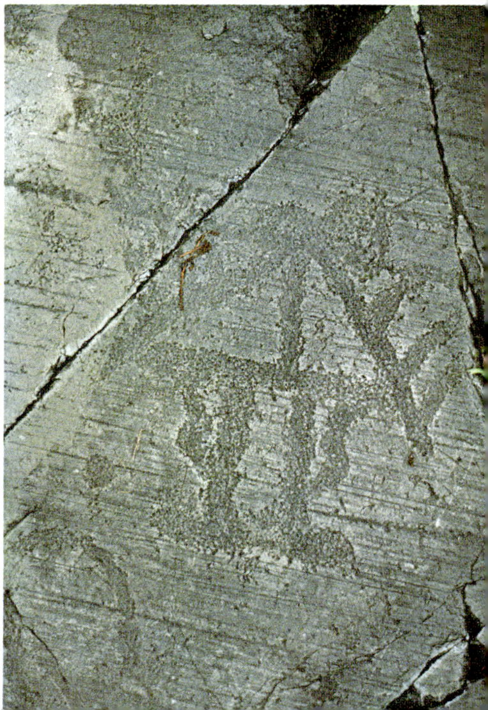

LEXIKON DER SÜDTIROLER URWEGE

1. Der Urweg zum Weißseejoch in Langtaufers (Bildteil S. 12)

Bevor wir uns ins Langtauferer Tal begeben, um von Melag aus den Weg in Richtung Weißseejoch einzuschlagen, müssen wir im Gebiet des Etschursprungs kurz haltmachen. Denn am südlichen Ende des Haider Sees gibt es eine Stelle, an der bereits um die Mitte des vorigen Jahrhunderts ein früheisenzeitliches Lappenbeil gefunden wurde. Daß das Gebiet aber bereits einige Jahrhunderte früher begangen wurde, beweist der Fund einer fast 15 cm langen Tüllenlanzenspitze aus Bronze am Reschen. Das Fundstück erliegt heute im Meraner Stadtmuseum und wird in die Spätbronzezeit datiert. Wenn nun Innerebner am Standort der Kirche von Rojen (13. Jh.) eine prähistorische Kult- und Ortungsstätte vermutet, *da sich gerade an dieser Stelle der Bezugspunkt für die südlich davon aufragenden Bergspitzen des Zehner, Elfer und Zwölfer befindet* („Der Obere Weg", S. 87), so ist diese Vermutung sicher nicht von der Hand zu weisen; allerdings fehlen noch die entsprechenden Beweisfunde. Auch im Hügel bei Graun, auf dem die St.-Anna-Kirche steht, vermutete Innerebner bereits 1956 eine Urzeitstätte, und auch Lunz sprach sich in diesem Sinne aus. Und tatsächlich bestätigte sich die Vermutung: 1973 konnten die bundesdeutschen Prähistoriker Ekkehart und Franz Schubert eisenzeitliche Scherben dort auflesen. Dies ist nun aber alles und es ist nicht viel. Es ist aber anzunehmen, daß die Gegend in vorgeschichtlicher Zeit doch stärker besiedelt war, als es die wenigen Funde auf den ersten Blick erscheinen lassen. Das Fehlen weiterer Beweisfunde dürfte wohl darauf zurückzuführen sein, daß das Gebiet bisher weniger gründlich durchforscht wurde als andere.

Deshalb wollen wir, wenn auch eine vorgeschichtliche Besiedlung des Langtauferer Tales derzeit nicht für sehr wahrscheinlich gehalten wird, einem Fingerzeig des aus diesem Tal stammenden Innsbrucker Prof. Heinrich Hohenegger folgen. Anläßlich der Klärung einer nacheiszeitlichen Frage konnte der Gelehrte nämlich verschiedene Spuren einer sehr frühen und allem Anschein nach einst sehr regen Begehung des 2970 m hohen Weißseejochs ausfindig machen. So erfuhr Hohenegger — er berichtet ausführlich im „Schlern" 1968, S. 22 ff. darüber — auf dem Angerhof oberhalb Pedroß von einer kleinen Rückfallkuppe hoch über dem Tal, die einst einen Leuchtturm getragen haben soll und heute „Auf der Föst" (Feste) genannt wird. Eine Untersuchung der Kuppe (1910 m) ergab, daß sich dort tatsächlich eine etwa 2 m große und 1 m tiefe Grube befand, die von Steinen ummauert war und von Gras, Brennesseln und „Gutem Heinrich" — zwei typische Begleiter menschlicher Siedlungen — überwuchert war. *Es muß sich also — so die Schlußfolgerung Dr. Hoheneggers — wohl um eine alte Wallburg handeln, die später noch als Leuchtturm oder Wachturm Verwendung gefunden haben dürfte.* Aber auch eine Art Sage rankt sich um das „Schloß": Ein Hirtenmädchen fand nämlich dort eines Tages ein Goldstück; als dies die Hüterbuben erfuhren, stocherten auch sie im Boden der Grube, doch da entglitt ihnen der Stock und verschwand durch eine Spalte in einer unterirdischen Höhlung. Auch mit dem legendären Großbauern Abraham Stägerwalder aus Graun wurde der „Leuchtturm" in Verbindung gebracht, denn ihm soll er einst gehört haben. An der ganzen Sache wäre vielleicht nicht viel Außergewöhnliches gewesen, denn Gruben mit ein paar Steinen rundherum finden sich allenthalben auch anderwärts, doch fand Hohenegger die Bestätigung der von den Angerleuten erzählten Geschichte in der Karte Mathias Burgklehners aus dem Jahre 1629, in der tatsächlich im betreffenden Gebiet ein *zinnengekrönter Rundturm* eingezeichnet ist.

Hohenegger dachte natürlich gleich an eine mögliche Beziehung zwischen diesem Turm und einem sehr alten Saumweg, der durch Langtaufers über das Weißseejoch ins Kauner Tal und ins Oberinntal geführt haben könnte, zumal ein solcher Weg ja durch eine im äußeren Tal befindliche „Samermühle" angedeutet wird, während Hohenegger zudem im Weiler Grub einen alten „Roßstall" und in Melag eine einstige „Nagelschmiede" in Erfahrung bringen konnte. Doch von einem zweiten Leuchtturm jenseits des Reschensees und einem dritten im Talschluß von Langtaufers war beim Angerhof die Rede gewesen. Wenn der Forscher nun auch keine Spuren davon fand, so glaubte er doch am sogenannten „Ochsenbödele" am Beginn des Aufstiegs ins Melagtal einen möglichen Standort vermuten zu können. Unterhalb des heute zum Abbrennen von Herz-Jesu-Feuern bevorzugten „Ochsenbödele" liegt das „Gangl", ein Platz, wo die Schafe an St.-Veits-Tag mit dem „Bergmarch" versehen und dann am 6. September von den Hirten den Bauern wieder übergeben wurden. *Dieser Tag war eine Art Volksfest; denn es trafen auch die Bauern aus den Nachbargemeinden ein...* (Hohenegger).

Nun kennen wir ähnliches auch von verschiedenen vermuteten oder nachgewiesenen vorgeschichtlichen Stätten, so vom Tartscher Bühel, von der Lafenn, vom Almmarkt auf der „Schien" am Ritten oder vom *Col Cernacei* in Gröden. — Prof. Hohenegger entdeckte aber noch weitere Anhaltspunkte für die einstige Bedeutung des Melagtales und des über das Weißseejoch führenden Weges. So fand er in der berühmten Karte von Peter Anich aus dem Jahr 1774 einen „Samerboden" verzeichnet, wo die heutigen Karten „Sandboden" schreiben (die ital. Militärkarte 1:25.000 trägt übrigens die Bezeichnung *Piano Sammet*); und in der bereits erwähnten Karte von Burgk-

lehner entspringt der Karlinbach (der Langtauferer Hauptbach) nicht wie heute unter der Weißkugel, sondern unterm Weißseejoch. Die Bezeichnung „Scheibbüchl" für einen Platz oberhalb des „Samerbodens" aber führt Hohenegger möglicherweise darauf zurück, *daß man hier das im Vinschgau einst weit verbreitete Scheibenschlagen betrieben hat.*
In die gleiche Richtung schließlich weist auch die bis zum Ersten Weltkrieg vielbegangene, 8- bis 10stündige Wallfahrt von Langtaufers über das Weißseejoch nach Kaltenbrunn im äußeren Kauner Tal, wo auf einem Stein neben einer Quelle nach der Legende von Hirten einst eine Marienstatue gefunden worden sein soll. Es wird aber vermutet, daß es sich dabei um ein vorchristliches Quell- bzw. Steinheiligtum handelt.
Soweit nun zusammengefaßt die Untersuchungen und Entdeckungen Hoheneggers. Wenn man nun bedenkt, daß in klimatisch günstigeren Perioden das Weißseejoch nicht vergletschert und daher sehr leicht begehbar war, daß der Weg vom Vinschgau über Finstermünz ins Oberinntal mit großen Gefahren und sehr umständlich zu begehen war und daß früher ganz allgemein auch sehr hohe Jochübergänge den wilden, versumpften oder schluchtartigen Haupttälern vorgezogen wurden, so spricht wohl — besonders aufgrund der zahlreichen diesbezüglichen Anhaltspunkte — nichts gegen eine Annahme, daß die Ursprünge des genannten Weges in sehr frühe, wenn nicht gar vorgeschichtliche Zeit zurückreichen. Abgesehen aber von seiner historischen Bedeutung, ist der Weg, den wir mit einem Teil des Langtauferer Höhenweges und dem Abstiegsweg vom Radurschljoch zu einer Rundtour verbinden, auch landschaftlich außerordentlich eindrucksvoll. Führt er einerseits in das relativ selten besuchte, unvergletscherte Almgebiet nördlich von Langtaufers, so bietet er gleichzeitig einen der schönsten Ausblicke auf die überwältigende Gletscherwelt der Weißkugelgruppe. Darüber hinaus ist aber unsere Wanderung auch eine Entdeckungsfahrt in ein in archäologisch-historischer Hinsicht nur ansatzweise erforschtes Gebiet, das möglicherweise noch allerlei Überraschungen bereithält. So ist für den interessierten, aufmerksamen Beobachter immerhin die Wahrscheinlichkeit nicht ganz auszuschließen, bei dieser Tour irgendeinen neuen Anhaltspunkt zu finden, der sich in das Forschungsbild, das Prof. Hohenegger vor über einem Jahrzehnt zu zeichnen begonnen hat, als bedeutsamer Mosaikstein einfügt.
Bei der hier vorgeschlagenen Tour handelt es sich zwar bereits um eine richtige Bergwanderung, die bis in 2500 m Höhe führt, doch ist sie unschwierig, auch orientierungsmäßig ohne Probleme und damit für jeden einigermaßen erfahrenen, zweckmäßig ausgerüsteten (gutes Schuhzeug, Anorak usw.) Bergwanderer geeignet.

W e g v e r l a u f
Vom Wieshof (1898 m; vorletzte Höfegruppe im hinteren Langtaufers, kurz vor Melag; Bushaltestelle) auf dem alten Jochweg Nr. 1 nordöstlich hinauf zur Hangschulter mit dem Kreuz und dem oben erwähnten „Gangl" (Viehpferch) und durch das Melagtal dem gleichnamigen Bach entlang in mäßiger Steigung hinauf. Oberhalb des rechts liegenden, von Steinen übersäten „Samerbodens" zweigt in 2540 m Höhe (bis hierher 2 Std.) links der Langtauferer Höhenweg ab, dem wir westwärts folgen. (Wer zuerst noch bis zum Weißseejoch, 2970 m, ansteigen will, muß weiter dem Weg 1 folgen und im obersten Teil meist ein kleines Firnfeld überqueren; ab Abzweigung knapp 1½ Std.) Der gute Höhenweg führt nahezu eben durch steiniges Almgelände über mehrere kleine Almbäche, umrundet den Südrücken des Roten Schragens, quert den obersten Rand des *Fallatsch*, eines steilen Abbruchs, um schließlich die breite Almmulde des Kapplbaches (nur 20 Min. höher liegt die schöne Kapplsee, 2599 m) und den von der Radurschlscharte herunterkommenden Weg Nr. 7 zu erreichen (Äußere Schafalm; 2532 m). Während der Höhenweg diesem Weg 7 aufwärts folgt und dann weiter talauswärts und schließlich hinab nach Graun führt (ca. 5 Std.), folgen wir dem Weg 7 abwärts, kommen an der Hütte der Äußeren Schafalm (2273 m) vorbei und erreichen schließlich wieder den Weiler Wies, unseren Ausgangspunkt.

G e h z e i t e n
Aufstieg (Wies — Samerboden): 2 Std.
Höhenweg (Samerboden — Äußere Schafalm): 1½ Std.
Abstieg (Äußere Schafalm — Wies): 1 Std.

K a r t e n u n d L i t e r a t u r
Kompaß-Wanderkarte 1:50.000, Bl. 42 (Nauders-Reschenpaß); Freytag-Berndt-Wanderkarte 1:50.000, Bl. S 2 (Vinschgau-Südliche Ötztaler Alpen); Freytag-Berndt-Wanderkarte 1:100.000, Bl. 52 (Vinschgau) oder Bl. 25 (Ötztaler Alpen).
Innerebner: Die Wallburgen Südtirols, Bd. 2; Lunz: Ur- und Frühgeschichte Südtirols; Menara: Südtiroler Höhenwege; Menara-Rampold: Südtiroler Bergseen; Menara-Rampold: Südtiroler Bergtouren; Rampold: Vinschgau; Der Obere Weg, Jahrbuch des Südtiroler Kulturinstitutes.

2. Der Tartscher Bühel (Bildteil S. 14)

Der nach der nahen Ortschaft benannte Tartscher Bühel ist eine rund einen Kilometer lange und mehrere hundert Meter breite Felskuppe im oberen Vinschgau. Teilweise, und zwar an seinen Ost- und Nordhängen, von schönem Föhren- und Lärchenwald bestanden, im übrigen aber größtenteils kahl und nur von Grasflächen bedeckt, ist er heute eine karge Viehweide, in deren Mittelpunkt die Kirche St. Veit steht. Der Bühel (1077 m), eine der sagenumwobensten und kulturgeschichtlich bedeutendsten Stätten des gesamten Vinschgaus, besitzt zwar einen von Tartsch her führenden, sicher uralten Weg, doch ist er nur kurz, so daß wir es hier nicht mit einem eigentlichen Tourenziel zu tun haben; was wir aber unternehmen können und was trotz der Straßennähe sehr lohnend ist, ist die Begehung des Hügels, im Glanz der gewaltigen Gletscherkulisse der Ortlerberge kreuz und quer zu wandern, nur dem Schein nach ohne besondere Höhepunkte, und doch im Bewußtsein, auf einem der ältesten Siedlungsböden des oberen Vinschgaus zu stehen.

Dieser mächtige Schieferfelsrücken — schreibt Reimo Lunz — *mit seinen ringsum steil abfallenden Rändern mag schon den ersten verstreuten Siedlergruppen im Vinschgau Raum und Zuflucht geboten haben.* Ein urgeschichtliches Keramikfragment, das als Verzierung ein eingraviertes Gitter aufweist sowie eine durchlochte Knochennadel gelten als die ältesten Funde auf dem Tartscher Bühel. Sie reichen bis in die frühe Bronzezeit zurück. Weitere Funde, und zwar aus der Wende von der älteren zur jüngeren Eisenzeit (um etwa 350 v. Chr.), sind eine Kahnfibel, Stücke einer Halskette, fünf Eisenbeile, Fragmente eines beweglichen Traghenkels aus Bronze, eine Lanzenspitze aus Eisen, ein besonders schönes Bronzeblechfragment, das als Verzierung eine Art Tannenreis aufweist und möglicherweise einem sogenannten Neugauer Helm angehört, anscheinend römische Münzen, Teile von Halsketten und anderes. Prachtstück aber ist ein Hirschhornstück mit Öse und eingekerbter Inschrift (Bild S. 14). Vermutlich handelt es sich dabei um eine Weihegabe, die im Südalpenraum vom Vinschgau bis in die Gegend von Vicenza mehrere Entsprechungen findet. Die von rechts nach links zu lesende „rätische" Inschrift im sogenannten *Bozner Alphabet* wurde von Karl Maria Mayr entziffert und hat folgenden Wortlaut: *lavisiel riviselchu tinach*, was laut Mayr soviel heißt wie: Dem Lavisius hat Riviselchu (dies Horn) geweiht. Demnach hat der älteste uns namentlich bekannte Vinschgauer *Riviselchu* geheißen. Das Hornstück ist 12 cm lang und an seiner breitesten Stelle 3,5 cm breit und wird in das 5. bis 3. Jh. v. Chr. datiert. Zu dem einmaligen Fund kam es, als 1953 bei Ausgrabungsarbeiten für eine Wasserleitung einige vorzeitverdächtige Funde den Bauingenieur veranlaßten, davon dem Heimatpflegeverband Meldung zu erstatten. Dessen damaligem Sekretär und Vorzeitforscher Luis Oberrauch gesellte sich der Ortspfarrer von Tartsch, Ignaz Stocker, als Helfer und ständiger Beobachter der Baustelle zu, und diesem gelang dann schließlich der interessante Fund, der heute im Meraner Stadtmuseum besichtigt werden kann. Wir wissen nun zwar, wie der seit dem Fund immer wieder zitierte erste Vinschgauer heißt, doch ist eine Deutung des Namens bisher noch nicht gelungen. Auch handelt es sich bei dem Geweihstück und bei allen anderen Funden, die bei meist recht oberflächlich und keineswegs nach den heute geltenden Kriterien durchgeführten Versuchsgrabungen zum Vorschein gekommen sind, nur um Einzelfunde, die uns — so Lunz — *nur einen zufälligen Einblick in das Siedlungsschicksal vermitteln ... sie vermögen keine hinreichende Antwort auf Fragen allgemeiner Natur zu geben*, wie etwa nach dem Ende der eisenzeitlichen Niederlassung. Um solche Fragen beantworten zu können, *bedürfte es planmäßiger und großflächiger Ausgrabungen ... Jeder andere Eingriff bedeutet Zerstörung wertvollen Kulturgutes* (Lunz). Die weitum bekannte und auch in vielen anderen Gebieten lokalisierte Sage berichtet, daß am Tartscher Bühel einst eine reiche und schöne Stadt geblüht habe. Doch habe der Wohlstand zu Hartherzigkeit und Hoffart geführt, und als einmal ein armer alter Mann mitleidslos fortgeschickt wurde, da verfluchte er die Stadt. Und sogleich tat sich die Erde auf und die Stadt versank mit Mann und Maus. Nichts blieb übrig als eine öde Steinwüste, der Tartscher Bühel. Nach anderer Version, die besonders in Bergbaugebieten verbreitet ist und auch am Tartscher Bühel mit einstigem Bergbau zusammenhängt, führt den Untergang der Stadt auf den vielzitierten „Ochsenfrevel" durch die Bergknappen zurück. Wohl in der Sage einen wahren Kern vermutend, wurde mehrfach die Meinung vertreten, eine einstige Großsiedlung auf dem Tartscher Bühel sei im Jahre 15 v. Chr. von den Römern während des Drusus-Feldzuges dem Erdboden gleichgemacht worden. So wenig nun auch das Gegenteil einer solchen Vermutung bewiesen werden kann, so gibt es für sie derzeit doch auch *keinerlei wissenschaftlich fundierte Grundlage* (Lunz); allerdings ist, wie Lunz betont, *dabei auch die Möglichkeit einer Fundlücke in Rechnung zu stellen*. Und auch für die Zeit unmittelbar nach dem Zusammenbruch des Weströmischen Reiches gibt es keine näheren Anhaltspunkte. Trotz all seiner Bedeutung als urgeschichtliche Siedlungsstätte weiß man über den Tartscher Bühel immer noch recht wenig. Innerebner erwähnt zwar *wohngrubenartige Bildungen am Westrand des nordwestlichen Kuppenauslaufs*, betont aber dazu, daß es sich dabei auch um *Reste alter Geschützstellungen* handeln könnte. So kann auch ihnen keine größere Bedeutung beigemessen werden, solange nicht eine Grabung die Frage klärt. Immerhin führt Luis Staindl in der unter Nr. 21 (Villanderer Alm) genannten Übersicht für das 9. und 10. Jh. am Tartscher Bühel einen Bergbau auf Fahlerz mit Baryt an. Der für den Tartscher Bühel auch heute noch gebrauchte Flurname „Klause" deutet darauf hin, daß hier in beherrschender Lage am Zusammentreffen der alten Reschenstraße mit jener über den Ofenpaß wohl einst eine bedeutende Wegsperre lag. Auch die Tatsache, daß bis zum Ersten Weltkrieg durch Jahrhunderte hindurch am 15. Juni der St.-Veit-Markt abgehalten wurde, eine uralte Tradition des Festes der Sommersonnenwende, bei dem nicht nur Leute aus dem Vinschgau, sondern auch solche aus dem Engadin und dem Veltlin zusammengekommen sein sollen, spricht von der einstigen Bedeutung unseres heute verlassenen und zur Viehweide herabgesunkenen Hügels. *Außerdem ist der Bühel Signalstation innerhalb des Systems der Kreidenfeuerordnung gewesen und ein durch auffallende Spuren bezeugter Platz, an dem das volkskundlich und kultisch bedeutsame Scheibenschlagen geübt wird* (Rampold). Dieses „Scheibenschlagen" besteht im Hinabrollen brennender Holzräder (Scheiben) über den Abhang und war früher viel weiter verbreitet als heute. Zum Scheibenschlagen kommt am ersten Aschermittwoch auch noch die Verbrennung der „Zussl" und der „Larmstangen" hinzu, alles zusammen ein Brauch, der auf die uralte kultische Handlung der Winteraustreibung zurückgeht.

An kulturhistorisch bedeutsamen Sehenswürdigkeiten bietet der Tartscher Bühel an Ort und Stelle — die meisten Funde befinden sich im besuchenswerten Meraner Stadtmuseum — einerseits die St.-Veit-Kirche und andererseits zwei Schalensteine, die Haller in seinem wiederholt genannten Buch ausführlich beschreibt. Der erste der beiden liegt am linken Rand des eingangs erwähnten Weges von Tartsch zur Kirche. Es ist dies eine ziemlich stark gegen Westen geneigte Biotit-Schieferplatte mit insgesamt 21 bis auf eine konisch gebohrte durchwegs flach geriebenen, bis zu 1,20 m weit auseinanderliegenden Schalen. Ihre Durchmesser schwanken zwischen 3 und 8,5 cm, die Tiefe beträgt bis zu 5 cm. Es besteht kein Zweifel, daß es sich dabei um künstlich geschaffene Vertiefungen handelt; sie sind größtenteils kreisrund. Bei dem Stein fällt auf, daß er im Gegensatz zu vielen anderen nicht an exponierter Stelle mit weiter Aussicht liegt. Diese Stelle wird „am Pfannenstiel" genannt. Hallers Ortsungsversuch ergab (allerdings unter fast zahllosen anderen möglichen Verbindungslinien) *mehrmals die 2 Kardinallinien (W-O und N-S) und ebenso die Solstitiallinien (NW-SO und SW-NO)*, so daß er ihn für einen „Kalenderstein" hält. Obwohl eine Datierung der Schalen auch hier nicht möglich ist und jede Deutung ihre Für und Wider hat, so darf man beim heutigen Forschungsstand doch mit einiger Sicherheit annehmen, daß wir es auch hier wieder mit einem Denkmal prähistorischer Kultvorstellungen und -bräuche zu tun haben. Ähnliches gilt wohl auch für den zweiten, auf der Terrasse südlich der Kirche befindlichen Schalenfels, wenn dort der Ursprung der Schalen auch nicht so eindeutig auf künstliche Bohrung zurückzuführen ist. Für Haller gibt es allerdings zumindest für drei der insgesamt fünf Schalen keinen diesbezüglichen Zweifel, während er die beiden anderen sowie die vielen übrigen Vertiefungen im Felsen natürlichen Ursprungs sein läßt. Die Schalen sind bedeutend tiefer als jene am „Pfannenstiel" und ähneln teilweise sehr jener Schale auf St. Hippolyt, die auf S. 39 abgebildet ist. Der Fels mit den bis zu 11 m weit auseinanderliegenden Schalen wird im Volksmund „Kacheleknott" genannt und auch ihn reiht Haller in die Reihe der sogenannten Kalendersteine ein.

Den höchsten Punkt des Bühels krönt die Sankt-Veits-Kirche, ein in seinen klaren, einfachen Linien überaus gefälliger Bau mit schmalem, hohem romanischem Turm, umgeben von einer hohen Umfassungsmauer — alles in allem ein Bild von seltener Harmonie und Eindringlichkeit. Eine weitere der Sagen, die unseren Hügel umranken und wohl gewiß eines historischen Kerns nicht ganz entbehren, berichtet, daß an der Stelle der heutigen Kirche einst ein Heidentempel stand. Wenn dem wohl kaum oder höchstens vielleicht durch eine planmäßige Grabung auf die Spur zu kommen sein dürfte, so nimmt man zumindest aus guten Gründen an, daß dem romanischen Bau bereits eine karolingische Kirche vorausgegangen ist. Das Betreten der Kirche, wofür man im Mesnerhaus (Nr. 16) in Tartsch an der Hauptstraße den Schlüssel erhält, war vor gut 20 Jahren noch bedeutend lohnender als heute. Damals nämlich befanden sich im kostbaren Flügelaltar aus der Werkstatt von Ivo Striegel in Memmingen (1514) noch die 1959 geraubten Figuren, Maria auf der Mondsichel zwischen Lucius und Florinus darstellend. Den skrupellosen Kirchenschändern müssen wir es „danken", daß heute die wertvollsten Kunstschätze ihren Platz nicht mehr in der Kirche haben. Denn nach dem Diebstahl sah man sich gezwungen, die bedeutendsten der noch verbliebenen Werke zu entfernen und sicherzustellen.

So ist es nicht mehr allzuviel, was man an Zeugnissen vergangener Jahrhunderte und Jahrtausende auf dem Tartscher Bühel zu sehen bekommt — einige rätselhafte Schalensteine und eine Kirche, deren Alter man nicht weiß und die ihrer Kunstschätze beraubt ist. Und doch erahnt derjenige, der über den merkwürdigen Hügel wandert und diesen Besuch wenn möglich auch noch mit jenem des Meraner Museums verbindet, mehr über Geschichte, Natur und Landschaft des Vinschgaus, als all die vielen, die das herrliche Tal im Auto durchbrausen und dabei schon meinen, den Vinschgau zu kennen.

Wegverlauf

Der kürzeste Weg auf den Tartscher Bühel ist jener sehr alte Zugang, der von Tartsch aus zur Kuppenhöhe und zur Kirche führt. Er ist aber nicht zu verfehlen und nur kurz, so daß sich eine weitere Beschreibung erübrigt.

Demjenigen, der den Besuch des Hügels aber mit einer etwas längeren Wanderung verbinden will, sei hier folgender Wegverlauf empfohlen: Als Ausgangspunkt wählen wir das einzigartige Städtchen Glurns, das noch zur Gänze von alten Stadtmauern umschlossen ist. Zunächst verlassen wir die Stadt durch das Malser Tor (Nordtor), folgen dann kurz der nach Mals führenden Straße und verlassen sie nach der Brücke über den Punibach (gut 5 Min. ab Malser Tor) nach rechts.

Von da führt ein markierter Feldweg durch Wiesen in knapp 15 Min. zum Bahndamm der Vinschgauer Eisenbahn. Dieser wird nach einer scharfen Linkswendung des Weges mit der nötigen Vorsicht überquert, worauf der Weg im Rechtsbogen Tartsch und kurz darauf die Kirche St. Veit auf der Kuppenhöhe erreicht.
Abschließend wieder auf dem beschriebenen Weg zurück nach Glurns, wo ein Spaziergang durch die Stadt sehr zu empfehlen ist.

Gehzeit
Gesamtgehzeit (Glurns — Tartscher Bühel — Glurns): 1—2 Std.

Varianten
Auch von Mals her führt ein markierter Wanderweg, und zwar am Hang nordseitig abseits der Talstraße; ca. 40 Min. Ebenso ist der Tartscher Bühel, allerdings bis zu seinem Westfuß einer Straße entlang, auch von der Zughaltestelle Mals (Endstation der Vinschgaubahn) aus gut zu Fuß in etwa 20 Min. erreichbar.

Karten und Literatur
Kompaß-Wanderkarte 1:50.000, Bl. 52 (Vinschgau); Freytag-Berndt-Wanderkarte 1:50.000, Bl. S 2 (Vinschgau-Südliche Ötztaler Alpen); Freytag-Berndt-Wanderkarte 1:100.000, Bl. 52 (Vinschgau).
Der Obere Weg; Haller: Die Welt der Felsbilder in Südtirol; Innerebner: Die Wallburgen Südtirols, Bd. 2; Lunz: Studien; Lunz: Ur- und Frühgeschichte Südtirols; Rampold: Vinschgau.

3. Kortscher Waalweg — Urzeitstätte Roßladum (Bildteil S. 16)

Wenn auch die vor- oder frühgeschichtlichen Zeugnisse entlang dieses Weges nur sehr spärlich zutage treten, so handelt es sich bei der Wanderung, die in Kortsch beginnt, zunächst einem prachtvollen Waalweg folgt, dann am Sonnenberg, den man hier die Kortscher Leiten nennt, hinauf zur Kuppe (1140 m) und schließlich auf anderem Weg wieder zurück nach Kortsch führt, um eine der landschaftlich schönsten im Vinschgau.

Wer einigermaßen trittsicher und gehgewohnt ist, darf sich diese etwa dreistündige Rundtour ohne weiteres zutrauen. Sie beginnt in einem dem überaus malerischen Ägidiuskirchlein gegenüberliegenden Hain uralter Edelkastanien (Bild S. 19). Bedauerlicherweise ist dieser, wie Rampold schreibt, *letzte und höchste Hain grausam durchpflügt von einer Güterstraße, die man wohl besser ein Stück außerhalb dieses Naturdenkmals geführt hätte.* Und bald darauf wandern wir rund 130 Höhenmeter über der hübschen Ortschaft Kortsch auf dem erwähnten Waalweg eben dahin, begleitet vom bald lustig sprudelnden, bald leise fließenden „Wasserwasser" (Wasser zum Bewässern der Fluren). Mächtige Pappeln, Espen, Kastanien und Weiden, kleine Föhrenbestände, verbrannte Steppenhänge und senkrechte Felswände säumen unseren Weg. Dieser Kortscher Waal ist noch einer der natürlichsten. Viele liegen heute trocken, für die Bewässerung werden Metall- oder Plastikrohre verwendet, bei manchen anderen ist der natürliche Graben durch unschöne Betonrinnen ersetzt. Dies ist beim Kortscher Waal nur an einzelnen kurzen Stellen der Fall; den weitaus größten Teil finden wir noch so vor, wie er bereits vor Jahrhunderten war. Bei seiner Begehung im Herbst 1979 mußte der Verf. jedoch feststellen, daß an manchen Stellen Eisenstangen einbetoniert worden sind, offenbar für ein noch fertigzustellendes Geländer — eine für Touristen sicher gutgemeinte, aber unschöne und auch gar nicht notwendige Beeinträchtigung des faszinierenden Naturcharakters dieser Landschaft.

Die Wasserwaale sind die Lebensadern des Vinschgauer Sonnenberges. Über sie schreibt Robert Winkler (im „Schlern" 1969, S. 528): *Die künstliche Bewässerung im Vinschgau ist uralt; sie ist so alt wie die Besiedlung des Tales selbst ... Von den höchsten Ansiedlungen bis auf die Talsohle ist das Menschenmögliche getan worden, um das für Menschen, Tiere und Pflanzen so lebenswichtige Wasser überall hinzuleiten. Es ist ein einmaliges Kulturwerk, das die Vinschgauer Bauern im Laufe der Jahrhunderte geschaffen haben.* Nicht sicher geklärt ist der Ursprung des Wortes Waal, doch wird es heute allgemein auf das lateinische „aquale" zurückgeführt, was andeuten würde, daß das großartigste Bewässerungssystem Südtirols bis in die Römerzeit, also an den Beginn unserer Zeitrechnung zurückreicht. Doch könnte es auch noch älter sein. Denn es gibt Namenforscher, die nicht an „aquale", sondern an das keltische Wort „buol" oder „bual" (= Wasser) denken. Erstmals äußerte diese Deutung P. Sebastian Heinz in „Das Celtenthum in Obervinschgau" bereits im Jahre 1895. Wie dem auch sei, beide Deutungen weisen auf das sehr hohe Alter dieser Bewässerungsanlagen hin.

Nach knapp halbstündiger Wanderung, unweit des „Schnarrangers", wo einst im Geklüft einer Felswand *wilde Fräuelen* hausten, die den Bauern auf den Kortscher Wiesen bei der Heumahd halfen, verlassen wir den Waalweg und steigen bergan. Vor einigen Jahrzehnten waren die Hänge noch kahl und ausgedörrt, doch heute breiten sich da und dort bereits auch schon recht großflächige Föhrenbestände aus, der Lohn für beharrlich und trotz mannigfacher Widerstände unbeirrt fortgeführter Aufforstungen. Besonders verdient machte sich der Arzt von Mals, Dr. Heinrich Flora, der bereits 1880 mit planmäßiger Aufforstung begann, und zwar in dem Gebiet, das wir nun durchwandern. An Sanddorn und Wacholder vorbei führt unser Steig empor, bietet an freien Stel-

len einzigartige Aus- und Tiefblicke auf das eisumgürtete, 3256 m hohe Hasenöhrl (Bild S. 18), zu den mächtigen Laaser Bergen, hinab auf die breite Talsohle des Vinschgaus mit Schlanders und Kortsch und, im Rückblick, auf die riesige Gadriamure, den zweitgrößten Murkegel der gesamten Alpen (nach der Malser Haide). Es wurde errechnet, daß die Aufschüttung des Gadriabaches nicht weniger als 1350 Millionen Kubikmeter Material umfaßt.
Bei einem Bachgraben haben wir die Steigung hinter uns und queren, teils in schattigem Föhrenwald, teils auf freien Lichtungen, deren Aussicht jene des Aufstieges noch übertrifft, eine ziemlich ausgedehnte Hangverflachung. An einer Stelle finden wir Mauerreste einer alten Behausung, und an einer anderen entspringt unweit des Weges, in stark verwachsenem Gelände, eine Quelle mit angeblich heilkräftigem Wasser gegen, wie das Volk weiß, allerlei Hautkrankheiten, Ausschläge und üble Wunden. Josef Pardeller, der diese „Rappentschött", wie das Heilbad genannt wird, 1957 untersuchte, schreibt (im „Schlern" 1957, S. 500): *Die rostbraune Färbung und der unangenehme Geschmack zeigen ein eisenhältiges Mineralwasser an, dem verschiedene chemische Stoffe beigemischt sind. Nach kurzem Lauf über Tag verschwindet die geringe Wassermenge und tritt nirgends mehr zum Vorschein... Von den ältesten Kortschern wird gesagt, daß schon ihre Vorfahren sie benutzten und daß deren Heilwirkung in unzähligen Fällen wirksam erprobt wurde. Da sich diese Quelle in der Nähe der Altsiedlungen Roßboden-Loambühel, Georgenbühel, Schatzknott und Roßladum befindet, ist anzunehmen, daß sie schon den Erstsiedlern dieser Gegend bekannt war.* Pardeller fand nun rund 150 m tiefer eine kreisrunde, von Steinen umgebene Mulde, die möglicherweise mit der Heilquelle einst in Zusammenhang stand, zumal, wie Pardeller betont, die Mulde weder für Bewässerungszwecke noch als Tierfalle oder als Wohnbau geeignet ist. Die nur im Bereich dieses vermuteten einstigen Badebeckens rostbraun gefärbte Humuserde läßt darauf schließen, daß hier in alter Zeit eisenhaltiges Wasser geflossen sein muß.
Unser Steig erreicht endlich einen kleinen Sattel, der die Kuppe Roßladum mit dem Hinterland verbindet. Auch hier wieder verfallene Mauern sowie die Ruine einer offenbar nicht sehr alten Behausung. Aber am Sattel liegt ein kleiner Felsblock, der vielleicht in weit ältere Zeiten zurückweist. In die ebene Fläche dieses ca. 50 cm hohen Steins ist ein rund 20 cm langes Kreuz sowie eine wohl künstliche Schale eingetieft. Pardeller weist darauf hin, daß das Kreuz kein Grenzzeichen sein kann, sondern eher ein Wegweiser, da der lange Balken im Norden in Richtung Kortscher Jöchl und im Süden zum Laaser Schartl zeigt, während der in genauer Ost-West-Richtung verlaufende Balken möglicherweise einen quer zur Nord-Süd-Verbindung verlaufenden einstigen Weg anzeigt. Pardeller jedenfalls fand diesbezügliche Spuren, und zwar *östlich und westlich von Roßladum die Baureste eines Straßenzuges von ungefähr 2 m Breite mit Steinsetzungen* („Schlern" 1958, S. 460).
Die Kuppe von Roßladum ist vom Sattel aus schnell erreicht. Abgesehen von einigen noch freien Stellen an der Südseite ist sie von Föhrenjungwald bestanden, den Boden bedecken einige Sträucher und eine nahezu geschlossene Grasnarbe. Der Wald auf der Kuppe ist aber erst knapp drei Jahrzehnte alt; noch um 1950 war Roßladum kahl und öd. Ein derartiges Bild enthält Bd. 3 der „Schriften zur Urgeschichte Südtirols", und im „Schlern" 1957 heißt es: *Unheimlich wie eine ägyptische Königspyramide erhebt sich ober Kortsch im Vintschgau die Wallburg Roßladum.* So wie Roßladum und Umgebung, sind heute bereits größere Teile des Vinschgauer Sonnenberges auf dem besten Wege, die dichten Waldbestände zurückzuerhalten, den er einst trug. Doch rückt die Frage, was wohl zu jener gewaltigen Entwaldung geführt haben mag, erst allmählich einer Klärung näher. Daß der Wald für die Erbauung Venedigs abgeholzt wurde, wird heute nicht mehr geglaubt; aber auch Rodungen zur Gewinnung von Weideflächen oder zu starke Waldweide können als alleinige Ursachen nicht herangezogen werden, wenn sie auch eine erhebliche Rolle gespielt haben werden, wie der lange und erbitterte Widerstand zeigt, der gegen die Aufforstungen geleistet wurde. Sicher hatten zu starke Beweidung und das extrem trockene Klima (der Vinschgau ist mit einer mittleren Niederschlagsmenge von nur 600 mm pro Jahr das trockenste Gebiet der Ostalpen) ihren Einfluß, dies aber vor allem erst nach der enormen Entwaldung des Sonnenberges.
Sicher ist auch, daß Vinschgauer Holz für verschiedene Holzbauten in der Poebene verwendet wurde; schwere Einbußen erlitt der Waldbestand auch gegen Ende des 18. Jh.s, als für die Haller Saline, welche Wälder von Schlanders talaufwärts besaß, viel Holz (übrigens nicht nur im Vinschgau) geschlägert, über den Reschen zum Inn und auf diesem weiter nach Hall befördert wurde. Auf die Hauptursache der riesigen Sonnenberger Entwaldungen wies — wenn auch indirekt — aber bereits 1949 W. Grabherr hin („Schlern" 1949, S. 83), nämlich die *früher rücksichtslos gehandhabten Waldbrände. Das unentwegte Betreiben,* — so Grabherr — *die Viehweiden durch Brände in die Waldgebiete hinein zu erweitern, artete öfters in ganz unsinnige Waldbrennereien aus, so daß einzelne Gebiete zeitweilig regelrechte, absichtlich von der Landbevölkerung herbeigeführte Waldbrandzeiten durchmachten.*
Die endgültige Lösung der Frage aber bringt auch diese Feststellung nicht. Denn eine Entwaldung im bestehenden Ausmaß war ganz sicher nicht im Sinne der damaligen relativ wenigen Siedler. Einen wesentlichen und wohl entscheidenden Schritt weiter brachte in dieser Frage erst

die Urgeschichtsforschung. Und dies gerade in dem Gebiet, das wir durchwandern. Eine von Luis Oberrauch und Otto Eisenstecken durchgeführte Grabung auf dem Valmuzbichl, östlich von unserer Kuppe Roßladum, ergab *eindeutige Aufschlüsse über eine durch verheerenden Brand zerstörte Wohnanlage. Wohlgeschichtete Mauern ganz gewaltigen Ausmaßes, deren Werksteine z. T. vom Feuer ausgeglüht waren und durch die Hitze zu einer kompakten Masse verschmolzen, halbmeterhohe, von mannsarmdicken verkohlten Holzstücken durchsetzte Aschenschichten wurden angeschnitten... Auffallend ist das reiche Vorkommen von Schlacken und festgepressten Aschenschichten, interessant der Fund eines von Schlacke umschlossenen Knochens* (Oberrauch in „Schlern" 1963, S. 391). Derselbe Befund zeigte sich den Forschern aber auch bei Grabungen auf den Annenberger Böden oberhalb Goldrain, auf den Hügeln oberhalb Eyrs und schließlich auf unserer in vorgeschichtlicher Zeit besiedelten Kuppe Roßladum.

Oberrauch faßt zusammen: *Die tief in den Boden reichenden Brandspuren weisen nicht auf eine gewöhnliche Feuersbrunst hin..., sondern lassen auf eine gewaltige Katastrophe schließen, die in frühgeschichtlicher Zeit in vielleicht tagelangem Wüten den Waldbestand und mit ihm die in der Mittelzone sich befindenden Siedlungen verwüstete, das Erdreich versengt und so den Vinschgauer Sonnenberg zu dieser Einöde gestaltete, wie er sich unserem Auge heute bietet.* Ob nun Brandrodungen, die von den damaligen Siedlern nicht mehr unter Kontrolle gehalten werden konnten, oder Kampfhandlungen (Oberrauch überlegt, ob nicht vielleicht die Römer *durch das Feuer sich freie Bahn schafften*) zu dieser ungeheuren Katastrophe geführt haben, wird wohl kaum noch festzustellen sein.

Als Urzeitsiedlung der jüngeren Eisenzeit wurde Roßladum bereits 1942 von Josef Wegmann-Halmer entdeckt, der auch, laut Innerebner, *Branderde, Bronzeblechstücke, Gußtropfen und Schlakken* fand. Im selben Jahr machten auch Georg Innerebner und Oberrauch ähnliche Funde, während 1974 Reimo Lunz und Waltraud Degasper neben Tierknochen, Steinschlacken und anderen Scherben das *Bruchstück einer Schale mit hohem, abgesetztem Hals und Riefenverzierung* (Innerebner) ans Tageslicht förderten.

In einer ausgehobenen Grube ist derzeit noch, ziemlich tief unter der Grasoberfläche, eine überaus schön geschichtete Trockenmauer zu sehen (Bild S. 18). Der Boden, der die übrigen Baureste bedeckt, weist neben einer wallartigen Erhöhung rund um die Kuppenhöhe unschöne Spuren sogenannter Schatzgrabungen. Hier wie anderwärts förderte derartiges vernunftloses Tun aber weder Gold noch andere Schätze zutage, zerstörte aber vielleicht für die Wissenschaft wertvolle Befunde. Auch hier sei dem Benützer dieses Buches wieder ans Herz gelegt, jeglichen Grabversuch einzig und allein den Fachleuten zu überlassen.

Von der Lichtung an der Südseite des Hügels Roßladum, der nur eine der vorgeschichtlichen Stätten in diesem Gebiet ist (weitere sind die erwähnte Kuppe Valmuz, der Schatzknott über dem Ägidiuskirchlein und das Roßbodenegg) blicken wir hinab auf Schlanders, Kortsch und auf die am Steilhang klebenden Ruinen des Georgenkirchleins, und wir schauen hinauf zu den Höfen von Eggen, die hoch oben, über einigen Erdpyramiden, wie Adlerhorste über das Land hinaus grüßen.

Auf einem schmalen Steig, der als echter Urzeitweg bezeichnet werden kann, da er sicher schon zur Zeit der Besiedlung von Roßladum bestand, kehren wir nach Kortsch zurück und schließen damit unsere landschaftlich wie geschichtlich höchst interessante Rundwanderung.

Wegverlauf

Von Kortsch (801 m) nordseitig auf der zu den Höfen des Sonnenberges und ins Schlandrauntal führenden Güterstraße (Markierung Nr. 6) ca. 300 m hinauf bis zum erwähnten Kastanienhain. Hier auf Nr. 6/A links (westl.) ab und auf einem teilweise gepflasterten Weg hinauf zum Kortscher Waalweg. Nun auf diesem in prachtvoller, ebener Wanderung ca. 30 Min. westwärts, bis bald nach einer Mühle und einem Wasserspeicher der nach Roßladum hinaufführende Steig Nr. 8 bergseitig abzweigt. Auf ihm nun durchwegs in mäßiger Steigung ostwärts am Hang hinauf, dann eben durch bis zum kleinen Sattel und in kurzem Aufstieg empor zu der im heute dichten Wald kaum auffallenden Kuppe.

Für den Abstieg kehren wir zum Sattel zurück und schlagen hier einen zunächst etwas verwachsenen, unmarkierten, aber guten Steig ein, der teilweise etwas abschüssig hinab zum Waal, zu dem im Aufstieg benützten Weg und am Kastanienhain vorbei zurück nach Kortsch führt.

Gehzeiten

Aufstieg (Kortsch — Waalweg — Roßladum): 1½—2 Std.
Abstieg (Roßladum — Kortsch): ca. 35 Min.

Karten und Literatur

Kompaß-Wanderkarte 1:50.000, Bl. 52 (Vinschgau); Freytag-Berndt-Wanderkarte 1:50.000, Bl. S 2 (Vinschgau/Südl. Ötztaler Alpen); Freytag-Berndt-Wanderkarte 1:100.000, Bl. 52 (Vinschgau).
Innerebner: Die Wallburgen Südtirols, Bd. 2; Lunz: Ur- und Frühgeschichte Südtirols; Der Obere Weg: Jahrbuch des Südtiroler Kulturinstitutes; Oberrauch: Bd. 3 der „Archäologisch-historischen Forschungen in Tirol"; Rampold: Vinschgau.

4. Der Urweg zum Schloß Annenberg (Bildteil S. 20)
Auch diese Wanderung führt uns, wie die vorhergehende und nächste, in den einzigartig reizvollen Vinschgauer Sonnenberg. Unser Ziel ist das weithin sichtbare Schloß Annenberg, das so prachtvoll gelegen ist wie kaum ein zweites im Vinschgau, erbaut auf einer bereits in vorgeschichtlicher Zeit besiedelt gewesenen Kuppe und damit auf einer der zahlreichen Urzeitstätten des Sonnenberges. Den Spuren jener einstigen Besiedlung begegnen wir auf der Höhe mit dem Schloß jedoch nicht, denn es handelt sich dabei nur um wenige Grabungsfunde, die sogar — so Reimo Lunz — *noch manche Frage hinsichtlich Zeitbestimmung und Deutung* aufgeben. Aber auch die späteren Zeugen der Geschichte sind weitgehend verwischt — das Schloß hält heute kaum mehr Sehenswertes bereit. Auch liegen die Ursprünge der noch heute bewohnten Burganlage weitgehend im dunkeln. Man nimmt an, daß sie spätestens im 13. Jh. erbaut wurde; zu jener Zeit jedenfalls war sie im Besitz der Herren von Wangen-Burgeis. Ihr damaliges Aussehen läßt sich heute kaum mehr rekonstruieren, da nichts mehr davon vorhanden ist, doch geht aus dem Lehensregister von 1335, mit welchem sie dem Heinrich von Annenberg verliehen wurde, hervor, daß sie durch eine Mauer in zwei Teile getrennt war, von denen einer im Besitze der Vögte von Matsch und der andere in jenem des Tiroler Landesfürsten stand. Zu diesem letzteren gehörte laut Urkunde der größere Teil eines bergseitigen Bergfrieds und ein *gemauertes Muosshaus* (Speisehaus), beides in sehr schlechtem Zustand, ohne Bedachung und dem Verfall nahe. Die Annenberger, eine Seitenlinie der Herren von Partschins, bauten in der Folge die Burg zwar aus, doch ist auch davon fast nichts mehr im heutigen Bestand erhalten. Das Hochschloß und die etwas tiefer liegende Ringmauer mit den vier Rondellen an den Ecken stammen im wesentlichen aus dem Anfang des 16. Jahrhunderts. Anton von Annenberg (1420—1480) begründete in der zweiten Hälfte des 15. Jh.s eine großangelegte Bibliothek mit vielen Handschriften (darunter wahrscheinlich auch die 1323 verfaßte und 1833 von Beda Weber in Obermontani aufgefundene Nibelungenhandschrift) und wissenschaftlichen Werken. Die prachtvolle Sammlung gelangte aber später aufgeteilt an verschiedene andere Orte des Vinschgaus, so unter anderen in die Churburg und, wie erwähnt, nach Obermontani. Auch die künstlerisch überaus wertvolle Inneneinrichtung aus dem 16. Jh. wurde von der Burg entfernt und befindet sich heute teils in Museen in Innsbruck und Wien, teils auch an anderen Orten. Die außerhalb des Berings stehende, hübsche gotische Annakapelle, 1516 als Nachfolgerin der heute verschwundenen Schloßkapelle erbaute, war ebenso reich und kostbar ausgestaltet wie das Schloß. Die Kunstwerke konnten vor dem Ausverkauf gerettet und 1869 ins Tiroler Landesmuseum Ferdinandeum nach Innsbruck verbracht werden. Der geschnitzte gotische Chorstuhl sowie der 1517 datierte schöne Altar sind heute — als Kopien — wieder in der Kapelle zu sehen. Das heutige Aussehen der Burg, die im vorigen Jahrhundert bereits zur Halbruine herabgekommen war, verdanken wir der 1910 durchgeführten umfangreichen Restaurierung *durch einen Burgenfreund, der zwar mit bestem Willen und viel Geld, aber ohne die nötige Zurückhaltung auch noch das Baudenkmal selbst gründlich verdarb* (Trapp).
Demnach gibt es in kulturhistorischer Hinsicht nicht mehr allzuviel zu sehen, dafür aber entschädigen die einmalige Lage, das Gesamtbild und die großartige Aussicht. Man überblickt von dieser Warte aus wirklich den gesamten mittleren Vinschgau zu Füßen der weiten steilen Wälder des Nörderberges und der silbern darüber gleißenden Firnpyramide des Hasenöhrls, der Ortlerberge und der Sesvennagruppe. Besonders eindrucksvoll ist von hier aus auch die Gadriamure, der zweitgrößte Schwemmkegel der Alpen.
Der Schwerpunkt unserer Wanderung aber liegt auf dem Weg selbst. Die Tatsache, daß auf den überraschend großen Annenberger Böden und auf der heute das Schloß tragenden Kuppe, wie Georg Innerebner anführt („Der Obere Weg", S. 84), *reichliche Tonscherbenfunde, römisches Glas und Passauer Ware*, sowie lt. Luis Oberrauch („Archäologisch-historische Forschungen in Tirol", S. 100), *immer wieder Aschenschichten und ausgeglühtes Gestein, Spuren, die von gewaltigen Bränden in früher Zeit Zeugnis geben*, zum Vorschein kamen, wären Anhaltspunkt genug, in unserem Weg, der von Tiss ziemlich gerade hinauf nach Annenberg führt, einen Urweg im wahrsten Sinne des Wortes zu sehen, wenn auch nicht gesagt werden kann, wann die urtümliche Pflasterung mit großen Felsplatten angelegt wurde (Bild S. 21). Den stichhaltigsten Beweis für das hohe Alter dieses besonders im untersten Teil einmaligen Weges aber liefern die Schalensteine. Sie befinden sich an jener Stelle, wo der Weg nahe an die tiefe Schlucht des Tissbaches, der den bekannten, aber meist nur wenig Wasser führenden, 70 m hohen Goldrainer Wasserfall (auch Tissbachfall) bildet, heranführt. Fast am äußersten Rand der Schlucht sind da in den anstehenden, nur wenig dem Grasboden entragenden Schieferfels, der mehrere teils ebene, teils wellige Platten bildet, an verschiedenen Stellen eine ganze Reihe z. T. auffallend schöner Schalen gebohrt oder gerieben (Bild S. 23). Haller nennt in seiner wertvollen Bestandsaufnahme an dieser Stelle insgesamt fünf Schalensteine mit zusammen 31 einzelnen sowie einer Doppelschale, wobei sich eine ganz besonders von allen anderen unterscheidet. Sie ist konisch, also nach unten spitz zulaufend, und hat einen Durchmesser von nicht weniger als 16 cm und eine Tiefe von 7 cm; alle übrigen sind kleiner und größtenteils rund gerieben. Im Gegensatz zu vielen anderen Schalensteinen, die oft als mehr oder minder große Steintische weithin auffallen (beispielsweise die untere

Grübelplatte bei Latsch, der Bildstein von Kurtatsch oder die neuentdeckten mächtigen Felsblöcke bei Bruneck), weisen jene vom Annenberger Weg keine auffallende Gestalt auf, im Gegenteil, sie heben sich vom übrigen teils felsigen, teils begrasten Bodenniveau überhaupt nicht ab. Auffallend dagegen ist, daß sie sich am äußersten Rand eines senkrechten Abbruchs befinden und insofern wieder in verschiedenen anderen Schalensteinen verblüffende Entsprechungen finden z. B. Silberhütthöhe bei Stuls, Pirpamegg bei Vellau, Golderskofel bei Partschins und andere). Ob die hier offenkundige Bevorzugung solch schwindelerregender Punkte für die Anbringung von Schalen mit ein Schlüssel zur Lösung des Schalensteinproblems sein könnte, muß vorläufig noch dahingestellt bleiben. Interessant dagegen ist gerade für unseren Fall die von manchen (u. a. Reimo Lunz) geäußerte Vermutung, die Schalen seien zur Gewinnung von heilkräftigem oder wundertätigem Steinstaub gerieben worden. Als Hinweis hiefür wird der alte Brauch angesehen, bei dem am Außenfresko der Tisser Kirche, das den hl. Christophorus zeigt, Mörtelpulver abgeschabt wurde, dem man wundertätige Kraft zusprach. Derselbe Brauch ist übrigens auch aus Meransen belegt. Aber auch andere Deutungen gibt es; sie werden auf S. 20 zwar näher behandelt, doch sei auch hier gesagt, daß sie bisher alle nicht zu einer befriedigenden Lösung des kniffligen Rätsels geführt haben. Wie dem auch sei: Diese Schalensteine, die Franz Haller genau untersucht und in seinem Buch „Die Welt der Felsbilder in Südtirol" erstmals, unter Beifügung von präzisen Zeichnungen und Fotos ausführlich beschrieben hat, sind zwar stumme, aber eindrucksvolle Zeugen einer längst vergangenen Zeit. Sie sind wohl die interessanteste Sehenswürdigkeit an unserem Weg, der aber auch sonst reich an landschaftlichen Reizen ist. Die Wanderung hinauf zum Schloß Annenberg und wieder zurück ist leicht und kann jedem durchschnittlich gehgewohnten Wanderer ohne Vorbehalte empfohlen werden. Bei der Besichtigung der Schalen sei nicht ganz Schwindelfreien aber erhöhte Vorsicht geboten. Auch festes Schuhwerk ist wichtig. Die Tour sollte vielleicht nicht gerade an sehr heißen Hochsommertagen unternommen werden, da man fast auf dem ganzen Weg durch den kahlen Vinschgauer Sonnenberg der prallen Sonne ausgesetzt ist.

Wegverlauf
Von der Kirche von Tiss (698 m; schmale Asphaltstraße von Goldrain her; von dort zu Fuß knapp 20 Min.) auf dem Weg Nr. 6 an der orographisch rechten (westlichen) Seite des Tissbaches (auch Grubbach genannt) zunächst fast eben bis zum Beginn der wilden Bachschlucht mit dem Wasserfall, dann an großen Felsschalen, die wohl natürlichen Ursprungs sind, vorbei, mit einer scharfen Linkswendung auf dem uralten Plattensteig durch baumfreies, felsdurchsetztes Gelände hinauf zu einem aufgeforsteten Föhrenjungwald und durch diesen zu den Schalensteinen, die, nur wenige Meter vom hier einen Linksbogen beschreibenden Weg entfernt, wenig oberhalb eines Wasserspeichers am Schluchtrand liegen (ca. 800 m; bis hierher ab Tisser Kirche knapp 20 Min.). Nun entfernt sich unser Weg wieder von der Bachschlucht und zieht, die größtenteils baumfreien Hänge nach links aufwärts querend, in durchschnittlicher Steigung empor, um unterhalb von Schloß Annenberg den schmalen, von Goldrain heraufkommenden Fahrweg zu erreichen, der uns bis hinauf zum Schloß führt (1049 m).
Für den Abstieg sei hier wieder der Aufstiegsweg vorgeschlagen. Wer die Tour aber ausdehnen will, kann verschiedene andere, gut markierte Routen einschlagen, so z. B. den Weg 14 hinauf zu den in einsamer, zutiefst beeindruckender Höhe und Steilheit liegenden Gehöften von Vorra und Egg (1677 m) oder auf Nr. 6 hinüber nach Ratschill und weiter nach St. Martin im Kofel (1776 m; hierher auch im Abstieg von Egg möglich) oder einen der verschiedenen anderen Wege, die den Wanderkarten leicht zu entnehmen sind. Diese Wege erfordern aber schon eine gewisse Bergerfahrung und Gehtüchtigkeit.

Gehzeiten
Aufstieg (Tiss — Schloß Annenberg): 1 Std.
Abstieg (Schloß Annenberg — Tiss): ca. 35 Min.
Insgesamt: Halbtageswanderung; bei Ausdehnung derselben: Tagestour.

Karten und Literatur
Kompaß-Wanderkarte 1:50.000, Bl. 52 (Vinschgau); Freytag-Berndt-Wanderkarte 1:50.000, Bl. S 2 (Vinschgau-südliche Ötztaler Alpen); Freytag-Berndt-Wanderkarte 1:100.000, Bl. 52 (Vinschgau).
Der Obere Weg; Haller: Die Welt der Felsbilder in Südtirol; Lunz: Ur- und Frühgeschichte Südtirols; Menara: Südtiroler Wasserfälle; Rampold: Südtiroler Wanderbuch; Rampold: Vinschgau; Trapp: Tiroler Burgenbuch Bd. 1; Wielander: Südtiroler Gebietsführer, Bd. 4.

5. Uralte Pflasterwege und Schalensteine bei Kastelbell (Bildteil S. 24)
Dieser uralte, größtenteils gepflasterte Weg bietet in jeder Hinsicht eine großartige Wanderung durch den Vinschgauer Sonnenberg. Das gesamte Landschaftsbild, die geschichtlichen und vorgeschichtlichen Denkmäler und die teils herbe, karge, teils aber auch für den Vinschgauer Sonnenberg überraschend üppige Vegetation bezaubern hier gleichermaßen. Der Wegverlauf ist gut mar-

kiert, durchwegs nur mäßig steil und damit jedem durchschnittlich gehgewohnten Wanderer zu empfehlen.

Ausgangspunkt für die Tagestour ist der hübsche Ort Kastelbell im unteren Vinschgau. Hier haben wir auch gleich schon die erste besuchenswerte Sehenswürdigkeit: Schloß Kastelbell. Außerordentlich malerisch thront die noch bewohnte Burg auf einem mächtigen Felsen stolz über der darunter durchführenden Vinschgauer Staatsstraße und der wilden *Latschänder*, wie hier die schmale, von der Etsch durchbrauste Felsschlucht genannt wird. Ein Schalenstein, der die Umrisse einer menschlichen Gestalt zeigte — einer lasterhaften Kellnerin, die vom Teufel in den Felsen gedrückt wurde —, fiel dem Straßenbau zum Opfer. — Das erst vor kurzem im Auftrag des Landesdenkmalamtes restaurierte Schloß Kastelbell kann besichtigt werden, bietet in seinem Inneren aber — außer der Burgkapelle mit Fresken aus dem 16. Jh. und einem Gnadenstuhl aus dem 15. Jh. — kaum Sehenswertes. Die Ursprünge der Burg gehen wahrscheinlich auf das Jahr 1238 zurück, der Name ist noch nicht endgültig geklärt; neben einem *Castel bellum* (schönes Schloß), der naheliegendsten Deutung, wird von den Forschern auch an ein *Castel bullio* (Schloß am wilden Wasser) oder an ein *Castel bel* gedacht, wonach das möglicherweise keltische *bel* dem Namen die Bedeutung von „Schloß auf dem Felshügel" geben würde.

Unser gepflasterter Weg beginnt kurz oberhalb des zinnengekrönten Schlosses an einem prächtigen Aussichtspunkt, führt zunächst durch eine schöne Weinlaube und bald danach durch schattigen Eichenbestand bergan (Bild S. 25). Unweit der Markierung treffen wir hier bereits auf die sogenannte *Klumperplatte,* eine mächtige, dicke Felsplatte, die von zwei kleinen Trockenmauern getragen wird und so das Dach einer kleinen Höhle bildet (Bild S. 27). Darauf liegt eine kleinere und dünnere Felsplatte. Sie ist beweglich und erzeugt, wenn man sie ins Wippen versetzt, einen dumpfen, angeblich sehr weit hörbaren Ton, das sogenannte *Klumpern*. In früheren Zeiten sollen mit diesem Warnsignal die Talbewohner auf nahende Gefahren aufmerksam gemacht worden sein. Sowohl die große als auch die kleine Platte tragen verschiedene Schalen (insgesamt 9), künstlich eingetiefte Rillen sowie ein Kreuz. Es wird vermutet, daß es sich bei dieser Steinsetzung um ein ehemaliges Dolmengrab *aus der Jungsteinzeit oder der älteren Bronzezeit* handeln könnte (Wielander).

Diese Klumperplatte ist der bedeutendste von mehreren weiteren Schalensteinen entlang dieser Wegstrecke. Wo bald darauf der Weg den fast geheimnisvollen Flaumeichenwald verläßt und eine scharfe Rechtskurve beschreibt, breitet sich linker Hand eine kleine, baumlose Stoppelgraserrasse aus, die das *Pfraumer Bödele* (nach dem etwas tiefer liegenden Pfraumhof) oder auch *am Ranzen* genannt wird. Hier, nahe einem steilen Abbruch ins Vinschgauer Talbecken, befindet sich ein weiterer, zwar nur kleiner, aber doch sehr auffallender Schalenstein (Bild S. 27). Die in etwa dreieckige Schieferplatte steckt schräg im Boden und weist neben zwei kleinen fünf größere, kreuzförmig angeordnete, gebohrte Schalen auf. Großartige Aussicht über den halben Vinschgau kennzeichnet diese Stelle, die nicht nur zu angenehmer Rast, sondern auch zu eingehendem Grübeln über das noch immer nicht endgültig gelöste Schalensteinproblem einlädt.

Höchstgelegener Punkt unserer Urzeitwanderung sind die beiden Platzhöfe in 1225 m Höhe. Auch hier wieder, und zwar am Fuß einer Haustreppe, ein Schieferstein mit zwei Schalen. Unweit der auf einer schönen Wiesenterrasse liegenden Höfe erhebt sich eine breite Kuppe, die einerseits die Ruine der Sebastianskapelle, eine der zahlreichen Vinschgauer Kirchenruinen, trägt, und andererseits auffallende Bodenwellen und Mulden aufweist, die als vorgeschichtliche Wohngruben und Mauerwälle gedeutet werden und damit an eine ausgedehnte Urzeitsiedlung denken lassen.

Für den Abstieg wählen wir den ebenfalls teilweise schön gepflasterten *Platzer Kirchsteig* nach Latsch und treffen zunächst auf einen menhirartigen Stein, der auch wieder eine Schale trägt und neben einem zweiten Schalenstein aufragt. Etwas tiefer bestaunen wir dann den wohl merkwürdigsten Schalenstein entlang unseres Weges, die sogenannte *Untere Grübelplatte* (Bilder S. 27 unten), die zweifelsohne zu den schönsten Schalensteinen in Südtirol zählt. Neben einem Normalkreuz, sehr vielen Schalen, einigen Ringen und sonstigen Rillen ist Haller, allerdings unklar und wohl fraglich, ein sogenanntes Radkreuz (auch Sonnenkreuz, Sonnenrad oder Weltenrad genannt) in die mächtige, rund 5 m² große, waagrecht liegende Schieferplatte (die auch die Bezeichnung *Platzer Schalenstein* trägt) eingekerbt. Derartige Zeichen finden sich auch andernorts, so z. B. am bekannten Zeichenstein in Pflersch. Im Gegensatz zu diesen sind in das Kreuz unserer Grübelplatte zwei kleine Schalen eingerieben. Haller mißt diesem Schalenstein außergewöhnliche Bedeutung bei: *Mit diesem einmaligen Objekt wird die Auffassung der Belanglosigkeit der Felszeichen neuerlich widerlegt. Es sind astronomisch-mathematische Realzeichnungen und haben damit sakralen Charakter.* Wie viele andere Schalensteine Südtirols wurden auch jene entlang unseres Weges, die von Hans Wielander entdeckt worden sind, von Franz Haller vermessen. Seine Ergebnisse, die vom Schweizer Astronomen Prof. Dr. H. Schilt im wesentlichen bestätigt wurden, deuten möglicherweise darauf hin, daß es sich auch bei diesen Schalen um Hilfsmittel für astronomische Beobachtungen handeln könnte. Allerdings findet diese Deutung auch ihre Gegner und die Ansichten über die Bedeutung der Schalen gehen immer noch weit auseinander. Hinsichtlich der möglichen Entstehungszeit der Schalen nennt Haller die mittlere oder jüngere Bronzezeit, Schilt genauer die Zeit um 1200 v. Chr., wobei aber eingeräumt wird, daß eine Datierung schwer möglich sei. — Einige Felszeichnungen mit Jahrzahl aus neuester Zeit, die mit den Schalensteinen natürlich in keinem Zusammenhang stehen, befinden sich im Eichenwald im Gebiet der Klumperplatte.

Wenn nun auch der hier behandelte Raum nur arm an nachweislich vorgeschichtlichen Funden ist, so ist an einer sehr frühen Besiedlung doch kaum zu zweifeln. Die von Georg Innerebner erforschten Wallburgen (u. a. Montalban), die siedlungsfreundliche Lage der sonnigen Hangverflachungen, Überlieferungen, die auf heidnische Ursprünge schließen lassen, und wohl allem voran die rätselhaften, gerade hier so zahlreichen Schalensteine unterstreichen die Ansicht des Archäologen Reimo Lunz, der die merkwürdige Fundlücke unseres Gebietes nur eine *scheinbare* nennt. So umgibt unseren Urweg, der in seiner heutigen Form sicherlich nicht in vorgeschichtliche Zeit zurückreicht, aber doch gewiß sehr alt ist — die Platzhöfe werden 1323 erstmals urkundlich erwähnt —, immer noch der geheimnisvolle, rätselvolle Zauber vergangener Jahrhunderte, wenn nicht Jahrtausende menschlicher Anwesenheit.

Wegverlauf

Im Ortskern von Kastelbell (580 m) zweigt nordseitig die Markierung Nr. 8 ab. Zuerst ein kurzes Stück auf der schmalen Asphaltstraße und dann auf breitem Güterweg hinan bis zu einer aussichtsreichen Stelle mit Sitzbank. Hier beginnt unser eigentlicher Urweg. Von einer kunstvoll geschichteten Stützmauer gesäumt und gut gepflastert, führt er — weiterhin gut mit der Nr. 8 markiert — durch eine schöne Rebenlaube und dann durch fast geheimnisvollen Flaumeichenbestand nur mäßig ansteigend weiter. Bald erreicht man die zum Köstenplonhof führende Abzweigung. Drei kleine Schalen und ein kleines Kreuz in der aus einem langen Schieferstein gebildeten Hausschwelle lohnen den kurzen Abstecher zum Hof (793 m). Zum Weg Nr. 8 zurück und ein kurzes Stück weiter, bis man linker Hand, etwa 20 m abseits des Weges, die Klumperplatte erblickt. (Sie ist in Hallers Beschreibung als Stein Nr. 1 bezeichnet.) Nach Besichtigung derselben folgen wir weiter unserem Weg durch den Eichenwald und gelangen zu einer sogenannten *Tschött*, einem kleinen Wasserspeicher. Links des Weges befindet sich der zweite Schalenstein mit 5 Schalen und 2 Kreuzen, am Fuß des Felsblocks sind in eine Schieferplatte drei Kreuze und eine Rille eingekerbt. Rechts vom Weg steht ein Felsblock mit einer undeutlichen Ritzung (bei Haller Stein Nr. 3). Kurz nach der erwähnten Tschött finden wir, immer im Eichenwald links vom Weg, einen Stein mit sieben Schälchen, und nach weiteren rund 200 Schritten, inmitten mehrerer Felsblöcke in freierer Lage, einen weiteren größeren Stein mit zwei Schalen. Wir folgen dem Weg bergan und verlassen ihn an der Stelle, an der er eine scharfe Rechtskurve beschreibt, auf einem links abzweigenden Seitenweg, um nach wenigen Schritten das *Pfraumer Bödele* (auch *am Ranzen* genannt), eine kleine, steinige Weideterrasse, zu erreichen. Hier, am vorderen Rand des Bodens, ragt die schräge kleine Platte mit den kreuzförmig angeordneten fünf Schalen auf. Nach Besichtigung des Steins, wobei man auch die großartige Schau über den unteren Vinschgau ausgiebig genießen wird, zurück zum Weg Nr. 8, der nun etwas steiler bergan führt und sich nach einer scharfen Linkswendung mit dem von Tschars nach Platz führenden sogenannten Kirchsteig vereinigt, der ebenfalls die Nr. 8 trägt. Wir folgen diesem Weg, der über die freie, von Wacholdersträuchern bestandene Hangterrasse und anschließend durch hübschen Föhrenwald führt und schließlich unser Ziel, die Platzhöfe mit ihrem Schalenstein und der Ruine der kleinen Sebastianskirche (1605 geweiht, 1824 aufgelassen).

Der Abstieg folgt im oberen Teil dem Aufstiegsweg. Bei der Weggabel folgen wir aber nicht mehr dem Weg nach Kastelbell, sondern bleiben, ebenfalls auf Nr. 8, rechts. Der Platzer Kirchsteig führt bald am oben erwähnten menhirartigen Schalenstein vorbei, steigt weiter ab und durchquert nach einem kleinen Gatter einen steilen Murgraben. Hier heißt es den Schritt verlangsamen und genau aufpassen, um die Untere Grübelplatte nicht zu übersehen. Der eindrucksvolle Schalenstein liegt am westlichen Begrenzungsrücken des erwähnten Grabens, und zwar rund 20 m unterhalb des Weges. Der kurze Abstieg zum Stein bietet keinerlei Schwierigkeiten. Nach seiner Besichtigung steigen wir auf dem guten Weg weiter durch den freien, typischen Hang des Vinschgauer Sonnenberges ab und erreichen schließlich bei der Latscher Etschbrücke die Staatsstraße und damit den Ortsrand von Latsch.

Von da nun mit der Bahn, dem Linienbus oder anderer Fahrgelegenheit zurück nach Kastelbell. — Wer den gut halbstündigen Fußmarsch zurück nach Kastelbell nicht scheut, kann die erste Hälfte des Weges auf dem Lantschander-Waalweg, der etwas höher am Hang mit der Straße parallelläuft, zurücklegen; die zweite Hälfte des Weges muß man dann der Straße folgen.

Varianten

a) Wer aus irgendwelchen Gründen (unsichere Witterung, Zeitmangel) nicht ganz bis Platz aufsteigen möchte, kann vom Pfraumer Bödele auf einem kleinen, unmarkierten Steig die Hänge eben durchqueren (eine Stelle leicht ausgesetzt), um in wenigen Minuten den von Platz herabkommenden Kirchsteig und bald darauf die Grübelplatte zu erreichen.

b) Wer nicht nach Latsch, sondern nach Kastelbell absteigen will, trotzdem aber die Untere Grübelplatte sehen möchte, steigt auf dem Kirchsteig nur bis dorthin ab, geht dann den Weg kurz

129

zurück, verläßt ihn kurz nach dem kleinen Gatter nach rechts und quert auf dem unter a) genannten kleinen Steig in wenigen Minuten zum Pfraumer Bödele, womit der nach Kastelbell führende Weg erreicht ist.

Gehzeiten
Aufstieg (Kastelbell-Platz): 1½—2 Std.
Abstieg (Platz — Latsch): 1 Std.

Karten und Literatur
Kompaß-Wanderkarte 1:50.000, Bl. 52 (Vinschgau); Freytag-Berndt-Wanderkarte 1:50.000, Bl. S 2 (Vinschgau/Südl. Ötztaler Alpen); Freytag-Berndt-Wanderkarte 1:100.000, Bl. 52 (Vinschgau).
Haller: Die Welt der Felsbilder in Südtirol; Innerebner: Die Wallburgen Südtirols, Bd. 2; Lunz: Ur- und Frühgeschichte Südtirols; Rampold: Vinschgau; Wielander: Südtiroler Gebietsführer, Bd 4; Winkler: Sagen aus dem Vinschgau.

6. Wallburg und Schalenfelsen am Golderskofel bei Partschins (Bildteil S. 28)

Die Gegend von Partschins ist in vielerlei Hinsicht bemerkenswert; das hübsche saubere Dorf, hingebreitet an den sonnigen, von ausgedehnten Obstanlagen bedeckten Schwemmkegel am Ausgang des einzigartigen, bis in die Gletscherregion hinaufziehenden, nur zu Fuß zugänglichen Zieltales, ist heute ein vielbesuchter Fremdenverkehrsort, was wohl nicht ausschließlich durch die Nähe Merans bedingt ist, sondern auch durch die überaus freundliche Lage. Partschins ist auch weitum bekannt durch seinen mächtigen, 96 m hohen Wasserfall, der vom Zielbach gebildet wird und als einer der schönsten der Alpen bezeichnet werden darf. Auch als Heimatort Peter Mitterhofers (1822—1893), des Erfinders der Schreibmaschine, ist Partschins bekannt geworden.
Schon weniger bekannt, für die Forschung aber kaum weniger bedeutsam ist für die Gegend von Partschins, daß hier, und zwar im unteren Teil des nahen Zieltales, bereits im 17. Jh. ein römischer Altar der Jagdgöttin Diana aufgefunden wurde, den zu Anfang des 3. Jh.s n. Chr. (217 oder 246) ein römischer Zollbeamter namens Aetetus der Göttin geweiht hat. Doch ist dieser marmorne Altarstein nicht das einzige Zeugnis für die römerzeitliche Bedeutung dieses Gebietes, durch das mit größter Wahrscheinlichkeit die damalige italienisch-rätische Grenze verlief. Denn in Partschins wurden noch zwei weitere römische Inschriftensteine gefunden, ein Grabstein und ein Weihestein zu Ehren der Göttin Nemesis Augusta. Während sich nun heute der Nemesis-Stein im Meraner Stadtmuseum und der berühmte Diana-Altar im Museum Ferdinandeum in Innsbruck befinden, kann der dem 22jährigen Q. C. Eutropius von seinem Vater gesetzte Grabstein, der heute an der Außenwand des Hochhueben-Hofes eingemauert ist, somit von jedem Besucher des Dorfes an Ort und Stelle besichtigt werden. Von großer Bedeutung für die römerzeitliche Straßenforschung dagegen ist der 1552 bei Rabland, also nur wenig von Partschins entfernt, aufgefundene Meilenstein des Kaisers Claudius aus dem Jahre 46 n. Chr. Welche Rolle nun Partschins zur Römerzeit tatsächlich gespielt hat, ist umstritten, vor allem, ob die römische *Statio Maiensis*, die der Diana-Altar als einziges uns erhaltenes Dokument nennt, im Gebiet des heutigen Meraner Stadtteils Mais, was bisher meist angenommen wurde, oder am Ende nicht etwa hier im Gebiet von Partschins zu suchen wäre.
Die Römer waren aber nicht die ersten Siedler von Partschins und sie haben uns nicht die ältesten heute noch sichtbaren Spuren hinterlassen. Denn im Gebiet gibt es nicht weniger als drei uns heute bekannte Urzeitplätze. Einer davon soll Gegenstand dieser Abhandlung und Ziel unserer relativ kurzen Urzeitwanderung sein: der Golderskofel (auch Golderskogel), eine gerade nordwestlich über Partschins befindliche Rückfallkuppe (1010 m), die zwar einigermaßen ausgeprägt, aber von unten gesehen nicht sehr auffallend am linken Talausgang des Zieltales von den steilen Südhängen des 3000 m hohen Tschigat vorbricht. Die knapp einstündige, landschaftlich einmalig schöne Wanderung mit Prachtblick zum Partschinser Wasserfall und zur darüber aufragenden, gewaltigen Hochgebirgsszenerie, auf die wie Adlerhorste an den Bergflanken klebenden Berghöfe jenseits des wildromantischen Zieltales und auf die Talweitungen des unteren Vinschgaues und Merans, führt uns nicht nur zurück in längst vergangene Zeiten, sondern sie führt uns leider auch mit aller Deutlichkeit vor Augen, wie heute uralte Pflasterwege durch Bergstraßen zerstört werden.
Wir beginnen unsere Wanderung in Partschins und müssen mangels einer Ausweichmöglichkeit wohl oder übel der ins Gebiet des Partschinser Wasserfalls führenden schmalen Asphaltstraße folgen. Aber auch da, wo von dieser Straße der uralte Pflasterweg abzweigte und durch helles, lichtes Laubgehölz emporführte, finden wir heute eine Straße. Als es sie noch nicht gab, konnte man kurz vor Erreichen der Kuppe einen prachtvollen Schalenstein mit 53 Grübchen und zwei Kreuzen bestaunen, der, wie die übrigen auch in diesem Gebiet, vom Meraner Oswald Wallnöfer entdeckt und von Haller glücklicherweise noch rechtzeitig untersucht, beschrieben, fotografiert und gezeichnet wurde. Er scheint dem Straßenbau zum Opfer gefallen zu sein; der Verf. konnte ihn im Frühjahr 1979 jedenfalls nicht mehr finden. Der zweite derartige Zeuge einstigen menschlichen uns heute nicht mehr nachvollziehbaren Geisteslebens entging der Zerstörung nur sehr

knapp. Ihm kommt heute wohl die größte Bedeutung von allen Schalensteinen in diesem Bereich zu. Es handelt sich um einen mächtigen, aus dem Steilgelände vorspringenden Schieferfelsen, auf dessen ebener Plattform ein Kreuz und sieben 3 bis 4 cm große, 1 bis 3 cm tiefe Schalen eingetieft sind, wobei die Schalen einen sehr unterschiedlichen Verwitterungszustand aufweisen. Drei Schälchen befinden sich am äußersten Vorderrand des exponierten Felsens, und zwar nicht auf einer ebenen, sondern auf einer sehr stark geneigten Fläche; eine ist konisch gebohrt, die anderen rund gerieben. Auch dieser *Goldersknott* gehört zu jenen Schalensteinen, die sich über einem tiefen Abbruch an schwindelerregender Stelle befinden (z. B. Stuls, Silberhütthöhe, Annenberger Weg, Klumperplatte, Altenburg). Wenn auch der alte Weg die Bezeichnung „Totenweg" trug, so meint Haller doch, daß *die Örtlichkeit des Golderskofel aufs Neue bestätigt, daß Schalensteine in Südtirol mit keinem Totenkult in Zusammenhang gebracht werden können*. Ein weiterer, dritter Schalenstein, *eine Schieferplatte, die stark gegen Westen geneigt ist* (Haller), liegt beim nur wenig höher gelegenen Ebnerhof. Doch auch sie befindet sich nicht mehr an ursprünglicher, von Haller noch beschriebener Stelle; sie wurde bei Planierarbeiten vom Bagger einige Meter am Westhang hinabgeschoben und liegt dort unauffällig zwischen anderem Blockwerk. Ein vierter Schalenstein liegt schließlich noch etwa 100 m oberhalb des Ebnerhofes im Pflaster des zum Weiler Tabland führenden, ebenfalls teilweise zerstörten Weges. Die Leute am Ebnerhof wußten dem Verf. gegenüber keinerlei Erklärung für das Entstehen der Schalen; der etwa gut 70jährige Ebnerbauer sagte, er und auch sein Vater hätten die Schalen am großen Felsen immer schon gewußt. Die Bäuerin nannte das dort eingemeißelte Kreuz eine alte Grenzmarke, während es lt. Haller ein sakrales Symbol darstellt, was wohl in Anbetracht, daß auch der heute verschollene neue Schalenstein zwei Kreuze trug, eher zutreffen dürfte. Auf der Kuppenhöhe des Golderskofels selbst sind keine Zeichen- oder Schalensteine zu finden, dafür aber lassen im lichten Birken-, Lärchen- und Buchenbestand *ganz besonders schöne Wallringspuren in dreiteiliger Anordnung* (Rampold) sowie im Ostteil der Kuppe noch sehr gut erhaltene, bis zu 1½ m hohe und etliche Meter lange Trockenmauern eine einstige „Wallburg" erkennen. In welche Zeit diese Spuren zu datieren wären — ins frühe Mittelalter oder vielleicht doch in vorgeschichtliche Zeit —, muß allerdings unbeantwortet bleiben. Sah man früher solche Mauerreste mit Bestimmtheit als prähistorisch an, so wird heute auch an mittelalterliche Baureste gedacht. An einer von einem Mauerrest rechteckig eingefaßten Stelle entdeckte der Verf. unter einem ziemlich großen Felsblock ein kleines Loch, aus dem ein leichter kühler Luftzug mit starkem Modergeruch strömte. Getreu dem Vorsatz, jegliche Grabtätigkeit stets nur den Fachleuten zu überlassen, wurde nur eine in der Nähe liegende, etwa 3 m lange Holzstange in die schräg abwärts verlaufende Öffnung eingeführt, doch konnte kein Ende der Höhlung ertastet werden.

Hinter dem Hügel breiten sich in einer schönen Mulde die Felder des 1357 erstmals urkundlich erwähnten Ebnerhofes aus, die sicher schon sehr frühe Siedler angezogen hat. *Zweifellos lagen die Behausungen in der oben geschilderten Mulde, ideal geschützt gegen Westen vom Steilabsturz ins Zieltal, anschließend von den noch teilweise sichtbaren Wallmauern gegen Süden und Osten, während gegen Norden die steile Bergesflanke des Tschigat mit dichtem Wald den Rücken deckte* (Haller). Wenngleich es für diese Annahme auch noch keine datierenden Beweise gibt und die Frage offen ist, ob die Siedler wirklich Steinzeitmenschen waren, wie Haller des weiteren vermutet, so sprechen *spärliche Tonscherbenfunde* am Golderskofel (Innerebner) und vor allem das Gelände doch grundsätzlich für Hallers Ansicht.

Weitere Schalensteine, an denen unser Weg aber nicht vorbei führt, befinden sich weiter östlich und bedeutend tiefer auf den Felsen des sogenannten unteren *Burgstallknotts*. Außerdem befindet sich nach Mitteilung der Ebnerleute am Südhang des Golderskofel der „Teufelsstein" mit dem Abdruck einer Klaue des Höllischen. Dem Verf. gelang es bei einer allerdings nur flüchtigen Suche nicht, den Stein ausfindig zu machen. Dem Straßenbau zum Opfer ist auch die „Rastplatte" gefallen, ein Steinsitz am alten Pflasterweg, auf dem vor allem die Tablander bei ihrem langen Aufstieg gern rasteten. Auch beim Begräbnisgang nach Partschins wurde mit dem Toten bei der „Rastplatte" kurz haltgemacht. Ob es sich dabei möglicherweise um den offenbar verschwundenen unteren Schalenstein handelte, konnte vom Verf. nicht in Erfahrung gebracht werden.

Wegverlauf

Von Partschins (626 m) folgen wir der mit Nr. 8 markierten schmalen Autostraße in Richtung Partschinser Wasserfall bis zum Gasthaus „Saltner", in dessen Nähe rechts (östlich) der asphaltierte Fahrweg (Durchfahrt nur für die Anrainer erlaubt!) abzweigt. Auf dieser Straße hinauf, wobei die Aussicht mit jedem Schritt großartiger wird, bis zu einem linker Hand etwas erhöht stehenden Bildstock. Nun vom Fahrweg links ab und auf dem hier noch erhaltenen uralten, teilweise gepflasterten Fußweg nur leicht ansteigend hinauf, bis man wieder die Straße erreicht, die in der Nähe eine scharfe Linkskehre beschreibt. Dort befindet sich der weit vorspringende Goldersknott mit dem Kreuz und den sieben Schalen. Großartiger Rundblick, das Betreten des Steines verlangt aber absolute Schwindelfreiheit. Von da nun weglos wenige Schritte im Gebüsch hinan zur Kuppenhöhe des Golderskofels mit den Wällen und Mauern.

In wenigen Minuten gelangt man von da, weiterhin auf dem alten, an einer Stelle wieder von der Straße unterbrochenen Pflasterweg, zum Ebnerhof, wo die Kinder dem Besucher gern den nahen Schalenstein zeigen (1018 m; bis hierher ab Partschins gut 1 Std.). Wer hier die Tour beenden will, kann auf dem beschriebenen Aufstiegsweg oder auf einem unter dem Hof zunächst westwärts ziehenden alten, teilweise recht verwachsenen Fußweg wieder nach Partschins absteigen. Dem noch nicht müden und einigermaßen gehgewohnten Wanderer sei aber folgende Runde empfohlen: Vom Ebnerhof auf dem Pflasterweg weiter in Serpentinen teilweise ziemlich steil bergan (nach etwa 100 Schritten der nächste oben erwähnte Schalenstein), wobei wir kurz auch mit dem neuen Fahrweg vorlieb nehmen müssen. Nach gut ½ Std. ab Ebnerhof erreichen wir, zuletzt dem mit Nr. 26 markierten Partschinser Höhenweg westwärts folgend, den Prünsterhof (1196 m; Gasthaus) im Weiler Raffein nur wenig unterhalb der Höfe von Tabland. Hier großartige Aussicht und beredte Beispiele für die extremen Lagen vieler Südtiroler Berghöfe. Wer will, kann den Rückweg bis in die Nähe des Gasthauses „Saltner" mit einer kleinen Seilbahn zurücklegen (beim Prünster fragen); lohnender allerdings ist der Abstieg zu Fuß, und zwar westwärts hinab zum Gasthaus „Wasserfall" in nächster Nähe des überwältigenden Partschinser Wasserfalls und auf dem Fahrweg durch das untere Zieltal zurück nach Partschins.

Gehzeiten
Aufstieg (Partschins — Ebnerhof): 1 Std. bzw. (Partschins — Prünster): knapp 2 Std.
Abstieg (Ebnerhof — Partschins): ½ Std. bzw. (Prünster — Partschinser Wasserfall — Partschins): 1½ Std.

Karten und Literatur
Kompaß-Wanderkarte 1:50.000, Bl. 53 (Meran); Freytag-Berndt-Wanderkarte 1:50.000, Bl. S 1 (Bozen-Meran und Umgebung); Freytag-Berndt-Wanderkarte 1:100.000, Bl. 45 (Bozen-Meran und Umgebung) oder Bl. 52 (Vinschgau).
Der Obere Weg; Ellmenreich: Die Meraner Bergwelt; Haller: Die Welt der Felsbilder in Südtirol; Lunz: Ur- und Frühgeschichte Südtirols; Menara: Südtiroler Wasserfälle; Rampold: Vinschgau.

7. Prähistorische Denkmäler und Wege zwischen Algund und Vellau (Bildteil S. 30)

Das Gebiet von Algund-Vellau gehört, was uralte Wege, seltsame Schalensteine und andere vorgeschichtliche Zeugnisse betrifft, zu den besuchenswertesten in Südtirol. Trotz starker Erschließung durch Straßen und Fahrwege sind doch noch zahlreiche Wege in ihrem ursprünglichen Zustand erhalten geblieben. Wenn Vellau auch mit einem Gondellift und zudem mit dem Auto erreicht werden kann, so werden die alten Fußwege, die von Plars, Algund und St. Peter dorthin führen, doch häufig begangen. Der überaus starke Fremdenverkehr im Meraner Gebiet bringt mit sich, daß man, zumindest in der Hauptreisezeit, so manchen Weg bereits als überlaufen bezeichnen muß. Etwas weniger stark begangen allerdings wird der hier vorgeschlagene Weg nach Vellau über Birbamegg; dasselbe gilt auch für den langen Abstieg vom Saxnerhof.
Algund ist Ausgangs- und Endpunkt unserer langen, an Gehtüchtigkeit und Trittsicherheit einige Anforderung stellenden Rundtour. Was prähistorische Funde anlangt, gehört Algund zu den bekanntesten und bedeutendsten Örtlichkeiten Südtirols, denn hier wurden nicht weniger als vier der insgesamt sieben in Südtirol bekanntgewordenen Figurenmenhire aufgefunden. Allerdings befinden sie sich heute nicht mehr an der Fundstelle, an der unser Weg auch gar nicht vorbeiführt, sondern im Meraner Stadtmuseum. Über den aufsehenerregenden Fund hat der Heimatforscher Matthias Ladurner-Parthanes (später Ehrenmitglied der Universität Innsbruck und Träger des Kulturpreises Walther von der Vogelweide 1974) im „Schlern", Jg. 1952, S. 310 ff., einen 20seitigen Bericht mit zahlreichen Abbildungen und Zeichnungen vorgelegt, nachdem bereits 1932 eine erste Mitteilung in der Tageszeitung „Dolomiten" veröffentlicht worden war (17. 2.). Die Fundstelle liegt in der Örtlichkeit „Kiem" südwestlich von Algund unweit der Etsch. Dort fand man am 11. Februar 1932 bei Grabungsarbeiten einen auffallenden Stein mit seltsamen Ritzungen. Der Besitzer des Grundstücks meldet dies Ladurner-Parthanes, und als tags darauf ein zweiter solcher Stein zum Vorschein kam, wußte man, daß es sich um prähistorische Funde handelte. Es wurde dem Meraner Museumsverein Meldung erstattet, und am 18. Februar kamen die beiden Menhire in das dortige Museum. Die Fundumstände erbrachten die Gewißheit, daß der ursprüngliche Standort der Steine höher am Hang gewesen sein muß und sie erst durch einen Murbruch im Töllgraben in die spätere Fundlage verbracht worden sind. — Fast genau zehn Jahre später, am 29. 3. 1942, entdeckte Ladurner-Parthanes auf einem seiner wiederholten Gänge in die „Kiem", oberhalb der Ausgrabungsstelle der ersten beiden Menhire, eine auffallende Platte im steilen Geröllhang. Unterstützt durch einen Freund, wurde der Stein freigelegt und auch er trug Eingravierungen: *... ein wundervoll geformter Dolch nebst den üblichen Rillen bot sich unseren staunenden Blicken.* Um den Fund vorerst geheim zu halten, wurde der schwere Stein in einen Rucksack gezwängt und fortgetragen — bis der Rucksack durchbrach und der Stein einstweilen im Gebüsch versteckt werden mußte. Sehr früh am Morgen des nächsten Tages wurde er dann von La-

durner-Parthanes abgeholt. — Der vierte Menhir war nun kein Zufallsfund mehr, sondern der Erfolg einer von Matthias Ladurner-Parthanes beabsichtigten Suchgrabung. Er brauchte aber gar nicht zu graben, denn der Stein kam bereits nach ein paar Pickelhieben an der Fundstelle von Stein 3 zum Vorschein. Damit hatte, am 11. August 1942, der bedeutendste Menhirfund Südtirols nach zehn Jahren seinen Abschluß gefunden. Vom Stein 1, ein „weiblicher Torso", ist nur mehr die untere, ca. 60 cm hohe Hälfte erhalten; wie Ladurner-Parthanes in „Schlern" 1953, S. 324, meint, wurde der obere Teil durch Menschenhand abgeschlagen. Dagegen sind die übrigen drei Menhire zur Gänze erhalten; Stein 2 ist ein gewaltiger Block von fast 3 Metern Höhe (275 cm), der als Gürtel geraffte Linien, unterhalb des Gürtels zwei Dolche und die Darstellung eines Wagens, oberhalb 14 Flachbeile sowie mehrere Dolche als Gravüren aufweist. Der Menhir 3 ist ca. 95 cm hoch, besitzt ebenfalls einen gerafften Gürtel, aber nur einen Dolch, desgleichen auch Stein 4, der 115 cm hoch ist und zusätzlich zu Gürtel und Dolch im Oberteil der Rückseite sich durch senkrechte Rillen von Stein 3 unterscheidet. *Die Bedeutung dieser figuralen „Langsteine" ist bis heute nicht ganz geklärt — es scheint aber aus verschiedenen Gründen naheliegend, in den anthropomorph (menschenähnlich) gestalteten Figuren Götterbilder zu sehen, wobei der überwiegende Teil durch Waffendarstellungen als männlich, der andere, waffenlose, durch die Ausprägung von Brüsten als weiblich gekennzeichnet ist... Nach den angestellten Vergleichen erscheint es naheliegend, die Algunder Menhirstatuen der alpinen Kupferzeit — um 2200 bis 1900 v. Chr. — zuzuordnen.* (Dr. Reimo Lunz in „Urgeschichte des Raumes Algund-Gratsch-Tirol", S. 20 f.)

Aus dem Fundgebiet der berühmten Algunder Menhire ist hier noch eine weitere Sehenswürdigkeit zu erwähnen. Unter der sogenannten Pünthofer Kapelle befindet sich eine aus genau parallel und rechtwinklig behauenen Gneisquadern äußerst sorgfältig gefügte Trockenmauer, bei der es sich um einen spätromanischen Brückenkopf von fast 6,5 m Breite und 3 m Höhe handelt, den Lunz *ein auf alpinem Boden einzigartiges Zeugnis römischer Brückenbaukunst* nennt. Ein weiterer herausragender Fund aus unserem Gebiet, und zwar aus Gratsch östlich von Algund, ist das 1957 in etwa ein Meter Tiefe aufgedeckte Steinkammergrab, das nicht nur ein Skelett enthielt, sondern von zwei jener seltsamen Felsplatten gesäumt war, die je ein noch zum Teil erhaltenes „Seelenloch" aufweisen, wie auch jene durchlochte Deckplatte eines einstigen Megalithgrabes, die bei Kaltern 1969 aufgedeckt, später aber aus reinem Unverstand zerstört wurde (vgl. Oberrauch, „Schriften zur Urgeschichte Südtirols", S. 120 ff.). Der Meinung von Reimo Lunz zufolge haben die beiden Gratscher „Seelensteine" ursprünglich zu zwei verschiedenen Gräbern gehört; was ihr Alter betrifft, so *wird man sie wohl einer Frühphase des späten Neolithikums — um 2300 v. Chr. — zuweisen können* (Lunz, „Urgeschichte des Raumes Algund-Gratsch-Tirols", S. 30). Und schließlich ist hier auch noch eine schöne, 5,6 cm lange Lanzenspitze aus Feuerstein zu nennen, die in Algund gefunden wurde.

Nach diesem einleitenden Streifzug zu den bedeutendsten und bekanntesten archäologischen Fundstellen des sonnigen Gebietes um Algund nun zurück zu unserem eigentlichen Thema, dem zu begehenden Weg. Wir schlagen beim „Lausenberger" ober Algund weder den Waalweg noch ein noch das sehr reizvolle Vellauer „Totengassl", das wegen seiner zahlreichen Schalensteine und des sogenannten „Schluntensteins" bekannt und neuerdings als „Schluntensteinweg" in den Wanderkarten eingetragen ist; diesen Weg sparen wir uns nämlich für den Abstieg auf. Wir folgen vielmehr dem „Ochsentod", einem für uns heute prächtigen Pflasterweg mit tiefen Fahrrillen und einem mitten im Weg eingesetzten Schalenstein. Dann geht es auf einem schattigen Waldweg bergan. Wer abseits des Weges ab und zu auch einen kleinen Streifzug durch den Wald macht, kann die Reste mächtiger, sicher uralter Mauerzüge feststellen, die von Moos und Efeu überwuchert werden und den Anschein erwecken, als ob hier einst Waldriesen gehaust hätten. An einer Stelle findet man auch einen dunklen Felsen, der schalenähnliche Vertiefungen aufweist. Es geht immer am Osthang des Grabbaches, in dessen Geschiebe übrigens unten bei Algund ein bronzezeitliches Lappenbeil gefunden worden ist, mehr oder weniger steil bergan. Ziemlich hoch oben erst überqueren wir den Grabbach und finden dann kurz nach dem Hof Birbamegg an aussichtsreicher Waldstelle einen ansehnlichen Felsblock mit nahezu flacher, leicht nach Norden geneigter Oberfläche. In diesen auf Moränenschutt ruhenden Gneisfelsen sind insgesamt 27 flache, bis zu 8 cm große und bis zu 2 cm tiefe, kreisrunde Schalen gerieben; außerdem ist ein nahezu gleicharmiges Kreuz eingemeißelt, das seiner sorgfältigen Ausführung nach zu schließen wesentlich jüngeren Datums als die Schalen sein dürfte. *Es fällt auf, daß der kürzere Kreuzesarm über die Spitze des Felsens genau zur St.-Katharina-Kirche in der Scharte zeigt, die am Rand des Haflinger-Plateaus gelegen ist* (Franz Haller, „Die Welt der Felsbilder in Südtirol", S. 63). Bald nach dem interessanten Schalenstein erreichen wir das auf einer hübschen sonnigen Terrasse liegende Vellau mit seiner erst 1894 erbauten neugotischen Kirche Hl. Kreuz; vorher stand an dieser Stelle nur eine 1742 errichtete Kapelle. Wir wandern auf dem Weg, der über den Kienegerhof zum Saxner führt, weiter und finden als nächste Sehenswürdigkeit links vom Steig einen mächtigen, an ausgesetzter Stelle befindlichen Steintisch mit einer knapp 7 cm großen und fast 2 cm tiefen Schale in der Mitte. Bald darauf entdecken wir wieder links im Gebüsch auf einem ebenen Boden eine halbkreisförmige Steinsetzung aus mehreren pyramidenförmigen Felsblöcken, deren einer

eine schalenartige Vertiefung aufweist. *Diese Steinsetzung erinnert an den halbkreisförmigen Abschluß zweier Menhirreihen, wie sie in der Bretagne bekannt sind und mit dem keltischen Wort Chromlech bezeichnet werden* (Haller).
Trotz naher Mauerreste, die Haller nicht erwähnt, scheint es doch mehr als fraglich, ob der „Chromlech" von Menschenhand stammt. Die nächste Station ist nach kurzem Abstieg der Saxnerhof. Auch hier finden wir wieder einen Schalenstein; er ist etwa einen Meter lang und trägt etwa 8 oder 9 unterschiedlich große Schalen; eine weitere einzelne Schale in einem nahen Pflasterweg. Östlich des Saxnerhofes breitet sich eine kleine Wiesenfläche aus, die vor Jahrzehnten noch von einer wallburgähnlichen Mauerführung umgeben war. In der Mitte dieser Wiese befand sich ein eigenartiges erhöhtes Rondell mit flacher Rasenfläche, das von einem aus großen Felsblöcken gebildeten Steinkreis eingefaßt war. Bei der Abtragung des erhöhten Bodens im Jahre 1972 wurde *über einer Höhle eine Deckplatte aus Gneis freigelegt, die eine Seitenlänge von 170 und 115 cm hatte bei einer Dicke von 51 cm ... Als Funde wurden nur zwei Getreidereibsteine getätigt* (Haller). Südöstlich der mit Obstbäumen bestandenen Wiesenfläche erhebt sich eine kleine Bergkuppe mit einem mächtigen Felsturm an ihrem Rand. Hier in der Nähe befand sich laut Haller ein Schalenstein mit 40 Schalen, der leider im Zweiten Weltkrieg zerstört wurde. Die genannte, in der Landschaft nur schwach auffallende Kuppe trägt den Namen *Saxnerknott* und konnte in die Reihe der vorgeschichtlich besiedelten Plätze aufgenommen werden, nachdem Walther Staffler aus Marling auf der Kuppenhöhe im Jahre 1961 verschiedene Keramikfragmente mit einfacher Verzierung, Knochen und Zähne von Hirsch und Schwein sowie eine Stange eines Hirschgeweihes entdeckt hatte. Die Funde, die sich in der Privatsammlung Stafflers befinden, wurden in die frühe Bronzezeit datiert. Erste Scherbenfunde hatte aber schon vorher Adrian Egger getätigt, nachdem Joso Schmoranzer die Kuppe im Jahre 1933 entdeckt und darüber 1934 im „Schlern", S. 497, berichtet hatte.
Am Rand der Kuppenfläche befindet sich in der Nähe der auffallenden Felsspitze das „Norggenloch" (Zwergenloch), eine Felshöhle mit senkrechtem Einstiegsloch. Innerebners Abmessungen zufolge ist die Höhle 4 m tief, 6 m lang und 4 m breit.
Vom Saxnerhof ist es nicht weit zu einem inmitten mehrerer Felsblöcke stehenden Bildstock, der sogenannten Hasenkapelle. Sowohl der östliche als auch der westliche dieser Blöcke tragen Felszeichnungen, und zwar in Form von Schalen, Kreuzen sowie einer durch breite kurze Rillen miteinander verbundenen Gruppe dreier Schalen. Rund 100 m höher befindet sich der bekannte *Plarser Kreuzstein* an ausgesetzter Stelle. Der mächtige Schieferblock mit ebener Oberfläche, neben vier verhältnismäßig großen und drei kleineren Schalen, nicht weniger als 42 eingemeißelte, wie vom Schweizer Felsbildforscher Dr. Hans Liniger vermutet wird, aus der jüngeren Bronzezeit stammende Kreuze auf (Haller, „Die Welt der Felsbilder in Südtirol", S. 69 ff.). Liniger hält das größte der Kreuze für eine anthropomorphe Figur und sieht darin eine Ähnlichkeit *mit der Hauptfigur einer Felsbildserie von Portela da Laxe (N.-Portugal), die gleichfalls ein Flammenzeichen = Lichtsymbol trägt.* Linigers Analyse des Kreuzsteines endet mit den Worten: *Ein ähnliches Vorkommen ist mir in Mitteleuropa nicht bekannt. Dagegen finden sich im NW-Kaukasus mehrere Felsblöcke, die alle analog georiet und sehr ähnlich bebildert sind. Sie enthalten ebenfalls typische Neujahrszeichen, was nahelegt, daß man dort das Wintersolstitium recht ähnlich feierte.* Wenn auch das gesamte Problem der Schalen- und Bildersteine immer noch einer endgültigen Lösung harrt und hier dahingestellt bleiben muß, inwieweit Linigers Datierung und Deutung zutrifft — die Forscher sind hier zum Teil sehr gegensätzlicher Meinungen —, so ist an der Einmaligkeit dieses rätselhaften, bedeutenden Denkmals doch nicht zu zweifeln.
Zwischen dem Hasental und der Vellauer Straße befindet sich der *Burgstallknott*, ein an der Südseite sehr steil abfallender Terrassenvorsprung. Auch dieser war in prähistorischer Zeit nachgewiesenermaßen besiedelt. Im dichten Gebüsch finden wir noch alte Trockenmauern, Steinwälle, ein *viereckiges „Turmwerk"* (Innerebner) und wohngrubenartige Vertiefungen einer — wie vermutet wird — befestigten Kuppensiedlung. Wie die von Oswald Wallnöfer zutage geförderten Tonscherben grober Machart zu erkennen geben, war der Burgstallknott bereits in der Bronzezeit besiedelt.
Bei der Vellauer Straße betreten wir dann das „Totengassl", das neuerdings wie erwähnt auch „Schluntensteinweg" bezeichnet wird. Etwa auf Halbweg zwischen der Vellauer Straße und dem schönen Plarser Waalweg, der uns als krönender Abschluß wieder zum Ausgangspunkt zurückführt, erhebt sich neuerdings vom Buschwald befreit, ein kühner Felskopf, der *Schluntenstein* (richtiger Schlundenstein; so benannt nach schlundartigen Felsgängen an seiner Südseite). Im Bereich dieses Felsens finden wir entlang des Weges außer zahlreichen Mauerresten einer vermuteten Wallburg mehrere Schalensteine, von denen eine 25 cm breite und 80 cm lange „Felsbank", die bereits Adrian Egger 1948 beschrieb, besonders hervorgehoben sei. In dem rechteckigen Stein sind 32 flach geriebene Schalen sowie zwei kleine Kreuze eingetieft. Egger sah in dem Stein einen Rastplatz für Totenträger, wo für den Toten Lichter entzündet worden seien (ähnlich wie bei den Schalensteinen am Pfitscher Sattel, vgl. Tour Nr. 8), während Haller von einem prähistorischen „Kalenderstein" spricht.

Wie dem auch sei; die Schalensteine und anderen Spuren längst vergangener Zeiten, denen wir auf unserer Wanderung begegnen, belegen, daß wir uns in einem einst stark besiedelten Gebiet und auf Urwegen im wahrsten Sinn des Wortes befinden.

Der hier angeführte Wandervorschlag ist selbstverständlich nur eine von zahlreichen weiteren Tourenmöglichkeiten in dem dichten, gut markierten und beschilderten und damit für den Wandertourismus bestens erschlossenen Wegnetz. Wer aber dem nachfolgend beschriebenen Wegverlauf folgt, muß ein gewisses Maß an Gehtüchtigkeit und Trittsicherheit mitbringen, wenn es nach alpinen Begriffen auch keine Schwierigkeiten oder Gefahren gibt. Festes Schuhwerk und zweckmäßige Bergbekleidung sind jedenfalls Voraussetzung.

Wegverlauf

Von Algund (396 m) auf der Asphaltstraße zum Gasthaus „Feigenstauder", weiter auf Fußweg Nr. 25 zum Grabbach und nach dessen Überquerung hinauf zu einem Boden (487 m) mit Wegzeigern. Nun nach rechts zum Gasth. „Locher" und abermals rechts auf dem breiten Pflasterweg („Ochsentod") mit schönem Ausblick über das gesamte Burggrafenamt hinauf zu einem Bildstock am Ende der Steigung. Nun noch kurz auf dem ebenen Weg weiter, dann links ab (Schild „Vellau") und auf dem nummernlos gut markierten, nicht zu verfehlenden schönen Waldweg hinauf zum Oberötzhof (668 m). Dort Überquerung der Güterstraße und weiter auf dem Waldweg (wieder Schild „Vellau") hinauf. Ab Einmündung des von St. Peter heraufkommenden Weges folgen wir der Nr. 26. Nach 1½ Std. wird der Einschnitt des Grabbaches überquert und bald darauf der in prachtvoller Lage liegende Hof Birbamegg erreicht (848 m). Auf dem Weg 26 weiter empor (Achtung auf den unterm Weg liegenden Schalensteinen) und zuletzt eben durch nach Vellau (966 m; hierher ab Algund 2 Std.). Gleich nach der Kirche auf dem von der bis hierher führenden Straße rechts abzweigenden Weg ab und der Nr. 26 weiter folgend in nur mäßiger Steigung hinauf zum Kieneggerhof (1101 m; Gasthaus, ab Vellau 20 Min.). Von da nun auf Weg Nr. 26/A leicht absteigend hinab in den Graben des Hasentals (hier wieder Schild „Partschins"), und auf Waldsteig teilweise steil hinab. Nach längerer Querung erreichen wir den erwähnten Steintisch und den „Chromlech" und weiter absteigend den Saxnerhof (762 m; Gastbetrieb). Ab da gibt es zwei Möglichkeiten: Der untere Weg führt zur Hasenkapelle und zum Burgstallknott, der obere, lohnendere (Nr. 26/A) dagegen zum einzigartigen *Kreuzstein*. Beide Wege sind in etwa gleich lang, nahezu eben und unschwierig, und beide enden an der Vellauer Straße. Dieser folgen wir kurz abwärts und betreten dann den *Schluntensteinweg* (Schild „Fußweg nach Algund Nr. 25/A"), der uns am Schluntenstein und am nahen sitzförmigen Schalenstein vorbei hinab zum Plarser Waal führt. Diesem folgen wir kurz ostwärts und erreichen bald darauf Algund.

Gehzeiten

Aufstieg (Algund — Vellau — Kienegger): 3 Std.
Abstieg (Kienegger — Saxner — Algund): 2 Std.

Karten und Literatur

Kompaß-Wanderkarte 1:50.000, Bl. 53 (Meran); Freytag-Berndt-Wanderkarte 1:50.000, Bl. S 1 (Bozen-Meran und Umgebung); Freytag-Berndt-Wanderkarte 1:100.000, Bl. 45 (Bozen-Meran und Umgebung).

Haller: Die Welt der Felsbilder in Südtirol; Innerebner: Die Wallburgen Südtirols, Bd. 2; Langes: Burggrafenamt und Meran; Lunz: Urgeschichte des Raumes Algund-Gratsch-Tirol; Lunz: Ur- und Frühgeschichte Südtirols.

8. Die Schalensteine bei den Spronser Seen (Bildteil S. 32)

Östlichster und mit 2126 m tiefstliegender der berühmten neun Spronser Seen, die sich nördlich von Meran im wildschönen Spronser Tal befinden, ist der Pfitscher See (auch Pfitscher Lacke genannt); er ist 191 m lang, 120 m breit und knapp 6 m tief. Den Abfluß des Sees bildet mit den Abflüssen der übrigen Seen den durch das Spronser Tal abfließenden Finelebaches, der bereits nach 760 in der *Vita Corbiniani* als *Finale* aufscheint, also als uralter Grenzbach. Unweit des Pfitscher Sees liegt der etwas größere Kasersee und nördlich dahinter befindet sich die Oberkaser, eine nur mehr karge Hochalm in über 2100 m Höhe. Blockerfüllte Kare, Kuppen mit magerem Bürstlingsbewuchs, schroffe Felsabstürze und zahlreiche Wasserläufe kennzeichnen die abgeschiedene, von hohen Kämmen umrahmte, alles in allem recht unwirtliche, wenn auch für den Bergfreund großartige Gegend. Östlich des genannten Pfitscher Sees erhebt sich eine langgezogene, 2191 m hohe Kuppe, der Fischerkogel, die mit einem breiten, flachen Sattel, der den kleinen See südseitig abdämmt, mit der steilen Nordostflanke der Rötelspitze (2625 m) verbunden ist.

Wie aus einer erst vor wenigen Jahren von Alfred Gruber aufgezeichneten Sage hervorgeht („Schlern" 1974, S. 450), ist es in diesem Gebiet nachts auch oft recht unheimlich. Die von Gruber registrierte Tonbandaufnahme gibt eine Erzählung von einem 1899 geborenen Bauern aus Vernuer wieder, nach der dieser und vorher auch sein Gefährte, mit dem er bei den Spronser Seen um 1912 die Schafe hütete, beim Schiefersee in mondheller Nacht eine *Pfott*, ein Mädchen, gesehen hätte. Das Mädchen habe ihm, genau wie in der Nacht vorher seinem Gefährten, zugewun-

ken und habe lange Haare gehabt, die bis zum Boden reichten. Er habe deutlich Flossen an ihren Händen feststellen können, und wie er um den See herumgegangen sei, sei das Mädchen *innen in Wosser* (ins Wasser hinein) *und war holt hergschwummen;* darauf aber sei er *ougschoubm,* also auf und davon.
Diese Erzählung bringt die einzige bisher bekanntgewordene Sage aus dem Gebiet der Spronser Seen; sie deutet aber darauf hin, daß sich im Volk noch einzelne dunkle Erinnerungen an einstige rätselhafte Geschehnisse erhalten haben (im Hinterpasseier lebt die Sage von der „Weißen Frau"). Der oben erwähnte, von unzähligen Sturzblöcken übersäte Wiesensattel, der als Pfitscher Sattel bekannt ist und heute nur mehr eine sehr karge Viehweide bietet, ist das Ziel unserer Urzeit-Wanderung. Hier, in 2130 m Seehöhe, finden wir nämlich eine ganze Reihe von außerordentlich eindrucksvollen Schalensteinen, die einen Besuch sehr lohnen. Die hier vorgeschlagene Rundtour, die vom erfahrenen Bergsteiger selbstverständlich auch beliebig abgeändert werden kann, ist im ersten Teil zwar etwas mühsam, die Wege sind aber durchwegs gut markiert, leicht zu finden, jedem berggewohnten Wanderer zuzutrauen und landschaftlich überaus schön.
Nach dem derzeitigen Forschungsstand ist das Gebiet um Meran die an bekannten Schalensteinvorkommen reichste Gegend Südtirols. Von all diesen Fundorten, von denen Haller allein für den Raum zwischen Partschins und Dorf Tirol nicht weniger als 32 anführt, und zu denen noch jene auf der Kirchsteiger Alm und am Vigiljoch hinzukommen, ist die Schalensteingruppe an unserem Pfitscher Sattel zweifellos die bedeutendste, bemerkenswerteste und reichhaltigste.
Josef Tscholl, der diese Schalensteine um 1930 für die Forschung entdeckte, schreibt darüber (in „Schlern" 1933, S. 440): *Nun fand ich zufällig im Spronsertal, in etwa 2100 Meter Höhe... am Pfitschjöchl, nahe der Oberkaseralm, eine wahre Versammlung von riesigen Schalensteinen. Wagerechte Schieferplatten, die in alter Zeit von der brüchigen Rötelspitze abgerutscht waren, liegen dort unmittelbar neben dem uralten Weg, einige in der Größe bis zu 10 Quadratmeter Oberfläche. Und etwa ein Dutzend hievon tragen künstliche Schalen von der Größe eines halben Taubeneies bis zu jener einer Kaffeeschale, 20, 50, 80 ja über 100 Schalen auf einer Platte!* Interessant ist in diesem Zusammenhang, daß den alpinen Pionieren, die bereits fünf Jahrzehnte früher hier tätig waren und das Gebirge sehr genau untersuchten und beschrieben, diese Schalensteine nicht aufgefallen waren. Jedenfalls gibt es in der alpinen Literatur keinen diesbezüglichen Hinweis, obwohl der Weg über den Pfitscher Sattel damals sicher stark begangen war, hatte doch die Sektion Meran des Österreichischen Touristenklubs in der Nähe (beim Grünsee) 1890 eine Schutzhütte erbaut.
Wie dem auch sei, Tscholl erkannte sofort die Bedeutung seiner Entdeckung und auch, daß der Ursprung der Schalen *unmöglich auf eine spielerische Tätigkeit müßiger Kuhhirten* zurückgeführt werden konnte. Er befragte alte Leute und erfuhr, daß am Pfitschsattel einst eine Almhütte stand und die Hirten bei der Ankunft mit ihrem Vieh im Frühjahr auf den Schalensteinen Bittopfer darbrachten, indem sie die Schalen *mit flüssigem Unschlitt (Rindsfett) füllten, einen „harbenen"* Docht einsetzten und diese Lucernen irgendeinem Viehpatron zu Ehren entzündeten, damit er sie den Sommer hindurch vor Unglück bewahre. Aber auch *alte, primitive, nicht permanente Totenleuchten* waren nach Tscholls Ansicht diese Schalensteine. Denn: *Bei dieser Alm befand sich auch eine Totenrast, und zwar zur Zeit, als die Verstorbenen von Pfelders nach dem Friedhof von St. Peter-Tirol getragen werden mußten; und die Alm am Pfitschjöchl liegt fast genau in der Wegmitte Pfelders — Sankt Peter* (gleichgültig, ob der Weg durchs Spronser Tal oder über den Taufenpaß eingeschlagen wurde). Tscholl meint, daß hier nach vierstündigem Marsch wohl ausgiebige Rast mit einem Imbiß eingelegt worden sei und man bei dieser Gelegenheit dem Verstorbenen in den Schalen Lichter angezündet habe.
Der Schalensteinforscher Franz Haller hat sich 40 Jahre später nun besonders eingehend mit den Steinen am Pfitscher Sattel beschäftigt. Unter der Mithilfe von Oswald Wallnöfer erarbeitete er in tagelanger, mühevoller Kleinarbeit eine möglichst vollständige Bestandsaufnahme, nachdem er die Stelle bereits vorher wiederholt besucht hatte. Haller legte zuerst im „Schlern" und dann in seinem Buch „Die Welt der Felsbilder in Südtirol" eine umfassende Beschreibung mit reichem Bildmaterial (darunter auch Luftaufnahmen) und exakten, maßstabgetreuen Zeichnungen vor. Im genannten Buch schreibt er über die Örtlichkeit: *Die Landschaft erweckt den Eindruck, als wäre erst vor kurzem die letzte Eiszeit zu Ende gegangen... Im kurzen Alpengras ruhen 17 Glimmerschieferplatten mit den Felszeichnungen, Schalen, Wannen und Rinnen, umrahmt von einer teilweise zerstörten 1,30 m dicken Mauer, die im Nordostteil bis zu 1,50 m Höhe erhalten ist. Von hier schweift der Blick ungehemmt nach Osten zu Ifinger und Hirzer, wo die Sonne am 21. Juni hinter dem fernen Gebirgskamm aufgeht. Hier nun liegt die Sonnenkultstätte.*
Hier erhebt sich, bevor wir näher auf die einzelnen Steine eingehen, die Frage: Handelt es sich wirklich um eine Sonnenkultstätte? Für Haller scheint es daran keinen Zweifel zu geben, auch andere Forscher sehen in vielen Schalensteinen Hilfsmittel zur Sonnen-, Mondes- und Sternbeobachtung. Andere wieder bestreiten diese Deutung. Innerebner beispielsweise spricht (in „Schlern" 1972, S. 254) in bezug auf Abhandlungen von Liniger und Haller von *oft geradezu grotesk anmutenden Ausführungen und Schlußfolgerungen, die zu einer Entgegnung direkt herausfordern.* Um-

gekehrt erwähnt Haller, daß der bekannte Wiener Archäologe Richard Pittioni, dem Haller Fotos eines Schalensteines vorlegte, die Wannen für Viehsalzlecken und die Schalen für *Spiele von Hirten, die sich unendlich langweilten,* hielt. Dies zeigt, wie umstritten das Schalensteinproblem vor wenigen Jahren noch war und wohl auch heute noch zum Teil ist.

Daß einzelne Schalen, wie Tscholl berichtet, als Lichtträger gedient haben, mag zwar zutreffen, ihr ursprünglicher Zweck war es aber wohl eher nicht. Auch Salzlecken und Hirtenspiele sind auszuschließen, ebenso ausschließlich die Gewinnung von wundertätigem Steinstaub. Unmöglich handelt es sich auch um Landkarten, wie dies bei anderen Schalensteinen neuerdings vermutet wird, und ebensowenig um Hilfsmittel für astronomische Beobachtungen. Und auch kein anderer praktischer Zweck ist erkennbar. Bleibt also nur mehr, daß religiöse Vorstellungen, zu denen wir heute keinen Zugang mehr haben, die Menschen vergangener Zeiten veranlaßt haben, in zeitraubender und mühseliger Arbeit all die vielen Schalen und anderen Zeichen aus dem Fels herauszuarbeiten. Dies ist nun auch die am häufigsten geäußerte Meinung der Fachwelt. Wie alt aber die Schalen sein könnten, wer ihre Schöpfer waren, welche Kulte dahinterstecken, mit welchem Gerät die Vertiefungen entstanden — das sind aber noch immer offene Fragen, wenn es auch in verschiedenen Fällen bereits recht aufschlußreiche Hinweise gibt. Der starke Verwitterungszustand unserer Spronser Schalensteine deutet nun auf ein sehr hohes Alter hin. Ob es allerdings in das frühe Neolithikum zurückreicht, wie Haller meint, muß dahingestellt bleiben. Ebenso, ob — wie Lunz vermutet — ein Zusammenhang dieser Schalensteine und der bronzezeitlichen Siedlung am Mutkopf (vgl. Nr. 9) besteht, was allerdings sehr naheliegend erscheint.

Als ersten und wohl bedeutensten Schalenstein beschreibt Haller den von ihm so benannten „Sonnenplatte": Sie *besteht aus einem mächtigen braunen Glimmerschieferblock, dessen stark abgewitterte Oberfläche sich gegen Nord-Westen neigt, so daß die Bildfläche vom Innern des heiligen Areals* (gemeint ist die Ummauerung, auf die noch eingegangen wird) *betrachtet werden konnte. Nur die schrägen Strahlen der aufgehenden Sonne enthüllten die seichten Ritzungen der 2 kreisförmigen Figuren, deren Lesung unsicher ist. Sie stellen eine Kombination von konzentrischen Sonnenringen, Spiralen und Labyrinthen dar. 176 Schälchen bedecken die Platte, wobei die 2er und 3er Gruppen wieder deutlich aufscheinen. Neben Schälchen mit Rillen verbunden, finden sich 2 axtartige Zeichen und eine hantelartige Figur.*

Den nächsten sehr bedeutenden Stein nennt Haller die „große Kultplatte" (s. Bild auf S. 33): *Sie zeigt nun einen völlig anderen Aspekt. Ins Auge fallen ganz ungewöhnliche, wannenförmige Vertiefungen mit anschließenden Rinnen, die zum Teil ineinander einmünden. Weiters findet sich ... eine kreuzförmig gestaltete anthropomorphe Figur mit 3 Schälchen an Kopf und Armen. Daneben sehen wir eine Fußsohle und eine Schale mit Strahl. Die meisten der 101 Schälchen zeigen die gewohnte Anordnung in 2er und 3er Gruppen. Nahe der südlichen Steinkante ist ein nach den Kardinallinien geortetes T eingemeißelt, dessen scharfe Kanten eindeutig auf Metallarbeit hinweisen ... Zwischen den Schälchengruppen liegen einige bogenförmige Ritzungen (Urbogen).*

Weiters beschreibt Haller die „Nord-West-Platte" mit einer *anthropomorphen Figur, einer schönen Schale mit Strahl, 7 Schälchen, die durch eine mehrfach gewundene Rille verbunden sind, 2 Schalen mit Rille,* sowie mit weiteren *zahlreichen seichten Schälchen, die auf Steinstaubgewinnung deuten.*

Die Abhandlung schließt mit Kurzangaben über die restlichen 14 Steine, die zum Teil nur wenige Schalen zeigen, der Angabe, daß die Gesamtzahl der Schalen rund 550 beträgt, und dem Hinweis auf zwei liegende Steine, die als umgestürzte Menhire gedeutet werden könnten.

Die im genannten Buch abgedruckten Luftaufnahmen zeigen nach Ansicht Hallers *eindrucksvoll die Überschüttung der Südmauer mit zahllosen von der Rötelspitze abgestürzten Felstrümmern. Dies ist ein sicherer Beweis des hohen Alters der Mauern.* Dem ist nichts entgegenzuhalten, wenngleich zu sagen ist, daß sich die zum Teil sehr schön geschichteten Trockenmauern nicht von jenen unterscheiden, die wir bei anderen zahlreichen Almen antreffen. Sie umschließen zwar wohl an drei Seiten die bedeutendsten und meisten Schalensteine, es gibt aber einige auch außerhalb der Umfriedung. Außerdem lassen die Mauern noch eindeutig zwei einstige Hütten erkennen, so daß wohl anzunehmen ist, daß es sich dabei um die bereits von Tscholl erwähnte Hirtenbehausung mit angeschlossenem Almanger oder Viehpferch handelt. Jedenfalls scheint es fraglich, ob die Mauerführungen, trotz ihres bestimmt beachtlichen Alters, mit den höchstwahrscheinlich viel älteren Schalensteinen in einem ursächlichen Zusammenhang zu bringen sind. Trotzdem muß gesagt werden, daß es sich alles in allem um eine höchst eindrucksvolle Anlage handelt, die, wie Haller zu Recht fordert, nicht nur unter den allgemeinen Landschaftsschutz des Naturparkes Texelgruppe, sondern zusätzlich noch unter Denkmalschutz gestellt werden sollte.

Der im Anschluß empfohlene Wegverlauf führt uns aus dem an Schalensteinen, Menhirfunden und anderen prähistorischen Zeugnissen so reichen Gebiet von Algund/Vellau über die Taufenscharte, einen sicher uralten Übergang, wie eine einzelne, in eine senkrechte Felsstelle gebohrte Schale südlich unterhalb der Scharte sowie die Schalensteine im Bereich der Leiteralm andeuten. Zu erwähnen ist auch, daß Haller in der Nähe des bekannten „Schluntensteines" bei Vellau ein Kreuz angibt, das — eine große Seltenheit in Südtirol — in Picktechnik geschaffen wurde.

Von der in sehr steilem, aber unschwierigem Aufstieg erreichten Taufenscharte kann der Bergsteiger einen Abstecher zur aussichtsreichen Mutspitze (2295 m) machen. Der kurze Abstieg von der Scharte und die anschließende Querung bis zum Pfitscher Sattel ist eine prachtvolle Höhenwanderung auf gutem Bergweg. Um zu unserem Ausgangspunkt Vellau zurückzukehren, umrunden wir in langer, stets nur leicht absteigender Wanderung die von der Mutspitze abfallenden Flanken, wobei wir auf dem sogenannten Jägersteig ein Gemsenschongebiet durchqueren und zuletzt den Vellauer Felsenweg begehen. Alles in allem eine in jeder Hinsicht höchst empfehlenswerte Bergtour für gehtüchtige, bergerfahrene Wanderer.

Wegverlauf

Von dem in fast halber Höhe zwischen Algund und der Mutspitze liegenden Ort Vellau (996 m; vgl. auch Tour Nr. 7), das wir am besten von Plars herauf mit dem Korblift oder mit dem Auto erreichen, mit dem zweiten Korblift weiter empor zur Leiteralm (1522 m; Gastwirtschaft). Von da nun auf dem zum Hochganghaus führenden Weg Nr. 24 hinauf, bis nahe einer Almhütte die Nr. 25 rechts abzweigt (Schild). Auf dieser nun, einem guten Steig folgend, durch Jungwald hinauf bis zur Steilflanke und in vielen Serpentinen durch sehr steiles, begrastes Gelände empor in die Taufenscharte (2195 m; auch Taufenjöchl oder Karjoch genannt). (Markierten Steigspuren über den Grat ostwärts folgend kann von erfahrenen Bergsteigern von hier aus die Mutspitze, 2295 m, in knapp 1 Std. erreicht werden.) Vom Taufen (wie die Scharte meist kurz genannt wird) jenseits in Serpentinen hinab und, stets auf der Nr. 24 bleibend, in langer Querung und zuletzt in kurzem Aufstieg zum Pfitscher Sattel mit den großartigen Schalensteinen (2130 m; ab Leiteralm ca. 2½ Std.).

Nach deren Besichtigung (keine zusätzlichen Zeichen oder Kritzeleien anbringen! Auch dieses Gebiet liegt im *Naturpark Texelgruppe* und steht somit unter strengen Schutzbestimmungen!) und einem beliebigen Streifzug in die Umgebung, auf dem hierher benutzten Weg 24 ein Stück zurück und dann bei der Weggabel (Hinweis „Mutkopf") links ab. Auf dem hier beginnenden, markierten und gut begehbaren Jägersteig teils eben, teils nur mäßig steil abwärts in langer Querung hoch über dem Spronser Tal bis zum Mutspitze-Ostgrat und kurz hinab zum Gasthaus „Mutkopf" (1684). Von da nun (Schild „Muthöfe") auf dem schönen Höhenweg Nr. 22 größtenteils durch Wald nur leicht absteigend zum Gasthaus „Hochmuter" (1351 m; Bergstation der Seilbahn von Dorf Tirol herauf) und auf dem teilweise ausgesetzten, bei entsprechender Vorsicht (an heiklen Stellen sind gute Seilgeländer angebracht) aber unschwierigen Vellauer Felsenweg (Mark. 22) hinab nach Vellau, unserem Ausgangspunkt. — Vom Gasthaus „Mutkopf" kann auch ein kurzer Abstecher zur Urzeitstätte am Mutkopf (vgl. Tour Nr. 9) gemacht werden.

Gehzeiten

Aufstieg (Leiteralm — Taufen — Pfitscher Sattel): 2½ Std.
Abstieg (Pfitscher Sattel — Mutkopf — Vellau): 2½—3 Std.

Karten und Literatur

Kompaß-Wanderkarte 1:50.000, Bl. 53 (Meran); Freytag-Berndt-Wanderkarte 1:50.000, Bl. S 1 (Bozen-Meran und Umgebung); Freytag-Berndt-Wanderkarte 1:100.000, Bl. 45 (Bozen-Meran und Umgebung).
Ellmenreich: Die Meraner Bergwelt (Tourenführer); Haller: Die Welt der Felsbilder in Südtirol; Lunz: Ur- und Frühgeschichte Südtirols; Lunz: Archäologisch-historische Forschungen in Tirol, Bd. 1; Menara: Südtiroler Höhenwege; Menara: Südtiroler Schutzhütten; Menara/Rampold: Südtiroler Bergseen; Menara/Rampold: Südtiroler Bergtouren; Rampold: Südtiroler Wanderbuch.

9. Der Mutkopf — die höchste Wallburg Merans (Bildteil S. 34)

Der Mutkopf ist eine rundherum fast geschlossen dicht bewaldete Rückfallkuppe, mit welcher der von der Mutspitze herabziehende, ziemlich scharf ausgeprägte Ostgrat endet, der unterhalb des Mutkopfs mit breiten, steilen und nur mehr andeutungsweise an manchen Stellen einen Gratverlauf erkennen lassenden Waldhängen gegen Dorf Tirol hin abbricht. Die Höhe der Kuppe beträgt 1547 m. An den außergewöhnlich steilen gerodeten Hängen südwestlich unter der Kuppe kleben wie Adlerhorste die einsamen Muthöfe, deren höchster, der Hochmuter, heute mit der Seilbahn, die anderen, unteren, aber immer noch nur auf alten steilen Fußwegen zugänglich sind. Auf einem dieser Wege steigen wir durch den prächtigen Bergwald zu den Muthöfen und weiter zum Mutkopf an. Dabei wissen wir heute, daß wir auf diesen Wegen den Spuren von Menschen folgen, die vor rund 3000 Jahren bereits in dieser Gegend gelebt haben.

Luis Oberrauch und Otto Eisenstecken entdeckten nämlich im Jahre 1950 auf der kleinen Kuppenhöhe des Mutkopfs eine prähistorische Siedelstätte. Oberrauch berichtete erstmals darüber im „Schlern" 1960, S. 398 f. unter dem Titel: „Das Nörggeleschloß auf dem Mutkopf." Der Aufsatz ist auch im Band 3 der von Reimo Lunz herausgegebenen Buchreihe „Archäologisch-historische Forschungen in Tirol" enthalten. Oberrauch hatte auf einem der Muthöfe von einer Sage erfahren, der zufolge auf dem Mutkopf einst ein heimliches „Nörggeleschloß", eine Burg der Zwerge, gestanden sein soll. Zusammen mit dem Heimatforscher Otto Eisenstecken stattete Oberrauch dar-

aufhin der Kuppe einen Besuch ab und entdeckte tatsächlich die Reste einer Befestigungsanlage: Bereits am Sattel, der den Mutkopf mit dem Ostgrat der Mutspitze verbindet, fielen den Forschern Felsblöcke auf, *die sicherlich einmal wehrhaft ausgenützt wurden und den Zugang zur Kuppe, die 11 m hoch über den Sattel ragt und das Kernwerk der Verteidigung trug, gewaltsam sperrte. Wie die Grundformen und Überreste* — so Oberrauch weiter — *bezeugen, dürfte hier ein ziemlich hohes und starkes Wall- und Turmwerk bestanden haben, dessen Trümmer nun über den ganzen Kegel zerstreut liegen* — *die Kuppenfläche selbst im Ausmaß von ca. 10 m ist vertieft, den Boden bildet lockeres Steingetrümmer ... Durch den turmartigen Bau geschützt, fanden sich am Südosthang auf einer künstlich geebneten und von Trockenmauern gestützten Terrasse die Wohnbauten, die heute als Wohngruben gut erkenntlich sind ...*
Oberrauch macht weiters darauf aufmerksam, daß ein etwas tiefer gelegener Waldrücken die Bezeichnung „Kasleit" trägt und vermutet, daß dieser Name wohl einst am Mutkopf selbst haftete und auf die alte Burgstallbezeichnung *Castlir* zurückgehen dürfte. Im Band 1 der oben genannten Buchreihe berichtet nun Lunz, daß von Oberrauch und Eisenstecken außer den auffallenden Wällen und Wohngruben auf der Wohnterrasse am Südosthang der Kuppe zwar nur wenige, aber eindeutig datierbare Keramikfragmente gefunden werden konnten. Lunz: *Ganz in spätbronzezeitlicher Tradition stehen die Scherben. Den besten Datierungsinhalt bietet jedoch die Randscherbe, die eindeutig zu einer klassischen „Laugener Hornschneppe" mit (verschliffenen) Schrägriefen am Rand zu ergänzen ist.* Ein späterer Besuch durch den namenhaften Archäologen Reimo Lunz brachte zudem *einen stark verglühten, blasigen Steinbrocken zutage, der auf starke Feuereinwirkung hinweist ... Von der weitgehend baum- und strauchfreien Kuppenfläche zieht das Gelände gegen SO* — *offensichtlich künstlich terrassiert* — *zu einer breit ausladenden, fast ebenen Lichtung hinab, auf der einzelne große Steinblöcke umherliegen. Eine große Überraschung bot sich, als wir auf einer dieser mächtigen Schieferplatten eine Gruppe noch nicht bekannter Schalensteine nachweisen konnten.* Lunz fügt hinzu, daß die Oberflächenschicht des Steines in neuerer Zeit leider teilweise abgesprengt worden sei und er vermutet, daß zwischen der spät- und endbronzezeitlichen Siedlung auf dem Mutkopf und den eindrucksvollen Schalensteinen am Pfitscher Sattel bei den Spronser Seen (vgl. Tour Nr. 8) ein möglicher Zusammenhang zu sehen ist.

Damit kennen wir die höchstgelegene nachgewiesene Urzeitsiedlung des gesamten Burggrafenamtes, die zwar erst noch verhältnismäßig wenig erforscht ist, aber doch bereits für beachtenswerte Überraschungen gesorgt hat. Wenn wir uns nun auf den Weg machen, um in steilem Anstieg diese einsame, weit über das Land blickende Urzeitstätte zu besuchen, so tun wir dies in erster Linie um Schalensteine und Mauerreste zu besichtigen, aber auch diese gerade wegen ihrer Steilheit so beeindruckende Berglandschaft mit ihren Wäldern und weltabgeschiedenen Höfen kennenzulernen, doch wird uns auch die heimliche Hoffnung begleiten, vielleicht selbst einen noch unentdeckten Schalenstein zu entdecken oder einen anderen vorgeschichtlichen Fund zu tätigen. Dagegen ist nichts einzuwenden, im Gegenteil. Doch muß hier mit Nachdruck der eindringliche Appell an den Benützer dieses Buches gerichtet werden, keinerlei Schürfungen und Grabungen vorzunehmen, denn einerseits hätte dies nichtwiedergutzumachende Zerstörungen der für die Wissenschaft so aufschlußreichen Bodenschichten zur Folge und andererseits ist hier — das Gebiet liegt im Naturpark Texelgruppe — jegliche naturverändernde Tätigkeit gesetzlich strengstens untersagt!

Die hier vorgeschlagene Tour, die wir im oberen Teil zu einer landschaftlich überaus reizvollen Rundwanderung ausdehnen, ist — zumindest was Auf- und Abstieg betrifft — zwar durchwegs ziemlich steil, aber nicht schwierig. Die Wege sind gut instand gehalten, gut markiert und beschildert. Außerdem gibt es für den, der auf den schönen Abstieg an den Muthöfen vorbei aus irgendeinem Grund verzichten will, die Möglichkeit, vom Hochmuter mit der Seilbahn zum Ausgangspunkt zurückzukehren. Dies sei hier aber nur vollständigkeitshalber erwähnt, nicht aber empfohlen. Trotz allem aber erfordert die Tour ein Mindestmaß an Bergerfahrung und Gehtüchtigkeit, wie auch angemessene Bekleidung und festes Schuhzeug. Die Tour kann, abgesehen von den Wintermonaten, das ganze Jahr hindurch unternommen werden.

Wegverlauf

Von Dorf Tirol (596 m) auf der schmalen Straße nordwärts, der Markierungsnummer 6 folgend, in nur mäßig steilem Anstieg hinauf zur kleinen Höfegruppe Tiroler Kreuz (806 m; Gasthaus; hierher auch mit dem Auto oder Linienbus möglich. Zu Fuß ca. ½ Std.). Hier nun auf dem sogenannten Muter Weg links ab (Markierung Nr. 23) und durch den Mischwald, der später in schönen Nadelwald übergeht, hinauf zu den unteren Muthöfen (1178 m), weiter auf Nr. 23 steil durch Wald empor zum flachen Sattel (1536 m), der den Mutkopf mit dem Gratrücken der Mutspitze verbindet. Vom Sattel nun rechts (südöstlich) in ein paar Minuten zur Kuppe des Mutkopfs (1547 m; ab Dorf Tirol gut 3 Std.).

Nach Besichtigung der Siedlungsreste und des etwas tiefer liegenden Schalensteins zurück zum Sattel und auf dem Weg 23 in knapp ½ Std. weiter hinauf zum Hof Lippen-Gaden (heute neues Gasthaus „Mutkopf", 1684 m). Von da westwärts auf schönem, im ganzen nur leicht absteigenden Weg Nr. 22, größtenteils durch Wald die Südostflanke der Mutspitze durchquerend, hinüber zum Gasthaus „Hochmuter" (1350 m; Bergstation der nach Dorf Tirol hinabführenden Seilbahn; ab Gasthaus „Mutkopf" gut ½ Std.). Von da auf gutem, aussichtsreichem Weg Nr. 24 ostwärts hinab und am Thalbauer (Gasthaus) vorbei zu den unteren Muthöfen, wo wir wieder auf den Weg 23 treffen. Auf ihm wie im Aufstieg hinab zum Tiroler Kreuz (auch hier ein Schalenstein) und weiter zurück nach Dorf Tirol (ab Hochmuter knapp 1½ Std.).

Gehzeiten

Aufstieg (Dorf Tirol — Mutkopf — Gasthaus „Mutkopf"): 3—4 Std.
Abstieg (Gasthaus „Mutkopf" — Hochmuter — Dorf Tirol): 2—2½ Std.

Karten und Literatur

Kompaß-Wanderkarte 1:50.000, Bl. 53 (Meran); Freytag-Berndt-Wanderkarte 1:50.000, Bl. S 1 (Bozen-Meran und Umgebung); Freytag-Berndt-Wanderkarte 1:100.000, Bl. 45 (Bozen-Meran und Umgebung).
Ellmenreich: Die Meraner Bergwelt; Langes: Burggrafenamt und Meran; Lunz: Ur- und Frühgeschichte Südtirols; Lunz: Urgeschichte des Raumes Algund-Gratsch-Tirol; Oberrauch: Schriften zur Urgeschichte Südtirols (Bd. 3 der Reihe: Archäologisch-historische Forschungen in Tirol); Rampold: Südtiroler Wanderbuch.

10. Urzeitstätte auf der Silberhütthöhe in Passeier (Bildteil S. 36)

Abgesehen von zwei Einzelfunden (ein 1849 am Stritzonjoch, auch Platter Berg genannt, gefundenes Lappenbeil aus Bronze und ein Eisenbeil, das wahrscheinlich bei Ulfas um die Jahrhundertwende gefunden wurde), die keinen Schluß auf die urgeschichtlichen Siedlungsverhältnisse zuließen, sondern nur als sogenannte Streufunde einigen Aussagewert besaßen und als Verlustobjekte durchziehender Jäger betrachtet werden mußten, war im Passeiertal bis vor wenigen Jahrzehnten keine einzige Urzeitstätte bekannt. Verständlich, daß daher angenommen wurde, der größtenteils sehr enge, schluchtartige innere Talabschnitt sei in vorgeschichtlicher Zeit unbesiedelt gewesen. Wohl wurde vermutet, daß das Timmelsjoch bereits zu jener Zeit begangen wurde, doch brachte man diesen Übergang nur mit dem Ridnauner Gebiet und vor allem mit dem Bergbau am Schneeberg in einen möglichen Zusammenhang.

Gewiß war man sich später dessen bewußt, daß das nahezu leere archäologische Bild auch darauf zurückgeführt werden mußte, daß die Forschung sich mit den entlegenen Hochtälern weniger befaßte als mit den viel intensiver erkundeten Mittelgebirgsgegenden der großen Haupttäler. Die Frage war nur: Wo den Spaten ansetzen?

Einen ersten Erfolg in dieser Richtung konnte allerdings bereits 1935 Luis Wallnöfer verzeichnen, der als einer der ersten auch die vorgeschichtliche Siedlung bei den Roßzähnen im Südtiroler Unterland erforschte (vgl. Nr. 36). Wallnöfer berichtet nämlich im „Schlern" (1935, S. 176), er habe feststellen können, daß das „Tratlegg", eine 996 m hohe Wiesenkuppe westlich über St. Martin, *in weiter Ausdehnung mit kalzinierten Brandknochen vollbesät ist* und daß es *Mauerzüge aufweist, die auf den Charakter einer Feste oder Wehranlage schließen lassen.* Die Nachfrage noch am gleichen Abend bei einem Bauern habe dann auch ergeben, daß die Leute immer wieder auf *schwarze Erde sowie auf zahlreiche Feuersteine* gestoßen seien. Leider ist bislang eine planmäßige Untersuchung dieser Örtlichkeit noch nicht vorgenommen worden.

Erst nach dem Zweiten Weltkrieg wurden dann zwei weitere bedeutende Entdeckungen bekannt: Die Silberhütthöhe, die Gegenstand dieser Abhandlung ist, und der Kirchhügel von Glaiten nördlich oberhalb St. Leonhard konnten als Vorzeitstätten nachgewiesen werden. Einer alten Sage auf den Grund gehend, die von einem einstigen heidnischen Kultplatz sprach, erbrachte Georg Innerebner 1956 durch eindeutig bronzezeitliche Scherbenfunde den Nachweis einer prähistorischen Siedelstätte auf St. Hippolyt in Glaiten. Aber vorher war das Augenmerk bereits auf die Silberhütthöhe gerichtet worden.

Diese mächtige, rundherum mit senkrechten Felswänden abfallende, nur durch einen schmalen Wiesensattel mit dem steilen Hinterland verbundene und von einem kleinen Fichtenbestand gekrönte Kuppe (Bild S. 37) ist nach dem nahen Silberhütthof benannt worden und befindet sich östlich der sonnigen Terrassensiedlung Stuls, also hoch über der Talschlucht zwischen St. Leonhard und Moos. Von den Leuten in Stuls wird der Felskopf kurz die „Heache" (Höhe) und von den übrigen Talbewohnern die „Stuller Heache" genannt.

So wie zahlreiche andere Ortsnamen im Passeiertal, wird auch der Name Stuls von der Sprachforschung als vorrömisch angesehen. Allein dies weist sehr deutlich auf eine sehr frühe Besiedlung des Gebietes hin. Aber nicht diese Tatsache gab den Ausschlag für die Entdeckung der Silberhütthöhe als Urzeitstätte, sondern es war wieder, so wie bei Glaiten und auch häufig anderenorts, das noch im Volk fortlebende Sagengut. Der Mundartforscher Mathias Insam erfuhr von den Leuten, daß die „Heache" ein „Heidenort" sei, daß dort einst ein „Haidengebai" (Heidengebäude) oder sogar ein „Gschloß" gestanden sei. Auch sei es dort „unhuemlich". Und als die Stuller auf der Kuppe ihre Kirche bauen wollten, da verletzten sich die Zimmerleute immer wieder, und Vögel trugen die blutigen Späne an jene Stelle, wo auf den göttlichen Wink hin dann die heuti-

ge Kirche erbaut wurde. Auch erfuhr Insam, daß man seltsame, schön behauene Steine und „Ledergeld" mit einem Stern und einem Goldknöpfchen in der Mitte gefunden habe.
Über seine ersten Funde berichtet der Forscher: *Gewißheit für das Vorhandensein einer prähistorischen Stätte „af der heach" kam mir, als der Bauer Nock* (der Obersilberhüttbauer, der zusammen mit dem Untersilberhüttbauern (Hof abgebrannt) Besitzer der Höhe ist und dort einige kleine steile Äcker angelegt hat) *von kleinen Scherben sprach, die er bei der Feldbestellung gelegentlich beobachtete... Ich kam mit dem Bauer überein, beim Ausheben der Feldfrucht... mitzuhelfen und etwaige Scherbenfunde zu bergen. Um Allerheiligen 1937 beim Umgraben zweier Äcker auf der Südostseite fanden der Bauer Nock und ich Tonscherbenstücke und -stückchen teilweise gut erhalten, teilweise stark verkohlt. Schwarze verbrannte Erde wurde mit aufgewühlt. Wir versuchten mit unseren „Hauen" bis auf den anstehenden Felsen zu dringen, was bei der geringen Tiefe der Erdschicht nicht schwierig war... Ungefähr 1½ kg Tonscherben wurden geborgen; außer der Tonware und den Brandspuren fanden sich weder Knochen noch Geräte noch sonst was...* („Schlern" 1952, S. 434). Dies also war der Anfang.
Die folgenden Jahre brachten weitere zahlreiche Scherbenfunde und der Bauer Nock fand ein noch gut erhaltenes Exemplar jener steinernen Handmühlen, wie sie auch andernorts (vor allem in Südtirol) gefunden wurden und die ins 4. bis 2. Jh. v. Chr. datiert werden (Lunz). Auch Dr. Insam fand später einen solchen Handmühlstein, der allerdings in zwei Teile zerbrochen war. Reimo Lunz weist auf die Feststellung des Namenforschers Tarneller hin, daß in alten Urkunden, und zwar auch in Zusammenhang mit Silberhütt, immer wieder die Bezeichnung *uf Purke* (1357), *auf Burg* (1403), *auf Burckh* (1694) oder *Burkthof* (1777) auftaucht. Weiters führt Lunz in seiner Abhandlung (im „Schlern" 1974, S. 410 ff.) aus: *Heute ist der Flurname „auf Burg" in Stuls nicht mehr geläufig. Und doch kann aufgrund des Urkundenmaterials und der Fundsituation kein Zweifel darüber bestehen, daß jene verschollene „Burg" auf der Silberhütthöhe zu suchen ist. Freilich müssen wir damit nicht unbedingt eine mittelalterliche Burganlage verbinden — es hat eher den Anschein, daß die frühdeutschen Namen Burg, Burgstall, Biburg im allgemeinen vorgeschichtliche Hügelsiedlungen bezeichnen.* In diesem Zusammenhang sei erwähnt, daß der Verf. des vorliegenden Buches im Frühjahr 1979 auf der Silberhütthöhe mit einem Jagdaufseher mittleren Alters ins Gespräch kam, wobei dieser auf die Frage nach den Orts- und Höfenamen (ohne daß der Verf. den Namen Burg erwähnt hätte) unter anderem antwortete, indem er zu den Höfen oberhalb der „Heache" zeigte: *Da oben nennt man es beim „Purkter".* Doch zurück zum Bericht von Reimo Lunz: ... *Eine besonders interessante Auswahl von Tonscherben konnte ich selbst auf einer Geländebegehung — zusammen mit den Heimatforschern Sepp Haller aus St. Martin und Oswald Wallnöfer aus Meran — im Herbst 1971 auflesen. Aus einer typologischen Analyse des Materials ergibt sich, daß die Ware in die jüngere Eisenzeit (etwa 4. bis 2. Jahrhundert v. Chr.) zu stellen ist; Bruchstücke einer kleinen Schale mit S-förmigem Profil deuten die Verbindung zur älteren Eisenzeit gerade noch an...* Zusammenfassend sagt Lunz in „Ur- und Frühgeschichte Südtirols" (S. 42) unter anderem: *Die Kuppe mit ihren kleinen, verstreuten Felsterrassen wird kaum mehr als ein paar gemauerten Hütten Platz geboten haben... Sie ist nicht als reine Fluchtburg, als eine nur in Notzeiten aufgesuchte Wehranlage, sondern als bewirtschaftete Dauersiedlung zu werten. Es ist auffallend, daß bei aller Entlegenheit dieses Weilers die keramischen Formen keine Erstarrungstendenzen zeigen; dies deutet darauf hin, daß die Kontakte der Siedler mit dem Haupttal nie abgebrochen waren. Wie lange der Weiler auf der Silberhütthöhe bestanden hat, läßt sich nur andeutungsweise ermitteln. Nach den vorliegenden Funden zu urteilen, scheint die Siedlung noch im 3. Jh. v. Chr. abgekommen zu sein.*
Soweit der Fachgelehrte. Von jener einstigen Siedlung ist heute an der Oberfläche nichts mehr zu sehen. Nur einige Felstrümmer liegen auf der Kuppenhöhe zwischen den Bäumen, und die Äcker an der Westseite wurden vor kurzem aufgeforstet, so daß auch dort bald dichter Wald stehen wird. Doch wie auf so vielen Urzeitplätzen gibt es doch auch hier einen steinernen Zeugen jener frühgeschichtlichen Bewohner: einen Schalenstein. Die 9 Schalen befinden sich nahe dem äußersten Südrand des dort senkrecht abbrechenden Felsens; sie sind allerdings nur klein und von geringer Tiefe. Auch sind sie so mit Flechten bewachsen, daß man sie nur schwer findet. In der falschen Annahme, daß diese Schalen noch unbekannt seien, erwähnte sie der Verf. im Buch „Südtiroler Wasserfälle" als eigene Entdeckung; erst später, bei genauerem Studium der Literatur, fand er in „Ur- und Frühgeschichte Südtirols" (1973) die als Berichtigung hier wiederholte Anmerkung 236 von Reimo Lunz: *Auf der gegen Süden vorgeschobenen Kuppenhöhe ist eine Gruppe schöner Schalensteine eigens hervorzuheben (entdeckt von O. Wallnöfer, Meran).*
Beim Sattel, der die Silberhütthöhe mit dem Berghang verbindet, steht ein kleiner Bildstock und davor liegt eine schmale Felsplatte, die als Kniebrett dient. Auch in diesen Stein ist an einer Ecke eine kleine, konisch gebohrte, eindeutig künstliche Schale eingetieft. Von einem weiteren Schalenstein, der sich auf der Stulser Mut, einer runden Almkuppe (2147 m) hoch über Stuls, befindet und der ebenfalls von Oswald Wallnöfer entdeckt wurde, berichtet Franz Haller im Buch „Die Welt der Felsbilder in Südtirol". Die von Wallnöfer angefertigte Zeichnung zeigt 15 Schalen, zwei Kreuze, eine *Schale mit Strahl* sowie *zwei Fußsohlen* (Haller). Einige weitere Schalen fand der Verf. auch auf der Stulser Hangterrasse.

Dies alles zeigt, daß das Gebiet von Stuls in vorgeschichtlicher Hinsicht große Bedeutung besitzt. Denn es ist wohl anzunehmen (und einige neuere Funde bestätigen dies auch), daß das vor- oder frühgeschichtliche Hauptsiedelgebiet wohl weniger die Silberhütthöhe als vielmehr die schönen Hangterrassen waren, auf denen sich heute die Wiesen von Stuls ausbreiten. Doch hierüber liegt noch fast alles im dunkeln. So bleiben noch immer sehr viele Fragen offen, Stuls ist sonach nicht nur das „sonnigste Dorf" des Passeiertales, sondern auch eines der geheimnisumwobensten.
So ist es auch beides, die landschaftliche Schönheit dieser Landschaft und der Reiz der nur zu einem geringen Teil gelösten Rätsel, die uns auf dem schönen, uralten Waldweg von Gomion hinaufwandern lassen zur Silberhütthöhe.

W e g v e r l a u f
Kurz vor dem Weiler Gomion (766 m; Bushaltestelle; 2 km ab St. Leonhard an der Staatsstraße, hier ist die Silberhütthöhe bereits sichtbar) auf dem bei einem Bildstock bergseitig von der Straße abzweigenden Fußweg Nr. 7 in westlicher Richtung stets mäßig steil hinauf, nach der Brücke über den wilden Guflbach (1068 m; 1 Std. ab Gomion) nur noch kurz weiter und auf dem unmarkierten, scharf rechts abzweigenden Weg in Serpentinen durch den Wald hinauf, bis man auf den von Glaiten kommenden Weg Nr. 9 trifft. Auf diesem nun links (westl.) hinauf zum Wiesensattel mit dem erwähnten Bildstock und hinaus zur bewaldeten, an ihrem schwindelerregenden Vorderrand aber freien und dementsprechend aussichtsreichen Kuppe (1283 m).
Dann wieder zum Bildstock zurück, westwärts auf dem breiten Weg 9 quer durch den schluchtartigen Sagbachgraben und weiter eben hinüber nach Stuls (1315 m). Im Ostteil des Dorfes nun bei einem kleinen Bach auf dem von der Straße talseitig abzweigenden Weg Nr. 7 durch Wiesen und an einigen Höfen vorbei hinab zum Sachbachgraben (bei einem Bildstock nicht rechts der Nr. 8 folgen!), der unmittelbar unter den Felswänden der Silberhütthöhe auf einer Brücke überquert wird, und ostwärts weiter, durch Wald eben durch bis zu der bereits im Aufstieg überquerten Brücke über den Guflbach, und auf dem nun vom Aufstieg her bekannten Weg 7 wieder hinab nach Gomion, dem Ausgangs- und Endpunkt unserer Rundtour.
Die Wanderung weist nach alpinen Begriffen keine Schwierigkeiten auf, auch die Wege sind leicht zu finden (die Silberhütthöhe ist in den Wanderkarten allerdings nicht verzeichnet), einige Übung im Bergwandern, gutes Schuhwerk und, auf der Silberhütthöhe selbst, Trittsicherheit, Schwindelfreiheit und erhöhte Vorsicht sind aber doch erforderlich.

G e h z e i t e n
Aufstieg (Gomion — Silberhütthöhe): 1½—2 Std.
Abstieg (Silberhütthöhe — Stuls — Gomion): 1—1½ Std.

K a r t e n u n d L i t e r a t u r
Kompaß-Wanderkarte 1:50.000, Bl. 53 (Meran) oder Bl. 44 (Sterzing); Freytag-Berndt-Wanderkarte 1:100.000, Bl. 45 (Bozen-Meran und Umgebung).
Haller: Die Welt der Felsbilder in Südtirol; Innerebner: Die Wallburgen Südtirols, Bd. 2; Langes: Burggrafenamt und Meran; Lunz: Studien; Lunz: Ur- und Frühgeschichte Südtirols; Menara: Südtiroler Wasserfälle; Rampold: Südtiroler Wanderbuch; Zingerle: Sagen aus Tirol.

11. Die prachtvolle Urzeitstätte St. Hippolyt (Bildteil S. 38)

Die langgezogene Kuppe mit dem weit über das Land blickenden Kirchlein zum hl. Hippolytus gehört zweifelsohne zu den schönsten und aussichtsreichsten Punkten des Burggrafenamtes. Durch seine Nähe an der Gampenpaßstraße ist das beliebte Ausflugsziel leider auch oft recht überlaufen. Deshalb sollte sich, wer kann, für die Wanderung dorthin nicht unbedingt einen Sonntag während der Hauptreisezeit aussuchen, wenn er oben beim Kirchlein Stille und einsame Beschaulichkeit sucht und den einmaligen Blick hinunter auf die zweitürmige Leonburg, auf das weite Etschtal bis hinauf nach Meran und hinab bis ins Südtiroler Unterland, zu den Dreitausendern der Texelgruppe und den Hochflächen und Felsgipfeln der Sarntaler Alpen möglichst ungestört genießen möchte. Vor allem die Zeit der Frühjahrsblüte im Etschtal, wenn die riesigen Obstkulturen ein einziges märchenhaftes Blütenmeer sind, aber auch der Herbst mit seinen Farbenwundern eignet sich besonders für den Besuch dieses Höhenheiligtums unweit von Tisens. Doch auch im Hochsommer, wenn unten im Tal brütende Hitze lastet, hier oben aber ein kühler Lufthauch weht, ist es angenehm und schön auf St. Hippolyt. Wie Gunther Langes in seinem Landeskunde-Band vermerkt, kann man von diesem aussichtsreichen Punkt nicht weniger als 20 Ortschaften und 40 Schlösser und Burgen sehen.
Der in seinem oberen Teil baumlose Hügel erhebt sich am Nordrand der Tisener Hochfläche, fast genau auf halber Strecke zwischen Tisens und Völlan, fast genau dem jenseits des Etschtales liegenden Gargazon gegenüber. So frei die Höhenkuppe auch ist, so dicht bewaldet und fast geheimnisvoll ist die Gegend, die wir in tieferer Lage durchwandern. Vor allem der kleine, langgezogene Narauner Weiher, der in einem Tälchen, dem sogenannten „Sautalele", westlich unter St. Hippolyt versteckt inmitten einer echten Urwaldlandschaft liegt, steht in stärkstem Gegensatz

zur sonnenüberfluteten Hügelkuppe mit der Kirche. Ostseitig dagegen bricht die Anhöhe mit sehr steilen bis senkrechten Felsflanken und prachtvollen Wäldern gegen das Etschtal hin ab.

Wie wohl zu erwarten, ist St. Hippolyt keineswegs die einzige Urzeitstätte in diesem weiten, siedlungsfreundlichen Gebiet. So kennen wir den Kobaltbühel bei Völlan (bronzezeitlich), den Kirchbühel von St. Christoph (Eisenzeit) und verschiedene andere Punkte, die bereits in vorgeschichtlicher Zeit besiedelt waren. St. Hippolyt übertrifft sie an Bedeutung und Schönheit der Lage aber alle. Unter dem Titel „Eine neolithische Fundstätte auf dem Hippolyt-Hügel in dem Mittelgebirge von Tisens bei Meran" in den „Mitteilungen der k. k. Zentralkommission" in Wien sowie unter ähnlicher Überschrift in der „Zeitschrift des Ferdinandeums, Innsbruck", beide 1892, finden wir Berichte aus der Feder des Meraner Kurarztes Franz Tappeiner, die uns erste Kunde von vorgeschichtlichen Funden auf St. Hippolyt geben. Tappeiner hatte, von Fridolin Plant und Alois Menghin angeregt, 1891 erste Versuchsgrabungen durchgeführt und in einem Acker vor allem zahlreiche Feuersteingeräte gefunden. Fast jedes der darauffolgenden Jahre und Jahrzehnte brachte dann den einen oder anderen Fund. Forscher und Urgeschichtsfreunde wie F. v. Wieser, B. Mazegger, D. Reich, G. Roberti, Alois und Oswald Menghin, F. Schrott und andere besuchten immer wieder St. Hippolyt, gruben da und dort und berichteten darüber in zahlreichen Veröffentlichungen. Aber auch Laien beteiligten sich an den der damaligen Zeit entsprechend nicht selten recht unsachgemäßen Untersuchungen. Die Funde kamen in verschiedene Museen und Privatsammlungen, die Fundberichte waren vor allem anfangs sehr unklar, oft widersprüchlich und mangelhaft. So konnte man sich bis vor wenigen Jahren kein geschlossenes Bild der urgeschichtlichen Besiedlung des Hügels machen. Daß wir heute ein solches aber doch besitzen, ist dem Innsbrucker Archäologen Gerard Kaltenhauser zu verdanken, der sich der mühevollen Kleinarbeit unterzog, sämtliche Fundberichte und Funde zu begutachten, sie zueinander in Verbindung zu bringen und zu interpretieren. Eine umfangreiche Abhandlung mit zahlreichen Zeichnungen, die den gesamten Fundkomplex in seiner Gesamtheit darstellt, finden wir aus der Feder des Forschers im „Schlern" 1974, S. 17 ff.

Den ersten Funden, die vor allem aus Feuersteingeräten, wie Schabern, Klingen, Dolch- und Lanzenblättern sowie geschliffenen Steinbeilen aus der Jungsteinzeit (2300—1800 v. Chr.) bestanden, schlossen sich immer wieder neue an. Über die Art der steinzeitlichen Siedlung läßt sich wegen der unklaren Fundumstände nur wenig sagen: *Diese erste Besiedlung hat nach den Beobachtungen Tappeiners nur die oberste Kuppe, und zwar den Bereich des damaligen Ackers umfaßt. Diese Fläche beträgt etwas mehr als 30 Quadratmeter. Es war also höchstens Platz für zwei Hütten vorhanden. Über die Form und das Ausmaß dieser Gebäude kann heute nichts mehr gesagt werden, da diesbezügliche Beobachtungen bei der Ausgrabung versäumt wurden. Über die wirtschaftlichen Verhältnisse der Bewohner geben die Fundhinterlassenschaften nur spärlichen Aufschluß. Obwohl das angefallene Knochenmaterial (es stammt von Rind, Schaf und Schwein) nicht stratifiziert war, kann man annehmen, daß bereits die ersten Besiedler Haustiere hielten* (Kaltenhauser). Die Funde aus späteren Perioden setzen *sich über die Früh- und Mittelbronzezeit (u. a. ansa lunata) und die Endbronzezeit (Laugener Keramik) in die Eisenzeit (Schale mit S-förmiger Wandung und Kreisaugendekor; Certosafibel, Glasarmreifen) und weiter bis ins Frühmittelalter (Hakenkreuzfibel) herauf fort. Eine durchlaufende Siedlungsfolge ist aber nicht erwiesen* (Georg Innerebner, „Die Wallburgen Südtirols", Bd. 2). Reimo Lunz allerdings meint hiezu, daß bereits von der Steinzeitsiedlung an — *in nahezu kontinuierlicher Folge — eine Niederlassung die andere ablöst . . . Möglicherweise ist auf St. Hippolyt das bei Paulus Diaconus in seiner „Vita Langobardorum" genannte Tesana zu suchen, von dem der Ortsnamen Tisens abgeleitet scheint. In diesem Zusammenhang ist vor allem an ein waffenführendes Germanengrab zu erinnern, das um die Jahrhundertwende in einem Weinberg in der Nähe von Tisens zum Vorschein gekommen war* („Ur- und Frühgeschichte Südtirols"). Von einem Fund ganz besonderer Art berichtet Haller: *Nördlich des Hügels von St. Hippolyt erzwingt der Valschauerbach aus dem Ultental in einer tiefen Schlucht den Durchbruch durch gewaltige Porphyrmassen, durchfließt dann die Ortschaft Lana und ergießt sich in einem breiten Schotterbett in die Etsch. In diesem Schotter fand der Deutschordenspriester Vigil Zoderer aus Lana den hier* (in Hallers Buch) *abgebildeten prähistorischen Kopf, aus einem Rollkiesel gestaltet. Nach dem Tode ging der so wertvolle steinzeitliche Fund verloren. Es erfolgte leider keine fachmännische Untersuchung und Datierung* („Die Welt der Felsbilder in Südtirol"). Die erwähnte Schwarzweißabbildung zeigt einen ovalen, glatten Stein, in den durch z. T. tiefe, geradlinige Rillen ein stark stilisiertes Gesicht mit angedeuteten Augen, breiter Nase und breitem Mund eingearbeitet ist. Ob der eindrucksvolle Fund mit der Steinzeitsiedlung auf St. Hippolyt in irgend einem Zusammenhang stand, wird für immer unbekannt bleiben, selbst wenn er wieder eines Tages zum Vorschein kommen sollte.

Heute noch auf dem breiten Hügel erhaltene Baulichkeiten sind das Mesnerhaus südwestlich unter der Kuppenhöhe und das weithin sichtbare, weiße Kirchlein, das wegen der berüchtigten Blitzeinschläge auch „zum bösen Segen" genannt wird. Erstmals urkundlich erwähnt wird es zwar erst 1286, doch ist es mit größter Wahrscheinlichkeit bedeutend älter. Wie bereits angedeutet, wird das langobardische Kastell *Tesena* hier auf unserem Hügel vermutet. *Zu dieser Zeit — so*

Kaltenhauser — *mag bereits am Hügel ein Heiligtum bestanden haben, das dem hl. Hippolytus geweiht war. In der Legende des Heiligen spricht noch manches vom klassisch heidnischen Hippolytus-Kult. Danach wäre es möglich, daß der hl. Hippolytus als Soldatenheiliger von der Besatzung des Kastells angerufen und damit seine Verehrung auf dem Hügel begründet wurde.* Der Schlüssel für die Kirche ist im Mesnerhaus erhältlich, doch birgt das Innere keine hochwertigen Kunstgegenstände. Der Altar und die Kanzel stammen aus dem 17. Jh., die noch in der Kirche befindlichen Statuen sowie ein Bild aus der zweiten Hälfte des 18. Jh.s; eine den hl. Hippolytus darstellende Holzskulptur aus der zweiten Hälfte des 15. Jahrhunderts wurde sichergestellt und befindet sich somit nicht mehr in der Kirche. Bemerkenswert ist ein Votivbild aus dem Jahre 1679, das die Kirche noch ohne ihren heutigen Turm, sondern nur mit einer sogenannten Chorglockenmauer zeigt.

Wie in unserem Raum kaum anders zu erwarten, besitzt auch der Hügel St. Hippolyt wie so viele andere derartige Punkte seine Schalensteine. Wenn sie tatsächlich ein so hohes Alter besitzen, wie für die Schalensteine im allgemeinen angenommen wird, so sind sie die einzigen noch an der Oberfläche erhaltenen Zeugen aus prähistorischer Zeit. Auf der Kuppenhöhe, nur wenig nördlich unter der Kirche, liegt eine kleine, recht unscheinbare und ein Stück weiter nördlich eine zweite, mit ca. 28 cm auffallend tiefe Schale von rund 25 cm Durchmesser (s. Bild S. 39). Sie ähnelt eher einem Pfostenloch als einer der üblichen Schalen und findet Gegenstücke am Tartscher Bühel. Zwei weitere, außergewöhnlich schöne Schalen befinden sich auf der kleinen, von schönem Rasen bedeckten und uralten Kastanien bestandenen Terrasse am Westhang der Kuppe. Vor allem jene unter einer großen Edelkastanie beeindruckt durch ihre Größe und saubere, glatte Ausführung. Ihren Durchmesser gibt Haller mit 22 x 24 cm, die Tiefe mit 14 cm an. Die andere, an etwas freierer Stelle ebenfalls in den die ganze Kuppe aufbauenden, anstehenden Porphyrfelsen gerieben, ist kreisrund, mißt 17 cm im Durchmesser und ist 4,5 cm tief. Haller berichtet (mit beigefügtem Foto) noch von einer fünften in einen bei einem Gatter liegenden Sandstein geriebenen Schale. Der Verf. des vorliegenden Buches konnte diese jedoch nicht ausfindig machen. Luis Oberrauch berichtet ferner von einer *schönen Rutschbahn* — sie befindet sich unweit des Aufstiegsweges kurz vor dem Mesnerhaus. Eine weitere finden wir nahe der Gampenstraße bei der hohen Brücke, wo noch eine dritte bei einem Hausbau zerstört worden sein soll.

Zu diesen steinernen stummen Zeugen längst vergangener Zeiten, in denen der Hügel von St. Hippolyt nicht nur Ausflugsziel, sondern über Jahrhunderte hindurch Wohnstätte war, gehören auch noch die verschiedenen Wege, die von allen Seiten zur Kuppenhöhe emporführen. Sie prägen das Bild unseres geschichtsreichen Hügels ganz entscheidend mit und haben besser als vieles andere die vielen Jahrhunderte überstanden. Aus dem Felsen gehauene Treppen wechseln mit schön gepflasterten Wegstücken ab, da führen sie über grasbewachsene natürliche Felsterrassen, dort wieder als Stiegen, die mit gesetzten Steinplatten angelegt wurden, steil empor. Wenn auch kein Mensch auch nur annähernd ihr Alter bestimmen kann, so sieht man es ihnen doch an, daß es Urwege im wahrsten Sinne des Wortes sind. Der hier vorgeschlagene Wegverlauf von der Etschtalsohle herauf folgt im oberen Teil ab der Gampenstraße dem am meisten benützten Weg nach St. Hippolyt, im unteren Teil aber einem heute fast überhaupt nicht mehr begangenen, aber noch guten und überaus schönen Fußweg, der früher eine wichtige Verbindung zwischen Naraun und damit dem Tisener Mittelgebirge und dem Etschtal darstellte. Selbstverständlich kann auch nur der Abschnitt von der Gampenstraße bis zum Kirchlein und wieder zurück als Kurzwanderung begangen werden, doch ist der gesamte hier vorgeschlagene Weg sicherlich lohnender. Er ist in keiner Weise schwierig oder gefährlich, erfordert aber einige Erfahrung im Wandern auf unmarkierten Wegen abseits der vielbegangenen Touristenrouten.

Wegverlauf

Ausgangspunkt für unsere Wanderung ist der Bahnhof Gargazon (259 m; wer mit dem Auto ankommt, kann es hier abstellen). Wir überqueren auf der nördlich des Bahnhofs befindlichen Brücke die Etsch und wandern in 20 Min. durch die schönen Obstgüter auf der Straße gerade westwärts bis zum Berghang. Hier bei der Straßengabel rechts weiter und auf geteertem Güterweg nordwärts. Nach weiteren 15 Min. (ab Bahnhof Gargazon gut ½ Std.) zweigt nun links (westlich) eine schmale Asphaltstraße ab (262 m). Wir folgen dieser ca. 350 Schritte aufwärts. Dann zweigen wir rechts ab. Auf dem etwas versteckt beginnenden, selten begangenen, nicht markierten, aber noch in gutem Zustand befindlichen Weg, der mehrere weite Serpentinen beschreibt, wandern wir durch den schönen Mischwald empor. Nach 1 Std. ab Straße erreichen wir einen ebenen Kreuzweg (558 m), folgen diesem 10 Min. südwärts, verlassen ihn dann gleich nach dem ersten Bauernhof und wandern auf einem schönen, gut markierten Weg in gut 10 Min. zur Gampenstraße hinan, wobei wir uns unterhalb der hohen Straßenbrücke rechts halten. Von der Straße (in der Nähe eine Tunneleinfahrt und ein Bretterlager) nun auf dem schönen, nur leicht ansteigenden, gut beschilderten und mit Nr. 5 markierten Weg in 20 Min. nordwärts hinan zum Kirchlein St. Hippolyt (758 m).

Abstieg: Vom Kirchlein nordwestseitig auf dem nach Völlan führenden, rot-weiß markierten uralten Weg ganz kurz hinab, dann nach links und in wenigen Schritten zur kleinen Terrasse mit den beiden schönsten Schalen von St. Hippolyt. Nach deren Besichtigung wieder zurück zum markierten Weg und auf ihm weiter hinab ins „Sautalele" bis zum zweiten links abzweigenden, unmarkierten Weg (678 m). Auf diesem nun in südlicher Richtung am romantischen Narauner Weiher vorbei durch das dicht bewaldete kleine Tal eben durch bis unter die hohe Brücke der Gampenstraße (ab St. Hippolyt gut ½ Std.), wo wir wieder auf den im Aufstieg benützten Weg treffen. Auf diesem wieder zurück zum Kreuzweg (in der Nähe des Gasthauses „Gruberkeller") und wie im Aufstieg hinab ins Tal und zurück zum Bahnhof Gargazon.

G e h z e i t e n
Aufstieg (Bahnhof Gargazon — St. Hippolyt): 2—2½ Std.
Abstieg (St. Hippolyt — Narauner Weiher — Gargazon): 1½ St.

K a r t e n u n d L i t e r a t u r
Kompaß-Wanderkarte 1:50.000, Bl. 53 (Meran); Freytag-Berndt-Wanderkarte 1:50.000, Bl. S 1 (Bozen-Meran und Umgebung); Freytag-Berndt-Wanderkarte 1:100.000, Bl. 45 (Bozen-Meran und Umgebung).
Haller: Die Welt der Felsbilder in Südtirol; Innerebner: Die Wallburgen Südtirols, Bd. 2; Langes: Burggrafenamt und Meran; Lunz: Studien; Lunz: Ur- und Frühgeschichte Südtirols; Oberrauch: Schriften zur Urgeschichte Südtirols; Rampold: Südtiroler Wanderbuch; Weingartner: Die Kunstdenkmäler Südtirols, Bd. 2.

12. Am Ölknott vorbei zur Ruine Greifenstein (Bildteil S. 40—42)

Kühn wie kaum eine zweite im burgenreichen Südtirol thront die Burgruine Greifenstein östlich von Siebeneich, dem uralten Kulturboden zwischen Bozen und Terlan, auf einem steil aufragenden Felsen rund 500 m über dem Talboden der Etsch. Der Burgfels ragt aus steilen, im Westen von einem wilden, schluchtartigen Graben begrenzten, von Flaumeichen dicht bestandenen Hängen auf. Durch diese Bergflanken führt der schöne Pflasterweg, am sagenumwobenen Ölknott und an der einsamen Kirche St. Cosmas und Damian vorbei, empor zum Schloß, dessen Außenmauern am äußersten Rand der kleinen Gipfelfläche wie hingeklebt erscheinen. Der Weg ist teilweise ziemlich steil, aber gut markiert. Am schmalen Sattel zwischen dem Burgfels und dem flacheren Berghang dahinter kommt der ebene Wanderweg von Glaning her und bildet einen zweiten, leichteren und nur kurzen Zugang zur Burg. Der so treffende Name Greifenstein wird im Volksmund wenig gebraucht. Die übliche Bezeichnung ist „Sauschloß", und man erzählt sich gern, wie es zu dem Namen gekommen sein soll: Als die Burg einmal über lange Zeit hindurch belagert wurde und ausgehungert werden sollte, da sie wegen der wehrhaften Lage nicht zu stürmen war, warfen die Greifensteiner, schon dem Aufgeben nahe, in ihrer Verzweiflung das letzte noch nicht verzehrte Schwein über die hohe Felswand mitten unter die Feinde. Die Täuschung gelang: Die Belagerer zogen ab in der Überzeugung, da oben lebe man noch in solchem Überfluß, daß jedes weitere Ausharren zwecklos sei.

Tatsächlich durchzieht den gewaltigen Felspfeiler von oben nach unten ein durchgehender, breiter, heute allerdings verschütteter Spalt, der als geheimer Gang bei den wiederholten, lange andauernden Belagerungen wahrscheinlich die unbemerkte Versorgung der Burg ermöglichte. Trotzdem handelt es sich bei der Geschichte mit dem Schwein wohl nur um eine Sage.

Bevor wir uns nun mit den Ereignissen befassen, die sich auf dem Burgfels im Mittelalter tatsächlich zugetragen haben, wollen wir zunächst dem erwähnten Ölknott einen kurzen Besuch abstatten, denn er ist die erste Sehenswürdigkeit, der wir auf unserem Gang hinauf zum Schloß begegnen. Es handelt sich dabei um einen auffallenden Porphyrfelsen, der unweit unseres Weges aus dem Gebüsch ragt und an einer Seite in leichter Kletterei erstiegen werden kann. Ist uns nun dies gelungen, so sehen wir auf der schmalen Plattform des Felsens zwei kleine, in etwa dreieckige, meist wassergefüllte Vertiefungen sowie nahe dem vorderen Rand des Felsens, der rundherum senkrecht oder sogar leicht überhängend abbricht, einen mächtigen, länglichen Stein liegen. Dies wäre an sich nichts besonderes und wohl kaum einer Erwähnung wert, wenn dieser „Ölknott", um den sich auch eine Sage rankt, nicht als prähistorische Kultstätte in die Literatur eingegangen wäre. Man will nämlich festgestellt haben, daß die beiden erwähnten Vertiefungen von Menschenhand herausgemeißelt worden seien, ebenso eine Zuflußrinne und eine Verbindungsrinne zwischen den beiden Schalen. In dem großen, über der unteren Wanne liegenden Felsblock dagegen sieht man einen sogenannten „Wackelstein", der heute zwar umgestürzt ist, einst aber so gelegen sein soll, daß er leicht ins Schwanken versetzt werden konnte und dabei rechts und links auf der Unterlage so stark aufschlug, daß man es weithin hören konnte. Tatsächlich gibt es derartige heute noch funktionierende „Wackelsteine" mehrfach, einen davon oberhalb von Kastelbell im Vinschgau (vgl. Tour Nr. 5). Es wird vermutet, daß der „Wackelstein" auf unserem Ölknott einst als eine Art Orakel und die Felswannen für Kultwaschungen gedient haben könnten. Auch wurde die Frage aufgeworfen, ob die beiden Vertiefungen möglicherweise als prähistorische „Waffenlager", d. h. zur Bereithaltung von Wurf- und Schleudersteinen gedient haben könnten. Ob nun der „Wackelstein" tatsächlich irgendeinmal von Leuten nach der Zukunft befragt wurde und ob

145

auf dem Ölknott Kultwaschungen stattfanden oder Steinzeitmenschen von dort aus feindliche Eindringlinge mit Steinen bewarfen — dies alles sind Spekulationen; es gibt weder Beweise dafür, noch dagegen. Bestimmt nicht trifft jene Vermutung zu, nach der, wie auch die Sage berichtet, auf dem Felskopf einst tatsächlich eine möglicherweise eisen- oder schwefelhaltige Quelle entsprungen sein könnte, wobei an einen Zusammenhang mit dem Moritzinger Schwefelbad zu denken wäre („Schlern" 1967, S. 434).

Mehrmalige Besuche des „Ölknotts" ließen den Verf. nun zur Ansicht gelangen, daß die Vertiefungen im Felsen doch eher natürlichen Ursprungs sind als künstlichen. Sie weisen jedenfalls keine Spur einer Bearbeitung durch Menschenhand auf, ganz abgesehen davon, daß es wohl kaum jemandem einfiele, eine Felswanne für irgendwelche Waschungen oder andere Zwecke in der vorliegenden Form herauszumeißeln (Beispiele besonders schöner, wirklich künstlicher Felswannen bieten jene von Castelfeder und Altenburg, vgl. Bilder S. 109 und 101); übrigens gibt es besonders im Porphyrbereich, aber auch sonst im Gebirge Hunderte jener des „Ölknotts" ähnliche Vertiefungen. Aber auch die „künstliche Zuflußrille" sieht nicht nur sehr natürlich aus, sondern hätte als Wasserzufluß in dieser Form auch keinen Sinn. Dasselbe gilt auch für jene ebenfalls wie die obere einem natürlichen Felsriß folgende Rinne, die vom oberen zum unteren Becken führt. Denn sie ist viel zu wenig tief, um tatsächlich Wasser überzuleiten. Wie auch das Bild auf S. 41 beweist, steigt der normale Wasserpegel nie bis zur Rinne an, sondern das Wasser fließt — etwa bei sehr starkem Regen — bereits vorher seitlich ab. Noch weniger als künstlich anzusprechen ist schließlich die dritte Rille, die vom unteren Becken bis zum Rand des Felsens führt.

Ähnlich unhaltbar scheint dem Verf. die These vom „Wackelstein", wenngleich natürlich auch nicht das Gegenteil bewiesen werden kann. Zwar gibt es zwei leicht erhöhte kantige Stellen, wo eine größere Platte theoretisch hätte aufliegen und bewegt werden können. Der angeblich umgestürzte „Wackelstein" aber, der heute noch über der unteren Wanne liegt, ein mächtiger Porphyrblock von etwa 2 m Länge und 1 m Breite und Höhe und somit mehreren Tonnen Gewicht, kann aufgrund seiner Form wohl unmöglich auf einer der beiden Felsrippen gelegen und in Schwankungen versetzt worden sein, ohne dabei wegzurutschen und vor allem ohne dabei eindeutige Spuren zu hinterlassen. Solche sind aber nicht festzustellen. Ein weiteres kommt hinzu: Wenn nun aber doch der Block auf jener Rippe, die unter Umständen als Auflagepunkt in Frage käme, gelegen wäre, so hätte er dadurch die untere Felswanne zugedeckt, und diese hätte unmöglich künstlich eingetieft werden können. Dasselbe gilt übrigens auch, wenn der Block schon immer in der heutigen Lage befunden hätte, denn er verdeckte auch so das Wasserbecken. Da der Fels nicht von selbst umgestürzt sein kann, müßten es Menschen getan haben. Aber weshalb? Doch auch wenn man einen Grund dafür fände, so sprechen Form und heutige Lage des Blocks doch dagegen, daß er überhaupt umgestürzt wurde. Auch hätte es dazu eines Aufwandes bedurft, den der angestrebte Zweck wohl kaum gerechtfertigt erscheinen läßt. Und da auch die Stelle, an welcher der „Ölknott" erstiegen werden kann, keine Spur künstlicher Bearbeitung (etwa Stufen oder ähnliches) aufweist, dürfte nach Ansicht des Verf. das ganze wohl als ein Werk des eiszeitlichen Etschgletschers anzusehen sein.

Trotz der geschilderten Sachlage könnte der „Ölknott" aber doch einst jene Rolle gespielt haben, von der eine alte Legende spricht. Demnach sei auf dem Felsen vor alter Zeit eine heilkräftige Ölquelle entsprungen. Doch habe eines Tages ein geldgieriger Heidenpriester damit begonnen, das Öl nur mehr um teures Geld an die Bedürftigen zu verkaufen, und daraufhin sei die Wunderquelle für immer versiegt. Tatsache ist nun, daß das Regenwasser in den beiden kleinen Felsbecken auch heute noch ölartige Flecken aufweist und vor allem in der unteren Wanne, wo es vor der Sonneneinstrahlung durch den darüberliegenden Block geschützt ist, fast nie austrocknet; es sieht also fast so aus, als ob es aus dem Innern des Felsens kommen müßte. Auffallend ist auch, daß sich am Westfuß des Felsens im dichten Gestrüpp eine auffallend schön geschichtete, einige Meter lange Trockenmauer versteckt.

Dies könnte möglicherweise andeuten, daß der Kern der Legende näher an die Tatsachen herankommt als alle heutigen Deutungsversuche. Denn es wäre wohl möglich, daß einst ein schlauer und vielleicht einflußreicher Mann den leichtgläubigen Mitmenschen das Wasser mit den „Ölflecken" in kleinen Mengen als heiliges, aus dem Felsen kommendes Öl andrehte und ihnen, als die Wannen leer waren, erzählte, die Quelle sei versiegt. Falls dies zuträfe, dann könnte die noch erhaltene Trockenmauer, die sich ausgerechnet unter der einzigen Stelle befindet, an der der Felsen erklettert werden kann, wohl der Rest einer Behausung jenes „Heidenpriesters" sein, der natürlich darüber wachen mußte, daß niemand außer ihm den Felsen erstieg und den Schwindel aufdeckte. Doch auch all dies ist nur eine Vermutung.

Immerhin ist der „Ölknott" einen kurzen Besuch wert. Weitergehend kommen wir dann bald zu einer 1782 unter Josef II. profanierten und heute vor weiterem Verfall geschützten Kirche, die im Jahre 1230 den heiligen Ärzten Cosmas und Damian geweiht worden war. Da auf Greifenstein eine griechische Silbermünze mit zwei Jünglingsköpfen, im Bereich der Kirche eine *Zwillingsfigur aus Bronze* (Rampold, „Bozen", S. 221) sowie eine Bronzeschale mit verdächtiger rätischer Inschrift gefunden wurden, wird vermutet, daß die Kirche auf eine alte Dioskuren-Kultstätte zurückgehen könnte (Dioskuren: göttliches Brüderpaar aus dem griechischen Mythos, Söhne des Zeus; sie standen später mit Juturna, Göttin einer römischen Heilquelle, in Beziehung, wurden in der christlichen Religion von verschiedenen Heiligenpaaren abgelöst, so auch von Cosmas und Damian). Ob dieses vermutete vorchristliche Heiligtum in unserem „Ölknott" zu suchen wäre, ist schwer zu sagen, doch aufgrund der Sachlage auch nicht auszuschließen (hiezu Rampold in „Bozen", S. 221 bzw. Mayr in „Schlern", 1960, S. 126 und 1977, S. 483). Immerhin wurde 1976 von Bruno Mahlknecht am Steig, der zum Felsen hinaufführt, ein Fragment eines Bronzegefäßes aus der Zeit um 380 v. Chr. gefunden, das als Verzierung einen Vogelkopf und einen Mann mit einer Art Baskenmütze zeigt.

Doch nun steigen wir nach diesen Zwischenaufenthalten auf dem alten Burgweg weiter bergan und erreichen schließlich die Ruine Greifenstein. Im Innern wächst Gebüsch und Gras; nur mehr Mauerreste, die an der Ostseite schon gefährliche Risse aufweisen und dem Absturz nahe zu sein scheinen, erzählen uns vergangenen Jahrhunderten.

In das Licht der Geschichte tritt die Burg, die wegen ihrer besonders wehrhaften Lage nie einen Bergfried besaß, in einer ersten urkundlichen Erwähnung aus dem Jahre 1159, doch weiß man nichts über ihre erste Erbauung. Von jener ersten mittelalterlichen Burg sind heute auch nur mehr teilweise die Grundmauern erhalten; denn trotz ihrer uneinnehmbaren Lage fiel sie 1275 dem Angriff Meinhards II. zum Opfer. In seinem Kampf gegen den Bischof von Trient war es dem Grafen von Tirol und Görz gelungen, innerhalb weniger Monate in einem mit aller Härte geführten Blitzkrieg neben Greifenstein auch weitere acht Burgen zu erobern. Wie aus Urkundenmaterial hervorgeht (vgl. Paul Mayr im „Schlern" 1968, S. 135 ff.), in dem vom „eisernen Feuer" die Rede geht, scheint dieser einmalige Erfolg Meinhards durch den Einsatz einer in Ost-Rom als „griechisches Feuer" seit langem bekannten Geheimwaffe, nämlich eine Art Brandbombe, die aus verschiedenen schwer löschbaren Stoffen (Schwefel, Kaliumnitrat, Kolophonium und Öl) zusammengesetzt war, errungen worden zu sein. In den Machtkämpfen der folgenden Jahrhunderte erfolgten rasch nacheinander der Wiederaufbau Greifensteins (1334), die erneute Zerstörung unter Margarethe Maultasch, erneuter Wiederaufbau durch F. v. Greifenstein und 1386 der Übergang der Burg an die Starkenberger. Nach zunächst zweimaliger erfolgloser Belagerung, die sich über fast zwei Jahre hinzog, durch Herzog Friedrich mit der leeren Tasche, wobei sich auch Oswald von Wolkenstein unter der 19köpfigen Mannschaft des Tiroler Adels in der Burg befindet und sein berühmtes Kampflied dichtet, gelangt Greifenstein um 1425 nach der heimlichen Flucht Wilhelms von Starkenberg dann doch in Friedrichs Hände. Zum letzten Mal wird die teilweise zerstörte Anlage wiederaufgebaut, bevor sie im 16. Jahrhundert verlassen und dem Verfall preisgegeben wird. Die Mauern zeigen noch heute die Spuren von Zerstörung und Wiederaufbau.

Doch die in kurzen Umrissen geschilderte Geschichte von Greifenstein war nur die Schlußphase der Besiedlung auf und um den mächtigen Burgfelsen. Wenn auch noch vieles ungeklärt ist und im dunkeln liegt, so belegen zahlreiche Funde doch, daß das Gebiet bereits in vorgeschichtlicher Zeit von Menschen besiedelt war. Bereits um das Jahr 1858 kamen am Hang unterhalb des Greifensteiner Felsens vier Eisenschwerter, ein Helm aus Eisen, verschiedene Blechstücke aus Bronze, darunter eines mit rätischer Inschrift, sowie eine Fibel zum Vorschein. 30 Jahre später wurde ein Schöpflöffel gefunden, der ebenfalls eine Inschrift aus vorrömischer Zeit trägt, und man nimmt an, daß im Fundgebiet — dem Bereich des Ansitzes Großkarnell (Brigl) am Südwestfuß von Greifenstein — im Zeitraum vom 5. bis zum 2. Jahrhundert v. Chr., also in der jüngeren Eisenzeit, ein größeres Gräberfeld lag, worauf auch ein im Talbereich in den 60er Jahren aufgefundener (lt. D. Schürr nicht keltischer) Grabstein mit Inschrift im sogenannten „Bozner Alphabeth" hinweist. Von Bedeutung sind außerdem zwei erst 1977 bzw. 1979 an unserem Anstiegsweg aufgefundene keltische, gut erhaltene kleine Münzen (eine aus Gold und eine aus Silber) aus dem 1. Jh. v. Chr., während eine weitere Silbermünze, eine griechische Istros-Drachme, aus dem 4. Jh. v. Chr., angeblich im Gemäuer der Burg Greifenstein zum Vorschein kam. Georg Innerebner entdeckte am Greifensteiner Hang zahlreiche Hüttenreste, die zwar noch viele Rätsel aufgeben, aber von Lunz doch als möglicherweise eisenzeitlich angesehen werden. Neben mittelalterlichem Abfall wurden in dem erwähnten Felsspalt am Fuße des 80 m hohen Burgfelsens erst 1966 mehrere vorgeschichtliche Keramikfragmente grober Machart gefunden, die wahrscheinlich von der Anhöhe durch die Kluft hierher gelangt sind. Auffallend ist, daß zum Eingang des einen Meter breiten Spaltes ein heute noch begehbarer Pfad führt, der auf den eingangs erwähnten Geheimgang zur mittelalterlichen Burg hindeuten könnte. Die von Karl Hucke aus Deutschland entdeckten Scherben („Schlern" 1971, S. 393) weisen auf eine Besiedlung des Burgfelsens in der *ausgehenden Jungsteinzeit* (Lunz) hin. Aber auch aus den ersten Jahrhunderten unserer Zeitrechnung liegt ein bedeutsamer Fund vor. Der Bozner Student Helmut Rizzolli („Schlern" 1954, S. 43) fand auf dem Greifenstein im Jänner 1954 eine guterhaltene römische Münze aus Bronze des Kaisers Maximianus Herculius (286—305), den wir auch zusammen mit seinem Sohn Maxentius vom Meilenstein aus der Eisackschlucht bei Blumau her kennen. Dieser Fund unterstreicht, so Lunz, *die Bedeutung Greifensteins auch in frühgeschichtlicher Zeit.*

Allerdings werden wir nie mehr erfahren, welches Bild jene prähistorischen und frühgeschichtlichen Siedlungen auf dem wehrhaften Greifenstein geboten haben könnten. Durch die mittelalterliche Überbauung wurde jede Spur restlos zerstört, und viele Fragen werden wohl für immer unbeantwortet bleiben. Die aufgezählten Funde aber, die zum Teil im Bozner Stadtmuseum besichtigt werden können, liefern doch zumindest den Beweis dafür, daß auf dem Burgfels selbst und an den Hängen darunter über sehr viele Jahrhunderte hindurch reges Leben geherrscht hat. So ist unsere Wanderung vom „heiligen Bezirk" von Moritzing-Siebeneich hinauf zum sagenumwobenen Ölknott, zur verlassenen Kirche St. Cosmas und Damian und weiter zur Ruine Greifenstein, wo sich aus den über dem schwindelerregenden Abgrund befindlichen Fensteröffnungen ein großartiger Ausblick über das gesamte Burggrafenamt und das Südtiroler Unterland auftut, ein sehr erlebnisreicher Gang auf einem uralten Weg, der uns in die geheimnisvollen Zeiten vergangener Jahrhunderte und Jahrtausende zurückführt. Die Tour ist an sich weder schwierig noch gefährlich und kann jedem einigermaßen gehtüchtigen Wanderer empfohlen werden. Allerdings ist der Weg teilweise ziemlich steil; auch ist der knapp 2 m über dem Boden befindliche Eingang in die Burgruine nur in leichter Mauerkletterei erreichbar. Größte Vorsicht ist schließlich beim Blick aus den Öffnungen der Außenmauern geboten — er erfordert absolute Schwindelfreiheit.

Wegverlauf

Von Moritzing, dem westlichen Bozner Stadtteil, auf der Staatsstraße in Richtung Meran bis zu einem rechter Hand befindlichen, recht unauffälligen, verwahrlosten Bildstock (ab Moritzinger Schwefelbad knapp 1 km; 243 m Seehöhe; links von der Straße kleine Parkmöglichkeit). Hier auf dem steilen Fußweg Nr. 11 durch teilweise dichtes Gebüsch hinauf bis zu einem von links heraufkommenden, teilweise asphaltierten, aber für Privatautoverkehr gesperrten Fahrweg, der bei einer klausenartigen Mauer erreicht wird. Auf diesem Weg kurz rechts weiter. Nach wenigen Minuten erblicken wir oberhalb des Weges den etwa 10 m hohen „Ölknott", den wir auf Steigspuren und zuletzt an der Westseite in kurzer Kletterei über eine ausgesetzte 1½ m hohe Wandstelle erklimmen (ab Bildstock knapp 20 Min.). Auf dem Fahrweg weiter hinan zur Kirche St. Cosmas und Damian und auf dem teilweise gepflasterten und auffallend gut untermauerten Burgweg, weiterhin Nr. 11, durch die steilen, dicht mit Flaumeichen bestandenen Hänge hinauf zum kleinen Sattel zwischen Burgfelsen und Glaninger Hochfläche. Hier links auf schmalem Steig ab, um die Nordseite des Felsens herum und hinauf zum Schloß (746 m). Wie erwähnt, ist der Eingang nur in kleiner Mauerkletterei erreichbar, was bei etwas Gelenkigkeit aber keine großen Schwierigkeiten bereitet. Wer im Bereich von Greifenstein eine Rast- und Einkehrstätte sucht, kann vom erwähnten Sattel nur kurz ansteigend und dann eben durch einen schönen Kastanienhain auf gutem Wanderweg in 10 Min. das Gasthaus „Noafer" in Unterglaning erreichen.

Für den Abstieg benützen wir, mangels anderer günstiger Möglichkeit, wieder den beschriebenen Aufstiegsweg.

Gehzeiten

Aufstieg (Moritzing — Ruine Greifenstein): 1½ Std.
Abstieg (Ruine Greifenstein — Moritzing): 1 Std.

Karten und Literatur

Kompaß-Wanderkarte 1:50.000, Bl. 54 (Bozen); Freytag-Berndt-Wanderkarte 1:50.000, Bl. S 1 (Bozen-Meran und Umgebung); Freytag-Berndt-Wanderkarte 1:100.000, Bl. 45 (Bozen-Meran und Umgebung).

Innerebner: Die Wallburgen Südtirols; Lukan: Alpenwanderungen in die Vorzeit; Lunz: Ur- und Frühgeschichte Südtirols; Lunz: Studien; Mahlknecht: Südtiroler Gebietsführer, Bd. 23; Rampold: Bozen; Weingartner: Die Kunstdenkmäler Südtirols, Bd. 2

13. Über den Johanniskofel nach Wangen im Sarntal (Bildteil S. 44)

Der Johanniskofel ist eines der bekanntesten Naturdenkmäler in Südtirol, das Wahrzeichen des äußeren Sarntals und der Beherrscher der wilden Sarner Schlucht. Das beeindruckende Bild, das er mit seinen 230 m tief bis zur Talfer senkrecht abbrechenden Felswänden bietet, bleibt jedem, der durch das Sarntal fährt, unvergeßlich, wenn auch das hübsche Kirchlein auf seinem höchsten Punkt heute schon derart von Laubbäumen umgeben ist, daß es von unten nur mehr im Winter erspäht werden kann, wenn die Bäume kahl sind. Bieten die senkrechten und teilweise sogar überhängenden Felswände zuweilen besonders tüchtigen Kletterern ein interessantes Betätigungsfeld, so lädt ein einmalig schöner, uralter Pflasterweg, der im oberen Teil sogar zum schmalen und leicht ausgesetzten Felssteig wird, den weniger Felskundigen zu einer nicht allzu langen, sehr schönen Wanderung ein, die je nach Belieben auch bis nach Wangen, das schon im Rittner Bereich liegt, ausgedehnt werden kann.

Als naturkundliche Besonderheit sei hier vermerkt, daß sich in einer Einbuchtung der vom Johanniskofel abstürzenden Felswand ein allerdings seit langem verlassener und zeitweise auch von einem Uhu bewohnter Steinadlerhorst befindet, *ein Beweis dafür, daß der Adler früher auch tiefere Täler besiedelt hat* (Ortner).

Stehen bei den anderen Tourenvorschlägen dieses Buches oft rätselhafte Zeugen vorgeschichtlicher Besiedlung im Vordergrund, so ist es hier der Weg selbst, der in seiner heutigen Form wohl erst aus dem Mittelalter stammen dürfte, aber sicher bereits viel früher, vielleicht nur als versteckter Wald- und Felspfad, bestanden hat. Denn man weiß heute, daß der Johanniskofel bereits in prähistorischer Zeit von Menschen bewohnt war. Sicher haben jene ersten Siedler, von denen man allerdings nur sehr wenig weiß, den Johanniskofel nicht von der Sarner Schlucht aus, die ja noch nicht begehbar war, sondern von oben, also vom Ritten her über Wangen erreicht. Doch gab es zweifellos schon sehr früh eine Verbindung zwischen der Rittner und der Jenesiener Seite über die schmale tiefe Sarner Schlucht hinweg, kennen wir doch noch heute die uralte Katzenleiter, die von Jenesien bzw. Afing her über den Unterkoflhof einen in alten Zeiten vielbegangenen, sehr steilen Abstieg in den Maggner Kessel ermöglichte und zwangsläufig jenseits hinauf zum Johanniskofel und weiter nach Wangen einen Fortsetzungsweg besaß. Wenn es naturgemäß aus jener frühen Zeit auch keine schriftlichen Urkunden gibt, so dürfen wir doch in den uralten Überlieferungen einen wahren Kern sehen, die uns über diese einstigen Wege so manches erzählen. Wenn wir mit K. F. Wolff annehmen, daß die Räter mindestens seit dem zweiten vorchristlichen Jahrtausend bereits ein dichteres und besser ausgebautes Bergwegenetz besaßen, als wir heute meist zu glauben bereit sind, so dürften wohl auch diese alten Sarner Wege und somit auch unser schöner Pflasterweg zum Johanniskofel und weiter nach Wangen auf vorgeschichtliche Anlagen zurückgehen. Von einer Überlieferung, die zwar nicht in so frühe Zeiten zurückreicht, aber die Bedeutung dieses alten Verbindungsweges veranschaulicht, berichtet Ambros Trafoier („Schlern" 1934, S. 368) folgendes: *In alten Zeiten überquerte am Fuße des Johanniskofl, etwa 20 m höher als die heutige Brücke* (damit ist nicht die erst kürzlich angelegte Hängebrücke, sondern eine ältere, etwas weiter talauswärts befindliche gemeint), *ein schmaler Steg die Schlucht. Heute noch sieht man an der rechten Seite des Tales ein altes Mauerstück, das uns die Höhe der ehemaligen Brücke zeigt. Über diesen schwindeligen Steg ging der Jenesier Doktor, wenn er nach Wangen zu einem Kranken gerufen wurde. Als Reittier benutzte der Doktor einen Esel, mit dem er auf der Katzenleiter von „Unterkofl" her zu Tal stieg. Weil sich aber der Esel weigerte, über den wackeligen Steg zu schreiten, hängte ihn der Arzt jedesmal an einen Baum und ließ ihn geduldig warten, bis er von seinen, wohl oft nicht ganz kurzen Krankenbesuchen heimwärts zog.* Als Bestätigung dieser Angaben, die Trafoier von einem Afinger Bauern erhalten hatte, berichtet Luis Oberrauch (in „Schlern" 1977, S. 261), daß ihm um 1934 der Steinmannbauer am Johanniskofel, also auf der gegenüberliegenden Talseite, ähnliches erzählt habe, jedoch mit der Ergänzung, daß jener uralte Steg, der sich nach Oberrauchs Angaben zu schließen in etwa an der Stelle der heutigen neuen Hängebrücke befunden haben dürfte, aus langen Lederstricken gefertigt gewesen sei. Hiezu bemerkt Oberrauch, daß es nach der Überlieferung auch bei Innichen eine derartige „Lederbrücke" gegeben habe, und zwar an einer Stelle, wo tatsächlich römische und vorgeschichtliche Funde getätigt werden konnten. *Mit Leichtigkeit* — schreibt Oberrauch — *stellen Naturvölker Hängebrücken aus Lianen her. Viel einfacher dürfte, wie in unserem Falle, der Bau einer Hängebrücke aus Lederstricken gewesen sein...* Beziehen wir nun in diese Betrachtung auch die erwähnte Bezeichnung „Katzenleiter", die stets an Felswegen sehr hohen Alters haftet, und vor allem die vorgeschichtlichen Funde auf dem Johanniskofel mit ein, so dürfen wir wohl unseren schönen Pflasterweg als „Urweg" im wahrsten Sinn des Wortes betrachten. Auf den alten Sarner Schluchtweg und auf die anderen alten Wege in diesem Bereich näher einzugehen, ist hier nicht der Platz, weshalb auf den Landeskunde-Band „Bozen" von Josef Rampold (mit weiteren Literaturangaben) sowie auf eine Arbeit von C. v. Braitenberg im „Schlern", Jg. 1975, S. 280 ff. verwiesen sei.

So steigen wir nun auf unserem Weg (Bild S. 45) zum Johanniskofel auf und befinden uns hier auf urgeschichtlichem Siedelboden. Die erste diesbezügliche Gewißheit verdanken wir wieder Luis Oberrauch, der bereits im Jahre 1938 die ersten Funde in Form von *Scherben, Branderde und Knochen* (Innerebner) tätigen konnte. Doch besaß diese erste, wenn auch für das Sarntal sehr wichtige Entdeckung nur verhältnismäßig geringen Aussagewert, weshalb im April 1972 eine größere, eingehendere, von Oberrauch geleitete Grabung vorgenommen wurde, an der sich insgesamt fünf Südtiroler Forscher beteiligten. Das reiche Fundmaterial, das dem Bozner Stadtmuseum übergeben wurde, brachte nunmehr den sicheren *Nachweis frühbronzezeitlicher Besiedlung des Johanneskofels* (Lunz). Der mächtige Felsmonolith bildet damit nicht nur ein weiteres Beispiel dafür, daß sich in jener Zeit *die Siedlungen vorwiegend auf schwer zugänglichen, von Natur aus geschützten Hügelkuppen* (Lunz) befanden, sondern die Fundstelle läßt auch den bereits erwähnten Schluß zu, daß die Besiedlung des Sarntales von dem an vorgeschichtlichen Stätten so reichen Ritten aus erfolgt sein dürfte. Dem Besucher der kleinen, begrasten und von einem Ring von Robinien umstandenen Gipfelfläche begegnen allerdings keine an der Oberfläche erhaltenen Zeugen aus jener Jahrtausende zurückliegenden Zeit (1800—1500 v. Chr.). Denn sie mußten wohl, sofern wir der Überlieferung Glauben schenken dürfen, jener mittelalterlichen Burg weichen, die „Scharfenstein" geheißen haben soll. Doch auch von dieser ist nichts mehr erhalten, es sei denn *die Mauern um die Kuppenfläche herum...,* an der Südecke sogar noch ein Turmgewölberest

(Innerebner) sowie ein ebenfalls an der Südseite befindlicher (und mit dem „Turmgewölberest" identischer ?), von Rampold erwähnter *halb eingestürzter Ziehbrunnenrest*. Jedenfalls wurden hier außer den vorgeschichtlichen auch mittelalterliche Scherben gefunden.

An der Südseite der Kuppenfläche steht ein weit über das Land und tief in die Sarner Schlucht blickendes Wetterkreuz und nahe dem Nordrand das 1444 erstmals urkundlich erwähnte Kirchlein *Sankt Johann am Stein*, wie es in alten Schriften genannt wird. Das schlichte Innere des in seiner heutigen Form 1529 geweihten Kirchleins enthält nur den barocken Altar mit verschiedenen Bildern (1633) sowie *rührend unbeholfene Votivbilder* (Rampold). Nach der Überlieferung soll die Kirche, die wahrscheinlich vom gleichen Baumeister wie die Vigiliuskirche von Wangen stammt, aus den Trümmern der Burg Scharfenstein erbaut worden sein. Tatsächlich ist, wie Weingartner vermerkt, *1497 ein Burgstall bei St. Johann erwähnt*. Den Schlüssel zur Kirche holt man sich zweckmäßigerweise bereits beim Aufstieg im schönen, 1973 mustergültig restaurierten Steinmannhof, der unweit des Sattels, der den Johanniskofel mit dem Hinterland verbindet, inmitten uralter Kastanienbäume und ertragreicher Weinberge liegt. Man kann hier auch zur Jause einkehren und die schöne alte Stubentäfelung bewundern, die beim Umbau des Hauses schonend herausgenommen und dann wieder eingebaut wurde — ein nachahmenswertes Beispiel für viele andere Bauernhäuser.

Ziel unserer Wanderung ist schließlich das in 1081 m Höhe gelegene Dorf Wangen, das zwar eine Fraktion der Gemeinde Ritten ist und auch kirchlich dorthin gehört, lagemäßig aber eindeutig dem Sarntal näher ist. Das klimatisch überaus günstig in eine weite, windgeschützte Wiesenmulde gebettete Dorf mit der nahen hübschen Kuppe, auf der die Pfarrkirche St. Peter (um 1200) mit frühgotischen Resten und reichhaltiger Einrichtung aus späteren Jahrhunderten überaus malerisch über das Land blickt, hat trotz mehrerer neuer Häuser und der Autostraße vom Ritten her seinen ursprünglichen Charakter weitgehend bewahrt. Die erwähnte Kuppe St. Peter, ebenfalls eine durch Scherbenfunde nachgewiesene Urzeitstätte, wird heute neben dem Johanniskofel als einstiger Standort des Wangener Stammschlosses angesehen, doch sind keinerlei diesbezügliche Reste mehr erhalten. Eine zweite Kirche, dem hl. Vigilius geweiht, neugotisch ausgestattet und 1518 erstmals urkundlich erwähnt, steht inmitten der Häuser in der breiten Wiesenmulde. Besonders hervorzuheben ist der eindrucksvolle Blick nach Süden sowie der klimatisch bedingte Umstand, daß die Rebe an den sonnigen Südhängen bis nahe an das Dorf herauf reicht.

Wegverlauf

Unser Weg beginnt bei der Sarntaler Staatsstraße am Südausgang des Tunnels Nr. 18 (ca. 470 m; Bushaltestelle, für Privatautos nur geringe Parkmöglichkeit, Wegzeiger). Früher begann der Weg etwas weiter südlich, der heutige wurde erst 1977 neu angelegt. Er führt, mit Nr. 4 markiert und durch Geländer abgesichert, zunächst kurz abwärts, dann auf einer ebenfalls neuen, 33,5 m langen Hängebrücke über die tiefe Sarner Schlucht und trifft drüben bald auf den Pflasterweg, auf dem wir ohne jegliche Orientierungsprobleme den Sattel beim Steinmannhof (hier Schlüssel für die Johanneskirche erhältlich) und über einen teilweise in die Felsen gehauenen, leicht ausgesetzten Steig die Gipfelfläche des Johanniskofels (658 m; ½ Std.) erreichen. Wer die Wanderung hier beenden will, kehrt auf dem Anstiegsweg zurück, wer sie verlängern will, kehrt nur bis zum Steinmannhof zurück und folgt dann weiterhin dem guten und landschaftlich sehr schönen Weg teilweise etwas steil, aber in keinerlei Hinsicht schwierig, an mehreren Berghöfen vorbei, bergan (weiterhin Markierung 4). Nach einer guten Stunde ab Johanniskofel ist Wangen erreicht (1081 m).

Für den Abstieg muß hier der beschriebene Aufstiegsweg vorgeschlagen werden, da er orientierungsmäßig der sicherste, der kürzeste und auch der einzige markierte ist. Sehr erfahrene und sichere Geher können aber auch auf dem alten und an sich schönen, aber nicht markierten, sehr abschüssigen und teilweise wegen zahlreicher Abzweigungen orientierungsmäßig recht heiklen Weg absteigen, der über die Höfe beim Liebharter (ab hier Güterweg) zum wilden Emmerbachgraben, über weitere kleinere Gräben und lange durch Wald weiter zum großen Maggnerhof und von dort sehr steil und nicht ungefährlich in die Sarner Schlucht absteigt. Von dort kurzer Aufstieg zur Schluchtbrücke und hinauf zum Ausgangspunkt an der Straße. Je nach Gehtüchtigkeit 1 bis 2 Stunden. Da der Weg nach Unwettern nicht selten unterbrochen ist, frage man in Wangen unbedingt nach seinem Zustand, und hinsichtlich des genauen Wegverlaufes frage man sich bei den Höfen durch.

Gehzeiten

Aufstieg (Sarner Straße — Johanniskofel — Wangen): 1½—2 Std.
Abstieg (Wangen — Johanniskofel — Sarner Straße): 1 Std.

Karten und Literatur

Kompaß-Wanderkarte 1:50.000, Bl. 54 (Bozen); Freytag-Berndt-Wanderkarte 1:50.000, Bl. S 1 (Bozen-Meran und Umgebung); Freytag-Berndt-Wanderkarte 1:100.000, Bl. 45 (Bozen-Meran und Umgebung);

Innerebner: Die Wallburgen Südtirols; Lunz: Ur- und Frühgeschichte Südtirols; Mahlknecht: Südtiroler Gebietsführer Bd. 12; Ortner-Mayr: Südtiroler Naturführer; Rampold: Bozen; Rampold: Südtiroler Wanderbuch; Weingartner: Die Kunstdenkmäler Südtirols, Bd. 2.

14. Knappenlöcher, Schalensteine und Felszeichnungen in Pflersch (Bildteil S. 46)

Pflersch, das bei Gossensaß vom oberen Eisacktal (Wipptal) westlich abzweigende Tal, ist als eine der schönsten Berggegenden Südtirols bekannt. Ehrwürdige alte Berghöfe, die behäbig im breiten Talboden liegen oder nur wenig höher vom sonnigen Hang herabgrüßen, relativ mildes Klima, vor allem aber die gewaltigen Gletscherberge im Talschluß und die schroffe, kühne Dolomitgestalt des Pflerscher Tribulauns begründen den Ruf des Tales. Es ist dies auch heute noch ein stilles Paradies für den Wanderer, den Gletschergeher und den Kletterer.

Aber Pflersch besaß in vergangenen Jahrhunderten auch in kulturgeschichtlicher Hinsicht große Bedeutung. Es war für den vor allem wirtschaftlichen Aufschwung von Gossensaß das, was der Ridnauner Schneeberg für Sterzing war. Nicht umsonst wurde und wird Pflersch das „Silbertal" genannt, denn der Abbau von silberhaltigem Fahlerz stand hier über lange Zeit hindurch in höchster Blüte. Dies gilt besonders für das 15. Jahrhundert, was wir daraus ersehen, daß 1428 in Gossensaß ein eigenes Silberwechselamt eingerichtet wurde. Tausend und mehr Bergknappen sollen zu jener Zeit vor allem an der Südseite, der „Nörderseite", und im Innern des Tales nach dem edlen Metall geschürft haben. An jene Zeit erinnert in Gossensaß noch heute die 1510 von den Bergleuten gestiftete Barbarakapelle, während im Pflerschtal selbst noch zahlreiche Stolleneingänge, sogenannte Knappenlöcher, zu sehen sind. Manche befinden sich in der Nähe des Talbodens, doch finden wir auch viele in sehr beachtlichen Höhenlagen, wie jene, die Hermann Holzmann im Bereich der Gletscher und in der senkrechten „Hängenden Wand" (rund 2300 m Höhe) fand. Diese Stollen, in denen Hirten noch Bauholzreste gefunden haben, sind heute zum Teil oder höchstens nur auf sehr ausgesetzten Felssteigen zugänglich. In welche Zeit die Ursprünge dieses bedeutenden Bergbaues, von dem wir wissen, daß bereits 1560 seinen Höhepunkt überschritten hatte (aber bis in jüngste Zeit noch zeitweilig und versuchsweise fortgeführt wurde), ist unbekannt, denn die erste urkundliche Erwähnung im Jahre 1423 besitzt in dieser Frage nur wenig Aussagewert. Der Innsbrucker Professor Hermann Holzmann, der dieser Frage jahrelang nachgegangen ist und die Gegend wiederholt besucht und genau erkundet hat, spricht in einer eingehenden diesbezüglichen Abhandlung (Reimmichlkalender 1962) die feste Überzeugung aus, daß der Pflerscher Bergbau bis in prähistorische Zeit zurückreicht. Darauf deuten laut Holzmann nicht nur zahlreiche vorrömische Namen von Örtlichkeiten hin, wie Pflersch selbst (möglicherweise aus einem vorrömischen „Vallorgia"), Toffring, Allrieß, Lidofens und andere, sondern vor allem jene rätselhaften Felszeichnungen, die das eigentliche Ziel unserer Wanderung sind.

Der „Urweg" beginnt kurz nach dem letzten Häusern von Innerpflersch, dem sogenannten Weiler *Boden*. Wir wandern hinauf zur sonnigen Hangterrasse im hintersten Talbereich, wo am Rande prächtiger Wiesen und am Fuße senkrechter Felsflanken, über die vom Tribulaunmassiv herab zahlreiche Wasserfälle sprühen, die schönen Höfe von Außer- und Hinterstein liegen. Von Außerstein führt ein uralter Weg im Anblick der gleißenden Firne nahezu eben talein nach Hinterstein. Zunächst entdecken wir, bereits in der Nähe von Hinterstein, einen düsteren, von Fichten umstandenen Stolleneingang und dann beim Steinhofer, dem höchstgelegenen Hof in Pflersch, einen der wenigen im oberen Eisacktal bekannten Schalensteine. Diese Schieferplatte (wahrscheinlich anstehender Fels), in die eindeutig von Menschenhand 12 schöne, kreisrunde, allerdings teilweise nur seichte und abgetretene Schalen eingetieft sind, ist derzeit und nach dem heutigen Stand der Schalensteinforschung wohl der wichtigste Hinweis auf eine vorgeschichtliche Besiedlung des hintersten Pflerschtales. Die Schalen entsprechen in Form und Ausführung genau jenen zahllosen anderen, die wir anderswo nicht nur in Südtirol, sondern fast auf der ganzen Welt finden. Der Schalenstein befindet sich mitten im Weg, der am Hof vorbei taleinwärts führt. Die Steinhoferleute kennen diese Schalen und zeigen sie dem Besucher gern, doch messen sie ihnen keine größere Bedeutung bei — und die Bäuerin vom Joglhof in Außerstein äußerte dem Verf. gegenüber die feste Überzeugung, daß die Grübchen nicht von Menschenhand, sondern vom herabtropfenden Wasser der Dachrinne eingetieft worden seien. Zwar liegt der Stein in der Tat genau senkrecht unter dem Rinnenende, doch trifft diese Vermutung wohl mit Sicherheit nicht zu. Die Bäuerin sprach auch von einem weiteren Schalenstein weiter taleinwärts neben einer Heuhütte, dessen Schalen ebenfalls vom Dachwasser ausgefressen worden seien. Dem Verf. gelang es jedoch nicht, diesen Stein zu finden. Ein weiterer Schalenstein, der jenem beim Steinhofer (in der Literatur heißt der Hof auch oft nur Steiner oder Hofer, die Einheimischen nennen ihn aber Steinhofer, im Unterschied zum Feldhofer unten in Boden) sehr ähnlich sein soll, befindet sich angeblich nahe dem etwas tiefer gelegenen Bloseggerhof.

Falls diese Schalensteine wirklich aus prähistorischer Zeit stammen, so hätten wir auf den sonnigen Böden von Außer- und Hinterstein wohl die erste Urzeitsiedlung im inneren Pflerschtal zu vermuten. Tatsächlich dürfte in grauer Vorzeit dies der einzige gut bewohnbare Platz gewesen sein, da ja der Talboden noch eine unwirtliche, von überaus steilen und unbewohnbaren Bergflanken gesäumte Urwald- und Sumpflandschaft gewesen sein wird.

Die Deutung des Namens Stein wirft im allgemeinen keine Probleme auf. Die häufig auftretende Bezeichnung Stein oder Steiner führt Finsterwalder einleuchtend auf die alte Benennung „am Steine" oder „auf dem Steine" zurück. Dies trifft auch bei unserem Steinhofer, dem ältesten Hof in dem wohl nach ihm benannten Weiler Stein zu; denn er wird in einer Urkunde aus dem Jahre 1288, im Urbar Meinhards II., als „Heinzenhof an dem Steine" erwähnt. Nun findet sich aber im Umkreis des Hofes kein großer oder anderweitig auffallender Felsblock, der eine Hofbenennung nach ihm verdienen würde, weshalb sich die bisher anscheinend noch nicht aufgeworfene Frage stellt, ob nicht vielleicht die unscheinbare Felsplatte mit den zwölf Schalen mit der Bezeichnung „an dem Steine" gemeint ist. Dies ließe einerseits auf ein hohes Alter und andererseits auf eine einst große Bedeutung des Schalensteins schließen. (Ein Beispiel hiefür bietet Kurtatsch, wo ein Schalenstein auch sehr früh urkundlich eigens erwähnt wird; vgl. Tour Nr. 37.)

Vom Steinhofer ist es nicht weit bis zum Rand der Schlucht des Fernerbaches, wie hier der Pflerscher Bach genannt wird, wo man einen prachtvollen Blick zum 46 m hohen Wasserfall in der „Hölle" hat. Im großen, heute verwachsenen und sehr unwegsamen Kessel, in den der Wasserfall stürzt, befindet sich noch ein Rest einer alten Weguntermauerung und unter einer überhängenden Felswand der Mauerrest einer kleinen Hütte, beides möglicherweise aus der Bergwerkszeit. Unsere Wanderung führt uns dann kurz talab zu jener Stelle am Schluchtrand (nahe der neuen Straßenbrücke), wo sich der berühmte Pflerscher Zeichenstein befindet. Es ist dies ein gewachsener, etwa 1 m hoher Felsvorsprung am Eingang in einen heute verfallenen Stollen, direkt über dem tosenden Bach. In die senkrechte Fläche des Felsens sind zwei (nicht drei, wie in manchen Publikationen angeführt) linksdrehende Hakenkreuze sowie ein gleichschenkeliges Kreuz und ein vierspeichiges Rad eingemeißelt. An der Oberseite des Steines befindet sich eine Schale mit einem vermutbaren Kreuz auf ihrem Grund; und an der gegenüberliegenden Seite ist etwas erhöht eine undefinierbare, etwa tellergroße Figur eingemeißelt. Die Felszeichnungen sind tief, ziemlich scharfkantig und offenbar von geübter Hand eingearbeitet, ebenso ist die Schale nicht gerieben, sondern mit Metallwerkzeug geschaffen. Sie könnte, im Gegensatz zu den flachen Schalen beim Steinhofer, gut zur Aufnahme von Talg für eine Flamme gedient haben, gleichzeitig läßt das Kreuz in ihrem Boden vermuten, daß sie zuerst einen vorchristlichen Kultzweck erfüllte und dann durch das Kreuzzeichen der heidnische Bann gebrochen werden sollte (oder war die Schale nur einfach ein Weihwasserkrügl?). Die anderen Zeichen geben ebenfalls Rätsel auf. Ihr Alter ist ebenso umstritten wie ihre Bedeutung. Während sie vor allem Holzmann vorgeschichtlich sein läßt und als Beweis für den prähistorischen Bergbau ansieht, halten sie Haller und Innerebner eher für mittelalterlich und damit aus der Zeit der bezeugten Knappenzeit.

Tatsache ist, daß wir das Rad ganz allgemein als sehr altes Kultsymbol kennen, so beispielsweise im alten Indien als das des Weltherrschers. Wenn es auch umstritten ist, ob das Rad als Gebrauchsgegenstand oder als Kultsymbol älter ist, so ist doch bemerkenswert, daß der Prähistoriker Oswald Menghin das vierspeichige Rad in Nordamerika auf altindianischen Felszeichnungen fand, obwohl es die Indianer zu jener Zeit als Gebrauchsgegenstand noch nicht kannten (Kosmos 1966). In Europa kennt man das vierspeichige „Sonnenrad" aus vielen prähistorischen Kulturen, und es ist als Sonnensinnbild bis in die Jungsteinzeit zurückzuverfolgen, während wir es in Südtirol in einem in der Ruine Straßberg bei Gossensaß eingemauerten Stein eingemeißelt finden (daneben auch ein Kreuz), ebenso an einem Steilfelsen bei der St.-Peters-Kirche ober Eyrs im Vinschgau (daneben die Eintragung: 1797, A.P., IHS), ebenso bei Dorf Tirol, Tils, Vellau und lt. Haller, allerdings sehr unklar und wohl fraglich, an der unteren Grübelplatte ober Latsch im Vinschgau, sowie unter den zahllosen Felsbildern in der Valcamonica (siehe Touren Nr. 5 und Nr. 40). Weniger als Sonnensymbol als vielmehr als magisches Abwehrzeichen lebt das Rad in zahlreichen Volksbräuchen („Radbrennen", „Räderschieben") Europas und in Südtirol, besonders noch im Vinschgau im bekannten „Scheibenschlagen" und im Anzünden der „Kasfangga", eines hohen Radkreuzes, auf das auch das bekannte „Langkreuz" auf der Malser Haide zurückzugehen scheint, fort.

Nicht weniger rätselhaft ist auch das Hakenkreuz, das wir als uraltes Kultsymbol (in Indien bereits seit 2500 v. Chr.) auf der ganzen Welt, mit Ausnahme Australiens, wiederfinden. Möglicherweise handelt es sich auch hier um eine Art laufendes Sonnenrad, aber die Deutungen sind noch recht unterschiedlich. Auch an sich kreuzende Blitze wurde unter anderem gedacht oder an zwei Wolfsangeln. Im Altindischen tragen solche Hakenkreuze die Bezeichnung „Swastika", was soviel wie „Wohlseinszeichen" bedeutet. Im europäischen Raum finden wir das (meist linksdrehende) Hakenkreuz vor allem in Spanien, England, Skandinavien und Italien, während es in Südtirol außer in Pflersch in einen großen Schalenstein bei Kurtatsch im Unterland und, in leicht abgeänderter Form, auch in einen Schalenstein bei Tschengls im Vinschgau eingemeißelt ist. Auf St. Hippolyt wurde eine keltische Fibel in Hakenkreuzform ausgegraben und wir wissen, daß das Sistrum, ein keltisches Musikinstrument, die Form eines Hakenkreuzes besaß.

Wenn man nun die am Spitzbogenportal der erwähnten Gossensasser Knappenkapelle angebrachten Bergwerkswappen betrachtet, die gekreuzte Fäustel und zusammengelegte Schlageisen zeigen (das gekreuzte „Gezähe", wie das Handwerkszeug der Bergleute genannt wird, treffen

wir überall im Bergbau an, und es sollte, so Voelckel in der „Chronik vom Schneeberg bei Sterzing", *böse Geister bannen und abschrecken),* so stellt man sich unwillkürlich die Frage, ob die Felszeichnungen in Pflersch nicht vielleicht stilisierte Bergwerkswappen darstellen könnten.
Wie dem nun auch immer sei, die Schalensteine und Felszeichnungen von Pflersch sind zweifellos einen Besuch wert und sie gehören zu den rätselhaftesten Sehenswürdigkeiten des oberen Eisacktals.
Vom Zeichenstein auf dem uralten Steig durch die schönen Wiesen von Stein absteigend kommen wir noch an der in einen Mauerstein eingetragenen Jahrzahl 1734 vorbei, mit der sich wohl einer der letzten Bergknappen verewigt hat.
Die in diesem Gebiet angesiedelten Sagen beschränken sich fast ausschließlich auf den einstigen Silberbergbau. So erzählt die Überlieferung, daß die Pflerscher Bergknappen so reich waren, daß sie mit silbernen Nägeln beschlagene Schuhe trugen, wenn sie nach Gossensaß in die Kirche kamen, und daß dort die Glocken erst läuten durften, wenn die Leute in Sicht kamen (ähnliches erzählt man sich auch über den Steinhofer, der stets in einem weißen Mantel zur Kirche kam). Von den Knappen wird auch erzählt, daß sie ein goldenes Kegelspiel besessen hätten, auch seien sie in ihrem Wohlstand so weit gegangen, mit Butterkugeln nach Kegeln aus Käse zu schieben. Auch von der Hartherzigkeit der Senner und Knappen, die infolge des Fluches eines herzlos abgewiesenen Bettlers zur Vergletscherung einst blühender Almen geführt habe, berichtet die Sage. Daß die auch in anderen Bergbaugebieten heimische Sage von frevlerischem Übermut der Bergleute aber auch auf einen Funken Wahrheit zurückgeht, beweist der Umstand, daß im Jahre 1462 der Herzog Sigmund den Bergrichter von Gossensaß, Peter Fabian, ausdrücklich auffordert, *gegen die Irrungen in dem Bergwerk daselbst* einzuschreiten.
Seit kurzem hat nun auch Stein seine Zufahrtsstraße. Sie wurde aber — im Gegensatz zu manch anderer — doch sehr landschaftsschonend angelegt, so daß die prächtigen Wiesen und Felder, die uralten Wege und die Zeugen vergangener Jahrhunderte, wenn nicht gar Jahrtausende, erhalten geblieben sind. Doch bleibt zu wünschen, daß die in anderen Gebieten so nachteiligen Begleiterscheinungen des nun wohl auch hier stärker einziehenden Fremdenverkehrs fernbleiben mögen, was wohl nur erreicht werden kann, wenn die Zufahrtsstraße für den allgemeinen Autoverkehr gesperrt wird und die Befahrung nur den Bauern von Stein vorbehalten bleibt.

W e g v e r l a u f
Von Innerpflersch (Weiler Boden; 1245 m) auf dem mit Nr. 6 markierten Fußweg durch Wiesen eben talein. Nach knapp 5 Min. vereint sich der Weg mit einer Naturstraße, der wir noch kurz folgen, bis rechts ein anfangs nur schwacher Steig abzweigt und zuerst durch ein Feld ansteigt. Auf diesem alten Fußweg erreichen wir nach einer knappen halben Stunde (ab Innerpflersch) die Höfe von Außerstein (Jogl, Herter und Peter; s. Bild auf S. 47). Von da noch kurz hinauf und dann auf dem schönen alten Weg (sogenannter Kuhweg, da er zu den Almen im Talhintergrund führt) in aussichtsreicher Wanderung, unter dem bei starker Wasserführung sehr eindrucksvollen, 81 m hohen Gansörbachfall durch, eben talein. Wo der Weg kurz durch Wald führt, befindet sich wenig oberhalb der auf S. 47 abgebildete Stolleneingang des einstigen Bergwerks, und kurz darauf erreichen wir Hinterstein, wo beim Steinhofer (und Blosegger?) die genannten Schalensteine zu sehen sind. Von da gehen wir auf dem Feldweg kurz talein bis zum Trommelbach, der auch einen schönen, insgesamt 110 m hohen Doppel-Wasserfall bildet, und steigen auf der orographisch linken Seite des Baches auf einem schwachen Wiesensteig kurz ab bis zur Stelle, von der aus der 46 m hohe Wasserfall in der „Hölle" zu sehen ist. Von diesem kurzen Abstecher kehren wir zu den Höfen von Hinterstein zurück und wandern auf dem Fußweg (er trägt die Markierungsnummer 6) durch die Wiesen talwärts bis zur Betonbrücke, welche die tiefe Schlucht des Fernerbaches überquert. Nur wenig oberhalb der Brücke finden wir nach kurzem Suchen am äußersten Schluchtrand den versteckten Stolleneingang mit den auf S. 47 abgebildeten und oben beschriebenen Felszeichnungen. Nach deren Besichtigung wieder zum Wiesenweg zurück und auf ihm hinab zum Talboden und talaus nach Innerpflersch.
Die Rundtour weist keinerlei Schwierigkeiten auf und ist auch orientierungsmäßig problemlos. Gutes Schuhwerk und — bei der Besichtigung der Felszeichen — ein gewisses Maß an Trittsicherheit und Schwindelfreiheit sind aber trotzdem erforderlich. Dies gilt um so mehr für denjenigen, der abseits gebahnter Wege auf die Suche nach eigenen Entdeckungen geht.

G e h z e i t e n
Aufstieg (Innerpflersch — Hinterstein): ca. 1 Std.
Abstieg (Hinterstein — Innerpflersch): knapp 1 Std.

K a r t e n   u n d   L i t e r a t u r
Kompaß-Wanderkarte 1:50.000, Bl. 44 (Sterzing); Freytag-Berndt-Wanderkarte 1:50.000, Bl. S 4 (Sterzing/Jaufenpaß/Brixen); Freytag-Berndt-Wanderkarte 1:100.000, Bl. 24 (Stubaier Alpen).
Haller: Die Welt der Felsbilder in Südtirol; Holzmann: Reimmichls Volkskalender 1962; Menara: Südtiroler Wasserfälle; Pertl/Laner: Sagenhafte Bergwelt; Rampold: Eisacktal; Sterzinger Heimatbuch, Schlern-Schrift 232.

15. Der alte Jaufenweg (Bildteil S. 48)

Die Zeitschrift des Ferdinandeums in Innsbruck verzeichnet bereits 1897 ein *Bronze-Beil mit Lappen und Öse,* das im Jaufental bei Sterzing gefunden wurde. Das im Museum Ferdinandeum verwahrte, 17 cm lange und fast 10 cm breite Beil beweist eindeutig, daß der Jaufen, die breite Almsenke zwischen Stubaier und Sarntaler Alpen bzw. der nördlichste leicht überschreitbare Kammabschnitt zwischen dem Eisacktal und dem Passeiertal, bereits in vorgeschichtlicher Zeit begangen wurde (wie auch das Penser Joch, wo zwei — sofern beide echt sind — Bronzebeile gefunden wurden). Seit wann es über den Jaufen einen durchgehenden Steig oder Weg gibt, ist natürlich nicht mehr nachzuzeichnen, wie es auch nicht mehr zu ermitteln ist, welchen Verlauf ein derartiger Weg genommen haben könnte. Andererseits aber kennt man einen „alten Jaufenweg", der anders verlief als die heutige Paßstraße, aber auch nicht unbedingt die älteste Wegtrasse sein muß. Solange wir kein durch Funde gefestigtes Bild haben, läßt sich auch der entsprechende Urzeitweg nicht rekonstruieren. Immerhin dürfte aber auch der „alte Jaufenweg" in sehr frühe Zeit zurückreichen, da sein Verlauf, wie Eduard Sternbach in einer diesbezüglichen Abhandlung darlegt, auf der Sterzinger Seite wegen der früher kaum überquerbaren Sümpfe im Talboden den Umweg über Jaufensteg und Mareit machte, um auf die nördliche Seite des Sterzinger Talkessels zu gelangen. Von diesem alten Saumweg ist laut Sternbach heute nur mehr ein etwa 50 m langes, allerdings undatierbares Pflasterstück am nördlichen Berghang vorhanden, während *beim Bau der obersten Straßenkehre auf Passeirer Seite ein alter Weg abgegraben wurde, dessen Spuren heute noch in Richtung auf den tiefsten Punkt der Senke zu verlaufen... Im Volk erhält sich hartnäckig die Überlieferung von der Existenz dieses alten Weges und wird die Straßenschleife „Römerkehre" genannt* (Sternbach im „Führer durch Sterzing und Umgebung"). Dieser gepflasterte Weg hat im Laufe der Zeit immer größere Bedeutung erlangt, wobei er früher oder später auf jene Stelle des Kammes umgelegt wurde, die auch die heutige Straße überquert. Wir wissen, daß um 1300 der Weg im Auftrag des Landesfürsten besser ausgebaut wurde, und bereits vorher, 1291, ist uns ein gewisser „Wernherus de Juvone", der erste urkundlich belegte Wirt des Sterzinger Jaufenhauses überliefert, während die nahe erste Kapelle um 1302 bezeugt ist. In einer Urkunde von 1186 begegnet uns der Übergang als „Juven".

Sicher ist dieser „alte Jaufenweg" auf einen sehr viel älteren, vorgeschichtlichen zurückgegangen, und dieser mag wohl nicht der einzige gewesen sein. Wie wir heute wissen und wie uns ständig durch neue Funde untermauert wird, wurden nämlich die Zonen oberhalb der Waldgrenze viel früher und stärker begangen, als man dies vermuten würde. Wir müssen — sagt Karl Felix Wolff — *schon für eine ferne Vorzeit, mindestens für das zweite vorchristliche Jahrtausend, eine ausgebildete Wegbautechnik voraussetzen. Es wäre sonst nicht möglich gewesen, die hochgelegenen Almböden mit Rindern zu befahren.* Diese These wird nicht nur durch das erwähnte Bronzebeil, sondern vor allem durch die nachgewiesenen prähistorischen Siedlungen am Westrand des Sterzinger Talkessels und jene von Glaiten und Stuls am Passeirer Berghang unterstrichen.

Demnach gehen die heute nur mehr relativ wenig begangenen Wege vom Jaufental zum Jaufen, von Glaiten über das Glaitner Joch nach Ratschings und sicher auch verschiedene andere Almsteige in graue, unbekannte Zeiten zurück, ebenso wie der Weg, der von Gasteig nach Kalch führt und erst dort den von Sternbach ermittelten „alten Jaufenweg" erreicht. Diesen heute markierten, meist durch prachtvolle Wälder führenden Weg benützen wir für unsere Wanderung zum Jaufen. Ziel ist der tiefste Punkt der Jaufensenke, über die einstmals der „alte Jaufenweg" führte. Abgesehen von einem unschönen Stacheldrahtzaun ist hier das Landschaftsbild noch sehr ursprünglich. In den Mulden der breiten Almsenke spiegeln ein paar kleine Seeaugen die prachtvolle Bergkulisse wider, die sich diesseits wie jenseits des Höhenrückens erhebt (Ötztaler, Stubaier und Zillertaler Alpen). Man könnte sich sehr gut vorstellen, daß diese Gegend in einer Zeit mit günstigeren Klimaverhältnissen besiedelt war, so wie ja auch die Ruinen von großen Almhütten und zahlreiche Steine mit Dengellöchern belegen, daß die Almböden hier früher viel intensiver genutzt wurden, als dies heute der Fall ist. Nun liegen derzeit zwar noch keine Beweisfunde für eine prähistorische Besiedlung des Almsattels vor, doch begegnen wir hier einigen Merkwürdigkeiten, die recht rätselhaft erscheinen und deshalb erwähnenswert sind.

Der Urgeschichtsforscher Luis Oberrauch berichtete bereits 1956 (im „Schlern" auf S. 326) von einer ihm aufgefallenen runden, leicht erhöhten Geländeplattform, auf der sich *inmitten eines ehemaligen Steinkranzes der Rumpf eines einmal sicher aufrecht gesetzten Steines zeigt, den man unter Umständen wohl als Steindenkmal ansprechen kann.* Oberrauchs Bericht über diese Entdeckung (auch im Bd. 3 der „Archäologisch-historischen Forschungen in Tirol" enthalten) endet mit den Worten: *Meine damals mit Eile durchgeführte Untersuchung ergab nur die Gewißheit, kein militärisches oder Höhenvermessungszeichen vor sich zu haben. Weitere Untersuchungen stehen noch aus und es wäre zu wünschen, daß einmal jugendliche Heimatforscher dieser alten Hochstraße und ihren vermutlichen Denkmälern ihre Aufmerksamkeit widmen möchten.*

Anknüpfend an diese Mitteilung Oberrauchs bringt der Schalensteinforscher Franz Haller (in „Die Welt der Felsbilder in Südtirol") das Ergebnis seiner eingehenden Untersuchung: *Die Steinsetzung in 2050 m Höhe besteht aus einer nord-südlich orientierten Ellipse mit Achsenlängen von*

4,40 und 3,20 m mit einem etwas exzentrisch liegenden Zentralstein aus Glimmerschiefer im Maße von 1,20 x 0,65 m und einer Dicke von 0,70 m. Die Oberfläche des Steines ist leicht nach Norden geneigt und zeigt keine Schalen oder Felszeichnungen. Der Stein ist auch nicht behauen und zeigt kein Anzeichen einer menhirartigen Form. Die Steinellipse mit ihrem Zentralstein ruht auf einem künstlichen Hügel, dessen Aufschüttung 40—50 cm hoch und an der Nord-Süd-Achse der Ellipse 10,30 m lang, an der Querachse 7,60 m breit ist. Die Steinsetzung ist nur mehr teilweise erhalten und liegen innerhalb ihres Areals zahlreiche Steine verstreut auf unbewachsenem Boden. Die Hügelböschung zeigt einen geschlossenen Bewuchs mit Preisel- und Schwarzbeeren, im Gegensatz zu dem ringsum wachsenden Alpengras. Dies deutet darauf hin, daß die Erde der Aufschüttung des Hügels aus einem der nahen moorigen Senken stammt, deren saure Erde das Wachstum obiger Pflanzen begünstigt ... *Der Zweck der Anlage bleibt ungeklärt, doch muß man wohl an die Reste einer prähistorischen Grabstätte denken.*

Durch die Berichte Oberrauchs und Hallers neugierig gemacht, besuchte der Verf. 1979 die Stelle. Eine andere Deutung des „Steinmales" vermag er nun mangels eigener Fachkenntnisse nicht zu geben, doch beschlichen ihn doch Zweifel im Hinblick auf die „künstliche Aufschüttung", da sich der *Bewuchs mit Preisel- und Schwarzbeeren* (und vor allem Alpenazallee) wohl von dem ihn unmittelbar umgebenden Grasboden, in keiner Weise aber von all den übrigen zahlreichen kleineren und größeren Kuppen unterscheidet, wie dies auch im Bild rechts unten auf S. 51 ersichtlich ist. Andererseits aber macht das ganze tatsächlich einen künstlichen Eindruck (vgl. Bild oben auf S. 51).

Bei einem Streifzug durch die Gegend fiel, wenige Minuten westlich vom Sattel, dem Verf. ein zweiter kreisrunder Hügel auf, auf dessen Plattform mehrere größere und kleinere Steinbrocken liegen. Eigenartig erschien eine in einem kleinen Graben liegende kleine Marmorsäule (s. Bild S. 51), die bei oberflächlicher Untersuchung allerdings keinerlei Spuren menschlicher Bearbeitung zeigte. Hiezu muß gesagt werden, daß in diesem Gebiet zahlreiche eigenwillig geformte, vom eiszeitlichen Gletscher hierherverbrachte Marmorsteine liegen, so daß es sich bei dem genannten „Menhir" auch gut um eine Schöpfung der Natur handeln könnte.

Östlich des von Oberrauch entdeckten „Steindenkmals" erhebt sich im Kamm ein größerer, langgezogener, teilweise felsiger Hügel. Auf ihm liegt ein ganz halbmeterhoher Marmorblock (Bild S. 51), der vier Vertiefungen trägt, die auffallende Ähnlichkeit mit den in diesem Buch mehrfach erwähnten künstlichen Kultschalen haben, aber auch natürlichen Ursprungs sein können.

Die Antwort auf die Frage, ob es sich bei den beiden runden Hügeln, beim kleinen „Menhir" und beim „Schalenstein" tatsächlich um Schöpfungen von Menschenhand oder nicht doch eher um eigenwillige Naturgebilde handelt, muß selbstverständlich der Fachwelt überlassen werden.

Schließlich sei hier noch auf jene beiden Trockenmauern aufmerksam gemacht, die sich am äußersten Südrand des erwähnten langgezogenen Hügels befinden. An ihnen fällt vor allem auf, daß sie an der Außenseite, wo die Hänge sehr steil zum einstigen „alten Jaufenweg" abbrechen, durch grasbewachsenes Erdreich „getarnt" erscheinen und an ihren Enden zum Hang hin einen kleinen Halbbogen als Abschluß beschreiben. Innerhalb der Mauern, von denen die westliche eine Länge von etwa 55 Metern und die östliche eine von gut 45 Metern besitzt, verläuft ein schmaler, ebener, grasbewachsener Graben, und an einer Stelle weist die westliche Mauer eine viereckige Verdickung auf, während die östliche an einer Stelle einen nach außen gerichteten, kanzelartigen Halbbogen beschreibt. Da die beiden rund 70 cm hohen Mauerzüge, in deren Nähe sich die Reste einer in Trockenmauer errichteten Hütte befinden, keinerlei Verwendungszweck für die Alpung (Umzäunung oder Besitztumsgrenze) erkennen lassen und folglich nicht von Hirten errichtet sein können, stellt sich die Frage nach irgendeinem anderen Zweck. Könnten sie als eine Art Schützengräben angesehen werden, etwa aus dem Jahr 1809, in dem Andreas Hofer sein Hauptquartier in Kalch an der Jaufenstraße hatte und später bei St. Leonhard in Passeier noch einen letzten verzweifelten Kampf gegen die Franzosen führte? Oder gibt es vielleicht einen Zusammenhang zwischen den merkwürdigen Mauern und der von Oberrauch entdeckten Steinsetzung? Oder standen sie in einem Zusammenhang mit dem genau darunter den Steilhang querenden „alten Jaufenweg"? — Fragen, die wohl nur eine von Fachleuten durchgeführte eingehende Untersuchung zu klären imstande sein dürfte.

Auch der Ursprung des Namens Jaufen, den wir auch anderwärts, auch außerhalb Südtirols, häufig antreffen, ist noch nicht mit absoluter Sicherheit geklärt. Doch wird von der Forschung heute allgemein dem lateinischen *Jugum* (romanisch und auf ladinisch *juf*) gleich Joch, Bergübergang, der Vorzug gegenüber der früheren Deutung „Mons Jovis" (Berg des Jupiter) gegeben.

Aus all dem Gesagten geht nun hervor, daß der Jaufen dem Wanderer, der nach langem, aber sehr schönem Aufstieg die Kammhöhe erreicht, mehr bietet als nur eine großartige Rundsicht. Wer aufmerksam die lichten Höhen durchstreift, wird so manche Merkwürdigkeit entdecken und wer weiß, ob früher oder später nicht auch der erste eindeutige Beweisfund aus prähistorischer Zeit gelingt.

W e g v e r l a u f

Von Gasteig, dem ersten Dorf im Ridnauntal (970 m; hierher Straße von Sterzing), zweigt gegenüber dem Gasthaus „Gasteigerhof" der alte Weg ab und führt, bis zum Jaufenhaus mit Nr. 11

markiert, stets durch schönen Wald bergan. Nach einer ersten Überquerung betreten wir bei den Höfen von Gost die Jaufenstraße und folgen ihr bis zum aussichtsreichen Weiler Kalch (1443 m; Gasthöfe). Hier verläßt der Weg wieder die Fahrbahn, führt bald wieder durch Wald, überquert dabei noch dreimal die Straße, und erreicht schließlich die Waldgrenze, worauf wir über Almgelände zum Sterzinger Jaufenhaus gelangen (1990 m). Ab hier folgen wir wieder der Straße kurz bergan bis zur scharfen Linkskehre und wandern auf einem breiten, stark untermauerten, rechts abzweigenden Weg westwärts, um den breiten Sattel (2031 m; *am Rinner* genannt) zu erreichen, in dessen Umkreis die oben geschilderten Urzeit- oder Naturdenkmäler zu finden sind. Die Rückkehr nach Gasteig kann auf dem Aufstiegsweg erfolgen oder auch, ab Kalch, auf einer der beschriebenen Varianten.

Gehzeiten
Aufstieg (Gasteig — Jaufen): ca. 3 Std.
Abstieg (Jaufen — Gasteig): ca. 2 Std.

Varianten
a) Beim Abstieg kann man ab Kalch auf Nr. 11/A ziemlich gerade nach Jaufensteg (1149 m; Gastbetriebe) absteigen und damit auch im unteren Teil in etwa dem eingangs erwähnten „alten Jaufenweg" folgen. Von Jaufensteg bietet sich dem Naturfreund der Abstieg durch die berühmte Gilfenklamm (vgl. Menara, „Südtiroler Wasserfälle"), dem Burgenfreund dagegen die Wanderung auf Nr. 11/B über den Burkthof (1235 m) zur Ruine Reifenegg (1151 m) und hinab nach Stange (976 m). Von da müssen wir allerdings bis Gasteig der Talstraße (2 km, gut ½ Std.) folgen. — Für beide Wege muß etwa 1 Std. mehr angesetzt werden als für den direkten Abstieg nach Gasteig.

b) Wer am Jaufen Zeit und Lust hat, kann westwärts auf gutem Weg in knapp 20 Min. zur Flecknerhütte (2100 m; Schutzhaus) wandern, oder — Bergerfahrung vorausgesetzt — ostwärts zum Jaufenpaß wandern und von dort auf schmalem Steig Nr. 11 in gut 1 Std. die aussichtsreiche Jaufenspitze (2481 m) ersteigen.

Karten und Literatur
Kompaß-Wanderkarte 1:50.000, Bl. 44 (Sterzing); Freytag-Berndt-Wanderkarte 1:50.000, Bl. S 4 (Sterzing-Jaufenpaß-Brixen); Freytag-Berndt-Wanderkarte 1:100.000, Bl. 45 (Bozen-Meran und Umgebung) oder Bl. 24 (Stubaier Alpen).

Haller: Die Welt der Felsbilder in Südtirol; Lunz: Ur- und Frühgeschichte Südtirols; Menara: Südtiroler Höhenwege; Menara: Südtiroler Wasserfälle; Menara-Rampold: Südtiroler Bergtouren; Oberrauch: Archäologisch-historische Forschungen in Tirol, Bd. 3; Rampold: Eisacktal; Sternbach: in Wanderführer von Sterzing und Umgebung.

16. Durchs Sterzinger Moos zum Schloß Reifenstein (Bildteil S. 52)

Das bewohnte und noch gut erhaltene Schloß steht nahe dem südlichen Höchstpunkt eines mächtigen, langgezogenen Felskopfes, der, dem Schloß Sprechenstein gegenüber, im Südteil der Sterzinger Talsohle aus dem sogenannten Sterzinger Moos fast 50 Meter hoch aufragt. Noch vor nicht allzulanger Zeit konnte man auf stillen Wegen von Sterzing zum Schloß wandern, doch wurden in den letzten Jahren große Teile des sich nördlich von Reifenstein ausbreitenden Gebietes durch Autobahn, Riesenparkplatz für Lastzüge, Zollbahnhof und anderes mehr zu einer Beton- und Asphaltwüste gemacht. Aus diesem Grund wählen wir für unsere Wanderung nicht Sterzing, sondern das hübsche Dorf Stilfes als Ausgangspunkt und besuchen das Schloß von Süden her. Hier gibt es Wege, auf denen der Naturfreund das Sterzinger Moos mit seiner charakteristischen Flora und Fauna noch weitgehend unangetastet erleben kann.

Auf dem Burghügel fühlt man sich dann dem ganzen heutigen „Fortschritt" vollends entrückt und zurückversetzt in eine kleine Oase, an der die Jahrhunderte fast unbemerkt vorübergezogen sind. Bedeutendste Sehenswürdigkeit ist natürlich das Schloß selbst, dessen wuchtiger Bergfried in die romanische Zeit zurückreicht. Während urkundlich belegt ist, daß die Herren von Reifenstein — vormals Herren von Stilfes — um 1170 diesen Bergfried zum Wohnturm umgestalteten, gehen der Brunnenhof, Wohnräume des Palas und die Vorburg auf die Zeit um 1470 zurück, in der das Schloß dem Deutschen Orden gehörte. Das sehenswerte und burgenkundlich sehr wertvolle Innere des Schlosses kann heute besichtigt werden, und jeder Besucher ist zutiefst beeindruckt von dem, was hier gezeigt wird. Während das schauerliche Verlies im Bergfried, ein angeblicher Folterbalken und die seltsamen Schlafkästen der Landsknechte alle Härte und Unerbittlichkeit des Mittelalters vor Augen führen, erzählen gleichzeitig die mit kostbaren Holz- und Lederarbeiten ausgestaltete „Gotische Stube", der „Grüne Saal" mit seiner spätgotischen Ornamentmalerei und dem berühmten Holzgitter, das zusammen mit dem ganzen Raum im Jahre 1900 auf der Pariser Weltausstellung als Kopie gezeigt wurde, vom ausgeprägten Kunstsinn jener Zeit. Das Schloß steht heute im Besitz der Grafen Thurn und Taxis, die es im Sommer selbst bewohnen und mit viel Einfühlungsvermögen instand halten.

Verläßt man nun den massigen Bau, dem trotz aller Kunstschätze doch auch ein Hauch von Schwere und Düsterkeit anhaftet, empfängt einen auf dem nördlichen Höchstpunkt des langgezogenen Felsriffs ein Bild großer Lieblichkeit. Hier erhebt sich nämlich die spitztürmige Zenokapelle, ein von Berberitzensträuchern und jungen Fichten umrahmtes weißes Kirchlein, dessen heutige Form ebenso wie das Altarbild aus der Zeit um 1660 stammt, das aber bereits im Jahre 1330 erstmals urkundlich erwähnt wird.

Über die sakralen und profanen Denkmäler aus dem Mittelalter und über den landschaftlichen und naturkundlichen Reiz hinaus aber kommt dem Reifensteiner Burghügel auch in prähistorischer Hinsicht beachtliche Bedeutung zu, zählt er doch zu den vielen Urzeitstationen im Sterzinger Raum, über die Reimo Lunz schreibt: *Im Sterzinger Becken tritt uns eine kontinuierliche Siedlungsabfolge von der Frühbronzezeit bis ins Hochmittelalter entgegen. Ein weiter Kranz urgeschichtlicher Hügelstationen umsäumt hier die hochaufgeschüttete Tal-Au.* Wenn nun Lunz in seiner „Ur- und Frühgeschichte Südtirols" den Reifensteiner Burghügel auch nicht ausdrücklich erwähnt, so wäre doch kaum anzunehmen, daß ausgerechnet Reifenstein mit seiner langgezogenen, teilweise breiten und überaus siedlungsfreundlichen, gleichzeitig aber auch sehr wehrhaften Hochfläche in vorgeschichtlicher Zeit nicht besiedelt gewesen wäre, während der kleinere und weit weniger siedlungsgünstige nahe Thumburger Hügel bereits während der Bronzezeit bewohnt war. Ob wir an der Stelle der heutigen Burg eine vorgeschichtliche Befestigungsanlage, die durch die mittelalterliche Überbauung restlos zerstört wurde, zu suchen hätten, wird wohl kaum mehr zu erfahren sein. Wie Oswald Menghin, einer der Pioniere der Südtiroler Urgeschichtsforschung, aber in den Mitteilungen der Anthropologischen Gesellschaft in Wien mitteilt (Bd. XLIII, 1913, S. 87), gelang ihm auf dem Reifensteiner Hügel der Fund von prähistorischen Tonscherben. Ebenso berichtet der damals auf archäologischem Gebiet nicht minder erfolgreiche Kurat Adrian Egger (im „Schlern" 1937, S. 76), er habe hier *vorgeschichtliche Tonscherben gefunden, welche wohl auf die La-Tène-Zeit hinweisen.* Ähnliche Scherben konnten auch Paul Reinecke (vor 1913) und Herta Innerebner (am 24. 4. 1944) aufdecken. Weitere Funde stehen allerdings noch aus, was wohl auf eine Forschungslücke zurückzuführen sein dürfte. Im nahen Elzenbaum dagegen weisen Münzfunde in die Römerzeit zurück, und es wird vermutet, daß hier auch der Verlauf der Römerstraße zu suchen wäre. Eindeutige Belege hiefür gibt es allerdings nicht, ebensowenig wie es bis heute gelungen ist, das in einer Schenkungsurkunde eines gewissen Quartinus aus dem Jahr 827 erwähnte *Uipitina,* das aus einem Kastell und einem wahrscheinlich bedeutenderen Ort bestand, zu finden. Wurde im vorigen Jahrhundert im Schloß Straßberg das Kastell gesehen, so ist man von dieser Annahme wohl zu Recht abgekommen. Später dachte man an den Kronbühel („Custozza"), doch gibt es, wie Lunz vermerkt, auch dafür keine stichhaltigen Anhaltspunkte. Die römische Ortschaft hingegen vermutet die heutige Forschung am Thuiner Berghang, worauf entsprechende Funde möglicherweise hindeuten, wie auch die Flurbezeichnung „in der Vill" einen Hinweis dafür zu geben scheint. Adrian Egger dagegen vertrat schon 1937 und auch vorher die Meinung, die römische Siedlung sei im heutigen Sterzinger Stadtteil „Lahn" zu suchen und vermutet für das spurlose Verschwinden des Ortes eine Überschwemmung durch den Vallerbach, der tatsächlich auch in späteren Jahrhunderten verheerend wütete. Auch liegt dort eine mächtige Schutterrasse, die seltsamerweise, im Gegensatz zu anderen Schwemmkegeln, am Vorderrand unvermittelt und sehr steil abbricht. Beweisfunde wurden aber hier noch weniger als am Thuiner Hang getätigt. Ein alter Mann erzählte allerdings dem Verf. vor Jahren, daß er während des Zweiten Weltkrieges beim Aushub der Luftschutzkeller, die in den erwähnten Schwemmkegel eindrangen, mit anderen Kameraden auf menschliche Knochen und Schädel gestoßen sei, diese aber auf Befehl von oben habe rasch verschwinden lassen müssen. — Ob vielleicht an der These Adrian Eggers doch etwas dran ist? Oder gibt ein römischer Meilenstein, der erst 1979 mitten in der heutigen Neustadt gefunden wurde, wiederum ganz neue Aspekte?

Wie dem auch sei. Lösen wir den Blick über den weiten Sterzinger Talkessel, den unser Reifensteiner Hügel ganz besonders schön bietet, und wenden uns den hier zu suchenden prähistorischen Spuren zu. Denn es gibt hier frei zugängliche Zeugnisse, die nach dem heutigen Stand der Forschung allgemein in vorgeschichtliche Zeit zurückdatiert werden: Im mittleren und nördlichen Teil des langgezogenen Burghügels und in unmittelbarer Nähe der Kapelle St. Zeno finden wir eine ganze Reihe von Schalensteinen. Es sind dies neben jenen von Pflersch (vgl. Nr. 14) die einzigen, die im oberen Eisacktal bisher bekanntgeworden sind. Die Schalen sind teils in waagrechte, teils aber auch in geneigte Flächen der hier zwischen den Grasflächen hervortretenden, anstehenden Schieferfelsen gerieben. Sie liegen durchwegs in unmittelbarer Nähe des offenbar sehr alten Verbindungsweges, der vom Schloß im Süden zur Kapelle im Norden führt. Die Schalen von Reifenstein scheinen erst seit kurzem bekannt zu sein, denn sie werden erst im „Tiroler Burgenbuch" von Trapp (1974) und dann von Haller (1978), jeweils ohne diesbezügliche Literaturangaben, erwähnt. Haller, der sie eingehend untersucht hat und im Buch „Die Welt der Felsbilder in Südtirol" ausführlich und ergänzt durch einige Bilder beschreibt, teilt die Schalensteine in drei Gruppen ein: *Die erste bei der Kapelle besteht aus 2 großen Schalen mit einem Durchmesser von 11 und 7 cm; Tiefe derselben 6,5 und 3,5 cm. — Gruppe 2: In der Mitte des Verbindungs-*

157

weges zwischen Kapelle und Schloß finden sich 3 Schalen. Die größte oval, sehr sorgfältig gerieben mit den Maßen von 14:15,5 cm und einer Tiefe von 5,5 cm ... Die Schale befindet sich auf einem schiefen Felsen und kann als Rezeptakulum nicht gedient haben. — Die 3. Gruppe ist wenige Schritte von Gruppe 2 gegen das Schloß zu gelegen. Sie besteht aus 6 Schalen mittlerer Größe, sämtlich flach gerieben. Neben diesen eindeutig künstlich entstandenen Schalen scheinen dem Verf. noch einige weitere Vertiefungen im Fels als solche ansprechbar. Insgesamt dürften es nicht nur die elf von Haller genannten, sondern wohl an die zwei Dutzend Schalen sein, wenn auch bei manchen starker Flechtenbewuchs eine sichere Beurteilung erschwert. Haller äußert die Überzeugung, daß sich *der Hauptplatz der prähistorischen Kultanlage* im Bereich des heutigen Burg befand, er erwähnt aber den *zweifellos uralten Felsensteig,* der unabhängig vom Burgweg, vom Ostfuß des Hügels direkt zur Zenokapelle führt, womit angedeutet ist, daß auch der nördliche Höchstpunkt des Reifensteiner Hügels als mögliche Kultstätte in Betracht zu ziehen wäre. Ähnliches läßt auch Herta Öttl im „Tiroler Burgenbuch" (Bd. 3, S. 145) durchblicken: *Mehrere Schalensteine zwischen der am Nordende des Hügelrückens stehenden Zenokapelle und dem die Burg tragenden ... Südende bezeugen einen uralten Kultplatz, auf dem nach Ausweis des der ältesten Schicht angehörenden Patroziniums schon früh ein christliches Heiligtum errichtet worden sein dürfte ... Ein weiteres Kriterium dafür, daß ein Kirchlein (hier) bereits v o r der Burg entstand, ist die Tatsache, daß es (wenn auch zeitweise die Funktion einer Burgkapelle erfüllend) nicht in den eigentlichen Burgbering einbezogen war, was bei einer ursprünglich bischöflichen Burg kaum denkbar ist.* Hinsichtlich der Zeitbestimmung ist sich die Forschung heute nahezu geschlossen einig, daß es sich bei den Schalensteinen im allgemeinen um prähistorische Denkmäler handelt, wenn auch die verschiedenen Deutungsversuche, auf die mehrmals in diesem Buch näher eingegangen wird, bisher noch nicht auf einen gemeinsamen Nenner gebracht werden konnten. So sind die Schalen von Reifenstein nicht nur eine große Seltenheit im Sterzinger Raum, sondern auch die einzigen an der Oberfläche erhalten gebliebenen Zeugen, die uns von Jahrtausende zurückliegender menschlicher Anwesenheit auf unserem Burghügel künden. Deshalb sind sie auch der Hauptgrund dafür, daß Reifenstein als Urweg-Ziel in dieses Buch aufgenommen wurde, obwohl es außer dem erwähnten kurzen Felssteig zur Zenokapelle keinen eigentlichen und vor allem längeren Urweg mehr besitzt.

Wegverlauf

Von der auf einer leicht ansteigenden Erhebung liegenden und weit ins Land blickenden Ortschaft Stilfes (962 m; dem bekannten Wallfahrtsort Maria Trens gegenüber) führt ein blau-gelb markierter, breiter Feldweg durch die weiten ebenen Wiesen nordwärts. Zwar durchwandern wir hier das bekannte, sagenumwobene Sterzinger Moos nur in seinem auslaufenden Südteil, doch gewinnt man auch hier einen gültigen Eindruck von dieser einzigartigen, riesigen Fläche, die einst ein See war. Nach rund 20 Min. erreichen wir in der Nähe eines flachen Hügels das Gehöft Weiern und steuern dann, zunächst kurz auf einem Fahrweg, weiterhin durch die ebenen Felder, in denen einzelne Laubbäume stehen und noch da und dort schöne alte Holzzäune zu sehen sind, der kleinen Ortschaft Elzenbaum zu. Fast auf dem ganzen Weg haben wir links Reifenstein, unser Ziel, und rechts Sprechenstein mit seinem Rundturm vor uns. Von Elzenbaum (975 m) wandern wir dann kurz auf der Straße bis zum Ostfuß des Reifensteiner Burghügels und in kurzem Anstieg entweder auf dem in Serpentinen emporführenden Burgweg oder auf dem etwas weiter nördlich zur Zenokapelle führenden kleinen Steig zur Höhe des mächtigen Felsriffs (980 m).
Für die Rückkehr nach Stilfes können wir wieder den beschriebenen Weg durch die Wiesen einschlagen. Wer die Wanderung aber zu einer etwas längeren Rundtour ausdehnen möchte, kann von Elzenbaum auf einem neu rot-weiß markierten Weg durch Wald zum Gehöft Schaitach aufsteigen (1221 m; ca. 45 Min.) und von da zuerst auf einem Güterweg zur Penser-Joch-Straße queren, dieser dann kurz aufwärts folgen und schließlich, weiterhin der Markierung folgend, auf einem links abzweigenden Weg nach Stilfes absteigen.

Gehzeiten

Hinweg (Stilfes — Reifenstein): 1½ Std.
Rückweg (Reifenstein — Stilfes): 1½ Std. oder (Reifenstein — Schaitach — Stilfes): 2 Std.

Karten und Literatur

Kompaß-Wanderkarte 1:50.000, Bl. 44 (Sterzing); Freytag-Berndt-Wanderkarte 1:50.000, Bl. S 4 (Sterzing-Jaufenpaß-Brixen); Freytag-Berndt-Wanderkarte 1:100.000, Bl. 45 (Bozen-Meran und Umgebung) oder Bl. 24 (Stubaier Alpen).
Fischnaler: Führer durch Sterzing und Umgebung; Haller: Die Welt der Felsbilder in Südtirol; Innerebner: Die Wallburgen Südtirols; Lunz: Ur- und Frühgeschichte Südtirols; Rampold: Eisacktal; Rampold: Südtiroler Wanderbuch; Trapp: Tiroler Burgenbuch, Bd. 3; Weingartner: Die Kunstdenkmäler Südtirols, Bd. 1.

17. Die Felsbilder von Tschötsch (Bildteil S. 54)
Das Gebiet von Brixen ist in urgeschichtlicher Hinsicht die bedeutendste Gegend im Eisacktal. Die überaus zahlreichen vorgeschichtlichen Fundstellen, von denen hier nur einige bedeutendere erwähnt seien, reichen im Norden bis nach Franzensfeste, wo wir noch ein kurzes Stück einer *alten, möglicherweise römischen Straße* (Lunz) mit tiefen Fahrrillen finden. Bei Neustift haben wir den markant aufragenden Nössingbühel, wo sich ein mächtiger Steinwall zeigt und bei einer vom Archäologischen Institut der Universität Padua durchgeführten Grabung zahlreiche Scherben, Feuersteingeräte, eine bronzene Schleifenkopfnadel und Knochen, aber kein stratigraphisch datierbares Bild, zutage traten. Von besonderer Bedeutung ist das Plateau von Natz nördlich ober Brixen, wobei — wie Lunz hervorhebt — *hier vor allem die „Laugener Kultur" mit den Stationen Laugen, Kirchbühel von Viums und der Trinerbühel bei Raas, stärker in Erscheinung tritt. Es ist nicht auszuschließen, daß sich hinter der unklaren Fundsituation am Laugen — einer malerischen Mooslacke an der Straße von Elvas nach Natz — eine Pfahlbaustation verbirgt, die in der älteren Bronzezeit wurzelt.* Dem Pinatzkopf bei Elvas, den wir unter Nr. 19 behandeln, reiht sich das Gebiet des heutigen Ortsteiles Stufels an, wo seit den ersten eisenzeitlichen Funden durch Adrian Egger im Jahre 1909 immer wieder urgeschichtliche Siedlungsreste aufgedeckt wurden, so unter anderem jene aufsehenerregenden Funde, die bis in die Mittlere Steinzeit, also ins 7. Jahrtausend v. Chr., zurückreichen. Im Südosten von Brixen haben die charakteristischen Funde auf dem Albanbühel und in Melaun, wo unter anderem ein bedeutendes Brandgräberfeld aufgedeckt wurde, zur Prägung der Bezeichnung „Melauner Kultur" geführt. Im Westen Brixens erhebt sich die 2439 m hohe Königsangerspitze, die als eine der höchstgelegenen prähistorischen Siedelstätten Südtirols bekannt geworden ist (siehe Nr. 18). Das Gebiet von Elvas, wo nicht nur bedeutende vorgeschichtliche Funde getätigt wurden, sondern dem Wanderer wohl mit die bedeutendsten Schalensteine und Rutschbahnen Südtirols begegnen, hat im Gebiet von Tschötsch, das sich am Osthang der Königsangerspitze ausbreitet, sein würdiges Gegenstück. Die einstigen uralten Wege, die von Brixen herauf zu den Weilern und Dörfern Tils, Pinzagen, Pairdorf, Tschötsch, Tötschling und Pfeffersberg führten, sind bedauerlicherweise heute größtenteils durch Autostraßen ersetzt und damit weitgehend zerstört. Daß dieses Gebiet trotzdem in dieses Buch genommen wurde, liegt an seiner überragenden Bedeutung. Außerdem finden wir doch auch hier noch so manchen ursprünglichen Wanderweg und nehmen es wegen der einzigartigen Sehenswürdigkeiten in Kauf, daß wir da und dort auch ein gutes Stück einer Straße folgen müssen.
Wohl die bedeutendste Sehenswürdigkeit ist aus der Gegend zwar verschwunden, dafür aber in Brixen jedermann zugänglich. Über den seltenen Fund aus Tötschling schreibt Reimo Lunz: *Hier, in der Nähe des Stillenbaches, war dem Brixner Heimatforscher Hans Fink 1956 in einer Feldmauer ein seltsamer Stein aufgefallen, auf dem — bei günstigem Lichteinfall — nach und nach Bilder sichtbar wurden — 3 Dolche, 3 Beile, 1 Gürtel. Es handelt sich dabei um einen jener sogenannten Figurenmenhire, wie wir einen aus Tramin, einen aus dem Gebiet von St. Verena am Ritten (vgl. Nr. 22) und deren vier aus Algund kennen. Ihre zeitliche Stellung* — so Lunz — *läßt sich einigermaßen durch die Kupfer- und Frühbronzezeit umschreiben, ihre Deutung ist aber bis heute umstritten. Waren es Götterbilder, verehrte Ahnen, Heroen?* Diesen und andere Funde hat der erfolgreiche Entdecker in seinem Gasthaus „Fink" unter den Lauben in Brixen zur Schau gestellt und jeder kann sie dort besichtigen.
Noch an Ort und Stelle dagegen befinden sich die berühmten Felsbilder auf der Tschötscher Heide, denen in erster Linie unsere Wanderung gilt und deren Deutung noch schwieriger ist als jene des Menhirs. Es handelt sich dabei — sieht man von einigen Schalensteingruppen ab — um die reichhaltigsten bisher bekanntgewordenen Felsbilder in Südtirol. Sie wurden bereits im Jahre 1945 von Georg Innerebner entdeckt und befinden sich heute zum Teil in unmittelbarer Nähe der von Brixen nach Feldthurns führenden Höhenstraße. Doch lassen wir Innerebner selbst erzählen („Schlern" 1946, S. 53 ff.): *Im Herbst 1945 konnte nun der Verfasser anläßlich einer Wallburgenfahrt in diese Gegend die Feststellung machen, daß sich auf den weitausgedehnten Gletscherschliffplatten der Tschötscher Heide allerorts merkwürdige Steinzeichnungen vorfinden, deren Anfänge bis in die graue Vorzeit des Landes zu weisen scheinen... Das Hauptgebiet der Heide... besteht zur Hauptsache aus riesigen, gegen Norden zu sich terrassenartig absetzenden Gletscherschliffplatten aus dem dort anstehenden Schiefergestein, zwischen denen eine spärliche Grasnarbe ihr kümmerliches Dasein fristet... Der auf diesem einzigartigen Plattengrund abseits vom „breiten Wege" herumstreifende Wanderer kann nun... merkwürdige, von Menschenhand in den Stein eingemeißelte Zeichnungen und aus demselben herausgearbeitete Schalen finden, die auf einer Gesamtfläche von über 15 ha (15.000 Quadratmeter) scheinbar wahllos und willkürlich verteilt sind. Zwanglos lassen sie sich nach ihren Ausführungsformen in 5 Gruppen einreihen. — Als erste Gruppe bezeichnet Innerebner unzählige, haufenweise oder einzeln verteilte, kleine, aus dem Gestein herausgearbeitete Schalen. Die Durchmesser der Schalen gibt Innerebner mit 2 bis 8 cm, die Tiefen von wenigen Millimetern bis zu 5 cm an. — Die zweite Gruppe der Felsbilder umfaßt alle jene Steinzeichnungen, die die Form des heute allgemein bekannten Mühlespiels haben. Der Forscher betont, daß fast alle eine Mittelschale aufweisen, deren Durchmesser von 1 bis zu 7 cm be-*

tragen. Hinsichtlich ihrer Ausführungsart unterscheidet er zwei Arten von Mühlen, und zwar anscheinend sehr alte mit nur schwachen Rillen und jüngere mit sehr tiefen Rillen, wobei sich aber die geometrischen Formen kaum voneinander unterscheiden. Die Größe der „Mühlen" beträgt meist um die 40 cm. Innerebner fand auf einigen 9 weiße und ebenso viele schwarze Steinchen, was belegt, *daß diese „Mühlen" auch heute noch bei der Tschötscher Hirtenjugend in Spielgebrauch stehen.* — Die dritte Gruppe von Zeichnungen hält er für die *kulturgeschichtlich wichtigsten und richtunggebenden, denn ihre Art findet sich auch an Vorzeitstätten, die weit außerhalb unseres engeren Heimatgebietes liegen* (Valcamonica und Ligurische Alpen). Bei ihnen handelt es sich durchwegs um etwa 20 cm große Quadrate, die durch ein Mittelkreuz in vier kleinere Quadrate unterteilt sind. — Die vierte Gruppe besteht aus *geisterbannenden Kreuzzeichen und Sinnbildern* (so das alte Jesuszeichen IHS), mit denen man schon in christlicher Zeit wahrscheinlich *den unheilvollen Einfluß der scheinbar an solchen Stellen vorhanden gewesenen vorzeitlichen Kultstätten unwirksam machen* wollte. — Bei der fünften Gruppe handelt es sich um verschiedenste, offenbar neuzeitliche Felszeichnungen: so ein Menschenkopf im Profil, die Inschriften „G. Gummerer", „Alois Gummerer", die Jahrzahl 1823 und andere. — Insgesamt konnte Innerebner bei seiner, wie er sagt, *flüchtigen Geländebegehung über 70 Schalen, 7 Mühlen, 16 Kreuzquadrate, 5 Kreuzzeichen und über 10 andersartige Zeichnungen feststellen;* er drückt in seinem Bericht aber die Überzeugung aus, daß es derer *noch viel mehr sein werden.* Nach dieser Entdeckung verstrichen Jahrzehnte, und die ehedem kahle Tschötscher Heide überzog sich mit einem immer dichter werdenden Föhrenjungwald, ohne daß die gesamte Felsbildansammlung lückenlos aufgenommen worden wäre. Erst zwischen 1972 und 1975 nahm sich dann der Schalensteinforscher Franz Haller der Zeichnungen erneut an und untersuchte sie in mehrmaligen Besuchen sehr eingehend, wobei der erwähnte Jungwald die Arbeit vor allem wegen des dadurch ungünstigen Lichteinfalls sicher erschwerte. Immerhin bringt Haller in seinem Buch „Die Welt der Felsbilder in Südtirol" eine neunseitige Text-Foto-Zeichnung-Dokumentation, wobei er die inzwischen aufgetauchte Ansicht ablehnt, es könne sich bei einer der Schalensteingruppen um die Darstellung des Sternbildes Großer Bär handeln (hier sei eingefügt, daß sich, wie Luis Wallnöfer in „Schlern" 1946 berichtet, oberhalb Schluderns ein Stein mit sieben, in der Form des Großen Bären angeordneten Schalen befindet). Außerdem führt Haller die Entdeckung eines schlüsselartigen Zeichens an, *das als Axt angesprochen werden kann,* er berichtet, daß es ihm *nicht möglich war, auf dieser Rippe eine Rutschbahn festzustellen,* wie Innerebner schreibt, und er hält die Schalen einerseits als *Symbol der Sonne,* andererseits als geortete Hilfsmittel zur Beobachtung des Sonnenlaufs, ein in 6 Felder unterteiltes Rechteck als *Jahresbaum im rechteckigen Gesichtskreis,* eines der Kreuze als *Symbol der jährlichen Auferstehung der Sonne aus dem Wintergrab,* die Vierecke als *Horizont in quadratischer Gestalt* und das Mühle-Motiv als *die Bahn der Sonne zur Winterszeit, zur Tag- und Nachtgleiche und im Hochsommer,* besonders betont durch das tiefe Schälchen im Zentrum, das Symbol der Sonne. Hier muß angefügt werden, daß diese nicht nur von Haller, sondern auch von anderen Forschern vertretenen Deutungen auch ihre Gegner haben, es fehlt — wie Rampold in seinem Eisacktal-Buch schreibt — *auch nicht an Stimmen, die diese Zeichnungen als reine Spielerei der Hirtenbuben gedeutet wissen wollen.*

Wie wir sehen, gehen die Meinungen sehr weit auseinander, und bis nicht Beweise an die Stelle von Mutmaßungen treten, gehören die Felsbilder von Tschötsch zu den großen Rätseln unseres Landes. Daß wir das Mühle-Motiv auch in anderen Gebieten wiederfinden, so in Frankreich auf Megalithbauten (an senkrechten Stellen), in Irland an Skulpturen mit keltischem Einschlag, unter den zahllosen Felsbildern der Valcamonica (hier auch an sehr schrägen Flächen), auf dem Monte Baldo am Gardasee, im Domkreuzgang von Brixen, im Kreuzgang von San Zeno in Verona oder in der Türkei auf Deckplatten von Gräbern, hilft zur Beantwortung der trotz der verschiedensten Deutungsversuche noch immer offenen Frage auch nicht viel weiter. Verschiedene Umstände, so die Verbindung der geometrischen Figuren mit den zahlreichen Schalen, die Nähe des Menhirfundes, die starke vorgeschichtliche Besiedlung des ganzen Gebietes und die oben genannten Fundorte deuten wohl darauf hin, daß der ursprüngliche Sinn der Zeichnungen nicht nur in reiner Spielerei zum Zeitvertreib zu suchen ist und auch ein beträchtliches Alter anzunehmen ist.

Unsere Wanderung führt uns aber nicht nur zu diesen rätselhaften Felsbildern, sondern wir besuchen auch das überaus lieblich gelegene, bereits im 12. Jahrhundert erstmals urkundlich erwähnte Kirchlein St. Cyrill in der Nähe von Tils. Wie auf so vielen anderen wurde auch auf dem Cyriller Kirchhügel, bereits 1915 vom Kuraten Valentin Astner, eine vorgeschichtliche Siedelstätte entdeckt. Astner fand zunächst in einer schwärzlichen Kulturschicht neben vielen vorgeschichtlichen Tonscherben auch einige Bronzestücke, und Adrian Egger förderte bei einer späteren Versuchsgrabung verschiedene weitere Kleinfunde zutage, so unter anderem eine Bronzenadel, viele Hüttenlehmstücke, einen Henkelkrug und zahlreiche andere verzierte Scherben. Das Fundmaterial stammt aus der Früh- und Spätbronzezeit sowie aus der jüngeren Eisenzeit, es läßt — so Lunz (in Studien, 1974) — *eine deutliche chronologische Differenzierung erkennen und weist auf mehrere Siedlungsanlagen am Kirchhügel hin ... Eine kontinuierliche Besiedlung des Platzes ist jedoch nicht zu belegen.* Einen weiteren erwähnenswerten Fund machte 1962 der Bauer des Hofes Hintertalgut. Unterhalb des Kirchleins fand er beim Grundausheben (lt. Lukan in 2 m Tiefe; Haller gibt 1 m an) eine Steinplatte mit 28 Schalen und zwei sonnenradähnlichen Figuren; auch dieser Stein kann, wie der bereits beschriebene Menhir von Tötschling, bei Hans Fink in Brixen besichtigt werden. — Aber auch landschaftlich ist die Wanderung überaus reizvoll; gehört doch das von sanften, sonnigen Hangterrassen, uralten Kastanienhainen und blühenden Wiesen geprägte Mittelgebirge zu den lieblichsten Gebieten des Eisacktals. Beispielsweise über das Wegstück von Tils nach Tötschling schreibt Josef Rampolld (in „Eisacktal"): *Das nun folgende Wegstück verdient eine Superlative, die man für die Brixner Gegend nur erdenken kann; die Gegend ist hier von einer Weite, die man vom Tal aus nicht vermuten würde — ein echter „alter Talboden", der die gewaltigen Ausmaße eiszeitlicher Perioden ahnen läßt. Am Waldrand führt unser Weg, und mitten durch die Höhenschulter schneidet die Straße, durch das Gold der Ähren im Sommer und vorbei an den rostroten Buchweizenäckern im frühen Herbst — stets jenseits des Tales bewacht von den Türmen der Geislergruppe, deren Nordwände aus dem tiefen Grün der Wälder wie nackte Arme nach den Wolken greifen.*

Dem wäre nun nichts mehr hinzuzufügen, wenn nicht gerade in diesen Wochen ein weiterer Naturmord all diese Schönheit überschattet hätte: Dem gleichgültigen, naturfeindlichen Geist unserer straßenbauwütigen Zeit fiel eine besondere Naturattraktion von Tils zum Opfer: eine jener außerordentlich seltenen, überschlanken Fichten, die im Volksmund „Schlangenfeicht" genannt werden, eine der letzten bekannten elf, die es in ganz Europa noch gab! Nunmehr sind es nur noch zehn, darunter eine bei Terenten im Pustertal, doch wer weiß, wann die nächste ein Opfer der Motorsäge sein wird.

Abschließend sei auch hier wieder dem Wanderer ans Herz gelegt, die Felsen mit den Schalen und Zeichnungen nicht durch eigene Einritzungen zu versehen, handelt es sich doch möglicherweise um Kulturdenkmäler von außerordentlicher Bedeutung.

Wegverlauf

Im ersten Teil müssen wir der von Brixen (559 m) nach Feldthurns führenden Straße (mit Nr. 20 markiert) gut 20 Min. lang folgen. Kurz nach einem Tälchen (erst nach dem Schild „Wanderweg St. Cyrillus"!) rechts ab, auf schönem Pflasterweg (Nr. 20 rot-weiß) durch Mischwald hinauf nach Pinzagen, rechts auf ebenem Wanderweg (Nr. 2 blau-weiß) zur leider arg verwahrlosten Kirche St. Cyrill (827 m) und dann auf schönen Pflasterweg (rot-weiß) hinauf zum hübschen Dörflein Tils (883 m; spätgotische Expositurkirche zum hl. Veit). Von da folgen wir kurz der nach Brixen hinabführenden Straße und wandern dann, auf einem mit Nr. 10 markierten breiten Weg rechts (südl.) abzweigend, mit besonders schöner Aussicht und stets hinüber nach Tötschling (915 m) mit seinen beiden sich *geradezu eigensinnig gegenüberstehenden Kirchlein* (Rampold), um von dort auf schönem Fußweg Nr. 10 zur Straße Feldthurns—Brixen abzusteigen. Uns nordwärts wendend folgen wir dieser nicht stark befahrenen Straße, gelangen zur Kreuzung Tschötsch—Tils und bald darauf zu den Felsbildern, die sich, einem prachtvollen Kastanienhain gegenüber, rechts nur wenig unterhalb der Straße und im Bereich der großen S-Kurve ziemlich versteckt im jungen Föhrenbestand befinden. Von der oberen Kurve folgen wir dann einem breiten Weg Nr. 11 kurz nordwärts, bleiben bei einer Weggabel rechts und gelangen auf schönem Pflasterweg und bald auf der Straße wieder hinab nach Brixen.

Gehzeiten

Aufstieg (Brixen — St. Cyrill — Tils): 1½ Std.
Abstieg (Tils — Tötschling — Brixen): 2 Std.

Karten und Literatur

Kompaß-Wanderkarte 1:50.000, Bl. 56 (Brixen); Freytag-Bernt-Wanderkarte 1:50.000, Bl. S 4 (Sterzing-Jaufenpaß-Brixen); Freytag-Berndt-Wanderkarte 1:100.000, Bl. 16 (Westl. Dolomiten) oder Bl. 45 (Bozen-Meran und Umgebung).
Frass: Erlebnis Südtirol; Haller: Die Welt der Felsbilder in Südtirol; Innerebner: Die Wallburgen Südtirols, Bd. 3; Lukan: Alpenwanderungen in die Vorzeit; Lunz: Studien, 1974; Lunz: Ur- und Frühgeschichte Südtirols; Ortner-Mayr: Südtiroler Naturführer; Paturi: Zeugen der Vorzeit — Auf den Spuren europäischer Vergangenheit; Rampold: Eisacktal.

18. Die Urzeitstätte auf der Königsangerspitze (Bildteil S. 56)

Im Jahre 1951, also nur sechs Jahre nach der sensationellen Entdeckung der prähistorischen Siedel- oder Opferstätten auf dem Hochplateau des Schlern (vgl. Tour Nr. 26), gelang dem unermüdlichen Bozner Vorzeitforscher Luis Oberrauch, unterstützt durch seine Mitarbeiter Otto Eisenstecken, Hans Eisenstecken, Hans Glaser und durch seinen Sohn Jörg Oberrauch nach der von Georg Innerebner 1950 gemachten Entdeckung der Vorzeitstätte auf dem Eggentaler Schwarzhorn (Tour Nr. 39), die Entdeckung der dritten Südtiroler Urzeitstätte auf einem Berggipfel.
Der Berg, die östlichste, letzte Erhebung in dem zwischen dem Schalderer Tal und dem Thinnebachtal aufragenden Kamm, ist eines der beliebtesten Tourenziele in der Umgebung von Brixen. In einer Karmulde an seinem Osthang liegen der sagenumwobene Radlsee in 2196 m Höhe und

das gleichnamige Schutzhaus des Brixner Alpenvereins; nach Norden, gegen Schalders hin, brechen ziemlich steile, felsige Flanken ab, an der Südseite dagegen dehnen sich die weiten, von kilometerlangen Trockenmauern, die als Umzäunungen dienen, durchzogenen Weideflächen der Latzfonser Almen aus. Nach Westen zieht der Verbindungskamm bis zur Lorenzispitze, und ein prachtvoller Höhenweg stellt die Verbindung mit der ebenfalls urzeitverdächtigen, 2300 m hoch gelegenen Höhenwallfahrt Heiligkreuz oder zum Latzfonser Kreuz her. Die Aussicht, vor allem auf die endlose Zackenreihe der Dolomiten, ist eine der großartigsten weitum, die Ersteigung ist für durchschnittlich gehgewohnte Bergwanderer leicht und problemlos. Von den zwei markierten Wegen, die zum Gipfel des „Königsangers" führen, wählen wir für unsere Urzeitwanderung den über die Latzfonser Almen und im letzten Abschnitt über den Westgrat die Spitze erreichenden (der zweite führt durch die Ostflanke zum Radlseehaus und von dort über den Nordostgrat) und wandern damit wohl auf den Spuren der frühesten Besiedler dieser sonnigen, ausgedehnten Hochweiden.

Freilich sind auf diesen Latzfonser Almen bisher noch keinerlei prähistorische Funde zum Vorschein gekommen und die diesbezüglichen Fragen sind noch alle unbeantwortet. Bedeutsam aber erscheint, daß die Urzeitstätte auf dem Königsangergipfel, auf die wir noch näher eingehen werden, sich im Bereich des bekannten Menhirs und der noch immer enträtselten Felsbilder von Tschötsch (vgl. Tour Nr. 17) und vor allem des prähistorisch so bedeutenden Brixner Bekkens liegt. Daß die Latzfonser Almen so manches jahrtausendealtes Geheimnis hüten, darf wohl auch aufgrund der Tatsache angenommen werden, daß sie in der Stein- und Bronzezeit, in der ja bekanntlich weit günstigere Klimabedingungen herrschten, wohl überaus siedlungsfreundlich gewesen sein müssen und gerade diese Höhenlagen bereits unvermutet früh von Sammlern und Jägern begangen wurden, wie wir sich in den letzten Jahren häufenden Steinzeitfunde in den Dolomiten belegen. Auch die mittelsteinzeitlichen Funde im Brixner Stadtteil Stufels geben zu solchen Vermutungen Anlaß. So ist es nicht auszuschließen, daß sich auch in den Sarntaler Alpen den relativ wenigen bronzezeitlichen Streufunden früher oder später weitere und vielleicht bedeutendere anschließen werden. Das Schwarzhorn im Südtiroler Unterland, wo die Entdeckung einer vorgeschichtlichen Stätte am Gipfel nur die Vorstufe für die großen Steinzeitfunde am Jochgrimm war, könnte vielleicht eines Tages in der Königsangerspitze eine Parallele finden. Es bedürfte nur eines wirklich eindeutigen, konkreten Hinweises, etwa des Fundes eines ersten Feuersteingerätes. Derzeit sind das jedoch nur Spekulationen. Immerhin nachgewiesen ist, wie eingangs angeschnitten, die Vorzeitstätte auf der Königsangerspitze. Wie Luis Oberrauch berichtet, seien schon *frühere Beobachtungen* ausschlaggebend gewesen für die dann von Erfolg gekrönte eingehende Untersuchung. Er spricht in seinen „Schriften zur Urgeschichte Südtirols" (Bd. 3 der von Reimo Lunz herausgegebenen Buchreihe „Archäologisch-historische Forschungen in Tirol") von einer *wallartigen, sehr auffallenden Trümmeranhäufung* (sie ist jener am Schwarzhorn nicht unähnlich), *welche die Gipfelkuppe umgibt, und von geschichtetem Trockenmauerwerk*, besonders an der schwachgeneigten Südseite. Die Grabung im Bereich einer *wohngrubenartigen Mulde* brachte dann in 15 cm Tiefe eine erste *schwache, durchziehende Brandschicht* und in der Nähe in 25 cm Tiefe eine zweite, stärkere Brandschicht zum Vorschein. Über die in diesen Schichten eingeschlossenen Scherbenfunde, von denen Otto Eisenstecken der erste glückte, schreibt Oberrauch: *Während die Fundstücke aus der ersten Schicht ihrer Paste nach dem Laugener Material ähnelten, waren die aus der zweiten, tieferen Lagerung von viel gröberer Art, so daß man es wahrscheinlich mit zeitlich getrennten Feuerplätzen zu tun hat.* Und weiter: *Es wäre nicht abwegig anzunehmen, daß sich über die Zeitenwende hinaus auf dem Königsangergipfel eine Opferstätte der auf den weiten Latzfonser Weideneien sommernden Hirten sich befunden hat, die dann zur Zeit der Christianisierung aufgelassen, zerstört und eingeebnet wurde.*

Soviel zur prähistorischen Stätte, die noch eingehender Erforschung, Datierung und Deutung harrt. Aber das Gebiet der Königsangerspitze ist auch in naturkundlicher (angeblich finden wir hier den einzigen Standort des Zwergseifenkrautes — *Saponaria pumila* — in den aus Silikatgesteinen aufgebauten Bergen Südtirols) und vor allem in landschaftlicher Hinsicht überaus reizvoll. Es bietet nicht nur eine ganze Reihe von Wandermöglichkeiten im großartigen Anblick der Dolomiten, sondern besitzt mit dem 130 m langen und etwa 60 m breiten, von zahlreichen Sagen umsponnenen Radlsee einen der prachtvollsten und bekanntesten Bergseen des Landes. Bei unserer Gipfelwanderung statten wir im Abstieg dem meist tiefblauen Gewässer, in dessen Nähe das erwähnte Radlseehaus steht, einen kurzen Besuch ab.

Wenn sich die heute noch vorhandenen Urzeitspuren auf der Königsangerspitze auch nur mehr auf Steinanhäufungen und seltsame Bodenformen beschränken, verleiht die von Oberrauch gemachte *bedeutende Entdeckung, die sich wohl ebenfalls (wie jene vom Schlern) in das Bild hochalpiner Opferstätten einfügt* (Lunz), unserer Tour den erhöhten Anreiz, den Gipfel nicht allein wegen seiner großartigen Aussicht zu ersteigen, sondern auch vielleicht in der Erwartung, durch einen zufälligen Fund einen weiteren Beitrag zur Erforschung dieser hochgelegenen Siedelstätte zu leisten.

Wegverlauf
Von Latzfons (1160 m; hierher Asphaltstraße und Busverbindung mit Feldthurns) auf dem breiten Weg Nr. 1/A durch Wiesen und Wald hinauf zum Wegerhof (1433 m) und weiter zu dem mit Nr. 17 markierten, zur Klausener Hütte führenden Güterweg, dem wir etwa 20 Min. lang folgen. Dann verlassen wir den Weg an geeigneter Stelle nach rechts und wandern über die weiten Almböden, teils weglos, teils auf Hirtensteigen hinan, bis wir, bereits in der Nähe des Bergkammes östlich der flach eingesenkten Lorenzischarte, auf den von dorther kommenden, gut markierten Steig Nr. 7 stoßen. Diesem folgen wir nach rechts (ostwärts) und erreichen in leichter, nur mäßig steiler Kammwanderung bald darauf die Königsangerspitze (2439 m; das Gipfelkreuz steht nicht auf dem höchsten Punkt, sondern ostseitig einige Meter tiefer).
Für den Abstieg wählen wir den markierten Steig über den Nordostgrat und erreichen in wenigen Minuten das bewirtschaftete Radlseehaus des Südtiroler Alpenvereins (2257 m) und den schönen Radlsee. Vom See wandern wir dann auf dem ebenen Höhenweg (Nr. 8) um den Südgrat der Königsangerspitze herum und über die Latzfonser Almen westwärts bis etwa zu der Stelle, die wir beim Aufstieg passiert haben. Nun wieder über die Almhänge hinab zum Weg Nr. 17, auf ihm bis zur Abzweigung 1/A und wie beim Aufstieg hinab nach Latzfons.

Gehzeiten
Aufstieg (Latzfons — Königsangerspitze): 3—4 Std.
Abstieg (Königsangerspitze — Radlsee — Latzfons): 2 Std.

Karten und Literatur
Kompaß-Wanderkarte 1:50.000, Bl. 56 (Brixen); Freytag-Berndt-Wanderkarte 1:50.000, Bl. S 1 (Bozen-Meran und Umgebung) oder Bl. S 4 (Sterzing-Jaufenpaß-Brixen); Freytag-Berndt-Wanderkarte 1:100.000, Bl. 45 (Bozen-Meran und Umgebung) oder Bl. 16 (Westliche Dolomiten).
Chicken: Bergsteigen und Wandern um Brixen; Oberrauch: Schriften zur Urgeschichte Südtirols; Menara: Südtiroler Höhenwege; Menara: Südtiroler Schutzhütten; Menara-Rampold: Südtiroler Bergtouren; Menara-Rampold: Südtiroler Bergseen; Rampold: Eisacktal; Rampold: Südtiroler Wanderbuch; Südtiroler Gebietsführer: Band 2 (Brixen und Umgebung).

19. Die Schalensteine und Rutschbahnen bei Elvas (Bildteil S. 58)

Wie bereits im Abschnitt über die Felsbilder von Tschötsch (Tour 17) erwähnt, gehört das Gebiet von Elvas und die nördlich davon sich ausbreitende Hochebene von Raas-Natz zu den bedeutendsten prähistorischen Siedelstätten rund um Brixen. Unser Ziel ist in erster Linie jene teilweise bewaldete Kuppe, die sich südlich von Elvas erhebt und in manchen Karten als Elvaser Hügel, im Volksmund aber und auch meist in der Literatur als Pinatzkopf bezeichnet wird. *Durch Funde konnte hier eine bronzezeitliche und eine jüngereisenzeitliche Siedlung nachgewiesen werden*, schreibt Lunz in Ur- und Frühgeschichte Südtirols, 1973); und weiter: *Mit den von A. Egger 1914 auf der Kuppenhöhe freigelegten, latènezeitlichen Häusern hängt offenbar der Fund eines eisernen Doppelspitzbarrens zusammen, der in den 30er Jahren bei Straßenarbeiten am Südwestfuß des Hügels zum Vorschein gekommen war. Derartige Barren, die durchschnittlich ein Gewicht von 5 bis 8 kg aufweisen, hatten im letzten halben Jahrtausend v. Chr. vor allem in der keltischen Welt am Nordalpenrand eine weite Verbreitung und mochten wohl z. T. auch als Zahlungsmittel verwendet worden sein.* Und der Entdecker selbst, einer der bedeutendsten Pioniere der Südtiroler Urgeschichtsforschung, schrieb 1925 unter anderem: *Auf dem vorderen Elfaser Kopf, Pinatz (d. i. schlechter Föhrenwald) genannt, stand eine Wallburg. Die Grundmauern von ein paar einräumigen Häusern sind noch zu sehen. Desgleichen kann man noch Bruchteile von drei konzentrischen Wällen, die aus Steinen und Erde gebaut waren, beobachten.* (Schlern 1925, S. 295). Seitdem im Elvaser Gebiet bereits gegen Ende des vorigen Jahrhunderts die ersten archäologischen Funde gemacht wurden, sind die Fundnachrichten bis heute nicht abgebrochen. So wurden 1977 auf den Südwestterrassen unterm Pinatzkopf zahlreiche Keramikfragmente und erst im Sommer 1979 im Gebiet des „Temlhofes" bei Baggerarbeiten eine eisenzeitliche Wohnhütte mit gestampftem Erdboden aufgedeckt. Bedauerlicherweise konnte von dieser Hütte nur mehr etwa ein Viertel gerettet werden, der Rest war bereits der Baggerschaufel zum Opfer gefallen, als man auf den bedeutenden Fund aufmerksam wurde. So außerordentlich wertvoll derartige Funde und Entdeckungen für die Forschung nun auch sind, dem durch die Landschaft Wandernden bleiben sie verborgen und meist wohl auch unbekannt, sofern er sich nicht mit der einschlägigen Fachliteratur näher befaßt oder nicht dann und wann durch Zeitungsberichte darauf aufmerksam gemacht wird. Unser Pinatzkopf und die Hänge nordwestlich unter Elvas besitzen aber auch urgeschichtliche Denkmäler, die an Ort und Stelle besichtigt werden können und den Felsbildern auf der gegenüberliegenden Tschötscher Heide wohl kaum nachstehen. Es sind dies jene mächtigen Schalensteine, die lt. Lunz *möglicherweise auch in die Bronzezeit zurückreichen*.

Bei unserer Wanderung von Brixen aus erreichen wir nach relativ langem, aber sehr schönem Aufstieg zunächst den SO-Fuß des Pinatzkopfs und bald darauf den bei Haller als „Bildstein von

Elvas" bezeichneten ersten und wohl bedeutendsten Schalenstein. Es handelt sich dabei um einen mächtigen Quarzphyllit-Block von 6,40 m Breite und 4,40 m Höhe, *den größten und reichhaltigsten Bildstein in Südtirol* (Haller in „Die Welt der Felsbilder in Südtirol"). Die freiliegende, gletschergeschliffene Fläche, in der die rund 380 Schalen und zahlreiche unklare Rillen eingetragen sind, ist stark nach Südwesten geneigt und weist in ihrem linken Teil eine steile Rutschbahn auf. *Die Schalen zeigen einen unterschiedlichen Verwitterungsprozeß, sind aber großteils deutlich sichtbar, einige wenige sind konisch gebohrt. Verschiedene andere Ideogramme sind aber so seicht eingearbeitet und abgewittert, daß sie nur bei guter Schrägbeleuchtung sichtbar werden... Dieser Bildstein kann verglichen werden mit der Pierre des Sauvages (Stein der Wilden) bei St. Luc im Val d'Anniviers in der Schweiz. Dieser Fels ist der größte Schalenstein der Schweiz mit ca. 350 Zeichen. In Lippe-Detmold in Norddeutschland liegt ebenfalls eine Platte mit ca. 350 Zeichen. Beide werden vom Bildstein von Elvas übertroffen... Der unterschiedliche Erhaltungszustand der Felszeichnungen und ihre Vielfalt erwecken den Eindruck, daß diese Felsplatte durch sehr lange Zeitläufe für kultische Zwecke im Gebrauch stand* (Haller).

Beim Betrachten dieses einmaligen Schalensteins, der — im Gegensatz zu den meisten anderen in Südtirol — überraschend viele kreisförmige und andere, kaum genau rekonstruierbare Rillen trägt, die Haller als *gehörnte Schlange, Schiff, Axt, Labyrinth,* usw. bezeichnet, kann man nur staunen. Ein stichhaltiger Deutungsversuch scheint hier noch mehr zu scheitern als anderswo (über die verschiedenen Deutungen der Schalensteine im allgemeinen vgl. u. a. S. 8). Nur eines kann man wohl mit einiger Gewißheit sagen: daß der Bildstein von Elvas — so wie die anderen Schalensteine auch — mit irgendeinem prähistorischen Kult in Zusammenhang steht. Aber mit welchem und aus welcher Zeit, ist noch immer eine offene Frage.

Zwei Gattersäulen aus Granit, von denen eine umgestürzt ist, befinden sich oberhalb des Schalenfelsens am Eingang in ein von Trockenmauern umfriedetes Feld (Pinatz-Ackerle genannt). Ob sie als „Menhire" betrachtet werden können, erscheint zumindest fraglich; jedenfalls gibt es steinerne Gattersäulen auch anderswo im Elvaser Gebiet und an den verschiedensten Orten der bäuerlichen Kulturlandschaft. Den prachtvollen Schalenstein in mühevoller Kleinarbeit mit größtmöglicher Genauigkeit untersucht, abgezeichnet, fotografiert und in allen Einzelheiten beschrieben zu haben, ist Hallers Verdienst; die wertvolle Dokumentation füllt ganze vier Seiten seines Buches. Über die Entdeckung des Steines dagegen lassen wir Hans Fink berichten (in „Schlern" 1971, S. 254): *Dem eifrigen Vorgeschichtsforscher Prälat Adrian Egger, Brixen, verdanken wir die Mitteilung, daß sich etwa 100 Meter unter dem Südabhang des Pinatzbichls (Elvaser Bichl) eine anstehende Felsplatte von etwa 4 Metern im Geviert findet, auf der er schon am 12. Mai 1914 an die 170 Schälchen zählte. Nach dem letzten Krieg wurde der von der genannten Felsplatte zur Elvaser Straße hinabführende Pfad zu einem Traktorweg ausgebaut und dabei wurde eben die ganze Platte freigelegt. Es kamen zusätzliche Schalen und Ritzungen zum Vorschein... Die Bauern wissen die Schalen und Ritzungen „seit ewig und immer", nicht aber von wem sie stammen und was sie bedeuten könnten. Vielleicht hängt die inzisierte Felsplatte doch mit der seinerzeitigen „ungewöhnlich großen Ortschaft",... eine Stadt von 200 mal 230 Schritten Ausmaß aus der Hallstattzeit" zusammen, die A. Egger in allernächster Nähe aufgedeckt hat.*

Ergänzend sei hier angemerkt, daß der Verfasser des vorliegenden Buches im Herbst 1979 in der Mauer neben der noch stehenden Granitsäule einen Stein entdeckte, der 4 kleine Schalen von c. 3—4 cm Durchmesser und 2—3 cm Tiefe aufweist; sie scheinen jüngeren Datums, sind jedenfalls nicht verwittert und eher herausgemeißelt als gerieben. Eine sehr ähnliche Schale trägt auch ein Stein auf der vom großen Schalenfels ostwärts ziehenden Mauer. Handelt es sich dabei um Bruchstücke jenes zweiten großen Schalensteins, der lt. Haller in Stücke gesprengt worden sein soll?

Unser nächstes Ziel ist die Gipfelhöhe des Pinatzkopfes. An seinem höchsten Punkt und gegen Südwesten tritt der Schieferfels offen zutage, gegen Elvas hin dagegen breitet sich eine kleine Wiesenterrasse aus und die Hänge darunter sind bewaldet. Ob die heute noch sichtbaren Mulden „Wohngruben" oder Spuren einstiger Grabungen sind, vermag der Verf. nicht zu beurteilen. Immerhin schreibt Innerebner (Die „Wallburgen Südtirols"): *Siedlungsreste auf der Kuppe und an den Hängen Steintrümmer unter Boden sind verfolgbar. Eine „Wohngrubenreihe" am W-Rand nahe der Kuppenhöhe von 34 m Länge und ca. 7 m Breite; zwei weitere Gruben auf der Kuppenhöhe selbst... Die tieferliegende Terrassenstufe scheint auch besiedelt gewesen zu sein, wie 2 Grabenmulden im NW-Teil und vermutbare Mauerführungen unter Boden dartun.* Auch Reimo Lunz, der 1969 bei einer Begehung sowohl an der Nord- wie auch an der SO-Seite der Kuppe Keramikfragmente aus der Bronze- und Eisenzeit auflesen konnte, berichtet (in Studien 1974), daß sich *auf der Hügeloberfläche noch heute verschiedene viereckige Mulden abzeichnen.*

Auf dem höchsten, felsigen Punkt des Pinatz, wie der Hügel auch kurz genannt wird, finden wir wieder Schalen. Sie sind durchwegs schön gerieben, 3—5 cm groß und etwa 1—3 cm tief und befinden sich recht unauffällig in einer leicht nach Osten geneigten Fläche des anstehenden Schieferfelsens am Boden. Der Verf. konnte im Herbst 1979 deren 21 eindeutig ausmachen, während etliche andere Vertiefungen unklar schienen, und eine sichere Beurteilung auch durch Betonmörtel, der wohl bei der Errichtung des großen Wetterkreuzes hierher gekommen sein wird, unmöglich gemacht wurde. Neben den Schalen befindet sich im Felsboden eine allem Anschein nach natürliche, dreieckige Wanne, und am steilen Südabfall sind in den Felsen zwei sehr große (ca. 20 und 50 cm im Durchmesser) schalenartige Vertiefungen ausgehöhlt, wobei allerdings unklar ist, ob sie durch Menschenhand entstanden sind.

Unser Weiterweg führt uns durch Elvas und in leichtem Abstieg in einen von Lichtungen unterbrochenen Föhrenjungwald unterhalb der nach Brixen führenden Straße. Unser Besuch gilt hier dem bei Haller als „Kreuzplatte" bezeichneten und einem weiter östlich befindlichen Schalenfelsen, der von Haller nicht erwähnt wird. Diese sind die Überreste einer einst offenbar größeren Schalensteingruppe, wie aus einer Mitteilung von Hans Fink hervorgeht („Schlern" 1971, S. 254): *Mit dem Straßenbau von Elvas und Raas sind mehrere Felsplatten verschwunden, auf denen sich Schalensteine befanden. Zwei Platten lagen genau dort, wo nun die Straße an der letzten scharfen Kurve nordwestlich von der Elvaser Kirche abzweigt. Einige Schalensteine in nächster Nähe sind noch erhalten geblieben.* Wie Fink berichtet, der die „Kreuzplatte" 1963 erstmals beschrieb (im „Schlern"), habe der Stein seinen Namen von einem einst in der Nähe befindlichen, später aber abgebrannten Wetterkreuz, aber auch ein naher Kreuzweg könne namengebend gewesen sein (dem Verf. gegenüber schienen im Frühjahr 1979 zwei unweit des Steines arbeitende Bauersleute die Bezeichnung „Kreuzplatte" nicht zu kennen und sprachen auch nur sehr abschätzig über Schalen und Rutschbahnen). Fink, der an die dreißig Schälchen zählte sowie die Neunergruppen und die Rutschbahn beschreibt, erhielt von Bauern die Auskunft, daß die Schalen wie auch das Hinabrutschen der Kinder zum Zeitvertreib seit jeher bekannt seien, und daß heute gelegentlich auch noch brennende Reifen hinabgerollt würden. Fink fand auch tatsächlich in einem Gebüsch *dicke, rußgeschwärzte Drahtreifen mit dünnen Drahtresten umwickelt und eine Menge Kohlenreste.* Dies zeigt, daß hier noch bis vor kurzem der uralte Brauch des „Scheibenschlagens", wenn auch nur mehr in spielerischer Form, lebendig war. Auf jene Deutungen, die uralte Feuerkulte mit der Entstehung der Schalen in Verbindung bringen, wurde bereits einleitend hingewiesen, ebenso auf die Mutmaßungen über die einstige Bedeutung der Rutschbahnen, von denen Fink nicht nur jene der Kreuzplatte, sondern auch noch ähnliche (allerdings nicht auf Schalensteinen) *am „Kirpl" unterhalb der Kirche von Elvas und im Rosental hinter dem Valserhof* nennt.

Die Fläche des anstehenden Felsens mit den nach Hallers Angabe 58 Schalen ist, ebenso wie jene am Pinatzkopf, stark nach Südwesten geneigt; im Vergleich zu jener ist hier die Rutschbahn bedeutend tiefer in den Schieferfels eingeschürft, und es sind außer den Schalen keine rätselhaften Rillen zu erkennen — abgesehen von zwei kleinen Kreuzen. *Für die Felszeichnungen wurde eine Fläche von 4,30 x 1,60 m verwendet ... Die wichtigste Figur besteht aus 9 Schalen an der Basis der Platte* (im Bild auf S. 59 deutlich erkennbar). *Sie sind im Quadrat angeordnet und genau nach der Nord-Süd- und Ost-West-Richtung geortet. Die Schalen sind sorgfältig gerieben und wohlerhalten. Diese Figur der 9 Schälchen im Quadrat verbirgt die uralte Weltordnung, die bis in die Altsteinzeit (180.000 v. Chr.) zu verfolgen ist.* Soweit ein Auszug aus Hallers bereits erwähntem Buch. Die meisten weiteren Schalen, darunter ein weiteres 9er Quadrat, dessen Diagonalen (lt. Haller) nach Nord-Süd und Ost-West weisen, befinden sich mitten in der Hauptlinie der Rutschbahn; nur wenige sowie die beiden erwähnten gleichschenkligen Kreuze befinden sich außerhalb. Haller erwähnt, daß am Boden der Höhle von Jean Angelier in Frankreich sowie im Kloster Windberg im Bayerischen Wald ebenfalls je ein Ideogramm von 3 mal 3 Schalen im Quadrat zu finden seien und fügt hinzu: *Es ist wieder ein Beweis, wie weltweiter kosmischer Glaube seine gleiche Ausdrucksform gefunden hat.* In diesem Zusammenhang sei erwähnt, daß die „heilige oder magische Neun", die ja bereits im alten China Ausdruck des Himmels war und uns nicht nur in der christlichen Religion, sondern auch in zahlreichen uralten Bräuchen immer wieder begegnet, auch in anderen Schalensteingruppen, wenn auch nicht im Neunerquadrat, zu finden ist.

Von der „Kreuzplatte" queren wir kurz den zunehmend mit Gebüsch und Föhren bewachsenen Hang und finden einen zweiten, der „Kreuzplatte" in Größe und Neigung sehr ähnlichen Schieferfels. Auch er besitzt eine Rutschbahn, die aber nur relativ schwach ausgeprägt ist. Ebenso sind auch in diesen Felsen Schalen eingerieben, doch ist ihre Anzahl auch nur gering. Der Verfasser konnte höchstens deren zehn eindeutig als solche erkennen. Eine genauere Untersuchung dieses Schalen-Rutschbahn-Steines scheint bisher nicht vorgenommen worden zu sein, jedenfalls verzeichnet ihn Haller nicht, und der Verf. konnte in der Literatur auch keine näheren Angaben darüber finden.

Nach Besichtigung dieser beiden ebenso rätselhaften wie eindrucksvollen Zeugnisse längst vergangener Zeiten, schlagen wir den großteils durch Weinberge führenden und teilweise einer frühgeschichtlichen Trasse folgenden Weg nach Kranebitt ein und beenden in Brixen unsere Rundwanderung, die keinerlei Schwierigkeiten irgendwelcher Art aufweist und im Frühling ganz besonders schön ist.

Wegverlauf

In Brixen überqueren wir die Adlerbrücke und folgen der rot-weißen Markierung Nr. 1, die uns zunächst auf der Straße ein Stück hinanführt, dann aber rechts (östl.) abzweigt. Auf dem guten, teilweise schön gepflasterten Weg Nr. 1 rot-weiß kommen wir zunächst am Schloß Krakofl vorbei und wandern dann durch Wiesengelände, Obstgüter und Laubwald hinauf bis zum Südfuß des Pinatzkopfs. Hier scharf links (westl.) ab und auf dem ebenen Weg in nur wenigen Minuten zum „Bildstein", der sich an der Stelle befindet, wo der Weg eine scharfe Linkskurve nach abwärts beschreibt.

Dann auf dem Weg kurz zurück und auf einem schmalen, blau-weiß und wieder mit Nr. 1 markierten Steig mäßig steil hinauf zum höchsten Punkt des Pinatzkopfs, wo die nächsten Schalen zu entdecken sind und sich eine großartige Aussicht über die Talweitung von Brixen bietet. Darauf am besten nordseitig hinab und in wenigen Minuten hinüber nach Elvas, von dort auf der nach Brixen hinabführenden Straße bis zu der nach Raas und Schabs abzweigenden Höhenstraße. Von der Straßenkreuzung nun auf schönem Pflasterweg Nr. 3 rot-weiß ca. 50 Schritte hinab, dann links auf schmalem Steig durch Gestrüpp zum nahen Kreuzstein und zu dem etwa 30 Schritte entfernten zweiten Schalenfelsen. Nach deren Besichtigung wieder zurück zum Weg Nr. 3 und kurz weiter bis zu Wegkreuzung. Hier mit Nr. 1 blau-weiß links ab und nach einer scharfen Rechtswendung auf dem schönen Pflasterweg, der im unteren Teil von einem Fahrweg abgelöst wird, stets mit Nr. 1 blau-weiß in Richtung Neustift, bis der Weg Nr. 15 rot-weiß (und auch Nr. 1 blau-weiß) erreicht wird. Hier scharf links ab und auf dem breiten Weg in sehr schöner, ebener Wanderung südwärts zum Brixner Ortsteil Kranebitten und auf der Straße (weiterhin gut markiert) zurück nach Brixen, unserem Ausgangspunkt.

Gehzeiten

Aufstieg (Brixen — Pinatzkopf): 1 Std.
Abstieg (Pinatzkopf — Elvas — Brixen): 1½ Std.

Karten und Literatur

Kompaß-Wanderkarte 1:50.000, Bl. 56 (Brixen); Freytag-Berndt-Wanderkarte 1:50.000, Bl. S 4 (Sterzing-Jaufenpaß-Brixen); Freytag-Berndt-Wanderkarte 1:100.000, Bl. 16 (Westliche Dolomiten).
Chicken: Wandern und Bergsteigen um Brixen (Festschrift des AVS); Haller: Die Welt der Felsbilder in Südtirol; Innerebner: Die Wallburgen Südtirols, Bd. 3; Lunz: Ur- und Frühgeschichte Südtirols; Rampold: Eisacktal; Südtiroler Gebietsführer Bd. 2 (Brixen und Umgebung).

20. Von Klausen zum Felsenkloster Säben (Bildteil S. 60)

So wie auch bereits Albrecht Dürer auf seiner Italienreise beim Blick auf Klausen mit dem darüber aufragenden Felsen von Säben und seinem Kloster angeregt wurde, dieses Stück Eisacktaler Landschaft in seinem Bild „Das große Glück" zu verewigen, so fesselt der Anblick auch heute noch den Durchreisenden.

Säben, einst stolzer Bischofssitz, heute, und zwar bereits seit 1685, stilles Benediktinerinnenkloster, vielbesuchtes Ausflugsziel und seit Jahren Schauplatz bedeutender archäologischer Ausgrabungen, ist auch unser Wanderziel. Der am häufigsten begangene Weg ist jener, der gut gepflastert von Klausen über die Burg Branzoll und weiter über den Südhang direkt hinauf zum Kloster führt; es ist dies auch der alte Wallfahrerweg. Doch ist die luftige Höhe auch von Pardell her, also vom Hang, dem der Säbener Felsen entragt, und auch auf einem erst 1927 als „Säbener Promenade" angelegten Weg durch die steile Südostflanke zugänglich. Den häufig begangenen, trotzdem aber sehr schönen Wallfahrerweg wählen wir für den Aufstieg, wandern anschließend wohl auf einem der ältesten, zugleich aber von den Säbenbesuchern am seltensten begangenen, landschaftlich außerordentlich reizvollen Weg (Bild S. 61) durch die breite Nordwestflanke des Berges nach Pardell und von dort zum Kloster, um nach Besichtigung der Kirchen und der Ausgrabungsstellen, auf der schönen „Säbener Promenade" nach Klausen zurückzukehren. Dadurch lernen wir nicht nur die Sehenswürdigkeiten von Säben selbst kennen, sondern auch die naturbelassene, landschaftlich unerwartet eindrucksvolle Umgebung. Diese Wanderung, die für den Naturfreund nicht weniger lohnend ist als für den an kulturgeschichtlichen Sehenswürdigkeiten Interessierten, ist in jeder Hinsicht unschwierig. Die Wege sind leicht zu finden und markiert; nur ein kurzes Stück des Pardeller Weges ist etwas verwachsen und abschüssig, weist aber auch hier keine nennenswerten Schwierigkeiten auf.

Daß wir uns auf Säben auf ältestem Siedlungsboden befinden, kann nicht nur aufgrund seiner äußerst wehrhaften Lage vermutet werden, sondern es konnte durch Funde auch bewiesen werden. In welchem Zusammenhang damit die von Luis Oberrauch erwähnte *schöne Rutschbahn*, die vom Verf. leider nicht ausfindig gemacht werden konnte, steht, muß dahingestellt bleiben, doch wurde vom Pathologen und Anthropologen Rudolf von Virchow bereits 1895 auf Säben ein flaches Beil aus Serpentin gefunden, das in die Jungsteinzeit weist. Auch zwei weitere Lochäxte aus Stein sind zum Vorschein gekommen, doch sind die Fundumstände ziemlich unklar. Daß es sich bei diesen Steinäxten, von denen die von Virchow gefundene leider verschollen ist, nicht nur um alleinstehende sogenannte Streufunde handelt, bestätigten bereits 1906 aufgelesene Silexsplitter und vor allem die erst 1978 begonnene und noch nicht abgeschlossene, großangelegte Grabungskampagne, die vom Institut für Vor- und Frühgeschichte und provinzialrömische Archäologie der Universität München in Zusammenarbeit mit dem Landesdenkmalamt Bozen und unter der Leitung des Archäologen Hans Nothdurfter durchgeführt wird. Diese Grabung förderte nämlich bereits eine Reihe von jungsteinzeitlichen Pfeilspitzen und anderen Abschlägen nicht nur aus Feuerstein, sondern auch — wie übrigens auch am *Troi Pajan* in Gröden (vgl. Nr. 23) — aus Bergkristall zutage.

Somit wissen wir mit Bestimmtheit, daß der mächtige Burgfelsen von Säben bereits um 2300—1800 v. Chr., also vor rund 4000 Jahren, besiedelt war. Aber auch in der Bronzezeit war Säben bewohnt, wie unter anderem von Reimo Lunz und Waltraud Degasper 1972 aufgefundene frühbronzezeitliche Keramikfragmente belegen. Vieles aus der vorgeschichtlichen Besiedlung allerdings wird wohl für immer unbekannt bleiben, da durch die starke Überbauung in späteren Jahrhunderten fast alle diesbezüglichen Spuren unwiederbringlich verwischt und zerstört wurden. Dafür hat aber bereits die zweijährige Grabung unter Nothdurfters Leitung wertvollste Hinweise auf die durch Überlieferungen angedeutete große Rolle erbracht, die Säben in frühgeschichtlicher Zeit gespielt hat. Adrian Egger hatte bereits 1930 am steilen Südwesthang, außerhalb der heutigen Umfassungsmauer, eine frühchristliche Kirche aufgedeckt, auch wurden im Lauf der vergangenen Jahrzehnte zahlreiche andere Funde getätigt; Nothdurfter zählt (im „Schlern" 1977, S. 26 ff.) in einer Zusammenstellung deren 73 auf, die vom erwähnten bei einem Osterspaziergang bei der Heilig-Kreuz-Kirche gefundenen ersten Steinbeil bis zu römischen Münzen, Feuersteingeräten, Scherben aller Art und Hirschhornstücken reichen. Dabei handelte es sich aber ausnahmslos um Einzelfunde; und auch die wiederholt vorgenommenen kleinen Sondierungsgrabungen besaßen meist nicht allzugroßen Aussagewert. Auch menschliche Skelette kamen zum Vorschein, ohne daß sie wissenschaftlich ausgewertet worden wären. Erst im Frühjahr 1976 fand dann eine erste planmäßige Grabung am Hang gegenüber der Burg Branzoll im Auftrag des Landesdenkmalamtes Bozen und unter der Betreuung Dr. Nothdurfters statt. Dabei wurde ein relativ kleines Reihengräberfeld mit insgesamt 59 sehr eng beieinanderliegenden und teilweise durch Nachbestattungen gestörte Gräber geborgen. Aus der Tatsache, daß die Gräber wohl Schmuckstücke, aber keine eigentlichen Grabbeigaben enthielten, *geht eindeutig hervor, daß die am Säbener Berg bestattete Bevölkerung christianisiert war* (Prof. Kromer, Innsbruck, im „Schlern" 1977, S. 19). Ein Auszug aus Nothdurfters Zusammenfassung, die dem Forschungsstand von 1977 entspricht, sei hier wiedergegeben: *Die Funde sprechen für einen Zeitraum vom Ende des 6. Jahrhunderts und des ganzen 7. Jahrhunderts, eine zeitliche Gliederung erlauben sie nicht. Nimmt man die Einzelfunde wie die Armreifen oder Glasfragmente aber auch die Grabbeigaben im einzelnen, so läßt sich nichts darüber sagen, welchem Volk der Träger angehört hat ... Dennoch zeigt das ergrabene Gräberfeld einige wichtige Kennzeichen. Die auf dem Becken gefalteten Hände werden als Merkmal einer christlichen Bevölkerung angesehen, wenn auch kein christliches Symbol gefunden wurde. Für eine ethnische Interpretation sind wichtig: das Fehlen von Waffen, Mehrfachbestattungen und Überschneidungen, das Fehlen mehrteiliger Gürtelgarnituren, das Vorkommen schlichter eiserner Armreifen. Das alles sind Belege, die gegen ein germanisches Gräberfeld sprechen. So haben wir erstmals Hinweise auf eine romanische Gemeinde, die die Stürme der Germaneneinbrüche überlebt hat.*

Waren nun sowohl die von Egger entdeckte Basilika als auch die meisten übrigen Funde und das Gräberfeld von 1976 außerhalb der heutigen Umfassungsmauer zutage getreten, so richtet sich das Augenmerk der 1978 aufgenommenen, mehrjährigen Grabungskampagne auf den unmittelbaren Bereich der Säbener Baulichkeiten, und zwar zunächst auf den Standort der barocken Liebfrauenkirche und der in ihrer Substanz romanischen Marienkapelle, die derzeit beide unbenützt und reparaturbedürftig sind. Hiebei traten schon bald Reste einer gotischen Kirche zutage, die einerseits die vorhergehende, um das Jahr 1000 n. Chr. erbaute romanische abgelöst hat und andererseits um 1660 der barocken weichen mußte. Von größter Bedeutung aber war dann die Ausgrabung des Fußbodens einer spätrömischen Kirche und vor allem einer ebenfalls spätrömischen Siedlung aus der Zeit um 380—420 n. Chr. Die nach den ausgegrabenen Mauern zu schließen ziemlich großen römischen Gebäude enthielten Herde mit Kohle und Asche, auch ein frühchristliches Taufbecken (um 400), das vor allem in Syrien Entsprechungen findet und zur Taufe der noch heidnischen Bevölkerung diente, kam zum Vorschein. Dies alles läßt den Schluß zu, daß sich um 350 n. Chr. eine romanische Bevölkerung vor den germanischen Plünderungszügen auf den Säbener Berg flüchtete. Ihre ersten Gebäude fielen zwar bald einem Brand zum Opfer, doch wurde wiederaufgebaut, bis im 5. Jh. eine neuerliche Feuersbrunst die Siedlung endgültig zerstörte.

Wenn nun auch die Grabungen, die 1980 bei der Heilig-Kreuz-Kirche fortgesetzt werden, voraussichtlich noch lange nicht abgeschlossen sind, und sich somit erst ein vorläufiges Teilbild ergibt, so kommt schon den bisherigen Ergebnissen deshalb größte Bedeutung zu, weil derart aufschlußreiche Funde aus der frühchristlichen Epoche ungleich seltener sind als vorgeschichtliche und das Wissen gerade über diese Zeit noch immer sehr gering ist. Säben ist bisher der einzige Fundplatz in Südtirol, der uns hierüber einigen Aufschluß gibt, und einer der ganz wenigen im Alpenraum überhaupt. Wie Hans Nothdurfter in seinen Vorträgen wiederholt betonte, ist das Grabungsgelände für ernstlich Interessierte jederzeit zugänglich, so daß wir bei unserer Wanderung, solange die Untersuchungen weiterlaufen, auch Fachinformationen aus berufenem Munde erhalten und dem Ablauf einer bedeutenden planmäßigen Grabung beiwohnen können, wie ja auch von dieser seltenen Möglichkeit, die allerdings auch bei den anderen größeren Grabungen besteht, Schulklassen bereits wiederholt Gebrauch gemacht haben.

Haben wir somit nun versucht, einen ersten Einblick in das Siedlungsbild der Jahrhunderte vor Beginn unserer Zeitrechnung und in die spätrömische und Völkerwanderungszeit auf Säben anhand archäologischer Befunde zu erhalten, so bleibt noch einiges nachzutragen, wie es sich im Licht der geschriebenen Urkunden darstellt oder von Sagen und Legenden überliefert ist.

Wir wissen, daß Säben einst Bischofssitz war, bevor dieser in den letzten Jahrzehnten des 10. Jh.s nach Brixen verlegt wurde. Als ersten Bischof und Gründer des Bistums nennt nun die Legende den hl. Kassian, doch ist dies mit Sicherheit nicht zutreffend. Wohl aber mag die erste Bischofskirche von allem Anfang an dem Heiligen geweiht gewesen sein. Als ersten geschichtlich faßbaren Bischof dagegen kennen wir jenen *Marcianus episcopus* oder *Materninus Sabionensis* (vormals Bischof Valentin von Augsburg), der angeblich vor den Germanen von Augsburg hierhergeflüchtet war und sich auf dem Säbener Felsen um 560 niederließ, um einen neuen Bischofssitz zu errichten. Ihm folgte etwa 30 Jahre später der vom langobardischen Gerichtsschreiber Paulus Diaconus erwähnte nachmalige heilige Ingenuin, der den Bischofsstuhl bis um 605 innehatte, in welcher Zeit sich das Bistum von Aquileia allmählich zu lösen begann, unter die Herrschaft der 591 eingewanderten Bajuwaren kam, um schließlich 798 dem Metropolitanverband Augsburg unterstellt zu werden. 901 erfolgt dann unter Bischof Zacharias die für die spätere Verlegung des Bischofssitzes so bedeutsame Schenkung des Hofes *Prihsna* (Meierhof) in Brixen an die Kirche von Säben durch König Ludwig I, und unter Bischof Albuin, dem nach Zacharias der Bischof Richbert vorangegangen war, findet dann um 990 die endgültige Umsiedlung nach Brixen statt. Säben bleibt zunächst noch einige Zeit bischöfliche Sommerresidenz und es wird auch bereits ein Marienkloster eingerichtet. Auch spielt die inzwischen zur strategisch bedeutsamen Festung ausgebaute einstige Bischofsburg im 11. Jh. während der politischen Auseinandersetzungen zwischen der kirchlichen und weltlichen Macht kurzfristig eine gewisse politische Rolle. Ab dieser Zeit finden wir Säben von bischöflichen Burggrafen verwaltet, über die uns die schriftlichen Urkunden ziemlich genauen Aufschluß geben. Das 13. Jh. brachte erneute Machtkämpfe, wobei sich die Burggrafen von Säben an einem Aufstand gegen den Bischof Bruno von Brixen beteiligten und die Burg Branzoll am Südhang des Säbener Berges errichteten. In einem erfolgreichen Feldzug gegen die Aufständischen durch den bischofstreuen Hugo von Velthurns wurde die Burg Säben zwar zerstört, doch baute sie Hugo wieder auf. Einen weiteren Ausbau erlebte die Burg unter Bischof von Enn in der ersten Hälfte des 14. Jh.s; ein gewaltiges und damals in Europa einmaliges Unternehmen war die Bohrung eines rund 140 m tiefen Ziehbrunnens Anfang des 15. Jahrhunderts, wobei das ausgehobene Material die ganze Südostfront der Umfassungsmauer zum Absturz brachte. Heute ist vom Brunnen allerdings nichts mehr erhalten. Im August des Jahres 1533 zerstörte ein durch Blitzschlag verursachter Brand einen Großteil der Burg, und zwar ausgerechnet in der St.-Kassians-Nacht, worin das Volk verständlicherweise eine Strafe Gottes sah, denn am Vortag des Festes des Säbener Schutzpatrons war *in gepetsal getanzet* worden, wie es in einem zeitgenössischen Bericht heißt. Der Burghauptmann übersiedelte daraufhin in die Burg Branzoll, während die Burg Säben nicht wiederhergestellt wurde und allmählich ihrem Verfall entgegenging. Die sakralen Bauten aber, der Kassiansturm mit der angeschlossenen Heilig-Kreuz-Kirche, wurden nicht nur eingedeckt, renoviert und für die Pilger instand gehalten, sondern 1652—1658 durch den Bau der etwas tiefer liegenden Liebfrauenkirche erweitert. Und drei Jahrzehnte später, zwischen 1681 und 1685, läßt der Klausener Pfarrer Dr. Matthias Jenner die Burgruine zum Benediktinerinnenkloster ausbauen. In der Folge wird 1722 das Problem der Wasserversorgung durch eine Zuleitung von Pardell her gelöst und 1742 das sogenannte Neugebäude errichtet; doch 1797 werden dann die Kirchen von den Franzosen ausgeplündert und wenige Jahre später, unter Baiern, wird das Kloster sogar zeitweilig aufgelöst. Ende des 19. Jh.s erlebte Säben aber einen neuerlichen Aufschwung und es entstanden verschiedene Neubauten im neuromanischen Stil, wobei allerdings vieles vom vorhergehenden Gepräge verlorenging.

Nach diesem gerafften geschichtlichen Abriß müssen hier auch noch jene dem Mars, dem Mithras und der Isis gewidmeten Weihesteine erwähnt werden, die in der Literatur gelegentlich als zu Säben gehörig erwähnt worden sind und zur Annahme führten, auf Säben sei einstmals ein vorchristlicher Isis-Tempel gestanden. Doch ist die Forschung von diesen Annahmen bereits seit längerer Zeit abgegangen, und die Äußerung Nothdurfters setzt wohl den Schlußpunkt unter den Gelehrtenstreit: Die Weihesteine *gehören endgültig nicht nach Säben, sondern wohl nach Kollmann, der Straßenstation Sublavio ... von einem römischen Kastell gibt es keinerlei Spuren* („Schlern" 1977, S. 32).

Wegverlauf

Vom Hauptplatz in Klausen (525 m; gute Orientierungstafel) auf Nr. 1 ostseitig zwischen den Häusern durch und dann bald auf dem gepflasterten alten Kreuz- und Wallfahrerweg hinauf zur

Burg Branzoll und weiter bis zu einem Bildstock, bereits in der Nähe der Säbener Bauten. Nun nicht mehr auf dem Pflasterweg weiter, sondern links (weiterhin Nr. 1) ab und auf dem schönen, teils über freie Grasböden, teils in schönem Laubwald quer durch die steilen Nordwesthänge des Säbener Berges. Der Weg steigt allmählich stärker an und führt zuletzt durch dichtes Gebüsch, um kurz darauf den untersten Pardeller Bauernhof (699 m) zu erreichen. Hier Prachtblick auf den Klosterhügel und in die Umgebung. Von da nun auf dem Fahrweg hinab, an einem Privathaus vorbei und auf dem Säbener Weg über den schmalen Kamm, der den Säbener Felsen mit dem Hinterland verbindet, hinüber und hinauf zur Heilig-Kreuz-Kirche mit dem angeschlossenen Kassiansturm und den Baulichkeiten des Klosters (729 m). In der Heilig-Kreuz-Kirche voraussichtlich 1980 die erwähnten archäologischen Grabungen. Über die Geschichte und Sehenswürdigkeiten sind im Kloster aufschlußreiche Broschüren zu erhalten.

Nach erfolgter Besichtigung nicht südwärts hinab, sondern nordwärts auf dem von Pardell her benützten Weg kurz zurück und auf dem rechts abzweigenden, nicht markierten, aber guten und sehr schönen Weg („Säbener Promenade") in Serpentinen durch schönen Laubwald in angenehmer Wanderung ohne Orientierungsprobleme hinab nach Klausen. Hier versäume man nicht, den berühmten „Loretoschatz" (sakrale Kunstgegenstände) zu besichtigen.

Natürlich kann der halbstündige Umweg über Pardell auch ausgelassen werden, doch entgeht einem dabei nicht nur der schöne Blick auf Säben, sondern vor allem der zweifellos schönste, natürlichste und vielleicht auch älteste Weg, den es am Säbener Berg gibt. — Die Wanderung ist leicht und, bis auf die Wintermonate, das ganze Jahr über sehr lohnend.

Gehzeiten
Aufstieg (Klausen — Pardell — Säben): 1½ Std.
Abstieg (Säben — Klausen): ¾ Std.

Karten und Literatur
Kompaß-Wanderkarte 1.50.000, Bl. 54 (Bozen) oder Bl. 56 (Brixen); Freytag-Berndt-Wanderkarte 1:50.000, Bl. S 1 (Bozen-Meran und Umgebung); Freytag-Berndt-Wanderkarte 1:100.000, Bl. 45 (Bozen-Meran und Umgebung) oder Bl. 16 (Westliche Dolomiten).
Gruber: Kunstlandschaft Südtirol; Innerebner: Die Wallburgen Südtirols, Bd. 3; Lunz: Ur- und Frühgeschichte Südtirols; Oberrauch: Schriften zur Urgeschichte Südtirols; Rampold: Eisacktal; Rampold: Südtiroler Wanderbuch; Theil: Kleine Laurin-Kunstführer Nr. 28, 29, 31, 32; Trapp: Tiroler Burgenbuch, Bd. 4; Weingartner: Die Kunstdenkmäler Südtirols, Bd. 1.

21. Jahrtausendealter Bergbau am Villanderer Seeberg (Bildteil S. 62)

Das Sarntal im Westen wird vom Eisacktal im Osten durch einen langen Gebirgszug geschieden, der zahlreiche, schon seit ältester Zeit bekannte Übergänge besitzt. Dies ist belegt durch den Fund zweier Bronzebeile am Penser Joch, von denen allerdings nur eines echt zu sein scheint, während das andere wohl eine Fälschung ist; es wird ein Weg auch angedeutet von der uralten Wallfahrt, die von Durnholz nach Maria Trens führte, oder vom Namen Fortschellscharte, in dem ein lateinisches *furca* (Gabel) steckt und so auf mindestens frühgeschichtliche Begehung hinweist. Jeder dieser heute entweder gut markierten oder — am Penser Joch — zur Autostraße ausgebauten Übergänge dürfte somit wohl auf einen uralten rätischen Jochweg zurückgehen.

Wenn im Sarntal bisher auch nur relativ wenige vorgeschichtlichen Siedlungspunkte bekannt geworden sind, so liegt das mit großer Wahrscheinlichkeit an einer entsprechenden Forschungslücke. Die erwähnten Übergänge, denen im Westkamm ähnlich bedeutsame, aber auch kaum näher erforschte gegenüberstehen, lassen ebenso diesen Schluß zu wie die unter Nr. 18 beschriebene Urzeitstätte auf dem Königsangergipfel. Es ist auch kaum anzunehmen, daß die in grauer Vorzeit besonders stark besiedelten Gebiete am Ost- und Südhang des Sarntaler Ostkammes, so die schönen Hänge um Tschötsch, Feldthurns, Villanders und vor allem des Rittens, nicht auch bis jenseits des Kammrückens, also ins Sarntal, stärker ausgestrahlt hätten, als es das derzeitige archäologische Fundbild erscheinen läßt.

Zwischen dem Bergstock des Villanderer Berges und jenem der Kassiansspitze mit der möglicherweise auch in älteste Zeiten zurückreichenden Wallfahrt zum Latzfonser Kreuz, ist eine der breitesten und tiefsten Einsattelungen des ganzen, von Sterzinger ins Bozner Gebiet ziehenden Kammes eingelagert. In einem Einschnitt dieser Senke, die mit der breiten Jaufensenke vergleichbar ist, steht eine der im gesamten gesehen nicht allzu zahlreichen Bergkapellen. Es ist dies die Kapelle „Am Toten". Alter und Ursprung dieser auffallenderweise wieder dem Heiligen Kreuz (so wie auf Säben, am Latzfonser Kreuz, auf Raschötz, unterm Heiligkreuzkofel im Gadertal und anderswo) geweihten Kapelle sind noch kaum näher erforscht. Anton Schwingshackl („Bergkapellen unserer Heimat") vermerkt nur, *daß sie an die Pestzeit um 1350 und an die Bergknappenzeit in diesem Gebiet erinnern soll.* Und er erwähnt den *überlebensgroßen Christus, der den Wanderer mit hoffnungslos traurigen Augen vorwurfsvoll anschaut.*

Östlich des Sattels und der Kammhöhe dehnen sich die weiten Villanderer Almen aus, eine riesige Fläche, die zu den größten Hochweiden Südtirols zählt. Sowohl die Lage als auch verschiene seltsame Namen, wie Gunzneier, Pfreimer oder Rafuschgel-Wiesen, legen die Vermutung nahe, daß diese Hochalmen, vor allem in klimatisch günstigeren Zeiten (etwa Bronzezeit oder mittlere Steinzeit), bereits als vorgeschichtliche Siedlungsplätze eine Rolle gespielt haben könnten, wenn auch diesbezügliche Beweisfunde derzeit noch fehlen. Immerhin befinden sich in tieferer Lage, im Gebiet von Villanders, zwei sogenannte Wallburgen (Moar in Ums und Glartznerknott, 985 bzw. 1317 m) sowie eine auffallende, 1974 leider beschädigte Granitbank (am Glartznerknott) und eine drei Meter hohe, wie Innerebner ermittelte, rund fünf Tonnen schwere Felssäule, die als „Menhir von Villanders" in die Literatur eingegangen ist. Der unbeschriftete Stein steht etwa 20 m unter der Kuppenhöhe der Wallburg Moar in Ums, mitten im Wald.

Doch wir kehren wieder auf die Höhen der Villanderer Almen zurück. An der Westseite des Sattels „Am Toten" liegt eine breite Mulde mit drei Bergseen, von denen zwei nur seicht sind, während der dritte, der Schwarzsee, ziemlich tief zu sein scheint (vgl. Menara-Rampold „Südtiroler Bergseen"). Dieses Gebiet ist unser eigentliches Wanderziel. Uralte Sagen umranken diesen *Seeberg*, wie die bereits auf Sarntaler Seite liegende, aber zu Villanders gehörige Gegend heißt; Abraumhalden und schön gemauerte Stolleneingänge einstigen Bergbaues sind da zu entdecken, und vor allem wurde erst vor wenigen Jahren in der Nähe des Knappenbaches, der von den Seen gegen Reinswald abfließt, eine bronzezeitliche Schmelzstätte entdeckt. Damit ist der unwiderlegbare Beweis erbracht worden, daß der Villanderer Bergbau in vorgeschichtliche Zeiten zurückreicht.

Bei den Seen beginnt ein guter und teilweise noch gepflasterter Weg, der durch den schönen Kalkwald nach Sarnthein hinabführt, und die Spuren eines früher offenkundig viel befahrenen Erzweges mit bis zu 10 cm tiefen Fahrrillen lassen sich noch auf den Villanderer Almen ausfindig machen. An den geschichtlichen Bergbau erinnern in der Pfarrkirche zum hl. Stephan in Villanders zwei Knappenszenen, Bergwerkswappen sowie eine Darstellung der hl. Barbara, der Patronin der Bergleute, in einem Glasgemälde an einem der südlichen Langhausfenster.

Über dieses mittelalterliche Bergwerk weiß man nun aber auch nicht allzuviel. Zwar geht aus einer Schenkungsurkunde des Jahres 1141 hervor, daß Graf Arnold von Greifenstein und seine Gemahlin Adelheid den *Bergbau auf Villanders* dem neugegründeten Kloster Neustift schenkten und wir wissen, daß diese Schenkung dann 1177 in Venedig von Kaiser Barbarossa bestätigt wurde. Und auch eine Urkunde aus dem Jahre 1331 spricht vom *Silberbergwerke auf Villanders*, Doch ist unklar, ob es sich dabei um unseren Bergbau auf „Seeberg", um jenen am Samberg, also östlich des Höhenzuges, oder aber um das Pfunderer-Bergwerk im Thinnebachtal handelt. Während Georg Seelaus, ein guter Kenner des Gebietes und der Materie, sich entschieden für letzteres ausspricht (in „Schlern" 1921, S. 411 ff.), nennt Prof. Luis Staindl in einer Abhandlung, die sich im wesentlichen auf eine vorhergehende (1929) von Robert R. v. Srbik, Innsbruck, stützt, für die heute zerstörten Samberggruben, wo *vor allem ein umfangreicher Bergbau auf Silber betrieben wurde, eine erste Verleihung um 1100—1140.* Über das Bergwerk am Seeberg dagegen schreibt Staindl in der genannten Arbeit (in „Schlern" 1957, S. 29 ff.): *Am Kontakt von Glimmerschiefer und Porphyr beim Weißen See* (die drei Seen werden in der Literatur zuweilen Weiß-, Blau- und Schwarzsee genannt) *kommen Bleiglanz und Blende vor; 1140 wurde auch etwas Silber entdeckt, ebenso Spuren von Gold. Die Blütezeit war im 11. Jh.* Und über die Auflassung unseres Bergwerks sagt Josef Rampold: *Wir wissen, daß diese Gruben... teilweise noch bis ins 16. Jh. und sogar noch bis vor rund 200 Jahren betrieben worden sind* („Südtiroler Bergseen"). Wie es dazu gekommen sei, daß die auf Sarner Gebiet liegende Seeberger Alm heute den Villanderern gehört, erfuhr Bruno Mahlknecht von einem Reinswalder Bauern: Aus der Kirche von Reinswald sei vor ein paar hundert Jahren die goldene Monstranz gestohlen worden, und zwar, wie man annahm, von den Villanderern, mit denen die Reinswalder seit eh und je kein allzu gutes Verhältnis verband. Da es aber für diese Annahme keinen Beweis gab, blieb nichts anderes übrig, als den Seeberg zu veräußern, um eine neue Monstranz kaufen zu können. Als interessierte Käufer aber meldeten sich nur die Villanderer. So hatten sie nun wahrscheinlich die Sarner Monstranz und zudem sicher auch noch eine Sarner Alm. Ob sie ihrerseits die Monstranz verkaufen mußten, um die Alm zu kaufen, wird nicht berichtet („Schlern" 1974, S. 274).

Wie alle Bergbaugebiete, so ist auch unser Seeberg von zahlreichen Sagen umwoben. Die weitverbreitete Geschichte vom goldenen Kegelspiel ist hier ebenso angesiedelt wie jene vom ausschweifenden Leben der zu reich gewordenen Knappen, das zum Untergang der einstigen blühenden „Stadt" geführt habe.

Nun wissen wir einiges urkundlich Belegtes und einiges Überliefertes, von der reichen Phantasie der Bergbewohner Ausgeschmücktes, aus der historisch faßbaren Zeit des Bergbaues auf Seeberg. Nun muß aber auch noch über jene bereits erwähnte Entdeckung berichtet werden, durch die hier bereits ein prähistorischer Bergbau nachgewiesen werden konnte. Eine ausführliche Abhandlung darüber finden wir im „Schlern" 1972, S. 592 ff., aus der Feder des Archäologen Lorenzo Dal Ri (die im folgenden eingestreuten Zitate entstammen dieser Arbeit). Im Jahre 1970 fand der Geologe P. Viktor Welponer am orographisch linken Hang des Knappenbaches in einer Höhe von rund 1800 m zunächst *große, rohe Schlackenstücke blasiger Struktur* und sogenannte *Plattenschlacken. Nach den ersten Erkundungen nahm Prof. Welponer im Sommer 1970 eine kleine Such-*

grabung vor, wobei sich folgendes Bild ergab: unter der Grasnarbe folgte eine Humusschicht und darunter eine mächtige Schicht von sogenanntem Schlackensand... Dieser gehört zu den kennzeichnendsten Erscheinungen bronzezeitlicher Schmelzstätten. Weiters fand Welponer einen aus einem Baumstamm gearbeiteten Holztrog, der *zur Sortierung des zerkleinerten Schmelzgutes (Kupferstein, taube Schlacke, Rohkupfer usw.) gedient haben dürfte. Als besonderes Kennzeichen vorgeschichtlicher Bergbaugebiete* — so Dr. Dal Ri weiter — *haben die bekannten Steingeräte zur Erz- bzw. Schlackenzerkleinerung zu gelten,* von denen Welponer insgesamt 19 Stück (teilweise Bruchstücke) fand, wobei jene Geräte, die zum Typus der sogenannten Sattel-Handmühle *(sie wurde in den letzten 3 Jahrhunderten v. Chr. von den rotierenden Handmühlen abgelöst)* von besonderer Bedeutung sind: *Auch wenn in Reinswald keine anderen datierenden Kleinfunde (Keramik) ans Licht gekommen wären, ließe schon diese Einzelheit am Alter des Schmelzplatzes keinen Zweifel.* Doch in der Schlackensandschicht fanden sich neben zahlreichen Holzfragmenten, Lederteilen und Sandsteinschleifsteinen *einige Keramikfragmente, die von besonderer Bedeutung für die genauere zeitliche Umschreibung des Fundplatzes sind.* Die Untersuchung und Bestimmung des Materials durch Reimo Lunz ergab, daß die Keramik *dem spät- bis endbronzezeitlichen Laugener Horizont angehört,* also aus der Zeit um 1300—850 v. Chr. stammt. Wie Dal Ri weiter ausführt, ist *als Produktions- und Herkunftsgebiet der Reinswalder Keramik wohl in erster Linie das wellige Hochflächengelände südlich des Rittner Horns in Betracht zu ziehen, wo... zwei Siedlungen der Endbronzezeit nachgewiesen sind.* Soviel in knappen Worten über den bedeutenden prähistorischen Fund im Bereich des aufgelassenen Bergbaus am Seeberg. Damit ist gesagt, daß unsere Wanderung entlang uralter Wege in ein zwar weltabgeschiedenes, aber überaus geschichtsreiches Gebiet führt. So begeistern bei der Tour nicht nur die prachtvollen Bergwiesen der Villanderer Almen, die überwältigende Schau auf die Dolomiten und die unter der felsigen Nordflanke des Villanderers (2509 m) eingebetteten Seen, sondern auch die heute stummen Zeugen einst regen, geschäftigen Treibens. Nun erscheint es, wie Dal Ri betont, *fast aussichtslos, an die Eingänge der prähistorischen Stollen heranzukommen, da diese meist eingestürzt und verschüttet sind... Im Laufe der Jahrhunderte stellt sich nämlich unter dem Druck der umliegenden Gesteinsmassen das durch den Abbau gestörte Gleichgewicht des Berges wieder her.* Anhand verschiedener Beispiele aus anderen Gebieten, so im Salzburger Raum und im Trentino, weiß man aber, daß zu prähistorischen Bergwerken fast immer mehrere oft weit verstreute Schmelzstätten gehören, so daß es *sehr wahrscheinlich ist, daß sich im Umkreis der neuen Reinswalder Fundstelle noch weitere entsprechende oder ähnliche Schmelzplätze verbergen.* Durch den Fund derselben bestünde nach Ansicht Dal Ris doch noch *die Aussicht, das zum Schmelzbecken von Reinswald gehörige, eigentliche Abbaugebiet eines Tages zu entdecken, vorausgesetzt, daß die Spuren prähistorischer Bautätigkeit nicht gänzlich durch das mittelalterliche Bergwerk verwischt worden sind.* Denn *im Umkreis der alten Einbaue lassen sich nicht selten Reste von Anlagen zur Materialzerkleinerung und Spuren von Scheidehalden nachweisen.* So soll der Aufruf des Forschers, an dem interessierten Leser ersucht, an dem Problem mitzuarbeiten, hier wiederholt werden. Vielleicht gelingt es dem einen oder anderen, durch einen entsprechenden Fund zur näheren Erforschung dieser weltfernen Höhen einen Mosaikstein beizutragen

In bezug auf den prähistorischen Bergbau ist noch anzufügen, daß K. F. Wolff den Namen Villanders mit *villa d'antres* (Höhlendorf) deutete und demzufolge bereits 1937 in diesem Gebiet *rätische Bergwerke* („Schlern" 1937, S. 42) vermutete.

Wegverlauf
Heute kann der Rand der Villanderer Almen auf einer größtenteils asphaltierten Bergstraße erreicht und durch deren Befahrung der Aufstieg von Villanders her erheblich abgekürzt werden. Doch sei hier der alte, gepflasterte Fußweg empfohlen, der, mit Nr. 7 markiert, von Villanders (880 m) teils durch prachtvolle Wiesen, teils durch schöne Bergwälder und an ehrwürdigen Berghöfen vorbei, in Richtung Gasteiger Sattel führt. Wir folgen dem Weg aber nicht bis dorthin, sondern zweigen schon vorher, kurz nach einem Bildstock oberhalb des Pardumhofes (gut 2 Std. ab Villanders), auf einem unmarkierten Weg rechts ab und erreichen so den erwähnten Fahrweg und die Gastwirtschaft „Villanderer Alm" (auch „Gasserhütte" genannt; 1744 m). Nun auf dem Traktorweg, der streckenweise einem schönen Pflasterweg folgt, nordwestwärts weiter. An einer Stelle zweigt der sehr verwachsene, alte Erzweg mit den teilweise bis zu 10 cm tiefen Fahrrillen links ab, während der Traktorweg bald darauf rechts abbiegt. Wir versuchen dem alten Erzweg so gut es geht zu folgen. Auch wenn er teilweise nicht mehr erkennbar ist, so gibt es keinerlei Orientierungsprobleme. Wir verlassen nämlich bald die letzten Bäume und treffen genau westwärts über die weiten Almböden wandernd auf den vom Rittner Horn zum Latzfonser Kreuz führenden Steig Nr. 1, den wohl auch bereits die bronzezeitlichen Bergknappen gegangen sein werden. Von da führt nun der Weg (mit Nr. 6 markiert) in mäßig steilem Aufstieg hinauf zum Sattel mit der weit über das Land schauenden Kapelle „Am Toten" (2186 m). Jenseits kurz absteigend erreichen wir schließlich den „Seeberg", die breite Mulde mit den drei Seen und den noch deutlichen Spuren des mittelalterlichen Bergbaues

(2033 m). Dies ist unser eigentliches Ziel. Hier muß es dem Wanderer selbst überlassen werden, nach jahrhunderte- und jahrtausendealten Spuren menschlicher Anwesenheit zu suchen. Es kann dem Knappenbach (Abfluß der Seen) entlang abgestiegen werden, um den prähistorischen Schmelzplatz zu suchen, aber auch zum urweltlichen Totensee (2208 m) können wir wandern oder den aussichtsreichen Gipfel des Villanderers (2509 m) besteigen (beides von der Kapelle auf einem mit T markierten Steig). Auch verschiedene andere Streifzüge in die Umgebung sind lohnend.

Für die Rückkehr nach Villanders schlagen wir wieder den beschriebenen Aufstiegsweg ein. Wer aber Villanders mit einem öffentlichen Verkehrsmittel erreicht hat und diesbezüglich ungebunden ist, kann von den Seen auch auf dem schönen Weg Nr. 6 in 2 Std. nach Sarnthein (961 m) absteigen. Auch der Abstieg dem Knappenbach entlang nach Reinswald ist möglich, ebenso die Wanderung über den Gasteiger Sattel und das Rittner Horn zum Ritten oder die Abstiege über Windlahn nach Bundschen im Sarntal oder nach Barbian. Diese Wege sind großteils markiert und den Wanderkarten leicht zu entnehmen.

In jedem Fall aber ist zu beachten, daß die Tour sehr lang ist. Es sollte deshalb früh am Tage aufgebrochen werden, und zwar möglichst im Früh- oder Hochsommer, wenn die Tage am längsten sind. Auch auf verläßliche Witterung ist zu achten. Die Tour weist nach alpinen Begriffen zwar keine Schwierigkeiten auf, erfordert aber trotzdem Bergerfahrung und viel Ausdauer.

Gehzeiten

Aufstieg (Villanders — Seeberg): 4 Std. (bei Befahrung der Straße bis zur „Gasserhütte" gut 2 Std. weniger).
Abstieg (Seeberg — Villanders): 3 Std. (bis zur „Gasserhütte" 2 Std.)

Karten und Literatur

Kompaß-Wanderkarte 1:50.000, Bl. 56 (Brixen); Freytag-Berndt-Wanderkarte 1:50.000, Bl. S 1 (Bozen-Meran und Umgebung); Freytag-Berndt-Wanderkarte 1:100.000, Bl. 45 (Bozen-Meran und Umgebung) oder Bl. 16 (Westliche Dolomiten).
Innerebner: Die Wallburgen Südtirols, Bd. 3; Lunz: Ur- und Frühgeschichte Südtirols; Menara: Südtiroler Höhenwege; Menara-Rampold: Südtiroler Bergseen; Menara-Rampold: Südtiroler Bergtouren; Rampold: Eisacktal; Rampold: Bozen; Schwingshackl: Bergkapellen unserer Heimat.

22. Menhir und Kirche von St. Verena am Ritten (Bildteil S. 64)

Der 896 m hohe Hügel mit dem weithin sichtbaren Kirchlein St. Verena erhebt sich ostseitig hoch über dem unteren Eisacktal, etwa auf halber Strecke zwischen Waidbruck und Atzwang. Die Vegetation der langgezogenen Porphyrkuppe besteht im Nordteil vor allem aus Föhren- und Fichtenwald, die anderen Seiten sind größtenteils mit Laubwald und dichtem Gebüsch bestanden. Nur die Kuppenhöhe selbst ist kahl. Zwischen den Grasböden tritt an zahlreichen Stellen der anstehende Fels zutage; nordwestseitig 6 m unter dem höchsten Punkt steht die weithin sichtbare, 1256 erstmals erwähnte Kirche. Der Turm, den die Volksüberlieferung den Bergfried eines einstigen Schlosses nennt, wurde lt. Weingartner um 1400 erbaut, das Kirchlein in seiner heutigen Form dagegen erst im 17. Jh.; vom früheren gotischen Bestand ist nur die spitzbogige Sakristeitüre erhalten geblieben. Mit der Sage vom Bergfried deckt sich, daß St. Verena noch im 17. Jh. *auf der Burg* genannt wird. Die Kirche ist nach Sicherstellung einiger Kunstwerke und einem Diebstahl von 1974 heute nahezu leer, das Äußere machte bisher einen recht verwahrlosten Eindruck, doch sind derzeit (Frühjahr 1980) umfangreiche Renovierungsarbeiten in Gang. Der nahe Mesnerhof ist seit einiger Zeit unbewohnt. Das Gesamtbild des reizvollen Kirchhügels ähnelt stark jenem von St. Hippolyt bei Tisens (vgl. Nr. 11), auch was seine Bedeutung in prähistorischer Hinsicht anbelangt, wenn auch die Funde von St. Verena weit hinter jenen von St. Hippolyt stehen. Immerhin wurde der Hügel bereits 1913 als urgeschichtliche Siedelstätte von Adrian Egger erstmals beschrieben, nachdem er in einem nur wenig unter der Grasnarbe befindlichen Kulturhorizont zahlreiche, heute leider verschollene Tonscherben zutage gefördert hatte. Egger gilt als Entdecker der Vorzeitsiedlung; kurz nach ihm besuchte auch Oswald Menghin den Hügel und fand ebenfalls in einer schwarzen Kulturschicht zahlreiche Scherben und außerdem auch ein Silexstück. Auch eine große Certosafibel, die von Menghin erworben wurde und in die Eisenzeit datiert wird (Lunz, „Studien"), stammt mit großer Wahrscheinlichkeit vom Verenabühel. Diese Fibel mit dreieckverziertem Fußknopf ist leider ebenso verschollen wie eine früh- bis hochmittelalterliche Lochaxt (Innerebner); Beide Funde hatte um 1915 der Mesner getätigt. Wie Innerebner vermerkt, wurden auch von Luis Oberrauch urgeschichtliche Scherben gefunden. Die im gesamten grobe Tonware, darunter auch eisenzeitliche Fragmente von sog. „Fritzener Schalen", wird vor allem aufgrund der genauen Aufzeichnungen Adrian Eggers größtenteils in die frühe bis mittlere Bronzezeit datiert.

All diese mehr oder weniger zufällig oder höchstens bei bescheidenen Sondierungen zum Vorschein gekommenen Funde belegen unwiderlegbar, daß der Hügel von St. Verena in vorgeschichtlicher Zeit und möglicherweise über längere Zeiträume hindurch mehr oder weniger stark besiedelt war. An der Oberfläche haben sich aber nur sehr spärliche Spuren jener fernen Zeit erhalten; und vor allem sind es nur Spuren, die keine sichere Datierung zulassen. Da haben wir zunächst die uralten Wege, die allein schon dem Hügel ein urgeschichtliches Gepräge verleihen. Besonders reizvoll ist eine an der Westseite vom Mesnerhaus zum Kirchlein steil emporführende Steintreppe mit insgesamt 35 sehr sorgfältig gelegten Felsstufen; aber auch den breiten, von einem alten Zaun, mächtigen Kastanienbäumen und Gebüsch gesäumten Pflasterweg, der vom Mesnerhaus in Richtung Penzlhof führt, empfindet man als Inbegriff eines Urweges. Auf der Kuppenhöhe selbst finden wir in den leicht nach Süden geneigten Gletscherschliffen überdies einige in den Fels gemeißelte flache Stufen, deren Sinn und Zweck recht unklar erscheint, da sie nur sehr bedingt als Teil eines einst vielleicht vorhandenen Weges zu erkennen sind. Wie erwähnt, weist St. Verena eine große Ähnlichkeit mit St. Hippolyt auf; dies gilt nicht nur für das Gesamtbild, für die Lage des Mesnerhauses und ganz besonders für die schönen uralten Wege, sondern auch für die Schalensteine. Denn auch St. Verena besitzt sie; sind die Schalen auch kleiner als jene von Hippolyt, so sind sie ihrer bedeutend mehr. Sie liegen unweit des von Norden her die Kuppe erreichenden Steiges mitten im Föhrenjungwald. Diese Schalen, die auch Haller eingehend beschreibt, wurden von Willy Dondio entdeckt und im „Schlern" 1979, S. 33, erstmals beschrieben. Sie sind größtenteils flach gerieben und teilweise schon ziemlich stark verwittert. Die kleineren sind fast ausnahmslos kreisrund, während bei den größeren ovale Schalen überwiegen. Dondios Zeichnung weist insgesamt 47 Schalen auf, Haller gibt ihre Anzahl mit 55 an; doch ist eine sichere Beurteilung schwierig, da es bei etlichen vor allem länglichen und sehr seichten Vertiefungen wohl recht fraglich ist, ob sie wirklich als künstlich entstandene Schalen anzusprechen sind. Trotzdem ist der Gletscherschliff mit den immer noch nicht ganz enträtselten Grübchen sehenswert und vor allem deshalb außergewöhnlich, weil wir so zahlreiche Schalengruppen meist nur im Schiefergestein antreffen, im Porphyr so wie hier aber nur selten. Unweit des Schalensteines fallen im Wald außerdem die Reste alter Trockenmauern auf, die teilweise wohngrubenartige Vertiefungen umrahmen, und Haller spricht auch von *Resten einer Steinsetzung* („Die Welt der Felsbilder in Südtirol", S. 153).

Kehren wir noch einmal kurz auf die Kuppenhöhe zurück, um noch eine weitere Sehenswürdigkeit kurz zu erwähnen. Dabei handelt es sich um einen *schön ausgemeißelten Sitz in einem Felsblock etwa 40 m südlich der Kirche, nahe am Höchstpunkt des Hügels* (Dondio). Wenn dieser „Sitz" auch bei weitem nicht mit den berühmten „Hexenbänken" auf dem Puflatsch (vgl. Tour Nr. 25) zu vergleichen ist, so scheint er doch auch durch menschliches Zutun seine heutige Form erhalten zu haben. Auch er blickt, wie die Bänke vom Puflatsch, nach Westen.

Am Westfuß des Hügels führt ein breiter, von schönen Trockenmauern gesäumter und teilweise noch schön gepflasterter Weg vorbei. Es ist dies ein Teil der berühmten mittelalterlichen Straße, die allgemein als *Kaiserstraße, Krönungsstraße* oder auch als *Römerstraße* bekannt ist. Diese alte Straße führte von Kollmann herauf und über den Ritten nach Bozen, und umging auf diese Weise die wilde Eisackschlucht. Über 60 deutsche Könige zogen auf diesem geschichtsreichen Weg nach Rom zur Kaiserkrönung und manche vermuten, daß hier auch eine Römerstraße verlief, was durch verschiedene römische Münzfunde untermauert wird. Ob es sich dabei aber um die römische Hauptstrecke handelt, ist immer noch umstritten, denn ein in Blumau aufgefundener römischer Meilenstein spricht — sofern sein ursprünglicher Standort tatsächlich Blumau war — ganz und gar dagegen. Wie dem auch sei, der Weg über den Ritten ist ganz sicher uralt, und wir können Rampold nur beipflichten, wenn er ihn eine „Räterstraße" nennt. Neuerdings wird er aber auch mit den Autos befahren und soll zu einer richtigen Autostraße ausgebaut werden; von Kollmann herauf bis Rotwand wurde er von einer neuen Straße bereits teilweise in seiner ursprünglichen Schönheit beeinträchtigt.

Als Alternative zur immer noch schönen „klassischen" St.-Verena-Tour von Kollmann herauf sei hier ein neu markierter Wegverlauf vorgeschlagen, der seinen Ausgangs- und Endpunkt in Maria Saal am Ritten hat und eine Rundwanderung abseits von Autostraßen und mit nur geringen Höhenunterschieden ermöglicht. Die Wege, die dabei verfolgt werden, sind ebenfalls echte Urwege, führen sie doch nicht nur zur Urzeitstätte St. Verena, sondern auch an anderen vorgeschichtlichen Fundstellen vorbei. Die erste diesbezügliche Station ist der Hoferbühel südwestlich vom Grindleck. Die 1365 m hohe Kuppe trägt noch gewaltige Mauerwälle, geschichtetes Mauerwerk, das zum Teil aus mächtigen Porphyrblöcken gefügt ist, sowie zwei große wohngrubenartige Mulden. Zwar kennen wir das Alter der eindrucksvollen Anlage nicht, doch wurden in den dreißiger Jahren von P. Vigil Zoderer anscheinend *Scherben von Tongefäßen, Branderde, eine Bronzestange und Knochen gefunden* (Innerebner, „Die Wallburgen Südtirols", Bd. 3, S. 191). Die nächste, aber noch viel bedeutendere Stelle erreichen wir nach dem Besuch von St. Verena: den schönen, früher als Gasthaus geführten Penzlhof. Hier lag nämlich als Dengelstein jener rechteckige Porphyrblock, der als „Menhir von St. Verena" (s. Bild S. 64) in die Literatur eingegangen ist. Als sich im Sommer 1952 Dr. Karl Schadelbauer auf dem Dengelstein zur Rast niederließ, entdeckte er die Felszeichnungen und damit den bisher vorletzten (der Menhir von Tschötsch wurde 1955 entdeckt; vgl. Tour Nr. 17) der insgesamt sieben Figurenmenhire Südtirols. Wo der 1,5 m hohe

Stein ursprünglich stand, wird man wohl nie mehr erfahren, denn er diente bereits 50 Jahre beim Penzl als Dengelstein und vorher rund 1 km weiter südlich als „Fußschemel" bei einem Bildstock. Heute steht der wertvolle Fund, dessen Inzisionen (Beile, Dolche und Gürtel) jenen der übrigen fünf „männlichen" Menhire im wesentlichen sehr ähneln, im Bozner Stadtmuseum. Hat man diese Figurenmenhire lange Zeit hindurch in die Eisenzeit datiert, so hält man sie heute weit älter und datiert sie in die Stein-Kupfer-Zeit (2200 bis 1900 v. Chr.). Größe und Gesteinsart beweisen, daß diese Steine, in denen die heutige Forschung Götterbilder glaubt sehen zu können (Lunz), an Ort und Stelle gefertigt und nicht eingeführt wurden; das Ursprungsgebiet des Menhirglaubens aber dürfte in *Ligurien bzw. an der Mittelmeerküste Frankreichs zu suchen sein* (Lunz, „Archäologisch-historische Forschungen in Tirol", Bd. 1, S. 25). — Bevor wir nun vom Penzl weiterwandern, blicken wir noch kurz gegen Osten. Dort erhebt sich nämlich ein bewaldeter Hügel, der ebenfalls von urgeschichtlicher Bedeutung zu sein scheint. Adrian Egger hat jedenfalls auf der östlichen „Penzlwaldkuppe" Tonscherben zutage gefördert, die heute zwar verschollen sind, aber laut seiner Beschreibung als eisenzeitlich anzusehen sind (Lunz, „Studien", S. 182).
Damit haben wir, wieder nach Maria Saal zurückgekehrt, nicht nur eine rund 10 km lange, landschaftlich sehr schöne Rundtour hinter uns und dem berühmten Hügel St. Verena einen Besuch abgestattet, sondern auch ein paar Stellen kennengelernt, an denen uns ein vor Jahrtausenden hier lebendes Volk seine sichtbaren Spuren hinterlassen hat.

Wegverlauf
Von Maria Saal (1185 m; hierher gute Asphaltstraße von Klobenstein am Ritten) nordwärts auf kurzer Straße zum Gasthaus „Egarter" und auf gutem Weg Nr. 24 (blau-weiß markiert) nordwärts am Waldrand in schöner Wanderung nahezu eben weiter. Nach ½ Std. Weggabel und rechts auf Nr. 34 weiter. Wir überqueren kurz darauf, scharf ostwärts abbiegend, den Graben des Kolblbaches und erreichen wenig später den Hoferhof (1266 m), über dem sich der oben erwähnte Hoferbühel mit der Wallburg erhebt (Aufstieg unschwierig, ca. 20 Min.). Dann durch Wald weiterhin auf gutem Weg Nr. 34 leicht abwärts zu den Wiesen des Kophofes, bald wieder durch Wald nur sehr leicht absteigend zum Schlötscherhof (957 m; Prachtblick auf St. Verena) und im Bogen hinab zum Weiler Rotwand an der „Kaiserstraße" (772 m). Nun auf der Straße (rot-weiße Markierung Nr. 8) gut 5 Min. südwärts, beim nächsten Hof auf Fahrweg links ab und hinüber zum Nordfuß des Verenahügels. Auf dem rechts abzweigenden Waldsteig (Hinweisschild) mäßig steil an den Wohngruben und am Schalenstein vorbei in knapp 20 Min. hinauf zum Kirchlein (896 m). Von Maria Saal bis hierher rund 2½—3 Std.
Dann westseitig auf der 35stufigen Steintreppe hinab zum Mesnerhaus, und auf breitem, zunächst schön gepflastertem Weg Nr. 35 (blau-weiß markiert) in 15 Min. zum Penzlhof (850 m; hier wurde der Menhir gefunden). Nun nicht der Straße nach, sondern am ostseitigen Hang auf gutem Weg (weiterhin Nr. 35) durch Wald mäßig steil in 20 Min. hinauf zu einem Hof auf einer aussichtsreichen Kuppe (963 m) und südwestwärts durch Wiesen nahezu eben zum Oberschlichterhof (1021 m). Hier nicht der Straße nach, sondern auf Nr. 35 in gleicher Richtung durch ein kleines Waldtal ohne nennenswerte Höhenunterschiede weiter, an einem Gehöft vorbei zur Straßenbrücke über den Kölblbach (1059 m) und gleich nach der Brücke die Straße wieder verlassend auf dem Weg durch Wiesen leicht ansteigend zurück nach Maria Saal. Ab St. Verena 2—2½ Std.
Diese Tour ist zwar lang, aber ohne Schwierigkeiten irgendwelcher Art. Die Wege sind durchwegs gut markiert, so daß es bei entsprechender Aufmerksamkeit trotz des dichten Wegenetzes keine Orientierungsprobleme gibt. Ein gewisses Maß an Gehtüchtigkeit ist erforderlich, wenn auch nur relativ geringe Höhenunterschiede zu bewältigen sind. Ausrüstung: vor allem festes Schuhzeug. Am schönsten ist die Tour im Frühjahr und Herbst, aber auch im Sommer lohnend.

Gehzeiten
Hinweg (Maria Saal — Rotwand — St. Verena): 3 Std.
Rückweg (St. Verena — Penzl — Maria Saal): 2½ Std.

Karten und Literatur
Kompaß-Wanderkarte 1:50.000, Bl. 54 (Bozen); Freytag-Berndt-Wanderkarte 1:50.000, Bl. S 1 (Bozen-Meran und Umgebung); Freytag-Berndt-Wanderkarte 1:100.000, Bl. 45 (Bozen-Meran und Umgebung).
Haller: Die Welt der Felsbilder in Südtirol; Innerebner: Die Wallburgen Südtirols, Bd. 3; Mahlknecht: Südtiroler Gebietsführer, Bd. 12; Lunz: Studien; Lunz: Ur- und Frühgeschichte Südtirols; Rampold: Bozen; Rampold: Eisacktal; Rampold: Südtiroler Wanderbuch; Weingartner: Die Kunstdenkmäler Südtirols, Bd. 2.

23. Der Troi Paian und seine Urzeitstätten (Bildteil S. 66)

Man nimmt an, daß der *Troi Paiàn* ein vorgeschichtlicher Fernweg war, der am Monte Pore in den Ampezzaner Bergen, wo ein Inschriftenstein mit einer altvenetischen Inschrift gefunden wurde, seinen südlichen Ausgangspunkt hatte. Da nun hier im Mittelalter ein Eisenbergwerk bestand, wie aus Urkunden des 12. Jh.s hervorgeht, wird vermutet, daß der altvenetische Stein mit einem vorgeschichtlichen Bergwerk in Zusammenhang steht, zumal die erwähnten Urkunden den Namen *Fursill* nennen, was in altvenetischer Sprache „Eisen" bedeutet.

Demnach handelt es sich bei unserem *Troi Paiàn* wohl um einen uralten Erzweg, der die Dolomiten durchquerte, in unserem Landesbereich den Valparolapaß (Eisenofenalm) und dann das Grödner Joch überschritt, um schließlich im Eisacktal bei Lajen in die alte Bernsteinstraße einzumünden. Noch streckenweise verfolgbare Spuren dieses alten Weges haben sich aber nur mehr in Gröden erhalten, wie sich auch nur mehr dort mit der Bezeichnung *Troi Paiàn* die Erinnerung an ihn bewahrt hat.

Was die Schreibweise des ladinischen Namens betrifft, so finden wir in der Literatur verschiedene Variationen, so z. B. *Troi Pajan* (Delago), *Troj Pajan* (Langes), *Tròy Payàn* (Rampold) oder *Tròy payan* (Wolff). Edgar Moroder, ein Grödner, schreibt *Troi Paiàn*, in der, wie er sagt, *zur Zeit für Gröden gültigen ladinischen Schreibweise* („Neuer Führer von Gröden", 1974, S. 31). Dieses Kriterium mag hier maßgebend sein. — Von größerer Bedeutung ist aber die Deutung des Namens. In Gröden versteht man darunter allgemein einen Weg, den schon die Heiden gegangen sind, also einen sehr alten Weg, der in vorchristliche und wohl auch vorrömische Zeit zurückreicht. An diese Deutung halten sich auch alle heutigen Autoren, wenn auch Carlo Battisti, der in den Dolomiten keine vorrömische Besiedlung wahrhaben wollte, das *Paiàn* auf lat. *Pagus* zurückführen wollte, wonach *Troi Paiàn* soviel wie Gau- oder Landweg bedeuten würde; *diese Deutung steht aber im Widerspruch zu der klaren und bestimmten Volksüberlieferung* (Wolff).

Auch hinsichtlich des Verlaufes unseres Heidenweges im Grödner Bereich gibt es heute kaum noch Zweifel. Wenn auch in alten Zeiten über den Almkamm der Raschötz vom Gadertal her über das Kreuzjöchl und entlang dem heutigen Adolf-Munkel-Weg sehr wahrscheinlich ein vielbegangener Weg dem Eisacktal zu führte, wofür die sicher in sehr alte Zeit zurückreichende Heiligkreuzkapelle auf Raschötz einen möglichen Hinweis gibt, und wie dies auch der Fund einer Feuersteinpfeilspitze andeutet, so finden wir wesentlich tiefer eine alte Wegspur, an der sich der *Plan Troi Paiàn* und der *Col Cernacei*, zwei uralte Viehmarktplätze, befinden, weshalb wir wohl in dieser Wegspur den *Troi Paiàn* sehen müssen, wie dies übrigens auch die einheimische Bevölkerung tut. Auch fällt auf, daß nicht nur im Annatal der einstige Maruferhof an diesem Wegverlauf liegt, sondern sich vor allem im Abschnitt zwischen Lajen und dem Raschötzer Forst eine ganze Reihe von sehr alten Grödner Höfen entlang des Weges befinden. Dies zeugt von der einstigen Bedeutung des *Troi Paiàn*.

Hier sei angefügt, daß wir das *Troi* als Bezeichnung für Weg auch im Fassatal als *tros*, aber auch in heute deutschen Gegenden wiederfinden, so in Prags als *Traiele*, im Passeier als *Traie* oder im Ridnauntal als *Trai*. Auch *Treuenstein* (Gscheibter Turm) und *Trostburg* wird in diesen Zusammenhang gebracht.

Nach diesen Klärungen soll hier nun versucht werden, so weit dies möglich ist, in kurzen Umrissen den Verlauf des ältesten und vor allem wichtigsten einstigen Grödner Weges zu rekonstruieren. Wir beginnen in Lajen und ziehen ostwärts. Der Bergweiler Tschöfas ist die erste Station, dann führt der Weg an den Höfen Hatzer oder auch Hatzesgspoi, Nuflatsch, Funtanatsch, Pinedo und Ranatsch vorbei, erklimmt die Steilhang der Torwände auf der sogen. „Katzenleiter" und durchquert nahezu eben den riesigen Raschötzer Wald, um zuerst den *Plan Troi Paiàn* und dann den *Col Cernacei* (auch *Col Cianacei*), zwei Waldlichtungen, zu überqueren. Der *Col Cernacei* wird auch Krämerboden genannt. Über ihn schreibt Luis Oberrauch: *In alten Zeiten sollen hier die Märkte abgehalten worden sein, die Krämer und Träger wanderten von weit her über die Berge und stellten ihre Werkzeuge und Waren aus, die Bauern kamen mit ihren Leuten von den entferntesten Höfen, schauten, handelten und kauften und die Überlieferung weiß, daß solche Märkte mehrere Tage gedauert hätten.* Daß der *Troi Paiàn* von da aus das Annatal und den steilen, steinschlaggefährdeten *Balèsthang* durchquerte, beweist der 1830 getätigte Fund eines prachtvollen Bronzedolches aus dem 13. Jh. v. Chr. (freundliche Mitteilung von Dr. Reimo Lunz), der im Museum in St. Ulrich zu sehen ist (Bild S. 66). Ob die kleine Waldrodung auf *Balèst*, einer sagenumwobenen flachen Kammschulter, auf einen vor- oder frühgeschichtlichen, für den *Troi Paiàn* wichtigen Wohn- oder Befestigungsplatz deutet, ist bis jetzt nicht ermittelt worden. Tatsache hingegen scheint es zu sein, daß auf *Balèst* einst ein Schloß stand. In der von Wolff aufgezeichneten Sage geht davon die Rede, daß das Schloß, das Wolff *Stetenecke* nennt, von einem raubgierigen fremden Ritter am äußerst brüchigen Hang nur unter Zuhilfenahme von böser Zauberei habe errichten können. Der Ritter überfiel die auf dem *Troi Paiàn* Dahinziehenden, beraubte sie und hielt sie in einem grausigen Verlies gefangen, um so von deren Angehörigen hohes Lösegeld zu erpressen. Das Schloß wurde zwar wiederholt belagert, aber es war uneinnehmbar. Denn es stand auf einem mächtigen schwarzen Grundstein, den eine Hexe dadurch, daß sie darunter eine Jungfrau begrub, unverrückbar ins lockere Felsgelände gesetzt hatte. Doch konnte das Schloß nur so lange stehen, bis darin eine zweite Jungfrau sterben würde. Der Ritter aber wußte dies lange zu verhindern. Schließlich aber geschah es doch, daß seine Enkelin verschied, und nun stürzte die verhexte Burg samt dem Ritter in den Abgrund, den man *Pinkàn* nennt (Wolff, „Dolomitensagen", S. 324 ff.).

Wir finden heute nun keine Spur mehr von dem einstigen Schloß, doch kennen wir aus einer Urkunde des Jahres 1277 einen Gebhardus de Staetinekke; und aus einer zweiten geht hervor, daß man 1324 den von den Säbenern geplanten Bau eines *castri de Stetnek* habe verhindern wollen (Trapp, „Tiroler Burgenbuch", Bd. 4, S. 222). Es wird angenommen, daß das Schloß um die Mitte des 13. Jh.s erbaut wurde, aber bereits Anfang des 14. Jh.s durch eine Naturkatastrophe zerstört worden sei. Diese Annahme deckt sich in etwa mit dem Bericht Marx Sittichs von Wolkenstein, der in seiner Landesbeschreibung um 1600 einen *etel, streng und vest herr Jacob von Stettneckher* nennt und von einem einstigen, zu jener Zeit aber bereits verschwundenen *purgstall* spricht, der dort gestanden sei, wo jetzt ein *hilzens kreiz* stehe. Wie man annimmt, sollen die Herren von Stateneck (staete bedeutet soviel wie Standhaftigkeit) ein Seitenzweig der Herren von Säben gewesen und mit der Zerstörung der Burg ausgestorben sein.

Die Sage hat also tatsächlich einen historischen Kern. Auffallend jedoch ist, daß Wolff sie nicht in Gröden erzählt bekam, wo man sie gar nicht mehr kannte, sondern in den entfernten Tälern der südöstlichen Dolomiten, wohin sie wohl nur durch Wanderhändler über den *Troi Paiàn* gelangt sein kann. In alten Urkunden wird der Troi Paiàn auch oft mit der Bezeichnung *Purtschiarsteig* erwähnt, was soviel heißt wie Burgweg und sich nur auf das Schloß Staeteneck beziehen kann, da es entlang des alten Weges in unmittelbarer Nähe kein anderes Schloß gab (die Felsenburg Wolkenstein lag nämlich schon zu weit entfernt vom Troi Paiàn).

Vom *Balèst* steigt nun ein guter Weg zur Höhe *Sakùn* ab, wo die alte Kirche St. Jakob steht. *Hier scheint einmal der wichtigste Platz des ganzen Tales gewesen zu sein und der hieß „Gardena"* (Wolff, Jahrbuch 1950 des Südtiroler Alpenvereins, S. 98). Man ist sich heute darüber einig, daß der ursprüngliche Name von Gröden vorrömisch ist und soviel wie Einfriedung bedeutet. Daß das Gebiet in vorgeschichtlicher Zeit siedlungsmäßig eine nicht geringe Rolle gespielt hat, beweisen die archäologischen Funde, die am *Col de Flam* (Flammenhügel), nur wenig westlich von St. Jakob, getätigt wurden.

Der Col de Flam ist ein langgezogener Kammrücken, der sich östlich rund 110 m über der Ortschaft St. Ulrich befindet. Hier sind an der Oberfläche zwar keinerlei prähistorische Baureste oder andere Spuren mehr erhalten, doch wurde bereits 1848 am Osthang ein ausgedehntes Brandgräberfeld entdeckt. Bedauerlicherweise wurden die Schatzgräbereien alles andere als nach heutigen wissenschaftlichen Kriterien durchgeführt, die Fundumstände blieben weitgehend unbekannt, auch wurden nur Metallgegenstände aufbewahrt. Immerhin wurden rund 200 Geräte aus Eisen und Bronze geborgen, die im wesentlichen aus der mittleren La-Tène-Zeit, also aus der Zeit um 300 v. Chr. stammen (Lunz, „Studien"). Unter diesen eisenzeitlichen Funden befinden sich Armreifen, Fibeln, Dolche, Schwerter, Lappenbeile, Speere und Lanzenspitzen. Zahlreiche Funde sind uns zwar erhalten geblieben und können heute im Grödner Heimatmuseum in St. Ulrich besichtigt werden, doch ist vieles auch verlorengegangen. Auffallend ist an mehreren Stellen des Col de Flam die schwarze Erde, die möglicherweise auf gestörte Friedhofsbereiche hindeutet. Jedenfalls kamen im sogenannten „Schwarzen Acker" Funde aus der jüngeren Eisenzeit zum Vorschein, bei denen allerdings unklar ist, ob es sich um *Grabbeigaben aus Urnen- bzw. Brandschüttungsgräbern oder um Weihegaben aus einem Brandopferplatz* (Lunz, „Dolomiten", 22. 9. 1977) handelt.

Während auf dem Col de Flam selbst ausschließlich Brandgräber gefunden wurden, trat im Jahre 1882 beim „Stufanhof" südlich unter dem Hügel ein steinumrahmtes Doppelskelettgrab zutage.

Bei einem Wegbau hingegen wurden 1923 Reste von Trockenmauern aufgedeckt und zudem Knochen und Scherben gefunden. Rund 350 m südöstlich vom Col de Flam wurden erst vor wenigen Jahren unter anderem ein Hausrest, verzierte Tonscherben und Teile von zwei Bronzefibeln gefunden, die in das 4. Jh. v. Chr. zurückreichen. *So sprechen die Funde vom Col de Flam für eine Besiedlung der Talweitung von St. Ulrich in einem frühen Horizont der jüngeren Eisenzeit — Siedlungsspuren, die sich in der vorgeschrittenen jüngeren Eisenzeit wieder verlieren* (Lunz, „Studien", S. 186). Wie Wolff betont, muß es sich dabei um eine Volksgruppe gehandelt haben, *der es nicht schlecht ging; es mögen einfache Bergbauern gewesen sein, aber sie besaßen doch alles, was sie zum Leben brauchten, denn sonst hätten sie es sich nicht leisten können, ihre Toten sorgfältig zu bestatten und ihnen allerhand Gegenstände ins Grab zu legen. Ohne Zweifel waren diese Leute feste, bäuerliche Siedler und (wenigstens zum Teil) die Vorfahren der heutigen Grödner* (Jahrbuch 1950 des Südtiroler Alpenvereins, S. 95).

Von der Kirche St. Jakob, von der Innerebner annimmt, daß sie an der Stelle einer vorgeschichtlichen Kultstätte erbaut worden sei, zieht sich unser *Troi Paiàn* am Hang weiter taleinwärts, beallmählich gegen den Grödner Talboden ab. Von St. Christina taleinwärts nach Wolkenstein und weiter bis Plan blieb vom alten Heidenweg nichts mehr erhalten; wahrscheinlich verlief er so wie eine der heutigen Straßen. Eine alte Befestigung am einstigen Weg aber finden wir rund 1 km östlich von Wolkenstein. Dort erhebt sich nämlich eine auffallende bewaldete Kuppe (heute Skigebiet mit Liftanlagen), auf der noch spärliche Mauerreste erhalten sind. Innerebner sieht im *Clusel Castelat* oder auch *Ciaslat*, wie die Kuppe genannt wird, eine vorgeschichtliche Siedelstelle, während Moroder von Mauerresten eines *römischen Wehrturms* und Oberrauch von einem *Mauerwerk aus dem Mittelalter und der Frühzeit* spricht.

Erst nach Plan finden wir wieder einen alten Fußweg, der durch das kleine Tal von *Plan de Frea* zum Grödner Joch ansteigt. Konzentrierte sich bis vor kurzem das Interesse der Urgeschichtsforschung in Gröden vor allem auf den *Col de Flam*, so hat in jüngster Zeit der *Plan de Frea* größte Bedeutung erlangt. Hier wurde nämlich einer der ältesten Fundplätze Südtirols aufgedeckt. Zwar hatte Lorenzo Dal Ri bereits 1967 zwischen den Felstrümmern der „Steinernen Stadt" am Sellajoch ein Feuersteingerät gefunden, doch besaß dieser Einzelfund keinen allzugroßen Aussagewert. Erst als dann 1977 und 1978 der Grödner Franco Prinoth weitere bedeutende Steinzeitfunde nicht nur am Sellajoch, sondern auch am Grödner Joch, auf der Raschötz und auf Cisles machte, konnte an eine planmäßige Grabung herangegangen werden. Sie wurde im Sommer 1978 im Auftrag des Südtiroler Landesdenkmalamtes an der wichtigsten Fundstelle Prinoths, eben auf unserem *Plan de Frea* unter dem Felsdach eines mächtigen, 12 m hohen Dolomitblocks, durchgeführt. Der 20köpfigen Arbeitsgruppe gehörten neben Prof. Alberto Broglio, Ordinarius für Paläontologie in Ferrara, und Dr. Reimo Lunz, Vizedirektor des Bozner Stadtmuseums, verschiedene Fachgelehrte der Universität Ferrara und andere Helfer an. Einen ersten ausführlichen Bericht über diese Grabung hat Lunz in der Tageszeitung „Dolomiten" vom 9. 8. 1978 veröffentlicht und darin abschließend *die heurigen sensationellen Funde und Ausgrabungsergebnisse von Plan de Frea für die internationale Fachwissenschaft einen Markstein der Forschung* genannt. Die nach modernen wissenschaftlichen Kriterien durchgeführte Grabung brachte in einem oberen Horizont zunächst eine eiserne Pfeilspitze, eine Veroneser Münze aus dem 13. Jh., ein Hufeisen, glasierte Keramik sowie bronzezeitliche Scherben zum Vorschein, während die unteren, dunkel bis schwärzlich gefärbten, ungestörten mesolithischen (mittelsteinzeitlichen) Kulturschichten zwei Herdstellen mit verkohlten Holzstücken, Tierknochen und -zähnen (Steinbock, Murmeltier und Hirsch), zahlreiche Feuersteingeräte (Stichel, Kratzer, Schaber usw.; Bild S. 66) sowie einige Geräte aus reinstem, bekanntlich in Gröden selbst nicht vorkommenden Bergkristall enthielten. *Der Typenvorrat und die Vergesellschaftung charakteristischer Geräte im Fundkomplex von Plan de Frea lassen nach Ansicht Prof. Broglios keinen Zweifel an der erstrangigen Stellung dieser Niederlassung im Rahmen der epipaläolithischen Fundstellen des Südalpenraumes. Es ist mit Abstand der älteste mittelsteinzeitliche Wohnplatz Südtirols (um 7000 vor Christus) und nur mit den ältesten Ablagerungen von Romagnano bei Trient zu vergleichen* (Lunz).

Die Fundstelle (Bild S. 67) liegt in unmittelbarer Nähe des uralten *Troi Paiàn*, über den Lunz in dem genannten Bericht sagt: *Diesen Weg dürften schon die ältesten mittelsteinzeitlichen Jäger und ersten Erkunder der Dolomitenlandschaft vor rund 9000 Jahren begangen haben.* — Vom *Plan de Frea* steigen wir noch bis zum Grödner Joch an, und haben damit den östlichen Endpunkt unseres Urzeitweges — soweit er das Grödental betrifft — erreicht. Der hier geschilderte Wegverlauf kann in mehrere Abschnitte unterteilt werden, die in ihrem heutigen Zustand sehr unterschiedlich sind. Für den Wanderer ergibt sich zwar grundsätzlich die Möglichkeit, den gesamten Weg, der eine Länge von rund 32 km besitzt, in einer zwei- oder mehrtägigen Tour zu begehen, doch wird mancher auch vorziehen, auch nur einen ihm entsprechenden Teilabschnitt herauszugreifen. Während nämlich der westlichste Teil (6 km) entlang der erwähnten Höfe keinerlei Orientierungsprobleme bietet, da der Weg gut ist und man sich leicht durchfragen kann, ist der zweite Abschnitt (4 km), jener vom Ranatschhof quer durch den Raschötzer Forst bis zum *Plan Troi Paiàn* nicht mehr leicht zu finden. Nur stellenweise sind hier noch Spuren des alten Weges erhalten und machen die Begehung recht abenteuerlich. Der nächste Abschnitt hingegen, jener vom *Plan Troi Paiàn* durch die große Mulde des Annatales bis nach *Balèst* und zur Kirche St. Jakob, ist markiert und demnach orientierungsmäßig leichter, an manchen Stellen allerdings auch etwas beschwerlich (ca. 6 km). Dieser mittlere Abschnitt ist von St. Ulrich aus auch gut als eigenständige Rundtour zu machen. Von St. Jakob bis St. Christina ist der Weg teilweise bereits zur Fahrstraße ausgebaut, was für den Abschnitt zwischen St. Christina bis Plan zur Gänze der Fall ist (ab St. Jakob ca. 10 km). Erst ab Plan bis hinauf zum Grödner Joch haben wir wieder einen markierten Fußweg (ca. 3 km), der vielleicht als der schönste Abschnitt des ganzen *Troi Paiàn* zu bezeichnen ist; auch dieser Teil kann als eigenständige Almwanderung durchgeführt werden.

Wegverlauf

Wenn die gewaltige Länge von rund 32 km eine sehr detaillierte Beschreibung des ganzen Weges zwischen Lajen und dem Grödner Joch auch ausschließt, so soll hier nun doch versucht werden, den Verlauf so ausführlich wie möglich zu skizzieren.

Wir beginnen zweckmäßigerweise unsere Wanderung bereits in Waidbruck im Eisacktal (471 m). Von da hinauf nach Lajen über das Lajener Ried und vermuteten Geburtshaus Walthers von der Vogelweide vorbei führt ein alter Pflasterweg, möglicherweise der westlichste Teil des *Troi Paiàn*. Der durch schöne Kastanienhaine führende Weg ist gut mit der Nr. 35 markiert und wo nötig beschildert. Einige Male müssen wir die Lajener Straße überqueren oder kurz verfolgen. Nach gut 1½ Std. erreichen wir das aussichtsreiche Dorf Lajen (1100 m). Von da nun folgen wir zunächst kurz der Straße ostwärts und zweigen auf dem weiterhin mit Nr. 35 markierten Weg links ab. Durch Wiesen hinauf zum Dörfchen Tschöfas (1229 m; ab Lajen 20 Min.) und weiter auf Nr. 35 größtenteils durch Wald, am Hatzerhof (1342 m) vorbei, zum Gehöft Nuflatsch (1447 m; ab Tschöfas ca. 50 Min.). Nun verlassen wir die Nr. 35 nach rechts und wandern auf unmarkiertem, aber gutem Weg, teilweise durch Wiesen leicht ab- und dann wieder leicht ansteigend, zum Funtanatschhof (1456 m; ab Nuflatsch ½ Std.). Hier fragen wir am besten nach dem Ranatschhof (1413 m), den wir größtenteils eben durch Wald nach Überquerung von drei kleinen Gräben in ca. 25 Min. (ab Funtanatsch) erreichen. Hier endet der breite Höfeverbindungsweg und es beginnt der teilweise stark verwachsene, oft kaum mehr erkennbare Teil des *Troi Paiàn*. Wer beim Ranatschhof (bis hierher ab Waidbruck 3—4 Std.) die Tour beenden will, kann auf guten Wegen (auch Fahrweg) in gut ½ Std. nach St. Peter absteigen (1210 m) und von dort mit dem Linienbus nach Waidbruck zurückkehren.

Die Fortsetzung der Tour auf dem *Troi Paiàn* setzt einige Erfahrung im Finden von verborgenen Waldpfaden voraus, bietet aber nach alpinen Begriffen keine großen Schwierigkeiten. Es geht ostwärts zunächst noch gut durch Felder, dann durch Wald, nur sehr leicht ansteigend, dann beginnt der Pfad stärker anzusteigen und erreicht in 1600 m Höhe den Fuß des von der Raschötz herabziehenden Felsgürtels der Torwand. Etwas mühsam nun über die sogen. Katzenleiter empor bis in 1870 m Höhe, worauf der Steig rechts umbiegt und teilweise leicht abwärts einen kleinen Waldboden in dem von der Raschötz herabziehenden Rücken erreicht (1809 m; ab Ranatsch knapp 2 Std.). Nun nicht auf dem besseren Weg rechts hinab, sondern ostwärts durch den prachtvollen Raschötzer Forst durchwegs eben weiter. Wir überqueren zuerst den Dumatbach und dann den Cudanbach und erreichen nach ¾ Std. (ab Hof Ranatsch gut 2½ Std.) den *Plan Troi Paiàn* (ca. 1680 m) und die neue Forststraße. Auch hier kann die Tour abgebrochen und auf dem guten Weg Nr. 1 in knapp 40 Min. nach St. Ulrich (1236 m) abgestiegen werden. Umgekehrt kann St. Ulrich als Ausgangspunkt für die Begehung nur des nun folgenden Abschnitts gewählt werden, wobei sich die Möglichkeit anbietet, die Rundtour wieder in St. Ulrich zu schließen. Für den Aufstieg bis zum *Plan Troi Paiàn* auf dem genannten Weg 1 ist 1—1½ Std. zu rechnen.

Wer auf Nummer Sicher gehen will, steigt am besten vom *Plan Troi Paiàn* auf Nr. 1 bis auf 1924 m (45 Min.) an, quert auf Nr. 8 nahezu eben zur ziemlich großen Waldlichtung *Plan Campestrin* und steigt von dort zur Feur-Alm ab. Dies ist jedoch nicht der richtige *Troi Paiàn*. Dieser zieht nämlich, allerdings unmarkiert und teilweise nicht mehr leicht zu finden, eben ostwärts weiter, führt um einen schwach ausgeprägten Geländerücken herum, überquert nach rund 45 Min. eine kleine Waldlichtung, um bald darauf die größere Lichtung des *Col Cernacei* (1797 m) zu erreichen (ab *Plan Troi Paiàn* knapp 1 Std.). Von da nun unproblematisch auf dem von genannten *Plan Campestrin* herabkommenden Weg Nr. 8 kurz ostwärts hinab zur Feur-Alm (1741 m), auf Nr. 8 weiter, jenseits des Baches hinab zum aufgelassenen Maruferhof (1730 m), ostwärts an der Mittelstation der Seceda-Seilbahn vorbei, ein Stück bis auf 1824 m hinauf (stets Mark. 8) und östlich des Bachgrabens wieder herab bis auf 1750 m, wo die Nr. 2 unseren Weg kreuzt. Weiter auf Nr. 8 den Gran-Ròa-Graben leicht aufwärts überquerend und dann wieder teilweise eben erreichen wir nach gut 1 Std. ab *Col Cernacei* den von der Seceda herabziehenden Gratrücken *Balèst* (1822 m), ein schöner Aussichtspunkt mit einem Kreuz. Hier wurde der prachtvolle Bronzedolch gefunden und hier stand die Burg Staeteneck. Von da auf Weg Nr. 6 durch Wald hinab zur hübschen, einsamen Kirche St. Jakob (1566 m), die hoch am Hang zwischen St. Ulrich und St. Christina steht. Nun auf Nr. 4/6 westwärts in 10 Min. hinab zum *Col de Flam* (1444 m), wo die berühmten eisenzeitlichen Funde getätigt wurden. Wer in St. Ulrich die Runde oder die ganze Tour beenden will, steigt auf Nr. 4/6 in 20 Min. dorthin ab. Gehzeit für die Runde St. Ulrich — Plan Troi Paiàn — Balèst — St. Ulrich: rund 4—5 Std.

Wer den Verlauf des *Troi Paiàn* aber ostwärts weiterverfolgen will, kehrt vom *Col de Flam* zur Kirche St. Jakob zurück und folgt der Nr. 4 ostwärts, wobei allerdings das letzte Stück bis St. Christina auf Fahrwegen gewandert werden muß. Ab St. Jakob bis St. Christina 1—1½ Std. Wie eingangs gesagt, ist der *Troi Paiàn* von St. Christina taleinwärts bis Plan durch Straßen verbaut (rund 4 km, zu Fuß etwa 1 Std.) und man kann kaum auf Fußwege ausweichen, weshalb bei Möglichkeit mit dem Linienbus oder anderer Fahrgelegenheit diese Strecke zurückgelegt werden kann.

In Plan (1606 m) aber verlassen wir wieder die Straße, und wandern auf dem Fußweg Nr. 654 dem Freabach entlang zuerst durch Wald und dann durch schöne Bergwiesen, am steinzeitlichen Fundplatz vorbei, hinauf zum Grödner Joch, um dort (2137 m; Gastbetriebe, Bushaltestelle) die Tour zu beenden (ab Plan gut 1½ Std.). Wer nur diesen östlichsten Abschnitt des *Troi Paiàn* begangen hat, kehrt am besten in knapp 1 Std. auf dem Anstiegsweg nach Plan zurück. Wer den gesamten Weg hinter sich hat, kehrt mit dem Linienbus oder anderer Fahrgelegenheit nach Waidbruck zurück.

Die Begehung des gesamten *Troi Paiàn* auf Grödner Gebiet (reine Gehzeit mindestens 12 Std.) setzt richtige Bergerfahrung, gute Ausrüstung und Gehtüchtigkeit voraus. Für sie wird man zwei oder drei Tage ansetzen müssen. Nächtigungsmöglichkeiten gibt es in Lajen, dann im Gasthaus „Pedrutsch" ca. 15 Min. unter dem Ranatschhof, im Weiler St. Jakob 10 Min. unter der Kirche St. Jakob, dann natürlich in St. Ulrich, St. Christina, Wolkenstein und Plan und schließlich auf dem Grödner Joch.

Gehzeiten
1. Abschnitt (Waidbruck — Lajen): 1½ Std. (auch mit Auto möglich)
2. Abschnitt (Lajen — Ranatschhof): 2 Std. (Abstieg in ½ Std. nach St. Peter möglich)
3. Abschnitt (Ranatsch — *Plan Troi Paiàn*): 2½ Std. (Abstieg in 40 Min. nach St. Ulrich möglich)
4. Abschnitt *(Plan Troi Paiàn* — Kirche St. Jakob): 2½ Std. (Abstieg in ½ Std. nach St. Ulrich möglich)
5. Abschnitt (St. Jakob — St. Christina): 1 Std.
6. Abschnitt (St. Christina — Wolkenstein — Plan): 1 Std. (besser mit Auto)
7. Abschnitt (Plan — Grödner Joch): 1½ Std.

Karten und Literatur
Kompaß-Wanderkarte 1:50.000, Bl. 59 (Sellagruppe-Marmolata); Freytag-Berndt-Wanderkarte 1:50.000, Bl. S 1 (Bozen-Meran und Umgebung) und Bl. S 5 (St. Ulrich-Cortina d'Ampezzo-Marmolata); Freytag-Berndt-Wanderkarte 1:100.000, Bl. 16 (Westliche Dolomiten).
Delago: Dolomiten-Wanderbuch; Innerebner: Die Wallburgen Südtirols, Bd. 3; Langes: Ladinien; Lunz: Studien; Moroder: Neuer Führer von Gröden; Mussner: Wanderführer durch Gröden; Oberrauch: Schriften zur Urgeschichte Südtirols; Rampold: Eisacktal; Rampold: Südtiroler Wanderbuch; Trapp: Tiroler Burgenbuch, Bd. 4; Weingartner: Die Kunstdenkmäler Südtirols, Bd. 1.

24. Der Pflasterweg zur Trostburg und nach Tagusens (Bildteil S. 68—70)

Wenn man unter einem Urweg einen Pflasterweg verstehen will — was aber nicht heißt, daß ungepflasterte Wege nicht noch viel älter sein können — dann ist der Weg zur Trostburg und weiter nach Tagusens am Rand der Kastelruther Hochfläche einer der schönsten Urwege Südtirols. Er besitzt noch seine absolute Ursprünglichkeit als Weg selbst und auch was seine Umgebung betrifft. Er kann mit Recht als Gegenstück zum berühmten *Troi Paiàn* auf der gegenüberliegenden Seite Grödens bezeichnet werden. Wie viele andere derartige Wege sind durch rücksichtslos durchgeführte und oft genug auch sehr unnotwendige Straßenbauten bereits zur Gänze zerstört oder zumindest stark beeinträchtigt worden! Unserem Weg ist derlei aber auch nur dadurch erspart geblieben, daß sowohl die zur Trostburg wie auch die nach Tagusens führenden Straßen wegen der Steilheit nicht entlang des Pflasterweges gebaut werden konnten, und weil somit eine verkehrsgünstigere Trassenführung abseits des Weges gewählt werden mußte. Auch der Tatsache, daß die in halber Höhe zwischen Waidbruck und der Trostburg durchziehende Autobahn hier durch einen langen Tunnel geführt werden mußte, ist es zu verdanken, daß uns der prächtige Urweg erhalten geblieben ist. So kann man nun doch die berechtigte Hoffnung hegen, daß das Gebiet in Zukunft seine Ursprünglichkeit wird bewahren können.

Ausgangspunkt für unsere Wanderung ist Waidbruck im Eisacktal, das am Ausgang des Grödner Tales zwischen Autobahn, Berghang, Eisenbahn, Bächen und Straßen fast erstickt und aus diesem Grund wenig einladend wirkt, verkehrsgeographisch und geschichtlich aber doch eine beachtliche Bedeutung besitzt. In der Nähe des Ortes nämlich, *auf jener Wiese, die jetzt von der dritten Stufe des Eisacktaler Stauwerkes bedeckt ist, fand Adrian Egger im Jahre 1927, schon von den Greifern riesiger Bagger gründlich zerstört, die vermutlichen Reste der römischen Straßenstation Sublavione*, von deren Existenz und ungefähren Lage Peutinger-Tafel und Itinerarium Antonini künden. Egger konnte zahlreiche römische Münzen, Ziegelscherben, Glas- und Tonscherben — zum Teil von größeren Amphoren —, Heizröhren und anderes feststellen (Rampold, „Eisacktal", S. 333). Auch drei römische Inschriftensteine, die um 1650 aus der Kirche von Waidbruck entfernt wurden und im Hof der Trostburg an den Treppenpfeilern ihren neuen Standort fanden, stammen ursprünglich mit größter Wahrscheinlichkeit aus Sublavione, was besagt, daß die Römerstraße nicht — wie zunächst angenommen worden war — über die Trostburg, sondern im Talboden verlief. Waidbruck ist aber auch heute noch Schnittpunkt wichtiger Verkehrsverbindungen in verschiedenen Richtungen. Hier führen nicht nur alle Brennerlinien vorbei, sondern die uralte, nunmehr befahrbare Verbindung zum Ritten beginnt hier, ebenso die Straße nach Gröden und jene auf die Kastelruther Hochfläche.

Bewohnt, vorzüglich erhalten und außerordentlich kühn thront auf einem steil abfallenden Felssporn die Trostburg als Wahrzeichen und Wächter nicht nur über dem Eisacktal, sondern auch an unserem einst wohl sehr bedeutenden Weg. 1173 erwähnt erstmals eine Urkunde, indirekt zwar (es ist hier von einem *Cunrat de Trosperch* die Rede), die Burg. Allerdings hatte sie damals noch nicht ihr heutiges Aussehen, und es ist auch nicht sicher, ob die allererste Anlage, die den Herren von Kastelruth gehörte, genau an der Stelle der heutigen Trostburg stand. Immerhin wissen wir, daß sie nach dem Aussterben der Kastelruther, deren Zweig die Herren von Trostburg waren, in die Hände der Edlen von Velturns kam; einen davon nennt uns eine Urkunde von 1243 als *Arnold de Troastperch*. 1290 geht *die mittlerweile zur repräsentativen Wehranlage* (Adelheid Zallinger im „Tiroler Burgenbuch") ausgebaute Trostburg an Meinhard II. über, wird Amtssitz des Gerichtes Vilanders und kommt in die festen Hände des Eckhart von Vilanders. Dieser hinterläßt das Schloß 1382 testamentarisch seiner einzigen Tochter, der Gemahlin Friedrichs von Wolkenstein. Dieser Ehe entstammt als zweitältester Sohn der berühmte Dichter und Sänger Oswald von Wolkenstein, der wahrscheinlich aber nicht, wie früher angenommen wurde, auf der Trostburg, sondern auf Schloß Schöneck im Pustertal das Licht der Welt erblickte. *Die Trostburg spielte im Leben Oswalds, der sie nach der Erbteilung nur als Gast betrat, keine besondere Rolle mehr, ja sie ist in der dichterischen Selbstbiographie seines Werkes nicht einmal erwähnt* (A. Zallinger). Immerhin blieb aber die Burg fast sechs Jahrhunderte lang im Besitz der Wolkensteiner, die sich später Grafen von Wolkenstein-Trostburg nennen. *Ihre Glanzzeit erlebte die Trostburg zwischen 1594 und 1625 unter Graf Engelhard Dietrich, der die ursprünglich eher einfache Feste glänzend umbauen und für die damalige Zeit zur uneinnehmbaren Festung ausbauen ließ* (Rampold). Während des Zweiten Weltkrieges, im September 1943, wurde die Burg durch Beschuß schwerstens beschädigt und blieb über zwei Jahrzehnte Halbruine, bis 1967 der Baukomplex (allerdings ohne das bewegliche Inventar) vom Südtiroler Burgeninstitut erworben, und dann mit Unterstützung der Südtiroler Landesregierung und anderer Kreise die außerordentlich kostspielige Wiederinstandsetzung durchgeführt werden konnte. Mit der feierlichen Wiedereröffnung der restaurierten Burg im Juni 1978 wurde auch eine große Oswald-von-Wolkenstein-Ausstellung verbunden, da sowohl die Stammburg der Wolkensteiner am Eingang ins Langental in Gröden wie auch der Wohnsitz Oswalds, die Burg Hauenstein, nur mehr als Ruinen erhalten sind und daher die Trostburg den einzigen geeigneten Rahmen dafür bot.

Auf unserer Wanderung nach Tagusens statten wir auch dem „Römerturm" einen kurzen Besuch ab, der nur wenig oberhalb der Trostburg steht. Allerdings ist er heute völlig leer und birgt — im Gegensatz zur Trostburg — keinerlei Sehenswürdigkeiten. Die 1658 als *zimmerwerch* bezeichneten Gemächer in dem *runden turn* sind längst verschwunden, doch ist interessant festzustellen, daß der Turm an der Außenseite nicht vollkommen rund ist, sondern an der Bergseite in seiner ganzen Höhe eine rechtwinklige Kante aufweist. Über die Ursprünge dieses Turms weiß man nichts Genaues. Fest steht allerdings, daß er in seiner heutigen Form nicht aus der Römerzeit, sondern aus dem Mittelalter stammt. Erstmals urkundlich erwähnt wird er 1444, und Marx Sittich von Wolkenstein nennt ihn um 1600 einen *alten heitnischen runden turn*. Auch erwähnt Wolkenstein *ein alt zerfallen purgstall, Hochenlez genannt*, bemerkt aber dazu, daß die einstigen Erbauer und Bewohner unbekannt seien und von der Burg *weiter nich mer* zu finden sei. Möglicherweise stand die Burg irgendwo oberhalb des „Römerturms", denn tatsächlich zeigt ein Gemälde von 1644, allerdings recht unklar, dort eine Ruine, vielleicht *die mißdeutete Überlieferung von einem befestigten Platz der Frühzeit* (Adelheid Zallinger).

Vom „Römerturm" kehren wir wieder auf unseren schönen Pflasterweg zurück und wandern, am verfallenen Gallreinerhof vorbei, hinauf nach Tagusens. Das hübsche kleine Dorf inmitten einer weiten flachen Rodung liegt dem etwas höher gelegenen Lajen gerade gegenüber und ist ein Aussichtspunkt ersten Ranges. Eine erste urkundliche Erwähnung des Ortes finden wir bereits 1028, während Teile der am nördlichen Dorfrand in besonders schöner Lage hoch über dem Ausgang des schluchtartigen Grödner Tals stehenden Magdalenenkirche — so der Turm und Mauern des Schiffes — in die erste Hälfte des 14. Jh.s zurückreichen. Beachtenswert das *schöne Altarbild* (Weingartner), ein Werk Franz Unterbergers (1750; Christus erscheint der Magdalena).

Endziel unseres Aufstiegs ist schließlich eine Kuppe, die sich südöstlich des Dorfes in nur geringer Entfernung befindet und noch rätselhafte Mauerreste trägt. Wenn auch nur sehr wenig über Alter und Ursprung dieser Baureste bekannt ist, so lohnt sich der viertelstündige Aufstieg doch. Erste Erwähnung finden wir wieder in Wolkensteins Landesbeschreibung, also um 1600, in der *ein alt zerfallen purgstall ob dem dorf Gusens* genannt ist und als Burgname *Nemant freundt* aufscheint. In der Folge finden wir den Burgstall auch bei Staffler (1844) und Beda Weber (1849) erwähnt und Weingartner spricht in der 1. Auflage seiner „Kunstdenkmäler" (1922) von einer *prähistorischen Wallburg allenfalls mit späterer Nachmauerung*. Als Wiederentdecker nun gilt Richard Putz, der unter dem Titel „Die Tagusner Wallburg Niemandsfreund" im „Schlern", Jg. 1936 (S. 176), einen ausführlichen Bericht darüber veröffentlichte. Bisher wurden aber keine näheren Aufschluß gebende Funde gemacht, so daß die Frage immer noch offen ist, ob es sich tatsächlich um eine prähistorische Siedelstätte handelt. Innerebner jedenfalls schreibt: *Alte Baureste in ihrer Anlage noch gut erkennbar; überall Trockenmauerwerk, von dem aber schwer gesagt werden kann, welcher Zeitperiode es angehört; die Grundrißform der Anlage spricht am ehesten für eine mittelalterliche Befestigung...*

Somit lernen wir auf unserer Wanderung so manche Sehenswürdigkeit und so manches noch offene Rätsel kennen. Aber auch der Weg selbst, der sich teilweise als „Katzenleiter", als eine in den Felsen gehauene Treppe, einerseits bis nach Kastelruth und andererseits als alter Grödner Weg ostwärts fortsetzt, gibt so manche Frage auf. Es scheint fast — Adelheid von Zallinger weist in ihrer Arbeit über die Trostburg erstmals darauf hin —, daß wir in ihm ein Gegenstück zum berühmten *Troi Pajan,* der an der Nordseite von Gröden entlangführt, sehen dürfen. Die einstige Bedeutung dieses Weges ersehen wir daraus, daß die Trostburg, wie Marx Sittich von Wolkenstein berichtet, in alten Zeiten *Straßburg* geheißen haben soll, was sich nur auf den uralten Weg beziehen kann. Und die häufig in den Urkunden auftretende *trosperch* macht einerseits deutlich, daß ursprünglich der ganze Berghang so bezeichnet wurde und der Name damit weit älter als die Trostburg selber sein muß, und andererseits, daß unser heutiges „Trost" möglicherweise auf eine uralte Wurzel zurückgeht, die soviel wie Weg oder Pfad bedeutete. Anhaltspunkte hiefür liefern neben verschiedenen anderen Beispielen der *Troi Pajan,* das alte *Troso* (= Weg) der Fleimstaler und wohl auch das mancherorts, so in Passeier und Ridnaun, noch heute verwendete *Viehtraie* (Viehweg). Eine Parallele zum Troi Pajan, was „Heidenweg" bedeutet, können wir auch in der Bemerkung Wolkensteins vom *heitnischen turn* sehen, worin wohl eine überlieferte Erinnerung an eine uralte Befestigungsanlage an unserem Weg stecken mag.

W e g v e r l a u f
Vom Dorfplatz in Waidbruck (471 m) ostseitig zwischen den Häusern (gut beschildert) auf kurzer Straße hinauf und dann auf dem schönen, durch Laubwald führenden Pflasterweg (Mark. Nr. 1) in knapp ½ Std. hinauf zur Trostburg (627 m). Nach deren Besichtigung kurz auf dem Pflasterweg weiter und bald auf einem schmalen Pfad rechts ab in wenigen Minuten zum „Römerturm" (675 m). Von diesem auf den Hauptweg zurück und weiter, stets der Nr. 1 folgend, hinauf nach Tagusens (932 m). Von da nun südostwärts auf Weg 2 durch Wiesen zum nahen Hof Neuhaus (963 m) und südwärts in wenigen Minuten hinauf zur Wallburg Niemandsfreund (1030 m). Ab Tagusens 15 Min.
Für die Rückkehr nach Waidbruck schlagen wir am sichersten wieder den beschriebenen Aufstiegsweg ein. Es gibt aber auch noch andere, allerdings längere, zum Teil recht verwickelte und nicht markierte Wege, nach denen der erfahrene Wanderer am besten in Tagusens fragen möge.

G e h z e i t e n
Aufstieg (Waidbruck — Tagusens — Niemandsfreund): 2 Std.
Abstieg (Niemandsfreund — Tagusens — Waidbruck): 1½ Std.

K a r t e n   u n d   L i t e r a t u r
Kompaß-Wanderkarte 1:50.000, Bl. 54 (Bozen); Freytag-Berndt-Wanderkarte 1:50.000, Bl. S 1 (Bozen-Meran und Umgebung); Freytag-Berndt-Wanderkarte 1:100.000, Bl. 45 (Bozen-Meran und Umgebung) oder Bl. 16 (Westliche Dolomiten).
Innerebner: Die Wallburgen Südtirols, Bd. 3; Lunz: Ur- und Frühgeschichte Südtirols; Rampold: Eisacktal; Trapp: Tiroler Burgenbuch, Bd. 4; Zallinger: Die Trostburg.

25. Die Hexenstühle und -bänke am Puflatsch (Bildteil S. 72)

Es ist heute nicht mehr anzuzweifeln, daß das Gebiet der Seiser Alm bereits in vorgeschichtlicher Zeit mehr oder weniger besiedelt war oder zumindest landwirtschaftlich genutzt wurde. Die aufsehenerregenden Funde auf dem Schlernplateau (vgl. Tour Nr. 26), zahlreiche vorrömische Namen und die neuen Steinzeitfunde am Fassajoch sind bereits eindeutige Beweise. Wenn nun für den Nordteil der riesigen Almfläche derartige Funde auch noch ausstehen, so darf wohl mit Sicherheit angenommen werden, daß dies nur auf eine entsprechende Forschungslücke zurückzuführen ist und daß auch hier ähnliche Siedlungsverhältnisse vorlagen wie im Südteil der Alm. Zu dieser Annahme berechtigen vor allem auch gerade die in letzter Zeit auf so hoch gelegenen Plätzen wie Raschötz, Jochgrimm, Reiterjoch usw. zum Vorschein gekommenen Steinzeitfunde.
Gewissermaßen als Ersatz für die im Nordteil der Seiser Alm noch fehlenden urgeschichtlichen Beweisfunde weist das Gebiet des breiten, abgeflachten, nord- und westseitig aber steil abbrechenden Puflatsch — ein großes, der Seiser Alm nordwestlich angeschlossenes Wiesenplateau — am Rande höchst eigenartige Felsformen auf, die zwar noch immer ungelöste Rätsel aufgeben und einen Hinweis auf ihr Alter schuldig bleiben, aber als sagenumwobene, früh- oder urgeschichtliche Sehenswürdigkeiten allgemein bekannt geworden sind. Es sind dies die sogenannten „Hexenstühle" bei Kastelruth und vor allem die „Hexenbänke" auf dem Puflatsch.
Ausgangspunkt für unsere Tour zu diesen seltsamen Objekten ist Kastelruth, in dessen Nähe, am sogenannten Kofel, bronze- und eisenzeitliche Funde (Scherben und ein La-Tène-Helm) getätigt wurden, während am Katzenlocher Bühel eindrucksvolle Steinwälle und Trockenmauerreste zu sehen sind (auch hier bronzezeitliche Keramikfunde). Schon bald erreichen wir auf unserem Weg, der teilweise steil durch die Westflanke des Puflatsch emporführt, jene Stelle in ca. 1380 m Höhe, an der in dichtem Fichtenwald die beiden „Hexenstühle" stehen. Sie wurden erstmals von Georg Innerebner im „Schlern" 1947 eingehend beschrieben und mit Lageplan und Zeichnung dargestellt. Seither tauchten sie in der Literatur immer wieder auf, Lukan hat ihnen sogar das Titelbild seines Buches „Alpenwanderungen in die Vorzeit" gewidmet und spricht von einem *zu einem Fauteuil bearbeiteten Felsblock.* Andere Autoren sind diesbezüglich vorsichtiger und sprechen nur von den *merkwürdigen* (Moroder), *sogenannten* (Rampold) oder *interessanten* (Innerebner) Hexenstühlen oder von einem *auffällig gespaltenen Kalkstein in Sesselform* (Mahlknecht). So eindrucks-

voll sie nun in der Tat auch sind — sie weisen keinerlei eindeutige Spuren einer menschlichen Bearbeitung auf und müssen wohl als eine eigenwillige Schöpfung der Natur betrachtet werden. Immerhin handelt es sich um einen sehr wohl die Phantasie anregenden, von einem senkrechten Mittelspalt durchzogenen Felsblock, der sehr an zwei Stühle mit (schrägen) Sitzflächen und ziemlich hoher Rückenlehne erinnert. Die Bezeichnung „Hexenstühle" muß aber dennoch nicht unbedingt auf einen alten Kultplatz hindeuten, sondern kann vom Volk einfach wegen der eigenartigen Form geprägt worden sein, so wie dies ja auch bei vielen anderen merkwürdigen Felsformen der Fall ist.

Nach der Besichtigung der Felsstühle steigen wir auf dem heute markierten Weg, der sicher schon in uralten Zeiten begangen worden sein dürfte, weiter bergan, erreichen die Waldgrenze und bald darauf die Westrand des Puflatsch, eine der großartigsten Aussichtswarten des Landes. Tief unter uns liegen, auf dem weiten Mittelgebirge wie Spielzeug ausgebreitet, die Häuser und Kirchen der Kastelruther Gegend, dahinter ist das tiefe Eisacktal eingefurcht, und darüber erheben sich die Sarntaler Berge; im Südosten liegt, von den mächtigen Berggestalten der Langkofelgruppe und des Schlerns umrahmt, die riesige Seiser Alm, im Norden geht der Blick bis zu den Gletscherbergen der Stubaier und Zillertaler Alpen. Wie bei vielen anderen Tourenzielen dieses Buches, so besteht auch hier Blickverbindung mit verschiedenen anderen vermuteten oder nachgewiesenen Urzeitstätten: Königsangerspitze, Raschötz, Schlern, St. Verena am Ritten usw. Besonders auffallend ist, daß von den noch zu besprechenden „Hexenbänken" aus gesehen, die Sonne am 21. Juni (Sommersonnwende) genau hinter dem Rittner Horn untergeht, ein Umstand, der in solcher oder ähnlicher Form auch bei anderen vorgeschichtlichen Kultstätten zu beobachten ist.

Die Markierung führt direkt zu den „Hexenbänken", die manchmal auch als „Königssitz" oder „Hexensessel" bezeichnet werden. Sie befinden sich etwa 100 m westlich und nur wenige Meter unter dem nördlichsten und höchsten Punkt (2174 m) des Puflatsch, und zwar am äußersten Rand der Hochfläche. Das Aufbaugestein ist hier Augitporphyr und gehört der Bozner Porphyrplatte, der mit 42 km² größten Eruptivgesteinsmasse Kontinentaleuropas, an. Der Fels ist hier in mächtige, meist fünfkantige, senkrecht anstehende Säulen aufgespalten. Während der größte Teil der Puflatsch-Hochfläche eine geschlossene Grasnarbe bedeckt, tritt bei unseren „Hexenbänken" die Stirnseite der Felspfeiler offen zutage, so daß ein kleiner, gewölbter Pflasterboden gebildet wird. Die Sage weiß davon, daß dies ein uralter Hexentanzplatz ist, und die glattgescheuerten Felsköpfe sehen tatsächlich so aus, als seien sie von Menschen abgetreten worden, doch wird dies wohl eher auf die eiszeitliche Gletschertätigkeit zurückzuführen sein. Am westlichen Rand dieses „Hexentanzplatzes" aber sind zwei der fünfkantigen Felspfeiler etwa 30 cm kürzer als alle übrigen und ergeben so zwei von Rücken- und Armlehnen umfaßte Sitzflächen, auf denen zwei Menschen nebeneinander einigermaßen bequem Platz finden. Diese Sitzflächen sind nun nicht glattgescheuert, sondern weisen ziemlich eindeutig Spuren künstlicher Bearbeitung auf. Es ist kaum daran zu zweifeln, daß die Pfeiler mit Hammer und Meißel verkürzt und so zu Sitzflächen eines Steinthrones gemacht wurden, zumal auch die störende Kante eines dritten Pfeilers, der mit den anderen die Rückenlehne bildet, offenkundig weggemeißelt worden ist. Eine Reihe noch kürzerer Felspfeiler ergibt zudem eine Art Fußbrett, auf dem die beiden Bänke an der Vorderseite zugänglich sind. Sitzt ein hochgewachsener Mensch auf der Sitzfläche, so berührt er mit den Füßen genau das „Fußbrett", während sein Blick weit über Berge und Täler nach Westen schweift. Somit scheint alles daraufhin zu deuten, daß diese „Hexenbänke", wahrscheinlich im Gegensatz zu den „Hexenstühlen" unten bei Kastelruth und im Gegensatz auch zu manch anderem angeblich künstlichen Felsensitz, tatsächlich von Menschenhand für einen ganz bestimmten Zweck geschaffen worden sind und vielleicht wirklich — wie Innerebner meint — *als Musterbeispiel für eine uralte Thingstätte gelten können*.

Freilich wird sich wohl nie mehr mit Sicherheit feststellen lassen, wann und von wem dieser Doppelsitz geschaffen wurde, wenn auch vielleicht eines Tages datierbare Funde auf dem Puflatschplateau zum Vorschein kommen und die eine oder andere Antwort auf die noch anstehenden Fragen geben sollten.

Der Aufstieg zu den „Hexenbänken" ist zwar nach alpinen Begriffen nicht schwierig, muß aber bereits als echte Bergtour bezeichnet werden und erfordert dementsprechende Bekleidung (vor allem gutes Schuhzeug und Windjacke), aber auch einige Gehtüchtigkeit, zumal der Weg lang und im oberen Teil doch etwas beschwerlich ist. Andererseits aber schenkt nicht nur die großartige Aussicht vom Puflatsch aus, sondern gerade der lange Aufstieg das Gefühl, einen „richtigen" Berg bestiegen zu haben, was bei dem für bequemere Wanderer auch möglichen Zugang von der Seiser Alm her nicht sosehr der Fall ist.

W e g v e r l a u f

Von Kastelruth (1060 m; hierher Straßen von Waidbruck und Blumau im Eisacktal sowie von St. Ulrich in Gröden) der Nr. 8 folgend zuerst ein Stück der nach Gröden führenden Straße entlang, dann rechts ab und auf schmaler Fahrstraße hinauf zum Weiler Tiösels (1163 m). Auf dem Fahrweg noch kurz weiter (am Sportplatz vorbei) und dann auf dem weiterhin (und bis zum Puflatsch) mit Nr. 8 markierten, links abzweigenden Fußweg durch Wald hinauf bis zu einer kleinen Lichtung (ab Tiòsels ca. 25 Min.). Hier zweigt rechts ein schmaler Weg ab und führt in gut 5 Min. hinauf zu den „Hexenstühlen" (etwa 1380 m). Nach deren Besichtigung wieder zurück auf den Weg 8 und auf diesem durch den Wald weiter bergan. In 1473 m erreichen wir den „Schafstall", der sich heute als willkommene Einkehrmöglichkeit anbietet und in manchen Karten die Bezeichnung „Tschonadui" trägt. Nun durch Wald weiter, bis unterhalb der Bergwiesen von Tschonadui sich der Weg gabelt. Wir bleiben besser auf dem rechten Weg 8 (allerdings führt auch der links abzweigende AVS-Steig zum Puflatsch) und erreichen nach zunehmend steiler werdendem Waldanstieg und anschließender Überwindung einer Blockhalde die Hochfläche des Puflatsch und die kleine Arnikahütte (2061 m; Gaststätte). Von da in der Nähe des Puflatsch-Westrandes über die Wiesenhänge hinan (stets markiert) zu den „Hexenbänken".

Für den Abstieg wählen wir am sichersten den Aufstiegsweg. Es kann aber auch auf dem erwähnten AVS-Steig abgestiegen und bei Tschonadui der Weg 8 erreicht werden. Auch die Wanderung zur Hotelsiedlung am Westrand der Seiser Alm (1844 m; Kompatsch genannt) in gut ½ Std. auf dem mit PU markierten Almweg ist möglich; von da mit dem Bus oder anderer Fahrgelegenheit nach Kastelruth zurück. Die Wege sind den Wanderkarten leicht zu entnehmen; sie sind durchwegs gut markiert und beschildert und weisen daher kaum Orientierungsprobleme auf. In jedem Fall aber ist einige Bergerfahrung erforderlich. Ebenso kann Pufels als Ausgangspunkt gewählt werden, wobei sich eine schöne Rundwanderung über den sog. Schnürlsteig empor und über die Seiser Alm und Pufler Schlucht zurück (oder umgekehrt) anbietet.

Gehzeiten

Aufstieg (Kastelruth — Puflatsch): 3—4 Std.
Abstieg (Puflatsch — Kastelruth): 2 Std.

Karten und Literatur

Kompaß-Wanderkarte 1:50.000, Bl. 59 (Sellagruppe-Marmolata); Freytag-Berndt-Wanderkarte 1:50.000, Bl. S 1 (Bozen-Meran und Umgebung) sowie Bl. S 5 (St. Ulrich-Cortina d'Ampezzo-Marmolata); Freytag-Berndt-Wanderkarte 1:100.000, Bl. 16 (Westliche Dolomiten).

Delago: Dolomiten-Wanderbuch; Lukan: Alpenwanderungen in die Vorzeit; Mahlknecht: Südtiroler Gebietsführer, Bd. 16; Moroder: Neuer Führer von Gröden; Mussner: Wanderführer durch Gröden; Paturi: Zeugen der Vorzeit; Pertl/Laner: Sagenhafte Bergwelt; Rampold: Eisacktal.

26. Hauenstein und die Urzeitstätten auf dem Schlern (Bildteil S. 74—76)

Schlern, Eggentaler Schwarzhorn, Königsangerspitze und Castel Pagan (zählen wir diesen nur wenig außerhalb der Südtiroler Landesgrenze zwischen Ulten und Rabbi befindlichen Berg dazu), sind die vier bisher als Urzeitstätten bekanntgewordenen Berggipfel im Raum Südtirol, sehen wir vom Puflatsch einmal ab. Bis auf den Castel Pagan werden sie alle in diesem Buch beschrieben; an dieser Stelle soll nun die bedeutendste und höchstgelegene, nämlich die prähistorische Siedelstätte auf dem Schlern, behandelt und als Tourenziel vorgestellt werden.

Von den zahlreichen Wegen und Steigen, die auf den Schlern führen, sei hier jener vorgeschlagen, der mit einiger Wahrscheinlichkeit einer der ältesten ist. Er beginnt in Seis, führt zur Ruine Hauenstein, dann durch die Ratzeser Schlucht hinauf an den Rand der Seiser Alm und über den sogenannten Touristensteig auf die Schlernhochfläche.

Die von den Nordabstürzen des Schlerns gegen Seis hinabziehenden Waldungen, in denen die Ruinen Salegg und Hauenstein liegen, sind durch einen der schönsten Bronzefunde Südtirols bekanntgeworden. Es handelt sich um das außerordentlich schön gearbeitete, 60 cm lange Vollgriffschwert, das auf S. 76 abgebildet ist. Da die Holzarbeiter, die das Schwert im Herbst 1919 zufällig fanden, den Hauensteiner Wald *(ganz oberhalb der Ruine Hauenstein, etwas gegen Osten)* als Fundort angaben, ist die Waffe mit der nicht ganz zutreffenden Bezeichnung „Hauensteiner Schwert" in die Literatur eingegangen und als solches auch im Bozner Stadtmuseum zu bestaunen. Wie Georg Innerebner aber durch getrennte Befragung der Finder und gemeinsamen Besuch der Fundstelle einwandfrei feststellen konnte, liegt diese rund 2 km weiter westlich, und zwar wie der Forscher (im „Schlern" 1951, S. 330 ff.) berichtet, nicht im Hauensteiner Wald, sondern *im obersten Teil des Aichnerwaldes, ca. 75 m von dem Fuß der Jungschlernwände entfernt...*
Die Seehöhe gibt er mit 1570 m an und betont *die unmittelbare Nähe der uralten Grenze Kastelruth—Völs*. Auffallend an dem einst wohl goldfarbigen, heute aber mit schöner dunkelgrüner Patina überzogenen Schwert ist der achtkantige Handgriff von nur 6 cm Länge. Innerebner kam zur Schlußfolgerung, daß das Schwert ein an ursprünglicher Stelle aufgefundener Streufund sei, der entweder dort verloren wurde, vielleicht von einem verunglückten Jäger, oder aber, *am wahrscheinlichsten, daß das Schwert durch den Schluchtgraben zwischen hohem und kleinem Mull herabgeschwemmt wurde, also von der Hochfläche des Schlern kommt*. Der Archäologe Reimo Lunz, ein Experte auf dem Gebiet bronzezeitlicher Funde, äußerte dem Verf. gegenüber die Ansicht, daß es sich beim Schwert wohl um eine Weihegabe handeln dürfte. Wie dem nun auch sei, die schöne verzierte Waffe, die auf 1400 v. Chr. datiert wird und Entsprechungen in Österreich, Ungarn, Siebenbürgen, Schleswig-Holstein, Süddeutschland und auch in Skandinavien hat

(Jahrbuch für Geschichte, Kultur und Kunst, 1934), macht besonders deutlich, welch hohe künstlerische und handwerkliche Fertigkeit bereits jene Menschen besaßen, die vor über 3000 Jahren unsere Berggebiete besiedelten.

Wandern wir nun auf unserem schattigen Waldweg dem uralten Bad Ratzes zu, so erreichen wir zunächst die Ruine Hauenstein. Im Tiroler Burgenbuch schreibt Helmut Stampfer: *Wohl kaum eine andere Burg vermag Phantasie und romantischen Sinn mehr anzuregen als Hauenstein, der Wohnsitz des abenteuerlichen und berühmten Dichters und Minnesängers Oswald von Wolkenstein.*

Die Burg wurde wahrscheinlich in der ersten Hälfte des 12. Jh.s erbaut und steht, ähnlich der Burg Andraz im Buchensteinischen, außerordentlich beeindruckend auf einem mächtigen, rund 20 m hohen Dolomitfelsblock. Daß dieser Felsen bereits vorher oder sogar schon in vorgeschichtlicher Zeit ein Bauwerk trug, wurde anfangs aufgrund des vermeintlich nahen Fundplatzes des Bronzeschwertes zwar angenommen, doch wurde diese Vermutung durch die Klärung der Fundstelle weitgehend entkräftet. An dieser Stelle mag es nun angebracht sein, einen kurzen Blick auf die Geschichte und Schicksale der Burg und ihrer Menschen zu werfen, zumal die am Burgfelsen vom Deutschen und Österreichischen Alpenverein 1890 angebrachte Marmortafel ja nur mit folgenden Versen auf Oswald von Wolkensteins einstige Anwesenheit hinweist: *Was HIER von Treu und Minne / sang Oswald Wolkenstein / mit ritterlichem Sinne / darf nie verklungen sein. 1367—1445.*

Die Herren von Hauenstein, die möglicherweise ein Zweig der Herren von Kastelruth waren, werden 1186 erstmals urkundlich erwähnt. Von dem großen Besitz Hauenstein, der die Burg, den ausgedehnten Hauensteiner Wald und verschiedene andere Güter umfaßte, ging 1367 ein Drittel durch Kauf an Eckhard von Villanders, den Großvater des Oswald von Wolkenstein, über. Nach dem Tode des letzten Hauensteiners (Heinrich) entbrannte dann zwischen seiner Schwester Barbara und Friedrich von Wolkenstein, in dessen Hände das eine Drittel des Besitzes inzwischen gekommen war, ein langer Erbstreit um die beiden anderen Drittel von Hauenstein, in den später vor allem Oswald von Wolkenstein (Sohn Friedrichs) und unter anderen auch eine gewisse Anna Hausmann aus Brixen (lt. Schwob; die frühere Forschung sprach stets von einer Sabine — später auch Barbara — Jäger), welcher Oswald in unerwiderter Liebe zugetan war, verwickelt waren. Es gelang Oswald zwar nicht, die umstrittenen zwei Drittel des Besitzes an sich zu reißen, doch besaß er immerhin die Burg, in die er sich mit seiner Familie, nach einem bewegten und schicksalsschweren Leben, schließlich zurückzog. Am 2. August des Jahres 1445 stirbt der weitgereiste Minnesänger, vermutlich 68jährig, und seine Nachfahren bewohnen noch eine Zeitlang die Burg. Um 1500 finden wir aber dann schon nur mehr einen Pfleger da, und, wie der Landesbeschreibung von Marx Sittich von Wolkenstein zu entnehmen ist, ist sie auch noch um 1600 bewohnt. Doch einige Jahrzehnte später bereits nicht mehr: *Die Fenster und alles zeprochen... Daher gar nit bewont wird noch derzeit bewont werden kann,* heißt es in einem zeitgenössischen Bericht (aus „Tiroler Burgenbuch"). Damit war das Schicksal dieser Waldburg besiegelt; was brauchbar war, zuerst das Gebälk und dann die Mauersteine, wurde nach und nach von den Bauern geholt und für eigene Baulichkeiten verwendet; und heute ragen nur mehr bizarre, bleiche Mauerreste gegen den Himmel, umrahmt vom tiefgrünen, ernsten Hauensteiner Forst. Vor dem weiteren Verfall scheint die Ruine aber bewahrt, denn vor wenigen Jahren (1976/77) wurden die brüchigen Mauern wirksam konsolidiert.

Auf unserem Weiterweg entdecken wir rechter Hand im dunklen Wald altes, moosüberwuchertes Gemäuer, und beim alten Heilbad Ratzes, von dem bereits Marx Sittich von Wolkenstein um 1600 berichtet, beginnt unser Aufstieg durch die in den Grödner Sandstein geschnittene, von unzähligen Wasserfällen verzauberte, wildromantische Talschlucht des Frötschbaches. Nach Verlassen des Waldes erreichen wir bei der Proßlinerschwaige den Südwestrand der Seiser Alm und in diesem Teil der riesigen Almfläche finden wir den Geländenamen *Gumberdun.* Karl Felix Wolff führt in einer umfangreichen Abhandlung über „die Besiedlung der Dolomitentäler" (im Jahrbuch 1950 des Alpenverein Südtirol) die Bezeichnung auf ein rätisches **Kamaratona* (= große Wiesenfläche) zurück und sieht darin *den ursprünglichen, vorrömischen Namen für die Seiser Alm, die wahrscheinlich zuerst von Seis her erreicht und genutzt worden ist.* Und auch den Bach- und Flurnamen *Tschapit* hält Wolff für vorrömisch, also rätisch. Dies bedeutet, daß die Seiser Alm bereits in vorgeschichtlicher Zeit mehr oder weniger besiedelt war; daß sie schon sehr früh, und zwar bereits in der Steinzeit von Jägergruppen begangen worden sein muß, belegt ein Silexfund vom Fassajoch am Westfuß des Plattkofels. Und unweit unseres Weges, auf dem sogenannten „Ochsenboden", fand Luis Oberrauch im Herbst 1946 eine runde, wallumschlossene Grube mit *faust- bis kopfgroßen Eisenschlacken,* die darauf hindeuten, daß hier einst das auf den Höhen des Schlerns vorkommende Eisenbohnerz verhüttet wurde (Oberrauch, „Schriften zur Urgeschichte Südtirols").

Unser Ziel aber ist die Hochfläche des Schlerns. Wir folgen einem guten, markierten Weg, den 1884/85 die Sektion Bozen des Österreichischen Touristenklubs anlegen ließ und der deshalb „Touristensteig" heißt. Rund 20 Jahre früher, 1861, hatten die beiden Engländer Josiah Gilbert und G. C. Churchill auch diese Flanke für ihren Aufstieg gewählt, doch wie aus ihrem Buch hervorgeht („Die Dolomitberge"), scheinen sie hier noch keinen Steig oder Weg angetroffen zu haben; jedenfalls mühten sie sich weglos durch die Latschenhänge empor. Trotzdem können wir sicher sein, daß wir auf dem Touristensteig den Spuren vorgeschichtlicher Hirten folgen. Unweit des Schlernhauses (Näheres darüber vgl. „Südtiroler Schutzhütten" vom Verf.) betreten wir die ausgedehnte Hochfläche des Schlernmassivs. Hier bietet sich schon allein landschaftlich ein großartiges Bild, das vor allem vom Anblick der nahen Felswildnis der Rosengartengruppe beherrscht wird. So bedeutend nun der Schlern in alpin-touristischer, geologischer und floristischer Hinsicht ist, so bedeutend ist er mindestens auch in kulturgeschichtlicher, wurden doch hier die höchsten und mit die aufsehenerregendsten prähistorischen Funde Südtirols getätigt.

Ein erstes, einwandfrei vorgeschichtliches Keramikfragment fand der bereits genannte Bozner Urgeschichtsforscher Luis Oberrauch, als er am 24. 6. 1945 mit Freunden das Schlerngebiet besuchte. Einer seiner Gefährten, Viktor Malfér, schrieb darüber (in der Kulturzeitschrift „Der Schlern" 1946, S. 26): *Oberrauch war mit mir etwas zurückgeblieben, da wir neben dem markierten Steig gingen, um besser mit allen kleinen Blümchen liebäugeln zu können und den Boden nach Versteinerungen, besonderen Gesteinsgattungen oder anderen Seltsamkeiten abzusuchen. Als wir den im Volksmund „Plörg" genannten letzten Anstieg zur Roterdspitze hinschritten, fand Oberrauch plötzlich, unterstützt durch sein geübtes und scharfes Forscherauge, auf dem fast graslosen, schotterigkarstigen Boden einen einwandfreien prähistorischen Tonscherben. Mit der Frage: „Was macht denn hier ein prähistorischer Tonscherben?", wandte er sich an mich und ich mußte ihm die Antwort ebenso schuldig bleiben, wie wir beide über den Fund, erstaunt, ja momentan sprachlos waren.* Nun begann natürlich ein eifriges Suchen und Schauen, wobei Oberrauch noch weitere Scherben und Malfér *typische Knochenreste* fanden.

Am 29. Juli desselben Jahres stieg Malfér allein auf den Schlern und besuchte die im Nordteil der Schlernhochfläche aufragende kleine Erhebung, die den Namen Burgstall trägt und im Volksmund, vor allem von den Bergsteigern, abschätzend „Krauthaufen" genannt wird. Hier entdeckte er, in 2510 m Höhe, *lauter kleine kalzinierte Knochensplitter und darunter einige kleine, ganz verwitterte Tonscherben.* Tags darauf, am 30. Juli 1945, kehrte Malfér auf die Flur Plörg (2485 m), dem ersten Fundplatz zurück und fand nach mehrstündigem Suchen außer ein paar bescheidenen Knochensplittern, *offen zwischen den Steinen liegend, eine schöne Feuersteinpfeilspitze.*

Am 2. September war es wieder Luis Oberrauch, der dem Schlern sein Augenmerk schenkte und bei einem kleinen Grabungsversuch auf dem Burgstall reinste Branderde und einige wenige Topfscherben fand. Und am 16. September fanden sich schließlich wieder Oberrauch und Malfér sowie Georg und Herta Innerebner am Burgstall ein, um zunächst *unter dem Rasen eine Aschen-Kohle-Schicht, durchsetzt mit kleinen und kleinsten Knochensplittern* und, weiter gegen die Seiser Alm hin, in einem fast metertiefen Aushub wieder die *gleiche feinste Branderde, durchsetzt mit kleinen, wie mit einer Knochenmühle zermahlenen Knochensplittern* zu finden. Herta Innerebner, die inzwischen in einer kleinen Wiesenmulde zu graben begonnen hatte, fand *einige herrliche Topfscherben sowie eine 15 cm starke, pechschwarze, fettige Schicht, reich durchsetzt mit verzierten Topfscherben, Henkeln, Schneppen und Böden der Laugener Kultur. Unter dieser Schicht befand sich eine 25 cm starke Schicht von Aschenstaub, durchsetzt mit feinen Knochensplittern, dann eine gelbliche Lehmschicht von 10 cm und schließlich der weiße gewachsene Dachsteinkalk.*

Anschließend an diese Grabung begab sich die Gruppe wieder auf die Flur Plörg am Westhang der Roterdspitze und Oberrauch fand unter der Grasnarbe hier eine etwa 10 bis 15 cm starke Kulturschicht. Während Georg Innerebner, wie bereits am Burgstall, auch hier die nötigen Vermessungen durchführte, förderten Oberrauch und Herta Innerebner *schönste Topfscherben der Laugener Kultur* zutage. Viktor Malfér suchte inzwischen das Gelände ab; er berichtet: *Da sah ich zwei grünliche Drahtspiralen aus dem Sand herausschauen. Ich ergriff sie, zog ein bißchen daran und hielt eine vollkommen unbeschädigte, herrlich patinierte Fibel in der Hand* (das heute verschollene Fundstück wird ins 5. Jh. v. Chr. datiert). Mit weiteren Scherben und der abgebrochenen Nadelspitze einer anderen Fibel erschöpften sich schließlich die Funde am Schlern, soweit sie Viktor Malfér geschildert hat. Wie K. M. Mayr ergänzend berichtet (in der obgenannten Zeitschrift), fand Oberrauch schon im Bereich der Scherbenschicht auch eine *Kleinbronze des Kaisers Valens (263—378 n. Chr.) . . ., den höchsten bisher bekanntgewordenen antiken Münzfund Südtirols und wohl einen der höchsten antiken Münzfunde überhaupt.* Dieser und noch zwei weitere spätere Münzfunde (Kaiser Titus und Augustus) führten zu der später als irrig erkannten Schlußfolgerung, *daß die Laugener Irdenware noch im 4. nachchristlichen Jahrhundert . . . im Gebrauche stand* (Mayr, „Schlern" 1946).

Die bisher letzte umfassende Arbeit über die Schlernfunde bringt Paul Mayr im Schlern 1972, S. 4 ff. Dieser ist zu entnehmen, daß nicht nur anläßlich der unter der Leitung von Prof. Piero Leonardi (Universität Padua) in den Jahren 1946 und 1947 durchgeführten fachgerechten Grabungen, sondern auch noch in den darauffolgenden Jahrzehnten verschiedene, größtenteils heute verschollene Fundgegenstände ans Tageslicht gefördert wurden (etliche römische Münzen und viel Laugener Keramik), und zwar ausschließlich bei gesetzwidrigen, höchst unfachgemäßen Raubgräbereien. Anscheinend wurde auch eine römische Bronzestatuette gefunden, die möglicherweise den Kriegsgott Mars darstellt, doch konnte darüber bisher nichts Näheres in Erfahrung gebracht werden. Dies zeigt, *welchen unermeßlichen Schaden* — so Dr. Paul Mayr — *unkontrollierte Grabungen der Wissenschaft zufügen können. Heute ist der Fundplatz mehrfach umgegraben, zerstört und für die Wissenschaft nahezu wertlos geworden.* So ist, vor allem was die römischen Funde betrifft, noch so manche Frage ungelöst — dank dem Unverstand der rücksichtslosen Raubgräber.

Immerhin sind sich die Forscher heute darüber einig, daß wir es am Schlern mit einem bronzezeitlichen (um 1000 v. Chr.) Brandopferplatz zu tun haben, und nicht wie anfangs von manchen vermutet wurde, um Räuchergruben zum Gerben von Tierhäuten oder um Siedelstätten von Hirten. Unklar dagegen ist vorderhand noch, ob zur Römerzeit auf dem Schlern dem Kriegsgott Mars gehuldigt wurde, solange die erwähnte Bronzestatuette verschollen bleibt.

Wie dem auch sei, eines wissen wir mit Sicherheit. Daß wir auf dem Schlern nicht nur auf einem der aussichtsreichsten und lohnendsten Tourenziele Südtirols stehen, sondern auch auf einem Boden, den bereits vor rund 3000 Jahren Menschen betraten, Menschen, von denen wir immer noch nicht sehr viel wissen, aber immerhin soviel, daß sie keineswegs so primitiv waren, wie wir sie uns oft noch gern vorstellen.

W e g v e r l a u f

Von Seis am Schlern (1004 m) auf Nr. 8 ostwärts zunächst auf der Straße bis zu den letzten Häusern und dann auf breitem Waldweg in angenehmer, nur mäßig ansteigender Wanderung größtenteils durch Wald in etwa 40 Min. zur Ruine Hauenstein (1237 m). Von da auf ebenem, schattigem Waldsteig Nr. 3 in einer weiteren halben Stunde zum Hotel Bad Ratzes und durch die äußere Ratzeser Schlucht auf Nr. 1 bis zu Weggabel. Hier nicht rechts hinauf zum Schlernbödele (Schutzhaus), sondern auf Nr. 1/A geradeaus weiter, bald über den Frötschbach und durch Wald hinauf zur Proßlinerschwaige (1739 m; Gastbetrieb). Weiter auf dem Weg 1/A zuerst den Tschapitbach und dann den Frötschbach überquerend zum Berghang und nach Wegteilung auf dem mit Nr. 1 bezeichneten „Touristensteig" in Serpentinen durch die ziemlich steile Flanke zur Hochfläche des Schlerns und zum Schlernhaus (2457 m; großes Schutzhaus mit ca. 120 Schlafplätzen, von Anfang Juni bis Anfang Oktober bewirtschaftet; Telefon). Von da aus kann nordwärts in 20 Min. der Petz, der höchste Punkt des Schlerns (2564 m) erstiegen und nordwärts weitergehend der Burgstall besucht werden (ab Schlernhaus ca. 35 Min.), wo die eine der beiden prähistorischen Fundstellen liegt. Auch die Wanderung zur Flur Plörg und zum Gipfel der Roterdspitze (2655 m) ist sehr lohnend und leicht, doch erheblich länger (ca. 1½ Std.; Weg Nr. 3/4). Die Wege sind alle gut markiert und beschildert und dementsprechend ohne nennenswerte Orientierungsprobleme, die Tour erfordert aber trotzdem Ausdauer, Trittsicherheit und Bergerfahrung. Vom Streifzug über die Schlernhochfläche zum Schutzhaus zurückgekehrt, schlagen wir wieder den Aufstiegsweg ein, wobei am Fuß der Schlern-Nordostflanke auch der Weg Nr. 1 über die Schlernbödelehütte (1726 m; Schutzhaus des Südtiroler Alpenvereins) gewählt werden kann, und kehren nach Seis zurück. — Auch an dieser Stelle sei vor jeglicher Grabungstätigkeit nachdrücklich gewarnt. Jedes Schürfen zerstört die archäologisch wichtigen Schichtfolgen und ist zudem streng verboten (hohe Geldstrafen!). Im Naturpark Schlern gelten besonders strenge Schutzbestimmungen!

G e h z e i t e n

Aufstieg (Seis — Schlernhaus): 4—5 Std.
Abstieg (Schlernhaus — Seis): ca. 3 Std.

K a r t e n u n d L i t e r a t u r

Kompaß-Wanderkarte 1:50.000, Bl. 54 (Bozen); Freytag-Berndt-Wanderkarte 1:50.000, Bl. S. 1 (Bozen-Meran und Umgebung); Freytag-Berndt-Wanderkarte 1:100.000, Bl. 16 (Westliche Dolomiten); Delago: Dolomiten-Wanderbuch; Lunz: Ur- und Frühgeschichte; Lunz: Studien; Menara: Südtiroler Höhenwege; Menara: Südtiroler Schutzhütten; Menara-Rampold: Südtiroler Bergtouren; Oberrauch: Schriften zur Urgeschichte Südtirols; Rampold: Eisacktal; Rampold: Südtiroler Wanderbuch; Südtiroler Gebietsführer, Bd. 16; Trapp: Tiroler Burgenbuch, Bd. 4; Wolff: Dolomitensagen.

27. Das urgeschichtliche Niederrasen (Bildteil S. 78)

Südlich von Niederrasen im oberen Pustertal breitet sich ein weiter Wiesenboden von ganz besonderem Liebreiz aus, der im Frühjahr ein wahres Blumenmeer bildet und auf dem im Herbst das Vieh weidet, vor der Kulisse der Olanger Dolomiten im Süden und den Gletscherbergen der Rieserfernergruppe im Norden. Ostseitig dieser auch in naturkundlicher Hinsicht bedeutsamen unteren Vorstufe der biologisch einzigartigen Rasner Möser steigt dunkler Nadelwald zur langgezogenen Waldkuppe des „Niederrasner Berges" an — das Gebiet, durch das uns die hier vorgeschlagene Wanderung führt. Es handelt sich um eine besonders dem Naturfreund zu empfehlende, leichte und auch orientierungsmäßig problemlose Rundtour, die sich jeder einigermaßen geübte Wanderer zutrauen darf. Im Gegensatz zu den meisten anderen Tourenvorschlägen dieses Buches, begegnen wir hier keinen bedeutenden urgeschichtlichen Sehenswürdigkeiten; weder Schalensteine noch andere Felszeichnungen sind aus diesem Raum bisher bekanntgeworden, was aber nicht unbedingt heißen muß, daß es derlei mit Sicherheit nicht gibt. Vielleicht ist das Gebiet bisher nur nicht sorgfältig genug abgesucht worden; die erst in jüngster Zeit entdeckten bedeutenden Schalensteine im Brunecker Raum lassen jedenfalls den Schluß zu, daß im Pustertal in dieser Hinsicht mit noch so mancher Überraschung zu rechnen ist, weshalb wir gut daran tun, bei unserer Wanderung die Augen offenzuhalten und da und dort vielleicht auch einen kurzen Abstecher abseits des markierten Weges zu machen. Wissen wir doch, daß die Talweitung um Rasen zu den bedeutendsten ur- und frühgeschichtlichen Siedelstätten des Pustertals gehört.

Weist bereits die Namenforschung, die im Namen Rasen eine keltische Wurzel ras (Sumpf) und in Goste ein romanisches *Costa* (was durch eine Urkunde aus dem Jahr 1186 auch bewiesen ist) sieht, auf die frühe Besiedlung dieses Raumes hin, so bringen zahlreiche archäologische Funde den sicheren Beweis dafür. Der älteste diesbezügliche Fund stammt aus Oberrasen. Es ist dies ein überaus sorgfältig und gleichmäßig geschliffenes, spitznackiges Steinbeil aus Nephrit, das erst 1964 bei einem Grundaushub zum Vorschein kam und heute im Bozner Stadtmuseum aufbewahrt wird. Der seltene Fund *kann als Beleg dafür gelten, daß das Pustertal schon früh — etwa seit dem mittleren bis späten Neolithikum (um 3000—2500 v. Chr.) — von jungsteinzeitlichen Kulturgruppen aufgesucht wurde. Durch systematische Forschung wird es eines Tages auch gelingen, die Wohnstätten dieser frühen Siedler näher festzulegen...* (Lunz, „Urgeschichte des Oberpustertals", S. 59). Aus der späten Bronzezeit hingegen (1300—1100 v. Chr.) liegt ein gut 40 cm langes Griffzungenschwert vor, das bereits 1887 ins Museum Ferdinandeum nach Innsbruck gelangte und angeblich aus Niederrasen stammt; die genauen Fundumstände dieses schönen Bronzeschwertes, dem allerdings der Griff fehlt, sind leider nicht bekannt. Haben wir demnach aus der Steinzeit und der Bronzezeit nur je einen Fund zu verzeichnen, so bietet sich aus der Eisenzeit schon ein viel reichhaltigeres Siedlungsbild. Zunächst wurde bei Niederrasen 1898 jene Certosafibel gefunden, die in das 5. Jh. v. Chr. datiert wird und heute unter der Inventarnummer 17690 im Ferdinandeum zu finden ist. Später, 1934, untersuchte Adrian Egger den Boden, der bei einem Wegbau am sogenannten Galgenbichl, einer langgezogenen, flachen Kuppe am Zusammenfluß von Antholzer Bach und Rienz, aufgeworfen worden war. Dabei konnte der fachkundige Prälat leider inzwischen verlorengegangene Scherben sowie eine Kulturschicht und Lehmfußböden von vorgeschichtlichen Behausungen finden. Durch wiederholte Begehungen des Geländes ab 1964 durch Reimo Lunz *gelang es, neue, entscheidende Hinweise zur Klärung der Fundsituation und der Datierung der Anlage beizubringen* (Lunz, „Studien", S. 152): die zahlreichen aufgelesenen Scherben stammen aus der Eisenzeit.

Inzwischen war man aber, im Jahre 1961, beim Grundaushub für einen Hochspannungsmasten in den ausgedehnten Wiesen östlich der „Windschnur" auf eisenzeitliche Gräber gestoßen — Anlaß genug für eine planmäßige archäologische Grabung, die in den Jahren 1962 bis 1966 durchgeführt und von Dr. Hubert Stemberger und Dr. Reimo Lunz geleitet wurde. Dabei wurden 80 Urnengräber freigelegt, *von denen gut die Hälfte Beigaben in Form von bronzenen Fibeln, Armreifen und Nadeln, eisernen Messern, Beilen und Sägen enthielt, die man den Toten für ein jenseitiges Leben mit in das Grab gelegt hatte. Fast durchwegs waren die Leichenbrandgefäße von einer mächtigen Steinplatte überdeckt. Die Tiefenlage der Urnen schwankt zwischen 40 und 120 cm* (Lunz, „Ur- und Frühgeschichte Südtirols", S. 19). Schätzungen der Fachleute zufolge dürfte das Friedhofsareal eine Fläche von fast 1000 Quadratmetern umfassen; Lunz läßt außerdem keinen Zweifel daran, daß die zum Gräberfeld gehörige eisenzeitliche Siedlung auf dem langgezogenen „Galgenbichl" zu suchen wäre. Eine ausführliche, reich bebilderte Beschreibung der Gräber gibt der Forscher in Bd. 2 der Buchreihe „Archäologisch-historische Forschungen in Tirol".

Wir verlassen nun das eisenzeitliche Grabungsgelände, das heute wieder zur saftigen Wiese geworden ist, und wenden uns ein kleines Stück südwärts, wo wir beim alten Hohlweg, der nunmehr als fahrbare Straße über die obere Goste führt, mehrere grabenartige Mulden finden, die möglicherweise den Verlauf der römischen Heerstraße andeuten. Daß diese hier verlief, ist jedenfalls durch zwei römische Meilensteine, die entlang dieser Strecke gefunden wurden, erwiesen. Der eine kam 1723 bei Straßenarbeiten am Hang der „Leitgeb-Pipe", einer zwischen dem Weg in die Goste und der Staatsstraße befindlichen Kuppe, zum Vorschein. Der Stein, dessen Inschrift den Kaiser Caracalla nannte, ist heute als verschollen. Der zweite, noch sehr gut erhaltene, 2,33 m hohe Stein des Septimius Severus trat 1958 rund 800 m östlich des Gasthauses „Neu-Goste" bei Grabarbeiten zutage; die runde Säule weist eine 17zeilige Inschrift auf und steht heute im Garten des Finders Richard Prugger in Olang. Unweit der Goste wurde außerdem auch ein merkwürdiger Langstein gefunden, bei dem es sich aber wahrscheinlich nur um einen Grenzstein handeln dürfte. Auch dieser ist heute in einem Privatgarten in Olang aufgestellt.

Einen weiteren eisenzeitlichen Fundplatz stellt auch der Achmüllerkopf dar, den die Einheimischen „Parschtiler Pinggl" nennen. Er erhebt sich südlich der Leitgeb-Pipe nur 20 m über der Staatsstraße; südseitig bricht er steil zur Rienz ab. Auf der teilweise unschön verbauten, kegelförmigen Kuppe fand Adrian Egger zweifelhafte Scherben, während der *eindeutige Siedlungsnachweis erst 1969* durch Reimo Lunz aufgrund von Tonscherbenfunden und Hüttenlehmstücken erbracht wurde (Innerebner, „Die Wallburgen Südtirols", Bd. 1, S. 146). Außer diesen eisenzeitlichen Funden wurden auch Scherben gefunden, die aus römischer oder frühgeschichtlicher Zeit stammen dürften, während zwei im Jahre 1940 zusammen mit einer eisernen Lanzenspitze ans Tageslicht gekommene Skelettgräber wahrscheinlich in das frühe Mittelalter zu datieren sind (Lunz).

Mit diesem Wissen um die zwar nicht besonders zahlreichen, aber dafür um so aussagestärkeren Funde aus der Stein-, Bronze-, Eisen- und Römerzeit und der damit verbundenen Erkenntnis, daß das Gebiet am Ausgang des Antholzer Tales schon seit frühester Zeit und vielleicht stärker als es das archäologische Fundbild erscheinen läßt, besiedelt war, können wir unsere Wanderung antreten auf Wegen, die mit größter Wahrscheinlichkeit auch schon jene Leute gegangen sind, die unten im Talboden ihre Spuren hinterlassen haben.

W e g v e r l a u f

Von Niederrasen (1030 m) nordöstlich auf schmaler Straße (Markierungsnummer 20) bis zum Gehöft Oberstall (1214 m) und von da auf Weg Nr. 20 am Nordhang des Erlgrabens etwas steil hinauf bis zu Weggabel (1450 m; knapp 1½ Std.). Die Nr. 56 führt links in gut 20 Min. hinauf zum Hof Imberg und zum Gasthaus „Mudler" (1584 m), wir aber folgen — sofern wir nicht vorher dorthin einen Abstecher machen — dem rechts abzweigenden Weg knapp 5 Min. bis zu einer weiteren Weggabel, wo wir wieder rechts bleiben. Der mit Nr. 21/A markierte Weg führt nun ein Stück nahezu eben und dann leicht abwärts in südwestlicher Richtung über den bewaldeten Niederrasner Berg (1508 m) hinab zu der von Taisten herkommenden Straße und auf dieser südwärts bald zum Weiler Obergoste (1323 m). Von da entweder auf gutem Waldweg Nr. 21 (oder weiter der Bergstraße entlang zum Gasthaus „Neu-Goste", westwärts kurz weiter und auf dem rechts abzweigenden, breiten Weg am Waldsaum) zurück nach Niederrasen.

G e h z e i t e n

Aufstieg (Niederrasen — Niederrasner Berg): 1½ Std.
Abstieg (Niederrasner Berg — Niederrasen): 1 Std.

K a r t e n u n d L i t e r a t u r

Kompaß-Wanderkarte 1:50.000, Bl. 57 (Bruneck-Toblach); Freytag-Berndt-Wanderkarte 1:50.000, Bl. S 3 (Pustertal-Bruneck-Drei Zinnen); Freytag-Berndt-Wanderkarte 1:100.000, Bl. 15 (Zillertaler Alpen) oder Bl. 17 (Östliche Dolomiten).
Innerebner: Die Wallburgen Südtirols, Bd. 1; Lunz: Ur- und Frühgeschichte Südtirols (vergriffen); Lunz: Urgeschichte des Oberpustertals (Bd. 2 der „Archäologisch-historischen Forschungen in Tirol"); Rampold: Pustertal; Südtiroler Gebietsführer, Bd. 1.

28. Neuentdeckte Schalensteine bei Bruneck (Bildteil S. 80)

Während wir im Pustertal mit nicht weniger als acht römischen Meilensteinen (Innichen, Toblach, Niederdorf, Olanger Stausee, Nähe Windschnur — hier deren zwei —, Sonnenburg und Kiens) relativ viele über Boden erhaltene Denkmäler aus der Römerzeit besitzen, sind derartige auch dem Laien auffallende Steinsetzungen aus der vorrömischen Zeit selten. Es gibt im ganzen Tal einschließlich der großen Seitentäler keinen einzigen jener eindrucksvollen Figuren-Menhire, wie wir deren vier aus Algund, einen aus Tramin, einen von St. Verena am Ritten (Bild S. 64) und einen aus Tötschling bei Brixen kennen, und auch die beiden mächtigen Monolithen von der Windschnur und Percha, zwei unbeschriftete Felssäulen, besitzen keinen näheren Aussagewert. Aber auch keine anderen Felszeichnungen, so wie jene von der Tschötscher Heide, von Pflersch, von Kurtatsch oder jene mittlerweile zerstörten von Montan, sind im „Grünen Tal" bisher bekanntgeworden (abgesehen von einem noch sehr rätselhaften Zeichenstein aus Pfunders). Andererseits aber ist das Bild, das uns die grabende Archäologie über die Vor- und Frühgeschichte des Pustertales bietet, doch allmählich recht aufschlußreich geworden (einen ausführlichen Gesamtüberblick geben Rampold in „Pustertal" und Lunz in „Ur- und Frühgeschichte Südtirols"). Doch auch an Schalensteinen, den verbreitetsten Steindenkmälern ferner Zeiten, ist das Pustertal weit ärmer als verschiedene andere Gebiete Südtirols, wie beispielsweise die Meraner Gegend, der Vinschgau oder das Brixner Gebiet, wo man sozusagen auf Schritt und Tritt diesen immer noch nicht endgültig enträtselten Steinen begegnet. Demnach stellt sich die Frage: Haben die Urzeitsiedler tatsächlich fast keine derartige steinernen Zeugen ihrer durch Ausgrabungen doch nachgewiesenen Anwesenheit hinterlassen — oder wurden diese bisher nur nicht gefunden? Was die Figuren-Menhire anbelangt, scheint wohl der erste Teil der Frage zuzutreffen, und dies gilt ebenso für figürliche Felszeichnungen. Bei den Schalensteinen dagegen scheint eher wohl nur eine Forschungslücke vorzuliegen, wie die neuesten Entdeckungen, die Gegenstand dieser Abhandlung sein sollen, andeuten. Allem Anschein nach hat man im Pustertal, wohl auch wegen des Fehlens eifriger Felsbild- und Schalensteinforscher, kaum danach gesucht oder der vorhandenen weiter nicht beachtet. Josef Rampold konnte vor wenigen Jahren auf der Huberalm oberhalb von Rein einen Schalenstein ausfindig machen, und der Verfasser des vorliegenden Buches entdeckte im Herbst 1979 in unmittelbarer Nähe des Kirchleins Heiliggeist im hintersten Ahrntale drei in einen Felsen eingemeißelte, offenbar sehr alte Kreuze und einige kleine, eindeutig künstlich hergestellte, konisch gebohrte „Schälchen", die aber wohl kaum von größerer Bedeutung sind, sowie in der Nähe des Pojer Wasserfalls im äußeren Ahrntal einen tragbaren Stein mit einer schönen, 8 cm großen und 4 cm tiefen, offenbar mit Metallwerkzeug eingemeißelten Schale — doch der bedeutendste war bis vor kurzem der schon seit langem bekannte, in verschiedenen Publikationen beschriebene und gedeutete „Hexenstein" von Terenten (vgl. Nr. 30).

Neuerdings wurden aber mehrere Schalensteine aus der Brunecker Gegend bekannt, die an Reichhaltigkeit und Größe den Terentner Stein weit übertreffen. Die teilweise erst im letzten Jahr (1979) entdeckten Steine lassen erwarten, daß in Zukunft auch noch weitere zum Vorschein kommen werden und so diesbezüglich das Pustertal an die Seite anderer bekannter „Schalensteingebiete" treten wird. Über die Entdeckung der ersten drei Schalensteine, die nicht nur den „Hexenstein" von Terenten übertreffen, sondern mit zu den bedeutendsten in Südtirol zu rechnen sind, berichtet Dr. Gertrud Schimitschek aus Dietenheim, in der auch das Pustertal „seinen" Schalensteinforscher gefunden zu haben scheint, im „Schlern" 1968 auf Seite 346. Die Fundstelle ist ein schöner, lichter Lärchenbestand, der *7 ha umfaßt und z. T. über 200jährig ist. Er liegt südlich, also unterhalb des Außerkröllhofes und westlich der großen Straßenkehre oberhalb Luns.* Als der Verf. im Frühjahr 1979 die mächtigen Schalensteine besichtigte, war dieser Lärchenbestand nur von der nach Ameten bzw. Oberwielenbach führenden Straße durchschnitten, das Gebiet mit den Schalensteinen befand sich noch in seinem naturbelassenen Zustand, es wirkte wie ein „heiliger Hain", in dem einstige Völker ihren Gottheiten geopfert haben mögen. Bei einem zweiten Besuch bereits während der Drucklegung dieses Buches im Frühjahr 1980 bot sich nunmehr ein Bild teilweiser Verwüstung: Der schöne alte Weg, der von Luns nach Dietenheim hinabführte, war zu einem breiten Güterweg ausgebaggert worden. Es ist sehr bedauerlich, daß dieser schöne Lunser Wald, der dem berühmten Calvenwald im Münstertal nicht unähnlich ist, weiterhin durch kreuz und quer laufende Straßen seiner Schönheit beraubt wird, statt daß er schon längst unter Landschaftsschutz gestellt worden wäre. Glücklicherweise wurden durch den neuen Fahrwegbau die Schalensteine nicht angetastet. Bedeutendster ist jener, der am Weg von Luns zum Außerkröllhof liegt (untere Bilder auf S. 81). Er ist, wie auch die beiden anderen, ein mächtiger Schieferblock, der *nur wenig im Boden eingewachsen* ist. Schimitscheck gibt folgende Beschreibung: *Stein 1 hat eine durchschnittliche Länge von ca. 6 m, eine durchschnittliche Breite von ca. 4,4 m. Er ist stellenweise mit Schalen dicht besät; der Stein trägt insgesamt 262 Schalen. Eine Häufung der Schalen liegt im West- und Nordwestteil des Steines, während eine starke Abnahme und zum Teil Auflösung in Gruppen und Ketten gegen Osten erfolgt ...*

Der zweite Schalenstein (Bild S. 81 oben) liegt neben dem erwähnten ausgebaggerten Fahrweg nach Dietenheim nur wenig vom Stein 1 entfernt. Er hat *eine durchschnittliche Länge von ca. 5,20 m und eine durchschnittliche Breite von ca. 3,80 m ... Auch bei diesem Stein sind im westlichen Teil die Schalen viel dichter angeordnet, während sie sich im östlichen Teil mehr in Gruppen auflösen* (Schimitscheck). Die Anzahl der Schalen wird in dem genannten Bericht mit 147 angegeben. Ein kleiner Stein neben dem großen trägt auch noch ein paar weitere Schalen.

Der Stein 3 liegt im unteren Teil des Lärchenwaldes und weist nur 41 Schalen auf, wovon einige durch Rinnen miteinander verbunden sind. Wie Dr. Schimitscheck mitteilt, hat Dr. H. Ubl, Archäologe am Bundesdenkmalamt in Wien, der bereits 1973 die Schalensteine untersuchte und genaue Zeichnungen anfertigte, im unteren Teil des Waldes auch noch mehrere weitere kleine Schalensteine gefunden. Außerdem habe auf eine diesbezügliche Befragung der „Stocker-Schuster" in Luns, Anton Hofer, angegeben, *daß seinerzeit er und andere Buben in diesem Bestand ihr Spiel mit den Löchern in den Steinen hatten. Wahrscheinlich* — so läßt die Autorin — *haben sich schon Generationen von Hüterbuben daran erfreut ... Allen drei untersuchten Steinen ist gemeinsam, daß die überwiegende Zahl der Schalen unter 5 cm Durchmesser liegt und daß nur ganz wenige ovale Schalen vorhanden sind. Aus den Zeichnungen von H. Ubl geht hervor, daß kein eigentliches System der Anordnung besteht, daß aber häufig Gruppen und Ketten von Schalen auftreten. Eine Verbindung durch Rinnen und ein Ineinandergreifen der Schalen ist selten.* Wie Gertrud Schimitscheck später vermerkt, wurden diese Schalensteine nunmehr auch vom Meraner Schalensteinforscher Haller *nach seiner Methode aufgenommen,* doch liegt hierüber noch keine Publikation vor.

Von diesen Schalensteinen, die wir notgedrungen auf dem neuen Fahrweg von Dietenheim herauf erreicht haben, wandern wir auf einem schönen alten Waldweg hinauf nach Ameten und kehren von dort auf einem markierten Fußsteig wieder nach Dietenheim zurück. Bei diesem Abstieg begegnet uns in ca. 1000 m Höhe, an einem gegen Süden abfallenden Hang, mitten im Wald der vierte große Schalenstein. Er wurde, wie noch drei weitere (einer bei Dietenheim in der Nähe des Hauses „Gasseler", einer im Irenberger Wald südlich von Issing und der dritte in der Mauer der Kapelle St. Nikolaus südlich von Pfalzen), anscheinend erst 1979 entdeckt und wieder von Gertrud Schimitschek (in „Schlern" 1979, S. 585) beschrieben: *Dieser Schalenstein ist 6 m lang und mißt an der breitesten Stelle 2,20 m. Gegen Osten läuft er spitz zu. An seiner gegen das Tal liegenden Seite ist er 1,40 m hoch, an der Bergseite 70 cm. Es ist ein stark verwitterter glimmerreicher Gneis. Wie weit er in den Boden eingetieft ist, konnte nicht festgestellt werden. An der*

Oberseite dieses Schalensteines befinden sich 98 Schalen, deren Durchmesser 3—6 cm beträgt. Diese Schalen sind bis zu 4 cm tief. An dem gegen Westen gerichteten Abfall des Steinblocks befindet sich an einer ebenen Stelle eine einzelne Schale. Bemerkenswert ist im ebenen, höchst gelegenen Teil des Steines ein Kreuz vom Ausmaß 23 x 13 cm, das am Ende von drei Kreuzarmen schwache Schalenvertiefungen hat, dagegen fehlt diese Vertiefung dem vierten, gegen Osten weisenden Kreuzarm, der am Ende abgeflacht ist. Die Tiefe der Arme beträgt etwa 3 cm. Ob das Kreuz später hinzugefügt wurde, kann von mir nicht entschieden werden. Ungefähr 20 m unterhalb dieses Schalensteines sind, im Verlauf der Höhenlinie, Reste einer Trockenmauer zu erkennen. Sie besteht aus großen Steinen, die aus dem Boden herausragen und zum Teil eine flachere Bodenstelle begrenzen. Die Mauerreste sind auf einer Länge von 25 m gut feststellbar. Sie bestehen zum großen Teil aus Granit, so wie die meisten Steine dieser Örtlichkeit. Im Gegensatz hiezu ist der Schalenstein glimmerreicher Gneis. Für die Schaffung der Schalen wurde demnach der weichere Gneis bevorzugt.

Ein offensichtlich neueres Kreuz weist auch der Stein 1 auf, aber auch zahlreiche andere Schalensteine tragen Kreuze. Da es sich dabei nur selten um Grenzzeichen handeln kann, wird allgemein angenommen, daß sie als christliche Zeichen gegen die heidnischen Schalen in die, wie alles darauf hindeutet, vorchristlichen Kultsteine eingemeißelt wurden. So liegt auch hier die Vermutung nahe, daß die beschriebenen Felsblöcke mit den vielen Schalen einer urgeschichtlichen Bevölkerung als „heilige Steine" für kultische Zwecke dienten, über die wir heute nichts mehr Genaues wissen und nur auf die verschiedensten Deutungsversuche und Theorien angewiesen sind. Diese bisher bedeutendsten Schalensteine des Pustertals machen unsere Rundwanderung, die orientierungsmäßig einige Achtsamkeit verlangt, im übrigen aber keinerlei Schwierigkeiten aufweist und sich folglich von jedem auch nur einigermaßen gehgewohnten Wanderer zugetraut werden darf, sehr eindrucksvoll und lehrreich. Außerdem ist der Gang durch die weiten Wiesen und Felder zwischen Dietenheim und Luns (trotz der Notwendigkeit, hier dem Fahrweg folgen zu müssen) und die anschließende Durchquerung prachtvoller Nadelwälder auch landschaftlich überaus reizvoll. Ganz besonders zu rühmen ist die Schau von Ameten über den weiten Talboden von Bruneck.

W e g v e r l a u f
Von Dietenheim (865 m; hierher Straße von Bruneck; zu Fuß 20 Min.) auf der ostseitig zwischen den Häusern hinanführenden Straße bis zur Weggabel. Hier rechts bleiben und auf dem oben erwähnten Fahrweg in landschaftlich sehr schöner Wanderung durch die Felder nur leicht ansteigend hinauf in den oberhalb von Luns liegenden Lärchenwald, wo wir, kurz vor Erreichen der nach Ameten bzw. Oberwielenbach führenden Straße, die ersten drei Schalensteine finden, von denen die beiden oberen durch ihre Größe sofort auffallen, während der untere weniger ins Auge springt, aber dennoch nicht schwer zu finden ist (ca. 980 m; ab Dietenheim ½ Std.). Nun folgen wir kurz der Markierung 1/A aufwärts, gelangen auf die zum Kröllhof führende Straße und betreten, 200 m östlich des Hofes, einen bergseitig bei einer Bank beginnenden, unmarkierten Waldweg. Es ist dies der uralte, Percha mit Ameten verbindende Fußweg, der heute infolge der höher durchführenden Straße nur mehr selten begangen wird. In teilweise steilem Anstieg durch schönen Wald kommen wir zu einem Wegkreuz (ab hier breiter Forstweg) und erreichen schließlich den schön und aussichtsreich gelegenen Weiler Ameten (1260 m; Gasthaus). Von da nun auf dem alten Fußweg (Markierung 4/7) durch den bewaldeten Hang teilweise in Serpentinen gerade hinab. Nach etwa 20 Min. erreichen wir den mächtigen, oben beschriebenen Schalenstein und weiter absteigend schließlich wieder Dietenheim.

G e h z e i t e n
Aufstieg (Dietenheim — Luns — Ameten): 1½—2 Std.
Abstieg (Ameten — Dietenheim): 40 Min.

K a r t e n u n d L i t e r a t u r
Kompaß-Wanderkarte 1:50.000, Bl. 57 (Bruneck-Toblach); Freytag-Berndt-Wanderkarte 1:50.000, Bl. S 3 (Pustertal-Bruneck-Drei Zinnen); Freytag-Berndt-Wanderkarte 1:100.000, Bl. 15 (Zillertaler Alpen)
Lunz: Urgeschichte des Oberpustertales; Lunz: Ur- und Frühgeschichte Südtirols; Pescoller: Südtiroler Gebietsführer Nr. 7; Rampold: Pustertal.

29. Bergtour zum Burgstall von Fanes (Bildteil S. 82)

Der hier vorgeschlagene Weg führt uns zwar in eines der faszinierendsten Gebiete der Dolomiten, doch ist er nur sehr bedingt das, was man üblicherweise unter einem „Urweg" versteht. Andererseits gibt es Gründe genug um anzunehmen, daß zumindest der untere Teil des Weges, der während des Ersten Weltkrieges zu seiner heutigen Form ausgebaut wurde, auf eine schon in grauer Vorzeit vorhandene rätische Wegführung zurückgeht.
Ganz abgesehen davon, daß uns der wohl bedeutendste von Wolff aufgezeichnete Sagenkreis, das Lied der Fanes, eine sehr frühe, wenn vielleicht auch nur zeitweilige Besiedlung dieses Ge-

bietes erahnen läßt, wissen wir doch heute, daß Jochübergänge wie das Limojoch in außerordentlich früher Zeit regelmäßig begangen wurden. Waren es bis vor gut einem Jahrzehnt vor allem Einzelfunde aus der Bronzezeit, die beispielsweise am Penser Joch, am Jaufen (vgl. Tour Nr. 15), am Stritzonjoch im Passeier, am Brenner und am Sellajoch zufällig zum Vorschein kamen, so belegen verschiedene neuere Funde die Begehung auch anderer Übergänge, und zwar bereits in der Steinzeit, wie dies mehrmals in diesem Buch erwähnt und im Falle vom Grödner Joch und Jochgrimm (Touren Nr. 23 und Nr. 39) auch ausführlich geschildert wird. Zwar wurde über derartige Funde aus dem Gebiet der Almen von Fanes und vom Limojoch bisher noch nichts bekannt, doch scheint dies nur eine Frage der Zeit zu sein. Denn früher oder später sind sicher auch im großen, so sagenumwobenen Gebiet von Fanes-Sennes Zeugnisse frühester Begehung zu erwarten.

Auf etwa halber Strecke unseres Weges liegt die überaus hübsche Alm Klein-Fanes, das Kerngebiet der Sage vom mächtigen Dolomitenvolk der Fanes. Der nahe kleine Grünsee, in dem sich die Eisengabelspitze widerspiegelt, spielt darin ebenso eine Rolle wie der mächtige Bergstock der Cunturines. Im wesentlichen erzählt die von Wolff in jahrzehntelanger Arbeit gesammelte und mit sehr viel Einfühlungsvermögen in die Geisteswelt des Dolomitenvolkes wiedergegebene Sage von Fanes — soweit sie unser Gebiet betrifft — in knappen Worten folgendes: Vor langer Zeit, als die Vegetationsgrenze noch wesentlich höher lag als heute und demnach viele heute felsige Hochflächen der Dolomiten grünes Weideland waren (derartige Klimaperioden gab es in der Bronzezeit und vorher eine bereits noch wärmere in der Jungsteinzeit), lebte auf den Hochflächen von Fosses, Sennes und vor allem Fanes ein mächtiges Bergvolk, das aus dem Osten vertrieben worden war und hier zur größten Stärke gelangte. Lange Zeit konnte sich dieses Volk, das man die Fanes nannte, sein Gebiet vor allen Angriffen der Nachbarvölker verteidigen, ja ein immer größeres Gebiet für sich in Anspruch nehmen. Hier im Gebiet des heutigen Fanes stand auch die Königsburg des ruhmreichen Volkes. Die Anführerin aber war eine Frau — die wunderschöne *Dolasilla*, die Tochter des Königs. Hoch auf ihrem weißen Pferd, mit einem kostbaren Diadem, in dem die *Rayéta*, der wertvollste und strahlendste aller Edelsteine funkelte, stand sie in ihrem Panzer aus Silber und Hermelin an der Spitze des gewaltigen Fanisheeres und gewann jede Schlacht — aber nicht mit ehrlichen Waffen, sondern mit verzauberten silbernen Pfeilen, die niemals ihr Ziel verfehlten.

Schließlich aber, durch verschiedene Umstände und vor allem durch die unersättliche Habgier des Königs, der sogar sein eigenes Volk verriet, um in den Besitz des allergrößten aller Schätze zu gelangen, kam jene Entscheidungsschlacht gegen die verbündeten Nachbarvölker, die den Tod Dolasillas brachte. Damit begann der Untergang des berühmten Reiches der Fanes, der schließlich durch eine allerletzte Verzweiflungsschlacht besiegelt wurde.

Wenn auch verschiedene Episoden nahezu auf den ganzen Dolomitenraum aufgeteilt sind, so spielt sich das in der Sage geschilderte Hauptgeschehen doch in dem großen Fels- und Almkessel ab, in dem die Alm Klein-Fanes liegt. Und die Sage nennt auch den genauen Standort der Königsburg: den mächtigen Bergstock der Cunturines, der sich im Südwesten von Klein-Fanes erhebt. Aber auch ein altehrwürdiges Heiligtum wird genannt, das sich nicht sehr weit vom Fanes-Schloß entfernt befunden haben soll.

Nun konnte festgestellt werden, daß es den Cunturines gegenüber, hoch oben unter der Plattenwand des 3023 m hohen Zehners eine merkwürdige Felsgestalt gibt, die den Namen „Burgstall" trägt. Diese Bezeichnung deutet meist auf eine einstige Burg hin und tatsächlich wurden auf den vielen Kuppen mit diesem Namen mittelalterliche oder vorgeschichtliche Siedelstätten nachgewiesen. So war es wohl naheliegend, daß die Wallburgenforschung auch auf den Burgstall von Fanes ihr Augenmerk richtete. Wieder, wie so oft, war es Georg Innerebner, der der Sache auf den Grund ging. Am 26. Juli 1953 untersuchte er zusammen mit Liselotte und Herta Innerebner die Kuppenhöhe des 2657 m hohen Burgstalls selbst und das umliegende Gelände. Während auf dem Burgstall lediglich eine dünne schwarze Erdschicht festgestellt wurde, fiel dem Forscher in dem von Felstrümmern übersäten Kessel, der zwischen dem Burgstall und der Flanke des Zehners liegt, ein seltsamer, bogenförmiger Steinwall auf, der ihn selbstverständlich an die vielen ähnlichen Wälle erinnern mußte, die er bei seinen zahlreichen Untersuchungen von anderen sogenannten Wallburgen kennengelernt hatte. Hier nun ein Auszug aus seinem diesbezüglichen Bericht („Schlern" 1953, S. 292): *In dieser Mulde findet sich inmitten eines gigantischen steinernen Meeres der Überrest eines mächtigen, fast horizontal ausgerichteten Ringwalles von über 60 m Durchmesser (entsprechend rund 2000 m Umfang und 3000 m² Flächenbelag), der in seinem Südteil auf einer Länge von über 50 m noch glänzend erhalten ist und damit eine gute Rekonstruktion des Grundrisses der Anlage ermöglicht.* Innerebner gibt eine Kronenbreite des Walles von 4 bis 10 m, eine Höhe von mehreren Metern und für den Graben, der sich innerhalb des Bogens entlangzieht, eine mittlere Breite von 7 und eine Tiefe von 2 m an. Und weiter: *Der Mittelteil der Siedlung ergibt sich dabei als eine fast regelmäßig geformte, schön ausgeprägte, aber gänzlich von Steintrümmern übersäte Kalottenkuppe, deren höchster Punkt angenähert in der Mitte des Kuppenkreises und dabei 4 m über Wallkronenhöhe liegt. Es könnte sich hier ohne weiteres um die Reste eines in sich zusammengestürzten, von weitem Wall umgebenen, gigantischen Turmes handeln, dessen Grundrißanordnung mich stark an die sardischen Nuraghi* (das sind nach oben hin sich leicht verjüngende, gestufte Rundtürme aus besonders sorgfältig geschichtetem Trockenmauerwerk, deren Enträtselung bisher noch nicht endgültig gelungen ist und von denen es allein auf Sardinien rund 7000 gibt) *erinnert. Daß es sich im gegenständlichen Falle um Menschenwerk handelt, steht außer allem Zweifel, daß wir hier zusätzlich vor einem Bauwerk aus grauer Vorzeit... stehen, beweisen nicht nur Form und Art der Anlage, sondern auch der Fund vorgeschichtlicher Scherben im und um den Ringwall selbst.* Innerebner vermutet, daß es sich hier um eine Großraumsiedlung mit Akropole im Burgstall handelt, die wahrscheinlich das ganze Gebiet des heutigen Klein-Fanes umfaßt hat. Diese Behauptung stützt sich auf die am vorgenannten Tage durch Liselotte und Herta Innerebner in weitem Umkreis um den Burgstall getätigten Tonscherbenfunde (im Sattel der Kuppe 2501 m, im Steintrümmerfeld des Nordhanges, im Südteil des Wallringes und im Sattel des Burgstall), die Geländeformation und das reiche Sagengut, das an dieser Gegend haftet. *Das Auffinden einer Henkelnase gröbster Keramik läßt außerdem auf eine Besiedlung schon zur Bronzezeit schließen...*

Diese Entdeckung der *bisher höchsten festgestellten Urzeitsiedlung Europas* (Innerebner) war damals verständlicherweise eine kleine Sensation. Endlich hatte man auch den handfesten Beweis für den wahren Kern der alten Sagen und Überlieferungen gefunden. Dies fand auch seinen Niederschlag in der Literatur; Wolff ergänzte seine „Dolomiten-Sagen" durch die Anmerkung: *Inzwischen hat der Bozner Archäologe Dr.-Ing. Georg Innerebner das Heiligtum der Fånes gefunden. Es liegt nicht weit vom Heilig-Kreuz-Kofel in 2600 m Höhe und besteht aus einem Ringwall von 60 m Durchmesser, in dessen Mitte sich ein gewaltiger Turm erhob.* Karl Lukan schreibt in seinen „Alpenwanderungen in die Vorzeit": *Die Wallburg... war eine typische Fluchtburg. Sie war gut versteckt; hierher flüchteten die Hirten mit ihren Herden, wenn Feinde kamen...* Und Felix Paturi („Zeugen der Vorzeit — Auf den Spuren europäischer Vergangenheit") folgert: *Das sagenhafte Fånes-Reich hat es also wirklich gegeben.*

Inzwischen scheinen jedoch Zweifel aufgetaucht zu sein. Es wird nicht ausgeschlossen, daß es sich bei dem 50 m langen (eine Nachmessung durch den Verf. im Herbst 1979 ergab nur knapp 40 m) Gesteinswall weniger um den Rest einer Burganlage als vielmehr um eine alte Gletschermoräne handeln könnte. (Der Verf. schließt sich zwar dieser Ansicht an, muß aber zugeben, auch nicht einen Bruchteil von der Erfahrung mit Wallburgen zu besitzen, die Innerebner besaß. Immerhin weiß man, daß es im Hochgebirge zahllose derartig schön geformte Moränenwälle gibt. Außerdem gibt es im hier behandelten Bereich auch noch zahlreiche andere sehr ähnliche, wenn auch weniger schön ausgeprägte Steinwälle, die zweifellos glazialen Ursprungs sind. Und daß hier einst ein beachtlicher Gletscher lagerte, beweisen die etwas tiefer zutage tretenden schönen Gletscherschliffe sowie die dort abgelagerten Felsblöcke. Auch erscheint der Platz unter der wohl immer schon sehr steinschlaggefährlichen Plattenwand des Zehners sowohl für eine Fluchtburg wie auch für eine andere menschliche Behausung alles andere als günstig, wie das ausgedehnte Bergsturzgelände beweist. Und es gibt noch verschiedene weitere Überlegungen, die eher für eine Moräne als für ein menschliches Bauwerk sprechen, doch würde ihre Erörterung hier zu weit führen.)

Auch hinsichtlich der Scherbenfunde soll es in Fachkreisen Zweifel geben. Doch soll hier einer in Kürze zu erwartenden Stellungnahme von berufenerer Seite nicht vorgegriffen werden. Wir wollen es dabei bewenden lassen, hinter die Angelegenheit vorläufig ein Fragezeichen zu setzen, solange nichts Endgültiges vorliegt. Doch wenn es sich auch herausstellen sollte, daß der Steinwall natürlichen Ursprungs ist, so wäre damit noch nicht bewiesen, daß auf den heutigen Steinwüsten in klimatisch besseren Zeiten nicht doch Menschen gesiedelt haben. Der Name Burgstall, die zahlreichen Sagenelemente, die gesamte Geländeformation und die jüngsten Forschungsergebnisse aus anderen Gebieten sind zumindest ernstzunehmende Indizien hiefür. Wie auch das Endergebnis in bezug auf den immerhin sehr auffallenden Steinwall aussehen wird — wenn die heutige Vorgeschichtsforschung sich verstärkt mit dem Gebiet von Fanes befaßt und vielleicht früher oder später doch einwandfreie Beweise für eine einstige Besiedlung zutage fördern sollte, wobei möglicherweise auch die von Innerebner erkundeten Höhlen eine Rolle spielen könnten, so ist das nicht zuletzt auch mit das Verdient des unermüdlichen Wallburgenforschers. Aber auch aus namenkundlicher Sicht gibt es noch nicht endgültig geklärte Fragen im Zusammenhang mit unserer Gegend und dem rätselhaften Reich der Fanes. Auf einem römischen Siegesdenkmal zu Ehren des Augustus unweit von Nizza finden wir die Namen von 44 rätischen Volksstämmen, die von den Römern unterworfen wurden. Einer dieser Stämme wird nun *Vanienses* genannt, doch geht nicht hervor, wo dieser Stamm sein Siedlungsgebiet gehabt haben könnte. Mit dieser Frage beschäftigte sich nun auch K. F. Wolff; und er, als wohl bester Kenner des Dolomitenraumes und vor allem auch des Fassatales, spricht sich entschieden gegen die ursprüngliche, unbewiesene Annahme aus, bei den Vanienses könnte es sich um die Ur-Fassaner handeln. Vielmehr ist er überzeugt davon, daß damit nur die Urbewohner von Enneberg, nämlich die Fanes gemeint sein können. Einen Anhaltspunkt hiefür könnte man darin sehen, daß die Alm Fanes um 1002—1004 in einer Grenzbeschreibung erstmals urkundlich als *petra Vanna* erwähnt wird. Die Bedeutung des

Namens allerdings ist bisher noch nicht befriedigend geklärt. Wolff jedenfalls denkt nicht an einen Zusammenhang mit dem ladinischen *fana* (= Pfanne), wie dies im Hinblick auf die vielen Geländemulden im Fanesgebiet gedeutet wurde, sondern eher an einen alten Volksnamen, der als Familienname belegt ist. Denn fana heißt im Ladinischen nie Geländemulde, sondern immer nur Koch- oder Bratpfanne.

So ist unsere Tour, ganz abgesehen von ihrem einmaligen landschaftlichen und auch naturgeschichtlichen Reiz, eine großartige Entdeckungsfahrt, die uns in ein Gebiet voller Geheimnisse und Rätsel führt. — Die Tour darf sich jeder einigermaßen bergerfahrene und gehgewohnte Bergwanderer zutrauen, wenn auch im oberen Teil kein richtiger Weg vorhanden ist. Doch achte man unbedingt auf verläßliche Witterung; ein plötzlicher Wetterumsturz mit Gewitter oder dichtem Nebel könnte auf den ausgedehnten Felsböden, wo es weder Unterschlupfmöglichkeit noch Orientierungspunkte gibt, sehr gefährlich werden. Daß eine ganztägige Bergtour bis in 2600 m Höhe auch entsprechende Bekleidung und gutes Schuhwerk erfordert, versteht sich von selbst.

Wegverlauf

Vom Gasthaus Pederü im hintersten Rautal (1545 m; hierher Straße von St. Vigil in Enneberg) auf breitem Weg Nr. 7 südwestlich in landschaftlich sehr schönem, nur mäßig steilem Aufstieg, am seichten Piciodèlsee vorbei, zur Alm Klein-Fanes. Bei Weggabel nicht links hinüber zur nahen Faneshütte (großes bewirtschaftetes Schutzhaus), sondern geradeaus zur Lavarellahütte (2042 m; kleineres, ebenfalls bewirtschaftetes Schutzhaus), in deren Nähe der zauberhafte, sagenumwobene Grünsee liegt. Bis hierher ca. 2 Std. Von der Schutzhütte nun rechts (nördlich) auf Steig Nr. 7/13 ziemlich gerade kurz hinauf und dann bei der Weggabel links (westl.) auf Nr. 7 noch ein Stück weiter. Nach rund ½ Std. ab Lavarellahütte verlassen wir den markierten Steig nach rechts und steigen, zunächst durch ein kurzes Tälchen und an einer breiten Felshöhle und später an kleinen Seebecken vorbei, immer in WNW-Richtung über die felsigen Karrenböden hinauf, geradewegs auf den durch seine seltsame Kammschneide weithin auffallenden, auf S. 83 abgebildeten Zehner mit dem darunter befindlichen Burgstall zu (der Burgstall wird in manchen Wanderkarten „Castello di Fanes" genannt und zu niedrig angegeben). Mit etwas Glück kann man in dem ausgedehnten Felsengelände einen schwachen, teilweise durch kleine Steinmänner bezeichneten Steigverlauf finden und ihm folgen. Am Südfuß des Burgstalls wird der Steig dann gut ausgeprägt und führt an der Westseite der Felsbastion über Geröll hinauf in die kleine Burgstallscharte (2605 m), die zwischen Burgstall und Zehner eingelagert ist. Von da nun wenige Schritte ostwärts hinab zu dem auffallenden, bogenförmigen Steinwall in der großen, geröllerfüllten Geländemulde. Hier sei es dem Wanderer überlassen, sich sein eigenes Urteil über Ursprung und Art des Walles zu bilden.

Der Abstieg erfolgt auf dem Anstiegsweg, sofern nicht nach eigenem Belieben Streifzüge durch die weite Felslandschaft unternommen werden. — Im ganzen Gebiet kann man zahlreiche Eisenstücke finden, doch handelt es sich dabei nicht etwa um prähistorische Funde, sondern lediglich um Granatsplitter aus dem Ersten Weltkrieg.

Gehzeiten

Aufstieg (Pederü — Klein-Fanes — Burgstall): 3—4 Std.
Abstieg (Burgstall — Klein-Fanes — Pederü): ca. 2 Std.

Karten und Literatur

Kompaß-Wanderkarte 1:50.000, Bl. 57 (Bruneck-Toblach); Freytag-Berndt-Wanderkarte 1:50.000, Bl. S 3 (Pustertal-Bruneck-Drei Zinnen); Freytag-Berndt-Wanderkarte 1:100.000, Bl. 17 (Östliche Dolomiten).
Delago: Dolomiten-Wanderbuch; Innerebner: Die Wallburgen Südtirols, Bd. 1; Langes: Ladinien; Lukan: Alpenwanderungen in die Vorzeit; Menara: Südtiroler Höhenwege; Menara: Südtiroler Schutzhütten; Menara-Rampold: Südtiroler Bergseen; Menara-Rampold: Südtiroler Bergtouren; Paturi: Zeugen der Vorzeit; Wolff: Dolomiten-Sagen.

30. Wanderung zum Hexenstein von Terenten (Bildteil S. 84)

Wie das obere Eisacktal, so ist auch das Pustertal verhältnismäßig arm an bekannten Schalensteinen, wenn in den letzten Jahren auch im Brunecker Gebiet einige neue entdeckt wurden (vgl. Tour Nr. 28); dies im Gegensatz beispielsweise zum Brixner Raum, der Meraner Gegend und dem Vinschgau. Doch gerade die Brunecker Schalensteine, von denen einige erst 1979 entdeckt wurden, lassen den Schluß zu, daß es im Pustertal doch mehr solcher rätselhaften Schalensteine geben könnte, als es das derzeitige Fundbild vermuten läßt.

Der „Hexenstein" von Terenten war der erste bedeutende Schalenstein, der aus dem Pustertal bekanntgeworden ist; er wurde bereits 1934 von Paul Tschurtschenthaler für die Forschung entdeckt und im „Schlern" desselben Jahres beschrieben (vgl. S. 84).

Inzwischen ist der Stein zu einer Art kleine Sehenswürdigkeit geworden. Eine Markierung führt direkt bis zum Stein, ein Hinweisschild macht auf ihn aufmerksam und auch in verschiedenen Publikationen wurde er, auch im Zusammenhang mit anderen europäischen Schalensteinen, eingehend besprochen. Der breite Schalenfels liegt in einem Almboden nordöstlich von Terenten, und zwar im kleinen Winnebachtal, das sich vom Weiler Ast nordwärts in die Pfunderer Berge hinaufzieht und heute von Bergsteigern wieder viel begangen (und leider auch zum Teil befahren) wird, seitdem die Sektion Brixen des Südtiroler Alpenvereins in der obersten Talmulde, am schönen Tiefrastensee an der Stelle der einstigen Fritz-Walde-Hütte ein neues Schutzhaus erbaut hat. Sicher wurde aber das Winnebachtal bereits auch viel früher schon, noch lange vor dem Aufkommen des Alpinismus, begangen, denn es stellt die direkte Verbindung zwischen dem siedlungsgünstigen Gebiet von Terenten und damit der unteren Pustertal mit dem nördlich des Grubbachkammes eingeschnittenen Mühlwalder Tal her. Das Kleine und das Große Tor, zwei nahezu gleich hohe Kammeinschnitte (2368 bzw. 2358 m), in denen heute einfache Wegkreuze stehen, waren die dabei überschrittenen Übergänge. Jöcher und Pässe besaßen früher weit größere Bedeutung als heute, sie trennten nicht, sondern verbanden die Völkerschaften, über sie führten die Hauptverkehrsadern. Dies belegen zahlreiche Funde aus der Eisen-, Bronze- und sogar aus der Steinzeit, da und dort zum Vorschein gekommene uralte Pflasterwege, und es ist auch einleuchtend, wenn man bedenkt, daß dichte Urwälder, breite Flußauen und Sümpfe oder schmale wilde Schluchten das Bild der Haupttäler prägten und sie damit streckenweise nur äußerst schwer oder überhaupt nicht begehbar machten. Damit ist gesagt, daß unser Schalenstein an einem sehr alten Weg liegt.

Er liegt aber auch im Bereich schöner, in früheren Zeiten viel intensiver als heute genutzter Almen, im Bereich zahlreicher alter Mühlen, die heute allerdings im Verschwinden begriffen sind, und vor allem im Bereich des an urgeschichtlichen Siedlungsplätzen so reichen unteren Pustertals, wovon hier nur der Burgstall bei Niedervintl (vgl. Nr. 31), der Pürstallkopf und der Kirchhügel St. Zeno, beide südwestlich von Terenten, genannt seien. Für die erwähnte einstige Bedeutung der auch heute noch schönen Almen in unserem Gebiet spricht auch der Name Winnebach, der von Finsterwalder auf das altdeutsche Wort *winni* (auch *winne* oder *wunne*) zurückgeführt wird, was Weide bedeutet. Auf erhebliches Alter des Weges durch das Winnebachtal weist auch der Name des Alpeggerhofes, der sich nicht, wie man annehmen möchte, von Alpe und Egg ableitet, sondern vom althochdeutschen Sammelbegriff *gewiggi* (= Wegscheide) und in Verbindung mit „alt" die Bedeutung „alte Wegscheide" hat (Finsterwalder, „Tiroler Namenkunde").

Unweit unseres Schalensteins, und zwar etwa 20 m entfernt, entspringt eine köstliche Quelle. Sie weist eine ziemlich starke Wasserführung auf und wird von Bachkresse umgeben. Bemerkenswert an dieser schönen Quelle ist nun, daß die Örtlichkeit, in der sie sich befindet, in früheren Zeiten „im Badl" genannt wurde. Manche Forscher vermuten, daß es sich bei diesem „Badl" um ein vorchristliches Heiligtum gehandelt habe, bei dem Kultwaschungen vorgenommen wurden, und daß der Schalenstein damit in irgendeinem Zusammenhang stand. Beweise für eine derartige Deutung gibt es zwar nicht, doch scheint sie immerhin nicht ganz abwegig. Haller dagegen ist der festen Überzeugung, daß der ursprüngliche Standort des Schalensteins nicht hier nahe der Quelle mit dem merkwürdigen Namen war, sondern viel höher oben, und daß der Felsblock eines Tages über die sehr steile, felsige Bergflanke herabgestürzt sei. Er führt auf diesen Sturz die Tatsache zurück, daß der mächtige Schieferstein heute in mehrere Teile zerlegt ist. Freilich scheint es seltsam, daß der flache, plattenartige Felsen nach dem Absturz ausgerechnet mit jener Fläche obenauf zu liegen kam, die die vielen Schalen aufweist, andererseits könnte dies auch einem glücklichen Zufall zuzuschreiben sein. Daß vom Stein mehrere Stücke abgespalten sind, hat aber auch zu anderen Spekulationen geführt. So spricht Lukan davon, daß den Stein weder Frost noch Blitz geteilt haben könnten, da die einzelnen Stücke zu weit voneinander getrennt lägen, und deshalb wohl daran zu denken sei, daß man bereits in christlicher Zeit — vielleicht schon mit Schießpulver — den großen heidnischen Kultstein zertrümmert habe. Von einer derartigen Gewaltanwendung, die es andernorts tatsächlich auch gegeben hat, weist der Stein aber keinerlei Spuren auf. Aber nicht nur die Forschung beschäftigte der mehrteilige Schalenstein, sondern auch die einheimischen Bauern. So erfuhr Hans Fink, daß die Leute eine Zertrümmerung durch Menschenhand für ausgeschlossen halten, dafür aber eine andere sehr einfache Erklärung gefunden haben: Der Stein sei *von selbst zerborsten, als ihm seinerzeit ein Priester mit Segnungen und Weihwasser zu Leibe rückte, um ihn zu „enthexen"* („Schlern" 1979, S. 121). Nach Ansicht des Verf. könnte der Frost für die Abspaltung der Stücke schon doch die Hauptrolle gespielt haben, zumindest scheint dies die naheliegendste Erklärung zu sein. Daß die kleineren Teile dann von Hirtenbuben verschoben und umgewälzt wurden, ist aber sicher möglich. Da der weit größere und schalenreichste Teil des einstigen Blocks unangetastet daliegt, ist eine menschliche Zerstörungsabsicht jedenfalls nur sehr schwer zu erkennen. Doch auch Hallers Annahme eines Absturzes ist nicht ganz von der Hand zu weisen. Insgesamt sind in die nahezu ebene Fläche des Steines 61 Schalen eingerieben. Manche davon sind nur klein und seicht, andere größer und tiefer, einige sind auch schön konisch gebohrt. Abgesehen davon, daß einige Schalen miteinander verbunden sind und sich so als wannenartige Vertiefungen zeigen, bei denen es sich aber wohl kaum, wie Lukan angibt, um „Fußabdrücke" handelt, enthält der Stein keinerlei Kreuzes- oder andere Zeichen. Das Gesamtbild dieser Schalen wie auch die nicht hervorstechende Ortslage und in etwa auch Größe und Form des Steins weisen eine gewisse Ähnlichkeit mit jenen von Luns bei

Bruneck auf. Der Hauptteil des Steins ist 5,80 m lang und 2 m breit, das größte der drei abgespaltenen Stücke mißt 2,20 x 0,90 m, das zweite 1,20 x 0,90 m und das dritte 1,60 x 0,90 m (nach Haller). Von zwei weiteren Teilen, die Tschurtschenthaler erwähnte, berichtet weder Haller noch konnte sie der Verf. ausfindig machen. Die Seehöhe gibt Haller mit 1580 m an. Bemerkenswert ist, was der Schalensteinforscher über eine seltene Feststellung zu berichten weiß: *Beim Besuch des Autors befand sich in einer Schale ein abgebrannter Kerzenstumpf! In welcher Bedrängnis wurde wohl im Jahr 1972 eine Kerze in einer Schale entzündet, trotz des verteufelten Namens Hexenstein? Die Hilfesuchende muß also etwas von der uralten Heiligkeit des Steins geahnt haben.*

Der Weg zum Schalenstein ist eine verhältnismäßig kurze, leichte Wanderung, doch kann sie entsprechend der vorgeschlagenen Route auch zu einer größeren Rundtour ausgedehnt werden, wobei man am möglichen früheren Standort des Schalensteins (sofern Absturz-These zutrifft) vorbeikommt. Bedauerlicherweise wurde vor wenigen Jahren der uralte Weg durch das Winnebachtal zu einer Bergstraße ausgebaut. Dadurch hat das schöne Hochtal mit seinen einzelnen Berghöfen und seinen zahlreichen, leider teilweise verfallenen Mühlen viel von seiner Ursprünglichkeit eingebüßt.

Der Fahrweg sollte nicht erst bei der Alpeggeralm, sondern bereits spätestens beim letzten Bauernhof für den allgemeinen Autoverkehr gesperrt werden. Für unsere Wanderung wählen wir deshalb nicht den Fahrweg, sondern einen alten, aber doch noch einigermaßen gut begehbaren Almweg an der westlichen Talseite. Wer die ganze Runde macht, wozu geeignete Bergbekleidung und -schuhe sowie Gehtüchtigkeit und alpine Erfahrung erforderlich sind, sollte es nicht versäumen, oben auf den Böden der Pertingeralm nach weiteren Schalensteinen oder anderen vorzeitverdächtigen Spuren Ausschau zu halten. Denn falls der „Hexenstein" tatsächlich einmal da oben irgendwo lag, wäre das Vorhandensein weiterer Schalensteine oder auch prähistorischer Funde nicht auszuschließen, zumal auch die im Abstieg verfolgte Route als Variante zum Winnebacher Weg nach Mühlwald bereits in alten Zeiten begangen worden sein dürfte.

Wegverlauf

Von Terenten (1210 m) auf der Hauptstraße kurz ostwärts, links auf Nr. 5 (zuerst Straße) zwischen Häusern hinan und dann durch prächtige Wiesen auf ruhigem Güterweg hinein ins Winnebachtal. Hier nicht über den Bach, sondern links auf einem unmarkierten, aber sehr schönen Fußweg und zuletzt auf schmalem Waldsteig größtenteils nur mäßig ansteigend dem Bach entlang talaufwärts. Nach knapp 1½ Std. erreichen wir die untere Hütte der Alpeggeralm (1566 m; in der Nähe überquert der jenseits heraufkommende Fahrweg den Bach). Um zum Schalenstein zu gelangen, müssen wir auf dem Fahrweg kurz talaus wandern, bis uns der an einem Stein links von der Straße aufgemalte Hinweis „Zum Hexenstein" die Richtung weist, in der wir nach wenigen Metern in der baumfreien Bergweide inmitten vieler anderer herumliegender Steine den Schalenstein erreichen.

Von hier kann man nun auf dem Fahrweg (oder auf dem im Aufstieg begangenen Weg) in knapp 1 Std. wieder nach Terenten absteigen. Wer jedoch die ganze Rundtour macht, geht auf dem ab der genannten Almhütte für den Privatautoverkehr gesperrten Traktorweg (Markierung Nr. 23) weiter talauf. Nach 20 Min., in 1752 m Höhe, trennen sich die Wege. Die Nr. 23 führt links hinauf zur Tiefrastenhütte am gleichnamigen See (2312 m; ab hier knapp 2 Std.), wir aber folgen dem rechts (östlich) weiterführenden Weg Nr. 29 und erreichen schließlich die stattliche Hofalm (2092 m). Hier, bei der kleinen Bachbrücke, verlassen wir die Nr. 29 (sie führt zum Kleinen Tor und hinab nach Mühlwald) und steigen rechts auf unmarkiertem Steig wenige Minuten empor zu dem mit Nr. 5/A bezeichneten Höhensteig, der die Hänge eben durchquert. Auf ihm nun rechts (südwärts) nur leicht ansteigend zum breiten Westrücken, der von der Kuppe „Am Joch" herabzieht und unter uns steil abfällt. Von hier müßte der Schalenstein in die Tiefe gedonnert sein, sofern Hallers Annahme zutrifft. Die Nr. 5/A umrundet nun den Rücken, steigt kurz an, um auf 2310 m den höchsten Punkt unserer Wanderung zu erreichen, und durchquert dann stets leicht absteigend die schönen weiten Grashänge der Pertingeralm. Großartige Aussicht! Weiter der 5/A folgend erreichen wir in schönem Abstieg die Waldgrenze, steigen durch Wald zur hübschen St.-Paul-Alm (1868 m) ab und weiter durch Wald auf dem Güterweg hinab. Nach Verlassen des Waldes bei einer weit nach Westen ausgreifenden Straßenkehre auf Nr. 5 rechts (westl.) ab, zunächst zwischen zwei Zäunen ziemlich gerade hinab ins Winnebachtal, dort über die Brücke (weiterhin Nr. 5) und zurück nach Terenten.

Gehzeiten

Aufstieg (Terenten — Schalenstein — Pertingeralm): 3—4 Std.
Abstieg (Pertingeralm — St.-Paul-Alm — Terenten): 2½ Std.

Karten und Literatur

Kompaß-Wanderkarte 1:50.000, Bl. 56 (Brixen); Freytag-Berndt-Wanderkarte 1:50.000, Bl. S 4 (Sterzing-Jaufenpaß-Brixen); Freytag-Berndt-Wanderkarte 1:100.000, Bl. 15 (Zillertaler Alpen).

Haller: Die Welt der Felsbilder in Südtirol; Lukan: Alpenwanderungen in die Vorzeit; Paturi: Zeugen der Vorzeit; Rampold: Pustertal.

31. Der Burgstall von Niedervintl (Bildteil S. 86)

Nordwestlich der Ortschaft Niedervintl am Ausgang des Pfunderer Tales erhebt sich, dicht bewaldet und im gesamten Landschaftsbild kaum auffallend, eine aus dem Meranser Berghang vorspringende kleine Rückfallkuppe, die den Namen Burgstall trägt. Bekanntlich deutet dieser auch an vielen anderen Punkten haftende Name auf eine sehr frühe Besiedlung hin. Es ist anzunehmen, daß die Bezeichnung „Burgstall" auf ein mittelhochdeutsches *bürge-stal* (Burgstelle) zurückgeht, wenn dies auch nicht eindeutig nachweisbar ist (Finsterwalder). Jedenfalls haben bereits sehr viele Örtlichkeiten mit dem Namen Burgstall, Pirstall, Pürstall usw. sich als Stellen erwiesen, auf denen einst tatsächlich irgendeine Befestigung oder ähnliches stand. Meist sind an diesen Plätzen noch heute mehr oder weniger deutliche Spuren von Mauern oder Ringwällen erkennbar. Die Forschung hat sich seit vielen Jahrzehnten sehr eingehend mit diesen Resten früher menschlicher Anwesenheit beschäftigt und ist vor allem durch die Arbeiten Georg Innerebners als „Wallburgenforschung" bekannt geworden.

Im Eisacktaler und Pustertaler Raum machte sich ab 1908 besonders der spätere Dompropst von Brixen, Prälat Adrian Egger, um die Entdeckung zahlreicher vorgeschichtlicher Siedlungsplätze verdient. Bei nicht weniger als 38 von den 68 Pustertaler Wallburgen, die Innerebner in seinem diesbezüglichen Wallburgen-Band anführt, wird Adrian Egger als Entdecker genannt. Unter diesen finden wir nun auch unseren Burgstall von Niedervintl. Der unermüdliche Forscher fand bei einer Versuchsgrabung im Jahre 1920 am Südrand der Kuppenhöhe zahlreiche Keramikfragmente aus der jüngeren Eisenzeit. Egger berichtete unter der Überschrift „Illyrisch-norisch-römische Burgsiedlungen im Pustertal" in der Kulturzeitschrift „Schlern", Jg. 1934, S. 261 f., ausführlich über seine Entdeckung am Burgstall und ergänzte den Text durch Abbildungen mehrerer der genannten Tonscherben. Über eine weitere „Grabung" berichtet Reimo Lunz in seinen „Studien" (vgl. Lit.-Verz.) auf S. 164: *Im Sommer 1968 wurde von bekannten Raubgräbern auf der Süderrasse des Burgstalls eine ca. 3 x 5 m große Fläche aufgerissen; beim Abgraben des Bodens stieß man auf Steinsetzungen, die leider zerstört wurden.* Man sieht, es ist immer wieder dasselbe: Im Gegensatz zu den vorsichtigen, fachkundigen Sondierungen, wie sie von ernsthaften Forschern durchgeführt werden, ist das Ergebnis solch unvernünftiger „Schatzgräbereien", wie sie nicht nur am Burgstall, sondern auch an zahlreichen anderen Orten festzustellen sind, nicht nur in jeder Hinsicht wertlos, verboten und strafbar, sondern stellt oft auch die Zerstörung wissenschaftlich wichtigster Befunde dar! In unserem Fall am Burgstall war es also nicht nur die Zerstörung der Kulturschichten, sondern dazu noch die einer prähistorischen Steinsetzung, die vielleicht hätte wertvollste Hinweise auf die Bevölkerung geben können, die einst den Burgstallbühel und die Gegend von Niedervintl bewohnte. Was nun der Forschung verblieb, war die traurige Feststellung der angerichteten Schäden und eine Nachuntersuchung der aufgerissenen Flächen. Lunz konnte am 13. September 1968 noch folgendes archäologisches Bild festhalten: *Unter der stark durchwurzelten Waldhumus-Decke zieht eine 25—30 cm mächtige, humose, braune Schicht durch, die einzelne Kultureinschlüsse enthält — das keramische Material läßt sich eindeutig der jüngeren Eisenzeit zuordnen; unmittelbar unter diesem Horizont zeichnet sich eine schwärzliche Kulturschicht von 20—40 cm Mächtigkeit ab, die durchwegs mittel- bis spätbronzezeitliche Scherben enthält* („Studien", S. 164). Dieser kurzen wissenschaftlichen Mitteilung wäre sicherlich noch vieles anzufügen gewesen; denn wer weiß, welche weiteren Einzelheiten aus der Bronzezeit von den Raubgräbern unbeachtet geblieben und dem Unverstand zum Opfer gefallen sind. Wie wertvoll für die Forschung auch ganz unscheinbare, materiell wertlose Gegenstände sein können, beweist die bei Obervintl aufgefundene und nach dem Zweiten Weltkrieg im Museum Ferdinandeum in Innsbruck wieder zum Vorschein gekommene frühbronzezeitliche Zungenscheibennadel — auf den ersten Blick mehr einem verbogenen Stück Draht als einem bedeutenden archäologischen Fund ähnelnd —, von der es in ganz Südtirol zu jener Zeit nur dieses einzige, und in ganz Europa nur wenige Exemplare gab (vgl. Leonhard Franz im „Schlern" 1951, S. 362).

Immerhin haben die Funde von Egger und Lunz einwandfrei nachweisen können, daß der Burgstallhügel von Niedervintl sowohl in der späten Bronzezeit, als auch in der jüngeren Eisenzeit — also um 1300—1100 und 350—15 v. Chr. — besiedelt war. Schwieriger dagegen scheint eine zeitliche Zuordnung der auf der Kuppenhöhe noch heute sichtbaren Zeugen einstiger menschlicher Anwesenheit. Wir finden nämlich hier eine *eindrucksvolle Wallanlage mit turmartigen Steinanhäufungen und Muldenbildungen..., drei konzentrische Wälle, die jeweils in Steilabstürze auslaufen, auf der Nordseite und im Südwesten, gegen die Senke zu. Auf der SW-Vorterrasse z. T. geschlossene Mauertrümmerreste; bemerkenswert dort auch ein riesiger Granittisch von 5 x 2 m Tischfläche und über 2 m Höhe. Gegen den Sattel zu in der WNW-Ecke eine tiefe Grube. In den Ringwällen zum Teil mächtige Granitquadern eingemauert* (Innerebner). Derartige „Wallburgen" wurden früher vielfach als vorgeschichtlich angesehen, und es ist auch nicht von der Hand zu weisen, daß sie in ihren Ursprüngen so weit zurückweisen. Da aber Trockenmauern und Steinwälle keine zeitlich bestimmbaren Merkmale aufweisen, ist in dieser Frage normalerweise kaum ein Urteil möglich. Für die Wallanlage auf unserem Burgstall dagegen gibt es aber doch Anhaltspunkte: *Das großartige Festungswerk ist seiner ganzen Anlage nach nicht als vorgeschichtlich anzusehen;*

darauf deuten auch einzelne Spuren von Kalkmörtel an den Mauerresten. Möglicherweise haben wir hier eine spätantike oder frühmittelalterliche Fluchtburganlage vor uns. Reimo Lunz fügt dieser Feststellung („Studien", S. 164) aber aufgrund der eindeutigen Funde hinzu, daß die Besiedlung des Platzes *nachweislich viel weiter zurück* reicht.

Nun liegen zwar keine Anhaltspunkte dafür vor, ob und in welcher Beziehung diese Reste einer Fluchtburg mit dem Einzug der Römer stehen könnten, doch wurden im Gebiet von Niedervintl zahlreiche römische Funde getätigt. So berichtet eine bereits 1733 abgefaßte Handschrift (heute im Museum Ferdinandeum in Innsbruck) von *alten Gräbern und vielen römischen Münzen ¼ Stunde außer Untervintl in der Anhöhe.* Verschiedene römische Funde sind uns auch aus dem Jahre 1873 bekannt, die auch in „Untervintl" zum Vorschein kamen und heute zum Teil im Bozner Stadtmuseum und zum anderen Teil im Ferdinandeum in Innsbruck erliegen. Unter diesen fällt vor allem eine 6,5 cm hohe Zeus-Statuette aus Bronze auf. Zwei bronzene Herkules-Statuetten, die angeblich aus dem bekannten eisenzeitlichen Bronzedepot stammen sollen, könnten nach Lunz möglicherweise auch mit den römischen Funden von Niedervintl in Zusammenhang stehen. Wie dem auch sei, einiges über die frühe Besiedlung unseres Betrachtungsraumes wissen wir, vieles ist auch noch unerforscht. *Immerhin zeigen diese Entdeckungen..., daß sich in Untervintl, unter dem breiten Murschuttkegel des Pfunderer Bachs, eine nicht unbedeutende römische Siedlung verbirgt* (Lunz, „Schlern" 1973, S. 70).

Nicht unerwähnt soll es hier bleiben, daß die prähistorischen Siedler nicht nur entlang des Haupttales ihre Spuren hinterlassen haben, sondern auch weit entfernt davon. So kennen wir, bezogen auf die weitere Umgebung unseres Burgstalls, vom Gitschberg oberhalb Meransen den Fund einer bronzenen Speerspitze aus der Hallstattzeit, weiters im entlegenen Alfaßtal und in der sogen. „Gitschgrube" weitere vorgeschichtliche Siedelstätten, und aus Pfunders nicht nur einen bekannten Bronzedolch, sondern auch noch möglicherweise einen Figurenmenhir, sofern es sich bei dem 1973 von Hans Glaser in einer Wegmauer entdeckten menhirförmigen Marmorstein tatsächlich um einen solchen handelt. Wenn dies der Fall wäre, dann hätten wir hier den nördlichsten Menhir in Südtirol und den östlichsten im Alpenraum (diese Prädikate beansprucht sonst der Menhir von St. Verena, vgl. Nr. 22). Steht ein Deutungsversuch der in den Pfunderer „Menhir" eingemeißelten rätselhaften Zeichen auch noch aus, so bescheinigte ihnen Reimo Lunz doch *Echtheit und ein unbestimmbares, aber hohes Alter* („Schlern" 1978, S. 636).

Die Frage nach der Zugehörigkeit der im Pustertaler Raum ansässigen prähistorischen Bevölkerung ist zwar immer noch ein „heißes Eisen", doch wird man vor allem hier in Vintl mit guten Gründen an die Kelten denken müssen, wird von der Ortsnamenforschung doch der Name Vintl *für rein keltisch und für eine Stütze der Keltentheorie gehalten* (Rampold). Dies gilt übrigens in gewissem Maße auch für verschiedene andere Pustertaler Orte, wie beispielsweise Taisten, Olang, Innichen und andere.

Nach diesem ur- und frühgeschichtlichen Überblick bleibt noch ein Wort über die Landschaft selbst und über unseren Wanderweg zu sagen. Wenn der Weg auch nur relativ kurz ist, so kann der Interessierte unter Umständen doch auch einen ganzen Tag hier damit zubringen, nach noch unentdeckten Zeugen ferner Vergangenheit zu suchen — auch ohne zerstörende Grabungen vorzunehmen. Der Weg führt durchwegs durch schönen Föhrenwald; er ist anfangs gut und breit und teilweise gepflastert, später wird er zum schmalen Steig und verliert sich im Bereich der Kuppenhöhe vollends. Doch können wir größtenteils einer Markierung folgen, und da es keinerlei Schwierigkeiten irgendwelcher Natur gibt, darf sich die Wanderung jedermann ohne weiteres zutrauen. Außer den mächtigen Wällen auf der Kuppenhöhe sind für den Naturfreund vor allem der schöne Wald und die mächtigen Granitblöcke, darunter der von Innerebner erwähnte „Steintisch", sehr beeindruckend, wenn entlang des zu einem „Trimm-dich-Pfad" umgestalteten, an sich stillen Waldweges einige diesbezügliche Wegschilder und Turngeräte auch nicht gerade die Landschaft verschönern.

Wegverlauf

In Niedervintl (756 m) folgen wir beim neuen Gebäude der Raiffeisenkasse der Markierungsnummer 3/A und steigen zunächst durch Wiesen, dann im Wald auf dem guten alten Weg nur mäßig westwärts an. Der Weg erreicht die breite, teils dicht mit Mischwald, teils nur schütter mit Föhrenwald bestandene Südwestterrasse, um dann den Burgstallhügel westseitig zu umrunden. An der Stelle, wo der Weg zunächst an Höhe verliert, verlassen wir ihn und steigen auf einem unmarkierten schwachen Waldsteig ziemlich gerade hinauf, erreichen den nach Westen ziehenden kurzen Kamm und über diesen nahezu weglos, aber leicht durch dichten Wald die Kuppenhöhe mit den eindrucksvollen Wällen (862 m).

Nach deren Besichtigung über den erwähnten Westkamm hinab in ein kleines, hübsches Waldtal und damit zu dem den Hügel umrundenden Weg, der hier die Nr. 3 trägt. Auf dem Weg nur sehr leicht ansteigend zum breiten Wiesensattel, der den Burgstallhügel mit dem Hinterland verbindet, nordostwärts zunächst eben, dann leicht absteigend hinunter zum Pfunderer Bach und diesem entlang (weiterhin Nr. 3) nach Niedervintl zurück.

Gehzeiten
Aufstieg (Niedervintl — Burgstall): ½ Std.
Abstieg (Burgstall — Rundwanderung — Vintl) : 1 Std.

Karten und Literatur
Kompaß-Wanderkarte 1:50.000, Bl. 56 (Brixen); Freytag-Berndt-Wanderkarte 1:50.000, Bl. S 4 (Sterzing-Jaufenpaß-Brixen); Freytag-Berndt-Wanderkarte 1:100.000, Bl. 15 (Zillertaler Alpen).
Heyl: Volkssagen; Innerebner: Die Wallburgen Südtirols, Bd. 1; Lunz: Studien; Lunz: Ur- und Frühgeschichte Südtirols; Rampold: Pustertal.

32. Die Urzeitstätte Trens-Birg bei Deutschnofen (Bildteil S. 88)

Trens-Birg (Oberrauch schreibt Trensbirg und im Südtiroler Gebietsführer Nr. 15 heißt die Kuppe Enzbirch) ist eine der aussichtsreichsten und gleichzeitig eine der verborgensten, abgeschiedensten und eine der faszinierendsten Urzeitstätten Südtirols. Es ist dies eine kleine bewaldete Rückfallkuppe, die hoch über Leifers aus der Hochfläche von Deutschnofen vorbricht. Da sie mit 1273 m Höhe um 80 m niedriger ist als der breite, dahinterliegende Breitenberg (1353 m), ist sie vom Etschtal aus fast nicht auszumachen. Nur ein schmaler Sattel verbindet die Kuppe mit dem Hinterland; an allen anderen Seiten brechen sehr steile, teils felsige, teils von Buschwerk bewachsene Hänge ab, die vor allem gegen Süden, auf der Seite des Brantentales, besonders wild und unnahbar sind. Durch den unteren Teil dieser Hänge führt der bekannte Leiferer Höhenweg, der erst vor wenigen Jahren angelegt wurde.

Die Aussicht von der Kuppe Trens-Birg geht bis in die Meraner Gegend hinauf, hinüber nach Weißenstein und zu Weiß- und Schwarzhorn, über das ganze Südtiroler Unterland hinweg bis zu den Bergen der Ortlergruppe und fast senkrecht hinab auf das 1000 m tiefer liegende Leifers. Von besonderem Reiz aber sind auch die Wege in diesem Gebiet. Es sind stille, uralte Waldwege, die wohl aus der Zeit der prähistorischen Besiedlung stammen und uns heute eine mühelose, überaus lohnende Rundwanderung ermöglichen. *Trens-Birg*, schreibt Innerebner im „Schlern" 1934, S. 576 und in seinem Wallburgenwerk, *ist etwas ganz Eigenes. Ganz fern von den gewohnten Wegen der Bozner Bergwanderer führt es hier ein luftiges, beschauliches und sonniges Dasein und träumt den Dornröschenschlaf verklungener Herrlichkeiten.*

Das Verdienst, Trens-Birg als Urzeitstätte entdeckt zu haben, kommt Peter Eisenstecken zu, *der in angeborener Liebe zum Deutschnofener Berg nicht müde wurde zu forschen, zu sammeln und weiterzugeben,* wie Luis Oberrauch schreibt „Schriften zur Urgeschichte Südtirols", S. 85), der die von Eisenstecken bis zu seinem Lebensende vergeblich gesuchte, in einer alten Gebietsbeschreibung genannte und von alten Überlieferungen umrankte einstige Eyburg in nicht allzugroßer Entfernung von Trens-Birg fand.

Eisenstecken hatte von den Leuten gehört, daß es in der Gegend namens „Trens-Birg" die Überreste eines alten Schlosses gäbe, doch kein Mensch mehr etwas Näheres wisse. Daraufhin machte er sich auf die Suche und fand tatsächlich (er berichtete im „Schlern" 1931, S. 238, darüber) *auf einer isolierten Felsenkuppe zwei große Ringwälle und das Kernwerk vor.* Hierauf setzte sich der gewissenhafte Forscher mit dem Bozner Stadtmuseum in Verbindung und erhielt von dessen Direktor, Dr. K. M. Mayr, den Auftrag, auf Trens-Birg eine Versuchsgrabung vorzunehmen. Doch lassen wir Eisenstecken selber erzählen: *Der erste Ringwall besteht aus großen Steinplatten und Felstrümmern, die aus der Schlucht heraufgeholt worden sind. Er hat eine Basis von zirka 2 bis 3 Metern. Seine Entfernung vom zweiten Walle dürfte 2 Meter betragen. Der zweite Ringwall ist stärker als der erste, auch bedeutend höher als der erste, zirka 3 Meter hoch (diese Höhe kann heute nirgends mehr festgestellt werden), teilweise sieht man deutlich die Schichtung der Mauern... Das Hauptwerk selber hat einen Umfang von zirka hundert Schritten, hat Ein- und Ausbuchtungen mit teilweise sehr schöner, regelmäßiger Steinschichtung. Eine oberflächliche Grabung ergab, daß die Mauern eingestürzt sind und die Fundamente ziemlich tief hinabreichen müssen. Den Eingang flankieren ungeheure Felsblöcke und er war auf der schmalen Seite dem Bergmassiv nach Deutschnofen hin zugekehrt. Grabversuche von Herrn Peter Gostner-Gries und meinen Söhnen vorgenommen, förderten in kurzer Zeit Tonscherben und Knochen aus einer Lehmschicht zu Tage.* Die Funde und mehrere fotografische Aufnahmen wurden dem Museum von Bozen als Forschungsbasis übermittelt, und am 26. August 1931 kehrte Eisenstecken mit einem Gefährten wieder; sie fanden unter der ostseitigen Mauer und an der Südseite wieder Keramikfragmente und Knochenstücke, während die Grabungen im Mittelteil und an der Westseite erfolglos blieben. Dafür förderte tags darauf eine nochmalige Grabung im Osten *in zwei Stunden 127 Stück Scherben, einige davon mit verzierten Rändern, Henkeln, Knochen, Rippen, Röhrenknochen usw. zu Tage* („Schlern" 1932, S. 119). Damit hatte der unermüdliche Forscher die — wie Lunz schreibt (in „Schriften zur Urgeschichte Südtirols") — *wohl bedeutendste Ringwallanlage in dieser Gegend... entdeckt und durch Scherbenfunde als vorgeschichtliche Siedlung belegt.* Lunz hält (in „Ur- und Frühgeschichte") die Scherben für *wohl eisenzeitlich* (ca. 850—15 v. Chr.), während er in den Mauerwällen Sperrwerke aus der Völkerwanderungszeit vermutet. Zu der an den Hängen des Breitenberges aufgefundenen republikanischen Münze der Familie Pompeia meint er schließlich, der Fund könnte *vielleicht von Trens-Birg selbst* stammen.

Uns, die wir Trens-Birg nicht als grabende Archäologen, sondern lediglich als ungeschulte, aber an prähistorischen Stätten interessierte Wanderer besuchen, beeindruckt vor allem das Gesamtbild dieser merkwürdigen Höhe, die wohl eine Fluchtburg gewesen sein wird, das faszinierende Zusammenspiel der Farben, die Harmonie zwischen Natur und uralten Kulturresten. Besonders im Herbst umgibt Trens-Birg mit seinen Espen, Birken, Eichen und Föhren und den grauen Steinwällen und Mauerresten ein unbeschreiblicher Zauber. Auch zahlreiche geheimnisvolle Sagen haften am Gebiet von Deutschnofen, so unter anderen jene von der Wilden Fahrt, in der Heyl den alten germanischen Gott Wotan zu erkennen glaubt, jene weitverbreitete vom goldenen Kegelspiel (in der Gegend gab es einst regen Bergbau) und von den Saligen Leuten, die den Unterzelgerbauern für seine Hilfe in einer Notlage einen goldenen Becher geschenkt haben (dieser soll auf dem Hof sogar lange als Andenken aufbewahrt worden sein), so auch jene von der Gans, die bei der Wilden Fahrt zurückbleibt, um einem neugierigen Bauernburschen das „Hackl" ins Bein zu hauen, so daß dieser ein Jahr lang hinkt, und jene in einer alten Chronik überlieferte, wonach der bärenstarke Wölfbauer von Deutschnofen, der Riese „Starkwölfl", den im Leiferer Gebiet in einer tiefen Höhle hausenden, fürchterlichen Drachen besiegte. In diesem Drachenloch soll später der Bär sein Lager aufgeschlagen haben, und wie die Chronik zu berichten weiß, wurde dort einer der letzten 1789 durch sechs Schuß erlegt (nach Zingerle).

Wie Otto Eisenstecken zu berichten weiß (in „Schlern" 1977, S. 636), gibt es am Breitenberg, der ausgedehnten, flachen und von Wald bestandenen Kuppe zwischen Trens-Birg und der Hochfläche von Deutschnofen, auch alte, noch gut erhaltene Fanggruben für Wölfe zu besichtigen, von denen sich eine unweit des Hocheggerhofes und eine andere am Weg zum Unterstainerhof befindet.

Auf die Siedlungsreste von Trens-Birg selbst zurückkehrend, sei hier noch angefügt, daß dem Verf. ein in der Literatur nirgends erwähnter Steintisch besonders auffiel (s. Bild auf S. 89). Er liegt, durch untergelegte Steine in waagrechter Lage gehalten, an der aussichtsreichen Südwestseite wenige Meter unterhalb der Kuppenhöhe und besteht aus einer rund 1,60 m langen, 1,10 m breiten und ca. 30 cm dicken Porphyrplatte. Diese wiederum stammt von einem mächtigen, ursprünglich durch natürliche Spalten in drei gleiche Platten aufgeteilten Felsblock. Eine von diesen liegt etwa einen Meter unterhalb des Steintisches, den die zweite Platte bildet, während die dritte ober dem Tisch schräg am Hang liegt und wie die Rückenlehne einer übergroßen Sitzbank aussieht. Wann, von wem und zu welchem Zweck der dreiteilige Block zerlegt und der Steintisch gesetzt wurde, wird wohl kaum mehr zu erfahren sein. Schalen oder andere Eintragungen weisen weder die „Tischplatte" noch die anderen beiden Platten auf.

Wegverlauf

Von Deutschnofen (1357 m; hierher Straße sowohl vom Eggental wie auch von Auer über Aldein und Petersberg; Busverbindung mit Bozen) auf der heute teilweise im Ausbau befindlichen Straße westwärts. Nach 2 km, kurz nach dem rechter Hand liegenden Adamhof, zweigt links die schmale Straße zum Thalerhof ab und führt weiter bis zum Schoadnerhof (1361 m; 2 km ab Abzweigung; zu Fuß ab Deutschnofen gut 1 Std.). Von da nun auf breitem Waldweg kurz westwärts weiter und bei der ersten Weggabel links (südl.) ab. Dieser zunächst breite Weg führt durch Wald an den südlichen Rand des Breitenberges und diesem stets eben und mit teilweise schönen Ausblicken entlang bis zum Westrand der Hochfläche, wo erstmals die Kuppe Trens-Birg sichtbar wird (Bild S. 90/91). Dort Weggabel und in der Nähe Sitzbank. Nun links ab und auf dem alten, teils schön untermauerten „Schloßweg" durch Wald hinab zum Verbindungssattel und kurz hinan zur Kuppe.

Dann wieder zurück bis zur Weggabel mit Ruhebank und nun nicht mehr auf dem hierher benützten Weg rechts zurück, sondern zunächst leicht ansteigend links weiter. Dieser Weg (teilweise ist noch eine alte rote Markierung erkennbar) überquert den Breitenberg größtenteils eben an seiner Nordseite und führt wieder zum Schoadnerhof zurück. — Trens-Birg ist in den Wanderkarten nicht, die beschriebenen Wege sind nur mangelhaft verzeichnet.

Gehzeiten

Hinweg (Schoadnerhof — Trens-Birg): ½ Std. (ab Deutschnofen knapp 2 Std.)
Rückweg (Trens-Birg — Schoadnerhof): ½ Std. (nach Deutschnofen 2 Std.)

Karten und Literatur

Kompaß-Wanderkarte 1:50.000, Bl. 54 (Bozen); Freytag-Berndt-Wanderkarte 1:50.000, Bl. S 1 (Bozen-Meran und Umgebung); Freytag-Berndt-Wanderkarte 1:100.000, Bl. 45 (Bozen-Meran und Umgebung) oder Bl. 16 (Westliche Dolomiten).
Heyl: Volkssagen; Innerebner: Die Wallburgen Südtirols, Bd. 3; Lunz: Ur- und Frühgeschichte Südtirols; Rampold: Bozen; Südtiroler Gebietsführer, Bd. 15; Zingerle: Sagen aus Tirol.

33. Urzeitstätten Montiggler See und Wildermannbühel (Bildteil S. 92)

Der Wildemannbühel ist die nördlichste größere Erhebung des zwischen Überetsch und Etschtal sich erhebenden Höhenrückens, der eine ganze Reihe von urgeschichtlich bedeutenden Siedlungspunkten trägt. Eine davon ist die in diesem Buch beschriebene eisenzeitliche Großsiedlung bei den Roßzähnen im Südteil des Kammes (vgl. Tour Nr. 36), weitere sind der Jobenbühel bei Montiggl, der Hohenbühel und der Falzig nordöstlich über dem Kalterer See, die Höhe mit der Leuchtenburg und der Gmundner Kopf als südlichster Punkt des Mittelberges, wie der rund 20 km lange Porphyrzug genannt wird.

Darüber hinaus ist aber auch das ganze Gebiet um Eppan reich an vorgeschichtlichen Fundplätzen, wie auch jenes am Ostfuß des Mittelberges, hier vor allem die Gegend von Pfatten.

Der Wildemannbühel ist eine von drei nahe beieinanderliegenden Kuppen, deren südöstliche 630 m, die nördliche 639 m und die westliche, unser Wildermannbühel, 643 m hoch ist. Die größtenteils bewaldete, teilweise aber auch felsige dreigipfelige Erhebung liegt rund 1,5 km nördlich der Montiggler Seen. Das ganze Gebiet ist ein riesiger, nur da und dort von kleinen Rodungsinseln unterbrochener Forst, der größtenteils aus Föhren, da und dort aber auch aus schönem Laubwald oder dichtem Gebüsch besteht. Uralte, heimliche Pfade durchziehen diesen herrlichen Montiggler Wald; so manche allerdings sind bereits zu Forststraßen verbreitert worden. Erfreulicherweise sind diese Fahrwege für den Privatautoverkehr gesperrt und so als Wanderwege erhalten geblieben.

Entdeckt wurde die Wallburg auf dem höchsten Punkt des als teilweise recht schroffe, steilwandige Kuppe aufragenden Wildenmannbühels vom Eppaner Lehrer Josef Saxl, der auch etliche Scherben und verkohlte Speisereste in Form von Gartenerbsen *(pisum sativum)* fand. Saxl schreibt 1925 im „Schlern" (S. 191), daß ein „Schatzgräber", auf den wir noch zurückkommen werden, *leider fast jede Spur der prähistorischen Siedlung zerstörte.* Nachdem einige Jahre später Prof. Joso Schmoranzer diese Urzeitstätte eingehender beschrieben hatte (in „Schlern" 1930 und 1931), besuchte sie im Oktober 1933 der Urgeschichtsforscher Georg Innerebner, um sie erneut zu untersuchen und genau zu vermessen. *Sofort in die Augen springend sind —* so Innerebner im „Schlern" 1933, S. 490 — *die mitten im Trümmerfeld gelegenen, zum Teil außerordentlich regelmäßig angelegten und schön gemauerten „Gruben" von zirka 1 Meter Tiefe, sowie die an der Westseite aus dem Schuttkegel zirka einen halben Meter aufragenden Mauerreste eines viereckigen Turmbaues. Beim Umschreiten der Kuppe findet man dann noch ebensolche sehr regelmäßige Mauerteile an dem Westabhang zwischen zwei markanten Felsstücken und an der verhältnismäßig leicht zugänglichen Südseite.* Innerebner berichtet denn noch von einer zerfallenen Mauer, die im Gegensatz zu den anderen aus *verhältnismäßig großen, unregelmäßigen Porphyrquadern besteht und wohl das Eindringen in die eigentliche Wallburg erschweren sollte.* Der Forscher errechnete außerdem, daß die Fläche allein des auf der Kuppe befindlichen Trümmerhaufens 280 Quadratmeter und der Rauminhalt nicht weniger als rund 160 Kubikmeter Steine umfaßt. *Dazu kommt noch die mindestens dasselbe Ausmaß aufweisende Steinlammer an der Westseite. Man sieht also —* so Innerebner —, *daß es sich hier um eine für damalige Verhältnisse ziemlich ansehnliche Anlage handelt.*

Im Band 2 seiner „Wallburgen Südtirols" präzisiert Innerebner, daß die Wandseiten der auf der Kuppenhöhe befindlichen, 2 x 2 m großen, viereckigen Vertiefungen *neueren Datums scheinen.* Während er als Besiedlungszeit die *Bronze- und Eisenzeit* angibt, spricht Lunz (in Bd. 2 der „Archäologisch-historischen Forschungen in Tirol") von einer *befestigten Höhensiedlung der jüngeren Eisenzeit.* Lunz tätigte 1973 datierende Scherbenfunde, desgleichen Mitglieder der „Schlern-Runde" im Jahre 1974.

Kuriositätshalber sei auch hier erwähnt, worüber schon Innerebner in seiner Wallburgenstatistik („Schlern" 1958, S. 256) kurz berichtete: *Im vorigen Jahrhundert* (war der Wildemannbühel) *noch Wohnort eines Einsiedlers (Peter Weth aus Überetsch, der „Amerikaner"), der auch auf einer Steinplatte im Nordteil verewigt ist.* Diese in den Felsen gemeißelte Inschrift lautet: P. W.: geb. 1824 † , und sie veranlaßte Bruno Mahlknecht 1968 nach dem Urheber der Inschrift zu forschen, wobei er folgendes herausfand: Der Einsiedler, lt. Mahlknecht namens Peter Wöth, hat sich auf dem Wildemannbühel wahrscheinlich schon zu Lebzeiten seine Grabinschrift geschaffen, indem er sein Geburtsjahr einmeißelte, das Todesjahr aber natürlich offenlassen mußte. Der Mann hatte anscheinend lange in Amerika bei den Indianern gelebt und sich nach seiner Rückkehr in die Montiggler Wälder und auf den Wildemannbühel zurückgezogen. *In dieser Zeit —* so Mahlknecht im „Schlern" 1969, S. 543 — *soll er sich angeblich dort auch selbst ein Grab errichtet haben,... worin er einst begraben zu werden wünschte... Ganz nah Karl-May-Manier streifte der Peter durch die umliegenden Wälder und grub allenthalben nach Schätzen.* Dabei hat der gute Wettepeter, wie der Kauz genannt wurde, wohl auch das Gemäuer auf unserer Kuppe nicht verschont und die von Saxl und auch Schmoranzer beklagte Zerstörung angerichtet. Doch hat der ansonsten harmlose und gutmütige Mann, der allerdings bei seinem Tod im Jahre 1896 hartnäckig die Sterbesakramente ablehnte und deshalb nur in einer Ecke des Friedhofs verscharrt wurde, weder Schätze gehoben, noch war es ihm vergönnt, in seiner Einsiedelei die letzte Ruhe zu finden.

Der Name des Wildenmannbühels dürfte aber nicht mit dem merkwürdigen Girlaner in Zusammenhang zu bringen sein, denn die bereits von Heyl 1897 veröffentlichte Sage vom „Wilden Mann in Montiggl", der auch der „Montiggler Wilde" genannt wird, geht auf viel ältere Ursprünge zurück und findet vielerorts ihre Entsprechungen, und zwar nicht nur in Südtirol. Im Wilden Mann oder auch Wilden Heidenfürsten sieht die Forschung den Germanengott Wotan, der in den zahllosen Sagen als Anführer der Wilden Jagd oder Wilden Fahrt durch die Lüfte fährt, besonders in Quatembernächten. Dabei reißt er sich ihm in den Weg stellende Widersacher — oft Wilde Frauen aber auch Männer und Kinder — in Stücke. Dabei wird ein Teil der Beute demjenigen zurückgelassen, der durch den „Heischerruf" danach fragt. So wurde auf diesen Ruf hin vom Wilden Mann in Unterinn ein halber menschlicher Leichnam, bei Zwingenstein am Ritten die Hälfte einer Bauernmagd, in Tiers eine halbe Kindesleiche und in Ulten ein Viertel eines zerrissenen Männleins an die Haustür des Heischerufers genagelt — um nur wenige der vielen Orte zu nennen, wo diese Sage angesiedelt ist. Bei unserem Wilden Mann von Montiggl bedurfte es des Heischerufes nicht einmal; er nagelte unaufgefordert einen halben Leichnam an die Tür eines Bauernhofes (nach Heyl bzw. Hugo Neugebauer in „Schlern" 1951, S. 253).

Um auf die prähistorische, durch Funde belegte Besiedlung unseres Gebietes zurückzukommen, seien hier noch jene drei Einbäume genannt, die am Grunde des Großen Montiggler Sees gefunden wurden. Den ersten und besterhaltenen entdeckte ganz zufällig ein Bozner Sporttaucher am 26. 9. 1971 in acht Metern Tiefe. Der interessante Fund kann heute im Naturkundemuseum in Trient besichtigt werden. Das Boot ist 3,40 m lang, 70 cm breit, und es gibt Anzeichen dafür, daß ursprünglich ein Ausleger daran befestigt war. Die Machart ließe zwar den Schluß zu, daß die drei Einbäume aus vorgeschichtlicher Zeit stammen; doch geben sie kaum eine Antwort auf die Frage nach ihren Erbauern und Benützern. Vielmehr ergeben sich durch diese Funde *neue Fragen und Probleme,* wie der Archäologe Reimo Lunz betont (in „Ur- und Frühgeschichte Südtirols"). Daran ändert auch das Ergebnis einer mittlerweile durchgeführten Radiokarbonmessung nicht viel, wonach die Boote — wie Dr. Lunz dem Verf. freundlicherweise mitteilte — wohl erst aus dem Hochmittelalter, etwa um 1200, stammen dürften.

So gibt es über vieles nachzugrübeln auf unserer schönen Wanderung von den Montiggler Seen durch Kastanien-, Buchen- und Föhrenwälder hinauf zum Wildemannbühel, wo uns ganz unvermittelt eine unerwartete Rundsicht überrascht, während sich zu unseren Füßen die leicht hügeligen, riesigen, herrlichen Wälder von Montiggl ausbreiten.

W e g v e r l a u f
Vom Kleinen Montiggler See (510 m; hierher Straße von Eppan über Montiggl) auf dem mit Nr. 1 gut markierten Forstweg durch schönen Mischwald zunächst mäßig ansteigend, dann fast durchwegs eben in Richtung Norden. Bei einer ersten Weggabel bleiben wir rechts (Schild „Wildemannbühel" und bereits Blickverbindung) und zweigen bald darauf (wieder Wegzeiger und weiterhin Mark. 1) auf einem schmalen Weg rechts ab. Zunächst mäßig steil, im allerletzten Stück aber fast weglos und ziemlich steil, erreichen wir durch schönen Wald schließlich die Höhe des Wildemannbühels mit den Steintrümmern und Mauerresten (643 m).

Rückweg: Auf den breiten Forstweg zurückgekehrt, können wir auf dem beschriebenen Weg oder aber zunächst nordwärts zum Gasthaus „Runggrhof" und von da auf dem mit einem M markierten Weg zum Kleinen Montiggler See zurückkehren.

G e h z e i t e n
Aufstieg (Kl. Montiggler See — Wildermannbühel): 1 Std.
Abstieg (Wildermannbühel — Kl. Montiggler See direkt): 45 Min.
Abstieg über „Runggrhof": 1½ Std.

K a r t e n u n d L i t e r a t u r
Kompaß-Wanderkarte 1:50.000, Bl. 54 (Bozen); Freytag-Berndt-Wanderkarte 1:50.000, Bl. S 1 (Bozen-Meran und Umgebung); Freytag-Berndt-Wanderkarte 1:100.000, Bl. 45 (Bozen-Meran und Umgebung).
Heyl: Volkssagen; Innerebner: Die Wallburgen Südtirols, Bd. 2; Langes: Überetsch und Bozner Unterland; Lunz: Ur- und Frühgeschichte Südtirols; Mahlknecht: Südtiroler Gebietsführer, Bd. 20; Menara-Rampold: Südtiroler Bergseen.

34. Die Tuiflslammer — das „Grab Attilas" (Bildteil S. 96)

Zwar ist die Tuiflslammer (= Teufels-Steinhalde) in wenigen Schritten auch von der Mendelstraße her zugänglich, doch ist sie für uns nicht nur ein möglichst schnell zu erreichendes Forschungsobjekt, sondern soll auch oder vor allem ein Wanderziel sein. Deshalb wählen wir Kaltern als Ausgangspunkt, wandern nach Oberplanitzing und von dort auf einem uralten Waldweg, an rätselhaften Mauerresten vorbei hinauf zur 631 m hohen Kuppe. Auf einem anderen, dem Begriff „Urweg" noch näherkommenden, teilweise über Felsstufen und ausgedehnte Gletscherschliffe führenden, an manchen Stellen großartige Ausblicke auf das Überetsch und den Kalterer See bietenden Weg kehren wir dann nach Kaltern zurück. Es ist dies eine in jeder Hinsicht leichte,

landschaftlich prächtige wie siedlungsgeschichtlich höchst interessante Wanderung, mit der der kurze Zugang von der Mendelstraße her in keiner Weise gleichzusetzen wäre.
Wer die Tuiflslammer als vorgeschichtliche Siedelstätte entdeckte ist unbekannt, doch wissen wir, daß bereits gegen Ende des vorigen Jahrhunderts erste Funde zum Vorschein gekommen sind, wenn auch vielleicht nicht alles, was aus dieser Gegend in das Bozner Stadtmuseum gelangte, unbedingt von der Tuiflslammer stammen muß. Seit der ersten Erwähnung in der „Mitteilungen der k. k. Zentralkommission", Wien, ist im Laufe der Zeit ein umfangreiches Schrifttum über die Tuiflslammer zusammengekommen; denn die seltsame Trümmerpyramide hat immer wieder die Forscher in ihren Bann gezogen. Eine erste eingehendere Untersuchung nahm bereits 1929 das Denkmalamt von Padua vor und förderte dabei auf der Kuppenhöhe als bisher bedeutendsten und ältesten Fund der Tuiflslammer ein jungsteinzeitliches, schönes Flachbeil aus „Grünstein" zutage, aber auch ein endständiges Lappenbeil mit Öse aus Eisen, das Schmoranzer in Zusammenhang mit den Kelten bringt, sowie *um den Kuppenfuß herum mehrere Feuerstellen, Silexmaterial und zahlreiche Keramikbruchstücke wurden gefunden* (Lunz, „Studien", S. 208). Bei anderen Grabungen und Schürfungen, wobei die Kuppe regelrecht wie eine Torte angeschnitten wurde, wurden vor allem immer wieder Scherben aufgedeckt, die in die frühe und späte Bronzezeit und in die ältere und jüngere Eisenzeit datiert werden konnten womit eine kontinuierliche Besiedlung vom Neolithikum bis um die Zeitenwende herauf angedeutet wird. Weiters wurden Glasperlen gefunden, verbrannte Tierknochen und im Innern des mächtigen Steinhaufens zahlreiche Schlackensteine sowie ein großer Kupferkuchen, die möglicherweise auf einen prähistorischen Schmelzplatz hindeuten. Von besonderer Bedeutung sind auch jene sehr zahlreichen Scherben, deren typologische Merkmale auf der Tuiflslammer eine klassische „Laugener Siedlung" nachweisen. Außer dem Denkmalamt von Padua waren es in den letzten Jahrzehnten vor allem Georg und Herta Innerebner in den 40er Jahren sowie Franz und Ekkehart Schubert, Reimo Lunz und Giovanni Claroni in den 70er Jahren, die sich der Erforschung der seltsamen Kuppe widmeten. Dennoch ist *bis heute die Funktion dieser teilweise wohl künstlichen Anlage nicht ganz geklärt*, schreibt Dr. Lunz (in „Studien", S. 208). So ist die Frage noch nicht entschieden, ob die beeindruckenden Steinansammlungen von prähistorischen Bauten oder vielleicht von solchen aus der Völkerwanderungszeit stammen, zumal manche Scherben bereits aus geschichtlicher Zeit zu sein scheinen.
Zudem wissen wir, daß diese Tuiflslammer eine der merkwürdigsten „Wallburgen" des Landes ist. Dies aber nicht nur wegen der Überlieferung, sie sei das Grabmal des Hunnenkönigs Attila, sondern vor allem wegen der Menge der hier angehäuften Steine. Innerebner hat eine Trümmerkubatur von mindestens 10.000 m³ errechnet. Doch sind auch noch gut erhaltene Mauerzüge erhalten, so z. B. auf der kleinen Gipfelfläche als Reste eines *8 x 12 m großen Viereckturms* (Innerebner) und auf den kleinen Hangterrassen, und auch mächtige Wallführungen sind zu erkennen; Innerebner spricht sogar von einer *10 m langen Zyklopenmauer* und Lukan nennt den gewaltigen Steinkegel eine *Stufenpyramide*. Entgegen dem, was man aus dem bisher Gesagten entnehmen könnte, fällt die Tuiflslammer in der Landschaft fast überhaupt nicht auf und sie ist als Stufenpyramide erst erkennbar, wenn man an ihren Hängen herumsteigt und versucht, sich ein Gesamtbild von ihr zu machen. Denn sie ist — bis auf die große Steinhalde im Nordosten — bis zur kleinen Gipfelfläche hinauf dicht bewaldet; dadurch hebt sie sich von der ebenfalls bewaldeten Umgebung kaum ab. Die Vegetation besteht im oberen Teil vorwiegend aus Laubgehölzen, während im unteren Teil mehr Föhrenbestände vorherrschen. Das Gestein besteht aus dem sogenannten Bozner Quarzporphyr.
Wenn das neolithische Steinbeil von der Tuiflslammer auch keine allzugroßen Rückschlüsse auf die steinzeitliche Besiedlung des Kalterer und Überetscher Raumes erlaubt, so ist es doch nicht nur als vereinzelter Streufund zu werten. Denn es gesellen nicht nur die erwähnten Silexfunde des Paduaner Denkmalamtes hinzu, sondern auch noch jene schönen Feuersteingeräte aus der „Sammlung Gasser", deren genauer Herkunftsort wenn auch nicht sicher, so doch mit einer gewissen Wahrscheinlichkeit ebenfalls die Tuiflslammer sein dürfte. In diesem Zusammenhang sind auch die bekannten Steinkistengräber von Eppan-Gand zu nennen, aus deren einem wahrscheinlich ein schöner Feuersteindolch von 13 cm Länge aus weißlichen Silex stammt. Einen weiteren bedeutenden jungsteinzeitlichen Fund kennen wir aus dem Kalterer Ortsteil Clavenz; es ist jener bekannte „Seelenstein", eine Grabdeckplatte mit einem durchgebohrten Loch, der von Luis Oberrauch noch fotografiert werden konnte, für dessen Erhaltung er sich aber vergeblich eingesetzt hat: der 1969 bei Grabungsarbeiten ans Tageslicht gekommene Zeuge steinzeitlicher Bestattungsbräuche wurde aufgrund reiner Interesselosigkeit seitens der Kalterer Gemeindeverwaltung 1970 zertrümmert und als Auffüllmaterial für eine Sickergrube verwendet (Näheres darüber in Oberrauch, „Schriften zur Urgeschichte Südtirols", S. 120 ff.). Aus alldem ersehen wir, daß das Steinbeil von der Tuiflslammer nicht nur von durchziehenden Jägern zufällig hier verloren wurde, sondern daß bereits um 2000 v. Chr. in diesem klimatisch günstigen Gebiet eine richtige Steinzeitsiedlung bestand. Daß uns die Tuiflslammer zudem das Bild einer viele Jahrhunderte langen durchgehenden Siedlungskontinuität liefert, erhöht ihren Wert als einmalige archäologische Fundstätte noch mehr. Erwähnt soll hier kuriositätshalber auch noch jenes Hirschgeweihstück werden, das in den 20er Jah-

ren in Kaltern ausgegraben wurde. Es soll eindeutige Spuren menschlicher Bearbeitung und ein Alter von 25.000 bis 30.000 Jahren aufweisen (Näheres hiezu Bruno Mahlknecht, Südtiroler Gebietsführer, Bd. 20, S. 66). Selbstverständlich steht das Geweihstück in keinem Zusammenhang mit den anderen, viel jüngeren Steinzeitfunden der Kalterer Gegend, ganz abgesehen von der berechtigten Frage, ob das Horn tatsächlich von Menschenhand „abgesägt" wurde.

Wegverlauf
Von Kaltern (426 m) der Markierungsnummer 15 nordwärts folgend auf einem landwirtschaftlichen Güterweg in schöner ebener Wanderung durch ausgedehnte Weingüter nach Oberplanitzing (504 m; 45 Min.). Oberhalb der Kirche auf einem größtenteils nummernlos markierten Waldweg (lt. Karte und Schildern Nr. 15) durch junge Kastanienbestände eben durch bis zum Haus „Waldrast", dann kurz rechts hinauf und in nur leichtem Anstieg weiter. Wir kommen zu einem aussichtsreichen Punkt mit einer Sitzbank und Wegzeigern und steigen von da auf Nr. 16 (unweit Mauerreste) hinauf zur Tuiflslammer (631 m). Ab Oberplanitzing 40 Min.
Nach ihrer Besichtigung auf dem Weg 16 zurück bis zum Aussichtspunkt und nach rechts auf dem schönen Weg (weiterhin Nr. 16) in leichtem Abstieg durch Eichenbestände stets in gleicher Richtung hinab, zuletzt auf einem Güterweg durch Rebanlagen zum Ortsteil Mitterdorf und zurück zum Ausgangspunkt Kalterer Ortskern.

Gehzeiten
Aufstieg (Kaltern — Oberplanitzing — Tuiflslammer): 1½—2 Std.
Abstieg (Tuiflslammer — Mitterdorf — Kaltern): ½ Std.

Karten und Literatur
Kompaß-Wanderkarte 1:50.000, Bl. 54 (Bozen); Freytag-Berndt-Wanderkarte 1:50.000, Bl. S 1 (Bozen-Meran und Umgebung); Freytag-Berndt-Wanderkarte 1:100.000, Bl. 45 (Bozen-Meran und Umgebung).
Langes: Überetsch und Bozner Unterland; Lukan: Alpenwanderungen in die Vorzeit; Lunz: Studien; Lunz: Ur- und Frühgeschichte Südtirols; Mahlknecht: Südtiroler Gebietsführer, Bd. 20; Oberrauch: Schriften zur Urgeschichte Südtirols.

35. Von Kaltern nach Altenburg und St. Peter (Bildteil S. 98)

Von St. Josef bei Kaltern führen drei Wege hinauf nach Altenburg bzw. zur Kirchenruine St. Peter mit dem bekannten Felsengrab und den nahen Schalensteinen. Der heute berühmteste ist jener durch die wilde Rastenbachklamm, ein Weg, der im mittleren Teil mittels kühn angebrachten Leitern und Stegen senkrechte Felswände überwindet und sehr beeindruckend ist. Da er nachweislich kein sehr alter Weg ist, lassen wir ihn hier außer acht (was nicht heißen soll, daß er nicht doch begangen werden kann) und schlagen den Weg durch das Nussental, einen außerordentlich schönen, teilweise gepflasterten, also echten Urweg vor. Nach Besichtigung der Sehenswürdigkeiten von Altenburg lernen wir dann doch zumindest den oberen Teil der Rastenbachklamm kennen, aber nur um in das Bärental zu gelangen, durch das uns der dritte der drei erwähnten Altenburger Wege wieder zum Ausgangspunkt zurück führt.
Auf dem Nussentaler Weg, wohl dem ältesten direkten Weg von Überetsch hinauf zur flachen Hangterrasse von Altenburg, erreichen wir zunächst den kleinen Ort Altenburg mit der in ihren Ursprüngen in die Zeit vor 1022 zurückreichenden, an prachtvoller Aussichtswarte stehenden Kuratiekirche zum hl. Vigilius (heutiger Bau um 1500). Von da führt ein uralter Weg teilweise über in die Felsen gemeißelte Stufen und an vier Schalen sowie an einer neueren Eintragung im Fels hinab in die zwischen Altenburg und dem breiten Hügel St. Peter eingeschnittene Schlucht. Hier steht noch ein mächtiger Pfeiler einer verfallenen, bereits 1313 urkundlich erwähnten 15 m hohen Brücke, die die Schlucht überquerte. Heute vermittelt eine lange Holztreppe den Zugang zum St.-Peter-Hügel. Dort steht inmitten von Buschwald noch der Rest der Kirche St. Peter. Es handelt sich dabei um eine *uralte, nach der Legende vom hl. Vigilius gegründete, aber jedenfalls noch frühchristliche oder frühmittelalterliche* (Weingartner) *Basilika.* Sie war dreischiffig und ursprünglich flachgedeckt; wie noch teilweise zu erkennen ist, war westseitig ein Querschiff angeschlossen. Heute sind nur mehr die östliche Giebelwand mit der Glockenmauer sowie Reste der übrigen Wände erhalten (s. Bild S. 98). In der möglicherweise erst aus romanischer Zeit stammenden Rundapsis ist noch ein Streifen mit Marmorimitation sichtbar (die erst in neuerer Zeit eingestürzte westliche Giebelwand trug Fresken von Thomas Egnolt (1440). Südlich 3 m von der Kirchenruine entfernt ist in das dem Porphyr aufliegende Kalkkonglomerat eine 2,25 m lange, fast 70 cm breite und über 40 cm tiefe Wanne eingetieft, in deren Boden eine große runde Schale (Durchm. 40 cm, Tiefe 13 cm) mit 7 Zulaufrinnen herausgearbeitet ist. An dem gegen Kaltern abfallenden Ostrand der Hügelfläche befinden sich im gletschergeschliffenen Porphyr insgesamt zehn (nicht neun) große, zum Teil tiefe Schalen (die größte besitzt 28 cm Durchmesser und 14 cm Tiefe). Diese Schalen unterscheiden sich durch ihre Größe von den meisten anderen in Südtirol. Der größten kommt nur eine von St. Hippolyt nahe, während wir noch größere nur beim Schloß Juval im Vinschgau finden. Einige der Altenburger Schalen wären zwar gut für die Auf-

nahme von Opfergaben oder Brennflüssigkeit geeignet, doch sind mindestens zwei für einen solchen Zweck wohl zu seicht, so daß auch diese Deutung nicht voll überzeugt. Auf das Schalensteinproblem wurde bereits mehrmals eingegangen; so sei hier nur erwähnt, daß es immer noch nicht endgültig gelöst ist. Dasselbe gilt wohl auch für die Felswanne nahe der Kirchenruine. Während Dr. Paolo Zadra in der Tiroler Tageszeitung vom 20. 8. 1934 die feste Meinung vertritt, daß es sich dabei um eine vorgeschichtliche Menschenopferstätte handelt, denkt Innerebner im „Schlern" 1946, S. 343, eher an eine Grabstätte (allerdings mit Fragezeichen), ebenso A. Magni in der „Rivista Archeologica di Como", 1922, ebenso K. M. Mayr in einer eingehenden Arbeit im „Schlern" 1965; auch Haller schließt sich dieser Meinung an (in „Die Welt der Felsbilder in Südtirol") und in diesem Sinne äußerte sich in „Ur- und Frühgeschichte Südtirols", S. 61, auch Dr. Reimo Lunz. Bruno Mahlknecht dagegen vertritt in einer langen Abhandlung die feste Überzeugung (in Südtiroler Gebietsführer, Nr. 20), daß es sich bei der Wanne um ein frühchristliches Taufbecken handelt (Dr. Helmut Stampfer widerspricht aber in „Dolomiten" vom 27. 8. 1979 dieser Auffassung). Auch K. M. Mayr dachte an diese Möglichkeit, sah allerdings darin nur eine Zweitverwendung des ursprünglichen Grabes. Haller schließt zwar diese Deutung auch nicht ganz aus, meint aber, man habe hier wohl nur mit Regenwasser taufen müssen. Karl Lukan („Alpenwanderungen in die Vorzeit") übernimmt die Meinung Zadras, und zwar kritiklos. Und schließlich weiß noch die Legende, daß der hl. Vigilius die Felswanne als Schlafstätte benützt habe. — Das „Felsengrab" oder die „piscina" von Altenburg ist also immer noch ein offenes Rätsel und deshalb erst recht eine erhaltenswerte Sehenswürdigkeit ersten Ranges, die in Südtirol nur eine einzige Entsprechung in der Felswanne von Castelfeder hat (Bild S. 109), wobei auffällt, daß die dortige Barbarakapelle ursprünglich dem hl. Vigilius geweiht war.
Der Kurat von Altenburg, Benjamin Vescoli aus Truden, der die Peterskirche von meterhohem Schutt säuberte und die Felswanne freilegte, hat 1933 auch eine Grabung vorgenommen. Dabei stieß er auf Anhieb auf zwei menschliche Skelette, auf Branderde und verschiedene Knochen, Webergewichte aus Ton und zahlreiche zum Teil verzierte Tonscherben gröberer und feinerer Machart. Einige Stücke gelangten zwar in das Bozner Museum, das meiste aber ging nach dem Tode Vescolis verloren. Als vermutliche Besiedlungszeit nennt Innerebner im „Schlern" 1946, S. 343, die Hallstatt- und La-Tène-Zeit (1. Jahrtausend v. Chr.). Mahlknecht meint, St. Peter sei nicht nur frühchristliches Taufzentrum, sondern auch die Begräbnisstätte des ganzen Bezirkes gewesen. Erwähnt seien hier auch noch eine kleine Höhle am Steig, der zur Kirche führt, eine von Innerebner erwähnte Wohngrube unweit des beschriebenen Schalensteins, eine einzelne Schale am äußersten SW-Rand der Kuppe und ein weiterer Schalenstein an deren Nordrand.
Nach der Besichtigung dieser höchst interessanten Örtlichkeit steigen wir auf gut angelegtem Weg in die Rastenbachklamm ab, um sie dann talaufwärts zu durchwandern. Dabei entdecken wir beim Abstieg und dann unten in der Schlucht dunkle Felshöhlen; es sind dies die Stolleneingänge eines einstigen Bergwerks, das bereits im 14. Jahrhundert urkundlich erwähnt wird; ... *es steht sogar zu vermuten* — so Georg Innerebner („Schlern" 1946, S. 342) —, *daß es sich ... um einen ehemals vorgeschichtlichen Erzabbau handelt, wenn auch einwandfreie Fundbeweise hiefür bisher nicht vorliegen.* Die weit ins Innere des Berges führenden Stollen und Schächte sind heute nicht mehr begehbar, doch konnten sie zu einem guten Teil noch erforscht werden. Die spannenden Begehungsberichte mit Fotos und Skizzen sind im „Schlern" 1936, S. 134 und 1979, S. 371, (Innerebner bzw. Eisenstecken) nachzulesen. Einen ersten Begehungsversuch unternahm Dr.-Ing. Innerebner bereits 1928. Am 29. 3. 1936 kehrte Innerebner mit einer kleinen Expedition und wohlausgerüstet wieder. Dabei gelang es den Boznern, mit Hilfe von langen Baumstämmen 86 m tief in das Bergesinnere vorzudringen. Bei einem zweiten Versuch am 3. 5. desselben Jahres wurde ein *sargähnliches, zerlegbares Kistenboot mit Seilschmierteerung* zur Überbrückung der wassergefüllten, rund 30 m tiefen Schächte verwendet. Die Höhe von aufwärts führenden Schächten maß Innerebner mit einem Luftballon. Da jedoch der Wasserspiegel inzwischen stark gesunken war, kam man auch diesmal kaum weiter als das erste Mal. *An Mineralien wurden außer einer oft bis zu 2 cm starken Sinterschicht und mehrfachen Tropfsteinansätzen an den Decken Zinkblende und Bleierze, Schwer- und Kalkspat sowie Quarz in den noch vorfindbaren Erzgangresten festgestellt* (Innerebner). Otto Eisenstecken, der mit seinem Vater schon 1936 dabei war, und Hans Glaser wagten am 17. 2. 1946 einen neuerlichen Vorstoß, wobei ihnen während des Krieges angebrachte, allerdings teilweise schon morsche Stege zugute kamen. Sie fanden das Boot von 1936, entdeckten einen Hauptstollen und konnten in wagemutiger Kletterei und unter Zuhilfenahme von Strickleitern und Holzgestängen bis in eine Tiefe von 240 m vordringen. Die letzte Kundfahrt unternahm Hans Glaser am 23. 5. 1948 in tollkühnem Alleingang; er erreichte zwar noch kein Ende des Stollensystems, aber immerhin *einen Punkt, der mehr als 300 m vom Eingang entfernt war* (Eisenstecken).
Heute sind die Holzstege längst verfault und in die tiefen Schächte gestürzt, der Stolleneingang ist versperrt, ein Eindringen wäre äußerst gefährlich. Dank dem Wagemut einiger weniger Forscher haben wir aber Kunde aus dem Inneren des Berges. So wagen wir im Vorbeigehen nur wissend einen kurzen Blick in die dunkle Höhle, erreichen schließlich den Bärentalweg und keh-

ren zum Ausgangspunkt zurück. Im Zusammenhang mit dem Bergwerk sei noch vermerkt, daß nordseitig unter der Rastenbachklamm noch Reste eines sogenannten „Bremsberges" (vertikal verlaufender Steindamm, über den das Erz zu Tal „gebremst" wurde) erhalten sind. — Die ganze hier vorgeschlagene Tour weist orientierungsmäßig keinerlei Probleme auf, da die Wege gut markiert und beschildert sind. Auch Schwierigkeiten im alpinen Sinn sind nicht zu bewältigen, doch ist eine gewisse Gehtüchtigkeit und Trittsicherheit trotzdem vonnöten. Die Tour kann das ganze Jahr hindurch — mit Ausnahme der Wintermonate — unternommen werden, ist aber im Frühjahr und Herbst am lohnendsten.

Wegverlauf

Von Kaltern auf der nach Tramin führenden Straße südwärts bis 200 m nach der zum Kalterer See links abzweigenden Straße (3,5 km ab Kaltern). Hier beim „Sonnleitenhof" (Ortsteil St. Josef) auf der rechts abzweigenden Straße 200 m hinauf bis zu Straßengabel bei Bachbrücke und Haus Nr. 35, wo wir das Auto abstellen. Nun links weiter bis 50 m oberhalb der Pension „Seeberg" (299 m) und auf dem schönen alten Weg Nr. 14 („Nussentalweg", neu gelb markiert, eine rot-weiße Mark. noch teilweise sichtbar) stets in gleichbleibender, mäßiger Steigung mit prachtvollen Ausblicken auf den Kalterer See durch schönen Flaumeichenwald hinauf. Im oberen Teil nicht auf dem nach St. Peter abzweigenden Steig rechts ab, sondern geradeaus weiter bis zur Altenburger Hochfläche und kurz auf der Straße nordwärts nach Altenburg (615 m). Ab Pension „Seeberg" knapp 1½ Std.

Nun ostwärts zur Vigiliuskirche, auf schönem Urweg (Nr. 1, gut beschildert und Blickverbindung) hinab in die Schlucht mit dem hohen Brückenpfeiler und hinauf zur Kirchenruine St. Peter (589 m; ab Altenburg 10—15 Min.).

Nach erfolgter Besichtigung bis zur Schlucht mit dem Brückenpfeiler zurück, auf dem durch Geländer abgesicherten Weg steil aber unschwierig hinab in die Rastenbachklamm, durch diese auf gutem Weg 1/A bachaufwärts, schließlich rechts in Serpentinen aus der Schlucht heraus und kurz eben nordwärts zu einem schönen Buchenhain. Ab hier (Wegzeiger) auf Nr. 13 weiter, hinab ins Bärental und durch dieses in schönem Abstieg zurück zum Ausgangspunkt.

Gehzeiten

Aufstieg (St. Josef — Altenburg — St. Peter): knapp 2 Std.
Abstieg (St. Peter — Rastenbachklamm — Bärental — St. Josef): 1½ Std.

Karten und Literatur

Kompaß-Wanderkarte 1:50.000, Bl. 54 (Bozen); Freytag-Berndt-Wanderkarte 1:100.000, Bl. 45 (Bozen-Meran und Umgebung).
Haller: Die Welt der Felsbilder in Südtirol; Innerebner: Die Wallburgen Südtirols; Langes: Überetsch und Bozner Unterland; Lukan: Alpenwanderungen in die Vorzeit; Lunz: Ur- und Frühgeschichte Südtirols; Mahlknecht: Südtiroler Gebietsführer, Bd. 20; Rampold: Südtiroler Wanderbuch; Weingartner: Die Kunstdenkmäler Südtirols, Bd. 2.

36. Die eisenzeitliche Siedlung bei den Roßzähnen (Bildteil S. 102)

Die zur Unterscheidung von den Roßzähnen in den Dolomiten am Südrand der Seiser Alm meist als Roßzähne von Auer bezeichneten bizarren Porphyrgestalten erheben sich in dem größtenteils von Buschwäldern dicht bestandenen Mittelgebirgszug, der sich seinerseits zwischen dem Überetsch und dem Etschtal im Südtiroler Unterland erhebt. Dieser rund 20 km lange, in Nord-Süd-Richtung verlaufende Kamm, dessen Westseite nur sanft zu den Weindörfern Eppan und Kaltern, zu den Montiggler Seen und zum Kalterer See abfällt und im Osten größtenteils mit senkrechten Porphyrwänden sehr schroff und wild zur Etsch hin abbricht, trägt, wie bereits unter Nr. 33 erwähnt, eine ganze Reihe von vorgeschichtlichen Stationen; zahlreiche Funde von großer archäologischer Bedeutung wurden in diesem Bereich getätigt, so, um nur den Umkreis der Roßzähne zu erwähnen, das eisenzeitliche Gräberfeld von Pfatten und ein im vorigen Jahrhundert zum Vorschein gekommenes großes Bronze-Versteck in der Umgebung der Laimburg. *In diesem Zusammenhang scheint es von Bedeutung, daß die Eisenzeit auch in den nahe gelegenen Stationen vom Leuchtenburger Hügel und von den sogenannten „Roßzähnen" durch Funde vertreten ist* (Lunz in „Ur- und Frühgeschichte Südtirols").

Als weithin sichtbare Zeugen der Geschichte, die Südtirol im Mittelalter gespielt hat, trägt der lange Mittelgebirgskamm an seinem Nordende die gewaltige Burganlage von Sigmundskron und in seinem Südteil, nördlich der Roßzähne und auf einer steilen Pyramide kühn aufragend, die Ruine der Leuchtenburg (575 m), sowie in deren Nähe, aber ostseitig ziemlich tiefer gelegen, die Ruine der Laimburg (333 m). Derzeit (Herbst 1979) sind an der Leuchtenburg umfangreiche Konsolidierungsarbeiten im Gange, um die stolze Anlage vor dem weiteren Verfall zu retten. Die Ursprünge sowohl der Leuchtenburg als auch der Laimburg liegen im dunkeln. Wir wissen nur, daß spätestens seit 1286 die Herren von Rottenburg auf der Leuchtenburg und mithin auch auf der Laimburg, die vermutlich nur als Vorwerk der Leuchtenburg anzusehen ist, saßen. Beide Burgen wur-

205

den dann in den Jahren 1339 und 1341 im Kampf zwischen den Tiroler Landesherren und dem Bischof von Trient, der die Rottenburger als Vögte des Gerichtes Kaltern eingestellt hatte, belagert und teilweise zerstört. Von da an wechselten die Burgen mehrmals ihre Besitzer, wurden schließlich verlassen und gingen allmählich ihrem Verfall entgegen. Später gingen sie durch Kauf in den Besitz der Gemeinde Kaltern über. Die Leuchtenburg, als Wahrzeichen des Kalterer Sees bekannt, ist im Gegensatz zur Laimburg doch noch einigermaßen erhalten geblieben, doch gibt es auch hier nur mehr kahle Mauern auf der verödeten Kuppe zu sehen. Dafür bietet ihr Standort aber einen großartigen Ausblick in die Umgebung. Das Gemäuer der Laimburg hat die Jahrhunderte dagegen schlechter überdauert und es ragt als weithin sichtbarer Rest nur mehr eine Wand des einstigen Bergfrieds auf. Im dichten Gestrüpp aber verbergen sich noch mehrere niedrigere Mauerreste, die zum Teil auch noch recht gut erhalten sind. Und vor allem findet derjenige, der sich durch das Dickicht zwängt, heute noch prachtvoll blühende Schwertlilien und andere Blumen und Ziersträucher, die einstmals gepflegte Gartenanlagen geschmückt haben dürften.

Nördlich unter dem Leuchtenburger Hügel ist in den Bergzug der Kreithsattel (390 m) eingelagert, den heute eine Auer mit Kaltern verbindende schmale Autostraße überquert. Bereits zur Römerzeit hat hier ein Straßenzug das Gebiet von Castelfeder/Auer mit dem Überetsch verbunden und in vorrömischer Zeit hat es sicher auch schon einen alten Räterweg gegeben.

Unser Urweg beginnt an diesem Kreithsattel und führt südwärts, unter der Leuchtenburg durch, der wir auch einen Besuch abstatten, bis zum Höchstpunkt der Roßzähne. Der zunächst als Burgweg schön gepflasterte und mäßig ansteigende Weg führt vom Straßenlärm unserer heutigen Zeit zuerst zurück ins Mittelalter und dann noch um viele Jahrhunderte weiter zurück bis in jene rätselvolle Zeit, in der es hier noch kein Römerreich gab und verschiedene Völkerschaften und Stämme die Urwälder dieser Gegend bewohnten. Es ist ein nur relativ selten begangener Waldpfad, dem wir ab der Leuchtenburg folgen, aber er ist ausreichend markiert und als echter Wanderweg anzusprechen. Es geht lange nahezu eben bald durch schwer duftende, in verschwenderischer Fülle wuchernde Vegetation, bald durch lichte Eichen-, Kastanien- oder Birkenhaine, in denen man große, durch kreisrunde Wälle umfaßte Wohngruben und immer wieder Reste alter, heute teilweise nur mehr schwer erkennbarer, von Efeu überwucherter Mauerzüge einstiger Behausungen entdeckt. Still und geheimnisvoll ist die Gegend, und einmal führt der Pfad bis an den Rand der senkrecht abbrechenden Felswände, von wo aus man erstmals einen großartigen Tiefblick auf die breite Talsohle der Etsch hat. Zuletzt noch ein kurzer Anstieg und dann haben wir die Höhe und damit die Roßzähne erreicht (Höchstpunkt 609 m). Es sind dies vom eiszeitlichen Gletscher abgeschliffene Felsgebilde mit seltsamen, eigenwilligen, monumentalen Formen, die an gewaltige Kunstwerke moderner Bildhauer erinnern. An diesen Porphyrgestalten vorbei zieht noch kurz unser markierter Steig und schließlich endet er im Bereich von zahlreichen alten Trockenmauern. An einer Stelle sind noch zwei sorgsam gemauerte, viereckige Wohnräume bis in halber Höhe erhalten, mit den Eingängen von Westen her (Bild S. 103) und einer leicht gestuften, ebenfalls auffallend schön untermauerten, gartenähnlichen Terrasse davor. Zwischen den beiden viereckigen, in den Hang hinein gebauten Wohnhütten führt eine wieder sehr sorgfältig angelegte Steintreppe durch den lichten Laubwald die wenigen Meter hinauf zum Höchstpunkt der ostseitig senkrecht abbrechenden Felskuppe. Auch hier wieder Trockenmauern, aber nicht mehr so sauber gefugte, die zwei runde kleine Gruben umschließen. Auch weiter südlich und westlich hangabwärts überall im dschungelartigen Laubwald verwachsene, teilweise mit sehr großen Blöcken gefügte Mauerzüge, sich da lange gerade hinziehend, dort wieder kreisförmig leicht eingebuchtete große Gruben umschließend — rätselhafte, stumme Reste einer einst offenbar sehr ausgedehnten Siedlung. Auf einer aussichtsreichen, von Westen her leicht zugänglichen Felskuppe ist eine schöne Schale eingetieft, die wohl als von Menschenhand geschaffen anzusehen ist, während verschiedene andere ähnliche Grübchen im Porphyrfels mit Sicherheit natürlichen Ursprungs sind.

Doch gibt Innerebner noch einen zweiten Schalenstein an und nennt eine *künstliche ovale Schale von ca. 30 cm Durchmesser und 15 cm Tiefe*. Die Schau von diesen zentral gelegenen Roßzähnen aus übertrifft noch jene vom Leuchtenburger Hügel, man überblickt das gesamte Südtiroler Unterland, aber auch das Etschtal und die Berglandschaft nördlich von Bozen.

Georg Innerebner gibt als Entdecker der Urzeitsiedlung bei den Roßzähnen Luis Wallnöfer an, der 1929 einen Bericht darüber im „Schlern" veröffentlichte. Doch fertigte Dr. v. Malfèr bereits 1919 eine Skizze der Wallburg an und hinterlegte sie im Bozner Museum, um 1925 sollen dann Waldarbeiter zufällig Scherbenfunde getätigt haben und 1928, einen Monat vor Wallnöfers Besuch, besah sich der Museumsdirektor K. M. Mayr die Siedlungsreste (J. Schmoranzer, „Schlern" 1930, S. 322, 1931, S. 69). In der Folge wurden verschiedene Grabungen durchgeführt.

Über eine dieser frühen Ausgrabungen berichtet Peter Eisenstecken, der unter anderem auch die Wallburg Trens-Birg (vgl. Nr. 32) entdeckte und zu den Pionieren der Südtiroler Urgeschichtsforschung zählte: *Die Grabung* (an der sechs Mitarbeiter teilnahmen) *förderte Tonscherben und eine Menge Knochen zutage. Ein Teil der Scherben gehört nach dem Urteil des Herrn Museumdirektors Dr. K. M. Mayr der Keramik von San Zeno im Nonsberge an. Sie zeichnen sich durch Zierlichkeit und Sorgfalt der Bearbeitung aus und sind durchwegs alle mit Ziermustern versehen, während der andere Teil der Töpferwaren derb, viel massiver und gröber verfertigt ist. Die Knochen sind nach fachmännischem Urteile alle Tierknochen. Ein bearbeitetes Stück von einem Hirschhorn war auch dabei. Der Platz, wo die Siedlung stand, wird gegenwärtig abgeholzt, weshalb die Grabarbeit etwas erschwert ist wegen des herumliegenden Holz- und Ästegewirres. Die Funde waren alle in einer kohlschwarzen Kulturschichte eingebettet und finden sich in einer Tiefe von zirka 60 bis 80 Zentimetern.* („Schlern" 1933, S. 176). Luis Oberrauch gelang überdies unter anderem der Fund einer *Bogenfibel mit Armbrustkonstruktion* (Lunz) und Giovanni Claroni förderte 1974 weitere Keramikfragmente zutage. Das Fundmaterial wurde dem Bozner Stadtmuseum überlassen, dessen heutiger Vizedirektor Reimo Lunz darüber schreibt: *Es hebt sich deutlich ein Horizont mit frühen „Fritzener Schalen" und Schalen mit gedrückt S-förmiger Wandung ab.* („Studien", S. 213). Die zahlreichen Keramikfunde haben nun zwar eindeutig belegt, daß das Gebiet der Roßzähne in der Eisenzeit möglicherweise dicht besiedelt war, doch Genaueres wissen wir nicht. Lunz: *Eine planmäßige Erforschung der Höhe steht noch aus* („Studien", S. 213). Infolge des völligen Fehlens von Wasser im oberen Bereich der langgezogenen Kuppe erstaunt die Vielzahl von Mauerresten und Behausungen; doch wird man wohl annehmen dürfen, daß diese nur zur Überwachung der Umgebung dienten, ähnlich den vielen sehr kleinen ummauerten Gruben drüben auf Castelfeder. Wie der von Innerebner beschriebene Steinwall andeutet, der sich am unteren Rand der Höhensiedlung um die ganze Kuppe herumzieht, wird es sich aber auch um eine relativ leicht zu verteidigende Schutzanlage gehandelt haben, in die sich die normalerweise wohl auf den tiefer liegenden, relativ wasserreichen Hangterrassen wohnenden Siedler bei Feindesgefahr zurückzogen.

Wie dem auch sei. Die ausgedehnte „Urwaldsiedlung" bei den Roßzähnen, an die sich eine kleinere auf dem niedrigeren, nur wenig südlich davon befindlichen Gmundner Kopf anschließt, bietet dem diesbezüglich Interessierten eines der schönsten Wanderziele in Südtirol. Was für die Forschung einen Mangel darstellt — nämlich die noch nicht erfolgte planmäßige Untersuchung durch Fachleute — ist für uns, die wir uns als Laien den uralten Wohnstätten nähern, von ganz besonderem Reiz. Denn so liegt noch viel Geheimnisvolles in dieser Wildnis, das zu eigenen Überlegungen und Gedanken anregt und der Phantasie noch viel Spielraum freiläßt.

W e g v e r l a u f

Vom Kreithsattel (390 m; hierher Asphaltstraße sowohl von Auer über Stadlhof als auch von Kaltern herauf; die Laimburg steht östlich unter dem Sattel) südwärts auf Weg Nr. 13/A zuerst am rebenumrankten Kreith-Hof vorbei, dann durch schönen Laubwald und dem gepflasterten Burgweg leicht ansteigend in einer knappen halben Stunde bis zu einem Waldboden, wo links der Weg zur Leuchtenburg abzweigt. Auf diesem erreichen wir in wenigen Minuten die Ruine. Dann zum Waldboden zurück und auf Weg 13/C (Schild „Roßzähne") südwärts größtenteils eben durch den Wald weiter (bei einer derzeit mangelhaft markierten Weggabel links bleiben!), an ersten runden Wohngruben und Mauerresten vorbei mäßig steil hinauf zu den Roßzähnen und den Siedlungsresten. Nach deren Besichtigung, für die man, wenn man will, Stunden aufwenden kann, am sichersten wieder auf dem gleichen Weg zurück. Wer aber das unwegsame Dickicht nicht scheut, kann auch nach eigenem Gutdünken weglos und leicht rechtshaltend westseitig absteigen, wobei weitere Mauerreste zu finden sind, und dann auf einem anderen (nicht markierten) Weg nordwärts wandern, um schließlich wieder den mit 13/C markierten Weg und den Ausgangspunkt zu erreichen.

G e h z e i t e n

Aufstieg (Kreithsattel — Leuchtenburg — Roßzähne): 1½ Std.
Abstieg (Roßzähne — Kreithsattel): 1 Std.

K a r t e n   u n d   L i t e r a t u r

Kompaß-Wanderkarte 1:50.000, Bl. 74 (Termeno-Salorno-Cavalese); Freytag-Berndt-Wanderkarte 1.100.000, Bl. 45 (Bozen-Meran und Umgebung).
Innerebner: Die Wallburgen Südtirols, Bd. 2; Langes: Überetsch und Bozner Unterland; Lunz: Studien; Lunz: Ur- und Frühgeschichte Südtirols; Mahlknecht: Südtiroler Gebietsführer, Bd. 20.

37. Urweg zum „Großen Stein" oberhalb Kurtatsch (Bildteil S. 106)

Kurtatsch kann als eines der schöngelegenen Weindörfer des Südtiroler Unterlandes bezeichnet werden. Etwa 120 m über der breiten Etschtalsohle auf einer leicht ansteigenden Hangterrasse in außerordentlich sonniger und aussichtsreicher Lage scharen sich die mit viel Sinn für harmonische Architektur erbauten Weinbauernhöfe aneinander, umgeben von ausgedehnten Weingütern. Am Rande des Ortskerns und am äußersten Rand der gegen das Etschtal steil abbrechenden Hangterrasse steht die Pfarrkirche (im 18. Jh. berühmte Wallfahrt) mit ihrem schönen romanischen Turm. Es ist dies ein geschichtlich sehr bedeutsamer Platz, weist doch schon allein die Tatsache, daß die Kirche dem heiligen Trienter Bischof Vigilius geweiht ist, auf ein viel höheres Alter hin, als dies die erste urkundliche Erwähnung (1337) vermuten läßt. Diese Annahme wurde untermauert von der Volksüberlieferung, die an der Stelle der heutigen Kirche einst einen heidnischen Tempel wissen wollte — eine Volksmeinung, die auch anderwärts zu finden ist, oft aber nicht überprüft werden kann. In Kurtatsch aber scheint sie sich bestätigt zu haben: Im Jahre 1860 wurde bei Aushubarbeiten neben der Kirche tatsächlich eine Marmorstatue des römischen Gottes Merkur ausgegraben. Der heute im Archäologischen Museum in Trient zu besichtigende Torso ist zwar der berühmteste, aber keineswegs der einzige römische Fund von Kurtatsch, wie auch in der ganzen Umgebung immer wieder römische Funde — so ein Gräberfeld zwischen Kurtatsch und Tramin, weitere römische Gräberreste in Margreid und römische Münzen in Kurtinig — ans Tageslicht gekommen sind. Im Gegensatz hiezu aber *wirkt das urgeschichtliche Fundnetz ungleich weitmaschiger. Dies mag aber wieder damit zusammenhängen, daß eine planmäßige Erforschung der urzeitverdächtigen Plätze jener Siedlungslandschaft noch aussteht* (Reimo Lunz in „Ur- und Frühgeschichte Südtirols", S. 69). Andererseits aber haben wir gerade hier, und zwar bei Rungg, auf halber Strecke zwischen Kurtatsch und Tramin, einen der bedeutendsten prähistorischen Funde Südtirols zu verzeichnen, nämlich den berühmten *Figurenmenhir von Tramin,* der heute im Tiroler Landesmuseum Ferdinandeum in Innsbruck steht. Die Bezeichnung Menhir von „Tramin" ist zwar nicht ganz richtig, denn der Stein wurde im Gemeindegebiet von Kurtatsch aufgefunden, doch hat sie sich mittlerweile in der Literatur fest eingebürgert. Der 181 cm hohe Stein kam bereits im Jahre 1886 zum Vorschein und war damit der erste in Südtirol gefundene Menhir. Erst viel später wurden die übrigen sechs bis heute bekannten Stelen gefunden: 1932 bzw. 1942 die vier Algunder Menhire (vgl. Nr. 7), 1952 jener von St. Verena (Nr. 22) und 1955 der Menhir von Tötschling (Nr. 17). Der Traminer Menhir besteht aus Sandstein und unterscheidet sich von den fünf anderen „männlichen" (ein Algunder Menhir ist „weiblichen Geschlechts") Südtiroler Menhiren dadurch, daß die Oberkante nicht flach abgeplattet, sondern kegelförmig zugespitzt ist. Was jedoch die eingemeißelten Figuren betrifft, entspricht er weitgehend den anderen; auch beim Traminer Menhir finden wir die geraffte Gürteldarstellung, geschäftete Flachbeile (2), die typischen Dreikantdolche (3) sowie den — beim Traminer Menhir besonders schön gearbeiteten — Halskragen. Eine sichere Deutung der Menhire ist bis heute noch nicht endgültig gelungen, doch sieht die Wissenschaft in ihnen Götterbilder in menschenähnlicher Gestalt und datiert sie in etwa in die Zeit zwischen 2200 bis 1900 v. Chr. und damit noch in die letzte Phase der Steinzeit. — Ebenfalls seit dem Ende des vorigen Jahrhunderts kennt man als weitere urgeschichtlich bedeutsame Stelle den Burghügel von Entiklar südöstlich von Kurtatsch. Hier wurden verschiedene Funde aus der Bronzezeit und aus der jüngeren Eisenzeit ans Tageslicht gefördert, so getriebene Bronzeblechfragmente, Tonscherben, Lanzenspitzen, Beile und „Runggeln" (Haumesser). Dies war aber bis vor kurzem ziemlich alles, was an vorgeschichtlichen Funden in unserem Gebiet bekanntgeworden war. Erst in neuerer Zeit beginnt sich das Dunkel ganz allmählich aufzuhellen. 1972 wurden südlich von Margreid auf der Hangterrasse „Punggl" Siedlungsspuren aus der Jungsteinzeit und Bronzezeit aufgedeckt. Ebenfalls 1972 entdeckte Luis Hauser aus Kurtatsch in 1100 m Höhe am sogenannten Fennhals eine bronzezeitliche Schmelzstätte mit vielen Kupferschlacken. Bei genauerer Untersuchung der Stelle durch Dr. Lunz konnten *unter einer meterdicken Schicht tauben Gesteins die Ausläufer einer mächtigen, mit Holzkohle und Tonscherben durchsetzten Schlackenhalde* („Ur- und Frühgeschichte Südtirols", S. 70) erfaßt werden. Lehmstücke deuteten auch die Nähe eines Schmelzofens an. Da es im Umkreis von drei Gehstunden kein natürliches Kupfererz gibt, wirft diese Schmelzstätte noch zahlreiche Fragen auf. Schließlich konnte 1974 als vorläufig letzte Urzeitstätte von Dr. Martin Schweiggl aus Kurtatsch eine ebenfalls bronzezeitliche Wallburg am Fennberg entdeckt werden mit einem bemerkenswerten, aus dem Fels gemeißelten, runden Wassersammelbecken.

Mit diesem Wissen ausgestattet können wir nun den Aufstieg von Kurtatsch nach Graun antreten. Dabei folgen wir dem schönen, mit Dolomitsteinen gepflasterten uralten Weg, der im untersten Teil zwar der Fahrstraße weichen mußte, sonst aber noch in ursprünglichen Zustand erhalten geblieben ist und eine besonders im Frühjahr oder Herbst außerordentlich hübsche Wanderung bietet. Auf diesem Weg erreichen wir Graun im Südtiroler Unterland (zur Unterscheidung von Graun im Vinschgau); einige Häuser liegen da am Rande einer der schönsten Sonnenterrassen Südtirols, auf der sich grüne Wiesen ausbreiten, und an deren den Häusern gegenüberliegendem Rand, nahe am Abbruch gegen das Etschtal und in aussichtsreichster Lage, die schöne Kirche St. Georg inmitten eines lichten Wäldchens aus Lärchen, Birken und Robinien steht. In der Kirche (romanischer Turm um 1200) steht seit 1792 der Altar (Hauptbild von Josef Anton Kessler, 1713) der unter Josef II. profanierten und heute bis auf einen Mauerrest („Georgenturm") verfallenen Kirche St. Georg bei Oberplanitzing. Man wird wohl annehmen dürfen, daß es sich bei der Georgskirche von Graun um ein sehr altes Heiligtum handelt; darauf deutet sowohl ihre Lage als auch die Tatsache hin, daß sie dem hl. Georg geweiht ist. Seltsam mutet an, daß die Kirche von den Häusern von Graun so weit entfernt steht; und man kommt unwillkürlich zur Überlegung, daß hier vielleicht eine vorgeschichtliche Kult- und Siedelstätte zu suchen wäre. Wie bereits erwähnt, ist in dieser Hinsicht die ganze Gegend noch sehr wenig erforscht, doch gerade die Entdeckung des vorgeschichtlichen Schmelzplatzes am Fennhals gibt zur Frage

Anlaß, ob es etwa einen inneren Zusammenhang zwischen dem alten Übergang von Kurtatsch über Graun ins Val die Verdes im Nonsberg und der Schmelzstätte geben könnte. Denn es fällt auf, daß nicht nur dieser sicher uralte Weg *Eselsteig* genannt wird, sondern am Weg von Kurtatsch herauf in einer Felsnische ein Barbarabild und oben am höchsten Punkt des Überganges, in fast 1700 m Höhe, ein Bildstock steht, der ebenfalls der Patronin der Bergleute geweiht ist. Vor allem fällt aber jener mächtige Schieferblock auf, der der eigentliche Anlaß zu unserer Wanderung ist. Dieser rund 180 cm lange, 130 cm breite und 75 cm hohe, längsovale erratische Block ist zweifelsohne einer der bedeutendsten Schalen- und Bildsteine in Südtirol. Nach den Angaben Hallers („Die Welt der Felsbilder in Südtirol" S. 205) sind in die ebene Oberfläche des Steines 53 Schalen eingetieft; davon 16 konisch gebohrt und 37 flach gerieben. Außer diesen Schalen trägt er in neuerer Zeit eingraviertes Flammenherz, zwei Kreise, am Rand die Hälfte eines Kreises, drei Geradkreuze, verschiedene schalenverbindende Rillen, zwei schiffs- oder schlittenähnliche Figuren sowie ein linksdrehendes Hakenkreuz. Über diesen Schalenstein ist in der Literatur schon mehrfach berichtet und gerätselt worden. Nachdem ihn Luis Hauser im „Schlern" 1972, S. 206 erstmals beschrieben hatte, beschäftigte sich auch der bekannte Urzeitforscher Luis Oberrauch mit dem Stein: *Der Künstler, dem der „Große Stein" Schalen, Herz und Kreuz verdankt (das Kreuz wurde erst in neuerer Zeit, wo Hakenkreuz vorübergehendes Symbol wurde, zum Hakenkreuz ergänzt), ist der heute noch sehr rüstige 85jährige Bauer Gottfried Brunner aus Graun, der um 1898 herum beim Ziegenhüten zum Zeitvertreib, wie er mir erzählte, mit einem spitzen Eisen und einem Hammerle, Grüeblen, Herz und Kreuz in den Stein „peckte". — Und so wie Gottfried Brunner wird es wohl Generationen gegeben haben, die zum Zeitvertreib unbewußt solche Kultstätten mit Schalen, die zu Sternbildern gedeutet wurden, Kreuze und andere fragliche Symbole schufen, nicht ahnend, was sie damit der leichtgläubig-phantasiereichen Nachwelt für harte Nüsse zu knacken gaben* („Schlern" 1972, S. 525 sowie „Schriften zur Urgeschichte Südtirols", S. 125). Damit wäre das verzwickte Schalensteinproblem, mit dem sich zahllose Gelehrte in den verschiedensten Ländern seit langem herumschlagen, gelöst, wenn die Sache nicht doch komplizierter wäre. Reimo Lunz hiezu: *Im Falle des „Großen Steins" von Graun bei Kurtatsch wurde Oberrauch allem Anschein nach bewußt oder unbewußt falsch informiert; es ist einerseits kaum anzunehmen, daß dieser mächtige Stein 1860 seinen Standort gewechselt hat (wie Oberrauch zudem erfahren hatte), andererseits wird man nicht umhin können, den eindrucksvollen Schalenstein als vorgeschichtlich anzusprechen... Jedenfalls geben uns die Urkunden zu denken, die im 13. und 14. Jahrhundert eine „petra grossa" (Großer Stein) „in pertinentiis Termeni" erwähnen* (in Oberrauch, „Schriften zur Urgeschichte Südtirols", S. 18). Dies also die Ansicht eines anerkannten Archäologen. Der bekannte Schalensteinforscher Franz Haller ging der Sache nach und befragte ebenfalls Gottfried Brunner, der diesmal zugab, nur das Herz und das kleine Kreuz daneben eingraviert zu haben; Haller: *Das Hakenkreuz hat Brunner nicht verändert... Brunner betonte ausdrücklich, daß bereits vor seiner Tätigkeit am Stein alle anderen Zeichen vorhanden waren. Das Urteil Oberrauchs über die Wertung der Zeichen am Bildstein von Graun ist daher entsprechend einzuschränken* („Die Welt der Felsbilder in Südtirol", S. 199). Dem wird man wohl zustimmen müssen. Wissen wir doch, daß das — meist linksdrehende — Hakenkreuz außer in Europa auch in Afrika, Mittelamerika, Polynesien und Asien (vor allem in Indien) als uraltes Glücks- oder Sonnensymbol (laufendes Sonnenrad) vorkommt; so beispielsweise in der Indus-Kultur bereits um 2500 v. Chr. Zum sogenannten „Hitler-Kreuz" (worauf Oberrauch wohl anspielt) wurde es erst, nachdem das alte Symbol in falscher Auslegung als Abzeichen der „Ario-Germanen" hingestellt worden war. — In diesem Zusammenhang müssen wir noch kurz zur Georgenkirche zurückkehren, denn dort finden wir über der Spitze des gotischen Portals (lt. Weingartner 2. Hälfte 14. Jh.) eine ebenfalls linksdrehende hakenkreuzähnliche Figur (allerdings mit 7 statt nur mit 4 Speichen), die sich aufgrund der gegenüberliegenden Darstellung des Mondes eindeutig als Sonnensymbol ausweist. — Zurück wieder zum „Großen Stein". Daß das Flammenherz neueren Datums ist, ist nicht anzuzweifeln; rätselhaft sind dagegen jene beiden Figuren, die Haller eindeutig für Schiffsdarstellungen hält und dazu vermerkt. *Schiffsdarstellungen wurden bisher nur in ganz seltenen Fällen in den Alpen (Österreich, Höll) festgestellt im Gegensatz zu Skandinavien, wo diese Felszeichnung massenhaft angetroffen wird.* Haller nennt in diesem Zusammenhang auch die erwähnte Monddarstellung an der Kirche als ein *nordisches Zeichen*. Das Hakenkreuz datiert Haller in die Bronzezeit, was auf einen möglichen Zusammenhang des Steines mit den übrigen erwähnten bronzezeitlichen Siedlungen hindeuten könnte. Ob auch eine Beziehung zum bronzezeitlichen Schmelzplatz und zum merkwürdigen „Barbara-Weg", also zu einem vorgeschichtlichen Bergbau anzunehmen ist, bleibt vorläufig dahingestellt. Immerhin scheint es aber erwähnenswert, daß sich am Eingang eines Bergwerkstollens in Pflersch (vgl. Nr. 14) ebenfalls linksdrehende Hakenkreuze befinden. Rätsel gibt auch die Lage des „Großen Steins" auf. Denn Luis Hauser konnte durch die Untersuchung des Bodens unter dem Stein nachweisen, daß er ursprünglich nicht hier, am alten Grauner Weg, lag, sondern irgendeinmal hierher verbracht wurde. Aber weshalb? Wo wäre die Stelle zu suchen, an der man ihn eines Tages nicht mehr haben wollte? Unwillkürlich denkt man an die Stelle der heutigen Kirche, in deren Nähe auffallende Bodenwellen auf unterirdische Mauern oder Steinwälle hindeuten. Bildete der Stein dort ein vorchristliches Heiligtum, das dann durch ein christliches ersetzt wurde? Und hat man den Stein nicht zerstört oder hinabgestürzt, sondern nur an eine andere Stelle verbracht, weil man von seiner Nutzlosigkeit doch nicht so ganz überzeugt war? Wir wissen es nicht. Doch gibt es wohl kaum einen Zweifel daran, daß dieser „Große Stein" von Graun ein bedeutendes Denkmal vergangener Jahrtausende ist, unter Denkmalschutz gestellt und auf keinen Fall beschädigt werden sollte!

Wegverlauf
Vom Hauptmann-Schweiggl-Platz in Kurtatsch (332 m) folgen wir der Markierungsnummer 1/2 auf der schmalen, nur wenig befahrenen Straße südwärts und steigen zu den Häusern von Unterrain (408 m) an. Hier Wegzeiger. Nun nach rechts zur Hauptstraße und dieser (Markierung 1) knapp 10 Min. entlang bis zu einem links stehenden Haus, wo rechts der alte Fußweg abzweigt. Auf diesem (teilweise schön gepflastert mit Fahrrillen) in schöner Wanderung nur leicht ansteigend hinauf zum Rand der Grauner Hochfläche, wo unmittelbar neben dem Weg der „Große Stein" liegt. Kurz weiter und hinüber zur Kirche St. Georg (781 m).
Von der Kirche nun wenige Schritte nordwärts zu dem von Graun herüber kommenden Weg Nr. 5 (sog. „Lochweg"), auf diesem nordostwärts am Rand der Hochfläche durch Buschwald entlang, nach ca. 15 Min. durch das „Grauner Loch", eine wildromantische Felsenge, kurz steil hinab und durch Laub- und Föhrenwald weiter bis zur Wegkreuzung. Hier scharf rechts ab und auf dem mit WK markierten Weg durch Weingüter und Buschwald leicht absteigend und zuletzt eben zurück nach Kurtatsch.

Gehzeiten
Aufstieg (Kurtatsch — Graun): 1½ Std.
Abstieg (Graun — Grauner Loch — Kurtatsch): 1½ Std.

Karten und Literatur
Kompaß-Wanderkarte 1:50.000, Bl. 74 (Termeno-Salorno-Cavalese); Freytag-Berndt-Wanderkarte 1:100.000, Bl. 45 (Bozen-Meran und Umgebung).
Haller: Die Welt der Felsbilder in Südtirol; Langes: Überetsch und Bozner Unterland; Lunz: Ur- und Frühgeschichte Südtirols; Oberrauch: Schriften zur Urgeschichte Südtirols; Schweiggl: Südtiroler Gebietsführer Nr. 17; Weingartner: Die Kunstdenkmäler Südtirols, Bd. 2.

38. Castelfeder — das „Arkadien Tirols" (Bildteil S. 108)

Castelfeder wird jener langgezogene Hügel genannt, der sich zwischen Auer und Neumarkt im Südtiroler Unterland erhebt; mit seinen eindrucksvollen Eichenhainen auf der südlichen Vorterrasse, seinen Ruinenresten und Mauern auf der eigentlichen Hügelkuppe, an deren Hängen sich nur einzelne Eichen und etliches Gebüsch behaupten, sonst aber vorwiegend stark felsdurchsetztes Weidegebiet sich ausbreitet — mit all dem gehört Castelfeder zu den eigenartigsten Landstrichen Südtirols. Das bei einer Nord-Süd-Ausdehnung von rund 1600 m und einer Breite von etwa 600 m über einen Quadratkilometer große, naturkundlich, geschichtlich, sagenkundlich und landschaftlich gleichermaßen einmalige Gebiet wird dank guter, vom Aurer Alpenverein angebrachter Markierungen immer mehr auch von Wanderern aufgesucht.
Der Hügel, dessen Höchstpunkt mit 405 m Seehöhe angegeben wird, erhebt sich im Westen mit teilweise steilen Felsflanken aus den weiten Obstgütern der Etschtalsohle (250 m) und ist im Osten durch einen 340 m hohen Sattel, den der Bahndamm der einstigen Fleimstalbahn überquert, mit dem Hang von Montan verbunden. In Einsenkungen des aus Bozner Porphyr aufgebauten Hügels liegen der Langensee, der Wurmsee und der Schwarzsee, drei kleine Wasseransammlungen mit typischer Wasserfauna und -flora (unter anderem die weiße Seerose), die im Spätsommer allerdings meist fast austrocknen.
Die Naturverhältnisse von Castelfeder sind gut erforscht: Die Arbeit von Viktor Malfér, dessen Vater gleichen Namens den Hügel 1909 als Vorzeitstätte entdeckte (siehe Literatur), zählt neun verschiedene Baumarten, 13 Sträucherarten, 19 verschiedene Gräser und nicht weniger als 124 weitere Pflanzenarten auf (darunter Bergküchenschelle, Binsen, Minzen, Steinbreche, Veilchen, Ehrenpreis, Fingerkraut, Königskerze, Mauerpfeffer, Steinnelke). Die Fauna dagegen wird als *bescheiden* bezeichnet. Typische Vertreter sind verschiedene Hautflügler, Käfer, Tag- und Nachtfalter, Eidechsen (auch die Smaragdeidechse), Spinnen, Heuschrecken, Blutegel, Frösche und Kröten und — als Besonderheit — die Gottesanbeterin, die hier „Maringgele" genannt wird.
Von dem Getier sehen wir auf unserer Wanderung über Castelfeder aber nicht sehr viel. Auffallender sind schon die verschiedenen Blumen, die knorrigen Eichen oder die riesige, einmalig schön gewachsene Platane an der Südterrasse. Den Sommer über weiden Kühe, Pferde, Ziegen und Schafe auf dem Rabenkofel — wie die Hügelkuppe auch genannt wird —, zuweilen fliegen auch Schwäne, Reiher, Störche oder ein Seeadler darüber hinweg, dem Kalterer See zu.
Das Bedeutendste an Castelfeder aber sind zweifellos die Reste einstiger Besiedlung. Wir begegnen ihnen auf Schritt und Tritt, und man könnte hier tagelang kreuz und quer wandern und da-

bei immer wieder Neues entdecken. Wenn auch die Kuppenhöhe selbst diesbezüglich die auffallendsten Sehenswürdigkeiten bereithält, so begegnen wir auch auf der südlich vorgelagerten Hangterrasse, die als „großer Kral" oder als „Kührast" bezeichnet wird, sich auf einer Seehöhe von rund 300 m ausbreitet und eine Ausdehnung von rund 0,5 km² besitzt, manchen Spuren einstiger Besiedlung. Wer sich die Zeit nimmt und das Gebiet aufmerksam durchwandert, findet zahlreiche runde Gruben, die von kleinen lockeren Trockenmauern umgeben sind, er findet alte Wegspuren, an einem Felsen ein eingemeißeltes kleines Kreuz, eine Kuppe, die man den „Galgenbühel" nennt, noch gut erhaltene, lange Umfriedungsmauern, eine Quelle als *wichtigstes Element für die Bewohnbarkeit* (Malfèr) und einen (heute verschollenen?) Felszahn, der als Ortungshilfe für den Aufgang der Sonne an den Sonnenwendtagen gedeutet wurde. Der Bericht Georg Innerebners, des Entdeckers der Siedlungsspuren auf dieser ausgedehnten Grasfläche mit überaus schönen Eichenhainen, spricht von einer *Großraumsiedlung, die nicht weniger als 167, von einem megalithischen Mauerwall umschlossene Häusergrundrisse umfaßt;* und weiter: *Sie war, wie aus den dort getätigten Funden zu entnehmen ist, seit der Hallstattzeit über die Römer (Endidae!) bis zu den Langobarden dauernd besiedelt und bildete einen der wichtigsten Stützpunkte der Via Claudia Augusta.* Nach dem Urteil von Reimo Lunz allerdings *bleibt die Frage noch zu entscheiden, ob die zahlreichen Hausgrundrisse... der römischen Zeit oder schon dem Frühmittelalter angehören* („Ur- und Frühgeschichte Südtirols", S. 68). Immerhin wurde im sogenannten Ketzertal, einem langgezogenen Einschnitt im Südosten unseres Hügels, wo auch der Verlauf einer einstigen Römerstraße vermutet wird, die über den Ostsattel nach Auer geführt habe, ein Meilenstein des römischen Kaisers Gratianus (der 367—383 regierte) aufgefunden.

Die bedeutendsten Sehenswürdigkeiten finden wir aber, wie bereits erwähnt, auf der kleinen Hochfläche, die sich auf dem Höchstpunkt des Hügels ausbreitet. Da wir Auer als Ausgangspunkt für unsere Wanderung wählen, erreichen wir die Kuppenhöhe, bevor wir zur beschriebenen Südterrasse absteigen. Unser schöner Weg erreicht zunächst eine hohe, noch relativ gut erhaltene Mauer; sie *dürfte zu dem mächtigen Bering einer römischen Festungsanlage gehören, von der man bei genauerer Beobachtung rings um die ganze Kuppe immer wieder die Fundamente von Pfeilern sehen kann* (Malfèr). Wenig oberhalb des Weges erheben sich ebenfalls noch hohe, aber rasch dem endgültigen Verfall entgegengehende Mauerreste, die möglicherweise dem frühmittelalterlichen Schloß Alt-Enn, von dem noch die Rede sein wird, angehört haben könnten, während der auf dem höchsten Punkt noch befindliche Turmstumpf infolge des sogenannten Fischgrätenmusters, einer eigenartig geschichteten Mauertechnik, den Langobarden zugeschrieben wird. Schließlich fällt noch in der Nähe des Turmstumpfes ein langer Steinwall auf, der als der letzte Rest einer urgeschichtlichen Befestigung bezeichnet wurde. Allerdings ist dazu zu sagen, daß die heutige Forschung viele solcher bisher als prähistorisch angesehenen Wälle eher in das Frühmittelalter datiert. Dagegen entdeckt man weiter nördlich im Grasboden eine von einem kleinen Graben begleitete, wallartige langgezogene Geländewelle, die auf einen unterirdischen, wohl sehr alten Mauerzug schließen läßt.

Am südlichsten Rand der Kuppenfläche befinden sich weiters die sogenannten „Kuchelen", ein Mauerrest mit drei Rundbögen, möglicherweise auch ein Rest der erwähnten römischen Ringmauer (Bild S. 111). Und unweit davon, auf dem südlichen Höchstpunkt, steht noch eine weithin sichtbare Wand der ehemaligen Barbarakapelle (Bild S. 109), deren Grundriß aus romanischer Epoche (1100 n. Chr.) stammt. In den Mauertrümmern dieser Kapelle, die nach einer alten Chronik bereits 939 gestanden sein soll, wurde ein zweiter römischer Meilenstein gefunden, dessen Inschrift Crispus, den ältesten Sohn Konstantins nennt und somit aus der Zeit um 320 n. Chr. stammen muß. Außerdem wurde im selben Trümmerwerk ein Votivstein aus rotem Marmor entdeckt, dessen Inschrift auf eine ehemalige Kultstätte schließen läßt. Daß die Barbarakapelle einst zum Schloß Alt-Enn gehörte, wird aus guten Gründen vermutet, urkundlich belegt dagegen ist (Gottesdienstordnung von 1746), daß das Heiligtum, in dessen Nähe noch die Mauerreste einer einstigen Einsiedelei zu sehen sind, noch um die Mitte des 18. Jh.s für die Aurer Bevölkerung beachtliche Bedeutung hatte, wurde doch dreimal jährlich, und zwar am 4. Sonntag nach Ostern, am 26. Juni (St. Vigil) und am 4. Dezember (St. Barbara) hinaufgepilgert, um dem dort zelebrierten Amt mit Predigt und Vesper beizuwohnen; am Vigiliustag wurden auch Kerzen zur Abwendung von Hagel und Ungewitter geweiht. Um 1785 allerdings ging die Kapelle anscheinend bereits ihrem allmählichen Verfall entgegen. Welche Bedeutung einst das ursprünglich dem hl. Vigil und Lorenz geweihte Heiligtum besaß, ermessen wir an ihrem heute im Bozner Stadtmuseum befindlichen, besonders fein gearbeiteten gotischen Schnitzaltar von Hans Klocker (um 1500).

Neben diesen auffallendsten Sehenswürdigkeiten besitzt Castelfeder aber auch noch einige, die nicht sosehr ins Auge springen und der Forschung immer noch ungelöste Rätsel aufgeben. Unweit des „Langobardenturms" befindet sich im Porphyrgestein eine eindeutig von Menschenhand herausgemeißelte, ca. 170 cm lange, 70 cm breite und 45 cm tiefe Felswanne. Sie ist nach Regentagen stets mit Wasser gefüllt und wird wohl deshalb im Volksmund als „Badewanne" bezeichnet (s. Bild S. 109). Lukan spricht zwar nicht nur von einer, sondern von *vielen Wannen,* doch dürfte es sich dabei wohl — bis auf die eine oder höchstens noch eine zweite bei der Rutschbahn

211

— um natürliche Vertiefungen im Felsen handeln, ähnlich jenen auf dem „Ölknott" bei Bozen (vgl. Nr. 12) oder auf dem Pinatzkopf bei Brixen (Nr. 19). Weiter südlich, und zwar nahe den erwähnten „Kuchelen", der Mauer mit den drei Rundbögen, erhebt sich ein breiter Felsen mit einer schrägen, glattgescheuerten Rutschbahn (Bild S. 111), in die ein kleines Kreuz eingemeißelt ist (die bei Haller und Lukan erwähnte *Kultschale* ist wohl kaum als solche zu betrachten). Auf dem Felsen mit der Rutschbahn ist zudem noch ein zweites, allerdings gleicharmiges Kreuz, anscheinend jüngeren Datums, eingemeißelt. Zur Frage der Rutschbahnen vgl. S. 58.
Wovon im Schrifttum bisher nur selten die Rede ging, das sind die Schalensteine von Castelfeder (Haller nennt nur jene von Piero Leonardi aufgefundenen und eine bei der Barbarakapelle; Lukan dagegen spricht von *Schalensteinen an markanten Punkten*). Bei Besuchen der Kuppe im November 1979 konnte der Verf. insgesamt 13 Schalen ausfindig machen, wovon eine oder zwei auch natürlichen Ursprungs sein könnten. Alle übrigen aber sind eindeutig von Menschenhand geschaffen. Alle sind in den anstehenden Porphyr eingetieft. Die erste befindet sich in einem Felsen westlich unweit des Weges, der von der beschriebenen hohen Mauer südwärts zur Barbarakapelle zieht, die zweite etwas weiter südlich am Westrand der Kuppenfläche, die dritte (von Haller beschriebene) am Südrand in einem auffallenden Felsen zwischen der Kapelle und den „Kuchelen". Die übrigen liegen ebenfalls in diesem Bereich, aber einige Meter tiefer. Während die übrigen Schalen einzeln liegen, scharfe Ränder aufweisen und eher herausgemeißelt als gerieben erscheinen und sich dadurch von den meisten anderen Schalen in Südtirol unterscheiden, finden wir in einem flachen Gletscherschliff eine Gruppe von drei seichteren und möglicherweise geriebenen Schalen mit abgerundeten Rändern. Die größeren Schalen (mit Durchmessern um 10 cm und Tiefen um 4—7 cm) befinden sich durchwegs an erhöhten Felsen und flachen Stellen, so daß sie zur Aufnahme von Brennstoffen und damit als Lichtträger sehr geeignet und geradezu für diesen Zweck geschaffen erscheinen. Die Schalen der Dreiergruppe sowie einige weitere, kleinere, befinden sich zum Teil auch an leicht geneigten und an überhaupt nicht hervortretenden Stellen.
Wie auch die in diesem Buch mehrfach behandelte Schalensteinfrage, so gibt auch die erwähnte Felswanne noch immer Rätsel auf. Zwar ist sie nach Ansicht von K. M. Mayr *wohl nur für Wasserspeicherung angelegt* („Schlern" 1965, S. 305) und lt. Viktor Malfèr ist es unklar, ob sie nur ein Wassertrog oder *ein Rest einer alten Kult- oder Opferstätte* ist, doch sei hier der dem Verf. aufgefallene Falz einer Deckplatte erwähnt, wie er bekanntlich als charakteristisches Merkmal für frühgeschichtliche Felsengräber in den Westalpen gilt (vgl. hiezu Mayr a. a. O.).
Im Zusammenhang mit den bisher drei bekannten Kreuzen und den 13 Schalen von Castelfeder ist noch eine Sehenswürdigkeit zu nennen, die unter den Felszeichnungen Südtirols einmalig war, aber anscheinend in den letzten Jahren beim Bau von Wohnhäusern zerstört wurde. Es handelte sich dabei um zahlreiche (mindestens an die 40) Schalen verschiedener Größe, von denen eine inmitten einer kreisrunden Rille lag (Sonnensymbol?) und zwei oder drei weitere, die anscheinend durch eine gerade Rinne verbunden waren, sowie um merkwürdige geometrische Zeichnungen. Die Entdeckung dieser Felsbilder verdanken wir dem Archäologen Piero Leonardi von der Universität Ferrara, der auch im Fleimstal und im Valcamoncia Felsbilder entdeckt und die ersten Grabungen auf dem Schwarzhorn (vgl. Nr. 39) durchgeführt hat. Der von Leonardi bereits 1950 (möglicherweise dem Jahr seiner Entdeckung) abgefaßte Bericht erschien, ergänzt durch 7 Fotos und zwei Zeichnungen, im „Schlern", Jg. 1954, S. 102 ff. Auch in Hallers Buch „Die Welt der Felsbilder in Südtirol" sind Leonardis Zeichnungen reproduziert, jedoch nur sehr kurz beschrieben und unter falscher Angabe der Örtlichkeit. Denn die Felsbilder befanden sich nicht auf *einer Terrasse des Südabhanges* von Castelfeder, sondern am Hang, der von Castelfeder gegen Montan hinaufzieht, und zwar unter der von der Fleimstaler Straße abzweigenden und nach Neumarkt führenden Straße. Doch da, wie es scheint, die Felsbilder inzwischen zerstört worden sind, ist dies nur mehr von untergeordneter Bedeutung. Vielmehr sei hier auszugsweise der Bericht Leonardis wiedergegeben: ... *Daß die Felszeichnungen von Montan hinlänglich alt sind, wird dadurch erwiesen, daß besonders einige unter ihnen von den atmosphärischen Einflüssen derart mitgenommen sind, daß es oft schwerfällt, sie von der umstehenden gleichpatinierten Felsoberfläche zu unterscheiden. Im allgemeinen sind sie von beachtlichen Ausmaßen und manchmal tief eingegraben. Es scheint, daß ihre Ausführung durch Klopfen mit Metallwerkzeugen erzielt wurde. Es ist schwer, ihre Bedeutung zu erfassen. Zumeist handelt es sich um geometrische Figuren, die mit einer großen Anzahl von Schalen vergesellschaftet sind. Letztere erreichen ebenfalls ziemlich bedeutende Ausmaße. Unter den von verschiedenen Autoren aus anderen Gegenden gemeldeten Felszeichnungen sind Eingrabungen, die mit den unseren verglichen werden könnten, nicht sehr häufig. Ich erinnere an einige jener „reticolate" (Gitterwerk) genannten Darstellungen aus Val Camonica und an solche aus Valle delle Meraviglie am M. Bego, die entfernte Verwandtschaft aufweisen. Näher an die Felszeichnungen von Montan kommen, wie es scheint, einige von mir in der Umgebung von Paspardo in Val Camonica gefundene... Gravierungen heran.* Über das mögliche Alter der Felsbilder äußert sich Leonardi sehr vorsichtig, doch er meint: *Ich glaube, daß man im Hinblick auf die Nähe des Ringwalles von Castelfeder einen Bezug auf die Eisenzeit nicht ausschließen kann.*

Von dieser kurzen Abschweifung kehren wir nach Castelfeder zurück. Die Lage der im Zitat Innerebners bereits genannten römischen *mansio endidae*, die das *Itinerarium Antonini*, ein römisches Straßenverzeichnis aus dem Anfang des 4. Jh.s, verzeichnet, ist immer noch nicht geklärt. An das Gebiet der heutigen Ortschaft Auer wird gedacht, an die Burgruinen auf Castelfeder selbst, an die umfriedeten Wohngruben auf der Südterrasse, vor allem aber an das Gebiet des heutigen Neumarkter Ortsteiles Vill. Auch hinsichtlich der „Langobardenburg" auf Castelfeder ist man sich noch nicht einig. Der langobardische Geschichtsschreiber Paulus Diaconus nennt nähmlich ein *Castell Ennemase*, das 590 beim Frankeneinfall zerstört worden sei. Bisher sah man dieses *Ennemase* in den Bauresten auf Castelfeder, neuerdings setzte man diese Baureste jedoch eher mit der ebenfalls von den Franken zerstörten und von Paulus Diaconus erwähnten Burg *Fagitana* (= Eichholz) gleich und vermutet Ennemase irgendwo am Fuß von Castelfeder. In der Branderde, die unter der Grasnarbe anscheinend große Teile der Anhöhe bedeckt, wurden bei kleinen, aber fachgerechten Grabungen 1963 und 1964 unter anderem sechs verzierte Tonfragmente und ein Feuersteinabschlag aus der frühen Bronzezeit sowie eine verzierte Bronzefibel aus der älteren Eisenzeit gefunden, wobei *der Nachweis jüngerer „Laugener Ware" (inneralpine Keramik) von besonderer Bedeutung ist* (Lunz). Auch ein römischer Münzfund ist von Castelfeder zu verzeichnen. Reiches Fundmaterial dagegen, so unter anderem schöne Mosaikfußböden, gäbe es nach der Überlieferung bei Vill, also im Talboden südlich von Castelfeder, zu heben. Tatsächlich kamen dort bereits bedeutende römische Funde zum Vorschein; der Zusammenhang zwischen diesen und Castelfeder ist — wie Lunz in „Ur- und Frühgeschichte Südtirols" betont — allerdings erst noch zu klären.

Dasselbe gilt auch für den Namen Castelfeder. Von dem früheren, recht willkürlich gedeuteten *Castellum Foederis* (Bündnisschloß), das sich auf einen möglicherweise abgeschlossenen Vertrag zwischen Kimbern und Römern bezieht, ist von der Forschung inzwischen abgegangen worden. Eher denkt man an das 1203 urkundlich erwähnte *Castellum vetus de Egna* (altes Schloß der Enner) und neuerdings anscheinend auch an ein *Castel federa* (Schloß auf dem Schafhügel), also an die ladinische Bezeichnung für Schaf. Wie Gunther Langes in „Überetsch und Bozner Unterland" (S. 171) berichtet, besaßen die Fleimstaler tatsächlich über lange Zeiträume hindurch Weiderechte im Bereich von Castelfeder, die ihnen, wie Malfér in der genannten Arbeit mitteilt, vom hl. Vigilius, dem Bischof von Trient (390—405), verliehen worden sein sollen. Zu den zahlreichen Geheimnissen und offenen Rätsel gesellen sich noch verschiedene Sagen. Wie Malfér schreibt, der nicht weniger als acht verschiedene aufzählt, sei allen diesen Überlieferungen *etwas Dämonisches* zu eigen. So wurde ein Mann, der auf Castelfeder nach Schätzen suchte, von einem Geist bis nach Auer verfolgt und starb drei Tage später; ein anderer wurde von einer Feuerkugel verfolgt und ein dritter sah eine große Feuersäule. Ein Hirtenknabe fand einen Kegel jenes goldenen Kegelspiels, das einst eine heidnische Familie besaß, verwirkte sich jedoch den Fund eines Goldschatzes, indem er den Kegel einem Freund zeigte. Als einmal ein Zauberer bei der Schatzsuche sich vom Burggeist nicht verjagen lassen wollte, entstanden auf seiner Stirn drei giftige schwarze Blasen, und er mußte jämmerlich daran sterben. Einer Frau dagegen gelang es wirklich in einem tiefen Gewölbe den Goldschatz zu finden; sie eilte damit davon, vergaß aber dabei ihr mitgebrachtes Kind. Deshalb verwandelte sich das Gold in wertlose Kohlen, und das Kind blieb verschollen; erst ein Jahr später tauchte es wieder auf. Aber auch drei Faßbinder aus Auer fanden einst den Goldschatz, weil sie die Bedingung, kein Wort zu sprechen, erfüllten; als einem dann aber doch ein paar Worte entschlüpften, verschwand der Schatz wieder. Und schließlich berichtet die Sage auch von einem Zauberer, der die jungen Mädchen der Umgegend entführte, bis ihn ein starker Ritter, unterstützt von seiner tapferen Braut, besiegte. Darauf stürzte das Schloß des bösen Zauberers auf Castelfeder zusammen, während der Ritter und seine Braut Hochzeit feierten, vom Volk dankbar umjubelt.

Soweit in kurzen Worten die Sagen, die sich um den Hügel von Castelfeder ranken, aber als sogenannte Wandersagen größtenteils auch in verschiedenen anderen Gegenden angesiedelt sind. Der versunkene Schatz von Castelfeder ist jedenfalls noch nicht gehoben worden, doch verleitet er anscheinend auch heute noch manchmal Leute, die ein bekannter Vorzeitforscher wohl zu Recht als „Dummiane" tadelt, so wie anderenorts auch auf Castelfeder unsachgemäße Raubgrabereien vorzunehmen, wobei natürlich keine materiellen Schätze gehoben, wohl aber für die Wissenschaft wertvolle Befunde für immer zerstört werden.

Im folgenden wird nun eine Wanderung vorgeschlagen, bei der wir bis zu den Ruinen auf der Kuppenhöhe einem schönen, markierten Weg folgen können, der teilweise dem alten Burgweg entspricht. Der anschließende Abstieg zur großen Terrassenfläche an der Südseite und wieder zurück zum Ausgangspunkt ist zwar nicht markiert und wir können auch nur teilweise einem Weg oder Steig folgen, doch ist diese Rundwanderung für den durchschnittlich geübten Wanderer keineswegs schwierig oder gefährlich. Trotz der nur kurzen reinen Gehzeit tut man gut daran, für den Besuch des einzigartigen „Rabenkofls", wie eine uralte Bezeichnung für Castelfeder auch lautet, einen ganzen Tag zu veranschlagen. Denn kaum eine andere Landschaft lädt sosehr zum Schauen, Suchen und langen Verweilen ein wie Castelfeder.

Wegverlauf

Vom Hauptplatz in Auer (260 m) der Hauptstraße entlang etwa 200 Meter durch das Dorf südwärts, dann links (östl.) auf der Fleimstalstraße (Schild „Cavalese") ca. 500 m hinan. Kurz vor der ersten Linkskehre (bis hierher auch mit dem Auto; Parkmöglichkeit neben der Straße) zweigt rechts die Markierung Nr. 5/A ab. Wir folgen dem gut instand gehaltenen Steig, der uns am Nordhang des Hügels in mäßiger Steigung hinauf zu einem auffallenden Felsblock, dem sogenannten „Eckstein" (schöner Ausblick), und weiter meist durch Föhren- oder Eichenbestände hinauf zum ersten hohen Mauerrest führt. Bald darauf rechter Hand ein Felsblock mit einer unauffälligen Schale, und hier haben wir auch bereits die Höhe erreicht. Die Markierung führt zur weithin sichtbaren Restmauer der Barbarakapelle am südlichen Höchstpunkt (405 m) und zu den „Kuchelen" mit den drei Bögen. Die Felswanne, die Rutschbahn und die übrigen Schalensteine befinden sich in diesem Bereich und sind mit etwas Ausdauer nicht schwer zu finden. Wer es beim Besuch der Kuppenhöhe bewenden lassen will, kann auf der Nr. 5/A bis zu einer kleinen Ebene zurückwandern, dort die rechts abzweigende Nr. 5 einschlagen und durch ein kleines Tal auf einem schmalen, aber hübschen Steig zum Ausgangspunkt zurückkehren.

Lohnender allerdings ist es, von der Barbarakapelle südseitig auf unmarkierten Steigspuren durch den etwas steilen Hang unschwierig zur großen Südterrasse abzusteigen (wegen kleiner Felsabstürze ist etwas Vorsicht geboten), um auch die dort befindlichen Siedlungsreste zu besichtigen. Hier gibt es allerdings keinen genauen Wegverlauf und es sei dem Wanderer selbst überlassen, in den überaus schönen Eichenhainen, im Dickicht oder auf den ausgedehnten Gletscherschliffen nach vorgeschichtlichen Spuren zu suchen. Nach beendetem Streifzug schlagen wir Richtung Nordost ein, steigen also nicht mehr zur Höhe mit der Barbarakapelle empor, sondern umgehen den Hügel an seinem rechten (östlichen) Hangfuß, wobei wir auf einem guten Weg an einem Haus (Ferienheim) vorbeikommen und auf kurzer Asphaltstraße zur Fleimstaler Staatsstraße gelangen. Diese wird aber nicht betreten, sondern wir steigen links, nach wenigen Schritten auf die Nr. 5 treffend, durch ein kleines, teilweise mit dichtem Gebüsch bewachsenes Tal auf dem bereits oben erwähnten Steig ab und erreichen so schließlich den Ausgangspunkt.

Gehzeiten

Aufstieg (Auer — Barbarakapelle): ½—1 Std.
Abstieg (Barbarakapelle — Südterrasse — Auer): 1 Std.

Karten und Literatur

Kompaß-Wanderkarte 1:50.000, Bl. 74 (Termeno-Salorno-Cavalese); Freytag-Berndt-Wanderkarte 1:100.000, Bl. 45 (Bozen-Meran und Umgebung).
Haller: Die Welt der Felsbilder in Südtirol; Innerebner: Die Wallburgen Südtirols, Bd. 3; Langes: Überetsch und Bozner Unterland; Lona: Auer im Südtiroler Unterland; Lona: Wanderführer von Auer; Lukan: Alpenwanderungen in die Vorzeit; Malfér: Castelfeder — das Arkadien Tirols; Oberrauch: Schriften zur Urgeschichte Südtirols; Weingartner: Die Kunstdenkmäler Südtirols, Bd. 2.

39. Die Urzeitstätten Jochgrimm und Schwarzhorn (Bildteil S. 112)

Schwarzhorn (2440 m), Weißhorn (2316 m) und Zanggen (2492 m) bilden zusammen jene dreigipfelige, dem Latemarstock westlich vorgelagerte Berggruppe, die in der alpinen Literatur als Eggentaler Berge bezeichnet wird und geographisch noch zu den Dolomiten zählt, wenngleich — geologisch gesehen — nur mehr das Weißhorn noch einen Rest dolomitischer Gesteine trägt. Diese drei Berge ragen aus der ausgedehnten, größtenteils bewaldeten Hochfläche auf, in die zahlreiche Weiler und Dörfer (Aldein, Radein, Petersberg usw.) und auch zahlreiche Almrodungen eingestreut sind. Dieses prachtvolle Wandergebiet trägt allgemein die noch nicht befriedigend geklärte Bezeichnung Regglberg (seltener Reggelberg).

Wegen ihrer freien Lage sind die Eggentaler Berge als Aussichtswarten ersten Ranges bekannt, die leicht zu ersteigen sind und in den letzten Jahren auch für den Skisport durch Straßen und Liftanlagen erschlossen wurden. Ist der durch das Reiterjoch von der Latemargruppe getrennte Zanggen die höchste Erhebung unseres Dreigestirns, das Weißhorn die geologisch interessanteste, so ist das Schwarzhorn, der südlichste Berg Südtirols, besonders in vorgeschichtlicher Hinsicht hervorzuheben. Südseitig bricht die schöngeformte Porphyrpyramide mit sehr steilen Felsflanken gegen Cavalese im Fleimstal ab, im Norden ist sie durch den breiten Wiesensattel Jochgrimm mit dem Weißhorn verbunden und bildet mit diesem eine weithin sichtbare, frei aufragende Einheit. Fünf Jahre nach der aufsehenerregenden Entdeckung der vorgeschichtlichen Stätten am Schlern durch Luis Oberrauch und Gefährten, gelang Georg Innerebner, unterstützt von Herta Innerebner, eine ähnliche, wenn auch nicht ganz so bedeutende Entdeckung auf dem Gipfel des Schwarzhorns, das von den Bewohnern des Fleimstales „La Rocca" (= Die Burg) genannt wird. Diesen Namen führt der Gelehrte Piero Leonardi auf jene einstige Wallburg zurück, deren Reste nunmehr gefunden wurden („Schlern" 1952).

Georg Innerebner berichtet über die am 29. Juni 1950 gemachte Entdeckung im „Schlern" auf den Seiten 265—269 und im Bd. 3 seiner „Wallburgen Südtirols". Hier beschreibt er die Siedlungsreste als ein *unscheinbares, aber äußerst lehrreiches Musterbeispiel einer urgeschichtlichen Anlage.* Er berichtet von *Turmtrümmerresten, Mauerführungen unter Boden, Steinlammerführungen, die der Art nach auf freier Gipfelhöhe sein können,* von gut einem halben Dutzend *Wohngrubenmulden und Quergrabenmulden.* Bereits anläßlich der Entdeckung konnte der Forscher einzelne Keramikfragmente finden. Auf seine Einladung hin und unter seiner Mitwirkung erfolgte vom 26. bis 31. August 1951 eine planmäßige Grabung auf dem Berggipfel, die von Prof. Piero Leonardi von der Universität Ferrara geleitet wurde und an der sich fünf weitere Personen beteiligten. *Im höchsten Bereich der Gipfelfläche,* — so Leonardi in seinem Bericht im „Schlern" 1952 — *innerhalb des innersten Ringwalles und ebenso zwischen diesem und dem äußersten am Ostrand, sieht man einige runde Vertiefungen, deren Aushub zeigte, daß es sich hier um alte Wohngruben handelt, die den Wohngruben-Dörfern (villaggi a „fondi di capanna") der padanischen und venetischen Völkerschaften in den Metallzeiten entsprechen... In den drei ausgegrabenen Wohngruben und besonders in den beiden gegen Westen gelegenen sowie an anderen Stellen außerhalb dieser Gruben und hauptsächlich bei den Überresten einer Eckmauer sind viele Tonscherben gefunden worden. Die Keramik* — so der Archäologe weiter — *zeigt beachtliche Verwandschaft mit jener der vor- und frühgeschichtlichen Stationen des darunterliegenden Fleimstals, wenn sie sich auch durch einige Besonderheiten... davon unterscheidet. Dagegen hebt sie sich säuberlich von der Laugenkeramik ab, die in den benachbarten Stationen des Schlern vorherrscht...* Die den genannten Fundbericht ergänzenden Abbildungen zeigen insgesamt 52 Fundgegenstände, wobei die Keramikfragmente weitaus überwiegen. Aber auch *Wetzsteine aus Sandstein, Teile von Bronzenadeln, ein beachtenswerter kleiner Bronzedolch sowie die rote Perle einer Halskette* wurden gefunden.
Leonardi datiert — allerdings sehr vorsichtig — die Siedlung in die *Eisenzeit und wahrscheinlich in die La-Tène-Zeit* und kommt zu dem Schluß, daß sie *wahrscheinlich als eine jener Befestigungsanlagen zu betrachten ist, in die sich die Bevölkerung der Hochebene von Lavazè und Jochgrimm zurückzog zur Zeit von Stammeskämpfen oder während der aufeinanderfolgenden Einfälle fremder Völker...*
Die Archäologen Alberto Broglio und Reimo Lunz zweifeln allerdings am vorgeschichtlichen Alter der Wälle, Gräben und Gruben, nicht jedoch an jenem der Funde. Sie sehen in der Urzeitstätte am Schwarzhorn einen möglichen *Brandopferplatz späteisenzeitlicher Hirten* („Schlern" 1978).
Das Schwarzhorn ist zwar der höchste, aber nur einer der vielen prähistorischen Plätze und Fundorte des Regglberges. So wurden römische Münzen in Aldein und Weißenstein gefunden, so genannte Wallburgen gibt es in der Deutschnofener Gegend (vgl. auch Tour Nr. 32), bei Aldein, Birchabruck und Altrei, siedlungsverdächtig ist auch der Kirchhügel von Petersberg und einige weitere. Die aufsehenerregendste Fundstelle aber finden wir wieder im Bereich des Schwarzhorns, und zwar am Jochgrimm, dem erwähnten Wiesensattel, wo bereits Leonardi der eigentlichen Siedlungsort am Schwarzhorn nachgewiesenen Urbevölkerung vermutete. Allerdings reichen die zu den bedeutendsten im Alpenraum zählenden Funde um Jahrtausende weiter zurück als jene vom Schwarzhorn, und zwar in das Epipaläolithikum, d. h. in die mittlere Periode der Mittelsteinzeit. Funde ähnlichen Alters kennen wir in unserem Südtiroler Raum auch bereits aus anderen Gebieten, so u. a. vom Sellajoch, vom Langental in Gröden und vor allem vom Plan de Frea unterm Grödner Joch (vgl. Tour Nr. 23).
Im Gebiet der Eggentaler Berge fand als erster der Hobbyarchäologe Adolf Müller aus Kiel im Sommer 1975 am Reiterjoch *einige Feuersteingeräte, die dem Epipaläolithikum zugerechnet werden konnten* (Broglio-Lunz, „Schlern" 1978, S. 492 ff.; auch alle folgenden diesbezüglichen Zitate stammen aus dieser Abhandlung). Später machte hier auch Reimo Lunz ähnliche Funde (Bild S. 112; die Funde von Jochgrimm waren noch nicht erhältlich), und 1976 suchte der Geologe Dr. D. Rossi von der Universität Ferrara das Gebiet von Jochgrimm ab und fand wirklich auch einige derartige Feuersteingeräte. Dies veranlaßte nun das Landesdenkmalamt Bozen, eine größere planmäßige Grabung durchführen zu lassen, die vom 17. bis 31. 8. 1977 stattfand. Neben Prof. A. Broglio, Ordinarius für Paläontologie an der Universität Ferrara und Dr. Reimo Lunz, Vizedirektor des Bozner Stadtmuseums, nahmen noch insgesamt weitere zehn Fachleute der Geologie, Paläontologie, Geographie und Archäologie, alle von der Universität Ferrara, an der Ausgrabung in 1993 m Seehöhe teil. Die Teilnahme so zahlreicher und verschiedenartiger Fachgelehrten zeigt, welch höchste Ansprüche an eine sach- und zeitgemäße archäologische Grabung heute gestellt werden und wie unzulänglich und schadenanrichtend jede andere, von Laien durchgeführte Grabung zwangsläufig sein muß.
Nach zahlreichen Sondierungen wurde *eine größere Fläche, an der sich eine Verdichtung von Steingeräten abgezeichnet hatte, systematisch abgedeckt.* Unter einer 4 bis 7 cm starken Schicht kamen dann *kompakte, plastische Lehme, haselnußfarben, mit eingeschlossenen braungrauen Linsen, die im oberen Teil winzige Porphyrsteinchen enthalten,* zutage, deren Mächtigkeit bis zu 35 cm betrug. In dieser Schicht wurden insgesamt 55 *Geräte (einschließlich der Fragmente),* so-

wie 13 Herstellungsreste retuschierter Klingen, 3 kleine Nuklei und zahlreiche nicht retuschierte Artefakte gefunden. Diese und einige vorher in Südtirol und im Trentino getätigten Funde haben nun das Bild der ersten Besiedlung unseres Raumes grundlegend gewandelt. War noch bis vor gut einem Jahrzehnt kein einziger Fund in Südtirol ans Tageslicht getreten, der weiter zurück als ans Ende des 4. Jahrtausends v. Chr. reichte, so wird die auf Jochgrimm aufgedeckte Steinindustrie — so nennt die Fachsprache derartige Ansammlungen von Feuersteingeräten — in die erste Hälfte des 6. Jahrtausends v. Chr. datiert (die ein Jahr später am Grödner Joch gemachten Steinzeitfunde sind allerdings noch etwas älter; vgl. Tour Nr. 23). Die Frage nach der Art der Siedlung am Jochgrimm und der entsprechenden Menschen beantworten Broglio und Lunz folgendermaßen: *Es ist anzunehmen, daß die auf ungefähr 2000 m ü. M. gelegenen Dolomitenfundplätze... als saisonsbedingte, in der guten Jahreszeit von epipaläolithischen Jägergruppen aufgesuchte Rastplätze zu deuten sind.* Weiters weisen die beiden Forscher darauf hin, daß es starke Beziehungen zwischen unseren Mittelsteinzeitfunden und jenen der Poebene, vom Gebiet um Trient und von Südfrankreich, kaum aber mit jenen der Alpennordseite gäbe, wobei eine bei Romagnano aufgefundene Hirschhorn-Harpune, die verschiedene nordalpine Entsprechungen besitzt, doch wiederum andeutet, daß es über den Alpenwall hinweg auch gewisse Kontakte gab, *die sich mit einiger Wahrscheinlichkeit in die zweite Hälfte des 6. Jahrtausends v. Chr. datieren lassen.*
Nun treffen wir bei unserer Bergtour von Radein über Jochgrimm zum Schwarzhorn von alldem recht wenig an. Höchstens die nicht ganz geklärten Gruben auf dem Gipfel des Schwarzhorns fallen auf. Trotzdem erhöht das Wissen, daß hier vor über 2000 Jahren und auf Jochgrimm sogar vor rund 8000 Jahren Menschen gesiedelt haben, den Reiz dieser unschwierigen Gipfelbesteigung, ganz abgesehen davon, daß sie auch nur rein landschaftlich überaus lohnend und erlebnisreich ist. Zudem ist bei entsprechender Aufmerksamkeit wohl vielleicht auch der Fund einer steinzeitlichen Pfeilspitze oder eines anderen kleinen Feuersteingerätes durchaus nicht auszuschließen, wobei aber gesagt sein muß, daß derlei Funde sich dem ungeübten Auge nur selten zeigen.

W e g v e r l a u f
Wegen der günstigeren Anfahrt und auch um der Straße von Lavazè nach Jochgrimm auszuweichen, wählen wir das hübsche Dörfchen Radein als Ausgangspunkt für unsere Tour. In Oberradein (1562 m; hierher Straße von Auer über Kaltenbrunn) schlagen wir den Weg Nr. 7 ein; zuerst geht es beim Weiler St. Veit vorbei, dann durchqueren wir in nur mäßiger Steigung den schönen Mühlwiesenwald, kommen an der Lichtung „Auf der Schien" (namengleich mit dem Platz am Ritten) und bald darauf am Almgasthaus „Kalditsch" vorbei, und erreichen schließlich über Almböden den Wiesensattel Jochgrimm (1989 m) mit großem Berggasthof, unschönen Liftanlagen und abgebaggerten Hängen (ab Oberradein 1½ Std.). Hier schlagen wir den Steig Nr. 582 ein und steigen über den Nordgrat in nochmals 1½ Std. teilweise zwar etwas steil, aber ohne Schwierigkeiten zum aussichtsreichen Gipfel des Schwarzhorns (2440 m) auf.
Abgestiegen kann auf dem Anstiegsweg wie auch auf unmarkiertem, schwach angedeutetem Steig über den Ostgrat werden. Auch über den Westgrat führt ein schmaler, teilweise etwas ausgesetzter Steig. Er ist mit Nr. 575 markiert, führt zunächst über eine Vorkuppe (2350 m) zum Kugeljoch und von da auf Nr. 502 nördlich hinab zum Gasthaus „Kalditsch", wo der im Aufstieg benützte Weg 7 erreicht wird. Auf diesem nun wieder zurück nach Radein.

G e h z e i t e n
Aufstieg (Radein — Schwarzhorn): 2½—3 Std.
Abstieg (Schwarzhorn — Radein): ca. 1½—2 Std.

K a r t e n u n d L i t e r a t u r
Kompaß-Wanderkarte 1:50.000, Bl. 74 (Termeno-Salorno-Cavalese); Freytag-Berndt-Wanderkarte 1:100.000, Bl. 45 (Bozen-Meran und Umgebung) oder Bl. 16 (Westliche Dolomiten).
Innerebener: Die Wallburgen Südtirols, Bd. 3; Langes: Überetsch und Bozner Unterland; Lunz: Ur- und Frühgeschichte Südtirols; Lunz: Studien 1974; Menara-Rampold: Südtiroler Bergtouren; Südtiroler Gebietsführer, Bd. 15 (Reggelberg).

40. Exkurs zu den Felsbildern im Valcamonica (Bildteil S. 114)

Von Bozen über die Mendel und den Tonalepaß bis nach Capodiponte im Valcamonica (Camonica-Tal) sind es knapp 150 Straßenkilometer. Unser Zielgebiet liegt also ziemlich weit außerhalb Südtirols; daß es trotzdem mit in dieses Südtirolbuch einbezogen wurde, liegt an seiner überragenden Bedeutung.
Das Valcamonica ist ein eher herbes, anspruchsloses Bergtal, oft nur eng und felsig, vielfach aber auch mit breiten Talböden; Burgruinen grüßen von den Hängen, und die eng aneinandergeschmiegten Steinhäuser bilden von Wiesen, Maisfeldern oder Weingütern umgebene kleine Haufendörfer italienischer Prägung. Mit ihren oft zinnengekrönten Glockentürmen und den teilweise noch mit Steinplatten gedeckten Dächern, den engen Gassen und den kleinen blumengeschmückten Holzbalkonen geben sie der Landschaft ihren ganz besonderen Reiz. Das Tal ist im ganzen ge-

sehen vom Tourismus noch nahezu völlig unberührt geblieben. Die Leute sprechen einen eigenen, dem Bergamaskischen ähnlichen Dialekt und haben noch eine wohltuend natürlich-freundliche Art bewahrt. Das Tal beginnt am Tonalepaß, zieht zwischen den Bergamasker Alpen im Westen und der Adamellogruppe im Osten südwärts, um südlich des Iseo-Sees bei Brescia in die Poebene auszumünden. Das Tal der Camuni, wie die Einwohner sich nennen, ist schon allein landschaftlich einen Besuch wert. Das Besondere aber sind die Felszeichnungen; sie haben die Gegend besonders in Fachkreisen sogar über Europa hinaus berühmt gemacht. Man findet sie überall zwischen Edolo im Norden und Pisogne im Süden (am Nordrand des Iseo-Sees), also entlang einer Strecke von gut 60 Kilometern. Ihre stärkste Verdichtung — soweit man das im Augenblick sieht — findet sich aber im Gebiet des Ortes Capodiponte, also im mittleren Teil des Tales. Insgesamt kennt man bisher rund 130.000 einzelne Figuren auf etwa tausend Felsen. Dies ist — so Prof. Emmanuel Anati — *die größte Anhäufung prähistorischer Kunst in Europa* („Capo di Ponte, Forschungszentrum der Steinzeichenkunst im Valcamonica", S. 12). Die größtenteils in Picktechnik in die Sandsteinfelsen eingearbeiteten Zeichnungen befinden sich am Rande von Abgründen, inmitten sanfter Wiesenhänge, im dichtesten Gebüsch, in tiefen Schluchten und im Talboden ebenso wie in über 1000 m Höhe an den Bergflanken. Allein die Felsbilder im mittleren Talbereich alle kurz zu besichtigen, würde mehrere Monate in Anspruch nehmen. Doch auch nur mit einem ein- oder zweitägigen Besuch gewinnt man einen beeindruckenden Einblick in die Vielfalt und Vielzahl dieser im Lauf von drei Jahrtausenden von einem relativ kleinen vorrömischen Bergvolk geschaffenen Zeichnungen. Prähistorische Opfersteine, steinzeitliche menschliche Figuren, rätselhafte, schaufelartige Gebilde, Jagdszenen, bei denen Hirsche mit dem Lasso eingefangen oder mit Speeren erlegt werden, vierrädrige Wagen aus der Eisenzeit, etruskische Krieger (6.—3. Jh. v. Chr.), den berühmten eisenzeitlichen Schmied an der Esse, die ältesten Webstuhldarstellungen Europas (solche Webstühle waren im 1. Jahrtausend v. Chr. besonders in Griechenland in Gebrauch), Totenwagen mit Graburnen, vorgeschichtliche Hütten und Häuser, Menschen bei der Arbeit, Totenkultszenen mit der Sonnenscheibe, Dolche und andere Waffen aus der Bronzezeit, Steinböcke und Füchse, Hellebarden, Zauber- oder Hexenszenen, immer wieder Sonnenräder als Hauptfigur, Äxte, Fußspuren, „Mühle"-Figuren, die aus der Bronzezeit stammende „älteste Landkarte Europas" mit Hütten, bebauten Feldern, Grenzmauern, Gräben und Bächen, einen Pflug ziehende Pferde, die verschiedensten geometrischen Figuren, seltsame Darstellungen böser Geister, Inschriften in etruskischem Alphabet, aber eigener Lokalsprache (ähnlich dem Rätischen), ab dem 1. Jh. v. Chr. auch lateinische Inschriften — dies sind einige wahllos herausgegriffene Darstellungen, die man im Umkreis von Capodiponte bestaunen kann.

Vor allem die ungeheure Vielzahl der Bilder, zu denen sich — allerdings leider dem Zahn der Zeit zum Opfer gefallene — aufgemalte Bilder gesellten, wie der Fund einzelner Reste und eines kleinen Depots an farbigen Kreiden und anderen Farbstoffen beweist, haben die Berühmtheit der prähistorischen Valcamonica-Kunst begründet. Doch liegt ihr außerordentlicher Wert weit tiefer. Denn hier läßt sich die dreitausendjährige Geschichte eines prähistorischen Alpenvolkes nahezu lückenlos und unzweideutig ablesen, hier erhalten wir auch wertvollste Aufschlüsse über andere Völkerschaften jener Zeit; religiöse, wirtschaftliche, soziale, politische, kulturelle Strukturen werden hier lebendig. Die Bilder erzählen von den Entwicklungsstufen alpenländischer Kunst und Technologie, von Kontakten verschiedener Völker untereinander und vieles andere mehr.

Das Volk der Camuni kam — soweit man heute sieht — im 5. oder 4. Jahrtausend v. Chr. in das Tal und begann zaghaft die ersten Bilder in die Felsen zu ritzen. Es waren vorwiegend Jäger, die aus den Ebenen auf der Flucht vor anderen Völkerschaften hierherflüchteten, doch kannten sie als Haustier bereits das Rind. *Im Gegensatz zu dem, was früher bisweilen behauptet wurde, waren die Camuni nie ein Teil des ligurischen Volkes* (Anati). Zuerst lebten sie hier lange für sich allein und zurückgezogen, doch allmählich und besonders ab dem 3. Jahrtausend v. Chr. kamen auch Kontakte mit Nachbarvölkern zustande; der Ackerbau faßte immer stärker Fuß, ebenso auch die Verwertung von Metall; neue Waffentypen, Arbeitsgeräte, vor allem der Pflug, und andere Neuerungen gelangten in das abgeschiedene Tal. Später fanden Handelsbeziehungen nicht nur mit den Mykenern statt, sondern auch mit anderen europäischen Völkern, und es scheint, daß das Valcamonica — möglicherweise dank blühenden Bergbaues — internationale Bedeutung besaß. Die Einflüsse von außen wurden damit immer stärker, die Etrusker brachten als bedeutendste Neuerung den Camuni die Schrift (um etwa 700—500 v. Chr.), anschließend drang die La-Tène-Kultur der Kelten in das Tal, und als letztes großes Ereignis kam die Eroberung durch die Römer im Jahre 16. v. Chr. Allerdings fand diese Eroberung wohl ohne Waffen statt, denn der Einfluß Roms hatte sich bereits lange vorher ausgewirkt; außerdem war das kleine Volk der Camuni durch die früheren Einflüsse der anderen großen Kulturen in seiner ursprünglichen Substanz so weit geschwächt, daß *die militärische Eroberung durch Rom nur mehr der letzte Abschnitt war, das letzte Ereignis einer langen Entwicklungsperiode, welche nicht anders enden konnte* (Anati).

Dies alles erzählen die Felsbilder des Valcamonica. Sie erzählen vom Aufstieg und Untergang eines autonomen kleinen Alpenvolkes, von über dreitausendjährigem Leben und künstlerischem Schaffen einfacher Bergbauern, sie machen das Volk der Camuni zu dem am besten erforschten vorgeschichtlichen Volk Europas. Doch hat diese Erforschung eigentlich fast erst begonnen, noch ist nicht einmal die Bestandsaufnahme des enormen Kulturgutes abgeschlossen, und wenn die Bilder uns auch schon viel über die Camuni selbst mitteilten, so ist noch nicht abzusehen, welche Bedeutung sie erst noch für die gesamteuropäische Altertumsforschung erlangen werden.

Mit dem Einzug der Römer hörten die Camuni auf, Figuren und Bilder in die Felsen zu meißeln. Wir wissen zwar einiges über diese Zeit der Römer, doch über das spätere Schicksal der Camuni wissen wir nichts mehr. Flechten, Moos, Gras und Gebüsch wuchsen über die Felsbilder, und fast zweitausend Jahre lang wußte man über die Camuni nur so viel, daß sie ein von den Römern eroberter Bergstamm gewesen waren; denn dies ist auf einer Trophäe des Kaisers Augustus und in anderen Verzeichnissen zu lesen. Erst um 1909 entdeckte Prof. Qualtiero Laeng die beiden heute als *Massi di Cemmo* bekannten Bilderfelsen westlich oberhalb Capodiponte für die Wissenschaft. Die Einheimischen kannten die Figuren aber schon seit langem, denn sie nannten die eingravierten Strichmännchen allgemein *pitoti*, Hampelmännchen. Eine erste angebliche Mitteilung Laengs an den lokalen Landschaftsschutzverein sowie eine erste kurze schriftliche Erwähnung in einer Publikation des italienischen Touring Club im Jahre 1914 riefen zunächst kein Echo hervor. Erst um 1930 begann man allmählich mit der Erforschung der Zeichnungen, wobei immer wieder neue entdeckt wurden. Auch die Zahl der Gelehrten, die sich mit den aufsehenerregenden Entdeckungen befaßten, stieg von Jahr zu Jahr. Heute ist das Valcamonica Anziehungspunkt für Forscher aus aller Welt. Es gibt bereits eine ganze Reihe von Buchpublikationen und Hunderte von Abhandlungen über die „graffiti" oder „incisioni rupestri", wie die Zeichnungen im Italienischen genannt werden, und östlich oberhalb Capodiponte hat das Institut für Altertumsschutz der Lombardei einen großen umzäunten Park angelegt, in dem sich die größte und dichteste Ballung mit rund hundert z. T. außerordentlich reichhaltigen Bilderfelsen befinden („Parco delle incisioni rupestri di Naquane"). Der Park ist mit dem Auto erreichbar, und man kann darin auf einem der Gletscherschliffe, dem sogenannten „großen Felsen", nicht weniger als 876 Figuren finden. Besonders verdient um die Erforschung der Zeichnungen machte sich in den letzten Jahren der Archäologe Prof. Emmanuel Anati, der die Bilder nach streng wissenschaftlichen Gesichtspunkten untersucht und zahlreiche Fachbeiträge, aber auch populärwissenschaftliche Arbeiten darüber verfaßt hat. Unser heutiges Wissen um die Geschichte der Camuni, wie sie aus den Felsbildern hervorgeht und hier nur in sehr knappen Umrissen geschildert werden konnte, verdanken wir zu einem guten Teil der unermüdlichen Kleinarbeit dieses Forschers und seiner Helfer. Daß Fachpublikationen über die Camuna-Kunst nicht nur in Italien, sondern weit darüber hinaus erschienen sind, so bisher in New York, London, Paris, Prag, Berlin, Barcelona und in Dänemark, spricht vom außerordentlichen Interesse, das die bis vor wenigen Jahrzehnten fast unbekannten Steinzeichnungen in der internationalen Fachwelt geweckt haben. Doch sind sie nicht nur hervorragende Studienobjekte für den Gelehrten, sondern auch für den interessierten Laien eine Sehenswürdigkeit ersten Ranges, welche die etwas lange Anfahrt reichlich lohnt.

Wegverlauf

Es erübrigt sich, hier irgendeine Wegbeschreibung zu geben, da von Capodiponte bis zum Park von Naquane eine gut beschilderte Straße führt. Wer den Felsbildern nur einen Besuch von ein oder zwei Tagen abstattet, wird im umzäunten Park von Naquane und im nahen, nicht umzäunten Park von Nadro, wohin ein kurzer beschilderter Weg führt, zu suchen und zu schauen mehr als genug haben. Broschüren, Literatur (auch in deutscher Sprache), Originalpausen bis zum Posterformat und anderes mehr sowie weitere Informationen sind sowohl am Eingang in den Park von Naquane als auch im Ort Nadro, das vom gleichnamigen Park in 20 Min. eben durch auf einem alten Pflasterweg zu erreichen ist, erhältlich. Wer dagegen einen längeren Aufenthalt vor hat, um auch die übrigen Bilder der näheren und weiteren Umgebung zu besichtigen, wird sich ohnehin am besten mit dem Zentrum für Camuna-Forschung („Centro Camuno die studi preistorici") in Capodiponte (Tel. 0364/4 20 91) für nähere Auskünfte in Verbindung setzen. Es sei bereits hier darauf hingewiesen, daß im Park von Naquane die strengen Parkbestimmungen (Verbot die Felsen zu betreten, die Felsbilder ohne Erlaubnis abzupausen oder zu fotografieren usw.) beim Eingang angeschlagen sind, die man gleich durchlesen sollte, um mit der Parkverwaltung keine unbeabsichtigten Schwierigkeiten zu bekommen. Die Straßenschilder, die zum Park weisen, tragen folgende Inschrift: *Parco Nazionale delle Incisioni rupestri;* die Einheimischen sind aber besser nicht nach den „Incisioni", sondern nach den *graffiti* zu fragen, da die Felsbilder hier allgemein so genannt werden.

Karten und Literatur

Kompaß-Karte 1:250.000, Dolomiten, oder irgendeine andere Autokarte; Kompaß-Wanderkarte 1:50.000, Bl. 94 (Edolo-Aprica); Freytag-Berndt-Wanderkarte 1:100.000, Bl. 50 (Brenta-Adamello- und Presanellagruppe; das interessierende Gebiet ist nicht vollständig enthalten).

Anati: Capo di Ponte (an Ort und Stelle erhältlich); Führerwerk: Guida della Valle Camonica (italienisch); Lukan: Alpenwanderungen in die Vorzeit; Paturi: Zeugen der Vorzeit; Trautmann-Nehring: Die Felsbilder der Valcamonica.

KLEINES VORZEIT-WÖRTERBUCH

Altsteinzeit (Paläolithikum), die früheste und längste Epoche der Menschheitsgeschichte, in Europa etwa 1.000.000 bis 10.000 Jahre vor der Gegenwart. Im Alpenraum reichen die ältesten menschlichen Spuren rund 100.000 Jahre zurück (z. B. Wildkirchli, Schweiz), in Südtirol konnte bisher keine altsteinzeitliche Besiedlung mit Sicherheit nachgewiesen werden. Bei Dorf Tirol aufgefundene faustkeilähnliche Steine, ein bei Kaltern entdecktes Hirschgeweihstück, an dem man zunächst Spuren menschlicher Bearbeitung sehen wollte, sowie einige andere von manchen Forschern als altsteinzeitlich vermutete Objekte konnten bisher nicht eindeutig der A. zugeordnet werden.

Altersbestimmung (Datierung, Chronologie), die zeitliche Einordnung eines archäologischen Fundgegenstandes. Es gibt eine ganze Reihe von Methoden zur A., die teils relative, teils absolute Daten liefern. Die *Typologie* stützt sich auf besondere Merkmale der Funde, die *Stratigraphie* untersucht die Bodenschichten; zu diesen traditionellen Methoden treten heute z. T. hochkomplizierte, meist genauere, oft aber nur begrenzt anwendbare, wie die *Thermolumineszenz*- oder *Kalium-Argon-Messung*, die archäomagnetische Datierung, die Pollenanalyse, der *Fluor-Stickstoff-Uran-Test*, die *Baumringmethode* u. a. m. Bekanntestes und bedeutendstes Verfahren ist derzeit die → *Radiokarbonmethode*. Sie wurde bereits mehrfach auch zur Datierung von Funden in Südtirol angewandt.

anthropomorph, menschengestaltig, menschenähnlich, z. B. in der Felsbildkunst.

Bozner Alphabet, → Räter.

Brandgräber, → Urnengräber.

Bronzezeit, vorgeschichtlicher Zeitabschnitt von 1800—850 v. Chr. (im Südtiroler Raum). Die B. wird unterteilt in Frühbronzezeit (1800 bis 1500 v. Chr.), Mittelbronzezeit (1500—1300 v. Chr.), Spätbronzezeit (1300—1100 v. Chr.) und Endbronzezeit („Laugener Kultur", 1100 bis 850 v. Chr.). Der B. ging die → Jungsteinzeit voraus, und es folgte ihr die → Eisenzeit. Hauptcharakteristik ist die Verwendung der Bronze für Schmuck, verschiedene Geräte und Waffen; die Landwirtschaft erfährt großen Aufschwung, das Leben im allgemeinen erfährt durch das Metall Bereicherungen in vielerlei Belangen. Die Tonwaren der nach einer Örtlichkeit bei Brixen benannten → „Laugener Kultur" weisen besondere typologische Merkmale auf. In Südtirol reichen vor allem zahlreiche Kuppensiedlungen in die B. zurück.

Cromlech, aus dem Keltischen stammende Bezeichnung für kreisförmig gesetzte Felsblöcke oft beträchtlichen Ausmaßes, meist als vorgeschichtliche Grabmäler. Ob die Steinblöcke oberhalb Plars bei Meran als künstliche Steinsetzung und damit als C. zu werten sind, ist fraglich.

Chronologie, → Altersbestimmung, → Radiokarbonmethode.

C^{14}-Methode, → Altersbestimmung, → Radiokarbonmethode.

Datierung, → Altersbestimmung.

Dolmengräber, aus mehreren Tragsteinen und einer mächtigen Deckplatte bestehende, meist jungsteinzeitliche Grabstätten (Dolmen = keltisch *Steintische*), eine Form der Megalithgräber, deren Hauptverbreitungsgebiet in West- und Nordeuropa liegt. In Südtirol wurden D. bisher in Gratsch bei Meran und bei Kaltern aufgedeckt, dolmenartige Steintische, die möglicherweise als geplünderte D. anzusehen sind, kennen wir auch aus Kastelbell und Morter im Vinschgau.

Eisenzeit, letzter und kürzester Abschnitt der menschlichen Vorgeschichte, in unserem Raum etwa 850 v. Chr. bis um Christi Geburt. Im Gegensatz zur vorangegangenen → Bronzezeit, bildet während der E. nicht mehr die Bronze, sondern das Eisen das zur Herstellung von Waffen, Werkzeugen und Schmucksachen meistverwendete Metall. Die Gegenstände wurden geschmiedet, das Gießen war hierzulande noch unbekannt. Ähnlich wie die Jungsteinzeit und die Bronzezeit wird auch die E. unterteilt, und zwar in eine frühe (850—750), eine ältere (750—350) und eine jüngere (350—15 v. Chr.). Neben Funden in zahlreichen Wallburgen tritt uns die E. vor allem in vielen Gräbern entgegen, wobei u. a. die → Urnenfelder von Pfatten, Melaun und Niederrasen besonders zu erwähnen sind. Der Einzug der Römer beendet die E. und leitet mit dem Beginn unserer Zeitrechnung von der Vor- zur Frühgeschichte über, doch zeigen viele Funde, daß vorrömisches, „rätisches" Kulturgut sich noch Jahrhunderte hindurch hartnäckig behauptet.

Epipaläolithikum, → Mittelsteinzeit.

Feuersteingeräte. In der Alt-, Mittel- und Jungsteinzeit (teilweise auch noch in der Bronze- und Eisenzeit) wurde Feuerstein (Chalcedon-Opal-Gemenge) zur Herstellung der verschiedensten Geräte verwendet. F. treten uns vor allem in kleinen Sticheln, Schabern, Pfeilspitzen, Klingen und Kratzern aus der Mittelsteinzeit (sog. Mikrolithen) entgegen, aber auch als größere Lanzen- und Speerspitzen aus der Jungsteinzeit und der Frühbronzezeit (altsteinzeitliche F. liegen aus Südtirol nicht vor). → Silexgeräte.

Fibel, vor- und frühgeschichtliche Metallklammer, mit der die Kleidung zusammengehalten wurde. Mit dem oft sehr kunstvoll gearbeiteten Bügel ist die Nadel bei der eingliedrigen F. fest verbunden, bei der zweigliedrigen F. sind Bügel und Nadel getrennt. Hinsichtlich ihrer Konstruktion und ungefähren Funktion entspricht der eingliedrigen F. unsere moderne Sicherheitsnadel.

Figuren-Menhir, von Menschenhand bearbeiteter, meist mit verschiedenen Zeichen versehener → Menhir. In Südtirol wurden bisher deren sieben gefunden: 4 bei Algund, 1 bei Tramin, 1 bei St. Verena am Ritten und 1 bei Tötschling (Nähe Brixens). Einer der Algunder Menhire wird durch die Herausbildung von Brüsten als „weiblich", die übrigen 6 aufgrund von eingravierten Waffen (Dolche, Beile) als „männlich" angesehen. — In seinen Ursprüngen dürfte der Menhirgedanke in die mittlere Jungsteinzeit zurückreichen. Die stärkste Verbreitung von F.-M. findet man in Ligurien und an der französischen Mittelmeerküste, die Südtiroler M.e markieren das östlichste Vorkommen. Sie werden als Götterbilder gedeutet. Der größte F.-M. (Algund) besitzt eine Höhe von 2,75 m. Unklar ist derzeit noch, ob ein bei Tötschling aufgefundener Stein mit zwei Längsrillen und ein in Pfunders entdeckter Stein mit geometrischen Inzisionen ebenfalls als F.-M.e zu werten sind.

Jungsteinzeit (Neolithikum), letzter Abschnitt der → Steinzeit, zwischen Mittelsteinzeit und Bronzezeit, in Mitteleuropa etwa 5000 bis 1800 v. Chr. Sie wird in eine frühe, mittlere und späte J. gegliedert. Metalle sind in der J. zwar noch unbekannt, doch wird in dieser Epoche der Mensch bereits seßhaft, er betreibt in zunehmendem Maße Pflanzenbau und Viehzucht, es entstehen Fruchtbarkeitsreligionen und entsprechende Bestattungsbräuche. In Südtirol belegen die Funde von Steinäxten und → Steinkammergräbern die Besiedlung während der späten Jungsteinzeit (etwa 2300—1800 v. Chr.).

Kardinallinien, bei der Beschreibung von Schalensteinen mehrfach vorkommender Ausdruck für die Haupthimmelsrichtungen. → Solstitiallinien.

La-Tène-Kultur, späteisenzeitliche Kultur Mittel- und Westeuropas, benannt nach dem schweizerischen Fundort La Tène am Nordende des Neuenburger Sees. Die im wesentlichen von den Kelten getragene L. weist in Lebensweise, Kunst, Religion und Wirtschaft eigene, einheitliche Züge auf, die sich aus zahlreichen Funden erschließen lassen. Von besonderem Wert für die typologische Zeitbestimmung sind vor allem die formenreichen Fibeln der L.

La-Tène-Zeit, Periode der → Eisenzeit, etwa 500 v. Chr., bis Christi Geburt. Latènezeitliche Fundorte in Südtirol u. a. Eppan, Tartscher Bühel, Schluderns, Kiens, Pfatten, Niederrasen, Siebeneich, Lothen im Pustertal, Col de Flam in Gröden, Lana und Nals. → La-Tène-Kultur.

Laugen, kleiner, heute fast verlandeter Moorsee zwischen Elvas und Natz bei Brixen, wo eine Pfahlhausbesiedlung aus der älteren Bronzezeit vermutet wird. Fundort der nach ihm benannten → Laugener Keramik.

Laugener Keramik, endbronzezeitliche (1100—850 v. Chr.) Tonware mit einheitlichen typologischen Merkmalen, benannt nach dem → Laugen. Hier wurden Anfang dieses Jahrhunderts bei Wegarbeiten Kulturschichten angeschnitten, die einen reichen Keramik-Komplex mit eigenen, inneralpinen Formen (so z. B. die bekannte „Hornschneppe" am oberen Ansatz von Topfhenkeln) enthielten. Hauptverbreitungsgebiet der L. K. ist das Gebiet entlang der Etsch bis zum Gardasee und des Eisacks sowie Engadin und Graubünden. Wegen der außergewöhnlichen Höhenlage ist der „Laugener Fundplatz" am Schlern besonders bekannt geworden. → Laugener Kultur.

Laugener Kultur, eine inneralpine Kulturgruppe, deren Ursprünge wohl im Trentino zu suchen sind. Im archäologischen Fundbild zeigen sich Verbreitung, Dauer und Wanderung jener endbronzezeitlichen Gruppen durch das Vorhandensein der → Laugener Keramik an.

Megalithgräber, → Dolmengräber, → Steinkistengräber.

Menhir, aus dem Keltischen stammende Bezeichnung für *langer Stein*. M. e. sind besonders in Westeuropa stark verbreitet, ihre Bedeutung ist noch nicht endgültig geklärt. Die größten besitzen Höhen bis zu 20 m, sie werden mehrheitlich in die Jungsteinzeit datiert. In Südtirol wird eine gut 3 m hohe, möglicherweise von Menschen aufgerichtete Steinsäule bei Villanders als M. angesehen. Inwieweit mehrere andere, meist kleinere Steinsäulen (heute oft als Gattersäulen verwendet) als M.e mit einstiger kultischer Bedeutung zu gelten haben können, ist fraglich. Im Gegensatz zu den unbeschrifteten und naturbelassenen stehen die sogenannten Figuren-M.e, von denen es in Südtirol mit Sicherheit 7 Exemplare gibt. → Figuren-Menhir.

Mesolithikum, → Mittelsteinzeit.

Mittelsteinzeit, (Mesolithikum oder auch Epipaläolithikum), die Kulturphase zwischen Altsteinzeit (Paläolithikum) und der Jungsteinzeit (Neolithikum), in Mitteleuropa die Zeit von 8000 bis etwa 4000 v. Chr. Der Beginn der M. ist gekennzeichnet durch einen Kulturwandel, zu dem die nacheiszeitlichen Klimaverhältnisse geführt haben. Siedlungs- und Lebensweise entsprechen während der M. zwar noch jenen der Altsteinzeit — der Mensch ist noch fast ausschließlich Sammler und Jäger —, die Waffen und Steingeräte weisen aber typisch nacheiszeitliche und zunehmend differenziertere Merkmale auf. Besonders charakteristisch für die M. sind die sehr kleinen → Feuersteingeräte, wie sie in den letzten Jahren auch in Südtirol häufig gefunden wurden.

Neolithikum, → Jungsteinzeit.

Paläolithikum → Altsteinzeit

Prähistorie, → Vorgeschichte.

prähistorisch, → vorgeschichtlich.

Rätoromanen, → Römerzeit.

Radiokarbonmethode, (auch C^{14}-Methode genannt) das derzeit wichtigste und genaueste Verfahren zur → Altersbestimmung archäologischer Funde. Es besteht — in einfachen Worten gesagt — darin, daß mit feinsten Meßgeräten der Zerfall des in jeder organischen Substanz enthaltenen radioaktiven Kohlenstoffs (C^{14}) gemessen wird. Da dieser Zerfall stets gleichbleibend fortschreitet und man seine Geschwindigkeit genau kennt (die C^{14}-Strahlung verringert sich in 5730 Jahren um die Hälfte), wird eine Datierung bis über 50.000 Jahre zurück möglich.

Räter, die vorgeschichtlichen Bewohner ausgedehnter Gebiete der Ostalpen, bestehend aus vielen einzelnen Stämmen, vermutlich ohne festes Staatsgefüge, die von den Römern bei der Alpeneroberung 15. v. Chr. zusammenfassend R. genannt wurden. Inwieweit sie ursprünglich aus Illyrern bestanden, denen heute allerdings weit weniger Bedeutung als früher zugesprochen wird, liegt noch weitgehend im Dunkeln. Eher denkt die heutige Forschung an die sagenhaften Ligurer. Durch archäologische Funde belegt sind dagegen keltische, kimbrische, etruskische und venetische Einflüsse. Hauptgottheit und Namengeberin war die Göttin *Reitia,* deren Heiligtum in Este (südl. Padua), dem Hauptort des venetischen Kulturkreises, lag. Die zahlreichen bisher gefundenen Inschriften (auf Grabsteinen, Weihegaben, an Quellheiligtümern usw.) sind meist in venetischer Sprache und in einer Variante der nordetruskischen Schrift verfaßt, die als sogenanntes *Bozner Alphabet* (sowohl links- als auch rechtsläufig) bekannt ist (z. B. Hirschhorn vom Tartscher Bühel).

Rätien, → Räter, → Römerzeit.

Rätoromanen, → Räter, → Römerzeit.

Römerzeit, in Südtirol die Periode von 15 v. Chr. bis zum Zerfall des Weströmischen Reiches (476 n. Chr.). Während Tiberius von Gallien aus den Alpenraum eroberte, zog sein Bruder Drusus (beides Stiefsöhne des Kaisers Augustus) mit seinem Heer durch das Etschtal zum Reschen und durch das Eisacktal zum Brenner und unterwarf in der legendären „Räterschlacht" (ob sie tatsächlich stattfand, wird allerdings stark bezweifelt) die Urbevölkerung (→ Räter). In der Folge errichten die Römer die Provinz Rätien, die Graubünden, Tirol und Teile des nördlichen Alpenvorlandes umfaßte. Zahlreiche römische Funde (Münzen, Meilensteine und verschiedene andere Gegenstände, aber auch Gräberfelder und Reste von Baulichkeiten) liefern zusammen mit schriftlichen Zeugnissen ein anschauliches, wenn in Einzelheiten auch noch nicht vollständiges Bild der R. in Südtirol. Wichtigste Punkte waren Tridentum (Trient), Endidae (wahrscheinlich bei Neumarkt), Pons Drusi (bei Bozen), Sublavio (bei Waidbruck), Vipitenum (Sterzing), Sebatum (bei St. Lorenzen), Littamum (möglicherweise bei Innichen) und Aguntum (Lienz). Der genaue Verlauf der beiden Äste der Via Claudia Augusta durch den Vinschgau und durch das Eisacktal ist im einzelnen noch nicht endgültig geklärt. Die Romanisierung der Räter (nunmehr als Rätoromanen bezeichnet) scheint nur teilweise und sehr langsam erfolgt zu sein. Die R. wird von der Völkerwanderungszeit, aus der nur wenig bekannt ist, abgelöst.

Schalensteine, anstehende Felspartien oder erratische Blöcke, in die runde, in Größe und Anzahl unterschiedliche Vertiefungen durch Menschenhand eingetieft sind. S. sind auf der ganzen Erde verbreitet, in Südtirol gibt es mehrere Hunderte. Die Schalen, auch *Näpfchen* genannt, befinden sich sowohl an waagrechten als auch an schrägen oder (seltener) senkrechten Flächen. Ihr Vorkommen ist an keine Höhenlage gebunden; oft sind Kreise, Kreuze, seltener auch Hakenkreuze oder Radkreuze sowie andere Rillen mit den Schalen vergesellschaftet. In Südtirol ist eine sichere Datierung noch nicht gelungen, außerhalb konnte ein S. in die Endbronzezeit und ein anderer in die Altsteinzeit datiert werden. Entstehungsart und Zweck der S. sind noch nicht endgültig geklärt, müssen aber wohl mit vorchristlichen Kulthandlungen in Zusammenhang gebracht werden. Die ersten S. in Südtirol wurden 1933 von J. Tscholl beschrieben.

Silexgeräte, (lat. Silex = *harter Stein*), in Südtirol vor allem aus der Mittel- und Jungsteinzeit stammende Geräte aus Feuerstein, seltener auch aus Bergkristall (z. B. Säben, Gröden). → Feuersteingeräte.

Solstitiallinien, bei der Beschreibung von Schalensteinen mehrfach vorkommender Ausdruck für die Richtung zum Sonnenauf- oder untergang am Tag der Sonnwende (lat. Solstitium = Sonnenwende).

Steinkistengräber, unterirdische, aus Steinplatten gefügte Grabkammern, eine Form der Megalithgräber. In Südtirol wurden mehrere in der Gand bei Eppan aufgedeckt. Der Leichnam wurde meist mit verschiedenen Beigaben in der sogenannten Hockerlage bestattet. Die S. von Gand werden in die Jungsteinzeit (um 2000 v. Chr.) datiert.

Steinzeit, erste und längste Periode der Menschheitsgeschichte, in welcher Metalle noch unbekannt waren. Die S. wird unterteilt in → Altsteinzeit, → Mittelsteinzeit und → Jungsteinzeit.

Stratigraphie, → Altersbestimmung.

Typologie, → Altersbestimmung.

Urgeschichte, → Vorgeschichte.

Urnenfeld, ein vorgeschichtlicher Friedhof mit einer größeren Anzahl von → Urnengräbern. Die Gleichartigkeit und weite Verbreitung dieser Bestattungsform (Brandbestattung) führte zur Prägung des Begriffes *Urnenfelderkultur*. Bedeutendste Urnenfelder in Südtirol sind jene von Pfatten, Melaun und Niederrasen, von denen letzteres am eingehendsten erforscht werden konnte. → Eisenzeit.

Urnengräber, bronze- oder eisenzeitliche Gräber, bestehend aus der Graburne (meist Tongefäß), in welcher der Leichenbrand beigesetzt wurde, verschiedenen, meist unbrauchbar gemachten Grabbeigaben in Form von Messern, Schmuckstücken, Beilen und ähnlichem, sowie einer Steinplatte, mit welcher die Vertiefung mit der Urne abgedeckt wurde. Grabhügel fehlen, ob die Gräber anderweitig gekennzeichnet waren, ist unsicher.

Urzeit, → Vorgeschichte, → Vorzeit.

Vorgeschichte (Urgeschichte, Prähistorie), die Wissenschaft, die das menschliche Leben von seinen Anfängen bis um die Zeit von Christi Geburt (Beginn der Frühgeschichte) erforscht. Wichtigste wissenschaftliche Disziplin zur Erforschung der V. ist nach wie vor die Archäologie, zu ihr gesellen sich aber zunehmend auch verschiedene andere Wissenschaften, ohne die heute archäologische Arbeit nahezu undenkbar geworden ist. Einteilung der V. in → Steinzeit, → Bronzezeit und → Eisenzeit.

Vorzeit (Urzeit), der Zeitabschnitt vom Auftreten des Menschen bis zum Beginn unserer Zeitrechnung (Christi Geburt). → Vorgeschichte.

Wallburg, vor- oder frühgeschichtlicher Siedlungsplatz, meist auf wehrhaften Kuppen gelegen, in erster Linie an Resten von Trockenmauern und zu Wällen verfallenen Mauern (oft bereits unter Boden) erkennbar. W.en bildeten jahrzehntelang das bevorzugte Arbeitsfeld der Vorgeschichtsforschung im Alpenraum und lieferten zahlreiche Funde; das Alter der Wälle (Ring- oder Sperrwälle) ist zwar meist nur schwer zu bestimmen, der Ringwall am Sonnenburger Schloßhügel im Pustertal z. B. konnte aber einwandfrei in die Spätbronzezeit datiert werden. Besonders verdient um die planmäßige Bestandsaufnahme der W.en in Südtirol machte sich Dr.-Ing. Georg Innerebner (dreibändiges Werk „Die Wallburgen Südtirols"). Nicht jede prähistorische Fundstelle ist aber eine W. Auch sind W.en meist nur als ehemalige Flucht- und Wehranlagen und selten als Dauersiedlungen zu betrachten.

LITERATURHINWEIS

Alpenverein Südtirol, Jahrbuch 1950 (Wolff zur Dolomitenbesiedlung).
Anati, Emmanuel: Capo di Ponte — Forschungszentrum der Steinzeichenkunst im Valcamonica, Capo di Ponte, 1974.
Caminada, Christian: Die verzauberten Täler — Kulte und Bräuche im alten Rätien, Olten und Freiburg, 2. Aufl. 1962.
Chicken, Lutz: Bergsteigen und Wandern um Brixen, Festschrift zur Hundertjahrfeier der AVS-Sektion Brixen, Brixen 1975.
Brandstätter, Otto: Südtiroler Verkehrswege in alter und neuer Zeit, Sonderdruck aus Reimmichls Volkskalender, 1970.
Brennerstraße, Die: Jahrbuch des Südtiroler Kulturinstitutes, Bozen 1961.
Brixen und Umgebung (Südtiroler Gebietsführer Nr. 2, hgg. von der Buchhandlung Athesia Brixen), 2. Aufl. Bozen 1974.
Burgstaller, Ernst: Felsbilder in Österreich, Linz 1972.
Delago, Hermann: Dolomiten-Wanderbuch, 12. Aufl., bearb. von Josef Rampold, Innsbruck 1974.
Dolomiten, Tageszeitung, Verlag Athesia, Bozen (verschiedene Ausgaben).
Dumler, Helmut: Kleiner Führer durch die Sarntaler Alpen, München 1976.
Ellmenreich, Helmut: Die Meraner Bergwelt, 3. Aufl., Meran 1977.
Fink, Hans: Verzaubertes Land — Volkskult und Ahnenbrauch in Südtirol, Innsbruck 1969.
Fink, Hans und Finsterwalder, Karl: Tiroler Wortschatz an Eisack, Rienz und Etsch, Schlern-Schrift 250, Innsbruck 1972.
Finsterwalder, Karl: Tiroler Namenkunde, Innsbruck 1978.
Fischnaler, Conrad: Führer durch Sterzing und Umgebung, neu bearb. Elisabeth Kofler-Langer und Baron Eduard von Sternbach, Bozen o. J.
Fontana, Josef (Hrsg.): Südtiroler Unterland, Jahrbuch des Südtiroler Kulturinstitutes, Bozen 1980.
Frass, Hermann und Riedl, Franz Hieronymus: Unbekanntes Südtirol, Bozen 1974.
Gruber, Alfred und Pfeifer, Luis: Reggelberg - Aldein - Deutschnofen - Eggen - Petersberg - Radein (Südtiroler Gebietsführer Nr. 15), Bozen 1978.
Gruber, Karl: Kunstlandschaft Südtirol, Bozen 1979.
Gutbod, Karl: DuMont's Geschichte der frühen Kulturen der Welt, Köln 1975.
Hagemeyer, Oda: Säben, Bozen 1968.
Hager, Hannsjörg: Bergwanderführer Dolomiten, 5. Aufl., München 1977.
Haider, Friedrich: Tiroler Brauch im Jahreslauf, Innsbruck 1968.

Haller, Franz: Die Welt der Felsbilder in Südtirol, München 1978.
Haller, Sepp: Das Passeiertal, Bozen, 1971.
Heilfurth, Gerhard: Südtiroler Sagen aus der Welt des Bergbaues, Reihe „An der Etsch und im Gebirge", Bd. XXV, Brixen 1968.
Heyl, Johann Adolf: Volkssagen, Bräuche und Meinungen aus Tirol, Brixen 1897.
Holzmann, Hermann: Berge und Bergbauern im oberen Eisacktal, in Reimmichls Volkskalender, Bozen 1962.
Innerebner, Georg: Die Wallburgen Südtirols, Bd. 1 — Pustertal; Bd. 2 — Vinschgau, Burggrafenamt, Überetsch; Bd. 3 — Eisacktal; Bozen 1975, 1976.
Klebelsberg, Raimund von: Südtiroler Landeskunde, Reihe „An der Etsch und im Gebirge", Bd. V, Brixen 1965.
Kofler, Erich: Barbian — Villanders (Südtiroler Gebietsführer Nr. 25), Bozen 1980.
Lang, Paul: Lajen und Umgebung mit Waidbruck (Südtiroler Gebietsführer Nr. 21), Bozen 1979.
Langes, Gunther: Überetsch und Bozner Unterland (Bd. 3 der „Südtiroler Landeskunde in Einzelbänden"), 3. Aufl., Bozen 1977.
Langes, Gunther: Burggrafenamt und Meran (Bd. 4 der „Südtiroler Landeskunde"), 4. Aufl., Bozen 1978.
Langes, Gunther: Ladinien — Land der Dolomiten (Bd. 6 der „Südtiroler Landeskunde"), 4. Aufl., Bozen 1979.
Lukan, Karl: Alpenwanderungen in die Vorzeit, Wien 1965.
Lunz, Reimo: Die archäologische Sammlung des Bozner Stadtmuseums, Bd. 11 der Reihe „Kultur des Etschlandes", Bozen 1973.
Lunz, Reimo: Urgeschichte des Oberpustertals, Bozen 1977.
Lunz, Reimo: Urgeschichte des Raumes Algund - Gratsch - Tirol, Bozen 1976.
Lunz, Reimo: Ur- und Frühgeschichte Südtirols, Bozen 1973.
Lunz, Reimo: Studien zur End-Bronzezeit und älteren Eisenzeit im Südalpenraum, Firenze 1974.
Lona, Heinrich: Auer im Südtiroler Unterland, Calliano 1977
Lona, Heinrich: Wanderführer Auer (und Umgebung), Leifers 1979.
Mahlknecht, Bruno: Sarntal (Südtiroler Gebietsführer Nr. 10), Eppan (Nr. 16), Ritten (Nr. 12), Leifers-Branzoll-Pfatten (Nr. 14), Völs - Seis am Schlern - Kastelruth - Seiser Alm (Nr. 16), Kaltern und Umgebung (Nr. 20), Terlan - Andrian- Nals (Nr. 23), Bozen 1976—1979.
Maier, Franz Georg: Neue Wege in die alte Welt — Moderne Methoden der Archäologie, Hamburg 1977.

Malfér, Viktor: Castelfeder — das Arkadien Tirols, Bozen 1970.

Menara, Hanspaul: Südtiroler Höhenwege, 2. Aufl., Bozen 1978.

Menara, Hanspaul: Südtiroler Wasserfälle, Bozen 1979.

Menara, Hanspaul und Rampold, Josef: Südtiroler Bergseen, 2. Aufl., Bozen 1976.

Menara, Hanspaul und Rampld, Josef: Südtiroler Bergtouren, 2. Aufl., Bozen 1978.

Mussner, Norbert: Wanderführer durch Gröden, St. Ulrich 1968.

Moroder, Edgar, Neuer Führer von Gröden, Calliano 1974.

Obere Weg, Der: Jahrbuch des Südtiroler Kulturinstitutes, Bozen 1967.

Oberkalmsteiner, Luis: Erzählungen aus dem Sarntal, Bozen 1968.

Oberrauch, Luis: Schriften zur Urgeschichte Südtirols (Bd. 3 der „Archäologisch-historischen Forschungen in Tirol", mit einem Vorwort des Herausgebers Reimo Lunz), Bozen 1978.

Ortner, Peter: Tierwelt der Südalpen, 2. Aufl., Bozen 1978

Ortner, Peter und Mayr, Christoph: Südtiroler Naturführer, 2. Aufl., Bozen 1979.

Paturi, Felix R.: Zeugen der Vorzeit — Auf den Spuren europäischer Vergangenheit, Düsseldorf-Wien 1976.

Rampold, Josef: Bozen - Salten - Sarntal - Ritten - Eggental (Bd. 7 der „Südtiroler Landeskunde in Einzelbänden"), 3. Aufl., 1977.

Rampold, Josef: Eisacktal (Bd. 5 der „Südtiroler Landeskunde in Einzelbänden"), 3. Aufl., 1977.

Rampold, Josef: Pustertal (Bd. 2 der „Südtiroler Landeskunde in Einzelbänden"), 3. Aufl., 1977.

Rampold, Josef: Vinschgau (Bd. 1 der „Südtiroler Landeskunde in Einzelbänden"), 3. Aufl., 1977.

Rampold, Josef: Südtiroler Wanderbuch, 6. Aufl., Innsbruck 1980.

Rampold, Josef und Menara, Hanspaul: Südtiroler Bergseen, 2. Aufl., Bozen 1976.

Rampold, Josef und Menara, Hanspaul: Südtiroler Bergtouren, 2. Aufl., Bozen 1978.

Schweiggl, Martin: Tramin - Kurtatsch - Margreid - Kurtinig (Südtiroler Gebietsführer Nr. 17), Bozen 1978.

Schenk, Ina: Die Klima-Insel Vinschgau, Trento, 1951.

Schlern, Der: Illustrierte Monatshefte für Heimat- und Volkskunde, hiezu Register für die Jahrgänge 1920—1978 (auf die einzelnen Ausgaben wurde jeweils im Text hingewiesen), Bozen ab 1920.

Schwingshackl, Anton: Bergkapellen unserer Heimat, Bruneck 1978.

Schwob, Anton: Oswald von Wolkenstein — Eine Biographie, 3. Aufl., Bozen 1980.

Staffler, Johann Jakob: Das deutsche Tirol und Vorarlberg topographisch, Innsbruck 1847.

Staindl, Alois: Kurze Geologie von Südtirol, Reihe „An der Etsch und im Gebirge", Bd. XXII, 3. Aufl., Brixen 1972.

Stolz, Otto: Geschichte des Landes Tirol, Innsbruck 1955 und photomech. Neudruck, Bozen 1973.

Tschurtschenthaler, Paul: Berg- und Waldwege in Südtirol, Innsbruck 1947.

Streit, Jakob: Sonne und Kreuz, Irland zwischen Megalithkultur und frühem Christentum, Stuttgart 1977 (Interessantes zur Schalensteinfrage).

Theil, Edmund: Burg Reifenstein/Sterzing (Reihe „Kleine Laurin-Kunstführer" Nr. 27), der Loretoschatz von Klausen (Nr. 28), Die Kirchen von Säben (Nr. 32), Kloster Säben (Nr. 31), Bozen 1975, 1976.

Trapp, Graf Oswald: Tiroler Burgenbuch, Bd. 1 (Vinschgau), 3. Aufl., Bozen 1980.

Trapp, Graf Oswald: Tiroler Burgenbuch, Bd. 2 (Burggrafenamt), 2. Aufl., Bozen 1976.

Trapp, Graf Oswald: Tiroler Burgenbuch, Bd. 3 (Wipptal), Bozen 1974.

Trapp, Graf Oswald: Tiroler Burgenbuch, Bd. 4 (Eisacktal), Bozen 1977.

Trapp, Graf Oswald: Tiroler Burgenbuch, Bd. 5 (Sarntal), Bozen (in Vorber.)

Weingartner, Josef: Die Kunstdenkmäler Südtirols, Bd. 1 (Eisacktal - Pustertal - Ladinien), Bd. 2 (Vinschgau - Burggrafenamt - Sarntal - Bozen - Unterland), 6. Aufl., Innsbruck 1977.

Weingartner, Josef (herausg. von J. Rampold): Landschaft und Kunst in Südtirol, Bozen 1975.

Widmoser, Eduard: Südtirol-Brevier von A—Z, München 1966.

Widmoser, Eduard: Tirol von A bis Z, Innsbruck 1970.

Wielander, Hans: Latsch - Goldrain - Morter Martell (Südtiroler Gebietsführer Nr. 4), Bozen 1975.

Winkler, Robert: Volkssagen aus dem Vinschgau, Bozen 1968.

Wolff, Karl Felix: Dolomitensagen, 13. Aufl., Innsbruck 1974.

Wolkenstein, Marx Sittich von: Landesbeschreibung von Südtirol um 1600, Schlern-Schrift Nr. 34, Innsbruck 1936.

Zallinger, Adelheid: Die Trostburg (Sonderdruck aus Trapp, Tiroler Burgenbuch, Bd. 4 — Eisacktal), Bozen 1978.

Zeitschrift des Deutschen und Österreichischen Alpenvereins, versch. Jahrgänge.

Zingerle, Ignaz Vinzenz: Sagen aus Tirol, Innsbruck 1891 und photomech. Nachdruck, Graz 1969.

ORTS- UND SACHREGISTER

Die Seitenzahlen in Normalschrift beziehen sich auf die Erwähnung im „Lexikon der Südtiroler Urwege", jene in Fettdruck auf die Einleitung und den daran anschließenden Bildteil; Abbildungen werden durch einen Stern angezeigt. Die für das Auffinden einer bestimmten Tour wichtigen Orte sind halbfett gedruckt, alle übrigen Stichwörter in Normalschrift.

Algund, 30, 132
Alpen (Besiedlung), **6**
Altenburg, **98**, 203
Annenberg, Schloß, 20, 126
Auer, **102**, 210

Bad Ratzes, 186
Balèst, (Gröden), **66**, 174
Bärenhöhlen, **6**
Bergwerke, **46*, 62***, 169, 204, 208
Bozner Alphabeth, **14***, 121
Brenner, **8**
Brixen, **54, 56, 58**, 159, 165
Bruneck, **80**, 188
Burgstall, Fanes, **82***, 190
Burgstall, Schlern, **74**, 185
Burgstall, Vintl, **86***, 196

Capodiponte, **114**, 217
Castelfeder, **108***, 210
Ciaslàt, Gröden, **66**
Col de Flam, Gröden, 176

Dananä, versunkene Stadt, **12**
Deutschnofen, **88**, 199
Dietenheim, **80**, 189
Dorf Tirol, **34**, 138

Elvas, **58**, 163
Elzenbaum, 157

Fanes, **82**, 190
Felsbilder, **46*, 54*, 106*, 114***, 134, 151, 159, 208, 212, 216
Feuersteingeräte, **8, 66*, 112***, 173, 214
Flecknerhütte, 156
Franzensfeste, 159

Gargazon, 144
Gasteig, **50**, 155
Glaiten, **36**
Glurns, 122
Golderskofel, **28***, 130
Goldrain, **20**, 126
Gomion, 142
Graun bei Kurtatsch, **106**, 208
Graun im Vinschgau, 119
Gröden, **66**, 173
Grödner Joch, **66**, 178
Greifenstein, Ruine, **40, 42***, 145

Haider See, 119
Hakenkreuz, **46*, 106***, 152, 209
Hauensteiner Schwert, **76***, 183

Hauenstein, Ruine, **74***, 183
Hexenbänke (Puflatsch), **72***, 182
Hexenstein (Terenten), **84***, 193
Hexenstühle (Kastelruth), 181
Hippolyt, Sankt, **38***, 142
Hirschhorn-Votiv, **14***, 121

Jaufen, **8, 48***, 154
Jaufenburg, 48
Jaufenhaus, 48
Jaufenspitze, 156
Jochgrimm, **112**, 214
Johanniskofel, **44***, 148

Kaltern, **6, 96, 102**, 201, 203
Kaltenbrunn, (Kauner Tal), 12
Kastelbell, **24**, 127
Kastelbell, Schloß, 128
Kastelruth, **72**, 181, 182
Kauner Tal, **12**
Kerla, versunkene Stadt, 78
Klausen, **60**, 166
Königsangerspitze, **56***, 161
Kortsch, **16**, 123
Kortscher Waalweg, **16***, 123
Kurtatsch, **106**, 207

Laimburg, 205
Lajen, **66**, 177
Langtaufers, **12**, 119
Latsch, **24**, 129
Latzfons, 163
Latzfonser Kreuz, **56***, 169
Leiteralm, 138
Leuchtenburg, 205
Luns, 80, 188

Mals, 123
Maria Saal (Ritten), 173
Menhire von Algund, 132
Menhir von St. Verena, **64***, 171
Menhir von Tötschling, 159
Menhir von Tramin, 208
Menhir von Villanders, 170
Mezzocorona, **6**
Montan, 212
Montiggler Seen, **92***, 200
Moritzing, **40**, 148
Mühle-Figur, **54***, 160
Mutkopf, **34***, 138

Neumarkt, 210
Niederrasen, **78**, 186, 188
Niederrasner Berg, 186

225

Niedervintl 86, 196
Niemandsfreund, Wallburg, 181

Oberplanitzing, 201
Ölknott, 40*, 145
Oswald von Wolkenstein, 184

Partschins, 28, 130
Passeiertal, 36, 140
Pederü (Gasthaus), Gadertal, 193
Penser Joch, 8
Pfitscher See, Sprons, **32***
Pflersch, 46, 151
Pfunders, 197
Pinatzkopf (Elvas), 163
Plan de Frea (Gröden), **66*,** 177
Platz (Kastelbell), **24,** 128
Puflatsch, 72

Radein, 216
Radkreuz, **46*, 117*,** 152
Radlsee, 162
Radlseehaus, 163
Rasen, 187
Raschötz, 174
Rastenbachklamm, **100*,** 204
Raubgrabungen, **10,** 110
Reifeneck, Ruine, **50,** 156
Reifenstein, Schloß, 52*, 156
Reiterjoch, 215
Ritten, 64, 172
Riviselchu (rätischer Name), **14,** 121
Rojen, 119
Rollepaß, **6**
Römerturm (Trostburg), 70
Roßladum, 16*, 123
Roßzähne (Auer), 102*, 205
Rutschbahnen, **58*, 112*, 115*,** 144, 163, 212

Säben, 60*, 166
Sarntal, 44, 148
Sauschloß, 42*, 145
St. Christina in Gröden, 178
St. Cosmas und Damian, **40,** 146
St. Cyrill bei Brixen, 160
St. Hippolyt bei Tisens, 38*, 142

St. Jakob (Gröden), 176
St. Peter bei Altenburg, 98*, 203
St. Verena am Ritten, 64*
Schalensteine, **8, 20*, 24*, 32*, 36*, 38*,** 46, **52, 58*, 80* 84*,** 100, 104, **106*,** 108, 121, 126, 128, 130, 133, 135, 141, 144, 151, 157, 163, 172, 188, 193, 203, 209, 212
Schatzgräbereien, **10,** 110
Scheibenschlagen, 120, 122, 163
Schlern, 74, 77*, 183
Seis am Schlern, 186
Seiser Alm, 181, 184
Silberhütthöhe (Stuls), 36*, 140
Sprons, 32, 135
Spronser Seen, 32*, 135
Stateneck, Schloß, 176
Stange, **50**
Stein (Pflersch), 46*, 152
Sterzing, 48, 157
Stilfes, 52, 156
Stufels (Brixen), 58
Stuls, 36, 140
Südtirol (Besiedlung), **6**

Tagusens, 68, 179
Tartsch, 120
Tartscher Bühel, 14*, 120
Tesena, Kastell (Tesens), **38**
Terenten, 84, 193, 195
Tiòsels (Kastelruth), 182
Tisens, 142
Tiss (Goldrain), 126
Trens-Birg (Deutschnofen), 88*, 198
Trient, **6**
Troi Paiàn, 66*, 173
Trostburg, 68, 70*, 179
Tschötsch, 54, 159
Tuiflslammer (Kaltern), 96*, 201

Valcamonica, 114*, 216
Vellau, 30, 132, 138
Villanderer Alm, 169
Villanderer Seeberg, 62*, 169
Villanders, 175
Vinschgauer Sonnenberg, 16, 24, 123, 127
Vintl, 86, 197

INHALT

	Seite
ZU DIESEM BUCH	5
SÜDTIROLER URWEGE — EIN ÜBERBLICK	6 — 10
Die Anfänge menschlicher Besiedlung	6
Wann entstanden unsere ältesten Wege?	7
Die Erforschung vergangener Jahrtausende	7
Vorgeschichtliche Funde und Denkmäler	8
Sagen, Goldschätze und Raubgräber	9
SÜDTIROLER URWEGE IN WORT UND BILD	11 — 117
Der Urweg von Langtaufers	12
Der Tartscher Bühel	14
Kortscher Waalweg und Urzeitstätte Roßladum	16
Der Plattenweg nach Annenberg	20
Wenn Wege und Steine zu erzählen beginnen... (Kastelbell)	24
Von Partschins zum Golderskofel	28
Urwege zwischen Algund und Vellau	30
Die Schalensteine von Sprons bei Meran	32
Und die Sage hatte doch recht (Mutkopf bei Dorf Tirol)	34
Die Urzeitstätte von Stuls	36
Sankt Hippolyt	38
Der Ölknott bei Bozen — ein alter Kultstein?	40
Der Adlerhorst auf dem Greifenstein	42
Der Johanniskofel im Sarntal	44
Die berühmten Felsbilder von Pflersch	46
Prähistorische Zeugnisse? (Von Sterzing zum Jaufen)	48
Der Burghügel von Reifenstein bei Sterzing	52
Die Felsbilder von Tschötsch bei Brixen	54
Eine Bergtour zurück in die Vorzeit (Königsangerspitze)	56
Die uralten Kultsteine von Elvas	58
Säben — das Wahrzeichen von Klausen	60
Ein 3000 Jahre altes Bergwerk (Villanderer Alm)	62
Sankt Verena am Ritten	64
Der Troi Paiàn in Gröden	66
Im Banne der Trostburg	68
Die Hexenbänke am Puflatsch	72

Hauenstein und Schlern	74
Die versunkene Stadt Kerla (Niederrasen)	78
Heilige Steine in heiligen Wäldern (Bruneck)	80
Der Steinwall von Fanes	82
Der Hexenstein von Terenten	84
Das versunkene Schloß von Niedervintl	86
Eine Wallburg bei Deutschnofen	88
Montiggler Seen und Wildermannbühel	92
Tuiflslammer — die Steinhalde des Teufels	96
Altenburg und seine großen Denkmäler	98
Die Urwaldsiedlung zwischen Kaltern und Auer	102
Der »Große Stein« zwischen Kurtatsch und Graun	106
Castelfeder im Südtiroler Unterland	108
Jochgrimm und Schwarzhorn	112
Ein steinernes Geschichtsbuch der Urzeit (Valcamonica)	114
LEXIKON DER SÜDTIROLER URWEGE	119 — 218
KLEINES VORZEIT-WÖRTERBUCH	219 — 222
LITERATURHINWEIS	223
REGISTER	225

Weitere Bildwerke von H. Menara

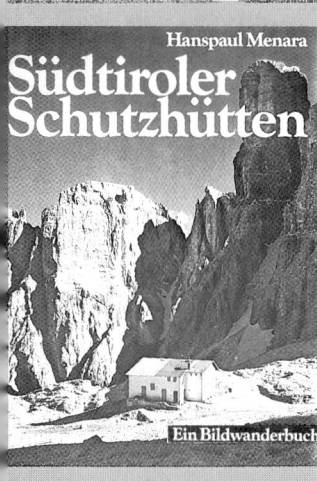

Südtiroler Höhenwege
Ein Bildwanderbuch. 174 Seiten, 50 Fototafeln in Farbe, 2 farb. Vorsatzkarten. Lexikon der Höhenwege, Ortsregister, 18,5 x 25 cm, lam. Pp.

★

Südtiroler Bergtouren
Ein Bildführer. Mit Landschaftsschilderungen von Josef Rampold. 200 Seiten, 50 Farbtafeln, 2 farb. Vorsatzkarten, Bergtourenlexikon mit 40 Farbfotos, Register, 18,5 x 25 cm, lam. Pp.

★

Südtiroler Schutzhütten
Ein Bildwanderbuch. 200 Seiten, 46 ganz- oder doppelseitige Farbfotos, 50 kleinformatige Abbild., davon 35 in Farbe, 2 farb. Vorsatzkarten, Schutzhüttenlexikon, Register, 18,5 x 25 cm, lam. Pp.

★

Südtiroler Bergseen
Ein Bildwanderbuch. Text von Josef Rampold. 164 Seiten, 43 Farbtafeln, Bergseenlexikon mit 22 Farbfotos, 1 farb. Vorsatzkarte, Register, 18,5 x 25 cm, lam. Pp.

★

Südtiroler Wasserfälle
Ein Bildwanderbuch. 182 Seiten, 51 ganzseitige und 61 kleinere Farbaufnahmen, 1 Übersichtskarte, Wasserfällelexikon, Register, 18,5 x 25 cm, lam. Pp.

★

Südtiroler Skitouren
Ein Bildwanderbuch. 154 Seiten, 97 z. T. ganz- oder doppelseitige Farbaufnahmen, 2 Vorsatzkarten, Skitourenlexikon, Register, 18,5 x 25 cm, lam. Pp.

★

Das große Buch der Südtiroler Bergwelt
Ein Bildband. 168 Seiten, 307 Farbaufnahmen, 1 Übersichtskarte, Register, 23 x 30 cm, lam. Pp.

★

Zauber der Natur
Ein Buch von den stillen Dingen dieser lauten Welt. Text von Josef Rampold. 80 Seiten, 45 Farbtafeln, 18,5 x 25 cm, lam. Pp.

ATHESIA VERLAG

1. Urweg zum Weißseejoch
2. Tartscher Bühel
3. Kortscher Waalweg und Urzeitstätte Roßladum
4. Urweg zum Schloß Annenberg
5. Wege und Schalensteine bei Kastelbell
6. Wallburg Golderskofel bei Partschins
7. Urwege zwischen Algund und Vellau
8. Die Schalensteine bei den Spronser Seen
9. Prähistorischer Wohnplatz am Mutkopf
10. Urzeitstätte Silberhütthöhe
11. Urzeitstätte St. Hippolyt
12. Ölknott und Ruine Greifenstein
13. Urzeitstätte Johanniskofel
14. Die Felsbilder von Pflersch
15. Der alte Jaufenweg
16. Urzeitstätte Reifenstein
17. Die Felsbilder von Tschötsch
18. Die Urzeitstätte auf der Königsangerspitze
19. Schalensteine mit Rutschbahnen bei Elvas